सम्पूर्ण कहानियाँ

सम्पूर्ण कहानियाँ

मंज़ूर एहतेशाम

राजकमल प्रकाशन

ISBN : 978-81-267-2451-2

मूल्य : ₹ 895

पहला संस्करण : 2013
दूसरा संस्करण : 2019

प्रकाशक : राजकमल प्रकाशन प्रा. लि.
1-बी, नेताजी सुभाष मार्ग, दरियागंज
नई दिल्ली-110 002

शाखाएँ : अशोक राजपथ, साइंस कॉलेज के सामने, पटना-800 006
पहली मंजिल, दरबारी बिल्डिंग, महात्मा गांधी मार्ग, इलाहाबाद-211 001
36 ए, शेक्सपियर सरणी, कोलकाता-700 017

वेबसाइट : www.rajkamalprakashan.com
ई-मेल : info@rajkamalprakashan.com

मुद्रक : बी.के. ऑफसेट
नवीन शाहदरा, दिल्ली-110 032

SAMPURNA KAHANIYAN
by Manzoor Ehtesham

ऐज़ाज़ के लिए

अनुक्रम

रमज़ान में मौत

असद मियाँ की आँखें बन्द थीं। एक पल के लिए मैंने सोचा, वापस चला जाऊँ। दूसरे ही पल असद मियाँ आँखें खोले देख रहे थे। उन आँखों में कोहरा भरी सुबह-सी रोशनी थी।

—ख़ुदा के लिए अयाज़...सीना दर्द से टूटा जा रहा है।

सुहेला भाभी आईने के सामने खड़ी हुई डैबिंग करके चेहरे के धब्बे मिटा रही थीं। कमरे में जलते हुए बल्ब की रोशनी धीरे-धीरे बाहर फैलते अँधेरे के साथ उभरने लगी थी। सूरज डूबने में कुछ ही देर थी।

—जमील! अरे, जमील! सुहेला भाभी ने आवाज़ दी।

असद मियाँ के पलंग की चादर सफ़ेद थी। पलंग के नीचे दो फटी हुई चप्पलों में उलझी हुई एक सलाबची थी, जिसे शायद वह पिछले कई घंटों से लगातार इस्तेमाल करते रहे थे। उनके पैर गन्दे और एड़ियों की खाल चटख़ी हुई थी। बिस्तर पर चादर का एक हिस्सा जहाँ उनके पैर थे, दाग़दार हो चुका था।

—ज़फ़र भाई आ रहे हैं, मैंने असद मियाँ से आँखें बचाते हुए कहना चाहा, लेकिन फिर मैंने देखा आँखें तो वो ख़ुद ही बन्द कर चुके थे। सुहेला भाभी ने मज़ाक उड़ाती हुई-सी नज़रों से मेरी तरफ़ देखा और फिर आवाज़ देने लगीं—जमील...अरे, कहाँ ग़ारत हो गया?

—अरे, आ रहा हूँ। कहीं बाहर से आवाज़ आई।

दूर आसमान में चमक-सी फैली। एक सकते के बाद धमाका हुआ।

असद मियाँ की आँखों के पपोटे हलके से हिले, लेकिन आँखें बन्द ही रहीं।

...दो...तीन...चार तोपें चल रही थीं। इफ़्तार का वक़्त हो गया था।

—लेकिन यार तोपें ही क्यों? ये तो बिलकुल ऐसा लगता है, जैसे किसी को सलामी दी जा रही हो। सायरन भी तो बजाया जा सकता है? एक बार मेरे दोस्त ने मुझसे पूछा था और मैं हँसकर रह गया था।

—अगर ख़ुद साफ़ नहीं रह सकते तो दूसरों को तो चैन से मरने दें! ख़ुद के पलंग पर नहीं लेट सके, सारी चादर का सत्यानाश कर दिया! सुहेला भाभी ख़ुद को

एक ख़ूबसूरत सिंगार मेज़ में लगे आईने में देखते हुए बुदबुदा रही थीं—और अगर चाँद दिख गया तो कल ईद है। कोई धुली चादर भी न होगी।

मैंने देखा, आईना बिलकुल बेदाग़ था, लेकिन लकड़ी के बने मेज़ के फ़्रेम की पॉलिश जगह-जगह से उड़ गई थी और कई जगह पड़े हुए गड्ढों से लकड़ी का अपना रंग झाँकने लगा था। आईने के नीचे बेगिनती शीशियाँ रखी हुई थीं—कॉस्मेटिक्स, परफ़्यूम्स और स्प्रेज़ की सुन्दर शीशियाँ जिनमें से, मैंने अन्दाज़ा लगाया, ज़्यादातर ख़ाली होंगी।

जमील तेज़ी से कमरे में दाख़िल हुआ। हाथ उठाकर उसने सलाम किया। फिर अजीब तरह से मुस्कुराकर अपने बाप असद मियाँ की तरफ़ देखने लगा।

—क्या कह रही थीं, अम्मी?—फिर जैसे मुझसे छुपाते हुए असद मियाँ की तरफ़ इशारा करके उसने आँखों ही आँखों में कोई सवाल अपनी माँ से पूछा।

सुहेला भाभी ने होंठ सिकाड़कर गर्दन हिला दी।

—बुलाने के लिए तुम्हें घंटों आवाज़ें देनी पड़ती हैं। उनके लहज़े में तेज़ी थी।

—मुझे क्या मालूम, आप आ गईं? बग़ैर कहे तो चली गई थीं। जमील ने दू-ब-दू जवाब दिया।

—चाँद दिखा?

—ऊँहुँ।

—देखो, तुम कहीं जाना मत। अभी थोड़ी देर बाद तुम्हें मेरे साथ चलना है।

—अम्मी! जमील ने शिकायती स्वर में कहा—शन्नो और दूसरे लड़के मेरा इन्तज़ार कर रहे हैं। मुझे उनके साथ जाना है।

—जाना-वाना कहीं नहीं है, आप मेरा इन्तज़ार कीजिए। कहते हुए सुहेला भाभी भीतरी कमरे में चली गईं।

केवल असद मियाँ के साँस लेने की आवाज़। ज़फ़र मियाँ अभी तक नहीं आए थे। क्या वह आएँगे?

—यार! तुम चलो, मैंने इफ़्तार पर कुछ दोस्तों को बुलाया है। असद मियाँ के तीसरे बुलावे पर उन्होंने मुझसे कहा था। मैं शहनाज़ आपा के पास बैठा ईद के शीर-ख़ुर्मा की लिस्ट बना रहा था। तुम चलो, मैं आता हूँ।

असद मियाँ के सिरहाने कैलेंडर के पन्ने कई महीनों से नहीं बदले गए थे। कमरे के एक हिस्से में काली अपहोलस्ट्री के गहरे सोफ़े बिछे हुए थे। कोने में लम्बे-से बुकशेल्फ़ पर तरतीब और बेतरतीबी के साथ बहुत-सी किताबें थीं। इन्साइ-क्लोपीडियाज़, बिज़नेस डायरेक्टरीज़, दाईं तरफ़ दीवार पर एक बिदकते घोड़े की पेंटिंग टँगी हुई थी। सेंटर टेबल के नीचे का क़ालीन फट चुका था। वैसे भी क़ालीन का डिज़ाइन ज़्यादा इस्तेमाल की वजह से डल हो गया था। केवल कुछ उड़े-उड़े-से रंग थे जिनमें बुनियादी यक्सानियत शायद धूल की शिद्दत की वजह से थी।

—ज़फ़र नहीं आए अब तक? असद मियाँ की झिलमिलाती-सी आँखें मेरी तरफ़ देख रही थीं।

—कुछ दोस्तों को खाने पर बुलाया है, आते ही होंगे। मैंने धीरे से कहा—कब से तबीयत ख़राब है?

—ऐं ... ? तबीयत... ? चार-पाँच दिन से ख़राब है। सीने में सख़्त दर्द है, दिल बिलकुल बैठा जा रहा है, उनकी साँस ऊपर-नीचे हो रही थी।

—तमाशाबाज़ी है! निरी एक्टिंग! और सारे मर्ज़ों की एक ही दवा है—पैथिडीन! असद मियाँ के दूसरे बुलावे पर ज़फ़र मियाँ ने झुँझलाकर कहा था।—कुछ और काम भी करने हैं! चाँद दिख गया तो कल ईद है। मज़ाक़ बना लिया है उन्होंने तो।—फिर घड़ी खोलकर यूँ ही झटका देने के बाद वह उसे कान से लगाकर सुनने लगे थे। उस समय मुझे गाँव से आए कोई एक घंटा हुआ था।

—किसी डॉक्टर को दिखाया? मैंने असद मियाँ की कलाई थामते हुए पूछा।

सब कुछ फिर से ख़ामोशी में डूब गया। असद मियाँ छत की तरफ़ मुस्कुराती-सी नज़रों से देख रहे थे। उनकी निगाहें जाने या अनजाने छत के उसी हिस्से पर टिकी थीं जहाँ पंखा लगाने का हुक था। बिजली की फिटिंग वहाँ तक बाक़ायदगी से जाकर एकदम दो नंगे वायरों की आँखों से झाँकने लगी थी।

—तुम मेरा एक काम कर दो। उनकी आवाज़ और आँखें पहली बार मेरी ओर मुड़ीं।

—जी।

—मेरी तबीयत ठीक नहीं है, और मैंने कल से इंजेक्शन भी नहीं लिया है। कल दोपहर से। शायद उससे तबीयत कुछ बेहतर हो जाए। उनके स्वर में बला की मिन्नत थी—तीन इंजेक्शन पैथिडीन के। मदन के यहाँ मिल जाएँगे।

मैंने धीरे से ठंडी साँस ली। असद मियाँ बिना पलकें झपकाए उन्हीं मिन्नत भरी नज़रों से मेरी ओर देख रहे थे। उसी समय हाथ में काले चमड़े का बैग थामे, प्याज़ी रंग की साड़ी पहने सुहेला भाभी कमरे में दाख़िल हुईं।

—मुझे ज़रा बाहर जाना है। जैसे उन्होंने अपने-आपसे कहा—ये जमील कहाँ चला गया? फिर बिना किसी जवाब की प्रतीक्षा किए वह पर्दा उठाकर बाहर निकल गईं।

असद मियाँ उसी तरह मेरी तरफ़ देख रहे थे।

सीढ़ियाँ उतरते-उतरते मैं न चाहते हुए ज़फ़र मियाँ के घर की ओर मुड़ गया। फ़लक मंज़िल के बाहरी हिस्से में ज़फ़र मियाँ और इसके पीछे उनकी छोटी बहन शाहिदा रहती थी। पिछले टुकड़े में सबसे बड़े भाई असद मियाँ का ख़ानदान था। घूमकर मैं ज़फ़र मियाँ के कमरे में पहुँचा।

शहनाज़ आपा तन्नू को उसका ईद का जूता दिखा रही थीं।

—मामू आ गए। देखिए मामू, अब्बू हमारा नया जूता लाए। तन्नू बहुत खुश था।

—और बेटा, मामू को नहीं बताया कि तुमने शेर कैसे मारा था? और तुम्हारी बन्दूक़ कहाँ है?

ज़फ़र मियाँ बाहर के कमरे से अन्दर आ गए थे। तन्नू नक़ल करके बता रहा था कि झाड़ी में से 'हाऊँ' करता कैसे शेर निकला और कैसे उसने अपनी कॉर्क वाली बन्दूक़ से उसे ढेर कर दिया। फिर दीवान पर बिछी शेर की खाल की तरफ़ इशारा करके उसने ठेठ शिकारियों वाले लहज़े में कहा—उसी की खाल है। ज़फ़र मियाँ हँस-हँसकर लोटे जा रहे थे।

—भई खाना तैयार हो गया? रियाज़ का तो रोज़ा था, सूख गए होंगे। उन्होंने शहनाज़ आपा से कहा और दोनों बावर्चीख़ाने की तरफ़ चले गए।

तन्नू अपनी बन्दूक़ लटकाए शायद दादी माँ को शेर का शिकार सुनाने चला गया और मैं अकेला दीवान पर बैठा रह गया। कमरे के दो कोनों में रखे लैम्प्स के शेड्स में से रोशनी छन-छनकर अँधेरे में घुल रही थी और कुल मिलाकर ऐसा लग रहा था कि सूरज निकलने के थोड़े पहले या डूबने के बिलकुल बाद का समय हो। बीच में महोगनी के सिरहाने की ख़ूबसूरत दोहरी मसहरी थी जिसके लिए ऊपर छत में मच्छरदानी के स्ट्रिंग्स लटक रहे थे। बाजू में दीवार से लगी हुई गहरे काले रंग की वार्डरोब्ज़ थी और उसके बाद लगभग कोने में लैम्प के पास ड्रेसिंग टेबिल। बिलकुल वैसी ही जैसी असद मियाँ के घर में थी। इसमें पॉलिश की चमक अब भी बाक़ी थीं। दूसरी तरफ़ जूते रखने का स्टैंड था जिसमें बहुत से ज़नाने और मर्दाने जूते रखे हुए थे। पलंग से अटैच्ड, सिरहाने एक छोटा-सा बुक-रैक था जिसमें क़ायदे से किताबें जमी हुई थीं। पूरे कमरे में ब्लड-रेड और ब्लैक के मिले-जुले पैटर्न का क़ालीन बिछा हुआ था।

नहीं। ज़फ़र मियाँ भूल नहीं सकते थे। फिर क्या जानकर वह असद मियाँ के ज़िक्र को टाल गए थे? पन्द्रह दिन पहले भी जब मैं गाँव से आया था, असद मियाँ की तबीयत ख़राब चल रही थी। बल्कि रमज़ान से पहले तो एक दिन उनकी हालत नाजुक हो गई थी। तब मैंने ज़फ़र मियाँ से कहा था—किसी डॉक्टर को दिखा दें?

—तुम भी यार कमाल करते हो! हर तीसरे दिन किस डॉक्टर को दिखाया जा सकता है? फिर कुछ बीमारी हो तब ना। सड़क पर कोई पहचानवाला मिल जाए तो टाँग में चोट लगने से फ्रेक्चर तक की कहानी उसे सुना देते हैं। दवा के पैसे माँग लेते हैं और जाकर वही पैथिडीन! किसी जान-पहचानवाले के यहाँ अगर मुर्गियाँ पली हैं तो जाकर कहेंगे बच्चों ने बहुत दिन से अंडे नहीं खाए हैं। जो कुछ मिल गया सिन्धी को बेच देंगे और फिर वही पैथिडीन! जीमा हराम कर दिया है। इंश्योरेंसवालों से जो कुछ मकान का किराया मिलता है, वह भी इन्हीं घपलों में उड़ाते हैं। जमील चोरी के अलावा अब सट्टे से भी शौक़ करने लगे हैं। इधर भाभी की हरकतें देखो! नसरीन

भी उन्हीं के रास्ते पर जा रही है। पता नहीं किन-किन हरामज़ादों के साथ खुली हुई जीपों में घूमती-फिरती है। यही सब दोनों छोटी बेटियाँ भी करेंगी। वह तो बहुत ग़नीमत है कि सारा और समीना की शादियाँ हो गईं। मियाँ, हमने तो उधर फटकना भी छोड़ दिया। अम्मी की ज़िन्दगी तो हराम हो ही गई। तुम ख़ुद सुनते रहते हो, दुनिया की कौन-सी ज़लालत बची है जो अब फ़लक मंज़िल के नाम से न जोड़ी जा सके! और फिर मेरी अपनी प्रॉब्लम्स हैं। आख़िर कब तक! ज़फ़र मियाँ के चेहरे पर ऐसा तास्सुर था जैसे उनके अनजाने ही मैंने उन्हें किसी भद्दे मज़ाक़ में घसीट लिया हो।

और असद मियाँ की माँ?

—बदनसीब है! माँ ने फूट-फूटकर रोते हुए कहा था—ज़िन्दगी और मौत दोनों की तरफ़ से बदनसीब! जैसे जिया है वैसे ही मरेगा! रमज़ान के मुबारक महीने में तो उस गुनाहगार को मौत तक नसीब नहीं हो सकती! और फिर, जैसे कुछ सोचकर, वह चुप हो गई थीं और बहुत देर तक कुछ भी नहीं बोली थीं।

मैं ज़फ़र मियाँ से कुछ कहे बग़ैर कमरे और फिर फ़लक मंज़िल के बाहर आ गया।

खुली सड़क पर हल्की-सी खुनकी का एहसास हो रहा था। बहुत आगे स्ट्रीट लैम्प जल रहा था और वहाँ तक घुप अँधेरा था। मेन रोड तक पहुँचने के लिए मुझे काफ़ी पैदल चलना था। पीछे से आते हुए स्कूटर की रोशनी और आवाज़ से सड़क पर छाया हुआ अँधेरा जैसे धड़का फिर ख़ामोशी और अँधेरा एक-दूसरे में घुलकर दूर तक फैलते चले गए।

—ज़िन्दगी में लेन-देन के कुछ क़ानून शायद लिखे ही नहीं गए। यह भी क्या कि जो कुछ हमें तर्के-विर्से में मिल जाए, हम उसे अपना समझ, जरब देने के तरीक़े ढूँढ़ने लगें। ये न लिखे गए क़ानून उन लोगों के लिए हैं, जो सिर्फ़ उस चीज़ को छूते हैं जिस पर अपना हक़ तसलीम करते हों, जो उन्होंने दाँव पर लगाकर वसूल की हो। बाक़ी सब तो ज़माने की तरफ़ से लादा गया बोझ है।—एक बार काफ़ी ज़्यादा शराब पीने के बाद मेरे सामने असद मियाँ ने लोगों से कहा था। उस रात जुए में वह कोई बीस हज़ार रुपया हारे थे। तब ज़फ़र मियाँ और शहनाज़ आपा की शादी को दो साल हुए थे और मैं अलीगढ़ से छुट्टियों में कुछ दिन के लिए शहनाज़ आपा के पास ठहरा हुआ था। मुझे पता नहीं क्यों असद मियाँ अच्छे लगते थे। मेरे उनसे ज़्यादा मेल-मिलाप को देखते हुए शहनाज़ आपा ने समझाया था कि मैं उनके पास न जाया करूँ, क्योंकि वहाँ लोग जुआ खेलने और शराब पीने के लिए इकट्ठे होते थे।

फिर धीरे-धीरे सब सामने आ गया था। असद मियाँ ने फ़लक मंज़िल तीन अलग-अलग पार्टियों को रहन रख दी थी—इंश्योरेन्स कम्पनी और कुछ दूसरे मालदार सेठों को। देखते-ही-देखते डिक्रियाँ आने लगी थीं और फ़लक मंज़िल के एक बड़े हिस्से को फ़्लैटों में तब्दील करके किराए पर उठा दिया गया था, उधार

वालों की किस्तें चुकाने के लिए। असद मियाँ की माँ ने पहले काफ़ी बर्दाश्त किया क्योंकि असद मियाँ वैसे भी उनके सबसे लाड़ले बेटे थे।—नवाबों से ज़्यादा लाड़ से पाला है मैंने इसे, आँखों में आँसू भरकर वह कहा करती थीं। लेकिन फिर उन्होंने इस बात को लेकर मुक़दमा दायर कर दिया था कि ज़ायदाद क्योंकि उनके नाम थी, इसलिए उनके जीते-जी उसे रहन रखने का हक़ असद मियाँ को नहीं था। हाईकोर्ट में मुक़दमा चल रहा था और उम्मीद थी कि असद मियाँ के हिस्से को छोड़कर ज़फ़र मियाँ और शाहिदा को उनका हक मिल जाएगा।

शाहिदा के ख़याल से मेरे मुँह में कड़वाहट फैल गई। अलीगढ़ जाने से पहले मैं शाहिदा के बहुत क़रीब आ गया था और मेरी आनेवाली ज़िन्दगी के ज़्यादातर प्लानों में मैंने शाहिदा को भी शामिल समझ लिया था।

—प्लान! जैसे मैंने ख़ुद से ही कहा। दो साल की मेहनत के बावजूद मैं प्रि-मेडिकल में इतने मार्क्स नहीं ला पाया कि किसी मेडिकल कॉलेज में दाख़िला पा सकूँ। जब तीन साल बाद मैं मुस्तक़िल तौर पर शहर लौटा तो शाहिदा, घर में बच्चों को पढ़ानेवाले मास्टर साजिद से शादी कर चुकी थी। साजिद एक ग़रीब घर का लड़का था और ख़ानदान के उन तेज़ी से बिगड़ते हालात में शायद शाहिदा को वही एक सहारा नज़र आया था। बहरहाल, इस बात को भी अब पाँच साल हो चुके थे। शाहिदा और साजिद का एक बच्चा था और अब असद और ज़फ़र मियाँ की माँ भी अपनी बेटी और दामाद के साथ ही रहती थीं।

सड़क के अगले मोड़ का बल्ब भी किसी ने फोड़ दिया था। अँधेरा उसी तरह छाया हुआ था। सिर्फ़ पास की कोठी की हल्की-सी रोशनी नज़र आ रही थी और कुत्ते के भौंकने की आवाज़। मेरे क़दम धीरे-धीरे उठते रहे।

सबसे ज़्यादा हैरत मुझे असद मियाँ के उस अन्दाज़ पर होती थी, जिसके साथ उन्होंने पिछले आठ सालों में हर स्टेज पर हालात को स्वीकार किया था। एक ख़ास लापरवाही और बेनियाज़ी उनके अन्दाज़ में थी। माँ से कोई बात मनवाने में नाकाम होने से लेकर जुए में कोई बड़ी रक़म हारने और उसके बाद अब अपने एक ज़माने के यार-दोस्तों के, एक रुपए तक के इनकार को उन्होंने उसी नानकेलन्स के साथ क़बूल किया था। एक ज़माने में जो तास्सुर उनके चहरे पर, खाने में कोई नापसन्द चीज़ देखकर होता था, आज वही किसी भी दोस्त या अजनबी की झिड़की, व्यंग्य या मज़ाक़ सुनने के बाद। ज़फ़र मियाँ ने हालात से लड़ने के लिए हाथ-पैर मारे थे। अब उनके दोस्तों की महफ़िलें कम हो गई थीं, तफ़रीहें कम हो गई थीं, यहाँ तक कि कभी-कभी तो ब्यूक में पेट्रोल डलवाना भी मुश्किल हो जाता था। शहनाज़ आपा अच्छे कल की ख़्वाहिश में लॉटरियों के टिकट ख़रीदती रहती थीं, लेकिन फिर भी उनकी बदहाली एक ख़ास स्टेज तक आकर रुक गई थी। शाहिदा भी एक हरी-भरी बेल की तरह अपने सबसे क़रीब की दीवार का सहारा लेने पर मजबूर हो गई

थी। लेकिन असद मियाँ बिना किसी तब्दीली के, वक़्त के साथ-साथ नीचे बैठते गए थे। जैसे उनकी नज़रों में जो कुछ हो रहा था, सिर्फ़ वही हो सकता था। शहर के विभिन्न हिस्सों में न जाने कितने लोगों से उन्होंने झूठ बोलकर पैसे लिए थे। किसी को नायाब कारतूस लाके देने को, तो किसी को कोई और ज़रूरी चीज़ दिलाने के बहाने, किसी से बीमारी, किसी से भूख का बहाना, लेकिन किसी शर्म का तास्सुर उनके चेहरे पर कभी नहीं रहा था। यहाँ तक कि पिछले दिनों तो वह पीर-फ़क़ीरों के मज़ारों पर बैठने लगे थे—नज़र और चढ़ावे मिल जाने की उम्मीद में। जमील चोरी करना सीख गया था, लेकिन उसके चोरी करने पर असद मियाँ ने कभी कोई ऐतराज़ नहीं किया था। सारा घर उनको भूलकर, उनकी तबीयत की तरफ़ से आँखें बन्द करके ईद की तैयारियों में लगा हुआ था। ज़फ़र मियाँ के यहाँ एक हफ़्ते से घर की लिपाई-पुताई चल रही थी। शाहिदा और ज़फ़र मियाँ के यहाँ बच्चों के कपड़े सिए जा रहे थे। शीर-ख़ुर्मे के लिए सूखे नारियल घिसे जा रहे थे, बादाम-पिस्ते काट-धोकर सुखाए जा रहे थे। गरज़ यह कि हर आदमी अपनी जगह मशगूल था और असद मियाँ जैसे उन सबकी मजबूरी को समझते थे।

असद मियाँ को इन सब लोगों—बहन, भाई, माँ और दोस्तों के बीच देखकर पता नहीं क्यों मुझे हमेशा ऐसा लगता था जैसे सिर्फ़ एक असद मियाँ ही अपने मुक़ाम पर थे, और सारी दुनिया बदल गई थी।

फ़लक मंज़िल का बाहरी हिस्सा गहरे अँधेरे में डूबा हुआ था। कम्पाउंड-वॉल में जगह-जगह रख़ने पड़ गए थे और कई जगह आसानी के ख़याल से लोगों ने दाख़िले के लिए दीवार तोड़ डाली थी। दाख़िले के दरवाज़े की जगह दोनों तरफ़ सिर्फ़ सीमेंट के पिलर्स रह गए थे। सामने पोर्च में ज़फ़र मियाँ की ब्यूक खड़ी हुई थी। दाईं तरफ़ शाहिदा और साजिद का हिस्सा था, जिसके बाहर एक साइकिल खड़ी हुई थी। इसके ऊपर और आगे दूर तक फ़लक मंज़िल का हिस्सा और ज़मीन किराए पर उठा दी गई थी। अपने वकील दोस्तों के मशवरे और मदद से ज़फ़र मियाँ ज़मीन का कुछ हिस्सा मार्टगेज से बचाने में कामयाब हो गए थे। इस हिस्से पर शहनाज़ आपा ने अपना ज़ेवर गिरवी रखकर एक छोटा-सा फ़्लैट बनवा दिया था, जिसमें किराए पर कोई मिलिटरी के मेजर रहते थे। दाईं तरफ़ कम्पाउंड में घास-ही-घास थी, जो बीच में बने ख़ूबसूरत हौज़ और फ़व्वारे को जैसे निगल गई थी।

पोर्च से गुज़रकर घूमने के बाद फ़लक मंज़िल का वह हिस्सा था जहाँ असद मियाँ रहते थे। उनके कमरे की हल्की-हल्की रोशनी मुझे दूर से ही नज़र आ रही थी। दूर, सामने लगभग पचास फीट नीचे, लहरें मारता हुआ तालाब था। कमरे के बाहर लगे यूक्लिप्टस के नीचे खड़े होकर बरसात की ख़ामोश, तेज़ हवा की रातों में मैंने अक़्सर पानी की लहरों और यूक्लिप्टस की पत्तियों की थरथराहट को सुना था। इस वक़्त दोनों चीज़ें चुप थीं।

सीढ़ियाँ चढ़ने से पहले एक लम्हे के लिए मैं रुका। दूर, दाईं तरफ़ दरख़्तों और जंगली घास में घिरे लकड़ी के अध-टूटे शेड्स नज़र आ रहे थे। उस हिस्से में जहाँ की छत गिर चुकी थी या टीन की छत उतारकर बेची जा चुकी थी, किसी ऊपरी कमरे की रोशनी एक आरा-मशीन पर पड़ रही थी जो नामालूम कैसे अपनी जगह लगी रह गई थी। ऐसा लग रहा था कि कोई झुकी कमर की शबीह पनाह ढूँढ़ने के लिए वहाँ जा छुपी हो या वहाँ से पनाह पाने के लिए सर उठाए खड़ी हो। मेरी आँखों में वर्कशॉप का पुराना नक़्शा घूम गया। असद मियाँ के बाप अपने ज़माने में सूबे के सबसे बड़े लकड़ी के व्यापारी और फ़र्नीचर डीलर थे। एक ही वक़्त में कोई डेढ़ सौ कारीगर उनके शेड में काम किया करते थे।

दरवाज़ा खुला हुआ था। असद मियाँ की बेचैन निगाहें मुझ पर ठहर गईं। वह बिस्तर पर उठकर बैठ गए थे। एक पल के लिए वह कुछ सोचते से रहे फिर झपटकर उन्होंने इंजेक्शन मेरे हाथ से ले लिए।

—लगाएगा कौन?—मैंने थोड़ी हिम्मत करके पूछा।

जवाब में असद मियाँ मुस्कुराते हुए बिस्तर से उठे। खड़े होने की कोशिश में पहले तो वह डगमगाए फिर सँभलकर नंगे पैर ही अन्दर के कमरे में चले गए। थोड़ी देर बाद वह सीरेंज हाथ में लिये वापस आए और देखते-ही-देखते वह तीनों इंजेक्शन उन्हीं के हाथों, उनके ख़ून में दाख़िल हो गए। पसीने की नन्ही-नन्ही बूँदें उनके माथे पर जगमगाने लगी थीं और उनके मुँह से 'सी-सी' की आवाज़ निकल रही थी। थोड़ी देर आँखें बन्द किए, गर्दन अकड़ाए वह बिलकुल ख़ामोश बैठे रहे, फिर जब उन्होंने आँखें खोलीं तो उनमें दर्द और तकलीफ़ का तआस्सुर ख़त्म हो चुका था।

मुझे एकदम लगा जैसे मैं किसी चीज़ का इन्तज़ार कर रहा हूँ। किसी ऐसी चीज़ का जो मैं चाहता था कि न हो लेकिन फिर भी जिसका इन्तज़ार था। असद मियाँ के अगले सवाल का। वह सवाल जो मुझे मालूम था। जो मैं चाहता था वह न करे, लेकिन जो वह करनेवाले थे।

—यार, क्या किसी के पास तीन सौ बोर के कारतूस मिल सकते हैं? आबिद मियाँ को चाहिए। सुना है पीस-कोर में कोई आदमी बेच रहा है?

इसके बाद थोड़ी देर के लिए ख़ामोशी रही। असद मियाँ अब बिस्तर पर लेटकर मेरी तरफ़ करवट ले चुके थे। मैंने जैसे पहली बार देखा कि असद मियाँ के सर पर बाल बहुत कम रह गए थे। उनके सर की खाल बालों में से तक़रीबन साफ़ नज़र आने लगी थी। और फिर बालों का रंग—न सफ़ेद न काला। बिलकुल राख का-सा रंग हो गया था।

—और तुम्हारी खेती के क्या हाल हैं? मुझे लगा जैसे लहज़े में कुछ छिपा हुआ था, मज़ाक, तंज़ या कुछ और, लेकिन क्या, मैं समझ नहीं पाया?

—ठीक है, ट्रैक्टर चल रहा है। मैंने ज़रूरतन जवाब दिया।

—मेरा मशवरा मानो तो यह है कि तुम अब भी संजीदगी के साथ पढ़ डालो। क्या रखा है इस तरह खेती-वेती में। आज तो बहन है, कल भानजे बड़े हो जाएँगे तो क्या करोगे? यह सब कुछ तुम्हारे बस का नहीं है। अभी तो सब ख़ुश हैं कि बहनोई की मौत के बाद भाई, बहन और भानजों के लिए कितना कर रहा है, लेकिन धीरे-धीरे सब बदल जाएगा...अरे हाँ! यह तो बताओ—क्या तुमने कभी किसी जिन को देखा है?

—जी? मुझे यक़ीन नहीं आया।

—जिन—मेरा मतलब जिन्नातों से है। लोग नमाज़ें-वज़ीफ़े पढ़कर जिनों को अपने क़ब्ज़े में कर लेते हैं। क्या कहते हैं उन्हें?—मवक्किल! मवक्किल जिसके क़ब्ज़े में हो उसकी हर ख़्वाहिश पूरी करता है। हर काम करता है। किसी भी तरह का। आज एक साहब कह रहे थे कि उन्होंने एक ज़माने में जिनों को देखने और क़ब्ज़े में करने के लिए बड़े जतन किए। वीरानों में जा-जाकर इबादतें कीं। उजाड़ और गैरआबाद मस्जिदों में अज़ानें दीं, लेकिन उन्हें कभी कोई जिन इनसानी शक़्ल में नज़र नहीं आ सका। हाँ, एक साँप के रूप में ज़रूर नज़र आया। कोई डेढ़ बालिश्त लम्बा, बहुत ही ख़ूबसूरत लाल रंग का। वैसे ख़ुदा मालूम उन्हें यह कैसे पता चला कि वह जिन ही था, कभी तुम्हारा दिल भी चाहता है जिनों को देखने के लिए?

—जी नहीं, मुझे झुरझुरी-सी आ रही थी।

—एक ज़माने में शहर में एक पहुँची हुई औरत थी। सुना है उनके क़ब्ज़े में मवक्किल था। जाहिर है वह उनकी हर ख़्वाहिश पूरी कर सकता था, लेकिन बेचारी मरी बहुत ग़रीबी में। क्या पता, कभी क़ब्ज़े में आए तो पता चले! और असद मियाँ हँसने लगे—तुम गाँव कब वापस जाओगे? उन्होंने पूछा।

—बासी ईद को या उसके अगले दिन।

—खेतों के लिए खाद का कोई इन्तज़ाम हुआ?

—अभी तक तो नहीं।

—ओह, हाँ...वो फ़र्टीलायज़र्स कॉर्पोरेशन के शर्माजी मेरी पहचान के हैं, एकदम असद मियाँ मेरे चेहरे के बजाय कहीं और देखने लगे थे, जैसे उनकी आँखें मुझसे बचना चाह रही थीं—मैंने यूँ ही बताया। तुम चाहो तो मैं खाद दिलवा..., और उन्होंने जुमला पूरा नहीं किया।

अब असद मियाँ छत की तरफ़ देखने लगे थे। फिर एक ठंडी साँस लेकर वह बड़ी थकी आवाज़ में बोले—बस, अब तुम जाओ। मैं बिलकुल ठीक हूँ।

उनकी आँखें झिलमिला गईं।

सन्नाटे में लहरों की आवाज़ और युक्लिप्टस की पत्तियों की थरथराइट शुरू हो गई थी।

सब लोग अपने-आपको जैसे उस हादसे के लिए तैयार कर चुके थे। कमरे में पूरी फ़लक मंज़िल जमा थी।

असद मियाँ के हलक़ से अजीब-सी आवाज़ें निकल रही थीं और उनका मुँह फटकर खुल गया था। गर्दन और माथे की रगें खिंचकर उभर आई थीं और चेहरे पर नीलाहट दौड़ने लगी थी...बिलकुल वैसी ही नीलाहट जैसी बर्फ़ में दबे गोश्त में पैदा हो जाती है। सुहेला भाभी उसी प्याज़ी साड़ी में उनका सर अपनी गोद में रखे बैठी थीं और उनके चेहरे पर एक अजीब-सी वीरानी घिर आई थी। उनकी ख़ूबसूरत साड़ी में असद मियाँ का मैला चेहरा बड़ा बेमेल लग रहा था।

—यासीन शरीफ़ पढ़ो मियाँ! सैयदानी बुआ ने ज़फ़र मियाँ से कहा और ज़फ़र मियाँ झपटकर भागे। कुछ ही लम्हे बाद वह पंचसूरा हाथ में लिये कमरे में लौटे। टोपी लगाने से उनके चेहरे पर एक अजीब से सीधेपन या बेवक़ूफ़ी का तआस्सुर पैदा हो गया था। चश्मे के पीछे उनकी आँखों में बेचैनी थी। असद मियाँ के सिरहाने बैठकर वह धीमी-धीमी आवाज़ में यासीन शुरू कर चुके थे—मौत की तकलीफ़ को कम करने के लिए। कहीं से किसी की हिचकियों की आवाज़ उभर रही थी। मैंने देखा—असद मियाँ की माँ अपना सर उनके पैरों में रखे रो रही थीं।

पल भर के लिए मानो सब कुछ रुक गया। असद मियाँ का जिस्म बेहरकत हो गया था—पर सुहेला भाभी की चीख़ से पहले ही असद मियाँ ने आँखें खोल दीं, फिर बड़े मासूमाना अन्दाज़ में उन्होंने अपने चारों तरफ़ इकट्ठी भीड़ पर नज़र डाली।

ज़फ़र मियाँ यासीन शरीफ़ पढ़ना बन्द कर चुके थे। सुहेला भाभी के चेहरे पर वही तंज़िया-सी मुस्कुराहट फिर खेलने लगी थी। वह एक चमचे से असद मियाँ के हलक में पानी टपका रही थीं। मैंने घड़ी की तरफ़ देखा। रात के साढ़े बारह बज चुके थे।

—कुछ बोलो बेटा? कैसी तबीयत है?—क्या हो गया था? असद मियाँ की माँ कह रही थीं। उनकी आवाज़ ऐसी लग रही थी जैसे किसी ग्रामोफ़ोन रिकॉर्ड को कम स्पीड पर बजा दिया गया हो। आँखों से आँसू बहे जा रहे थे, जिन्हें वह दुपट्टे के पल्ले से पोंछ रही थीं। उनके एक ज़माने के नरम और नाज़ुक हाथों में दूर से ही नज़र आ जानेवाला खुरदरापन आ गया था।

ज़फर मियाँ खड़े हुए सर पर टोपी के ऐंगिल को लगातार बदल रहे थे। पंचसूरा अब भी उनके हाथ में ही दबा हुआ था। फिर सुहेला भाभी ने असद मियाँ का सर तकियों पर रख दिया। असद मियाँ की निगाहें चारों तरफ़ गर्दिश कर रही थीं। सब कुछ गहरी ख़ामोशी में डूब गया था। सिर्फ़ असद मियाँ की माँ की सिसकियाँ थीं, जो धीरे-धीरे कम होती जा रही थीं।

असद मियाँ थोड़ी कोशिश के बाद तकियों के सहारे बैठ गए। उनके चेहरे की

मुस्कुराहट हर पल गहरी होती जा रही थी। कमरे में कोई अपनी जगह से हिला तक नहीं। अचानक अपने कमज़ोर ज़िस्म के बावजूद असद मियाँ ने ख़नकती-सी आवाज़ में कहा—नहीं-नहीं, मैं बिलकुल ठीक हूँ। घबराइए मत, कुछ नहीं होगा। कम-से-कम रमज़ान की कल शाम तक तो नहीं, आप यक़ीन कीजिए। ख़ुदा मालूम असद मियाँ किससे कह रहे थे, लेकिन उनकी उस मुस्कुराहट में मुझे लगा हज़ारों क़हक़हे घिर आए थे।

फिर धीरे-धीरे लोग असद मियाँ के कमरे से रुख़सत होने लगे। थोड़ी देर बाद मैं अकेला वहाँ रह गया। सुहेला भाभी शायद अन्दर कपड़े बदल रही थीं और बच्चे सोने के लिए लेट चुके थे। मैं ख़ामोश बैठा ज़मीन पर बिछे क़ालीन को घूरता रहा। उसके डिज़ाइन, उसके रंग के बारे में सोचता रहा। थोड़ी देर में असद मियाँ को नींद आ गई और वह ख़र्राटे लेने लगे।

उठते वक़्त मैं सोच रहा था कि उस रात असद मियाँ के कमरे से शायद हर आदमी मायूस होकर वापस लौटा था।

अगली शाम साढ़े चार बजे मैं ज़फ़र मियाँ के कमरे में बैठा ईद की ख़रीदारी का बजट सोच रहा था। शहनाज़ आपा और ज़फ़र मियाँ आख़िरी रोज़े के इफ़्तार पर कहीं इन्वाइटेड थे और तन्नू शाहिदा के यहाँ चला गया था। सवेरे मैं असद मियाँ को देखने गया था और खिड़की में से उन्हें कोई किताब पढ़ता देखकर वापस आ गया था। मैं लिस्ट बना ही रहा था कि जमील भागता हुआ कमरे में दाख़िल हुआ।

—आपको अब्बू बुला रहे हैं। उसकी साँस फूल रही थी।

—अम्मी घर हैं? मैंने पूछा।

—कोई भी नहीं है।

—तबीयत कैसी है उनकी?

—वैसी ही है। सीने में दर्द हो रहा है। आपको जल्दी से बुलाया है। जमील मेरे जवाब का इन्तज़ार कर रहा था।

—तुम चलो, मैं आ रहा हूँ। पैथिडिन के लिए बुलाया होगा, मैंने सोचा और पाँच रुपए का नोट मैंने अपनी जेब में रख लिया।

असद मियाँ की हालत फिर रात जैसी हो रही थी। रंग नीला पड़ गया था, आँखों की पुतलियाँ फिर गई थीं और साँस बहुत तकलीफ़ से आ रही थी। एकदम पता नहीं क्यों मुझे डर-सा लगा, जैसे किसी सुनसान सड़क पर मैं अकेला खड़ा रह गया हूँ।

थोड़ी देर में लोग इकट्ठे होना शुरू हो गए और मैं भागता हुआ डॉक्टर को बुलाने के ख़याल से बाहर आ गया। काफ़ी दौड़ने के बाद मुझे एक टैक्सी मिली। जब डॉक्टर के साथ टैक्सी फ़लक मंज़िल में दाख़िल हुई तो बहुत देर हो चुकी थी।

शाम के लम्बे साए ज़मीन पर फैलते जा रहे थे।

कमरे में एक तरफ़ सिसकियाँ-ही-सिसकियाँ सुनाई दे रही थीं।

असद मियाँ की आँखें खुली हुईं, अजीब ढंग से कहीं देख रही थीं। कम रोशनी में लग रहा था जैसे उन आँखों में मिला-जुला ग़ुस्सा और मुस्कुराहट अब भी थी। सकते के आलम में, मैं उनके चेहरे को देखता रहा, फिर आगे बढ़कर उन खुली आँखों को बन्द कर दिया। डॉक्टर ने उनका जिस्म एक सफ़ेद चादर से ढक दिया।

· एकदम किसी चीज़ ने मेरा ख़याल असद मियाँ के मुर्दा चेहरे से अपनी तरफ़ खींच लिया। जैसे दरोदीवार हिल गए थे। कोई गोला फ़लक मंज़िल के बिलकुल ऊपर आकर फूटा था।

...दो, तीन, चार...तोपें चल रही थीं, रोज़े के इफ़्तार की...ईद के चाँद की। रमज़ान अब ख़त्म हो रहे थे।

खेल

उसके घुटने चटखने लगे थे।

अपना वज़न पीछे दरख़्त के तने से टिकाकर उसने फिर तख़्ते की तरफ़ देखा—गुस्ल देनेवाले ने हाथों में कपड़ा लपेट लिया था। नन्हे की लाश सिर से पैर तक एक सफ़ेद चादर से ढकी हुई थी। उसका चौड़ा सीना तख़्ते पर भी उठा हुआ नज़र आ रहा था।

किसी लड़के ने नीम का औंटा हुआ पानी टब में डाला था।

पिछले तीन घंटों में लोबान की बू शरीफ़ के सारे वजूद में इस तरह फैल गई थी जैसे समय के साथ उसके माथे की शिकन। गुस्ल देनेवाले ने अब नन्हे को दाईं करवट कर दिया था और मुँह पर से चादर उठा दी थी। चेहरे पर फूलन थी, जैसे हाथ पानी में देर तक डूबे रहे तो फूल जाते हैं। अनजाने ही उसने आगे बढ़कर नन्हे के माथे को छुआ—जैसे गीला कपड़ा हाथ में लग जाए। एक झुरझुरी-सी उसके शरीर में दौड़ गई।

—दाँतों के बीच रुई भर दी है,—गुस्ल देनेवाले ने मुँह का पान चबाते हुए उसकी ओर देखकर कहा था।—ताकि जो पानी पेट में भर गया है वह रिसता न रहे।

शरीफ़ को नन्हे के डूबने की ख़बर गाँव पर मिली थी जहाँ वह बोनी करा रहा था। जब वह घर पहुँचा, तो फ़ायर ब्रिगेड वाले तालाब में लाश ढूँढ़ने में कामयाब हो चुके थे और लाश घर लाई जा चुकी थी। मौत की सनसनी कुछ देर रही, लेकिन लाश निकल आने के बाद चीज़ें सब रूटीन थीं। नन्हे बरसों से उनका नौकर था। पम्मो, उसकी बीवी, मायके से ही नन्हे को अपने साथ लाई थी और फिर धीरे-धीरे वह शरीफ़ के घर का ही हो गया था। खाना पकाने से लेकर रात को खलिहान की पहरेदारी तक हर काम के लिए उस पर भरोसा किया जा सकता था। अब कफ़न-दफ़न सब कुछ शरीफ़ को ही करना था। जब वह गाँव से लौटा था तो पम्मो फूट-फूटकर रो रही थी।

कफ़न का कपड़ा नहलाई जाती लाश के बाज़ू में पलंग पर रखा था और उसी के पास एक पुड़िया में लिपटा काफ़ूर और इत्र की शीशी।

धूप कम होने के साथ-साथ सर्दी बढ़ रही थी। किसी गरम कपड़े के ख़याल से शरीफ़ घर की ओर मुड़ा तो उसका कन्धा बाज़ू में उभरे सेप्टिकटैंक के चिमनीनुमा पाइप से टकरा गया। सँभलकर वह आगे बढ़ा।

—हर चीज़ में यही हाल था! उस दिन साँप मारते देखा था?

—यही तो! कितनी बार समझाया—पट्ठा किसी की सुनता कब था?

—उम्र क्या रही होगी?

—बीस-इक्कीस।

—तौबा, तौबा!

आम के दरख़्तों के नीचे कुछ लोग जमा थे। एक-दो के हाथ में सिगरेटें थीं और कुछ पान चबाते हुए एक-दूसरे से नीची आवाज़ में बातें कर रहे थे। कुछ शरीफ़ के रिश्तेदार और कुछ पड़ोसी।

—शरीफ़ भाई, शफ़ीक़ मियाँ का फ़ोन आया है। पूछ रहे हैं कि जनाज़ा कब जाएगा? किसी ने आकर बताया था। बूढ़े शफ़ीक़ मियाँ, शरीफ़ के पड़ोसी।

—हैलो...शफ़ीक़ मियाँ? देखिए जनाज़ा आठ बजे तक उठेगा। वह...असल में हमारी मोटर कारख़ाने में पड़ी हुई है। जनाज़ा ले जाने के लिए क्या आपकी जीप... ? उसने धीरे-धीरे कहा था।

—मियाँ...आप अगर थोड़ी देर पहले फ़ोन कर देते। दरअसल बच्चे अभी कहीं जा रहे हैं। क्या आपकी दोनों गाड़ियाँ नहीं हैं?

—ट्रैक्टर-ट्रॉली है। ख़ैर, आप रहने दीजिए। उसने रिसीवर रख दिया।

पम्मो उदास नज़रों से उसकी ओर देख रही थी। स्वेटर की आस्तीन में छोटे-छोटे सूराख़ थे और घना मुलायम रुआँ जगह-जगह से ग़ायब हो गया था। वह ग़ुस्लख़ाने की ओर मुड़ गया। अन्दर ठंड थी। तहख़ाने जैसी ठंड और सीलन। नल से पानी प्लास्टिक के बड़े टब में टपक रहा था। बिजली की पीली रोशनी में शरीफ़ ने ख़ुद को आईने में देखा। लगा वह फूट-फूटकर रो देगा।—क़ब्र-ठंडी और सीली हुई। आख़िरी पत्थर के पटियों के साथ बन्द हुई थोड़ी-सी रोशनी और कभी न ख़त्म होनेवाली ख़ामोशी।

मुँह पर छींटे देते हुए ठंडा पानी सुइयों की तरह चुभा था। तौलिए से हाथ-मुँह पोंछता शरीफ़ बाहर आ गया।

दूर कहीं बहुत-सी आवाज़ें क़ुरान की तिलावत कर रही थीं—गुन-गुन करती बहुत-सी आवाज़ें।

...तब शायद शरीफ़ सात-आठ वर्ष का रहा होगा। घर में वह सबसे छोटा था और उसके दिमाग़ में अब्बा की जो पहली तस्वीर थी, उसमें भी उनकी दाढ़ी सफ़ेद हो चुकी थी। अम्मी को उसने देखा ही नहीं था। कहते हैं उसकी पैदाइश में ही वह

ख़त्म हो गई थी। बड़े भाइयों और बहनों की शादियाँ हो चुकी थीं और कुछ के तो बच्चे भी उसी की उम्र के थे। शरीफ़ से डेढ़ साल बड़ी एक बहन थी—मैना। सब प्यार से उसे मैना कहा करते थे, शायद इसलिए कि बहुत कम उम्र में ही उसने बिलकुल साफ़-साफ़ बोलना शुरू कर दिया था। बिलकुल दुबली, बेहद कमज़ोर मैना, जिसके बाल बड़ी आपा एक ख़ास ढंग से पीछे की तरफ खींचकर बाँधा करती थी। मैना हमेशा बीमार रहा करती थी। उसका पेट निकल आया था और शरीर कमज़ोर हो गया था। डॉक्टर-हकीम उसे देखने आते रहते। उसे मिट्टी खाने का शौक़ था और मिट्टी उसके लिए बहुत नुक़सानदेह थी। पूरा घर इसी देखभाल में लगा रहता कि मैना मिट्टी न खा पाए। घर के आँगन में अब्बा ने सुर्ख़-मुर्रम बिछवा दिया था, क्यारियों के आस-पास नोकदार वायर थे, लेकिन मैना सबकी नज़रें बचाकर किसी-न-किसी तरह मिट्टी खा लेती थी। उसे हर काम बहुत सँभालकर करने की आदत थी। कपड़े की कतरनें, काग़ज़ के टुकड़े, अब्बा के दिए हुए पैसे, हर चीज़ जोड़ती रहती थी। एक दिन मैना के गुड्डा-गुड़ियों में शरीफ़ को वह चॉकलेट का डिब्बा मिला था—पूरा चॉकलेटों से भरा हुआ। मुट्ठी भर चॉकलेट चोरी से अपनी जेब में डालकर खाने के ख़याल से वह घर के बाहर आ गया था। नज़रें इधर-उधर दौड़ाते हुए उसने एक चॉकलेट खोलकर मुँह में डाली ही थी कि सारे मुँह में मिट्टी किरकिराने लगी। उसने चॉकलेट की पन्नी को बहुत निराशा से देखा, लेकिन बहुत कोशिश करने पर भी घरवालों को यह नहीं बता पाया कि मैना चॉकलेट की पन्नी में मिट्टी छिपाकर खाती है। थोड़े दिन बाद मैना का चलना-फिरना भी बन्द हो गया। फूला हुआ पेट, धँसी हुईं आँखें, काला रंग लोग बराबर उसकी देख-रेख में लगे रहते। और फिर एक दिन...

शरीफ़ ने घड़ी की ओर देखा-साढ़े आठ! दूर ट्रैक्टर की रोशनी नज़र आ रही थी। ट्रॉली में नन्हे का ताबूत था। यहाँ से क़ब्रिस्तान तक जनाज़ा कन्धों पर ले जाना था, नमाज़ होनी थी और फिर दफ़न। आस-पास गिनती के लोग थे जो यहाँ तक कार या स्कूटर से आकर उसकी ही तरह जनाज़े का इन्तज़ार कर रहे थे।

आस-पास का सारा कुछ शरीफ़ के लिए जाना-पहचाना था। यहाँ से दाहिने सड़क पर थोड़ा आगे चलकर अब्बा वाला घर था। लगभग एक फर्लांग दूर अँधेरे में मस्जिद की काली-काली मीनारें बुलन्द नज़र आ रही थीं। इसी मस्जिद से मिला हुआ क़ब्रिस्तान था जहाँ नन्हे को दफ़न करना था। बचपन में शरीफ़ इसी मस्जिद के मदरसे में क़ुरान पढ़ने आया करता था।

ट्रैक्टर उसके सामने आकर रुक गया।

शरीफ़ कन्धा देने से हमेशा कतराता था। लेकिन आज...आस-पास थे ही कितने लोग। उसके अपने रिश्तेदारों में से ही कौन था। और शायद ठीक भी था। नन्हे उसका ही नौकर था। क्या पता जीते जी भी किसी ने उसकी मौजूदगी कभी

महसूस की थी या अब मौत ही उसकी मौजूदगी का एहसास बनी है?

नमाज़ के बाद जनाज़े को क़ब्र की ओर ले जाया गया। शरीफ़ ने नज़रें घुमाईं—बाहर से क़ब्रिस्तान की फ़सील ज्यों-की-त्यों नज़र आती थी लेकिन अन्दर से पुरानी मस्जिद का नक़्शा ही बदल गया था। क़ब्रिस्तान के काफ़ी हिस्से के ऊपर मस्जिद का सहन फैल गया था और अब मस्जिद काफ़ी बड़ी हो गई थी। इस क़ब्रिस्तान के ख़याल से ही शरीफ़ के दिमाग़ में हमेशा दानवाकार घने बरगद और बड़ के दरख़्त घूम जाते थे और ज़मीन पर उलझी बेशुमार झाड़ियाँ। मस्जिद से सबक़ ख़त्म करके वह नाक की सीध में देखता तेज़-तेज़ सड़क पर आ जाता था। लेकिन इस समय ऊपर खुला आसमान साफ़ नज़र आ रहा था। सिर्फ़ फ़सीलों के क़रीब कुछ अध-सूखे मोटे-मोटे दरख़्त रह गए थे। पेट्रोमैक्स की रोशनी में भी ज़मीन पर उगी हुई झाड़ियाँ उतनी घनी नहीं लग रही थीं, जितनी याददाश्त में थीं। दाईं ओर मोटरें ठीक करने के कारख़ाने बन गए थे और दो-तीन धूल और जंग से अटी मोटरें पत्थर से टेकों पर खड़ी हुई थीं। बाजू में एक ट्रक की बॉडी बनाई जा रही थी। बढ़ई लकड़ी पर रंदा कर रहे थे और एक आदमी हाथ में शील्ड लिये ट्रक के किसी हिस्से को वेल्ड कर रहा था।

क़ब्र के आस-पास लोगों का घेरा था। मैयत क़ब्र में उतारी जा रही थी।

शफ़ीक़ मियाँ घेरे की पिछली लाइन में थे। वेल्डिंग लाइट्स के झमाकों में उनका चेहरा रह-रहकर रोशन हो जाता था।

...बड़ी फफू...दोहरी कमर, भँवों तक के सफ़ेद बाल, झुर्रियों से पटा हुआ चेहरा, हाथ और पैर : न कोई औलाद न घर। अब्बा को ही उन्होंने अपने बेटे की तरह पाला था। उनकी आख़िरी उम्र में सिर्फ़ एक तमन्ना थी कि मरते समय होंठों पर ख़ुदा का नाम हो। जिस रात उनकी तबीयत ख़राब हुई सारा घर उनके आस-पास इकट्ठा था। होश में आते ही उन्होंने अब्बा का नाम लेकर पुकारा, लेकिन अब्बा को पहचान नहीं पाईं। अब्बा उन्हें आवाज़ें देते रहे और वह अब्बा को पुकारती रहीं। फिर एकदम से फुरेरी लेने के बाद उन्होंने अब्बा को पहचान लिया। उस समय उनके हलक से एक खर्राटे जैसी आवाज़ निकलने लगी थी। कान लगाकर उन्होंने अपनी ही आवाज़ को ग़ौर से सुना—क्या बेटा कहीं घुँघरू बज रहे हैं? उन्होंने अब्बा से पूछा। सब हैरान रह गए थे। अब्बा ने लाख कोशिश की कि वह कलमा पढ़ लें, लेकिन धीरे-धीरे उनकी आँखें बन्द होती गईं और वह कलमा नहीं पढ़ पाईं...

नन्हे की मैयत क़ब्र में उतारी जा चुकी थी। पटिए बराबर किए जा रहे थे। मिट्टी बेहद ठंडी थी।

फ़ातिहा के लिए हाथ उठाते हुए शरीफ़ ने सुना—शायद फ़िल्म का शो छूटा था। लोग ज़ोर-ज़ोर से गाते हुए सड़क पर से जा रहे थे। कुछ सिरफिरे हँस रहे थे,

अजीब तरह की आवाज़ें निकाल रहे थे। सन्नाटे में सड़क पर पड़ते क़दमों की आवाज़ बिलकुल साफ़ सुनाई दे रही थी।

वह अकेला रह गया था। उसके सारे क़रीबी लोग उसका साथ छोड़ गए थे। बचपन, नौजवानी और जवानी—तीनों उन चेहरों से जुड़े हुए थे जो अब नहीं थे। सारी यादें किसी-न-किसी मरे हुए इनसान तक जाकर ख़त्म हो जाती थीं। मैना...फफू... सल्लू...समीर...अन्नू भाई...आबिद...जिम्मी...सीमा...बाला...शफ़ी मियाँ और सिकन्दर...ज़िन्दगी से मौत की ओर फैलती जंजीर की कड़ियाँ। हर नई मौत पर उसकी गुज़री हुई ज़िन्दगी किसी आँधी में उड़कर आँख में जा गिरे तिनके की तरह खटकने लगती थी। एक-एक चेहरा किसी सवालिया निशान की तरह उससे कुछ पूछने लगता था।

लगा, वह एक बड़े से क़ाफ़िले के साथ था जिसमें से सारे जाने-पहचाने चेहरे कहीं ग़ायब हो गए और अनजाने आकर मिल गए। जब वह चला था तो आगे बहुत से लोग थे जो देखते-ही-देखते खो गए और बहुत सारे अनजाने पीछे से आकर मिल गए। क़ाफ़िला न तो लम्बा हुआ न छोटा, बस वह ख़ुद ही आगे की ओर बढ़ आया था। या जैसे कोई खेल हो रहा था जिसमें म्यूज़िक की आवाज़ पर लोग दौड़ रहे थे। इसलिए कि बैठने की कुर्सियों में से एक और कम हो गई थी और इस राउंड में फिर कोई आउट होनेवाला था। म्यूज़िक बन्द होगा, तालियाँ बजेंगी, क़हक़हे गूँजेंगे और कोई एक और शर्मिन्दा चेहरा भीड़ में खो जाएगा...।

वह बहुत थक गया था। भागने की ताक़त ख़त्म हो चुकी थी।

घर अँधेरे में डूबा हुआ था। ख़ामोशी में हवा के हल्के झोंको के साथ दरख़्तों की शाख़ें सरसराती हुई बरामदे पर डोल जाती थीं, उसके बाद फिर वही ख़ामोशी। थके क़दमों सीढ़ियाँ चढ़ता शरीफ़ ऊपर तक आया। अन्दर दालान में फ़र्श पर बसतनी बिछी हुई थी और लोग खाने का इन्तज़ार कर रहे थे...वही सब लोग जो जनाज़े के साथ क़ब्रिस्तान तक गए थे। एक पल को उसकी नज़रें बसतनी पर खाना लगाती पम्मो से मिलीं और फिर वह अपने कमरे की तरफ़ मुड़ गया।

अन्दर कमरे में बल्ब की फैली हुई रोशनी में उसकी नज़रें दीवार से लगी लम्बी-सी वार्डरोब पर ठहर गईं। क़तार से टँगी हुई कमीज़ें-गहरे चौखाने, शोख़ बोलते हुए रंग और संजीदा हल्के रंगों के कपड़े। बीच-बीच में कुछ ख़ाली हैंगर्स लटके रह गए थे।

वह लाइट ऑफ़ करके बिस्तर पर बैठ गया। सिर्फ़ दूर कोने में लैम्प की रोशनी शेड और अँधेरे में उलझी रह गई थी। धुँधलके में उसने अपने हाथों को देखा-दफ़न के बाद शायद हाथ पूरी तरह धुल नहीं पाए थे और नाख़ूनों के अन्दर और आस-

पास मिट्टी जमी रह गई थी। दोनों हाथों के नाख़ूनों के आस-पास मिट्टी की हल्की-सी काली लाइनें थीं—ठीक उस जगह जहाँ नाखून गोश्त से जुदा होता है।

—कल वह नहीं होगा, शरीफ़ ने तय किया।—कल वह ख़ुद इस सबसे आगे निकल गया होगा। इस रोशनी और अँधेरे से आगे।

एकदम बहुत-सी छोटी-छोटी बातें उसे परेशान करने लगीं।—जब वह छोटा था तो कई बार उसने अब्बा की जेब से पैसे चुराए थे। मामू मौत से पहले जब बीमार पड़े थे तो वह उन्हें देखने नहीं जा पाया था। एक बार अब्बा के एक दोस्त उसके लिए फल लाए थे जिन्हें उसने लेने से मना कर दिया था। मना करते हुए जैसा उसे लगा था वह आज तक नहीं भूल पाया।...सैकड़ों बेमतलब की चीज़ें एकदम उसे बेचैन करने लगी थीं...कल वह नहीं होगा...कल सूरज निकलने से पहले।

लेटे-लेटे जाने कब उसकी आँख लग गई और पम्मो ने उसे आवाज़ देकर जगाया।—आप खाना नहीं खाएँगे? उसका माथा सहलाते हुए पम्मो ने पूछा था—रात के दो बज चुके, सब चले भी गए। आप कब यहाँ अन्दर आकर लेट गए?

पम्मो सिरहाने बैठकर उसका सिर दबाने लगी थी। वह चुपचाप लेटा अपने दिल की धड़कन गिनता रहा था।

—थक गए? पम्मो ने धीरे से पूछा और उसके पीछे गिरी रज़ाई को ठीक किया। शरीफ़ को चुप देखकर पम्मो ने अपने हाथों से उसका चेहरा अपनी ओर किया और बोली—कभी-कभी कैसे सब कुछ हो जाता है। सोचो, कल रात नन्हे इसी छत के नीचे था और उसके होने से कितना इतमीनान था। चौबीस घंटे में सब कुछ बदल गया! आपको कितने बजे पता चला था? पम्मो की आवाज़ फिर से टूटने लगी थी।

—चार बजे, शरीफ़ ने बहुत बेज़ारी से कहा—अब इस वक़्त तो सो जाओ।—और उसने करवट बदल ली।

कुछ देर पम्मो वैसे ही उसके बाजू में बैठी रही फिर उठकर चली गई। थोड़ी देर बाद शरीफ़ ने स्विच ऑफ़ होने की आवाज़ सुनी और फिर अँधेरे में ही पम्मो उसके बाजू आकर लेट गई।

—सो गए? थोड़ी देर की ख़ामोशी के बाद पम्मो ने अपना हाथ उसकी कमर पर रखते हुए कहा था।

शरीफ़ ने जवाब नहीं दिया। पम्मो कुछ और पास खिसक आई, फिर बहुत आहिस्ता से शरीफ़ के एक कान पर होंठ रखकर कुछ फुसफुसाई।

—सो जाओ! शरीफ़ ने आजिज़ी के साथ कहा।

—क्या नींद आ रही है?

—हाँ!

—इतनी जल्दी।

शरीफ़ फिर भी चुप रहा तो पम्मो ने उसका हाथ खींचकर प्यार से चूमा, फिर नीचे ले जाकर अपने पेट पर रख लिया। अचानक जाने क्या हुआ कि शरीफ़ हड़बड़ाकर उठ बैठा। थोड़ी देर अँधेरे में ही वह उसकी ओर देखता रहा, फिर तेज़ी से उसके दोनों कन्धे पकड़कर दबाए और एक सेकंड बाद छोड़ दिए। पूछा—यह कब मालूम हुआ?

—आज। शक तो मुझे पहले से ही था, लेकिन डॉक्टर ने आज तसदीक़ कर दी है।

—कितने महीने?

—तीन।

—तीन? कहते हुए शरीफ़ के ज़हन में क्षण भर को शाम, उसमें गुज़रा हुआ हादसा और उस खेल की याद बिजली की तरह कौंधी, फिर वह उठकर खड़ा हो गया और बत्ती जलाकर पम्मो की ओर देखने लगा। बड़ी देर तक वह इसी तरह देखता रहा, जैसे अरसे बाद कहीं से लौटकर उसे पहचानने की कोशिश कर रहा हो। थोड़ी ही देर बाद दोनों में इस बात की छीना-झपटी हो रही थी कि होनेवाले बच्चे का क्या नाम रखा जाए।

छोटी-छोटी चीज़ें

वह बस भी बिना रुके गुज़र गई थी और रोमा को अब ग़ुस्सा आ रहा था।

एक आदत की तरह हो गया था! रोज़ घर पहुँचने से पहले स्कूल से बस-स्टैंड की दौड़ और बस का इन्तज़ार, स्टॉप पर खड़े-खड़े बिना रुके गुज़रती बसों की बारात, उलझन, ग़ुस्सा और फिर घर पहुँचते-पहुँचते वह सब कुछ भूल जाती। स्कूल में बच्चों के बेतुके सवाल, वह गन्दा रजिस्टर जिसमें उसकी अपनी लिखावट में बच्चों के नाम थे और सारे रजिस्टर में पी. और ए. का सफ़ा-दर-सफ़ा फैला सिलसिला। उसे कुछ भी याद न रहता। पलंग पर गिरकर उसके दिमाग़ में सिर्फ़ चाय का ख़याल आता था। और कल क्या हुआ था?

कुछ भी नया नहीं था। दोनों कल उसके लिए कितने एक जैसे हो गए थे। घर तक पहुँचते-पहुँचते अक़सर बस ख़ाली होने लगती थी। बस में पसीने की बू... इतनी गरमी शहर में पहले कभी नहीं पड़ी थी। मर्करी! उसे हँसी आ गई—थर्मामीटर्स में भी असली मर्करी था या उसमें भी कुछ मिलावट...

चौथे स्टॉप तक उसे बैठने की जगह मिल गई। संजू ने अगले स्टॉप पर बस में मिलने को कहा था। भीड़ कम थी। ढलान पर लुढ़कती बस धीरे-धीरे स्टॉप तक पहुँचकर ठहर गई। संजू उसे दूर से ही नज़र आ गया था। बस में सवार होकर धीरे-धीरे वह उसकी सीट तक आया और उसके पास बैठ गया।—हाँ! कुछ छिन गया है। —जैसे कोई न दिख सकनेवाली चीज़ संजू के वजूद से ग़ायब हो गई हो। पहली बार इतने अरसे के बाद कल जब उसने संजू को देखा था तो रोमा की आँखें उसमें कुछ ढूँढ़ती ही रह गई थीं—कोई चीज़ जो वक़्त और दूरी मिलकर भी नहीं छीन पाते...

—यह तुम्हें क्या हो गया?—वह कहना चाहती थी, लेकिन अन्दर कहीं उसे एक आवाज़ सुनाई दी। जैसे दो रेतीले पत्थरों को आपस में रगड़ने से होती है। हर लम्हा रेत में बदलते पत्थरों के रगड़ने से।

उसने देखा संजू जबरन मुस्कुराने की कोशिश कर रहा था।

—तुम्हें इन्तज़ार करना पड़ा, मगर मैं क्या करूँ, ये बसें...

—क्या समझती हो? मैं एकदम फ़ालतू हूँ! संजू एकाएक फट पड़ा था—कोई हद होती है? क्या मुझे ग़ुलाम समझने लगी हो जो इस तरह सिनेमा के बाहर इन्तज़ार कराके मुझे ज़लील किया? भाड़ में गई तुम, भाड़ में गई फ़िल्म!

...उसे याद आया उसने संजू को हर तरह मनाने की कोशिश की थी। उन्होंने फ़िल्म नहीं देखी थी। वह मिन्नतें करती रही थी और संजू ने उसकी तरफ़ एक बार देखा तक नहीं था। उस रात उसने रोते-रोते संजू के पैरों पर सिर रख दिया था। उस रात, सात साल पहले...

—कुछ काम हुआ?

—हाँ, कहा तो है।—संजू ड्राइवर के पंजे में दबे गियर-बार को देख रहा था।

—फिर?

—कल चला जाऊँगा।

आगे मोड़ था। ड्राइवर ने बस धीरे कर दी थी। वह दोनों साथ उतरे थे।

दरवाज़ा खुलते ही हवा में लहराता हुआ पर्दा रोमा के गिर्द लिपट गया।

—आओ, उसने कहा।

संजू बाहर ही खड़ा नेम-प्लेट को घूर रहा था। रोमा की आवाज़ से जैसे वह चौंका, फिर परदे से उलझता हुआ अन्दर आ गया। बैठने का कमरा—उसकी नज़रें चीज़ों पर फिसल रही थीं—किताबें, मामूली-सा सोफ़ा, दीवार पर फ़्रेम में जड़ी तस्वीरें, रेडियो...

—तुम ज़रा बैठो, रोमा ने टेबिल-फैन ऑन करते हुए कहा।—मैं अभी आती हूँ।

वह अन्दर चली गई थी।

संजू की नज़रें किसी चीज़ पर ठहर गई थीं—पीतल के पाइपों की वह गोल क़तार जो बारीक धागों के सहारे लटकी हुई थी—एक ऐसे कोने में जहाँ हवा उसे न छू पाए।

—क्या कर रहे हो!—कहीं अन्दर से रोमा की चीख़ती-सी आवाज़ उसके कानों तक पहुँची।

खन्-खन्-खन्...हवा में एक-दूसरे से टकराकर बजते पाइपों से निकलती घंटियों-सी आवाज़ और उसका वह मचलता हुआ सिलसिला...

रोमा ने तेज़ी से बाहर आकर पूछा था—क्या कर रहे हो?

—देख रहा हूँ अब कैसा लगता है!—उसने जैसे तल्ख़ी से जवाब दिया था।

...क्या ऐसा नहीं लगता जैसे इन आवाज़ों के सहारे तुम घर पहुँच गई हो। मज़बूत दीवार, पुख़्ता छत और जैसे तुम्हारे आस-पास बच्चे हँस रहे हों, आँगन में खेल रहे हों। इन आवाज़ों को सुनकर तुम्हें ऐसा नहीं लगता?—सालोंसाल पहले संजू ने इन पाइपों को ख़रीदकर उसे देते हुए पूछा था...

—नहाना चाहो तो तौलिया रख दूँ? रोमा कह रही थी।

अन्दर बाथरूम में पानी बहने की आवाज़ आने लगी थी। संजू कल चला जाएगा, यह उसे याद था। पिछली बार, पाँच साल पहले संजू बग़ैर उससे मिले चला गया था। वह उसके लिए एकदम बेमतलब हो गई थी और उसके साथ ही वे तमाम लम्हे, रात और दिन जो उन दोनों के साथ बिताए थे। वह हफ़्तों रोई थी और फिर धीरे-धीरे उसे लगा था, जैसे होना यही था। संजू ने अगर किसी दूसरी औरत से शादी कर ली थी तो इसमें ग़लत क्या था? वह रोमा से उम्र में कम-से-कम पाँच-सात साल छोटा था और फिर उसने उससे कभी कोई वादा नहीं किया था। शादी जैसी बात उन दोनों के बीच निकली ही कब थी। यह सपना तो उस अकेली का था जो संजू से तो वह कभी कह भी नहीं पाई थी। और कह भी देती तो क्या वह उसका कहा मान ही लेता! अब सोचने पर सब कुछ बिलकुल फ़िल्मों का सा लगता है—डायरेक्टरेट में संजू से मुलाक़ात, क़रीब होना, संजू का उसके घर आकर रहने लगना, दिन-रात का साथ और फिर एकदम यह ख़बर कि उसने शादी कर ली और उसका ग़ायब हो जाना। महीनों संजू के कपड़े रोमा के घर में वैसे ही टँगे रहे थे, फिर उसने उन्हें तह करके रख दिया था। डेढ़ साल गुज़र जाने के बाद रात को गश्त करनेवाले नेपाली को दे दिए थे। और इन तमाम सालों में सफ़ेद चॉक थी जो ब्लैकबोर्ड पर घिसती रही थी।

—खाना बाहर खाएँगे।—संजू के बाहर आते ही उसने कहा। संजू के बाल पानी से भीगे हुए थे और आँखें जैसे बहुत गहरी होकर सूख गई थीं।

होटल में घुसते ही कूलर की ख़ुशगवार ठंड ने उन्हें घेरे में ले लिया।

—कछ पियोगे?—डाइनिंग हॉल में दाख़िल होते हुए रोमा ने संजू से पूछा।

—तुम?—संजू ने उन्हीं ख़ाली नज़रों से उसकी ओर देखते हुए कहा।

—ज़हे-नसीब! रोमा के अंदाज़ में व्यंग्य-सा था। वे बार की ओर मुड़ गए।

यही क़ालीन, ये ही मेज़-कुर्सियाँ, यही बार—कितना समय उन्होंने यहाँ इकट्ठे बिताया था।

—जीना नहीं आता!—वह कहा करता था।—इन सालों को जीना नहीं आता!—बार में बैठे लोगों की ओर इशारा करते हुए—फ़कीरचन्द कमाना जानते हैं, ख़र्चना नहीं! बार में भी बही-खातों के फ़िगर्स सालों के चेहरे पर लिखे रहते हैं! पहन नहीं सकते, खा नहीं सकते, पी नहीं सकते तो फिर साले ज़िन्दा क्यों हैं?...

—इस तरह बार में आने-जाने पर अब तुम्हारी प्रिंसिपल को ऐतराज़ नहीं होता?— वह पूछ रहा था। क्षण भर, वह उसकी ओर देखती रही।

—हाँ, शायद जवानी और बुढ़ापे में यही फ़र्क़ है! मालूम है—मैं अब चालीस साल की हूँ?—कहने के साथ ही उसे लगा उसे ख़ुद पर कंट्रोल रखना चाहिए।

वह दूर दीवार पर टँगी पेंटिंग की तरफ़ देख रहा था। क़रीब की दोनों टेबिल्स ख़ाली थीं। कुल मिलाकर बार में आने-जाने वालों का सिलसिला अभी शुरू नहीं हुआ था।

—सुनो! साहब के लिए सिगरेट लाओ। रेड-एंड-व्हाइट, ठीक? इतनी देर से वह उसकी उँगलियों में सिगरेट ढूँढ़ रही थी। वह ख़ास बेफ़िक्री से सिगरेट पीने का अन्दाज़, मुँह से निकलते धुएँ के भर-मदग़ोले—यह सब संजू पर कितना अच्छा लगता था। और लगता हो या नहीं, रोमा कम-से-कम यही देखना चाहती थी।

बियर-गिलास-पन्द्रह मिनट।

रोमा को अच्छा लगने लगा था।—सफ़ेद वर्दी, सफ़ेद टोपी, लाल बेल्ट्स पहने वेटर्स—कल वह स्कूल जाएगी...

—वेटर! संजू पहली बार वेटर को बुला रहा था।

—तुम व्हिस्की लोगी? उसने बिना देखे रोमा से पूछा था।

—टू व्हिस्कीज!

व्हिस्की की बात ही कुछ और होती है। बियर तो कंडीशनर है, किसी भी तरह की शराब क़बूल करने के लिए जिस्म को कंडीशंड करती है।

रोमा को सामने बैठा संजू अच्छा लगने लगा था। उसके जिस्म के अंधे कुएँ में सूरज उगने लगे थे। अभी थोड़ी देर में वह उठेगा, उससे माफ़ी माँग लेगा। वे तमाम साल इन दिनों, इस शाम में हल्के लगने लगे थे। वह अभी उठेगा, उसकी कमर के गिर्द हाथ डालेगा। उसका स्पर्श—उसका कमर के गिर्द हाथ...

वह सिगरेट जला रहा था।

—बाहर चलें, यहाँ घुटन-सी है।—उसने गिलास ख़ाली करते हुए कहा था।

ड्राइंग-रूम से उस झूमर के पाइपों के खनकने की आवाज़ आ रही थी।

संजू रोमा के बाजू में लेटे-लेटे जाने कब सो गया था। बाहर उगे नीम की शाख़ें लहराकर खिड़की के पल्ले से टकरा रही थीं। अभी थोड़ी देर बाद जब रोशनी फैलनी शुरू होगी, वह उठेगा, फर्श पर बिखरे उसके कपड़े, जूते—रोमा ने हाथ से टटोलकर महसूस किया।—जूते वहीं पलंग के पास थे, वह इन्हें पहनेगा, फिर यहाँ से निकल जाएगा। यह एहसास, रोमा ने धीरे-धीरे संजू के सीने को सहलाया। संजू के बालों भरे सीने पर अठखेलियाँ करती उसकी उँगलियाँ, संजू बेख़बर सो रहा था। अँधेरे में हल्के-हल्के खर्राटे टेबिल-फैन की आवाज़ के ऊपर सुनाई देने लगे थे। रोमा ने अपनी आँखें ज़बरदस्ती बन्द करना चाहा। लगता था पिसा हुआ काँच पपोटों में भर गया हो...!

अँधेरे में नपे-तुले वक़्त के बाद उभरते उसके खर्राटे। रोमा ने दूसरी ओर मुँह फेर लिया।

—शादी और बीवी और शादीशुदा ज़िन्दगी...

—मैं दफ़्तर से सीधे घर आता था, संजू ने उसे बताते हुए कहा था।

—मैंने शराब छोड़ दी थी, सिगरेट पीना भी बन्द कर दिया था।—बाप बनने का अहसास...हॉस्पिटल...दवाएँ...दूध।—मुझे बीवी और बच्चे के लिए कुछ भी करना बहुत अच्छा लगता था।—उधार लेकर भी।

सुबह होने से पहले अँधेरा एकदम गहरा हो जाता है। रोमा ने आँखें फाड़कर अपने चारों ओर देखने की कोशिश की। अँधेरे में यहीं कहीं दीवारें हैं, ऊपर छत है और उसे मालूम है सामने मेज़ है, जिस पर उसका मेक-अप का मामूली सामान है और पास में वह अलमारी जिसमें उसके पहनने के कपड़े हैं। सुबह से पहले वाले गहरे अँधेरे में उसकी आँखें कितनी बेकार हो जाती हैं।

—मुन्ना पैर चलाना सीख रहा था। मैं और बीवी उसके लिए एक-एक बेबी-वाकर ख़रीदना चाहते थे। हर बार कोशिश करने के बाद भी पैसे किसी दूसरे काम में उठ जाते थे। शायद सारी तनख़्वाह राशन में ही खत्म होने लगी थी। उस शाम मैं घर पहुँचा तो अन्दर दालान में एक बेबी-वाकर रखा हुआ था। पता चला शर्मा—मेरा एक क़रीबी दोस्त घर आया था और उसी समय मुन्ना पाँव-पाँव चलने की कोशिश में गिर पड़ा था, ख़ून निकल आया था। उसने उसी समय बाज़ार जाकर एक वाकर मुन्ने को दिला दिया। मैंने भी सोचा ठीक है, शर्मा से मेरे कितने गहरे सम्बन्ध हैं, बिलकुल भाइयों जैसे। लेकिन थोड़ी ही देर में वह बात जो मुझे महीनों से तंग कर रही थी धीरे-धीरे बिलकुल नंगी होकर सामने आ गई। हमें सिलाई की मशीन की ज़रूरत है, महीनों की कोशिश के बाद भी मैं नहीं ख़रीद पाता। दो दिन के लिए बीवी के भाई घर आते हैं, मशीन दिला जाते हैं। दिन भर अकेले उसका दिल घबराता है, अगर घर में रेडियो— ! मैं सोचता रहता हूँ, मेरा छोटा कज़न घर आता है और बहुत इतमीनान से अपना ट्रांजिस्टर उसे भेंट कर जाता है। हमारे यहाँ बिजली की इस्तरी नहीं। उसे कोयले दहकाने में उलझन होती है। किसी पड़ोसी की मेहरबानी से वह रोज़ बिजली की इस्तरी इस्तेमाल करती है। फ़िल्म-तफ़रीह-ज़रूरत वह तमाम छोटी-छोटी चीज़ें जिन पर मेरी रोज़ की जिन्दगी और ख़ुशियों का दारोमदार था, सब इसी तरह पूरी हो रही थीं और उनमें मैं कहीं नहीं था। अपने ही घर में कहीं नहीं...

रोमा ने धीरे से टटोला। अँधेरे में सोता हुआ संजू, और थोड़ी देर पहले जागता हुआ ...रोमा के जिस्म पर जगह-जगह उसकी बढ़ आई दाढ़ी का स्पर्श...रेंगती-सी चींटियाँ...थोड़ी देर पहले लगा था वह वही संजू है।

—मैंने कुछ ट्यूशंस कर लीं...सब पैसे हाथ से मुँह तक आने में ही ख़त्म हो जाते थे...धीरे-धीरे शो-केसों में जमे खिलौने, अच्छे कपड़े पहने औरतें और ऊँची बिल्डिंगों पर चमकती रोशनियाँ मुझे थकाने लगीं...जब हम दोनों इकट्ठे होते तो

यही चीज़ें मेरे आस-पास एक जाल बुन देतीं...मैं रात-रात भर पड़ा जागता रहता...वह मेरी बीवी थी, लेकिन उसे छूने के ख़याल से ही मेरे हाथ कट जाते...

रोमा ने उसे जगाना चाहा—संजू, अभी चंद क्षणों में रोशनी फ़ैल जाएगी, उठो। उसके खर्राटे पल भर को रुके, फिर वह करवट बदलकर सो गया।

—धीरे-धीरे वह मुझे कैसी नज़रों से देखने लगी...कैसे-कैसे ज़लाने लगी...कहती मैं मरियम न हुई तो क्या, हमारा मुन्ना तो मसीहा है! यही नाम रखा जाए, क्यों!

रोमा की आँखें धीरे-धीरे भारी होने लगी थीं। सुबह उसके जाने से पहले एक प्याली चाय, उसने सोचा। फिर लगा अभी बहुत अँधेरा है, सुबह दूर है।

—ज़िन्दगी में पहली बार मैंने उसे मारा! वह चुपचाप पिटती रही। मैं चीख़ता रहा, गालियाँ देता रहा, मारता रहा। वह एक शब्द नहीं बोली। फिर उस रात वह मेरे पास आई। मुन्ने को मेरे पास लिटाया और कहा कि वह जा रही है। मैं देखता रह गया...

वह घबराकर जागी थी। जाने किस क्षण उसकी आँख लग गई थी और वह कितनी देर तक सोती रही थी। ख़ुद उसे एक पल-सा लगा था।

अब रोशनी फैल रही थी। दीवारें, टेबिल, टेबिल पर रखा सामान और कोने पर सजा हुआ मोटा-सा प्लास्टिक का गुड्डा—छनती हुई हल्की रोशनी में अँधेरे के धब्बे नज़र आ रहे थे।

संजू चला गया था।

उसे लगा बैठे-बैठे बहुत देर हो गई है। गाउन खींचकर उसने ख़ुद को लपेटा और आगे बढ़कर खिड़की के पर्दे खोल दिए।

बाहर धूप फैल चुकी थी।

पुल-पुख़्ता

बादलों को देखकर जो लोग यह अन्दाज़ा लगा लेते हैं कि वे बरसेंगे या नहीं, उनसे मुझे हमेशा जलन और हसद हुआ है। मैंने बादलों के रंग, आकार या उनकी रफ़्तार देखकर जितने भी अन्दाज़े लगाए, लगभग सब ग़लत साबित हुए। ऐसा नहीं कि अन्दाज़ा लगाने में हमेशा ही मैंने जल्दी की हो—बीसियों बार आकाश में दौड़ते इन काले घोड़ों को बहुत ग़ौर से देखने और परखने की कोशिश के बाद भी मैं किसी सही नतीज़े पर नहीं पहुँच पाया। मेरी नज़रों में पानी से अटे हुए काले बादल जिन्हें बरसना था, आसमान पर किसी हमलावर फ़ौज की तरह आकर जमे हैं और फिर बहुत देर तक जमे रहने के बाद, यूँ ही रुई की तरह धुनककर साफ़ हो गए हैं। या यूँ ही, बादल का कोई प्याला-सा भटका हुआ टुकड़ा, आ अटका है और देखते-ही-देखते अँधेरी छा गई है, गरज-चमक के साथ पानी बरसना शुरू हुआ है, और फिर कई-कई दिन नहीं थमा। बादलों में जाने ऐसा क्या है जिसे मेरी आँखें नहीं देख पातीं, कुछ दूसरे देख लेते हैं।

—नीचे कौन-कौन हैं? जावेद ने एकदम करवट लेकर मुझसे पूछा था। उसके सीने पर वह किताब थी जिसे वह अभी तक पढ़ता रहा था।

—भाई मियाँ हैं, सलीम है और सिद्दीक़ी साहब। मेरे कान इस समय दूर कहीं आँगन में टपकती ओलती की आवाज़ों पर लगे हुए थे : आवाज़ें जो अब धीरे-धीरे कमज़ोर पड़ती जा रही थीं।

—पानी तो बन्द हो गया। अब्बा क्या सो गए? जावेद ने सिगरेट सुलगाते हुए आँखें झपकाकर मेरी ओर देखते हुए पूछा था।

अब्बा के कमरे में अँधेरा और ख़ामोशी थी। मैंने मेज़ पर रखी घड़ी की ओर देखा—एकदम हवा का एक दर्राता हुआ झोंका आया और पिछले कमरे के रोशनदान बज उठे। और बहुत दूर कहीं बहते पानी की आवाज़ें।

घड़ी चाबी न दिए जाने के कारण बन्द हो चुकी थी।

—मुझे ख़ुद हैरत है। अपने कान दूर की आवाज़ों से हटाने की कोशिश करते हुए मैंने कहा—रोज़ तो वह बारह-एक बजे से पहले...

अब्बा के कमरे में ख़ामोशी थी। आस-पास का सारा मुहल्ला ख़ाली था, क्योंकि हम लोग एक टूटते पुल के बहाव पर बसी बस्ती में बैठे थे। वह पुल जो पानी के सारे ज़ोर को जाने कब से अपनी बाँहों में जकड़े खड़ा था, एकदम ज़्यादती के साथ हो आई बरसात के आगे कमज़ोर पड़ गया था। उसमें बड़े-बड़े रख़ने पड़ गए थे जिन्हें उलाँघकर पानी कभी भी हम सबको बहाकर ले जा सकता था। लाउड-स्पीकर्स पर ऐलान किया गया था और फिर देखते-ही-देखते अँधेरा होने से पहले-पहले सारा मुहल्ला ख़ाली हो गया था। हमारे घर के आस-पास फैले मकानों से अपना-अपना सामान लेकर लोग सुरक्षित स्थानों पर चले गए थे और इस समय सिर्फ़ हवा की सरसराहट और दूर पुल के निकास के पानी के बहने की आवाज़ें सुनाई दे रही थीं। होटल सरे-शाम वीरान हो गए थे। पास के सिनेमा के न्यान साइन शाम से जले ही नहीं थे और हर तरफ़ सन्नाटा था।

लेकिन अब्बा? हर रात अब्बा के मामूल में से यह भी था कि वह बिस्तर पर लेटकर क़ुरान की आयतों को किरात से पढ़ा करते थे। उनके कमरे की रोशनी गुल हो जाती लेकिन वे आवाज़ें और वे दुआएँ जिनका लहज़ा हर शाम अलग-अलग होता था, बहुत रात गए तक सुनाई देती रहती थीं। कभी उनमें ख़ुशी होती थी, कभी मायूसी और कभी थकन। फिर धीरे से किसी वक़्त वे आवाज़ें बन्द हो जाती थीं और वह सो जाते थे। फिर आज! आज जबकि रह-रहकर मेरी ज़बान बचपन में रटी हुई चन्द दुआओं पर लौट रही है, अब्बा ख़ामोश हैं? मैंने उनके कमरे में झाँककर देखा था—उनकी मच्छरदानी बिस्तर में दबी हुई थी और वह सो चुके थे।

—अगर पुल सचमुच टूट ही गया तो! मकान, दुकान, कारख़ाना—हमारा तो सब कुछ यहीं था। सामने दीवार पर लगा काबा-शरीफ़ का कतबा जिसमें रात की रोशनियों में वह नहाया खड़ा था, मस्जिद-नब्वी—जिसके हरे गुम्बद काँच के फ़्रेम के पीछे बिलकुल ख़ामोश थे, अलमारियों में तरतीब से जमे मुरादाबादी बर्तन, सुनहरी तश्तें, काँच के ख़ाली जग और गिलास, चीनी के डोंगे...

—तुम और देख लो, सरे-शाम जब मैं घर पहुँचा था तो अब्बा ने मुझसे कहा था—दुल्हन के क़ीमती कपड़े और ज़ेवर। तुम्हारी अम्मा और बच्चों को भी वहीं भेज दिया है—तुम्हारी ससुराल। पुल-पुख़्ता ही ठहरा, पल-भर को रुककर, हँसकर उन्होंने कहा था।—क्या पता, सचमुच ही टूट जाए!

...और हम लोग?

इसका जवाब अब्बा ने भाई मियाँ और सलीम की मौजूदगी में दिया था। उन्होंने कहा था कि हम लोग भी किसी सुरक्षित जगह—अपने मामू या किसी दोस्त के घर चले जाएँ। घर को इस तरह सुनसान नहीं छोड़ा जा सकता। ऐसे मौक़ों पर चोर-उचक्कों की औरत उड़कर लगती है। घर की हिफाज़त के लिए वह ख़ुद घर पर ही रहेंगे। मैंने पहले भाई मियाँ और फिर तल्ख़ी के साथ सलीम की

ओर देखा था—क्या ये लोग अब्बा को घर पर छोड़कर कहीं चलने पर राज़ी हो जाएँगे— ?

—लेकिन यार, साले ने कमाल किया है! जावेद ने करवट लेकर किताब को नीचे रखते हुए कहा—ईवन इफ़ इट इज़ फ़िक्शन, इट इज़ वंडरफुल! व्हाट गट्स मैन! (अगर यह काल्पनिक है तो भी जवाब नहीं! क्या हिम्मत है!) अभी-अभी वहाँ का ख़त्म किया है—वह यह जो लैपर्स के पास जाता है, और वो लोग इसे बोट बनाकर देते हैं। बस वहाँ से भाग रहा है।

जावेद अपनी किताब में डूबा हुआ था। 'पैपिलान'—यानी तितली। एक बेगुनाह क़ैदी जो ज़िन्दा रहने के लिए हज़ारहा जेलों की दीवारें फाँदकर फ़रार होता रहता है। उस समय जावेद की तफ़सील से मुझे उलझन हो रही थी। किस तरह! क्या मैं एक सेकंड को भी यह भूल सकता हूँ कि मेरे सिरहाने का पुल भसक रहा है! उस तरफ़ सारा ट्रैफिक बन्द किया जा चुका है, और इस समय मिलिटरी बड़ी-बड़ी सर्च-लाइट्स की रोशनी में पुल की छूटती बाँहों को अलग होने से रोकने की कोशिशों में लगी हुई है! अब! या अब!! हवा के किसी भी तेज़ झोंके के साथ!

मैंने फुरेरी लेकर जावेद की ओर देखा—उँगलियों में दबी जलती सिगरेट, सीधी टाँग पर मोड़कर रखी हुई दूसरी टाँग, वह किताब के अगले पन्नों में खो चुका था।

—मैं ज़रा पुल तक होकर आता हूँ, सोफ़े पर बिछे बिस्तर से उठते हुए मैंने कहा था। जावेद ने किताब से नज़र नहीं उठाई थी।

बाहर दालान में बरसाती ओढ़ते हुए एक बार फिर मैंने अब्बा के कमरे का ऐरा लिया। वह शायद सचमुच सो चुके थे।

—हमें हमेशा यह समझाया कि ज़िन्दा रहने के लिए अपनी आँखें खुली रखो, और ख़ुद मौत के मुँह में कैसे आँखें मूँदे पड़े हैं! इस तरह मौत के साए में घर पर रात बिताने का फ़ैसला—कुछ तुक है! चोर हमारी ज़िन्दगी से बड़ी क्या चीज़ चुरा सकते थे! कहा जाता है—बेटा काम करो। 'मेहनत', 'ईमानदारी', 'हलाल की कमाई' और 'अल्लाह का डर'! और ख़ुद जब किसी फ़ैसले का मौक़ा आता है तो क्या हो जाता है! इस तरह मौत के मुँह में पड़े रहने से बड़ी बुज़दिली क्या हो सकती! किसी भी वक़्त सायरन बज सकता है—पुल टूटने और हमारे डूबने का। यह या इनका अपने ख़ुदा में अक़ीदा, क्या कुछ बहने से रोक लेगा! मुसल्ला और मक्के-मदीने की बेगिनती तस्वीरें जो उन्होंने अपने कमरे में निहायत फूहड़पन से थोपी हुई हैं!—अल्लाह को याद करो! आज याद करने का दिन है तो किस इतमीनान से सो रहे हैं! एक उम्र के बाद शायद सब ही ऐसे हो जाते हैं। क्या ज़रूरत थी हमें इनका हुक्म मानने की ? हम लोग चाहते तो उन्हें घर छोड़ने के लिए मजबूर भी कर सकते थे।

घर के बाहर की वीरानी ज्यों-की-त्यों थी। फुहार में ज़ल्द ही मेरे चश्मे के काँच धुँधला गए और सड़क के किनारे लगे बिजली के बल्ब जैसे फुलझड़ियों में तब्दील हो गए। सारे वजूद में फैली कड़वाहट एक पल में सिमटकर जैसे मेरी ज़ुबान पर इकट्ठी हो गई थी।

—वह सब आज शाम कहाँ थे जिनके साथ ज़िन्दगी के बड़े हिस्से बीतते हैं? हर शाम के साथी! आज न कोई पनाह देने के लिए आया न यह पूछने कि तुम कहाँ हो, कैसे हो। सारा शहर तो नहीं डूब रहा, लोग इस रात भी बन्द कमरों में टाँगें पसारे बरसात की ठंड का मज़ा ले रहे होंगे। शायद अब्बा ने ही कहा था किसी वक़्त—तब नहीं, लेकिन अब लगता है आदमी सचमुच बढ़ता वहीं है जहाँ उसकी जड़ें हों। आज से छः महीने पहले, मेरी शादी के मौक़े पर अब्बा के इन मक्के-मदीने के कतबों को मेरे कमरे में लगवाने पर मैंने और छोटे भाई सलीम ने ऐतराज़ किया था। मुझे मज़हब और इन तस्वीरों से लेना-देना? मेरी बात सुनकर अब्बा पहले तो नाराज़ हो गए थे, और फिर हम लोगों के हथियार डाल देने पर कतबे कमरे में लगवाते हुए उन्होंने कहा था—यही कि इनसान बढ़ता अपनी ही जड़ों पर है। किसी ख़ूबसूरत, मज़बूत लेकिन दूसरे दरख़्त की जड़ें हमारी अपनी कभी नहीं हो सकतीं।

उस समय कड़वे घूँट की तरह निगली वह बात लगा बिलकुल ही ग़लत नहीं थी।

पुल के नीचे का लम्बा-चौड़ा पार्क इस समय भी पूरी तरह डूबा हुआ था और निकास के गिरते पानी की आवाज़ ऐसी लग रही थी जैसे किसी केतली में पानी उबल रहा हो। पुल पर बड़ी-बड़ी हेड-लाइट्स दूर से ही चमकती नज़र आ रही थीं। दाहिनी ओर अस्पताल की ऊँची बिल्डिंग झाड़ियों और ऊँचे-ऊँचे दरख़्तों के बीच गुम हो गई थी। पूरा रास्ता बिलकुल वीरान था और हवा के तेज़ झोंकों में मुझे सर की टोपी सँभालनी पड़ रही थी...

—कोई पच्चीस साल पहले, सुबह-दम, फ़जर की नमाज़ के बाद मैं अब्बा की उँगली पकड़कर पुल-पुख़्ता तक रोज़ टहलने आया करता था—निकास से गिरता हुआ, झरने की-सी शक्ल का पानी, और दूसरी तरफ़ ठहरा हुआ छोटा तालाब—वहीं पुल पर फ़ारसी में पत्थर पे ख़ुदी एक तख़्ती लगी थी जिसे पढ़वाकर मैंने अब्बा से मालूम किया था कि पुल किसने बनवाया, कब बनवाया, और अब्बा समझाते रहे थे कि यह पुल बहुत पुराना था, पुराना और मज़बूत, ख़ुद अब्बा ने अपने बचपन से इसे ऐसा ही देखा था।

—तालाब कितना गहरा होगा? मैंने पल भर को तालाब की उठती लहरों से नज़रें हटाकर अब्बा के चेहरे की तरफ़ देखा था—उनकी घनी काली दाढ़ी और सर पर लगी काले मख़मल की टोपी।

—बहुत गहरा—अब्बा ने समझाया था।—अगर दस हाथी भी एक की पीठ पर एक खड़े कर दें तो डूब जाएँ।

तब मुझे डर लगा था। हम बहुत ऊपर खड़े थे और हमारा घर और अब्बा का लकड़ी का कारख़ाना बहुत नीचे कहीं था।

—अगर कभी यह पुल टूट जाए तो? मैंने अब्बा की उँगली हिलाकर पूछा था और अब्बा हँसने लगे थे।—यह पुल टूट नहीं सकता बेटा, उन्होंने मुझे बताया था।—बहुत मज़बूत है। बुज़ुर्गों के ज़माने से ऐसा ही है।

पच्चीस साल बीत गए, लेकिन उस सुबह के बाद पुल-पुख़्ता के टूट सकने का ख़याल कभी मेरे दिमाग़ में नहीं आया। आज शाम तक, जब मैं घर पहुँचा...

दो दिन और रात की लगातार बरसात के बाद जब पानी तीसरे रोज़ भी नहीं खुला तो मैं गिरते पानी में ही घूमने के ख़याल से घर से निकल गया था। बरसात को मैं हमेशा रूमानियत के चश्मे से ही देखता रहा हूँ। बरसात—यानी हरियाली, झरने, पिकनिकें। अब जबकि यह सब ख़त्म ही हो गया है, बरसात, फिर भी मुझे उतनी ही रूमानी लगती है। इस तरह निकल भागने का एक कारण बीवी का घर पर न होना भी था।

सारे शहर में मैं तालाबों के किनारों और ऊँचे पहाड़ों से बहते नालों को देखता रहा था। दोपहर तक तेज़ बरसात हल्की फुहार में बदल गई थी और तालाबों के किनारों पर तमाशा देखनेवालों की भीड़ें जमा होने लगी थीं, पानी के क़रीब बना हुआ कोई पुराना महल ढह गया था, कहीं दूसरी जगह कोई मस्जिद शहीद हो गई थी। ये सब हर साल शहर की बरसात का मामूल था, लेकिन इस साल पानी कुछ ज़्यादा ही गिरा था। जगह-जगह डूब में आ जानेवाले इलाक़े ख़ाली कराए जा रहे थे। शाम के साढ़े पाँच बजे किसी ने मुझे पुकारा था।

—तुम यहाँ फिर रहे हो—शफ़ीक़ भाई ने पास आते हुए कहा था—वहाँ ग़दर मचा हुआ है। पुल-पुख़्ता में क्रेक आ गए हैं। उधर के सब लोगों को मकान ख़ाली करने का हुक़्म दिया गया है।

तेज़ी से घर की तरफ़ लौटते हुए, मैंने पुल-पुख़्ता में पड़े बड़े-बड़े रख़नों को अपनी आँखों से देखा था। लहरों में बला का ज़ोर था और पानी फ़सील उलाँघकर सड़क के ऊपर तक आ रहा था। घाटी उतरते ही सन्नाटा साथ हो लिया। रास्ते का होटल बन्द था। आगे घर के दरवाज़े पर भाई मियाँ, उनके दोस्त सिद्दीक़ी साहब और अब्बा खड़े हुए आपस में कुछ बात कर रहे थे। मुजरिमों की तरह निगाह नीची किए, सलाम करता हुआ मैं घर में दाख़िल हुआ। आँगन में ओलती के टपकने की आवाज़ के अलावा सब कुछ ख़ामोश था। अम्मा, भाभी और बच्चे जा चुके थे। एकदम सामने सलीम पड़ गया।

—आ गए!—उसके लहज़े में तन्ज़ था। मैं शर्मिन्दा-सा उसकी ओर देखने लगा।—हम तो—उसने आगे कहा था।—तालाब में बाँस डलवाने वाले थे!

—मुझे क्या ख़्वाब दिखा था! मैं पहले झल्लाया था फिर ग़ुस्से से बेक़ाबू हो गया।—बदतमीज़ी से बात की है तो मुँह...

एकदम भाई मियाँ और सिद्दीक़ी साहब भी अन्दर आ गए, और मैं ग़ुस्से में ख़ुद को ही गालियाँ देता, ज़ीना चढ़ता ऊपर अपने कमरे की ओर चला गया। ठीक है, सलीम से छोटे-बड़े के अलावा मेरे सम्बन्ध दोस्ताना भी हैं, लेकिन यह बदतमीज़ी! मेरा जिस्म जलने लगा था...

पुल के इस सिरे को कोलतार के ख़ाली ड्रम रखकर बन्द कर दिया गया था और आस-पास के गाढ़े अँधेरे के बीच रोशनियों में नहाया पुल बिलकुल वीरान पड़ा था।

—तो मेरा ख़याल कि मिलिटरी पुल की हिफ़ाज़त कर रही है, ग़लत था! एकदम तल्खी, ग़ुस्सा और डर मेरे शरीर की रगों में तेज़ी से गर्दिश करने लगे।—लेकिन शाम को... ? शाम को जब मैंने देखा था तो सैकड़ों लोग पुल की देखभाल में लगे हुए थे? ट्रकों में लादकर सीमेंट की बोरियाँ लाई जा रही थीं, कई क्रेन जैसी दिखनेवाली मशीनें थीं और बहुत सारे सर पर हेलमेट लगाए सोचते से लोग जो टूटते पुल की मरहम—पट्टी में लगे हुए थे।—तो फिर? दिन डूबते ही क्या सबकी ड्यूटियाँ ख़त्म हो गईं? अगर पुल रात में टूटा तो ज़िम्मेदार कोई नहीं होगा?

—सब साली सोची-समझी पॉलिसी है! यकायक एक ख़याल दिमाग़ में बिजली की तरह कौंध गया।—मास्टर प्लान! इस पूरे इलाक़े को जहाँ वैसे भी ज़्यादातर ग़रीब मुसलमान रहते हैं, ख़ाली कराने का इससे अच्छा क्या बहाना हो सकता है! पानी सब कुछ बहाकर ले जाएगा और कल कोई सरकारी अफ़सर हमें किसी दूसरे इलाक़े में प्लॉट एलाट कर देगा! कुछ नेता इस बात पर अफ़सोस का बयान दे देंगे कि हमारा सब कुछ, घर-धन्धा—सैलाब की नज़र हो गया। लकड़ी के कारख़ाने जो शहर से बाहर निकालने की कोशिशें हो रही हैं वह भी कामयाब हो जाएगी और मास्टर प्लान भी! लकड़ी का कारोबार मुसलमानों के हाथों में जो है! मेरा दिल जैसे मेरी कनपटियों में धड़कने लगा था—सब बराबर हैं! झूठ साले!! सबके लिए एक से अवसर हैं! फिर जब ऐसा कोई वक़्त आ पड़ता है तो सारी बराबरी को क्या हो जाता है?

इस समय कोलतार के ख़ाली ड्रमों पर कुछ सिपाही अपनी बरसातियों में लिपटे-लिपटाए बैठे थे और उनके हाथों में मजमा और भीड़ मार भगानेवाली लकड़ी की लाठियाँ थीं। लहरों का ज़ोर शाम के मुक़ाबले में कम पड़ चुका था और इस समय पानी फ़सील उलाँघकर पुल पर नहीं आ रहा था। एक सिपाही ने लम्बी जम्हाई लेकर अपनी मोटी आवाज़ में गाने की कोशिश की थी—मैं नहीं बोलना जा! मैं नईं बोलना..., और दूसरे ने उसे गाली देकर चुप हो जाने को कहा था। मैं थके क़दमों पुल की घाटी उतरता फिर घर की ओर मुड़ गया।

—रेलवे स्टेशन, कपड़ा-मिल, गवर्नमेंट के अपने कई दफ़्तर और कारखाने—यह सब भी तो इसी पुल की डूब में आते हैं? और हॉस्पिटल? तो फिर?

फुहार में पूरी तरह धुँधलाए चश्मे को उतारकर मैंने हाथ में ले लिया।

—क्यों ख़ाँ, कमरे में पहुँचते ही जावेद ने मेरी ओर देखकर कहा था। बाज़ू में दीवान पर बीच से खुली किताब—वह माचिस की तीली से दाँत कुरेद रहा था।—क्या हाल है? उसने पूछा।

—ठीक है, कहते हुए अँधेरे के बीच सर्च-लाइट्स की रोशनियों में नहाया वीरान और टूटा हुआ पुल मेरी आँखों में घूम गया था।—तुम भी कहाँ आ फँसे!

—क्या मतलब! जावेद ने जैसे मुझे बताया कि कोई मतलब नहीं।

डूबने को चौबीस घंटे साथ रहनेवालों में से तो कोई मिला नहीं, फिर जावेद क्यों? वह तो कुछ दिनों के लिए बाहर से शहर आया है और ठहरा भी एक ऐसे होटल में है जो पुल की डूब में नहीं आता। शाम को जब मैं कुछ सामान पहुँचाने अपनी ससुराल गया था तो वहाँ किसी ने बताया था कि बाहर मुझे जावेद बुला रहे हैं। आधा शहर रात के घने अँधेरे में डूबा था, क्योंकि जगह-जगह बिजली के पोल्स टूट या उखड़ गए थे। फिर जावेद नहीं माना था, उसने होटल के कमरे से किताब उठाई थी और मेरे साथ हो लिया था। मैं सारे रास्ते सलीम की बदतमीज़ी के बारे में उसे बताता रहा और वह ख़ामोशी से सुनता रहा। मैंने कहा कि मेरे लिए तो पुल टूट भी चुका, लोग डूब भी चुके! और उसने कहीं से उसी किताब 'पैपिलान' का ज़िक्र निकाल लिया था और उसके बारे में मुझे बताने लगा था, एक क़ैदी जो बेगुनाह है, आज़ाद होने के लिए क्या-क्या करता है।

—एंड माइंड यू! (यह याद रखो!) उसने कहा था—यह फ़िक्शन नहीं, इट इज़ एन ऑटोबायोग्राफ़ी। यह काल्पनिक नहीं, आत्मकथा है।

जावेद अभी भी माचिस की तीली से दाँत कुरेद रहा था।

—अब्बा तो नहीं जागे थे? मैंने एकदम बेचैन होकर पूछा।

—अच्छी नींद है यार उनकी! जावेद ने गर्दन हिलाते हुए कहा—तुम तो कहते थे उन्हें कभी-कभी रात-रात भर नींद नहीं आती? घोड़े बेचकर सो रहे हैं!

हवा के झोंके रह-रहकर किसी भयानक परिन्दे की तरह फड़फड़ाकर गुज़र जाते। पानी लगभग बन्द हो चुका था।

तीन दिन की इस मूसलाधार बरसात में शहर के जाने कितने घरों की बुनियादें फूलकर भुरभुरी हो गई होंगी। इस समय की ये गुस्सीली हवा जो भीगे पत्तों में से गुज़रते इस तरह सरसरा रही है, जैसे कोई अपने आपको ही कोसे-पीटे, जाने किन-किन ख़परैलों को उनकी दीवारों से ढकेलकर गिरा देगी। कितने ही घर कल गिरी हुई दीवारों और छतों में दबे हुए मिलेंगे। ख़ुद हमारा अपना घर? पुल न भी टूटे तो ये हवाओं का ज़ोर ही क्या उसे डगमगा देने के लिए काफ़ी नहीं? इसी सीमेंट की प्लास्टर के पीछे कहीं गारे-मिट्टी से चुनी हुई ईंटें हैं, कम ख़ुदी बुनियादें हैं। बुनियादें एक-मंज़िला मकान की ख़ुदी थीं, लेकिन फिर ज़्यादा जगह के लिए ऊपर

की छत पर भी कमरे बन गए। कभी अकेले बैठकर मैं दीवारों में पड़ आई बारीक दरारों को देखता हूँ, बरसात में छत से रिस आए पानी को देखता हूँ, हर बार जब घर की पुताई होती है, ये दरारें ग़ायब हो जाती हैं। फिर दिन-ब-दिन ज़्यादा चौड़ी होती, डराती-सी लगती हैं।

एकदम कहीं दूर से क़रीब आती आवाज़ों ने पहले मुझे पथराया, फिर मैं उछलकर खड़ा हो गया। पुल टूट गया! सालहा-साल से बँधा पानी अब बेक़ाबू हमारी ओर दौड़ रहा है!

मैं साफ़ सुन सकने के लिए पागलों की तरह पिछले कमरे में भागा। आवाज़ हवाओं के साथ हमारे पीछे से आगे की ओर निकल गई।

—शायद..., मैंने जावेद को अपने ही पास खड़ा महसूस करके ख़ुद पर क़ाबू पाते हुए कहना चाहा, मेरी आँखें अब भी रोशनदान पर ही लगी हुई थीं।—शायद किसी घर की छत के टीन उड़ गए।

रात के दो सिरे थे—पुल-पुख़्ता की तरह। और जगह-जगह उसमें शिगाफ़ पड़े हुए थे। हमारा ज़िन्दा रहना पुल और रात के रख़नों पर था। अगर हम जागते रहे तो शायद फिर भी बच जाएँ।

जावेद ने बीच का एक पन्ना मोड़कर किताब टेबिल पर रख दी थी और जम्हाई लेकर मेरी ओर देख रहा था।—क्या सोओगे? मैंने लेटे-लेटे ही उससे पूछा।

—क्या बजा होगा? उसने सुस्ती में डूबी आवाज़ में सवाल किया।

मेरे हाथ की ऑटोमेटिक घड़ी जो छः महीने पहले शादी पर मेरी सास ने मुझे सलामी में दी थी, आज दोपहर, पहले तो पानी भर जाने से धुँधली हो गई थी, फिर चार बजे के बाद मेरे बहुत झटके देने पर भी वह नहीं चल पाई। काँच पर जमे ओस जैसे पानी के पीछे उसका काला डायल भी खो गया था। मैं समय देखने के ख़याल से नीचे अम्मा के कमरे के लिए उतरा। अब पानी की फुहार भी ख़त्म हो चुकी थी, सिर्फ़ मकान के पुराने कच्चे हिस्से में बाँसों के ठाठ पर मिट्टी के ढेले धीरे-धीरे रिस रहे थे और थोड़ी-थोड़ी देर बाद ओलती से टपकती बूँदों की आवाज़ सुनाई दे जाती थी...

...मेरे बचपन में—जब पूरा घर कच्चा था, बरसात में रातों को ये आवाज़ें इसी तरह सुनाई देतीं और मैं अम्मा से कहता बरसात हो रही है, अम्मा अध-सोई आवाज़ में बताती पानी तो बन्द हो चुका, ओलती टपक रही है, चलो सो जाओ, सुबह जल्दी उठना है...। घर के साथ-ही-साथ घरवाले भी कितने बदल गए। अम्मा के सर के लम्बे काले बाल और अब्बा की दाढ़ी इतने समय में जैसे बर्फ़ से ढक गई है। जिन अब्बा के सामने जाते हुए या बात करते हुए हमारे औसान ख़ता होते थे, अब हमारी हर बात सुन लेते हैं, मान भी लेते हैं। लगता है हर होनेवाली चीज़ उनके पिछले तज़ुर्बों में से ही एक है। कुछ नया नहीं हो रहा, कुछ भी ऐसा नहीं जो उन्हें बेचैन या हैरान कर दे...

नीचे भाई मियाँ और उनके दोस्त सिद्दीक़ी साहब नींद में होने के बावजूद जाग रहे थे। भाई मियाँ हाथ में कोई मैगज़ीन लिये लेटे थे और सिद्दीक़ी साहब कारख़ाने की चाबियों के गुच्छे से खेल रहे थे।

—मेरी बीवी तो ठीक है। शादी हुए अभी छः महीने ही हुए हैं, लेकिन भाभी? अम्मा? क्या पचास साल साथ रहने के बाद आदमी को इस तरह अकेले छोड़कर जाया जा सकता है? अम्मा यूँ अब्बा को छोड़कर जा सकती हैं? और भाभी? रिश्ता, ख़ून—ये सब उस पुल से कमज़ोर हैं, जो सालों से हमारे पीछे पानी को रोके खड़ा है? क्या हम तीनों भाई भी सिर्फ़ अब्बा की मुहब्बत में ही यहाँ रुके हैं? सलीम! सलीम से मैं ये सब बातें कर सकता था, मगर आज उसने यह रिश्ता ख़त्म कर दिया।

ढाई बज चुका था—सामने अलमारी पर रखी घड़ी का रेडियम चमक रहा था। पिछले कमरे में भी रोशनी थी, जिसका मतलब है सलीम जाग रहा है। इस समय...अकेला... ?

मैं वापस मुड़ गया।

पूरा समय जागने और सोने के बीच गुज़रा। कमरे में लाइट्स जलती रहीं और जावेद दूसरी तरफ़ करवट लिये, अपना पेट घुटनों में दबाए पड़ा रहा। या क्या पता वह सो ही गया हो। मेरे कान हवाओं के साथ भटकते रहे। पलक झपकते-झपकते हवा से बज उठा कोई रोशनदान, खिड़की या दरवाज़ा मुझे चौंका जाता। दिन भर की थकान, रगों का तनाव और सो न पा सकना—मैं बिलकुल टूट-फूट-सा गया था। लगा बस बहुत हो चुका। बहुत बर्दाश्त कर लिया। अब तो यह पुल टूट ही जाए!

मुसलसल चीख़ते सायरन की आवाज़ से मैं जागा था। रोशनी फैल चुकी थी। लपककर मैंने चप्पलों में पैर डाले और झँझोड़कर जावेद को जगा दिया।—उठो, मैंने चीख़ते हुए कहा था—पुल टूट गया! सायरन बज रहा है!

भागता हुआ मैं अब्बा के कमरे में गया था। उनका बिस्तर ख़ाली था। बाथरूम से आवाज़ें आने लगी थीं। मैंने देखा कोई टीन का डिब्बा, जिसमें रंग घोलकर अपने ख़ाली समय में वह घर के खिड़की-दरवाज़े पोता करते हैं, नल के नीचे धो और साफ़ कर रहे हैं। चिल्लाकर मैंने उन्हें सायरन बजने की ख़बर दी और भागता हुआ बाहर निकल गया।

बाहर सड़क पर चहल-पहल थी। मेरी समझ में कुछ नहीं आया! तेज़-तेज़ चलता हुआ मैं पुल-पुख़्ता की ओर बढ़ा। सड़क पर लोग आ-जा रहे थे, स्कूटर-टैम्पो गुज़र रहे थे। फिर यह सायरन? आगे पुल-पुख़्ता पर फिर से काम शुरू हो चुका था। मजदूर, इंजीनियर्स सब काम पर लगे हुए थे। पार्क में भरा हुआ पानी भी अब कम हो चुका था। सिर्फ़ निकास का पानी उसी ज़ोर-शोर से गिर रहा था, लेकिन इस समय दिन के उजाले में उसकी आवाज़ भी इतनी डरावनी नहीं लग रही थी।

बावड़ी

सुबह-सुबह उसकी आँख किसी के रोने-चिल्लाने से खुली। बैन करती किसी औरत की चीत्कार व उसे और मनहूस बनाती कुछ दूसरी आवाज़ों की भनभनाहट। लपककर उसने खिड़की से झाँका—लहँगे-लुगड़े में लिपटी कोई औरत भीड़ में घिरी रो रही थी और खुसर-फुसर करते लोगों की नज़रें बावड़ी पर जमी थीं।

क्या सचमुच? उसका दिल ज़ोर से धड़का। कल शाम जो बूढ़ा कह रहा था...? कोई भारी-सी चीज़ उसे कनपटी में धमकती लगी।

सामने पंसारी की दुकान पर सेठ अख़बार पढ़ रहा था। रुककर उसने पीछे जमा भीड़ के बारे में पूछा और सेठ का जवाब सुनकर जैसे शरीर का सारा ख़ून उबलकर रह गया। कोई बच्चा-वच्चा डूब मरा, सेठ ने अख़बार से नज़रें उठाए बिना कहा था। अगले ही पल उसे कल शाम की बात याद आई...

कल ही वह इस मुहल्ले में पहली बार आया था—मकान की तलाश में। बड़ी सड़क से दाएँ मुड़कर एक पतली, गन्दी सड़क थी जिसके दोनों ओर कसाइयों की दुकानें थीं। जगह-जगह टँगे मुर्दा जानवरों के खाल उधड़े शरीर और क़ीमा करती छुरियों की आवाज़ें। नालियों में बिखरे हड्डी के टुकड़ों पर कुत्ते मुँह मारते आपस में लड़ रहे थे। एक बार वहीं से उसका लौट जाने का मन हुआ, फिर मकान की ज़रूरत आगे खींच ले गई।

आगे पतली-पतली गलियों का अन्तहीन सिलसिला शुरू हो गया था। खुली नालियाँ, कचरे के ढेर, संडासें, फूलती दीवारों और झुकती छतों की क़तारें। कहीं फटे कपड़ों में बच्चे 'चीं-चीं ढप्प' खेल रहे थे, कहीं पत्थर की पटियों पर बैठे लोग जुआ खेलने में लगे थे। मुश्किल से पता पूछता वह मकान तक पहुँचा था और सारी गन्दगी के बीच उस साफ़, लिपे-पुते दोमंज़िले को देखकर आश्चर्य में पड़ गया था। बूढ़े मकान मालिक से मिलकर पता चला कि ऊपर का हिस्सा किराए के लिए ख़ाली था, निचले हिस्से में बूढ़ा और उसकी पत्नी ख़ुद रहते थे। एक कमरा जो उसकी सुविधा के लिए काफी था और उसकी पिछवाड़े की ओर खुलती खिड़की जिससे बाहर फैले केवड़े के हरे झुंड नज़र आते थे। खिड़की के बिलकुल सामने पुरानी

बारादरियों की याद दिलाती बावड़ी थी जिसकी सीढ़ियाँ पानी में उतरकर खो गई थीं और एक बुर्ज़ जिसकी छतरी और मेहराबों के कंगूरे टूट चुके थे। खिड़की के फ्रेम में जड़ा सब तस्वीर की तरह उसके दिमाग़ में ठहर गया और उसने वहाँ रहने का फ़ैसला कर लिया। किराया भी उम्मीद से कम था। वहाँ रहने के निर्णय पर उसे बूढ़े की छटपटाहट अजीब लगी। सामने की बावड़ी भुतियाई है, वह उसे बता रहा था। लोग उसमें अकारण गिरते और डूबते रहते हैं। पहले किराएदार का बच्चा भी उसमें डूब मरा था, इसलिए अब कोई वहाँ रहना नहीं चाहता। वह उसे अँधेरे में नहीं रखना चाहता, बूढ़े ने कहा था।

बूढ़े की बात दिलचस्पी से सुनने के बाद उसने ख़ुद बूढ़े की राय जानना चाही थी और उसके चेहरे के बदले भाव को देखकर फ़ौरन समझ गया था कि उसे बावड़ी के भूत का यक़ीन और डर, दोनों थे। किस मजबूरी में वह वहाँ रह रहा था, कोई तरीक़ा सूझता तो कभी का मकान छोड़ चुका होता।

"आदमी से बड़ा भूत क्या हो सकता है", उसने हँसकर कहा था—"हमारे रहते भूतों को बावड़ी ख़ाली करनी पड़ेगी।"

शाम होते अपना सामान लेकर वह उस घर में आ गया था।

...भीड़ जमा थी। एक तरफ़ औरतें मातम करती औरत को दम-दिलासा दे रही थीं, दूसरी तरफ़ बड़ी-बड़ी मूँछों वाले लच्छमन काछी को लोग घेरे खड़े थे। इन लोगों का दस वर्षीय बेटा बावड़ी में डूब मरा था। भीड़ किसी तैराक का इन्तज़ार कर रही थी जो गोता लगाकर लाश बाहर निकाल सके।

"तुम नहीं", उसे बावड़ी की ओर बढ़ते देख किसी ने टोका—"बावड़ी में भूत है, डूब मरोगे।"

"हाँ।" दूसरी आवाज़—"कल्लू पहलवान को आ जाने दो, वही बावड़ी में उतर सकता है।"

"वह नहीं डूबेगा?" उसने व्यंग्य से पूछा।

"उसके पास अपने गुरु का मंत्र है। भूत-प्रेत सब बेअसर हो जाते हैं।"

"क्यों मरने पर तुले हो।" बूढ़ा मकान मालिक चिल्लाया— "अन्दर तलघर है, डूब मरोगे।"

भीड़ आश्चर्यचकित उसे देख रही थी। लच्छमन काछी की औरत की आवाज़ भी पल भर को बन्द हो गई। साँस रोककर उसने डुबकी लगाई—सड़ा पानी, कीचड़, कचरा—कुछ ही पल में वह सिर निकालने पर मजबूर हो गया। 'आ जाओ, आ जाओ' आवाज़ों का कोरस उसके कानों से टकराया और उसने आगे बढ़कर फिर से डुबकी लगाई। सड़े हुए काले पानी में आँखें खोल पाना सँभव नहीं था। टटोलने पर अन्दर उसे सतून और मेहराबें महसूस हुईं। फिर कोई भारी काली चीज़ उसके हाथों से टकराई जिसे खींचता वह ऊपर सतह तक ले आया।

कुछ ही पल में पुलिस आ गई और लाश अपने क़ब्ज़े में करके पोस्टमार्टम के लिए ले गई। लच्छमन काछी, उसकी औरत और बाक़ी जमा लोग एक-एक करके सब रुख़सत हो गए। सिर्फ़ वे, जिन्हें उसके बावड़ी से जिन्दा निकल आने ने चकित कर दिया था, आस-पास खड़े रह गए।

काले पानी, टूटी छतरी और केवड़े के हरे झुंडों को उचटती निगाह से देखते हुए, ''यह बावड़ी किसकी है?'' उसने पूछा।

कुछ पल की चुप्पी के बाद—''किसी की नहीं'' जवाब मिला।

''कैसे?'' उसे सचमुच आश्चर्य हुआ— ''किसी न किसी की तो होगी।''

हवा की सरसराहट। लोग एक-दूसरे को घूरते ख़ामोश खड़े थे।

''बताया ना'', एक झुँझलाहट भरी, बूढ़ी बड़बड़ाहट कानों में पहुँची—''किसी की नहीं। पहले हवेली विलायत दादा की थी। बाग़, खेत, ज़मीन और बावड़ी सब उनके थे। बँटवारे के बाद वह चले गए, हवेली टुकड़े-टुकड़े शरणार्थियों में बँट गई, खेतों पर लोगों ने क़ब्ज़ा करके मकान बना लिए। बाग़ की जगह आज गोदाम हैं। थोड़ी हरियाली अभी इसलिए बची है कि वहाँ दलदल है। और रही बावड़ी—तुम ही बताओ, किसकी हुई। भूतों की ही लगती है जो हर साल कितने ज़िन्दों को हड़प लेती है।''

''यह पानी किस काम आता है?'' बावड़ी की ओर इशारा करते हुए उसने पूछा।

''पानी! सड़ी हुई कीचड़ कहो। बावड़ी से खेतों के लिए पानी का निकास तो कब का बन्द हो चुका, अन्दर ताज़ा पानी की झिरें भी सूख चुकी हैं। बरसों से सड़ती काई और कचरा है बस।''

''तो यह बावड़ी इस तरह खुली क्यों पड़ी है?'' उसकी हैरान नज़रों ने चेहरों को टटोला था—''लोग मिलकर इसे पाट क्यों नहीं देते?''

सब ख़ामोश।

''कौन पाट दे?'' एक बोला था, ''किससे पटवा दें? हमने एक बार जतन किया तो बड़े दफ़्तर वाले पकड़कर ले गए कि तुम कौन होते हो बावड़ी पूरने वाले? बाप की जागीर समझ रखी है। पैसे देकर जान छुड़ाई। ऐसे पड़ी रहे, मरते क्या लोग वैसे नहीं हैं।''

उसने समझाया—हाथ-पर-हाथ धरे बैठना कायरता है। तय कर लिया जाए तो क्या बड़े दफ़्तर वालों को बावड़ी पाटने पर मजबूर नहीं किया जा सकता। वह चाहें तो सब हो सकता है। कोई साथ दे न दे, वह ख़ुद कुछ करेगा—इस बावड़ी को पटवाकर छोड़ेगा। किसी ने बावड़ी का भूत याद दिलाना चाहा लेकिन उससे नजरें मिलते ही चुप हो गया।

लोगों ने यक़ीन दिलाया कि 'बावड़ी पाटो' अभियान में उसका साथ देंगे।

बावड़ी से ज़िन्दा निकल आने से उसे महत्त्व मिल गया था। एक चमत्कार हुआ था सो वे साथ देने पर मजबूर हो गए। उन्होंने कहा वे ख़ुद किसी तरह उस मनहूस गड्ढे से छुटकारा पाना चाहते हैं जो अभी तक कितनी ही जानें हड़प चुका है। लाख बचाव की कोशिशों के बाद भी जाने ऐसा क्या आकर्षण था जो लोग उसमें जा डूबते थे।

उस दिन वह काम पर नहीं जा पाया। शाम को लोगों को लेकर वह मुहल्ले के मुखिया, सबसे ज़्यादा साहिबे-हैसियत, सूबेदार साहब से मिलने गया। सूबेदार साहब के सम्बन्ध बड़े दफ़्तर में ऊपर तक थे और बड़े साहब के साथ रोज़ ही उनकी शतरंज पर बैठक रहती थी। उनकी कोठी उसी बड़ी सड़क पर थी जिसके पीछे सारा मुहल्ला और गन्दगी छिपे थे। वह कहीं जाने की जल्दी में थे लेकिन अपने मुहल्ले वालों की परेशानी सूबेदार साहब की अपनी परेशानी थी। लच्छमन काछी के बच्चे की मौत पर उन्हें अफ़सोस था—सुबह लच्छमन बच्चे के अन्तिम संस्कार के लिए उनसे पैसे भी ले गया था। समस्या ऐसी क्या मुश्किल थी। उसी समय बड़े दफ़्तर के किसी साहब से उन्होंने टेलीफोन पर बात करनी चाही। पर वह घर से निकल चुके थे। कोई बात नहीं, कल सुबह वह बात कर लेंगे।

"छोटा-सा काम है," खड़े होते हुए उन्होंने अलविदाई स्वर में कहा—"सब हो जाएगा।"

सूबेदार साहब से मिलकर जैसे सिर से एक भारी बोझा टल गया। लगा, एक पल में सब हो गया। कुछ दूसरे, जोश में, बड़े दफ़्तर में अपने पहचानवालों को याद करने और गिनाने में लगे थे। सूबेदार साहब अपनी जगह, वह ख़ुद इस सम्बन्ध में कुछ करेंगे।

उसके कन्धों पर एक ज़िम्मेदारी—बावड़ी पटवाने की, आ पड़ी थी और वह पूरी संजीदगी से उसे पूरा करने में लगा था। रोज़ काम से लौटकर वह लोगों से मिलता और उनके किए की रिपोर्ट माँगता। सूबेदार साहब से मिलना, तीन दिन उनकी कोठी के चक्कर लगाने के बाद हो पाया। उनकी सैकड़ों व्यस्तताएँ थीं और उस समय भी वे कहीं जा रहे थे। उलझावों में बावड़ी की बात ही दिमाग से निकल गई। बड़े साहब? उनसे तो रोज़ शतरंज पर मुलाक़ात होती है लेकिन तब इस बात को निकालना बेतुका लगता है। ठीक यह होगा कि मुहल्ले वालों की तरफ़ से एक अर्ज़ी लिखी जाए और उस पर सबके दस्तख़तों—सूबेदार साहब ख़ुद भी उस पर हस्ताक्षर करेंगे—के साथ उसे बड़े दफ़्तर में जमा कर दिया जाए। उसके बाद ही बड़े दफ़्तर के बावड़ी सम्बन्धित या किसी दूसरे साहब से बात करना ज़्यादा मुनासिब रहेगा। छोटा-सा काम है कोई परेशानी की बात नहीं।

अर्ज़ी के लिए दस्तख़त इकट्ठा करते महसूस हुआ कि लोगों में बावड़ी पाटने का उत्साह मरता जा रहा है। धीरे-धीरे लच्छमन काछी के बेटे की मौत और बावड़ी को लोग भूलते जा रहे हैं। किसी तरह दस्तख़त कराने के बाद वह सूबेदार साहब की

कोठी पर पहुँचा लेकिन वह कुछ दिनों के लिए शहर से बाहर गए हुए थे। अन्ततः कुछ दिन उनकी वापसी के इन्तज़ार के बाद वह बिना उनके दस्तख़त के ही, कुछ लोगों के साथ, बड़े दफ़्तर पहुँचा और बड़े साहब से मिलना चाहा। अजीब वातावरण था बड़े दफ़्तर का—दीवारों से भनभनाहट फूटती लगती थी। न गर्मी न सर्दी—भीगे अँधेरे में रोशनी के गोले लटके हुए थे और उनके नीचे विचित्र आकार—साहब लोगों के। बड़े साहब से यूँ ही नहीं, पहले से टाइम लेकर मिलते हैं और उस समय वह व्यस्त थे। उनसे छोटे बहुत से साहब भी किसी-न-किसी काम में उलझे होने से, उनसे नहीं मिल सकते थे। छोटे बाबू को ही अर्ज़ी थमाकर उन्होंने अपनी परेशानी बताई। इससे पहले कि छोटे बाबू अपनी व्यस्तता के कारण कल आना कहकर ग़ायब हो जाते, मुहल्ले वालों में उनका एक बचपन का सहपाठी काम आ गया। दोस्त की वजह से छोटे बाबू ने किसी तरह बात सुनी और यक़ीन दिलाया कि अर्ज़ी बड़े बाबू के सामने पेश कर दी जाएगी। फ़ैसला? फ़ैसला तो जो भी हो, बड़े साहब ही करेंगे।

सूबेदार साहब के लौटने पर सारी बात उसने उन्हें जाकर बताई। बस अब किसी फ़िक्र की ज़रूरत नहीं, अपने काम से उसी दिन उन्हें बड़े दफ़्तर जाना था। वहीं अर्ज़ी निकलवाकर वह उस पर दस्तख़त करेंगे और बड़े साहब से इस सम्बन्ध में बात भी। ऐसे कामों में कुछ समय तो लगता ही है।

लोगों के हौले-हौले पस्त होते उत्साह को वह देखता और उनमें जान डालने की कोशिश करता। अपने काम-धन्धों में सब मसरूफ हो गए थे—फिर भी कुछ ऐसे थे जो अपने किए की रिपोर्टें उसे देते रहते। कोई अपने बड़े दफ़्तर वाले दोस्त से लगातार मिल रहा था, मगर अर्ज़ी अभी उस तक नहीं पहुँची थी। एक बार उसके हाथ लग जाए, बस फ़िर, बड़े साहब ने उसके कहे को आज तक नहीं टाला। किसी दूसरे का पहचानवाला इन दिनों लम्बी छुट्टी पर था, ड्यूटी ज्वाइन करते ही पहला काम वह अर्ज़ी का ही करेगा। दूसरे अपने उलझावों—नौकरी, होटल, कलारी, जुएखानों में उलझकर बड़े दफ़्तर के लिए समय निकालने में असमर्थ थे। ख़ुद उसने बड़े दफ़्तर के कई चक्कर लगाए और छोटे बाबू ने रुखाई से बताया कि अर्ज़ी बड़े साहब की ओर चल चुकी है। समय? समय तो लगता ही है। कुछ यक़ीन के साथ नहीं कहा जा सकता।

मुहल्ले की नज़रों से बावड़ी ओझल होती गई। वह ख़ुद अपनी खिड़की से टूटे बुर्ज़, छतरी और बावड़ी में सड़ते स्याह पानी को देखता और लच्छमन काछी और उसकी मातम करती औरत आँखों में घूम जाते। फिर बाहर का दृश्य एक आम-सी बात हो गया और वह पहली मातमी सुबह उसके दिमाग़ में ही कहीं खो गई।

फिर उस शाम, थका-हारा, वह काम से लौट रहा था कि किसी ने गली के नुक्कड़ पर रोककर बताया कोई बूढ़ी औरत बावड़ी में डूब मरी थी। दौड़ता जब वह

वहाँ पहुँचा तो कल्लू पहलवान लाश पानी से निकाल चुका था। उस समय इर्द-गिर्द घेरा बाँधे लोगों को कल्लू पहलवान बता रहा था बावड़ी के भूत से अपनी लड़ाई की तफ़सील। कोई अनबुझी ताक़त उसे बावड़ी के अन्दर घसीट लेना चाहती थी, उसके जिस्म को जैसे लकवा मार गया था—सिर्फ़ गुरु का दिया मंत्र था जो उसे बावड़ी के बाहर ज़िन्दा ला सका। ''बावड़ी का आसेब,'' कल्लू पहलवान ने डर से सहमे लोगों को बताया, ''बहुत पुराना और ख़तरनाक था।''

उसे बावड़ी पर देख लोग मुड़े थे और दुर्घटना की तफ़सील बताना चाही थी। उसका ख़ून ग़ुस्से में खौल रहा था। कुछ समय पहले, उसने लोगों को याद दिलाया, मुहल्ले वालों ने इस आदमख़ोर, भुतियाई आसेबज़दा बावड़ी से छुटकारा पाने का तय किया था। लोगों ने अपने सिरे ज़िम्मेदारियाँ ली थीं। क्या हुआ! कुछ करने के फ़ैसले, बड़े दफ़्तर में लोगों के ताल्लुक़ात और दोस्तों को क्या हुआ? कितने लोग अर्ज़ी जमा करने के बाद दोबारा बड़े दफ़्तर गए! और वह मुहल्ले की हमदर्दी के ठेकेदार—सूबेदार साहब, जो रोज़ शाम बड़े साहब के साथ शतरंज खेलते हैं, क्या किया उन्होंने आज तक? क्या यह साँप-सी, मुँह खोले बावड़ी यूँ ही पड़ी रहेगी और वह एक के बाद एक उसकी खुराक बनते रहेंगे!

कल्लू पहलवान उसे नफ़रत से घूरता बावड़ी से विदा हो गया था।

कोई जवाब नहीं। वह ग़ुस्से से भरा घर लौट गया। थोड़ी देर बाद कुछ मुहल्ले वाले जमा होकर उसके पास आए। वे शर्मिन्दा थे और यक़ीन दिलाना चाहते थे कि जो-जो वादे उन्होंने किए थे वे पूरे करेंगे।

''ऐसा क्यों न करें'', एक नौजवान बोला—''बड़े साहब और बड़े बाबू की ऐसी-तैसी, सब लोग अगर घरों का कचरा ही लाकर डालें तो कुछ दिन में बावड़ी पट जाएगी। बड़े दफ़्तर वाले क्या बिगाड़ लेंगे? जेल में बन्द करेंगे? सारे मुहल्ले को तो जेल में भरने से रहे।'' दूसरे ने क़ानून का महत्त्व याद दिलाया था। बड़े साहब चाहें तो आधी बस्ती पर डोज़र चलवा सकते हैं, बस्ती के ज़्यादातर मकान नाजायज़ क़ब्ज़े की ज़मीन पर बने हैं। और जब इतना हो गया, बड़े दफ़्तर में अर्ज़ी जमा हो गई, वहाँ से मदद मिलने की भी उम्मीद है तो कुछ भागदौड़ के बाद बावड़ी पाटे जाने का ऑर्डर भी लिया जा सकता है। वे लोग अगर ज़िम्मेदारी से काम लेते तो यह काम कभी का हो चुका होता। सब उसी शाम फिर सूबेदार साहब से मिलेंगे, बड़े दफ़्तर के आगे धरना देंगे। और फिर बड़ा दफ़्तर भी आख़िरी दफ़्तर तो है नहीं, बड़े साहब भी किसी-न-किसी का हुक्म मानने पर मजबूर होंगे। ज़रूरत हुई तो अब बात ऊपर से ही उठाई जाएगी।

लोगों में नया जोश पैदा हो गया। ख़ुद उसने उनके साथ सूबेदार साहब के यहाँ जाने से इनकार कर दिया। वापसी पर उन्होंने बताया कि इस दौरान सूबेदार साहब बड़े साहब से बावड़ी के बारे में बात कर भी चुके। अर्ज़ी अभी बड़े साहब तक नहीं

पहुँची है, जैसे ही पहुँचती है, बड़े साहब हुक्म जारी कर देंगे। उन्हें ख़ुद बड़े दफ़्तर जाकर मालूम करना होगा।

इस बार बड़े साहब से भेंट हो पाई—सबका अन्दाज़ा था सूबेदार साहब के कहने की वजह से। वह हैरान, ख़ामोश, बड़े साहब के आगे हाथ बाँधे खड़े सुनते रहे। अर्ज़ी उन तक पहुँच गई है, फ़ैसला अभी नहीं हो पाया है। पूरी फाइलें निकलवाना और केस को समझना बहुत ज़रूरी था, नहीं तो कोई बड़े दफ़्तर पर बावड़ी पूरे जाने के ख़िलाफ़ मुकदमा कर सकता है। उनकी तकलीफ़ बड़ा दफ़्तर समझता है और बावड़ी खुली छोड़ने से उसे क्या लाभ, फिर भी देखना तो सब-कुछ पड़ेगा। उन्हें बार-बार बड़े दफ़्तर के चक्कर लगाने की ज़रूरत नहीं, काम हो जाने पर इत्तिला भेज दी जाएगी।

बड़े दफ़्तर से आधे लोग तो यूँ ख़ुश निकले थे जैसे बावड़ी पाट ही दी गई हो। कुछ सख्त लहज़ाा अपनाते—"इस तरह तो देख लिया। अब काम टेढ़ी उँगली से ही बनेगा। बात ऊपर से उठवानी पड़ेगी" कहा था।

फिर मुहल्ले में शादियों की बाढ़ आ गई। घर-घर रोशनियाँ, ऊँची आवाज़ में बजते रिकॉर्ड, बैंड बाजे, और शोर मचाती आतिशबाज़ियाँ। कनातें, घोड़ों पर सजे दूल्हे और खानों पर लगते मजमे। फिर त्योहारों का एक सिलसिला शुरू हो गया—दशहरा, दीवाली, ईद के हंगामे। बीच में अगर कोई उसे मिलता तो बताता बावड़ी पाटने की इज़ाज़त मिलती है, मिलने को है। कुछ दिन को वह बाहर चला गया और फिर वापस लौटकर अपने काम में मसरूफ़ हो गया। उस दिन ड्यूटी पर देर हो गई थी जब कोई उसे ढूँढ़ता वहीं पहुँच गया। बावड़ी में पंसारी का नौकर डूब मरा था और कल्लू पहलवान शहर के बाहर गया हुआ था।

छुट्टी लेकर वह बावड़ी पहुँचा, डुबकी लगाकर लाश बाहर निकाली और चुपचाप ज्यों ही वापसी के लिए मुड़ा, लोग एकाएक बात करने लगे। बड़े दफ़्तर, बड़े साहब और छोटे बाबू की। किस तरह लोगों ने उनका जीवन ख़तरे में डाला हुआ था। और सूबेदार साहब—क्या कर दिखाया उन्होंने अपने मुहल्ले वालों के लिए! और वह लोग ख़ुद—पिछले छः महीने से कोई एक नाम को भी गया बड़े दफ़्तर या फिर से मिलने की कोशिश की बड़े साहब या किसी और से! और दुनिया में कौन-सा काम है जो कुछ दे-दिलाकर न कराया जा सके! वह लोग क्या आपस में इतना पैसा भी इकट्ठा नहीं कर सकते। सब ख़ुद की ग़लती और लापरवाही का नतीजा है, कल ही से वह सब इकट्ठे होकर—!

इतवार की सुबह थी। नहाने के बाद बालों में कंघा फेरते 'डूब गया', 'डूब गया' की आवाज़ें 'बचाओ', 'बचाओ' के साथ उसके कानों में पड़ी। रुककर उसने खिड़की की दराज से झाँका—बावड़ी पर भीड़ जमा होने लगी थी। एकदम उसे कुछ दिन पहले मिली ख़बर कि बावड़ी बीते वक़्तों की क़ीमती यादगार होने की वजह

से पाटी नहीं जा सकती और इस बारे में बड़ा दफ़्तर कुछ नहीं कर सकता, याद आई। यह ख़बर इस चेतावनी के साथ दी गई थी कि बावड़ी को इसी तरह बनाए रखना मुहल्ले वालों का फ़र्ज़ था और उन्हें हर तरह की मदद इसके लिए देनी थी।

घर की सीढ़ियाँ उतरकर वह एक पल रुका और तेज़-तेज़ क़दम उठाता पास की गली में मुड़ गया। टाकीज़ में कुछ दिन पहले नई फ़िल्म लगी थी।

बशीर ख़ाँ, मालिक मॉडर्न केनिंग आर्ट

बशीर ख़ाँ, मालिक मॉडर्न केनिंग आर्ट ने ठंडी साँस लेकर सड़क की ओर देखा—एक से बढ़कर एक तगड़ा, अच्छी नस्ल, सही उम्र का बकरा चन्दू कसाई हाँकता ले जा रहा था। इन दिनों साले की चाँदी ही चाँदी है। महीने-दो-महीने पहले ही गाँव-गाँव घूमकर स्टॉक जुटाना शुरू कर देता है। कम पैसों में अच्छे जानवर ख़रीदकर, उनकी डटकर खिलाई-पिलाई करता है, और फिर मौक़े पर मुँह-माँगी क़ीमत में बेच देता है। बाज़ार में सबसे ज़्यादा क़ीमत चन्दू कसाई के बकरों की ही लगती है। यह हाल हो गया है सारी क़ौम का। अब क़ुरबानी भी क़ुरबानी नहीं, सिर्फ़ दिखावा होकर रह गई है। खाते-पीते, ऐश करते लोग मोटरों में बैठ-बैठकर हाट जाते हैं और उसी शानो-शौक़त के साथ बकरे ख़रीदते हैं, जैसे, सुना है, एक ज़माने में मालदार लोग अय्याशी के लिए ग़ुलाम ख़रीदा करते थे। यह सबक़ सीखा क़ौम ने हज़रत इब्राहीम की क़ुरबानी से! यह तरीक़ा है ख़ुदा और उसके रसूल की रज़ा और ख़ुशी का!

—क्या कर रहा है भाई, तेरा दिमाग़ काँ रेता है? बशीर ख़ाँ ने अन्दर कोने में बैठे लड़के को हाँक लगाई जिसका हाथ ग़लत चल रहा था।—कौन से सूराख़ में डाल रहा है? ये फन्दा याँ लगेगा? उठकर उन्होंने कुर्सी का केन उधेड़ते हुए, बच्चे के सर पर हल्की-सी धौल जमाई।—ऐसे नईं चलेगा। हाथ याँ चलाते हो, आँखें हर सड़क पे आते-जाते पे लगी रहती हैं। तुम क्या देख रये हो? दूसरे लड़के को, जो हाथ ढीले छोड़कर बशीर ख़ाँ की डाँट सुनकर मुस्कुरा रहा था, उन्होंने लताड़ा।—काम-वाम कुछ सीखते नईं बनता, शाम को खड़े होगे कि ईद है! ईद के लिए पैसे क्या मैं अपने गिरे से दूँगा! बशीर ख़ाँ अपनी मिमियाई आवाज़ में नाराज़ हो रहे थे।—नईं काम में दिल लगता तो जाओ, गुल्ली-डंडा खेलो, याँ काए को वक़्त बर्बाद करते ओ? कुछ सीख जाओगे तो कल तुमारे ई काम आएगा, नईं तो ठेला धकाना!

कितना भी कुछ कहो, सब बेकार है! लड़के करेंगे वही जो उनका दिल चाहेगा। अभी थोड़ी देर, डाँट के असर में लगेगा चाबी भर गई। हाथ तेज़-तेज़ चलने लगेंगे, नज़र इधर-उधर नहीं होगी, लेकिन थोड़ी देर बाद पता चला वही मुर्दा

चाल। अव्वल तो काम ही ऐसा कौन-सा बहुत है ? नया काम मिलना तो लगभग बन्द ही हो गया है, ज़्यादातर मरम्मत की कुर्सियाँ ही हैं। काम नया हो या मरम्मत का, हो तो सलीक़े से। यह मक्खी-मारी बशीर ख़ाँ को पसन्द नहीं। वैसे इसमें लड़कों का भी ज़्यादा दोष नहीं। चारों-के-चारों अभी नए हैं, हाथ सधा नहीं है और रह-रहकर बशीर ख़ाँ को ख़ुद काम में हाथ बँटाना पड़ता है। पुराने लड़के जैसे-जैसे काम सीखते जाते हैं, बशीर ख़ाँ, मॉडर्न केनिंग आर्टवाले को छोड़कर दूसरे के साथ काम करने लगते हैं। ऊँची दुकान, फीका पकवान!

बशीर ख़ाँ को लगा उनका बदन टूट रहा है और मुँह में एक फीका-सा मज़ा है। शायद पान-तम्बाकू खाए बहुत देर हो गई। उठते हुए उन्होंने सोचा, पास वाले पनवाड़ी के यहाँ से पान...। बाजू में नज़र पड़ते ही उनका जी फिर से बहुत उदास हो गया। ख़रादी वाले के पास की जगह में ही वह उसे बाँधते थे। दिन भर सारे में उछलता-कूदता फिरता, किसी के भी सामने मुड़ेरी तानकर खड़ा हो जाता, आस-पास के घरों में कहीं भी घुस जाता—मौलवी साहब के यहाँ, साबिर मियाँ के यहाँ—उनके बच्चों के बीच उछलता-खेलता रहता। सब ही जानते थे कि वह बशीर ख़ाँ का शाहू है और सारे मुहल्ले में बशीर ख़ाँ को एक ख़ास इज़्ज़त और मुहब्बत हासिल है। सब अच्छे लोग हैं। बशीर ख़ाँ का सबके साथ अच्छा बरताव है, इसीलिए पराया मुहल्ला भी उन्हें अपना ही लगता है। यह ख़याल पल-भर को भी नहीं आता कि यहाँ उनकी सिर्फ़ दुकान है, घर कहीं और है। और घर ? घर क्या ? चौबीस में से अठारह या बीस घंटे तो बशीर ख़ाँ यहीं बिताते हैं। किसे मालूम था कि इस तरह एकदम— !

एक बार फिर बशीर ख़ाँ ने अपने दिल को झूठा दिलासा देकर समझाना चाहा—होनी को कौन रोक सकता है ? अल्लाह उनकी नीयत जानता है।

साल-भर उन्होंने इतनी मेहनत किसलिए की थी ? गोश्त खाने को ? तौबा ! तौबा !! हर सवेरे वह पास के नल पर उसे साबुन मलकर नहलाते, उसके ऊनी बालों में उँगलियों से कंधा करते। और तो और पिछले साल अख़बार में एक बकरे की तस्वीर छपी थी और लिखा था कि उसे किसी ने पिस्ता, बादाम और काजू खिलाकर पाला था, तो समय-समय पर वह भी उसे काजू-पिस्ता खिलाते। एक महीने का ख़रीदा था उन्होंने अपने शाहू को, और फिर उसी पारम्परिक जतन के साथ उसे पाला-पोसा था, जिससे वह हर साल अपने क़ुरबानी के जानवर को पालते-पोसते हैं। अरे, पुले-सरात पर, जहाँ नेक और बद की तमीज़ होगी, वह पुल जो बाल से बारीक और तलवार से तेज़ है, यही तो वह सवारी है, जो नेक लोगों को जन्नत तक पहुँचाएगी, जो आज़माइश के उस कड़े वक़्त में उनकी मददगार बनेगी। अल्लाह उनकी नीयत जानता है, बशीर ख़ाँ ने जो कुछ भी किया, उसी एक लम्हे को नज़र में रखते हुए किया। और अगर शाहू बकरा ईद से एक हफ़्ता पहले ही, उनकी सारी कोशिश के बाद भी सर्दी खाकर,

ख़त्म हो गया, तो उसमें भी ज़रूर अल्लाह की कोई मसलहत होगी। होनी को कौन रोक सकता है ?

भारी क़दमों से वह पनवाड़ी की गुमटी तक आए। यहाँ किट्टन, नब्बू और वहीद काले खड़े थे और बात बकरों की आसमान छूती क़ीमतों को लेकर चल रही थी।

—अरे मियाँ, नब्बू ने पीक थूकते हुए कहा—अपन ने तो सोचा है, पाड़े में हिस्सा लिये लेते हैं। अबी इतने बड़े भी नईं हुए कि पान-पान सौ का बकरा ख़रीदें!

बशीर ख़ाँ जानते हैं नब्बू का निशाना वहीद काले थे। उन्होंने आज ही हाट से एक दिखलौट बकरा पाँच सौ रुपए में ख़रीदा था।

—पाड़ा क्या यार, तुम तो ऐसा करो—वहीद काले ने नब्बू के कन्धे पर हाथ रखकर आवाज़ इस तरह नीची की जैसे कोई राज़ की बात बता रहे हों—ये जो अपना मौलाना छदामची है, बकरोट साला—! लगता है न बिलकुल बकरे की तरह ? रोज़ साला लाउडस्पीकर पर इस तरह अज़ान देता है, जैसे तानसेन हो! और आवाज़ लगती है भीख माँगती! इसे किसी तरह पकड़कर निपटा दो! क़सम से सारा मुहल्ला दुआएँ देगा और सवाब अलग मिलेगा। कम-से-कम सौ बकरों की क़ुरबानी का!

तीनों ठहाका लगाकर हँसे थे। बशीर ख़ाँ के चेहरे पर भी मुस्कुराहट आ गई। वैसे ये मुस्कुराहट धीरे-धीरे उनके अस्तित्व का हिस्सा ही बनकर रह गई है। जब भी कोई उनकी ओर इस उम्मीद से देखता कि हँसो, तो यह भूलकर कि उस बात पर बशीर ख़ाँ को सचमुच कैसा लगा, वह मुस्कुरा देते हैं।

—एक मद्रासी, सादा ज़र्दा, दुकानवाला बशीर ख़ाँ का पान अच्छी तरह समझता है, लेकिन पन्द्रह पैसे काउंटर पर रखते हुए उन्होंने हमेशा की तरह दुहराया।

—हम तो भैया इस साल क़ुरबानी नहीं कर रहे—किट्टन ने चूना चाटते हुए कहा।—पाड़ा हो या चूज़ा, पैसे तो लगते हैं। धन्धे का यह हाल है कि चाय-पानी का ख़र्चा निकालना मुश्किल हो रहा है, क़ुरबानी कहाँ से करो!

—पता नहीं लोगों को क्या होता जा रहा है ? बशीर ख़ाँ ने पान मुँह में रखकर सर पर हाथ फेरते हुए सोचा।—दुनिया भर के धतकर्मों के लिए पैसा है, लेकिन ख़ुदा की राह में ख़र्च करने को नहीं। और नब्बू! पाड़े में हिस्सा लेंगे!! दो हफ़्ते पहले स्कूटर ख़रीदने को ख़ूब पैसा था, बकरा ख़रीदने को नहीं है! इधर यह शेख़ी के मारे वहीद काले, ख़रीदेंगे तो पाँच सौ रुपए का बकरा ताकि उसके गले में घंटी बाँधकर इनके बच्चे सारे मुहल्ले में जुलूस निकालें, वाह-वाही हो! सब कहें कि बकरा था तो वहीद काले का। यह लोग समझेंगे उस क़ुरबानी के जज़्बे को जिसमें एक बाप ने अल्लाह के हुक्म पर, अपने बेटे तक को क़ुरबान करने में हिचक नहीं की ? यह समझेंगे दिल के क़रीब की किसी चीज़ को उसके रास्ते में ख़ुद से अलग करना ? पैसे दे देने से क्या होता है, पैसा तो कोई भी ख़र्च कर सकता है। ख़ुद बशीर ख़ाँ

को मालूम है, क्योंकि बीते वर्षों में उन्होंने क़ुरबानी के जानवर की ख़ुद परवरिश की है, वह दुख और उसी में मिला-जुला वह सुकून...उसकी राह में कुछ कर पा सकने का सुकून। ये लोग समझेंगे औलाद क़ुरबान करने की हिम्मत?

बशीर ख़ाँ मॉडर्न केनिंग आर्ट पर वापस आकर बैठ गए। सारे लड़के अपने-अपने काम में लगे हुए थे।—आठ से बारह साल की उम्र के चार लड़के जो कुछ सीखने और कमाने की चाह में उनके पास आते थे। पूरे मुहल्ले में लकड़ी का काम करनेवालों के मकान और आरा मशीनें हैं। पास में ही भैया मियाँ का फ़र्नीचर शो-रूम है, जहाँ बना-बनाया फ़र्नीचर बिकता है। बहुत साल पहले भैया मियाँ के कहने पर ही बशीर ख़ाँ ने अपनी दुकान यहाँ डाली थी, और अकेले उनके शो-रूम का काम ही इतना होता था कि बशीर ख़ाँ को फ़ुर्सत नहीं मिलती। एक-एक समय, दस-दस, बारह-बारह लड़के उनके यहाँ काम करते। अब भैया मियाँ के काम में ही वह बात नहीं रही। कुछ दिन पहले जब बशीर ख़ाँ उनके पास बैठे थे तो भैया मियाँ ने बड़ी लाचारी से कहा था—क्या बताएँ यार बशीर ख़ाँ, हम हर बार यह भूल जाते हैं कि कमाई में से चील-कौओं के लिए बोटी बचाना कितना ज़रूरी है। हर बार पता चलता है टैक्स का चक्कर! भूलते-भालते नहीं हैं भैया मियाँ, यह बशीर ख़ाँ का अन्दाज़ा है। बस, उनकी आदत ही है कि जितना आ जाए ख़र्च कर दो। हज़ार बार, जब भैया मियाँ का काम ज़ोर-शोर से चलता दिखता है, उनके मन में आता है कि भैया मियाँ को उन चील-कौओं की याद दिलाएँ। पर कहने से होता क्या है? और इस बार तो मामला ज़्यादा ही गम्भीर दिखता है क्योंकि भैया मियाँ ने भी अभी तक क़ुरबानी के लिए कुछ ख़रीदा नहीं है।

और पाड़े में हिस्सा? छी! छी! अल्लाह मियाँ की राह में एक बौदा ही रह गया है, क़ुरबान करने को! अल्लाह अक़्ल दे इस नब्बू को। लेकिन नब्बू ही क्या, अब तो एक फैशन चल निकला है बौदा क़ुरबान करने का। अच्छे-अच्छे पढ़े-लिखे, खाते-पीते लोग अपने घर में खाने को तो एक बकरा क़ुरबान कर लेंगे, और मुहल्लों या लोगों में बाँटने के लिए पाड़ा। एक पाड़े में सात लोगों की बला टल जाती है और ख़र्च होते हैं सौ-सवा सौ। बकरा आता है सिर्फ़ एक के काम और गिरे से जाते हैं कम-से-कम ढाई-तीन सौ। लेकिन फिर एक बकरा भी क्यों! क़ुरबानी उसकी राह में है या ख़ुद अपनी दाढ़ गरम करने को! और अल्लाह मियाँ भी तो नीयत देखता है, क्या इनके किए से बेवक़ूफ़ बन जाएगा? जब उसकी राह में बौदा क़ुरबान करते हो, तो ख़ुद भी बौदा ही खाओ!

लेकिन फ़िलहाल वह ख़ुद क्या करे? एक नज़र—बशीर ख़ाँ, मालिक मॉडर्न केनिंग आर्ट ने शाहू मरहूम के बँधने की जगह पर डालकर फिर से ठंडी साँस ली। परसों ईद है और उनके पास न पैसे हैं न इतना काम कि कहीं से पैसे आने की उम्मीद हो। ऐसा पहले तो कभी नहीं हुआ। जब से बशीर ख़ाँ ने होश सँभाला है, उन्हें याद

नहीं कि कभी क़ुरबानी न की हो। फिर अब कि क्या उन्हें भी किसी पाड़े में ही हिस्सा लेना पड़ेगा?

—हरग़िज नहीं! बशीर ख़ाँ ने ग़ुस्से और झुँझलाहट में ख़ुद को दिल-ही-दिल डाँटा।—क़ुरबानी, क़ुरबानी होती है, सर से बला टालना नहीं। बेशक वह इस बार चाहे कुछ भी न करें, लेकिन पाड़े में हिस्सा तो नहीं लेंगे।

बशीर ख़ाँ, मालिक मॉडर्न केनिंग आर्ट ने अपना सारा जीवन ही इस तरह बिताया था कि उनके लिए भविष्य की सबसे महत्त्वपूर्ण घटना आनेवाला पुल-सरात और जन्नत-जहन्नुम का ख़याल ही बनकर रह गया था। यह केवल संयोग था कि उन्हें मालूम हुआ पुल-सरात से गुज़रने और जन्नत तक पहुँचने के लिए सबसे बड़ी मदद वह जानवर होगा जिसे वह हर बक़रा ईद पर राहे-ख़ुदा में क़ुरबान करेंगे और तब ही से उस आनेवाली घटना की सबसे ज़रूरी कड़ी, उनकी नज़र में बक़रा ईद की क़ुरबानी होकर रह गई थी।

बशीर ख़ाँ की कोई औलाद नहीं है। पिछली ज़िन्दगी—बचपन, नौजवानी, शादी, बीवी की मौत—वह सब कुछ ख़ुद उनके लिए भी अब एक भूला हुआ सपना है। उनकी ज़िन्दगी का सबसे बड़ा हिस्सा दुकान पर ही बीतता है, जहाँ लोग बच्चों को काम सीखने और करने के लिए छोड़ जाते हैं। बशीर ख़ाँ बच्चों का जिस तरह ख़याल कर सकते हैं, करते हैं। दिन में चार बार पास के होटल से सबके लिए चाय आती है। मौसम के लिहाज़ से, फेरीवाले जो फल बेचते हैं—केला, अमरूद, सेब, सन्तरे या फिर मूँगफली—समय-समय से बशीर ख़ाँ अपने 'स्टाफ़' को खिलाते रहते हैं, और बहुत ख़याल के साथ सबका रोज़ का रोज़ हिसाब करते हैं। त्योहार पर भी जिसके लिए जितना कुछ बन पड़ता है, वह ज़रूर करते हैं।

बशीर ख़ाँ को सबसे ज़्यादा मुहब्बत अगर है, तो बच्चों से। भैया मियाँ के तीनों बच्चे शाम को स्कूल से लौटने के बाद सीधे बशीर ख़ाँ के मॉडर्न केनिंग आर्ट पर आ धमकते हैं, और बिना बिस्कुट, टॉफियाँ, गोलियाँ या पास के पनवाड़ी के यहाँ का गुटका खाए, नहीं जाते। पिछले मीठी ईद पर बशीर ख़ाँ ने भैया मियाँ के दोनों लड़कों को नए जूते दिलाए थे, और उनकी छोटी बेटी को चाँद-रात बाज़ार ले जाकर, उसकी पसन्द की चूड़ियाँ पहनाई थीं, बालों में बाँधने के रिबन दिलाए थे। इससे पहले जब भैया मियाँ के बेटे की 'बिस्मिल्लाह' हुई थी, तो उसके लिए पूरा नया जोड़ा बना था। भैया मियाँ के बच्चे तो उनसे इतने हिले हुए हैं कि एक बार दिन भर को वह उन सबको अपने गाँव भी लेकर गए थे, तफ़रीह कराई थी और फिर बहुत सारी ककड़ियाँ दिलाकर वापस लाए थे।

पता नहीं क्यों, लेकिन बशीर ख़ाँ रह-रहकर अपने गाँव लौटकर जाते रहते हैं। ज़मीन के नाम पर उनका कुछ होता तो वह करते, वो तो उनके होश में आने से पहले

ही उनके रिश्तेदारों ने ठिकाने लगा दी थी। एक मकान था, तो अब भी महीने-दो-महीने में वह एक चक्कर घर का ज़रूर लगाते हैं। पत्थरों पर फैले हुए कुछ मकानों का नाम है 'कलियाखेड़ी', बशीर ख़ाँ का आबाई गाँव। यहीं बशीर ख़ाँ जवान हुए थे और कल्लन मियाँ काश्तकार की सालों नौकरी की थी। यहीं उनकी शादी हुई थी, रहमत बी नाम की एक कमसिन लड़की से, जो शादी के साल-सवा-साल बाद बशीर ख़ाँ की पहली औलाद पैदा करते-करते सिधार गई थी। लड़का जो बच गया था, कुछ घंटों बाद वह भी ख़त्म हो गया था और फिर लाख चाहकर भी बशीर ख़ाँ का दिल कलियाखेड़ी में नहीं लगा। बब्बा, रहमत बी के बाप ने, जो तब जिन्दा थे, उन्हें लाख दिलासे दिलाए। समझाने की कोशिश की, यहाँ तक कहा कि वह रहमत बी की छोटी बहन के साथ अपना घर बसा ले, होनी को कौन रोक सकता है? लेकिन बशीर ख़ाँ गाँव छोड़कर शहर आ गए, और तभी से यह कुर्सी बुनाई का काम, 'केनिंग' कर रहे हैं। पहले इक्का-दुक्का, यूँ ही किसी वर्कशॉप में करते थे फिर धीरे-धीरे यह दुकान डाल ली, काम यहीं आने लगा, लड़कों को सिखाकर वह उनसे रोज़नदारी पर काम लेने लगे। धन्धे में उतार-चढ़ाव भले ही आता रहे, लेकिन अब उनका एक अपना ठिया है, और वह जम चुके हैं। पैसा जमा करने की तमन्ना न उन्हें रही, न है। आदमी किसलिए कमाता है? समाज में इज़्ज़त के साथ जिन्दा रहने को। ये ज़रूर है कि दिन-ब-दिन यह छोटी-सी शर्त भी लगता है बहुत मुश्किल होती जा रही है, लेकिन बशीर ख़ाँ को ख़ुद पर इतना भरोसा ज़रूर है कि जितनी बची है, वह भी इज़्ज़त से गुज़ार लेंगे।

जब गाँव छोड़कर बशीर ख़ाँ शहर आए थे तो अरबी की कुछ सूरतें, जो छुटपन में ही उनके ख़ाला-ख़ालू ने उन्हें नमाज़ पढ़ने के लिए रटा दी थीं, याद थीं। यहीं पर उन्होंने ख़ुद मेहनत करके इतनी उर्दू सीखी थी कि रोज़ का अख़बार अगर रवानी से नहीं तो धीरे-धीरे ही पढ़ पाएँ। क़ुरान शरीफ़ भी उन्होंने एक हाफ़िज़ साहब को पैसे देकर पढ़ा था, लेकिन एक-दो बार ख़ुद अकेले पढ़ने की कोशिश के बाद उन्हें लगा था, यह उनके लिए बहुत मुश्किल है। बहरहाल, अब उन्हें यह इतमीनान है कि एक बार ही सही, कम-से-कम उन्होंने क़ुरान पढ़ा है। अख़बार में जो मज़हब की बातों का कॉलम होता है उसे बशीर ख़ाँ ख़ासतौर से पढ़ते हैं और साल में जो एक बार बड़ी मस्जिद में तीन दिन का जलसा होता है उसमें भी जाते हैं। इसी बहाने कुछ क़ीमती बातें सुनने को मिल जाती हैं। रहने को बशीर ख़ाँ एक कोठरी के मकान में किराए से रहते हैं—बिलकुल अकेले, लेकिन हर शब-बरात को अपने हाथ से हलवा बनाते हैं, और पास-पड़ोस के तमाम घरों में बाँटते हैं। मीठी ईद पर सिवइयाँ, शीर-ख़ुर्मा और मुहर्रम पर खिचड़ा। इसके अलावा रमज़ान में क़ुरान-शरीफ़ के ख़त्म पर मस्जिद में रोशनी वही अपने ख़र्चे से कराते हैं, और कभी-कभी शबीना और महफ़िले-मीलाद भी। लेकिन इसके आगे जब कुछ मुल्लाओं ने बशीर ख़ाँ को घर से बाहर निकलकर मज़हब सीखने-प्रचार करने की दावत दी थी, तो वह बहुत झुँझलाए थे।

—अल्लाह की राह में कुछ वक़्त निकालिए। आख़िरत का सौदा सबसे बड़ा सौदा है।—एक मौलाना ने बशीर ख़ाँ का हाथ दबाकर समझाते हुए कहा था।—अल्लाह की राह में उठाया एक क़दम, अपने लिए उठाए सत्तर हज़ार क़दमों से बढ़कर है। कम-से-कम चालीस दिन...एक चिल्ले के लिए अपना नाम...

—देखिए मौलवी साब—जाने कैसे बशीर ख़ाँ जैसे अमन-पसन्द आदमी का सारा वजूद ग़ुस्से में खौल गया था।—ये मेरे और मेरे अल्ला के बीच का मामला है। मैं अगर एक दिन दुकान नईं खोलूँ, तो क्या नेकियों से मेरा पेट भर जाएगा?

बशीर ख़ाँ के सवाल को मौलवी साहब ने जवाब मानकर बात वहीं ख़त्म कर दी थी, लेकिन बशीर ख़ाँ का ग़ुस्सा बहुत देर में ठंडा हुआ था। इसीलिए वह कठमुल्लों से दामन बचाते थे। पहले-पहल लोगों ने बशीर ख़ाँ से यह भी पूछा था कि पास की मस्जिद की अज़ान सुनकर वह अपना सर तो बड़े अदब से ढाँक लेते हैं, मगर नमाज़ क्यों नहीं पढ़ते? या फिर रमज़ान में उनकी दुकान पर इफ़्तार का तो इतना भारी इन्तज़ाम होता है, सब लड़के टोपियाँ पहने अदब से तोप चलने के इन्तज़ार में बैठे रहते हैं और बीचोबीच ख़ुद बशीर ख़ाँ भी, लेकिन रोज़ा बशीर ख़ाँ एक नहीं रखते। ऐसा क्यों? बशीर ख़ाँ को यह सारे सवाल ही बेमतलब लगे थे और उन्होंने सिर्फ़ एक ही जवाब दिया था कि मियाँ, मर्ज़ी है अपनी-अपनी!

बशीर ख़ाँ, मालिक मॉडर्न केनिंग आर्ट को अपने आपके अलावा अगर किसी दूसरी चीज़ में मज़ा आता है तो वह है मछली का शिकार। जुमे के दिन उनकी दुकान की छुट्टी होती है। इसलिए जुमे रात की शाम ही वह आस-पास कहीं मछली के शिकार पर निकल जाते हैं। पानी के किनारे बैठकर उन्हें जाने कैसा सुकून मिलता है, जैसे उनकी ज़िन्दगी में फैला ख़ालीपन भर गया हो। अलग-थलग किसी नदी या तालाब के किनारे ख़ामोश बैठकर उन्हें लगता है ख़ुद से बातें कर रहे हों। पानी पर डोलता तिरना, उठती लहरें या फूटते बुलबुले—लगता है यह सब एक ज़बान है, जिसे वह शब्दों से बेहतर समझते हैं। हज़ारों सवाल उनके दिमाग़ में पानी के किनारे बैठकर ही आते, और आते ही जैसे ख़ुद-ब-ख़ुद उनका ज़वाब भी मिल जाता? गहरे अँधेरे और ख़ामोशी में, जबकि पानी भी अँधेरे का घोल लगने लगता है, उन्हें टिमटिमाते तारों का डोलना अक़्सर अजीब लगता और कान दूर जंगलों में हो रही ज़रा-सी भी आहट सुन पा सकने लगते। और इसी घने अँधरे में पानी की लहरों पर डोलता तिरना, एक सफ़ेद बेहक़ीक़त घास का टुकड़ा, जिसकी सुई बराबर हरकत भी बशीर ख़ाँ की आँखों से नहीं बच पाती। बशीर ख़ाँ को किसी चीज़ पर गर्व था तो यह कि उनके तिरने से लगनेवाली मछली कभी ग़लत घाव से छूटकर नहीं गई। बाक़ी मछली के शिकारी बशीर ख़ाँ को ख़ास इज़्ज़त देते हैं क्योंकि शायद ही कभी बशीर ख़ाँ शिकार से ख़ाली हाथ लौटे हों।

अगर कोई बशीर ख़ाँ से पूछता कि वह मछली का शिकार क्यों खेलते हैं?

मछली खाने को? तो पूछनेवाले की मूर्खता के बावजूद बशीर ख़ाँ उसे क्या जवाब दे पाते? कैसे समझाते कि क्या है जो धकेलकर उन्हें पानी के किनारे ले जाता है, और क्या है जो वह वहाँ से अपने साथ ले आते हैं? मछली कौन उल्लू का पट्ठा खाना चाहता है!

एक बार होटल वाले मौलाना ने पूछा था—यार बशीर ख़ाँ, छुट्टी तो आप जुमे की ऐसी करते हो जैसे नमाज़ पढ़नी हो, और जाते हो मछली खेलने? फिर इतवार की छुट्टी करा करो!

—काम करो मियाँ, अपना काम! बशीर ख़ाँ ने अपनी झल्लाहट और ग़ुस्सा, हमेशा की तरह मुस्कुराहट में छिपाते हुए कहा—मैं नमाज़ पढ़ूँ, नईं पढ़ूँ, मेरी मग़फ़िरत तुम थोड़ी कराओगे! इतवार की छुट्टी कर लो, तुम भी यार मौलाना!

थी ही बेतुकी बात। बशीर ख़ाँ के दिमाग़ में छुट्टी के नाम पर और कोई दिन आता ही नहीं। यह इतवार की छुट्टी उनके ख़याल में हमारी ग़ुलामी के ज़माने की यादगार है। हमारे दिमाग़ आज भी कहीं अंग्रेज़ों के गुलाम हैं, बशीर ख़ाँ को लगता है। और दिमाग़ी ग़ुलामी से घटिया क्या हो सकता है!

दुकान में धूल जम गई थी—झाड़न उठाकर आस-पास पड़े फ़र्नीचर को बशीर ख़ाँ ने झटका। ज़्यादातर लोहे के फ्रेम की कुर्सियाँ थीं—किसी की पीठ की बुनाई झोल खा गई थी, किसी की सीट बैठ गई थी। लकड़ी का फ़र्नीचर अब बनवाता ही कौन है? सब कम पैसे में टिकाऊ चीज़ ख़रीदना चाहते हैं। कभी भूले-भटके ही कोई लकड़ी का सोफ़ा हाथ लगता है, वरना जिसे देखो रेग़जीन की अपहोल्स्ट्री करा रहा है—स्टील के फ्रेम पर। ले-देकर डाइनिंग चेयर्स ही अभी तक लकड़ी में ज़्यादा बन रही हैं, तो जब विरले कभी भैया मियाँ के यहाँ बनती हैं, तो उन्हें मिलती हैं। सारी फ़र्नीचर की बड़ी-बड़ी दुकानें उधर ठंडी सड़क पर लग गई हैं, जो जाने कहाँ-कहाँ के केनिंग करने वालों को बुलाकर शो-रूम में ही अपना काम करा लेते हैं। अपनी आसानी और कम-ख़र्च का हर एक को ख़याल है! अच्छे काम की ऐसी-तैसी, किसको पड़ी है कि फ्री-फ़ंड में बशीर ख़ाँ के मॉडर्न केनिंग आर्ट तक जाने-आने का किराया देता फिरे! जो भी है, बहरहाल उन्हें अपने मुक़द्दर का मिल ही जाता है। और कुछ दिन की बात है। आख़िर कब तक लोग इन चटाई-चोरों से काम कराएँगे, जिनका कोई घर है न घाट। आख़िर ठिया भी तो कोई चीज़ होती है।

बशीर ख़ाँ को विश्वास है कि जल्द ही ठंडी सड़क के बड़े दुकानदारों का काम भी उन्हें ही मिलने लगेगा। फिर ज़्यादा लड़के उनके यहाँ काम करेंगे, और फिर एक बार जब डोर हाथ में आ जाएगी, मनचाहा पैसा मिलने लगेगा, तो साले लड़के कहाँ भागकर जाएँगे। एक जाएगा तो दस नए मिल जाएँगे।

सामने बस आकर रुकी थी, और ताँगे, ठेलेवाले आस-पास आकर इकट्ठे हो

गए थे। ऊपर से किसी ने दो बोरे फेंके थे और सड़क की धूल तितर-बितर हो गई थी। बोरों में हरी, पीपल की पत्ती थी। शायद बकरों के लिए...।

एक बार फिर से शाहू का ख़याल उन्हें बेतरह बेचैन कर गया। हफ़्ते भर पहले तक यहीं सामने— ! उसके सफ़ेद ऊनी शरीर पर उन्होंने मेहँदी के लहरिए बनाए थे : और मेहँदी रची भी कैसी थी, जैसी छोटी, मासूम-सी बच्ची की हथेली पर। जाने किस कमबख़्त की नज़र थी जो शाहू को खा गई। दिन भर अच्छा-भला खेलता-खाता रहा था। ठंड होने लगी है, इसलिए उन्होंने ख़ासतौर से नहलाया भी धूप चढ़े पर भर-दोपहर में। भूरा, ठेलेवाला उनका हाथ बँटाने के लिए उठकर आ गया, तो उसके ही मुँडेरी मारता रहा। पास दवा की दुकानवाले साईं ने तो बशीर ख़ाँ से कहा भी कि—बड़ी बशीर ख़ाँ, इस बार तो ईद की दावत तुम्हारे ही घर खाएँगे, और बशीर ख़ाँ ने हस्बे-आदत हँसकर साईं को दावत भी दे दी कि—हाँ, क्यों नईं साईं, पेला हक़ मोहल्लेवालों कई होता है। फिर जाने क्या हुआ कि शाम को शाहू को जो लगातार छींकें आनी शुरू हुई, तो बशीर ख़ाँ भी घबरा गए। लपककर दवावाले को हाल बताकर एक गोली भी उन्होंने शाहू को लाकर खिला दी कि सर्दी असर न कर पाए। होनी को कौन रोक सकता है? रात को शाहू को उन्होंने अन्दर अपने कमरे में बाँधा, कम्बल और गरम कपड़े भी उस पर डाले, लेकिन सुबह तक शाहू की हालत और भी बदतर हो गई। वह सर डाले ऊँघ रहा था, उठने का नाम ही नहीं लेता था। मुश्किल से उसे ठेले पर लादकर वह मवेशियों के अस्पताल ले गए, वहाँ से दवा ली, लेकिन तीसरे दिन तक शाहू— !

—अस्सलाम अलेकुम, रफ्फू ने पास आकर सलाम किया था और बशीर ख़ाँ की ठंडी साँस गले में ही घुट गई थी।

—कओ ख़ाँ, रफ्फू मियाँ,—बशीर ख़ाँ ने मुसाफ़ा करके अपना सीना सहलाते हुए पूछा—काँ रास्ता भूल आए? काम-वाम कैसा चल रिया है?

—अरे काये का काम बशीर भाई!—रफ्फू ने थूक की पिचकारी मारते हुए कहा।—करने को हो तो करो, याँ तो ये है के सुबा से बैठे शाम तक मक्खी मारते रओ! पाँच मैने बरसात-बरसात करते निकाले, सोचते-सोचते कि अब धन्दा चमका, अब चमका, दिवाली भी आई—गई। मैं केता हूँ ऐसा कित्ते दिन चलेगा? ऐं? बड़े बादे किए थे? ऐं? क्या-क्या हरी घाँस दिखाई थी सालों ने! लो आ गई अपनी हुकूमत, अब इसे भी देखो!

बशीर ख़ाँ मुस्कुराते हुए सुनते रहे। रफ्फू, असल से तो गुंडा था, नाम को मार्केट में बढ़ई का काम भी करता था। यही किसी का दरवाज़ा ठोंक दिया, किसी की चौखट बना दी। पिछले चुनाव में उसने एक उम्मीदवार के लिए बढ़-चढ़कर काम किया था। बात शायद कुछ बनी नहीं, इसी का पछतावा है।

—सुनो यार बशीर भाई,—रफ्फू ने बात का रुख़ एकदम बदलते हुए कहा।—यार, पता चला आपका वह क़ुरबानी का मेढ़ा तो मर गया। (शाहू की बात इन शब्दों

में सुनकर, बशीर ख़ाँ मालिक मॉडर्न केनिंग आर्ट के दिल पर एक चोट-सी लगी।) मैं, यार इसलिए आया था कि अबी हाट में एक अच्छा-सा पाड़ा मिल गया तो मैंने ख़रीद लिया। अब दो हिस्से तो उसमें मेरे हैं, तीन के लिए नीम वाली बाई ने का है। दो बच रए हैं, तो ऐसा करो, तुम ले लो। ये समझो बीस-बाईस तक का हिस्सा पड़ जाएगा। सस्ते निपट जाओगे।

शाहू की मौत से लेकर पाड़े में हिस्सेदारी की बात रफ्फू यूँ एक ही साँस में कह जाएगा, बशीर ख़ाँ, मालिक मॉडर्न केनिंग आर्ट को यह गुमान भी नहीं था। शाहू? पाड़ा? छी-छी!

—नईं यार, हमें नईं लेना हिस्सा—विस्सा! बशीर ख़ाँ ने हाथ हिलाकर कहा।

—लो! तुम तो लगा बुरा मान गए। तुम नईं लेते, और कोई ले लेगा। क्या कुछ और इन्तज़ाम कर लिया है?

—काए का इन्तज़ाम कर लिया है! बशीर ख़ाँ अपनी ग़ुस्से में मिमियाती बारीक आवाज़ कंट्रोल नहीं कर पाए।—ऐसा क्या ज़रूरी है कि नईं बना तो किसी का जानवर चुराकर ही माड़ डालो। या कुछ नईं मिलता तो सुअर को क़ुरबान कर दो!

—यार तुम बात कैसी कर रये हो बशीर ख़ाँ! रफ्फू हाथ झाड़ता हुआ उठ खड़ा हुआ।—मैं क़ायदे की बात कर रिया हूँ और तुम्हें लगता है ततैया ने काट लिया।

—अरे मियाँ पेले क़ुरबानी का जज़्बा सीखो,—बशीर ख़ाँ का ग़ुस्सा और बढ़ गया।—एक वो थे कि अल्ला के हुकुम पर अपनी औलाद क़ुरबान करने से नईं चूके, एक तुम हो कि दित्तेरी की, बोदा! कम करो, अच्छा तो करो। अल्ला नीयत देखता है।

—अरे बड़ी औलाद—औलाद कर रये हो—रफ्फू ने इस तरह चीख़ते हुए कहा कि आस-पास के सब लोगों ने भी सुना।—मालूम भी है औलाद क्या होती है! पैदा नहीं किया चिड़िया का बच्चा और बात कर रये हो औलाद की!

रफ्फू को गए देर हो चुकी थी और बशीर ख़ाँ चाहते थे किसी तरह दिन ढल जाए, और वह अपना मुँह छुपाए घर लौट जाएँ। रात भर बिस्तर में मुँह दिए लेटे रहें। लग रहा था जैसे वह सरिया जिसमें उनका जिस्म पिरा था, बीच में से कहीं टूट गया था। इस तरह कि शायद फिर कभी न जुड़ सके।

—रफ्फू ने ग़लत क्या कहा था? ग़लती तो बशीर ख़ाँ, मालिक मॉडर्न केनिंग आर्ट की ही थी। लग रहा था बीच बाज़ार उन्हें किसी ने नंगा कर दिया हो।—वह अब कहाँ के रहे! क्या ख़ुदा अपने बन्दों की इतनी सी ग़लतियाँ भी माफ़ नहीं करता? क्या शाहू की मौत ही उनके गुनाह की सज़ा में काफ़ी नहीं थी जो ऊपर से यह सब कुछ? ठीक है, वह गुनहगार है। यह उनका गुनाह था कि ज्यों-ज्यों ईद पास आती गई, उनका दिल शाहू को क़ुरबान करने के ख़याल से हटता गया! शाहू जितनी मुहब्बत बशीर ख़ाँ से करता था—ऐसा पहले कभी किसी जानवर के साथ

हुआ ही नहीं! दिन-ब-दिन उनके दिल में यह ख़याल पक्का होता गया था कि अल्लाह उन्हें माफ़ करेगा...लेकिन वह शाहू को किसी भी क़ीमत पर क़ुरबान नहीं कर पाएँगे...नहीं करेंगे!

—इसकी सज़ा के लिए क्या शाहू की मौत ही काफ़ी नहीं थी? बशीर ख़ाँ, मालिक मॉडर्न केनिंग आर्ट ने अपना सर मफ़लर में कसकर लपेटे हुए, एक बार फिर ख़ुद से ही सवाल किया।

स. हरिश्चन्द्र के जीवन की वह शाम

स. हरिश्चन्द्र के जीवन में वह बहुत ज़्यादा खुशी का दिन था। उन्होंने सरे-आम ही अलमारी का ताला खोलकर उन क़ीमती काँच के गिलासों को निकाला जो अभी तक ड्राइंगरूम के डेकोरेशन के लिए ही इस्तेमाल होते रहे थे। साफ़-शफ़्फ़ाफ़, बेलजियन ग्लासेज़ जिनकी क़ीमत कोई क़द्रदान ही समझ सकता था।

—मिस्टर हरिश्चन्द्र—उन्हें आज से बारह साल पहले कही हुई नीलम इन्टरप्राइजेज़ के मालिक मिस्टर सूद की बात याद आई—ये गिलास मैंने एक महाराजा की नीलामी से ख़रीदे थे। इन पर शायद आप ही का नाम लिखा था, तो आपके हवाले कर रहा हूँ।

बारह साल से यह क़ीमती गिलास स. हरिश्चन्द्र ने यूँ सजा और छिपाकर रखे थे, जैसे ड्राइंग-रूम में ही लगी स. हरिश्चन्द्र और उनके शिकार किए शेर की तस्वीर, जिसे देखने वाले बिना पूछे यह मान लेते हैं कि उन्होंने अपने जीवन में कभी शेर मारा है। सच्चाई केवल इतनी थी कि स. हरिश्चन्द्र ने किसी और की बन्दूक़ और किसी और के मारे हुए शेर के साथ तस्वीर खिंचवाई थी। जिन्होंने पूछा था, उनसे स. हरिश्चन्द्र ने कुछ नहीं छिपाया...सब साफ़-साफ़ बता दिया। लेकिन पूछनेवाले थे कितने? ज़्यादा लोग तो तस्वीर देखकर ही उन्हें बड़ा शिकारी, हद यह कि शेर-मार ख़ाँ समझकर चलते हैं और दबते हैं। यह स्थिति भी कितनी मज़े की होती है—सोचकर अनजाने ही स. हरिश्चन्द्र के चेहरे पर मुस्कुराहट फैल गई।

—अरे गुड़िया, उन्होंने बड़ी बिटिया को वाश-बेसिन से आवाज़ दी, बेटी ज़रा थोड़ा विम पाउडर तो लाके देना।

चारों बच्चियाँ आजकल परीक्षा की तैयारी में व्यस्त हैं। अपनी बेटियों पर स. हरिश्चन्द्र को गर्व है—हर लड़की अपनी क्लास में फ़र्स्ट आती है। फिर भी आज यह नई ख़ुशी कुछ और ही थी। चौबीस वर्षीय विवाहित जीवन के बाद घर में लड़के का सुख स. हरिश्चन्द्र को बहुत भीतर तक गरमा गया था और लग रहा था उनकी उम्र बहुत कम हो गई हो। बच्चियाँ घर में छोटे भैया के जन्म से ख़ुद जितनी ख़ुश थीं, सो तो थीं ही, उन्होंने अपने डैडी को भी कभी इतने सुख की मुद्रा में नहीं देखा था।

—अच्छा डैडी! गुड़िया ने विम का डिब्बा रखते हुए स. हरिश्चन्द्र को अपनी अदा से छेड़ा था—आज फिर अंकिल लोग तमाशा करेंगे! डैडी! पहले मम्मी को तो घर जाने दिया होता...वह भी देखकर एन्जॉय करतीं।

स. हरिश्चन्द्र धीरे से हँसे थे। बेटे! उन्होंने जोड़ा—तुम्हारा असल अंकिल तो वही होगा, जो आज आए और तमाशा दिखाए। और तमाशा क्या बेटी! ख़ुशी में लोग तरह-तरह की हरकतें करते हैं। शराब में क्या रखा है? और मम्मी को तो बेटा, हॉस्पिटल में कम-से-कम हफ़्ता भर लगेगा। वैसे गुड्डू और तुम्हारी मम्मी सब बिलकुल ठीक हैं। मैं हॉस्पिटल होता हुआ ही आ रहा हूँ। तुम कहो तो और फ़ोन करके फिर से मालूम किए लेते हैं।

गुड़िया के मना करने के बावजूद स. हरिश्चन्द्र ने हॉस्पिटल फ़ोन लगाकर ड्यूटी डॉक्टर से बात की और मिसेज़ हरिश्चन्द्र अथवा मास्टर हरिश्चन्द्र की नए सिरे से ख़ैरियत मालूम की। सब बिलकुल ठीक था। फ़िक्र करने की कोई ज़रूरत नहीं थी।

इधर से निश्चिन्त होकर स. हरिश्चन्द्र ने सोफ़े के कुशन, क़ालीन, दरवाज़ों के पर्दे, ऐश-ट्रेज़, रिकॉर्ड-प्लेयर—पूरे कमरे का बहुत बारीक-बीनी से मुआयना किया और आख़िर को इस नतीजे पर पहुँचे कि कूलर के बाद भी बाहर खुले लॉन पर बैठना ही ज़्यादा उचित रहेगा। शुरू महीने की चाँदनी भी है और हवा भी आज ज़्यादा गरम नहीं लगती। लॉन की बुरी हालत—मानो किसी ख़ूबसूरत कुत्ते को खुजली हो गई हो! सोचकर उन्हें थोड़ा दुख हुआ। और गमलों की बदहाली, सारे पौधे सूख गए हैं। पानी नहीं, चील का मूत हो गया कि ढूँढ़े नहीं मिलता! पानी के लिए बड़ा टैंक बनवाना अब बहुत ज़रूरी हो गया है। इतने दिन वह बेकार की चीज़ों को बहाना बनाकर इस ज़रूरी काम को टालते रहे। अब पहला काम यही करना होगा।

हॉस्पिटल से वापसी पर शाम के जश्न के मद्दे-नज़र स. हरिश्चन्द्र अच्छी-ख़ासी शॉपिंग ही कर लाए थे। सलाद के लिए ककड़ियाँ, टमाटर, सेब—जो आजकल बाज़ार में फटे पड़ रहे थे। नमकीन के ख़याल से बेसनी मूँगफली, दाल-चूड़ा, तले चने और भूनने के लिए एक थैली पापड़-सबका इन्तज़ाम करते वह घर लौटे थे, यह जानते हुए भी कि घर में भी कुछ-न-कुछ रखा ही होगा।

—देना भई ज़रा, स. हरिश्चन्द्र ने मित्तल नमकीन भंडारवाले सेठ के सलाम के जवाब में कहा था—ज़रा अच्छा वाला ही देना।

—क्या बात है साब? सेठ ने जाने उनके आव-भाव या व्यवहार से कैसे अन्दाज़ा कर लिया कि कुछ ख़ास बात थी—आज तो किसी जश्न की तैयारी लगती है!

स. हरिश्चन्द्र बहुत मासूमियत से खिलखिलाकर हँस दिए थे।—नहीं, भई, ऐसा क्या!

—मुबारक हो, हरिश्चन्द्र जी! एकाएक एक परिचित ने सड़क पर ही स्कूटर

रोककर आवाज़ लगाई थी।—साहबज़ादे बहादुर का जन्म मुबारक हो, और खरे नाम का वह परिचित आकर उनसे गले मिलने लगा था।

—शुक्रिया, शुक्रिया, स. हरिश्चन्द्र ने उससे हाथ मिलाते हुए कहा।—भई आपको कैसे... ?

—अरे साहब, ख़बर है तो छुपेगी थोड़ी! और हमारे योग्य कोई सेवा?... खरे ने हाथ जोड़कर कहा था।

—हाँ यार, स. हरिश्चन्द्र ने दिमाग़ पर ज़ोर डालते हुए कहा—थी तो... ख़ैर फिर तुमको बताएँगे।

खरे चल दिया था, लेकिन मित्तल नमकीन भंडार वाले सेठ ने उनसे ख़रीदी चीज़ों के पैसे लेने से इनकार कर दिया था। स. हरिश्चन्द्र की ख़ुशी उसकी ख़ुशी थी और उनके घर का जश्न, उसके अपने घर जैसा। वह तो ख़ैर हुई जब आगे मार्किट से उन्होंने तलने के लिए डेढ़ किलो मछली ख़रीदी तो किसी ने रम्मा भोयन को भी यही समाचार नहीं सुना दिया, वरना मुफ़्त नहीं तो वह भी कुछ-न-कुछ पैसे कम ज़रूर कर देती। कैसे अच्छे लोग हैं बेचारे, सुख-दुख दोनों में बराबरी के भागीदार, स. हरिश्चन्द्र ने ख़ुद से ही कहा और ख़ुद ही खिलखिलाकर हँस दिए। उन्हें जाने क्यों, वर्षों पहले कभी कॉलेज के दिनों की वह फ़ैन्सी-ड्रेस पार्टी याद आई, जिसमें यारों ने उन्हें कश्मीरी लड़की का लिबास पहनाकर मेक-अप किया था—उनकी बारीक मूँछों को वैसा ही छोड़कर! जब स. हरिश्चन्द्र ने अपना चेहरा आईने में देखा था तो खिलखिलाकर हँस पड़े थे—बिलकुल इसी तरह।

नौकर को आवाज़ देकर उन्होंने घड़ी की ओर देखा—साढ़े छः होने को आए थे और तैयारी अभी कुछ हुई नहीं थी।

—चल बे बिल्ले! उन्होंने नौकर के आने पर कहा। (स. हरिश्चन्द्र नौकरों के नाम ख़ुद रखते हैं जो ज़्यादातर जानवर या परिन्दे होते हैं। बिल्ले से पहले एक भैंसा था। उससे पहले बिज्जू, और काफ़ी पहले एक बगुला करके हुआ करता था)—देख यह मछली है। क्या समझा? अबे, तू बिल्ला है तो भी मछली कच्ची तो खाएगा नहीं, इसे फ्रिज में रख दे! और फुर्ती से ज़रा बाहर लॉन में छिड़काव कर। और दीदी को रोशनाई, पेन्सिल ला दी थी बाज़ार से? शाबाश! चल, जल्दी कर।

यारों के आने से पहले स. हरिश्चन्द्र चाहते थे, एक तफ़सीली 'बाथ' लेना। 'बाथ' के बाद बात बनती है इन दिनों।

न जाने कितने वर्षों बाद स. हरिश्चन्द्र को लग रहा था कि वह सुकून से हैं। शॉवर पूरा खोलकर वह उसके नीचे बैठ गए। अभी-अभी नल आया था इसलिए पानी ठंडा और ताज़ा था, उनके गरमी खाए शरीर को प्यार से सहलाता। उन्होंने शॉवर से सर बाहर करके एक नज़र बाथरूम में दौड़ाई। नहाने का चीनी वाला टब, फ़र्श

और दीवार पर लगे सफ़ेद टाइल्स, गीज़र, वाश-बेसिन, इंगलिश स्टाइल का डब्लू-सी, सब कुछ था उनके सुख और दुनिया की जलन और परेशानी का। उनके घर, उनके रहन-सहन, उनकी बच्चियों की अच्छे स्कूलों में शिक्षा, उनके घर में लगे टेलीफ़ोन, अच्छे पर्दे, फ़र्नीचर, कूलर, स्कूटर को देखकर, कुढ़नेवाले-ही-कुढ़नेवाले थे। सबसे बड़ा इल्ज़ाम जो स. हरिश्चन्द्र पर लगाया जाता है, और जिसे लेकर महकमे में इन्क्वायरी चल रही है, उनका प्रमोशन रोक दिया गया है, वह यही है कि अपनी सीमित आमदनी में वह शहर की सबसे क़ीमती कॉलोनी में इतना क़ीमती मकान क्योंकर बनवा पाए।—बनवा लिया, उन्होंने अपने आफ़िसर से कहा था।—जब तक आप यह साबित न कर दें कि कोई गड़बड़ की गई, मेरे कुछ करने का है ही नहीं। करिए आप साबित कहाँ गड़बड़ है!

यही तो है दुनिया का कि किसी को सुख-चैन से नहीं देख सकती। तब सब ख़ुश थे जब वह किराए के मकान में रहते थे। किराया कितने सौ, यह कौन पूछने जाता है! और क़ानून उनका बिगाड़ क्या लेगा? वह पागल हुए हैं जो ऐसा कुछ करें जो बाद को फन्दे की तरह अपने ही गले आ पड़े! आज यह कॉलोनी इतनी क़ीमती हो गई—तब का हिसाब लगाओ जब स. हरिश्चन्द्र ने यहाँ प्लॉट लिया था—कुत्ते भी इधर आने से कतराते थे!

स. हरिश्चन्द्र ने एक ठंडी साँस ली जिसका मतलब था कि जो है सो है, जो होगा देखा जाएगा। वैसे इन्क्वायरी जैसी चीज़ स. हरिश्चन्द्र के जीवन में कोई नई बात नहीं थी। अव्वल तो उनका महकमा ही एक ऐसी गठरी समझा जाता है जिसमें सारी ख़ून चूसनेवाली जुएँ पलती-परवरिश पाती हैं। दूसरे, एक आम आदमी की नज़र में ऐसा आफ़िसर जो पकड़ में आ गया हो, हमदर्दी का पात्र होता है। इस महकमे की ख़ूबी ही यह बयान की जाती है कि जो जितना बड़ा घाघ है, क़ानून की पकड़ से उतना ही दूर है। जो जितना कमाएगा, वह ख़ुद को उतना ही बदहाल दिखाने की कोशिश करेगा। अगर स. हरिश्चन्द्र के मन में कोई कपट होता तो क्या वह इतना खुलकर खेले होते। सारे प्रदेश में उनके सारे अफ़सर उनसे ख़ुश हैं, सिवाय इस एक कूढ़-दिमाग़ के जो जाने कौन से जन्म की दुश्मनी निकालने पर तुला है! और स. हरिश्चन्द्र ने कुल मिलाकर उस साले का बिगाड़ा क्या है?

बिगाड़ने के नाम पर स. हरिश्चन्द्र ने इस दुनिया में किसी का भी क्या बिगाड़ा है? बहुत ईमानदारी और बारीकी के साथ अगर देखा जाए तो उनसे जितनी भी बन पड़ी, धन्धा करनेवालों की मदद ही की है, परेशान नहीं किया। जो कोई भी बुरे वक़्तों में उनके पास रोता-पीटता आया, उन्होंने अपने सम्बन्ध, असर-रसूख़ इस्तेमाल करके उसे बरबाद होने से बचाया है। एक समय था जब वह महकमे के उड़न-दस्ते में थे और उड़न-दस्ते की मार कौन व्यापारी नहीं समझता? जहाँ दस्ते की जीप जाकर रुक जाए, बाज़ार वीरान होने लगते हैं, व्यापारी दुकानें बन्द करके भागने लगते हैं!

यहाँ तक हुआ है कि लोगों को हार्ट-अटैक हो गए हैं। लेकिन स. हरिश्चन्द्र के ज़माने को याद करके लोग आज भी उन्हें दुआएँ देते हैं। और यह सारे शहर में इतनी इज़्ज़त, लोगों का उठ-उठकर मिलना, बग़ैर माँगे चीज़ें घर पहुँचा देना, यह क्या यूँ ही है? क्या उनके डिपार्टमेंट से सम्बन्धित सारे लोगों की शहर में इतनी ही इज़्ज़त है? बाक़ी लोगों का डर हो सकता है, इज़्ज़त नहीं!

नहाकर, तौलिए से बदन सुखाते, स. हरिश्चन्द्र अपने बेडरूम में निकल आए। पलंग! पलंग पर जाकर उनकी नज़रें टिक गईं। सिरहाने लगा सनमाइका जगह-जगह से उधड़ गया था। कब तक साथ देता, उन्होंने मन-ही-मन सोचा। जिसने नज़राना दिया उसे भी तो अपना पेट पालना रहा होगा।

स. हरिश्चन्द्र को याद है—यह पलंग एक सिन्धी फ़र्नीचर वाले ने उनके उड़न-दस्ते के ज़माने में साहब को ख़ुश करने को दिया था। यह पलंग और छः कुर्सी का डाइनिंग-सेट, बेचारा बिना माँगे ही दे गया। अड़दब में था, न देता तो क्या करता!

बहरहाल, स. हरिश्चन्द्र ने अलमारी खोलकर तहमद-कुर्ता निकालते हुए सोचा, गुड़िया की मम्मी और गुड्डू के हॉस्पिटल से घर जाने से पहले-पहले इस कमरे में एक नया पलंग आना है। और इस सिलसिले में क्या किया जा सकता है, वह कल ही देखेंगे।

एकाएक आज बाज़ार में उन्हें खरे से हुई भेंट याद आई और मामला सुलझ गया। खरे का फ़र्नीचर का ही काम है और आजकर उसका केस भी स. हरिश्चन्द्र के ही पास है। उन्होंने सुकून की साँस ली।

स. हरिश्चन्द्र बाहर लॉन पर बिछी कुर्सी में तहमद-कुर्ता पहने पसरे पड़े थे। सारी तैयारी हो चुकी थी। सलाद काटकर, प्लेटों में सजा हुआ, फ्रिज में ठंडा हो रहा था, गिलास धुले-पुँछे अन्दर ट्रे में जमे रखे थे। किसी-न-किसी को अभी तक आना चाहिए था—आठ बजने जा रहे थे। थोड़ी देर बाद सही। उनकी आज ऑफ़िस से छुट्टी सही। बाक़ी ने तो दिन भर सर-मारी की होगी। बेचारे घर जाएँगे। और फिर यहाँ आना! उनका घर न तो पुराने शहर से इतना पास था न ही उनके साथियों में हर एक के पास अपनी सवारी थी।

—आप तो—उनके दफ़्तर का एक जूनियर, सिद्दीक़ी कभी-कभी उनसे मज़ाक करते हुए कहता-नाम से ही राजा हो—राजा हरिश्चन्द्र! रहा मुक़द्दर तो वह भी राजाओं-सा लिखा लाए!

—अरे यार ये स. हरिश्चन्द्र क्या? किसी साथी ने पूछा था।

—स. हरिश्चन्द्र नहीं तो क्या? उन्होंने हँसते हुए कहा था—अमा वही, सत्यवादी हरिश्चन्द्र, इतना भी नहीं समझते?

और इस बात को सुनकर लोग दिनों हँसा किए थे। सारे महकमे में एक लतीफ़ा-सा बन गया था जिसके बीच उन्होंने चुप रहना ही बेहतर समझा। हँसने पर

तुले लोगों को यह बताना उन्हें कहीं से भी उचित नहीं लगा कि उनके नाम से पहले जो स. लगा था वह सचमुच सत्यवादी के ही लिए था। जाने कैसा बेतुका नाम रखा था उनके माँ-बाप ने! सत्यवादी हरिश्चन्द्र! इससे कहीं बेहतर तो स. हरिश्चन्द्र ही लगता है।

रही बात राजा होने की तो, वह अच्छी तरह जानते हैं कि इसमें मुक़द्दर का कम और ख़ुद उनकी मेहनत का ज़्यादा दख़ल है। उन्होंने ज़िन्दगी में हर तरह की मेहनत की है—हाथ-पैरों से लेकर दिमाग़ तक की। और हर तरह की ज़िल्लत भी बर्दाश्त की है। इस महकमे में भी सालहा-साल उन्हें बीवी-बच्चों से दूर दूसरे शहरों में गुज़ारने पड़े हैं क्योंकि बीवी की नौकरी और बच्चों का स्कूल हर तबादले पर नहीं छोड़ा जा सकता। फिर अब हर तरह की ख़ुशी उन्हें क्यों न मिले? एक भारी कमी बेटा न होने की थी जिस पर दुश्मन कहते थे—मान लो हरिश्चन्द्र जी! मारनेवाले से जिलानेवाला बड़ा है। अब कहाँ ले जाओगे इस काली माया को, यहीं दान करना पड़ेगा! सो आज उन लोगों का मुँह भी बन्द हुआ और उन्हें अपना जाँनशीन भी मिला। गुड़िया की माँ ने जब आज शाम उनसे कहा था—चन्दा, लड़का बिलकुल तुम पर गया है, तो वह भीतर तक गुदगुदा गए थे। लड़का हो, बाप जैसा हो, फिर और कोई क्या चाहेगा?

घर के बाहर कोई थ्री-व्हीलर आकर रुका था और सिंह और सिद्दीक़ी बाहर आए थे। स. हरिश्चन्द्र ने बैठे-बैठे हाथ हिलाया और अपनी कुर्सी से उठकर खड़े हो गए। सिंह ने ऑटोवाले को किराया दिया और सिद्दीक़ी और सिंह दोनों लदे-फँदे अन्दर आ गए।

—यह सब क्या ले आए? स. हरिश्चन्द्र ने सिद्दीक़ी के हाथों में बड़ा पुट्ठे का डिब्बा देखकर कहा था।

—कुछ नहीं महाराज! सिद्दीक़ी उन्हें महाराज ही कहकर बुलाता है—रावी ऐश-ही-ऐश लिखता है! यह बीयर की बोतलें हैं। आज के जश्न को चार चाँद लगाने के लिए।

—और यह चार बोतलें व्हिस्की, आलीजाह का गला तर करने के लिए। सिंह ने अदब से कहा था और फिर स. हरिश्चन्द्र के साथ वह दोनों ठहाका लगाकर हँस दिए थे।

—तुम लोग तो कमाल कर दिए यार!—स. हरिश्चन्द्र ने भाव-विभोर आवाज़ में कहा था—हमें दुकान लगानी है क्या? अरे बिल्ले, उन्होंने नौकर को आवाज़ दी।—ज़रा यह बोतलें अन्दर ले जा और बीयर की बोतलें—समझता है ना बीयर की बोतल?—वह फ्रिज में भर दे। और, उन्होंने सिंह और सिद्दीक़ी को सम्बोधित किया।—क्या ख़बर है? बहुत देर कर दी यार तुम लोगों ने? हम तो समझे किसी

मोटी मुर्ग़ी के हाथ लग गए आज! हम अकेले शुरू ही करने जा रहे थे। और माथुर, जैन—यह लोग भी अभी नहीं आए?

—आएँगे, आएँगे, साले जाएँगे कहाँ! सिंह ने कहा था—आज तो बॉस, सुपुत्र की ख़ुशी में हो जाए।

स. हरिश्चन्द्र ने नज़र दौड़ाई थी कि कोई बच्ची तो नहीं सुन रही, फिर हँसकर कहा था—हो जाए! हमने कब ना कही? आज ही सही। वैसे सिद्दीक़ी से पूछ लो। इनका मोहल्ला लगता है। यही आनाकानी करेंगे।

—राम, राम, राम! सिद्दीक़ी ने कान पकड़कर कहा था।—वह अपना शौक़ नहीं। एक घरवाली ही काफ़ी है।

—अरे यार! कभी चल भी तो, सिंह ने हँसकर कहा था।—सब बीवी-वीवी भूल जाएगा।

—अच्छा सिंह! स. हरिश्चन्द्र ने टाँग पकड़नेवाले स्वर में कहा—अच्छे उड़ रहे हो!

—अरे नहीं प्रभु! सिंह फ़ौरन ही फैल गया।—अरे बॉस, महीनों से उधर भटका भी नहीं हूँ।

—वैसे सुना है आजकल हर संडे..., स. हरिश्चन्द्र ने नपे-तुले लहज़े में कहा—सहगल के साथ बैठ रहे हो? कितने एक हज़ार बनाए?

—अरे बना चुका मैं उससे! सिंह ने थोड़े से सकपकाए अन्दाज़ में कहा।—अरे वह साला बड़ा सुअर की आँख है!

सहगल शहर का बड़ा ट्रांसपोर्ट का व्यापारी था और एक बार स. हरिश्चन्द्र से पत्तों पर उलझ लिया था। बात कुछ यूँ अड़ी थी कि उसे सुलझाने के लिए अपने तमाम बड़प्पन के बाद भी उसने स. हरिश्चन्द्र से माफ़ी माँगना ही बेहतर समझा। वैसे सहगल के साथ जुआ खेलने का मतलब ही बड़ा जुआ था, जहाँ उलट-फेर पन्द्रह-बीस हज़ार की होना कोई बड़ी चीज़ नहीं।

देखते-ही-देखते यारों की महफ़िल जमने लगी। माथुर आया था, मलिक साहब, शर्माजी, गुप्ता साहब, जैन और बरमानी सब पहुँच लिये थे। दफ़्तर का स. हरिश्चन्द्र का मुँहलगा चपरासी राजा पहुँच गया था और मछली तलने का मसला हल हो गया था। छिटकी हुई हल्की चाँदनी में ग्यारस के डोल की तरह सजी-सँवरी ड्रिंक्स ट्रॉली स. हरिश्चन्द्र धकेलते लॉन तक लाए थे और यारों ने—क्या बात है बॉस—आज जीवन सफल होता लगता है, आदि-आदि के नारे लगाकर उनका स्वागत किया था। गिलासों में शराब उड़ेली गई, बर्फ़ के टुकड़े मिलाए गए और शर्मा जी तथा मलिक साहब जैसे वेजीटेरियन पीनेवालों के लिए बीयर के ढक्कन उड़ाए गए थे।

—चियर्स! स. हरिश्चन्द्र के सीनियर, गुप्ता साहब ने गिलास उठाकर सबको दावत दी—कुँवर महाराज के जन्म और उनकी लम्बी आयु के लिए!

—श्री सत्यवादी हरिश्चन्द्र महाराज और सतयुग के लिए!

— श्री सत्यवादी हरिश्चन्द्र महाराज की—सिंह ने हाँक लगाई।

—जय! सारे यारों ने एक आवाज़ होकर कहा और लम्बे घूँट हलक से उतारे।

इसे कहते हैं ज़श्न! स. हरिश्चन्द्र भीतर-ही-भीतर किसी क़ालीन की तरह खुलते जा रहे थे। सलाद थी, नमकीन थी, तली हुई फ़िश थी, शराब थी, यार थे और पीने का बहाना था। पहला पैग पलक मूँदते ख़त्म हुआ था।

—लेकिन हरिश बाबू,—सिंह ने थोड़ा खुलते हुए कहा—आपका रौब भी मानना ही पड़ेगा!

—क्यों भई? स. हरिश्चन्द्र ने खिलखिलाकर हँसते हुए पूछा।

—आप पूछ रहे हैं क्यों! सिद्दीक़ी ने जोश में कहा—अरे हम जहाँ-जहाँ शराब लेने गए, जैसे ही दुकानदार को जश्न का कारण पता चला, पैसे लेने से साफ़ इनकार! और-तो-और एक दुकान पर अपना सहगल शराब ख़रीदता मिल गया। जब उसे पता चला तो शाम के लिए यह बीयर, उसी की नज़र है।

—मगर साला ख़ुद आया नहीं मुबारकी देने।—स. हरिश्चन्द्र ने चबाकर कहा था।

—हरिश्चन्द्र महाराज की—जय!—गदर में उनकी कही अनसुनी हो गई। शराब उम्मीद से भी तेज़ चल रही थी। डिपार्टमेंट की बात निकल आई।

—इस महीने समझो तीन धन्ना सेठों का पत्ता कट रहा है! बरमानी ने मछली चबाते हुए कहा।

—ठीक है। सालों का मुक़द्दर ही ख़राब है! माथुर ने लापरवाही से कहा।—हिसाब ठीक नहीं रख सकते तो तमीज़दारी तो मत भूलो। यह तो होने से रहा कि साले, तुम कद्दू खा भी लो और बचा भी लो।

—और हम कब रोकते हैं, खाने या बचाने से? गुप्ता जी ने जोड़ा था।—भई हमारी हैसियत क्या है?

—अपनी हैसियत तो छोड़िए आप बॉस, शर्माजी ने कहा—उन लोगों से तो कोई राजा—यह अपने चपरासी की ही हैसियत पूछकर देखे! सालों की हवा बन्द हो जाती है।

फिर डिपार्टमेंट में आए एक नए साथी की बात निकल आई जो कुछ ही दिन पहले तबादला होकर यहाँ आया था।

—बहुत चीज़ है वह बॉस! सिद्दीक़ी ने कहा—आए को चार महीने हुए हैं, मगर साले की पाँचों घी में हैं।

—हम जानते हैं, गुप्ताजी ने ऊँची आवाज़ में कहा।—तुम लोग भी जानते हो कि उनका अंगरक्षक कौन है! जो न करें थोड़ा है।

इस नए आनेवाले के सम्बन्ध ऊपर तक निकलते थे और वह था भी अनुसूचित जाति से। इसी कारण उसके बारे में लोग बात करने से भी कतराते थे।

स. हरिश्चन्द्र को लग रहा था सब बहुत तेज़ शराब पी रहे हैं। देखते-ही-देखते दो व्हिस्की की बोतलें निपट गई थीं और कुछ लोग व्हिस्की पीते-पीते बीयर पर स्विच कर गए थे। यह ग़लत था। स. हरिश्चन्द्र को अन्दाज़ा है कि इतनी तेज़ शराब पीने के साथ कोई घपला ज़रूर होता है। दूसरे अन्दर परीक्षा की तैयारी कर रही बच्चियों का ख़याल रह-रहकर स. हरिश्चन्द्र का ध्यान बाँट रहा था। वैसे बच्चियाँ समझदार हैं और फिर इस तरह की महफ़िल घर पर पहली बार तो हो नहीं रही। ख़ासकर बड़ी बेटी, गुड़िया छोटी बहनों को भी सँभाल लेगी।

एक लम्बा घूँट लेने पर स. हरिश्चन्द्र को मजबूर किया गया और उनके गिलास में और शराब डाल दी गई।—पियो! यारों में से कोई बोला था।—आज तो तुम जीत में हो, जितनी पियो कम है।

—अच्छा हरिश्चन्द्र, गुप्ताजी की आवाज़ स. हरिश्चन्द्र के कान से टकराई। (उस आवाज़ में थोड़ी अफ़सराना शान थी। गोया गुप्ताजी टुन हो गए।)—यार सर्विस-टाइम के हिसाब—मेरा मतलब, सीनियार्टी में तो तुम मुझसे भी आगे हो, और जिस दिन यह इन्क्वायरी निपट गई, ओहदे में भी बराबर हो जाओगे। यार! महकमे को अपनी जगह छोड़ो, एक-दो गुर की बातें ज़रा हमें भी बताओ, कि इतनी बढ़िया नहीं तो इससे घटिया ही, एक-आध राजधानी की नींव हम भी डाल सकें! गुप्ताजी का इशारा उनकी जायदाद की ओर था—बात ख़त्म होने से पहले ही स. हरिश्चन्द्र इतना समझ गए थे।

—कुछ नहीं सर—उन्होंने अदब से कहा।—कड़ी मेहनत, ईमानदारी और सच्चाई।

एक ज़ोर का ठहाका पड़ा था और फिर से और शराब उनके गिलास में डाल दी गई थी।

यार सचमुच बहकने लगे थे या स. हरिश्चन्द्र का दिमाग़ ठीक काम नहीं कर पा रहा था—अन्दाज़ा लगाना मुश्क़िल था। गुप्ताजी किसी बनिए की बात कर रहे थे जिसे बरबाद कर डालने का फ़ैसला उन्होंने किया है। फिर सबके कहने पर सिद्दीक़ी कोई गीत गाने लगा था। मगर इन सब चीज़ों से दूर स. हरिश्चन्द्र का दिमाग़ सिद्दीक़ी की उस बात में उलझा हुआ था कि सहगल ने आज शाम के लिए, राह चलते-चलते चौबीस बोतल बीयर की व्यवस्था कर दी।—क्यों? स. हरिश्चन्द्र अन्दर-ही-अन्दर कुढ़ और झुँझला रहे थे।—जिसे ख़ुद आना तो अलग, टेलीफ़ोन करके मुबारकी देना गवारा नहीं, उसका यह एहसान भी क्यों? साले का केस अभी पूरी तरह निबटा नहीं है, स. हरिश्चन्द्र उसे देख लेंगे! दुनिया जानती है कि स. हरिश्चन्द्र ने आज तक किसी से कुछ माँगा नहीं, उनका हक़ समझकर जो दे गया, वह दूसरी बात है। और फिर यह अवसर तो ऐसा था जहाँ दो शब्द कहना ज़्यादा महत्त्व रखता है। नालियों में बहे ऐसी बीयर! ऐसी न जाने कितनी बोतलें वह जहाँ से चाहें उठवा सकते हैं! अगली

पेशी पर ही साले को देखा जाएगा! कोई मजबूरी है अच्छे बर्ताव की, जब दिल में अच्छाई नहीं?

इस समय सिंह कोई गन्दी कविता की पंक्तियाँ पढ़ रहा था और सब लोग वाह-वाह कर रहे थे। शराब पर चलते हाथ ढीले हो गए थे और कुछ लोग उबासियाँ भी लेने लगे थे। सिगरेट कम पड़ गई थी तो राजा को नुक्कड़ तक दौड़ाया गया था।

स. हरिश्चन्द्र अपने दिमाग़ को जितना भी मुक्त करते वह और उलझता जा रहा था। क्या है यह सब? सारी शराब मानो डुगडुगी बनकर उनके कानों में बजने लगी।—जिस कॉलोनी में वह रहते हैं, आस-पास या दूर से कोई भी उन्हें बधाई देने क्यों नहीं आया? और कितने घर तो ऐसे बिज़नेसवालों, उद्योगपतियों के हैं, जिनकी कितनी बार स. हरिश्चन्द्र ने अपनी हद से बढ़कर मदद की थी। क्यों यह लोग ऐसे मौक़ों पर न उन्हें अपने घर बुलाते, न ख़ुद उनके घर आते? बेईमानी? बेईमान स. हरिश्चन्द्र और इन लोगों में कौन था? स. हरिश्चन्द्र ने किसी का कुछ नहीं बिगाड़ा। शासकीय कर देने पर राज़ी लोगों को कभी मना नहीं किया। फिर यह ऊँच-नीच की दीवार कैसी है? ठीक है सालो! अपना-अपना समय है! मौक़ा आने पर हम भी निपट लेंगे।

—तवाइफ़ का शबाब समझ लो, यह अपनी तीसमार-खानी! एक पंजाबी से एक बार स. हरिश्चन्द्र की ठन गई थी तो उसने उनका मख़ौल करते हुए कहा था।—जाते-जाते आने की ख़बर आती है।

—इस बड़ी कॉलोनी में अगर स. हरिश्चन्द्र की मिसाल एक तवाइफ़ थी, तो फिर कौन तवाइफ़ नहीं था?

एकाएक स. हरिश्चन्द्र को लगा वह बेवक़ूफ़ी की बातें सोच रहे हैं और वह खिलखिलाकर हँस पड़े।

—चाँदनी अच्छी-सी फैल चुकी है, उन्होंने गिलास में शराब डालते हुए सोचा, और आस-पास हो रही बातचीत पर कान लगाने की कोशिश करने लगे।

एक फ़िल्मी पोस्टर के हवाले से

ऐसा नहीं कि दूसरे तमाम मौसम मुझे बुरे लगते हैं, लेकिन गर्मियों के प्रति एक ख़ास तरह का मोह मन में हमेशा रहा है। इस मोह को रचनेवाले तत्त्वों को अगर मैं सरसरी नज़र से भी देखना और समझना चाहूँ तो यह अपने–आप में अलग एक विषय होगा। संक्षेप में, गर्मियाँ मुझे शायद बुनियादी तौर पर बचपन से जुड़े गर्मियों के उस दो महीने के अन्तराल के कारण ही अच्छी लगती हैं, जब बहुत सा समय और कुछ न करने की सुविधा एक साथ आ जाती थी। तो गर्मियाँ अपने साथ एक अजीब–सी नॉस्टैल्जिक आँच लेकर आती हैं और तपती दोपहरों या कम तपती शामों को दिमाग़ अजीब बेतुकेपन से अतीत के मुड़े–तुड़े, शिकन पड़े पन्नों और चेहरों की सलवटें बराबर करने, उन्हें आपस में जोड़ने लगता है। इस प्रक्रिया में, मैं सच बताऊँ, कभी किसी बाहरी चीज़, अपने–आप में बेमतलब, का भी कितना बड़ा हाथ हो सकता है, आज दोपहर तक मुझे अन्दाज़ा नहीं था।

भरी दोपहर आज जब मैं एक चौराहे से गुज़र रहा था तो रोज़ की तरह मुझे फ़िल्मों के पोस्टर नज़र आए। मैं चौराहा पार कर चुका था, जब किसी ख़याल ने मुझे मुड़कर उन पोस्टरों को दोबारा देखने पर मजबूर कर दिया। शहर के लगभग सारे सिनेमाघरों में पुरानी फ़िल्में लगी हुई थीं। बचपन से लेकर जवानी यानी स्कूल से लेकर कॉलेज तक की उम्र में देखी फ़िल्मों के नाम और पोस्टर! मैं एक थकी–सी मुस्कान के साथ, माथे का पसीना पोंछकर आगे बढ़ने को था, जब एक फ़िल्म का टाइटिल किसी गलियारे–सा खुला और दूसरे ही क्षण मैं एक दूसरी दुनिया में था...

कर्नल! हम सब उसे कर्नल कहकर बुलाते थे। उसके हुलिए, हड्डी–काठी और हरकतों के कारण सारा कॉलेज ही उसे कर्नल कहता था, हद यह कि कुछ प्रोफेसर्स और लेक्चरर्स भी। –हाय! उसका दहाड़कर ग्रीट करने का अन्दाज़ और भालुओं की तरह झुमा–झुमाकर प्यार करना। छह फ़ुटा क़द, गोरा, मुस्कुराता चेहरा, फूले हुए गाल और चमकीली आँखें। जिनमें जाने मुझे क्यों लगता, इतनी ताक़त थी कि जिसकी ओर उठें, वह उनसे बँध जाए, और उसका व्हिसिल करते हुए, फ़िल्म

'ब्रिज ऑन द रिवर क्वाई' की धुन, हॉस्टल्स के कॉरिडोर्स में मटक-मटककर चलना।

—मरो साले! बहुत ग़ुस्से में उस शाम उसने मुझे डाँटा था,—ऐसे एडवेंचर्स करने के लिए गट्स चाहिए होते हैं!

नाराज़गी का कारण था, एक इश्क़ का चक्कर जिसमें फँसकर मैं सारी इंजीनियरिंग और अपने स्लाइड-रूल को भूल, चुपचाप-सा रहने और कभी-कभी ठंडी आहें भरने लगा था। सोने पर सुहागा, छिप-छिपकर कविता लिखने की कोशिश भी शुरू हो गई थी। संयोग से लड़की का नाम भी कविता ही था और उस की लगातार बेरुख़ी से तंग आकर मैंने कर्नल से, जो सारे क्लासवालों का सहपाठी ही नहीं, कांशेंस-कीपर, फ्रेंड, गाइड—गर्ज कि सब ही कुछ था—यह कह दिया था कि भाड़ में जाए कैरियर, मैं हॉस्टल और कॉलेज छोड़कर वापस अपने शहर जा रहा हूँ।

—अबे साले, उसने डाँटते हुए कहा था—एक लड़की-दैट्स आल यू आर वर्थ? यही तो है साले तुम लोगों के साथ—दुनिया नहीं देखी! पहली और दूसरी को बहन बना लेते हो और तीसरी तक पहुँचते-पहुँचते स्टीम फुल ब्लास्ट! लव! प्रेम! इश्क़! यू बास्टड्र्स!!

मैं कर्नल की डाँट दुबका खड़ा सुनता रहा था। मजबूरी थी। कर्नल की बात हम सबके लिए बहुत महत्त्व रखती थी। कर्नल ने दुनिया देखी थी, लोगों को पहचाना और देखा था। एक बार पहले कभी जब मैंने कर्नल की ख़ुशामद करते हुए धीरे से उसके कान में पूछा था कि क्या उसने भी कभी प्रेम किया है, तो वह हँसते-हँसते दीवाना हो गया था। चिल्ला-चिल्लाकर उसने हॉस्टल के आस-पास के कमरेवालों को भी इकट्ठा कर लिया था। हँसते-हँसते उसका चेहरा लाल हो रहा था।—देखो, साला क्या पूछ रहा है, वह हँस-हँसकर दोहरा हो रहा था—देखो, माइ डियर राँझा, याद रखो! लव इज़ ए फोर लेटर वर्ड-वन ऑफ द सो मेनी! फॉर मी, गर्ल्स-यस! लव—हे-हे!!

—और साले, तुम ही नहीं, कर्नल मेरे कॉलेज और हॉस्टल छोड़कर जाने की बात को लेकर डाँट रहा था।—तुमसे बड़े शहंशाह भी पड़े हैं इसी हॉस्टल के कमरों में! माथुर आत्महत्या करके छोड़ेगा, अगर नवीन उसकी न हुई और वैद्य हिमालय जाने की सोच रहा है! मैं पूछता हूँ, सालो तुम हो कौन-सी नस्ल से? यहाँ पढ़ने आए थे या इन बटेरों के पीछे भागने! शादी के बाद औलाद पैदा कर लो तो मान लेंगे! साले, तुम्हारी बीवियाँ तुमको पास नहीं फटकने देंगी, अपने बेड-रूम की दरबानी करना!

माथुर, वैद्य और मैं—हम तीनों की हालत ख़ासी गम्भीर थी, कर्नल ने हम तीनों को अपने कमरे में बुलाया। उसका कमरा क्या, अपने में एक अजूबा था-दीवारे प्ले-ब्यॉय के मुस्कुराते पिन-अप्स पहनीं, पाँच-छह तरह के लाइट-इफेक्ट्स, रिकॉर्ड-

प्लेयर और ढेर सारे अंग्रेज़ी रिकॉर्ड्स और ख़ुशबुओं से महकता। बहुत कम लोग कर्नल के कमरे में, जिसके दरवाज़े पर उसने अपने ख़ास रनिंग-हैंड में काले पेंट से 'कर्नल' लिख रखा था, घुसने की हिम्मत कर पाते थे। हम तीनों को कर्नल ने एक जबरदस्त लताड़ दी, हमारी मर्दानगी को ललकारा। इस धमकी के साथ कि अब अगर उसने हममें से किसी को भी एबनॉर्मली बिहेव करते देखा तो हाथ-पैर तोड़ देगा। इसके बाद अपने रिकॉर्ड-प्लेयर पर उसने फ़ॉक्स-ट्रॉट का कोई नम्बर, जो उसे बहुत पसन्द था, बजाकर सुनाया और ऐक्शंस के साथ हमें समझाता रहा कि फ़ॉक्स-ट्रॉट क्या होता है, कैसे करते हैं। हम तीनों ने कर्नल से गुड-बिहेवियर की प्रॉमिस और लड़कियों को सबक पढ़ाने का वादा किया और फिर उसके साथ हॉस्टल से शहर गए, मटरगश्ती की और सेकेंड शो में फ़िल्म देखी। कर्नल बेहद ख़ुश था।

समय बीतता गया। न माथुर ने आत्महत्या की, न वैद्य के हिमालय जाने की नौबत आई और कुछ ही दिनों में मैं भी अपनी पढ़ाई में व्यस्त हो गया। हम लोगों ने डिग्रियाँ लीं और अपने-अपने शहरों को लौट गए। नौकरियाँ लग गईं। शादियाँ हो गईं—अपनी-अपनी प्रेमिकाओं के साथ। मेरा और कविता का जब विवाह होने लगा तो मैंने ख़ासतौर पर कर्नल को लम्बी चिट्ठी लिखी और फिर शादी का न्योता भेजा—इस आग्रह के साथ कि कर्नल का शादी में आना बहुत ज़रूरी है। कर्नल तो नहीं आया, न ही चिट्ठी का जवाब—कर्नल वैसे भी चिट्ठी-पत्री के मामले में बहुत चोर था-उसका मुबारकबाद का कार्ड आया, उसके अपने स्टाइल में दो लाइनें लिखी थीं उसने, जो मुझे आज, पन्द्रह वर्ष बाद भी याद हैं—कविता बिना जीवन के कुछ भी नहीं होती, लेकिन बिना कविता के क्या जीवन हो सकता है? पहली बार मैंने कर्नल के हाथ से लिखे हिन्दी अक्षर देखे थे, जिसके नीचे उसी मोटी अंग्रेज़ी हैंडराइटिंग में लिखा था—ब्लेस यू-कर्नल। मैंने कार्ड पत्नी को दिखाया था और पत्नी ने उसे सँभालकर अलग रख लिया था।

इसी के कोई महीने बाद एक मित्र का तार मिला था कि कर्नल ने आत्महत्या कर ली।

मुझे याद है, रेल के सफ़र के बाद जब मैं कर्नल के घर पहुँचा तो सब कुछ, कुछ दिनों पहले ही हो-हवा चुका था। फिर भी एक ख़ामोशी और वीरानी थी, जो घर से टपक रही थी।

—बिलकुल ठीक थे, कर्नल की विधवा अपने साल-भर के बेटे को गोद में लिए बैठी मुझसे कह रही थी—साथ फ़िल्म देखने जा रहे थे कि मेरी छोटी बहन आ गईं। कहने लगे, मुझे क़ाफी काम भी करने हैं, तुम लोग हो आओ, मैं फ़िल्म देखकर लौटी तो...

वह आगे नहीं कह पाईं। मुझे बताया गया कि कर्नल ने घरवालों की अनुपस्थिति में गले में फंदा लगाकर, छत से लटककर अपनी जान ली थी। और यह कि उसकी

टेबुल की ड्रॉर्स से निकली मैगजींस और पुरानी डायरियों से पता चला था कि वह काफ़ी लम्बे समय—चार या पाँच साल से—आत्महत्या के केसेज का अध्ययन करता रहा था। तरह-तरह के फंदे और गाँठों के स्केच उसकी डायरी से निकले थे। साथ ही हर एक ने आश्चर्य जताया कि आख़िर कर्नल ने ऐसा किया क्यों? वह बहुत अच्छी नौकरी पर था। पत्नी और बच्चे से बेहद प्यार करता था, इकलौती औलाद के नाते बड़ी जायदाद का मालिक था।

—फिर? सवाल आज भी ज्यों-का-त्यों है। कर्नल को मरे पन्द्रह साल हुए, आज उसका बेटा सोलह साल का होगा। कैसा होगा, क्या कर रहा होगा, मुझे कुछ नहीं मालूम। ना ही उसकी विधवा से फिर कभी मिलने का मौक़ा मिला। क्या था उस खिलन्दरे, मस्त, हमेशा हँसनेवाले के भीतर जिसे पाँच साल तक इतने क़रीब रहने के बाद भी मैं नहीं जान पाया? वे स्वस्थ क़हक़हे, वह आँखों की जादुई कशिश—क्या था जो उनके पीछे बिना हमारे जाने पल-पल घुल रहा था? क्या था??

मैं रास्ते पर आगे बढ़ गया। उस फ़िल्म का नाम जो उस शाम कर्नल के साथ देखी थी और जिसका पोस्टर इस समय यूँ इस चौराहे पर मेरे सामने टँगा था, वह शाम और कर्नल उस तपती धूप में मेरे साथ चल रहे थे।

इन गर्मियों, मैं कर्नल के बारे में सोचता रहूँगा—एक फ़िल्मी पोस्टर के हवाले से।

अँधेरे में

वह बिस्तर में उठकर बैठ गया।

मुट्ठियों में हल्के-हल्के पसीना रिसने लगा था। बाजू में रेहाना बेख़बर, बिट्टू को सीने से चिपकाए सो रही थी।

कानों में उँगलियाँ ठूँसकर उसने ख़ुद को समझाया कि सब ठीक है। कहीं कुछ नहीं। लेकिन दूर से आती मक्खियों की भनभनाहट, चींटियों के रेंगने की सरसराहट, हवा में टिड्डी-दल की उड़ती-सी मनहूस ख़ामोशी—कुछ समझ न आने, सिहराने-वाली आवाज़ें। कान बन्द करने से कुछ नहीं होता। उसकी आज़माई सारी कोशिशें नाकाम हो चुकी हैं।

उसका दिल उछल रहा था और रगों में दौड़ते हुए ख़ून की धमस कनपटियों में महसूस हो रही थी। किसी भी पल एक धमाका होगा और ख़ून-ही-ख़ून फैल जाएगा—गहरा लाल, धीरे-धीरे कत्थे की तरह जमता उसका ख़ून। उसके पैर ठंडे हो आए थे। बाहर आवाज़ों का कोरस ऊँचा होता जा रहा था। मच्छरों, धुएँ, हवा में उड़ते करोड़ों जिन्नातों-सी आवाज़ें। लग रहा था सड़क पर हज़ारहा क़दम एक साथ पड़ रहे हों। करोड़-हा-करोड़ लोग मिलकर खुसर-फुसर कर रहे हों। ग़ुस्से की धार रात के सन्नाटे को तार-तार किए दे रही थी। उसका शरीर काँपने लगा—पसीने में नहाया, थर-थर।

—सुनो! उसने रेहाना को झँझोड़ा—उठो! ख़ुदा के लिए! सुनो तो कैसी आवाज़ें हैं? बताओ?—सुन रही हो? यह चीख़-पुकार, शोर-गुल, कैसा कोहराम मचा है?

ये नज़रें! रेहाना की यह नज़रें। वह उसे पागल समझने लगी है। उस पर कम्बल डाल रही है, पानी के साथ दवा की गोली खिला रही है, उसके ठंडे शरीर को गरमाने की कोशिश कर रही है। उसने कुछ नहीं सुना।

...आवाज़ें धीरे-धीरे दूर जा रही हैं। बिट्टू नींद में चौंककर रोने लगी है...शायद वह सुनती हो यह आवाज़ें?...उसने सपने में सब-कुछ देख लिया हो?...बिट्टू अब बड़ी होती जा रही है...रेहाना कहती है—इस साल उसे स्कूल में एडमिट कराना है...बिट्टू के लिए रंगीन किताबें...बड़े-बड़े अक्षर...ए फ़ॉर एपिल...बड़ा ख़ूबसूरत लाल-लाल एपिल...उसकी बहुत सारी किताबें, ढेर-से खिलौने...पटरी पर चलती

रेलगाड़ी...चाबी की मोटर...बहुत से रंग-बिरंगे कपड़े...बिट्टू रेहाना के साथ रोटी पकाती है...छोटी-छोटी गोल-गोल लोइयाँ...अभी भी उसके हाथ आटे में सने हैं...रेहाना के पास से सीली धुआँ देती लकड़ियों-सी बू आती है...ख़ाँसी का दौरा रह-रहकर उठता है...

हर तरफ़ ख़ामोशी छा गई है।

कुछ समय पहले से यह होने लगा है। पहली बार जब उसने इन आवाज़ों को सुना वह एक साधारण दिन की रात थी। थका-हारा, शाम को वह ऑफ़िस से घर लौटा था। सारा दिन ऑफ़िस में उसे याद आता रहा था कि आनेवाले जाड़ों के लिए उसके पास एक गरम कोट का होना कितना ज़रूरी है। और अपने गरम कोट की प्रतिध्वनि में उसे रेहाना के लिए गरम शॉल और बिट्टू के लिए कपड़े सुनाई देते रहे। यह सोचने का सिलसिला इतना तकलीफ़देह निकला कि सारा दिन वह अपने 'आज' के पीछे छूटा 'कल' याद करता रहा, उसने ख़ुद क्या चाहा था और हो क्या रहा है। दिन भर इस 'चाहा था' और 'हो रहा है' के खेल ने उसे बुरी तरह थका डाला। जब बोझिल क़दमों से उसने घर का ज़ीना चढ़ा तो एकदम सारे शक विश्वास में बदल गए। विश्वास कि अब कुछ नहीं हो सकता। सब जैसा भी है, ऐसा ही रहेगा—गरम कोट या शॉल या फिर बिट्टू के कपड़े। तीनों एक साथ कभी न हो पाएँगे।

कुर्सी में किसी कटे दरख़्त-सा गिरकर, वह दीवार पर लगी उस पेंटिंग को ताकता रहा, जिसमें मोटे कत्थई तने, हरे कच पत्तों का लिबास पहने खड़े थे। दूर-दूर तक जंगल में खड़े दरख़्तों का सिलसिला था और कहीं नीचे कोने में एक अजनबी हस्ताक्षर और पन्द्रह साल पुरानी एक तारीख़। ग़ौर से देखने पर, वह हस्ताक्षर उसके अपने थे। बीती तारीख़ से वह अपने अतीत में लौट गया। पन्द्रह साल पहले-कॉलेज़... अब्बा...अम्मा...किताबें...पेंटिंग...सकून की नींद...कुछ करने की चाह और उम्मीद। जब रेहाना ने उसके हाथ में टूटी कोर की चाय की प्याली थमाई थी, वह एक लम्बे थका डालनेवाले सफ़र से लौटा था।

रेहाना प्याली थमाकर अपने कामों में व्यस्त हो गई और वह सोचता रहा कि आख़िर वह उस पर कभी झुँझलाती या नाराज़ क्यों नहीं होती? कोई फ़रमाइश क्यों नहीं करती? क्या इसलिए कि वह समझती है वह उसे पूरा नहीं कर पाएगा? क्या वह इतना ही गया—बीता हो गया?—खाँसी का इलाज तो करा नहीं पाते, फ़रमाइश पूरी करोगे! उसने इलाज से कब इनकार किया है? सब रेहाना की ही लापरवाही का नतीजा है! क्या सचमुच? और बिट्टू? उसके छोटे होते कपड़े और टूटे खिलौने? क्या उसकी भी फ़रमाइश का ही इन्तज़ार है?

वह घर से भागकर सड़कों पर घूमता रहा। दो दोस्त मिल गए तो बहुत दिन बाद कलारी पर जाकर बहुत-सी शराब पी डाली। दोनों दोस्त किसी बड़ी तब्दीली, किसी

इनक़लाब की बात कर रहे थे, जो देश में आ चुका है। थोड़े दिनों में नाइन्साफ़ी और बेईमानी ख़त्म हो जाएगी। सब बराबरी और इज़्ज़त के साथ ज़िन्दा रह सकेंगे। वह कलारी में पी रहे लोगों के चेहरों पर उस इनक़लाब के निशान खोजता रहा और फिर घर आकर बिना कुछ खाए सो गया।

पहले वह यही समझा कि भूख की बेचैनी से जागा है, लेकिन धीरे-धीरे कान उन आवाज़ों पर जाकर ठहर गए। लगा शहर में कहीं बलवा हो रहा है, दुकानें लुट गई हैं, लोग हाहाकार कर रहे हैं। क्या फिर कोई नया फ़साद? वह डर गया और डरकर रेहाना को जगाया। रेहाना ने कान लगाकर सुनने की कोशिश की।

—सुनो! वह बता रहा था—नारों की आवाज़ें...कोई चीख़ रहा है—लगता है जुलूस निकल रहा है—बहुत सारे लोग शोर मचाते सड़क पर बढ़ रहे हैं! सुना?

रेहाना को कुछ सुनाई नहीं दिया था और फिर थोड़ी देर बाद वह आवाज़ें आनी बन्द हो गई थीं। कोई डर उसके भीतर तक बैठ गया था और रात जाने कब तक जागने के बाद वह मुश्किल से सो पाया था।

अगले दिन की भाग-दौड़ में वह बीती रात को भूल गया। उस शाम जब वह बिस्तर पर लेटा तो दिमाग़ में एक ख़ालीपन था, जिसमें कुछ देर बाद अँधेरा घुसकर उसे सुला गया। और तब उसने फिर सुना—शोर, हंगामा, बेचैनी... ज़लज़ले से पहले की सनसनाहट...ज़मीन को कूटने की धमस...और फिर वह घबराकर बैठ गया! आवाज़ें पिछले दिन से ज़्यादा साफ़ और ऊँची थीं। उसने फिर बीवी को जगाया और वह बहुत कोशिश के बाद भी फिर कुछ नहीं सुन पाई। रेहाना ने उसके सर में तेल डालकर मालिश करनी चाही और वह बुरी तरह झल्ला गया। कल अख़बारों में देखना, शहर में किसी बड़े फ़साद की ख़बर होगी, लोग इन डरावनी आवाज़ों की बात करेंगे, मुहल्लेवाले एक-दूसरे की ख़ैरियत मालूम करेंगे!

बीवी उसकी ओर पीठ करके सो गई और वह रात भर जागता रहा। आवाज़ें बन्द हो जाने के बाद भी नींद उसे नहीं आ पाई।

सुबह के अख़बारों में न किसी फ़साद की ख़बर थी, न ही किसी मुहल्लेवाले ने आकर उसकी ख़ैरियत पूछी।

—क्या वह पागल होता जा रहा है? दिन-ब-दिन यह सवाल उसे ज़्यादा परेशान करने लगा। हर रात वह उन आवाज़ों को सुनता है, जो रोज़-ब-रोज़ ऊँची होती जा रही हैं। लेकिन न उन्हें रेहाना सुन पाती, न शहर में कोई चर्चा करता। क्या सचमुच यह सब उसके दिमाग़ की पैदावार है? शहर तो जैसा था वैसा ही है, वैसे ही लोग भी हैं। फिर उसकी रातों में यह शोर और बेचैनी कैसे भर गई है? या ऐसा तो नहीं कि कुछ दूसरे भी इन आवाज़ों को सुनते हों, मगर कहने की हिम्मत न होती हो? यह सोचकर कि लोग उन्हें पागल समझेंगे? उसे विश्वास हो गया कि कुछ लोग

ज़रूर उसकी तरह आवाज़ों को सुनते हैं और रात भर जागते हैं। चेहरे देखकर उसने अन्दाज़ा लगाने की कोशिश की और अपना राज़ उनके सामने रखना चाहा।

—जाने कैसी आवाज़ें हैं! उसने कहा—जैसे तेज़ आँधी और तूफ़ान, जो सब कुछ ख़त्म कर देगा, सब मिटा देगा।

—बहुत ज़ुल्म हो चुका, एक थके हुए यार ने उसके कन्धे पर हाथ रखकर कहा—जो भी है, इसी लायक़ है कि मिट जाए।

—यह वह ग़ुस्सा है जो पिसते हुए अवाम के दिलों में ज़ालिमों के ख़िलाफ़ जमा हो रहा है—एक-दूसरे ने कहा—हम चैन की नींद सो भी कैसे सकते हैं?

—मैं तो बचपन से ही ये आवाज़ें सुनता आया हूँ—किसी तीसरे ने कहा।—अब तो कान इनके भी आदी हो गए। किसी तरह नींद आ ही जाती है।

उसने समझाना चाहा कि मुहावरा नहीं, वह सचमुच के शोर और ग़दर की बात कर रहा है। रोज़ रात में फ़साद और ख़ून-ख़राबा हो रहा है, जिसकी ख़बर लेने से ये अख़बारवाले शायद डरते हैं। वह कैसे समझाए कि उन आवाज़ों को सुनकर क्या असर होता है! फिर सबके बीच बैठे-बैठे ही उसकी कँपकँपी बन गई।

उसी के बाद बीवी के अलावा दोस्त भी उसे अजीब नज़रों से देखने लगे और पागल होने का सवाल उसे ज़्यादा परेशान करने लगा।

अपने इलाज के लिए उसने कई तरीक़े आज़माई। पहले-पहले तो तकिया कान के ऊपर रखकर सोने की कोशिश की और लगा फ़ायदा हो रहा है। आवाज़ें आती तो रहतीं, उतना परेशान नहीं करतीं। फिर लगा वह ख़ुद को धोखा दे रहा है। इस तरह क्या सचमुच वह सो जाता है? हाथ-पैर ठंडे नहीं होते? दिल ज़ोर-ज़ोर से नहीं धड़कता? बीवी को दिखाने वह लेटा रात भर रहे, क्या सो भी जाता है?

फिर उसने कई बार दूसरी तरकीबें आज़माईं। जैसे ज़ोर-ज़ोर से क़ुरान की आयतें पढ़ना, गाना गाने की कोशिश करना, ट्रांजिस्टर की आवाज़ ऊँची कर देना। और फिर अन्त में रेहाना उसे मजबूर करके डॉक्टर के पास भी ले ही गई।

—डॉक्टर साब—उसने समझाने की कोशिश करते हुए कहा—मुझे रात को अजीब-सी आवाज़ें सुनाई देती हैं। सारी-सारी रात सो नहीं पाता।

रेहाना डॉक्टर को तफ़सील बताने लगी थी और उसे डॉक्टर पर एकदम ग़ुस्सा आने लगा था। क्या सचमुच वह बीमार है? वह सारी आवाज़ें उसकी अपनी सोची हुई हैं? क्या सच्चाई सिर्फ़ इतनी है कि उस पर कोई दौरा पड़ता है और वह समझता है कि जाग रहा है? उसे ग़ुस्सा आ रहा था कि डॉक्टर के यहाँ आने के नाटक में उसने क्यों हिस्सा लिया। बीवी की ज़िद को किसी तरह टाला भी तो जा सकता था।

फिर बीवी की ज़िद पर ही उसने डॉक्टर की दवा खानी भी शुरू कर दी। हुआ कुछ नहीं। दवाओं के नशे में वह थोड़ा सुन्न ज़रूर हो जाता, लेकिन वह आवाज़ें और शोर दिन-ब-दिन बढ़ता ही गया।

और उस रात उसने वह कर डाला जो पहले सोचना भी मुश्किल था।

असल में जब से ये आवाज़ें आना शुरू हुई थीं, उसने कमरे के रोशनदान पुट्ठा ठोंककर बन्द कर दिए थे। दरवाज़ों और खिड़कियों की छोटी-छोटी दरजें लेई और काग़ज़ से ढाँप दी थीं। हद यह कि कमरे की छोटी नाली भी, वह लेटने से पहले कपड़े ठूँसकर इस उम्मीद में बन्द कर देता कि इस तरह से आवाज़ें कम हो सकें। और एक बार जब रेहाना ने खिड़की से बाहर झाँकने की कोशिश की तो उसने सख़्ती से मना कर दिया था। उसे यक़ीन था कि अगर बाहर देख लिया तो या तो अन्धा हो जाएगा या गूँगा। कोई ताक़त उसे बाहर देखने से रोकती थी।

लेकिन उस रात आवाज़ें सुनते ही वह चौकन्ना होकर बैठ गया। तब ही रेहाना ने करवट ली और करवट लेकर सो गई। धीरे-धीरे वह आदी हो गई है। उसका रातों को इस तरह जागना रेहाना की नज़रों में उसकी अपनी खाँसी जैसा हो गया है, जो किसी तरह ठीक नहीं होती। पहले वह जैसे परेशान हो जाती थी, अब नहीं होती।

बाहर आवाज़ें-ही-आवाज़ें थीं। कोई ख़त्म न होता जुलूस निकल रहा था। झाड़ियों में साँप रेंग रहे थे, आसमान गरज रहा था। बाहर उठते हज़ारों क़दमों की आवाज़ें साफ़ सुनाई दे रही थीं। वह बारूद में दहकती करोड़ों आँखें महसूस कर सकता था। बेचैन, बेक़रार लोगों की क़तारें किसी तरफ़ बढ़ रही थीं। लोग चिल्ला रहे थे, लेकिन बस, एक शोर उसके कानों से टकरा रहा था और वह कुछ नहीं समझ पा रहा था।

उसने देखा—रेहाना और बिट्टू बेख़बरी से सो रहे थे। उसका दिल उछल रहा था। काँपते क़दमों वह बिस्तर से उठा और खिड़की की चटख़नी गिरा दी।

बाहर लोगों की भीड़ थी! अँधेरे में चीख़ते-चिल्लाते, नारे लगाते, मुट्ठियाँ हवा में उछालते, हाथों में झंडे थामे, हज़ारों नाराज़ लोग चले जा रहे थे। फटेहाल कमज़ोर लोग जिनकी आँखों में भट्ठियाँ सुलग रही थीं। आँखें-ही-आँखें, हाथ-ही-हाथ, पैर-ही-पैर थे। कुछ पल को वह पथरा गया।

—उठो! उसने चीख़कर रेहाना को जगाया।—अब अपनी आँखों से देखो, क्या हो रहा है! अब झुठलाओ मुझको! देखो, खिड़की से झाँककर देखो!

वह आँधी में किसी पत्ते की तरह काँप रहा था। रेहाना हड़बड़ाकर जागी थी और वह उसे खींचकर खिड़की तक लाया था—मैं न कहता था?—उसकी आवाज़ में जोश था—रातो-रात कुछ हो रहा है, जिसकी ख़बर किसी अख़बार में नहीं छपती! नाराज़ लोग सड़कों पर निकल आए हैं।

रेहाना ने खिड़की से बाहर झाँककर लाचारी से उसकी ओर देखा। शायद आज फिर वह दवा खाना भूल गया, वह जम्हाई लेते हुए कह रही थी, दवा नहीं तो कितनी बार समझाया, चारों क़ुल पढ़कर दम कर लिया कीजिए।

वह ग़ुस्से से काँप रहा था। रेहाना ने खिड़की के पट बन्द कर दिए और उसका हाथ खींचकर बिस्तर पर ले आई थी।

बाहर आवाज़ें थीं। वह बिस्तर में रेहाना के सीने से लगा ग़ुस्से से काँप रहा था।

अगली रात वह आवाज़ों के इन्तज़ार में जागता रहा। जब आवाज़ें आईं तो उसने अलविदाई नज़रों से सोती हुई बिट्टू और रेहाना को देखकर दरवाज़ा खोला और नारे लगाते हुजूम में शामिल हो गया। हुजूम में उसे अजीब-अजीब लोग नज़र आए—ऐसे जो उसकी समझ में मर चुके थे। मर चुके थे या मारे जा चुके थे? किसी ने उसके हाथों में भी एक झंडा थमा दिया।

फिर वह लौटकर नहीं गया।

जश्न

दिनों की समानता से ऊबे हम लोग घर में गर्दनें डाले बैठे हैं। चारों ओर ख़ामोशी है और हममें से हर एक चुप और निढाल है।

बाहर सड़क पर, कहीं दूर से घर की ओर बढ़ती ढोल और ताशे की आवाज़ें आने लगी हैं। हमारे चेहरों पर एकदम ज़िन्दगी की चमक दौड़ गई है। 'स' की ख़ाली आँखों में रोशनी जगमगाने लगी है, 'श' की ख़ामोशी को उसकी उम्मीद में फूली साँसों ने तोड़ दिया है, 'ज' के सूखे होंठ फड़कने को हैं। हम सब बेचैन और बेक़रार हो उठे हैं।...

...कभी-कभी ऐसा भी होता है कि यह ढोल-ताशे का क़ाफ़िला हमारे घर के दाहिने या बाएँ निकल जाता है और पल भर की उम्मीद के बाद हमें फिर से अपनी ऊब भरी दुनिया में लौट जाना पड़ता है।...

सारे कान आवाज़ों पर लगे हैं। 'ज' बेचैनी से अपने टूटे पैरों पर खड़े होकर आँगन में टहलने लगा है।

एकाएक ढोल और ताशे घर के सामने आकर रुक गए हैं और अब नफ़ीरी भी बजने लगी है। बाहर किसी ने घर के बुज़ुर्गों की शान में क़सीदे पढ़ना शुरू कर दिए हैं। ढोल, ताशे, नफ़ीरी, बुज़ुर्गों की शान में क़सीदा...

हमारे मुर्दा चेहरे खिल उठे हैं और सब पागलों की तरह घर के दरवाज़े की ओर भागे हैं। 'ज' के गले में आज इतनी ताक़त जाने कैसे आ गई कि उसने चिल्लाकर अपनी बुज़ुर्गी जताई है। उसे आगे जाने का रास्ता देते हुए हम लोग दोनों ओर पंक्तियों में खड़े हो गए हैं।

बाहर 'अ' है—सफ़ेद कपड़े, सफ़ेद अचकन, इत्र और लोबान की ख़ुशबुएँ। साथ ही 'आ' है, जो एक हाथ कान पर रखकर क़सीदा पढ़ते हुए नाच रहा है। 'अ' कशकोल में अंगारों पर लोबान छिड़कता, नाचते 'आ' के इर्द-गिर्द चक्कर लगा रहा है।

'ज' हमेशा की तरह आज भी अपनी बुज़ुर्गी निभाने में नाकाम है। क़सीदा और नाच ख़त्म होने से पहले ही, वह 'अ' से झूमकर प्यार करने लगा है। बाहर जमा

हो गए 'क', 'ख', 'ग', 'घ'...और अन्दर हम 'य', 'र', 'ल', 'व'...सब ख़ुशी से चिल्ला और तालियाँ बजा रहे हैं।

'अ' ने धीरे से 'ज' के कान में वह कहा है, जिसे बिना सुने भी हम अच्छी तरह जान गए हैं।

नफ़ीरी चुप है और ढोल-ताशे की आवाज़ें धीरे-धीरे घर से दूर जा रही हैं। हम 'ज' के साथ घर में लौट आए हैं, बस 'य' घर के बाहर रुक गया है। 'अ' के जाते ही लोगों का आना शुरू हो जाएगा। लोग अलग-अलग राग, अलग-अलग साज़ लेकर आएँगे और 'य' जो घर का अगला बुजुर्ग है, उनके साथ तरह-तरह की धुनों पर नाचेगा, उनके क़सीदे सुन-सुनकर वाह-वाह और प्यार करेगा और उन्हें गले लगाएगा।

हम सब—'र', 'ल', 'व', 'च', 'छ'...आज पहली बार 'ज' के लिए कुछ करेंगे। 'र', 'ल' उसे नहलाकर शरीर के उन मसामों को साफ़ करेंगे, जो वर्षों की धूल और कीच से बन्द हो गए हैं। 'व', 'ज' के बाद सँवारेगा, 'च' उन कपड़ों की सलवटें बराबर करेगा जो वर्षों से ख़्वान-पोश से ढके रखे हैं और 'छ' उसके जूते और टोपी ब्रुश से साफ़ करेगा। हम सब लोबान जलाकर नाचते हुए वह गीत गाएँगे जिनका अर्थ हमें नहीं मालूम। और फिर 'ज' हमारे कन्धों पर बैठकर, जुलूस के साथ वहाँ जा पहुँचेगा, जहाँ लोगों की एक और भीड़ उसकी प्रतीक्षा कर रही है।

हम भी नहाएँगे। आज उन गिनती के क़ीमती कपड़ों को पहनने का दिन है, जो कब से बेकार पड़े हैं।

'ज' ने ख़्वान-पोश हटा दिया है और हम झपटकर उसे कपड़े पहनाने लगे हैं। ऐसा लगता है 'ज' हम सबको भूल चुका है। सफ़ेद पोशाक और ऊपर से लहराती वह सफ़ेद चादर पहने, आज उसके चेहरे पर दूसरा ही भाव है। उसके जगह-जगह से फटे पैर हमने जुराबों से ढककर ऊपर से वह पापोश पहना दिए हैं, जो 'ल' ने अभी-अभी गिलाफ़ से निकालकर दिए हैं। 'ज' की मूँछें तनी हुई हैं, उसके धूप में जगह-जगह से तड़खे सर के इर्द-गिर्द चाँद का हाला है। हमारी साँसें गा-गाकर बेक़ाबू हो रही हैं और लगता है आज 'ज' हमारे गीतों का अर्थ समझ रहा है।

'ज' अब जाने को तैयार है।

आस-पास भीड़ है। हँसते, मुस्कुराते, गीत गाते लोगों का हुजूम इकट्ठा है।

'ज' को ले जाकर एक ऊँची कुर्सी पर बिठा दिया गया है और 'य' ने सूची देखकर लोगों के नाम पुकारना शुरू कर दिए हैं। 'बम', 'टठ', 'कख', 'लम', 'बट', 'मठ', ...लोग गीत गाते हुए जा-जाकर 'ज' से गले मिल रहे हैं।

'ज' की ऊँची कुर्सी के पास एक बड़ा सन्दूक़ है।

'य' के कहने पर सब चुप होकर उसकी ओर देखने लगे हैं। वह आगे बढ़ा

है। और बढ़कर सन्दूक़ का ताला खोल दिया है। हर एक लपककर 'ज' के सन्दूक़ के अन्दर झाँक रहा है और चारों ओर हँसी और क़हक़हों का सैलाब आ गया है। सन्दूक़ की तह में बहुत थोड़ी मिट्टी है जबकि पास में ख़ुदा 'ज' का गढ़ा काफ़ी गहरा है।

'य' की आवाज़ पर फिर सब अलग हटकर खड़े हो गए हैं। चारों ओर से तरह-तरह की धुनों और गीतों की आवाज़ आने लगी है। 'ज' की आँखें बन्द हो चुकी हैं और उसे कुर्सी से उतारकर चबूतरे पर खड़ा कर दिया गया है। भीड़ खिसककर कुछ और पीछे हो गई है।

—'र', 'य' ने आवाज़ लगाई है, और चौंककर 'र' तालियाँ और हँसी के छूटते फ़व्वारों के बीच, एक फ़ौजी की तरह क़दम जमाता, 'ज' तक पहुँच गया है। पल भर को सब बिलकुल ख़ामोश हो गए हैं। और 'र' ने लपककर 'ज' का दाहिना हाथ कोहनी तक तोड़ लिया है। अपनी जेब से कुछ मिट्टी निकालकर उसने सन्दूक़ में डाली है और ख़ुशी से बेक़ाबू हुजूम में लौट गया है।

चबूतरे पर खड़ा 'ज'—दाहिना हाथ कोहनी तक ग़ायब।

—'ल', —'य' ने पुकारा है और 'ल' ने झपटकर 'ज' की एक आँख नोचकर अपने हिस्से की मिट्टी सन्दूक़ को सौंप दी है और भीड़ में लौट गया है।

'व' ने अपना नाम पुकारे जाने पर 'ज' का एक कान कुतर लिया है, 'च' ने नाक काट ली है और 'छ' दाईं टाँग काटकर अपने-अपने हिस्से की मिट्टी सन्दूक़ में डाल अपनी जगह लौट गए हैं।

'ज' ठहाकों के बीच एक टाँग पर खड़ा है—दाहिना हाथ ग़ायब, एक आँख की जगह गहरा गन्दा सूराख़, एक कान का बचा हुआ छोटा-सा कोना, माथे से ठोड़ी तक बिना नाक सपाट चेहरा।

सन्दूक़ अभी आधे से ज़्यादा ख़ाली है।

'बम', 'टठ', 'कख', 'लभ', 'बट', 'कल', 'भल'—भीड़ के लोग हँसते-गाते चबूतरे तक आ रहे हैं और 'ज' के शरीर के किसी अंग के बदले थोड़ी-थोड़ी मिट्टी सन्दूक़ में डालकर लौटते जा रहे हैं। थोड़ी-सी मिट्टी और, और 'ज' का सन्दूक़ पूरा भर जाएगा।

'ज' का सारा शरीर लोगों में बँट चुका है। सारी भीड़ ख़ुशी और मस्ती में तालियाँ और सीटियाँ बजा रही है। अभी 'य' मिट्टी-भरे सन्दूक़ को 'ज' के ख़ाली गढ़े में उलट देगा और हम सब मिलकर उसे ज़मीन के बराबर कर देंगे।

फिर हम अपने घरों को लौट जाएँगे जहाँ थकान और ऊब से गर्दन डाले हमें जाने कब तक बैठा रहना पड़े।

घेरा

—यू नो आई हेट ड्रिंकिंग एंड फार दैट हेट, यू टू!

(तुम जानती हो मुझे शराब से नफ़रत है और इसीलिए तुमसे भी!)

कभी जमाल ने उससे कहा था और वह हँसकर बात टाल गई थी। रात के साढ़े बारह होने को आ रहे थे और इस समय वह शब्बो के बाजू में लेटा हुआ था। शब्बो इस समय शान्त थी और जमाल भी। कुछ पल पहले उन दोनों के बीच बीते समय ने शब्बों के भीतर कहीं किसी सूखी गहराई को भर दिया था और वह अपना दिमाग़ यूँ ही आवारा भटकता छोड़ देना चाहती थी। जमाल का कभी का कमेन्ट जाने उसके दिमाग़ में कहाँ से भटक आया था। वह ज़्यादातर उसके इस प्रकार के कमेन्ट्स सुने-अनसुने कर देती है। सिर्फ़ एक बार उसने भी जमाल से पूछ लिया था—

—हू हैज़ गिविन यू दि लिबर्टी टु बी अन-फ़ेथफुल टु योर ओन वाइफ़?

(तुम्हें अपनी पत्नी से बेवफाई की इजाज़त किसने दे दी है?)

इतना ही जमाल को भड़काने के लिए क़ाफी था।

—डोंट यू थिंक (तुम्हें नहीं लगना चाहिए), उसने बेपनाह ग़ुस्से में कहा था—यू आर रिसीविंग अ पार्ट ऑफ़ माई फ़ेथ फ़ॉर हर! (उसके हिस्से का कुछ प्यार तुम्हें मिल रहा है!) मेरी बीवी को मेरे बाजू में लेटकर सिसकियाँ नहीं भरनी पड़तीं।

बस वह आख़िरी बार था। और देखा जाए तो इस तरह का कमेन्ट सिवाय शब्बो को हर्ट करने के क्या कर सकता है? रहीम साब, उसके पति के बाजू में लेटकर रात-रात जागना या सिसकियाँ भरना तो शब्बो का मुक़द्दर था। लेकिन जमाल का भी क्या किया जा सकता है? उसे 'मेड-अप' औरतों से नफ़रत और शिकार से दीवानगी की हद तक इश्क़ है। रियासत के पुराने जागीरदार होने के नाते उसके ख़ानदान की आज भी शहर में एक ख़ास इज़्ज़त है। लेकिन यह क्या पागलपन हुआ कि शिकार पर ज्यों-ज्यों पाबन्दी बढ़ती जाती है, उतना ही उसका शौक़ भी! उसकी जीप क्या, बिलकुल अजायबघर है, राइफलों से लेकर शिकार किया जानवर, सब बहुत आसानी से छिपाए जा सकते हैं। रही बात मेक-अप किए औरतों की, तो वह अपनी पत्नी तक को मेक-अप नहीं करने देता। कपड़े क़ीमती-से-क़ीमती, लेकिन हुक्म था नो

मेक-अप! सो नो मेक-अप!! यही नहीं शब्बो के मेक-अप का भी उसने हमेशा मज़ाक उड़ाया था।

पास ट्रॉली से गिलास उठाकर शब्बो ने सिप् किया-रियली नथिंग टु बीट कॉनयॉक्! अन्दर जैसे नशे के साथ ख़ुशबू भी फैलती जाती है। चमेली की महक, मोगरे की सुगन्ध, गुलाब की भीनी ख़ुशबू—इन सबसे अच्छी कोई ख़ुशबू। जमाल करवट से लेटा पिछली खिड़कियों के बाहर, जहाँ चाँदनी फैली थी, देख रहा था। आदमक़द काँच की खिड़कियों के पर्दे खिंचे हुए थे और अन्दर भी रोशनी के नाम पर बाहर फैली चाँदनी का अक्स ही था।

—इट्स हाई टाइम! (बहुत समय हो गया!) जमाल ने एकदम चादर बराबर करके बैठते हुए, बेड-स्टैंड के पास का स्विच ऑन कर दिया और कमरे में मरी हुई नीली रोशनी फैल गई। उसके साथ ही बेड-रूम का फ़र्नीचर और वार्ड-रोब्ज़ की आकृतियाँ उजागर हो गईं। विक्टोरियन स्टाइल की भारी वार्ड-रोब्ज़, राइटिंग-चेस्ट, दो आरामकुर्सियाँ, एक फुट-स्टूल, फ़र्श का क़ालीन सुरमई से नीला लगने लगा, और शब्बो और जमाल के शरीर ढाँपती चादर पर भी जैसे एकदम नील फैल गया। बाथ-रूम का दरवाज़ा कोठी के अन्दरूनी दालान और पिछवाड़े कॉरिडोर में खुलते दरवाज़े, लगा सिपाहियों की तरह अपनी जगह तैनात हो गए, सफ़ेद दीवारों और छत के अन्दरूनी मामलों की परहरेदारी को।

—क्यों? शब्बो ने उसकी कमर में हाथ डालकर रोकते हुए पूछा।

—इट्स गेटिंग टु बी वन (एक बजने वाला है), जमाल ने उबासी लेते हुए कहा—आते होंगे! मुझे रोककर क्या फिर से उन्हें नींद की गोलियाँ खिलवाना चाहती हो?

शब्बो खिलखिलाकर हँसी थी और खींचकर जमाल को बिस्तर पर वापस लिटा लिया था।

रहीम साब बस आते ही होंगे। रोज़ महल पर शराब पीते, पत्ते खेलते इतना-इतना समय बीता जाता है। और महल में अब है क्या! बाहर की दीवारें मुद्दत से क़लई की मुहताज और अन्दर बैठकर जो कुछ है उसे भी बेच डालने के मंसूबे! लेकिन रहीम साब ठहरे पुराने नमक-ख़्वार। अपना फर्ज़ निभाने में लगे हुए हैं। महलवालों के मामले हल करने के लिए, उन्हें मिनिस्टर्स और सिविल सरवेन्ट्स से मिलवाने के लिए, वह एक तरह से पी.आर.ओ. बने हुए हैं। जब ज़रूरत समझी जाती है इसी कोठी पर दावतों का इन्तज़ाम होता है, जहाँ पुरानी रॉयल फैमिली और नए हुकूमत करनेवालों को एक-दूसरे को क़रीब से देखने और जानने का मौक़ा मिलता है और सौदेबाज़ी होती है। ज़्यादातर मामले बड़ी ख़ूबी से तय भी हो जाते हैं। वह ख़ुद होस्टेस की हैसियत से इन दावतों में रहीम साहब के शाना-ब-शाना होती है और तरह-तरह के लोगों से मिलकर, बात करके, उसे अच्छा लगता है। उन्हीं शामों को लगता है,

जैसे कोठी फिर से ज़िन्दा हो उठी। ड्रांइगरूम की ऊँची छत से लटकते झाड़ और फ़ानूस झिलमिला उठते हैं। मुद्दत से अपनी जगह, सफ़ेद कवर्स चढ़ा, क़ीमती आबनूस में तराशा, आरामदेह फ़र्नीचर जिसकी सीट्स मुर्दा जानवरों के क़ीमती लेदर की है, ज़िन्दा इनसानों का स्पर्श और उनके शरीर की गुनगुनी हरारत महसूस करता है। म्यूज़िक और हँसी के फ़व्वारों की ज़िन्दा होली लौ दे उठती है। ख़ुशबू के परे माहौल का हिस्सा बन जाते हैं। और जब डाइनिंग हॉल में गोल टेबिल के इर्द-गिर्द बैठे लोगों को वह होस्टेस की हैसियत से सर्व कर रही होती है—जस्ट अ लिटिल मोर, मिस्टर खन्ना! उसकी आवाज़ और जिस्म सूँघते नथनों की फड़फड़ाहट। बस-वही पल! नहीं तो इस बड़ी आलीशान कोठी में ज़िन्दगी के नाम पर क्या था? बारह महीनों दिन ठिठुरे, समानता से भरे और उन जानवरों जितने जीवन्त, जो ड्राइंग-रूम, डाइनिंग-रूम, स्टडी, बल्कि जब वह शादी के बाद इस घर में आई थी तो रहीम साब के इस बेडरूम तक में स्टफ़्फ़ किए हुए तरह-तरह के पोज़ेज में खड़े थे। कहीं टाइगर है, कहीं लेपर्ड, कहीं बारहसिंघे, चीतल और हिरन। उसे सबसे ज़्यादा नफ़रत उस भारी-भरकम पाइथन से थी जिसे पहली बार देखकर कोई भी डर से बेहोश हो सकता है। इस सब ट्रॉफ़ीज़ में नब्बे-फ़ीसदी रहीम साब के पापा का कारनामा थीं, जो बीते समय में हिज़ हाइनेस का दायाँ हाथ थे। हिज़ हाइनेस, मुहम्मद कलीम यानी—रहीम साब के पापा के मशवरे के बिना कोई बड़ा फ़ैसला नहीं करते थे। रियासत की सर्विसेज़ में उनका ओहदा सबसे ऊँचा था। रहीम साब? उनका शौक़ सिर्फ़ फिशिंग तक था और अपनी जवानी में वह इसे पूरा करने के लिए हर साल नेपाल जाया करते थे। अब? शब्बो को सोचकर ही हँसी आ गई।—अब तो घर में स्टफ़्फ़ किए जानवरों और राइफ़िल्स में—जिन्हें रहीम साब बहुत क़रीने से अपनी स्टडी में सजाकर रखते हैं, कोई फ़र्क़ ही नहीं रहा! बोथ आर ओनली पीसेज़ ऑफ़ डेकोरेशन! (दोनों सिर्फ़ सजावट की चीज़ बन गईं हैं!) रहीम साब को शादी के बाद से आज तक उसने कभी शिकार पर जाते नहीं देखा।

—क्या पता शायद अभी तक वह आ भी चुके हों? उनके ख़ास ख़ादिम, हामिद ने रिसीव करके बिस्तर तक पहुँचा दिया होगा। शब्बो के दिल में रहीम साब के लिए रत्ती बराबर भी ख़ौफ़ या परवाह नहीं बची थी। शादी करते समय ही शायद उसके दिमाग़ में यह बात बिलकुल साफ़ थी कि यह एक सौदा है। आज वह इस कोठी, इसके बाहर फैले लम्बे-चौड़े बाग़ और बहुत सारी खेती की ज़मीन, जो सब उसे मेहर में मिले थे, की मालिक थी। ख़ुद रहीम साब अपने ही घर में मेहमान होकर रह गए थे। कई बार यहाँ तक हुआ है कि अन्दर कमरे में वह जमाल के साथ हुई है और रहीम साब किसी दूसरे मर्द की मौजूदगी महसूस करके वापस लौट गए हैं। एक ही धमकी थी उनके पास—सोने की गोलियाँ खा मरने की—तो यह ड्रामा भी अभी तक कितनी ही बार हो चुका है। हर बार शायद जान-बूझकर, मरने से कम

गोलियों का डोज़ लेकर दो-तीन दिन पड़े सोते रहते हैं! और फिर जमाल शब्बो के लिए रहीम मियाँ के अलावा पहला मर्द तो था नहीं। शादी के बाद बीते इन पाँच सालों में कितने लोग कोठी के पिछले दरवाज़े से आए और ख़ामोशी से चले गए।

शब्बो ने हल्की नीली रोशनी में ट्रॉली पर रखे गिलास की ओर देखा—गिलास का बॉटम रोशनी में झिलमिला रहा था।

—कभी तो, उसने अपने गिलास में कॉनयॉक् डालते हुए कहा—अपनी नहीं तो दूसरों की ख़ातिर ही सही!

जमाल ने अपनी बाँह उसकी कमर में डालते हुए, सर गोद में रख दिया। उनके आस-पास घुन-घुन करके, तितर-बितर होती, एयर-कंडीशनर की आवाज़ थी और शब्बो को मज़बूती से जकड़े जमाल की बाँह। दीवार पर फैले लम्बे-चौड़े आईने में शब्बो ने अपनी इमेज को देखा, और उसकी उँगलियाँ गोदी में रखे जमाल के सर के बालों में दौड़ने लगीं।

शब्बो को अच्छी तरह याद था-रहीम साब से शादी के बाद पहली रात उसने यहीं, इसी कमरे में बिताई थी। और आज वह रहीम साब के साथ किसी भी तरह मिसबिहेव कर ले, वह पहली रात उसके दिमाग़ में एक अमिट छाप छोड़ गई थी। शायद उसे आनेवाली ज़िन्दगी के लिए ख़ुद को पूरी तरह तैयार कर लेना चाहिए था, जो किसी प्रकार हो न पाया। आज अगर ठंडे दिमाग़ से सोचा जाए तो ग़लती शब्बो की थी या रहीम साब की?

वैसे तो इस आनेवाले सब कुछ का बीज, देखा जाए तो, बहुत पीछे छूटे अतीत में ही पड़ चुका था। तब, जब उसे भी ज़िम्मेदार नहीं ठहराया जा सकता। सौतेली माँ? अब्बा ने जब अम्मा को तलाक़ दिया था, उस समय ख़ुद शब्बो की उम्र दो-ढाई साल से ज़्यादा नहीं थी। उसको तो घर में सौतेली माँ, बिया ही याद हैं। या फिर एक के बाद एक पैदा होती पाँच छोटी बहनें। उम्र के साथ-साथ उसे यह अन्दाज़ा होता गया कि उसके साथ जो बाक़ी बहनों से अलग सलूक किया जाता है, उसका कारण उसकी सगी माँ ही थीं, जिन्होंने अब्बा के तलाक़ के बाद ही, बग़ैर शादी किए कुँवर साहब के साथ रहना शुरू कर दिया था। इधर अब्बा ने अपने ही रुतबे के शाही ख़ानदान में बिया से शादी कर ली थी। बिया की उम्र अब्बा से कम ज़रूर थी लेकिन अब्बा की हैसियत को उस ज़माने में रियासत के कितने ख़ानदान पहुँचते थे? अब्बा को हिज़ हाइनेस का 'ब्लू आइड ब्वाय' कहा जाता था। धीरे-धीरे बिया अब्बा पर हावी होती गईं और एक-एक करके सारी ज़िम्मेदारियाँ ख़ुद सँभालने लगीं। अब्बा बिया के सामने दबकर रहने लगे। इधर कुछ दिनों बाद कुँवर साहब तो मर गए, लेकिन अम्मा उनके सोग में चूड़ियाँ तोड़े वैसे ही नहीं बैठी रहीं, थोड़े ही दिनों में उन्हें फिर कोई चाहनेवाला मिल गया।

इस हालत में बिया ने अम्मा से मिलने-जुलने पर भी कड़ी पाबन्दी लगा दी थी।

काफ़ी बड़े होने तक भी बहुत सारे कारण तो पूरी तरह समझ में आते नहीं थे, उसे सिर्फ़ यह लगता था कि जहाँ उसकी सौतेली बहनें कोठी में आने-जाने वाले लड़कों से खुलकर बात कर सकती थीं, उसे एक ख़ास नपे-तुले ढंग से ऐसा करने से रोका जाता था। बल्कि बिया और घर के दूसरे बुज़ुर्गों ने पहले ढके-छुपे और इसके बाद साफ़-साफ़ शब्दों में समझाया था कि उसे अपने अन्दर की औरत की हिफ़ाज़त किस तरह करनी है। घर आनेवाले लोगों का रवैया उसके साथ दूसरा ही होता था। बिया ने तो उस स्कूल से भी, जहाँ को-एजूकेशन थी, उसका नाम कटवाने की ज़िद की थी, लेकिन जाने अब्बा कैसे अड़ गए थे। धीरे-धीरे नतीजा यह निकला कि उसे मर्दों से नफ़रत हो गई। हर लड़के या आदमी की नज़रें उसे एक ही मतलब से उठती लगतीं—वह मतलब जो अगर पूरा हो गया तो, जैसा बिया कहती हैं, कोई भी शौहर एक रात के बाद ही उसे घर से निकाल देगा।

और फिर जाने कैसे स्कूल के आख़िरी साल में वह सॉलोमन के क़रीब आती गई! किसी लड़के की उँगलियों का स्पर्श...आज भी सोचकर उसके सारे शरीर में फुरेरी दौड़ जाती है। स्कूल के सूने कोने-कोचरों में वह सॉलोमन का इन्तज़ार करती और कुछ पल को बिया, अब्बा, अम्मा और सारी दुनिया को भूल जाती। सॉलोमन के हाथ जैसे दो वायर्स थे जिनसे उसमें पैदा हुई सारी बिजली, सारा करन्ट दौड़कर शरीर के बाहर निकल जाता और वह हलका महसूस करने लगती। और वह दिन...

...सारा क्लास शहर से बाहर पिकनिक पर गया हुआ था...कहीं झाड़ियों में सॉलोमन ने उसे जकड़ लिया था। ज़मीन पर बिछी सूखी नदी की रेत और बजरी...बाजू में लगा बड़ा-सा कोहे का दरख़्त जिसकी एक शाख़ दाहिनी ओर गिरकर सूख चुकी थी...कोहे की उधड़ी हुई छाल—नो प्लीज़ सॉलोमन!—उसने ख़ुद को सॉलोमन की पकड़ से छुड़ाते हुए कहा था और फूट-फूटकर रोने लगी थी। जाने उसका रोना था या किसी के आ जाने का ख़तरा, सॉलोमन ने उसे छोड़ दिया था। फिर लाख कोशिश के बाद भी वह सॉलोमन को नहीं समझा पाई कि वह किस चीज़ की रक्षा करना चाहती थी। लेकिन जब सॉलोमन ने फिर उसे छूना चाहा तो बड़े आत्म-विश्वास से उसने उसका हाथ झटक दिया था। शाम घर लौटते वह बहुत ख़ुश थी। अपने अन्दर की औरत की हिफ़ाज़त करने में वह कामयाब रही थी।

—चलो, ऐसा करें, एक रात इसी तरह जमाल ने उसके पास लेटे हुए कहा था—हम दोनों कहीं भाग चलें!

—कितने दिन के लिए? जैसे आप-ही-आप उसके मुँह से निकल गया।

—क्या मतलब?

—मतलब कितने दिन तुम अपने बच्चों और बीवी से दूर रह सकोगे?

जमाल हँसने लगा था।

—तुम तो सीरियस हो गईं, उसने हँसते हुए कहा—मैं तो, सिर्फ़ मज़ाक़ कर रहा था।

तब से आज तक उसने इस बात को कितनी ही बार सोचा है। जमाल अपनी जगह, मगर क्या वह भाग सकती है? अगर कोई साथ भागने को मिल जाए तो भी? यह कोठी, ये मोटरें, ये नौकर, आए दिन होती कोठी पर दावतें जहाँ शहर के तमाम बड़े लोग झुककर उससे मिलते हैं, एक ख़ास इज़्ज़त देते हैं? यह सब जो उसका अपना है, क्या सिर्फ़ एक जवान आदमी छुड़ा सकता है? जमाल की तरह भले लोग आते-जाते रहें, रहीम साब से ख़ुद अलग होने का मतलब क़ानूनी तौर पर यह सब खोना होगा, जो आज उसका अपना है और जिसे पाने के लिए उसने इतना सब किया था। क्या होगा कोई दुनिया में ऐसा जो उसे यह सब छोड़ने पर मजबूर कर सके? क्या रहीम साब से उसके सम्बन्ध ख़त्म हो सकते हैं?

—क़सम ख़ुदा की! उसने अपना मुँह पीटते हुए उस मोटे एल्बम से नज़रें हटानी चाही थीं—तौबा! तौबा! यह सब क्या जमा कर रखा है आपने?

यह शादी की रात ही हुआ था रहीम साब ने पहली बार उसके सामने ड्रॉयर्स का वह चेस्ट खोला था जिसमें एल्बम थे, छुट-पुट फ़ोटो, इनसान-जानवर, जाने क्या-क्या! उस रात, उनके शराब पीने पर तो उसे ज़रा भी आश्चर्य नहीं हुआ था, क्योंकि ख़ुद अब्बा के साथ रहीम साब और कुछ दूसरे लोग जिस तरह स्टडी को लॉक करके घंटों अन्दर बैठे रहते थे, वह सारा घर जानता था। यह और बात है कि इस टॉपिक पर कभी कोई बात नहीं करता था। और, फिर रहीम साब तो थे ही बुनियादी तौर पर अब्बा के दोस्त और उम्र में भी उनसे कुछ निकलते हुए ही। सोचकर हँसी आती है कि वर्षों वह रहीम साब को रहीम अंकल कहती रही थी! जितनी हैरानी में उसके रहीम साब से शादी करने के फ़ैसले ने सबको डाला था, उस समय वे एल्बम्स और फ़ोटो उसे डाल गए। शादी से पहले ऐसे कुछ फ़ोटो उसने देखे ज़रूर थे, लेकिन जो इस समय सामने था, वह उसकी कल्पना-शक्ति के बाहर था। सिहराने के साथ ही वह तस्वीरें उसको भीतर तक सुलगा भी गईं।

—क्यों, डर गई! रहीम साब ने उससे लिपटते हुए कहा था—अरे, यह तो कुछ भी नहीं, तुम्हारे अब्बा के ख़ज़ाने का तुम्हें क्या अन्दाज़ा होगा! अरे, शाहकार हैं उनके पास तो शाहकार! मेरी सारी अच्छी एल्बम्स उनके पास हैं। ठहरो, तुम्हें एक और मज़े की चीज़ बताएँ। उन्होंने गिलास में बची शराब ख़त्म करते हुए कहा—तुम भी लो ना, थोड़ी-सी?

अभी तक जो हुआ, मात्र परिचय-सा था। उसे दिलचस्प लगा था। वह आगे भी जानना चाहने लगी। उसने हाँ कहा तो रहीम साब ने जिन उँड़ेलकर गिलास हाथों में थमा दिया। बेड-स्टैंड के सामने टँगे हुए स्क्रीन पर ख़ामोशी से बदलती तस्वीरें थीं—औरतें और मर्द—जो उसकी एड़ी से लेकर चोटी तक आग लगा गए। धीमी,

मटमैली रोशनी में बेचैनी से करवटें बदलती वह बाजू में लेटे रहीम साब को देख रही थी—चेहरे पर मुस्कुराहट, हाथ में शराब का गिलास और बहुत धीरे-धीरे हिलते पैर। उसकी आग जैसी वहाँ कोई तपन, कोई गरमी नहीं थी। जिन का मज़ा उसे बहुत अच्छा नहीं लगा, फिर भी वह पी गई। स्क्रीन निर्जीव होने के बाद भी वह सारी तस्वीरें एक-एक स्लाइड की तरह उसके दिमाग़ में चकराती रहीं। वह चाह रही थी रहीम साब उसे जलाती आग बाँट लें। सब कुछ हुआ, लेकिन रहीम साब उसके अन्दर दहके अलाव को बुझाने में नाकाम रहे।

—उसके अन्दर की औरत?

—आई नेवर थॉट यू वर सच किड! (मैंने सोचा भी न था तुम छोटी-सी बच्ची हो!) उन्होंने ख़ुशी के बजाय हैरानी से कहा था—इट सीम्स सो सिली एंड इन्क्रेडिबिल। (मुझे यक़ीन ही नहीं आ रहा।)

सुबह होने तक, एक-एल पल, उसने जागते हुए काटा और रहीम साब बाजू में खर्राटे भरते सोते रहे।

उसी सुबह रहीम साब की उससे पहली लड़ाई हुई थी। फिर शादी के सिर्फ़ चार महीने बाद ही वह उस कमरे में शिफ़्ट हो गए थे जिसमें बाथरूम का दूसरा दरवाज़ा खुलता है। वह जिस तरह चाहती है, उन्हें दबाकर रखती है और वह उफ़् नहीं करते। दोनों के बीच जाने किस चीज़ की शर्त-सी बदी हुई है और कोई भी हारने पर रज़ामन्द नहीं लगता। रहीम साब के कमरे से तालाब का दृश्य बिलकुल साफ़ दिखता है। तालाब का दृश्य! मौत से पहले रहीम साब के पापा रात-रात जागकर तालाब को तकते रहते थे, अब ख़ुद रहीम साब की बारी है!!

यह शायद कोई ख़ानदानी बीमारी लगती है!

जमाल जा चुका था। टाइम-क्लॉक ने अभी-अभी तीन का समय बताया था। रहीम साब महल से आकर कभी के सो भी चुके होंगे। ख़ुद उस पर यह कैसी बेचैनी सवार है?

व्हिस्की की बोतल खोलकर उसने एक लार्ज पेग बनाया, फ्रिज से सोडा निकालकर मिक्स किया और एक सिप लेने के बाद कमरे में टहलने लगी।—क्या और क्यों उसे परेशान कर रहा था? आगे बढ़कर ड्रॉयर्स खोलकर, उसने एक-एक करके सारे एल्बम्स निकाले और पन्ने पलटने लगी। सहसा एक एल्बम खोलते ही वह खिलखिलाकर हँस पड़ी।—सर पे सेहरा, कमख़ाब की शेरवानी, गले में फूलों के हार—दूल्हा बने रहीम साब बैठे थे! और पास में वह ख़ुद, नाक में नथ पहने, दुल्हन! उनकी शादी की तस्वीरों का एल्बम जाने इस एल्बम्स में कैसे मिल गया था!

कोई बात दिमाग़ में इस तरह अटक रही थी कि न तो वह उसे शब्दों में सोच पा रही थी और न ही उससे छुटकारा मिल रहा था। तस्वीर में दूल्हा बने रहीम साब कितने हास्यास्पद लग रहे थे। पचपन वर्ष की उम्र शायद दूल्हा बनने के लिए होती

भी नहीं। अगर शादी से पहले रहीम साब को वह यह विश्वास नहीं दिला देती कि वह उन पर मर-मिटी है, उसके जीवन में अब रहीम साब के अलावा किसी दूसरे पुरुष की कल्पना भी सम्भव नहीं, तो क्या उन-सा दुनिया देखा आदमी यों जग-हँसाई और दूल्हा बनकर अपना मज़ाक़ बनाने के लिए तैयार हो जाता? शब्बो की शादी रहीम साब-यानी उससे तीन गुनी उम्र के मर्द के साथ! किस तरह आस-पास के तमाम लोग चौंके थे। अब्बा तो किसी तरह राज़ी ही नहीं होते थे, यहाँ भी बिया की समझ ही काम आई और उन्होंने रहीम साब का ख़ानदान और हैसियत याद दिलाकर अब्बा को तैयार कर लिया। आदमी की उम्र ज़्यादा सही, दूसरी तमाम चीज़ें भी तो देखी जाती हैं। कल उस जैसी लड़की के लिए कैसे रिश्ते आएँ, कौन जानता है! बहरहाल, अब्बा अगर बहुत ख़ुश नहीं हुए तो उन्होंने अपनी नाराज़गी पर भी क़ाबू पा लिया। ख़ुद उसके अपने दिमाग़ में शादी का निर्णय लेते हुए यह काफ़ी साफ़ था कि वह क्या पाने और क्या खोने जा रही है।

—फिर अब ये उलझावे कैसे?

—जमाल?? हुँह! जमाल जब तक है, आगे कोई और हो सकता है। यह सिर्फ़ इत्तिफ़ाक़ भी हो सकता है कि अभी तक उसकी आग को सबसे बेहतर जमाल ने बाँटा है। कल उससे अच्छा भी कोई हो सकता है।

—तो फिर रहीम साब के लिए दिन-ब-दिन दिल में गहरे बैठती यह नफ़रत क्यों? उसने शादी जिस इज़्ज़त और आसानियों के लिए की थी, वह आज उसकी है। इस जायदाद और रुतबे की एक सीढ़ी के अलावा रहीम साब का उसके जीवन में कोई महत्त्व न था, न है। तो फिर यह दुःख और निराशा कैसी कि रहीम साब कभी उसके दूसरों से मिलने पर चीख़ते-चिल्लाते या मारपीट भी क्यों नहीं करते? यह उम्मीद क्यों कि उन्हें, उसके व्यवहार से, और नहीं तो तकलीफ़ ही पहुँचे, वह ग़ुस्सा ही करें? क्या सचमुच उन दोनों के सम्बन्धों का स्रोत इस हद तक सूख चुका है कि आपस में एक ठंडी लापरवाही के अलावा कुछ नहीं बचा? शुरू-शुरू में तो फिर भी कभी-कभी नींद की गोलियाँ खा मरने की धमकी होती थी, अब तो इस ओर से उन्होंने आँखें ही मूँद ली हैं। उन दोनों के सम्बन्ध इस तरह ख़त्म भी हो सकते हैं? शब्बो के ताने-तिशने सुनते, ज़िल्लतें सहते, वह कोठी में मौजूद हैं। लगता है, उन दोनों के बीच शर्त यही बदी है कि कोठी छोड़कर कौन जाता है या तलाक़ के लिए पहले क़ानूनी कार्यवाही कौन करता है! रहीम साब इस इन्तज़ार में हैं कि यह फ़ैसला ख़ुद शब्बो करे ताकि उन्हें अपनी जायदाद से हाथ न धोना पड़े, अगर वह ख़ुद तलाक़ देंगे तो यह कोठी और बहुत सारी जायदाद भी शब्बो को मेहर में देनी पड़ेगी। रहीम साब केवल उस पल के इन्तज़ार में हैं जब शब्बो— !

—वह सचमुच यह कोठी छोड़ देगी, वही छोड़ेगी! उसने एक ही घूँट में गिलास ख़ाली करते हुए सोचा। जमाल या किसी के भी साथ! यह शर्त बेशक रहीम

साब ही जीतें, ख़ुद उसके लिए यहाँ रह पाना सम्भव नहीं रहा। कोठी, मोटरें और दुनिया-जहान की इज़्ज़त उसे यहाँ रुकने पर मजबूर नहीं कर सकते। वह बहुत जल्दी यहाँ से भाग जाएगी।

एकदम आवाज़ें आने लगीं—बकौल रहीम साब के मनहूस आवाज़ें! कोठी के पिछले लॉन पर बिल्ला-बिल्ली थे। अगर रहीम साब जागते होते तो 'हाश-हाश' करके इन्हें भगाने की कोशिश करते, लेकिन कोठी के एक हिस्से से भगाओ तो ये आवाज़ें किसी दूसरे हिस्से से आने लगतीं। जितनी देर तक आना होता, आती रहतीं।

शब्बो ने गाउन लपेटा और दरवाज़ा खोलकर पिछले कॉरीडोर में निकल आई। कंडीशनर के नपे-तुले टेम्परेचर के बजाय बाहर धीमी-धीमी हवा बह रही थी। लॉन में बिछी चाँदनी को घने, ऊँचे आम का साया अजीब ढंग से दो हिस्सों में बाँट रहा था। दूर तालाब में पिघला पारा हिलकोरे ले रहा था। धुँधलके में एकदम शब्बो को लगा—कॉरीडोर में उससे कुछ दूरी पर कोई ख़ामोशी से लॉन में नज़रें गड़ाए खड़ा है—घास में दुबकी दो आकृतियों पर : एक बिलकुल सफ़ेद और दूसरी, सफ़ेद पर काले गुल। आँखें फाड़कर देखने के बाद शब्बो ने ख़ुद को विश्वास दिलाने की कोशिश की कि उससे थोड़ी दूरी पर रहीम साब ही हैं। यों ख़ामोश? और मनहूस आवाज़ें? और 'हाश-हाश'? और एकदम से उसका मन हुआ उनके पास जाए और जाकर कहे कि वह कोठी की जायदाद सब छोड़कर जा रही है। सोचते ही उसे थकान का एहसास हुआ और क़रीब के एक सतून से टिककर वह ख़ामोशी से लॉन की ओर तकने लगी।

दो आवाज़ें, एक-दूसरे के साथ अजीब लय में ऊँची-नीची हो रही थीं। चार कौंधती आँखें, दो फूलते-पिचकते शरीर—सफ़ेद आकृति का पेट बिलकुल लॉन की दूब से सटा हुआ था और काले गुल वाली आकृति लगता था किसी भी पल छलाँग लगाकर सफ़ेद आकृति को दबोच लेगी। काले गुल वाले शरीर ने सफ़ेद जिस्म को अपनी नज़र के घेरे में क़ैद किया हुआ था। आवाज़ें पल-ब-पल ऊँची होती गईं—यहाँ तक कि सन्नाटा तार-तार हो गया और बिजली-सी लपक के साथ सफ़ेद आकृति काले गुल वाले की जकड़ में थी। कुछ पल एक-दूसरे की तिक्का-बोटी करने की कोशिश के बाद दोनों जिस्म अलग-अलग हो गए। सफ़ेद आकृति थोड़ी दूर जाकर रुक गई। आवाज़ें उभरने का सिलसिला फिर शुरू हो गया। दोनों आकृतियों के बीच एक फ़ासला, काले गुल वाले की नज़र का घेरा, बना रहा, शब्बो को लगा अगर सफ़ेद शरीर की आकृति उस घेरे के बाहर निकल गई, तो फिर काले गुल वाले की पकड़ में नहीं आएगी। उस घेरे के अलावा सफ़ेद आकृति को दुनिया की कोई ताक़त नहीं रोक सकती।

सतून से सर टिकाए, शब्बो थकी आँखों से काले गुल की क़ैद में सफ़ेद आकृति को लॉन में यहाँ-वहाँ गुत्थम-गुत्था होते देखती रही। रहीम साब अपनी जगह खड़े

थे और इस समय यह अन्दाज़ा लगाना मुश्किल था कि उनकी आँखें दूर फैले तालाब पर केन्द्रित हैं या लॉन में एक–दूसरे से बँधी उन दो आकृतियों पर।

शब्बो को खड़े–खड़े काफ़ी समय बीत गया था। लॉन पर उभरती–डूबती दोनों आवाज़ें आनी बन्द हो चुकी थीं, लेकिन लग रहा था आस–पास फैले विस्तार में अब भी आवाज़ें–ही–आवाज़ें हैं। ऐसी जिन्हें वह केवल सुन और महसूस कर सकती है, नाम नहीं दे सकती। ऐसी बेगिनती आवाज़ें।

रहीम साब अपनी जगह खड़े थे।

सहसा शब्बो को अजीब–सा लगा। रहीम साब और उसके बीच इस समय लगभग उतना ही फ़ासला था, जितना काले गुल और सफ़ेद आकृति के बीच, वही नज़र के घेरे की दूरी, जिसमें काले गुल वाले ने सफ़ेद आकृति को क़ैद किया हुआ था।

उदास चाँदनी

नहीं-नहीं, मैं किसी और बात पर हँसा था। आपके रिमार्क पर मुझे अपनी जवानी, बल्कि नौजवानी कहूँ तो ज़्यादा उचित होगा, याद आ गई। पहली बार रूपमती और बाजबहादुर ही माँडव खींचकर लाए थे। जवानी भी क्या नशा होती है, ख़ून में यूँ जज़्ब कि जब तक बिलकुल टूटे ना, अन्दाज़ा ही नहीं हो पाता। और इस नशे के टूटने के बाद की उम्र तो एक हैंग-ओवर होती है, जो आप लाख जतन कर लें, आख़िरी साँस तक चलता है। छोड़िए साहब, नशे में हुई ग़लतियों को याद करना कोई समझदारी है ? और बताने को भी कुछ नया या चौंका देनेवाला नहीं। अभी आपको जानने की ख़्वाहिश है तो मैं भी दिलचस्प लग रहा हूँ। दो जुमलों में मेरी कहानी ख़त्म और आप उबासी लेकर कुछ और नया और दिलचस्प खोजने लगेंगे। वैसे मैं यहाँ अकसर आता रहता हूँ।

बिलकुल ठीक कह रहे हैं। दुनिया में कुछ बिलकुल नया हो भी नहीं सकता। लोग, देखा जाए तो, लो लगातार एक-दूसरे की ज़िन्दगी ही दोहराते रहते हैं। आपके और मेरे नब्बे प्रतिशत अनुभव एक-से होंगे। अन्दाज़ा ग़लत भी नहीं, सचमुच दुनिया आपने भी देखी है। जो दास्तानों में लोगों को नहीं मिल पाई, एक ऐसी ही लड़की अपनी कहानी की भी हिरोइन थी और यह उजाड़ माँडव, सुकून की तलाश में, एक पड़ाव। बड़ी राहत मिली थी। क़दम-क़दम पर हवा सिसकियाँ लेती सुनाई देती, पहाड़ सूरज को हड़पने पर तुले लगते, उजाड़ महल और खँडहरों में रूपमती-बाजबहादुर की कानाफूसी सुनाई देती थी। कोई एक हफ़्ता रुका था और घाव पर बहुत से मरहम के साथ लौट गया था। हाँ, लौटना तो बहरहाल पड़ता ही है। नहीं, अकेला नहीं, दो औलादें हैं मेरी। बीवी का, काफी साल पहले चौदह या पन्द्रह, मुझे सही से याद भी नहीं, देहान्त हो गया।

आपका अफ़सोस मैं समझता हूँ और उसकी कदर भी करता हूँ, लेकिन ज़िन्दगी तो यही सब उलट-फेर है। तभी तो मैं रूपमती-बाजबहादुर के नाम पर हँस दिया था। नहीं, यह जगह मुझे आज भी अच्छी लगती है, लेकिन रूपमती और बाजबहादुर झूठे। एक बार धोखे से इतिहास की एक किताब हाथ लग गई तो पता

चला सुश्री रूपमती, बाजबहादुर की माशूका नहीं, रखैल थीं। जाने आत्महत्या ही की थी या क़त्ल कर दी गईं। यह आत्महत्या की कहानी उनकी गढ़ी हुई भी तो हो सकती है जो हीर-राँझा और शीरीं-फरहाद की परम्परा कायम रखना चाहते हैं। हाँ, एक कारण क़ौमी एकता भी हो सकता है! मुझे अन्दाज़ा था कि आप कोई यूँ ही-से टूरिस्ट नहीं, बड़े दिलचस्प आदमी साबित होंगे। चेहरे देखकर अन्दाज़ा हो जाता है अब तो।

आपने तो हिस्ट्री काफी पढ़ रखी है। मुझे बताएँ कि रूपमती बेचारी तो जो थी, सो थी, लेकिन यह बाजबहादुर किस तर्ज का आदमी था कि अकबर से जंग लड़ते-लड़ते आख़िरकार उसका ख़िदमतगार बन गया? अरे, ऐसा ही आशिक़ था तो जान दे देता। यह समझौता और अवसरवादिता कैसी! जी नहीं, शादी प्रेमिका से नहीं हो पाई! वाह साहब! वाह!! मैंने स्वीकार किया। बिना समझौते ज़िन्दा रह पाना सम्भव नहीं! लेकिन किस हद तक समझौता? हरेक के जीवन में समझौता करने की एक हद होती है। मुझे क्षमा करें, लेकिन यह बाजबहादुर मेरी समझ के बाहर है। वाह! क्या बात कही है। ए बंडल ऑव लाइज़, म्युचुयली एग्रीड अपॉन! यह सही परिभाषा है हिस्ट्री की। आपको बताऊँ, वैसे हिस्ट्री में मेरी रुचि भी नहीं। भूगोल का अर्थ तो फिर भी समझ में आता है, यह इतिहास तो सिर्फ़ अफसाने गढ़ना है, जिसमें मेरा और आपका कोई महत्त्व नहीं। बिलकुल जैसे राजनीति, जिसमें हमारी चाह का कोई दखल नहीं। ये दोनों शायद मूलतः एक ही सिक्के के दो रुख हैं। जब-जब शासक और राजनीति बदलते हैं, हिस्ट्री का मुखौटा बहुत बारीकी से बदल दिया जाता है। कुछ पसन्द का जोड़ दिया जाता है, अप्रिय निकाल फेंका जाता है। 'बंडल ऑव लाइज़'। झूठ के ज़हर में बुझा सच—हमारा इतिहास।

मेरे साथ आइए। यह भी संयोग है कि आप बिलकुल अकेले हैं। आपका होटल यहाँ से दूर नहीं, फिर मैं आपको साथ वापस छोड़कर आऊँगा। शहरों-सी गुंडागर्दी यहाँ वैसे भी कहाँ! इस रेस्टहाउस में इसलिए कि पहली बार यहीं ठहरा था। वैसे यह जगह भी मुझे बहुत अच्छी लगती है। सामने जो छोटा-सा ताल है, पहली बार जब मैं आया था तो कमल के फूलों से पटा हुआ था। तब बिजली नहीं थी, किरोसिन के लैंप जलते थे यहाँ। अब तो वह सारा स्टाफ बदल चुका है, लेकिन ये लोग भी मुझे पहचानते हैं। या न भी पहचानें तो मुझे यह भरोसा तो रहता ही है कि मेरा इस जगह से रिश्ता इनसे पुराना है। आज आसमान बादलों से घिरा है, वरना यहाँ की चाँदनी रात आप भूले न भूलते। वेटर सब कर लेगा, इसकी चिन्ता मुझ पर छोड़ दें। मैंने बताया, ये लोग मुझे पहचानते हैं।

आपके लिए पानी? मैं तो व्हिस्की हमेशा सोडे के साथ ही पीता हूँ। ये लोग मेरे लिए उसकी व्यवस्था करके रखते हैं। लगता है, किसी जनम में हम भाई रहे होंगे!

अकेले, माँडव और व्हिस्की विद सोडा—इतनी चीज़ें कहाँ एक वक़्त इकट्ठी हो पाती हैं! नहीं-नहीं, बहुत से जनमों में आस्था नहीं। नहीं, न होना क्या, कभी इस बारे में इस तरह सोचा ही नहीं।

एक अच्छी मुलाक़ात के लिए चीयर्स! जी, व्हिस्की के ब्रांड के बारे में मैं ख़ासा कंजर्वेटिव हूँ। पिछले तीस साल से यही पीता आ रहा हूँ। इस दौरान, मेरे साथ इस ब्रांड ने भी बड़े-बड़े इन्क़लाब देखे हैं। पहले इसे स्टेटस समझकर पिया जाता था, फिर धीरे-धीरे घटिया गिनी जाने लगी, और अब फिर से फैशन में आ गई है। ख़ुद मुझे यह आज भी वैसी ही लगती है जैसी पहली बार पीने पर लगी थी या उन दिनों जब इसे घटिया गिना जाने लगा था। आपको पसन्द है? माई प्लेज़र।

क्या चीज़ है साहब शराब भी! दो घूँट हलक से उतरे नहीं कि आसपास का सब अपना-अपना-सा लगने लगा। यूँ कि जैसे हम वर्षों से मित्र हों। कुछ देर और थोड़ी अटपटाहट महसूस होगी, उसके बाद मुझमें फिर से गलतियाँ करने की क्षमता पैदा हो जाएगी। नौजवानों की तरह, जो सिर्फ़ उम्र के बूते बड़े से बड़ा दाँव खेल जाते हैं। हार-जीत तो, हैंगओवर-सा वह एहसास है जो बाक़ी जीवन भर चलता है। मेरी किसी बात से असहमत हों तो आप खुलकर कहें। मुझे साफ़ कहनेवाले लोग पसन्द हैं। जब तक जीवन गोरखधंधा ही न बन जाए। मुँहदेखी के बजाय साफ़ बात कहना कहीं बेहतर है। और सम्बन्ध गोरखधन्धा बनते कैसे हैं? इसी तरह जब हम सच के बजाय मुरव्वत से काम लेने लगते हैं-ख़ुद को बड़े दिलवाला साबित करने के दिखावे में। यह दिखावा न कभी आपके काम आएगा, न मेरे। और जो है, वह भी ख़त्म हो जाएगा। एक अच्छी शाम के लिए मुँहदेखी के बजाय साफ़ कहना कहीं ज़रूरी है। लीजिए।

एक बेटा है, दूसरी बेटी। वे दोनों अपने मामा के साथ रहते हैं। क्यों मज़ाक़ करते हैं! दूसरे विवाह की न तो आज तक किसी ने सलाह दी, न ख़ुद कभी मेरे दिमाग़ में आया। उस तरह के किसी साथी की अब जीवन में गुंजाइश नहीं। प्रेम तो क्या, मगर पत्नी थी। सम्बन्ध तो हो ही जाता है। लेकिन यूँ अविवाहित रहने में, उसका भी, कोई दखल नहीं। बस, कभी इस बारे में सोचा ही नहीं।

मैं यही कह सकता हूँ कि आप भाग्यशाली हैं। पत्नी, बच्चे और एक सम्पूर्ण जीवन की कल्पना को लेकर मैं ईर्ष्या ही कर सकता हूँ। फिर माँडव में अकेले? सच यही है, जो आप इस पल कह रहे हैं! आप क्योंकि सभ्य हैं, इसलिए कभी-कभी इस अदा से अकेले हो लेते हैं। मुझमें यह गुण नहीं इसलिए हर पल अकेले रहता हूँ। और बाजबहादुर तो सारी सभ्यता को भूल, आख़िरकार रूपमती के क़ातिलों की ही ख़िदमत करने लगा था! आपने कभी सोचा, अगर क़त्लो-ख़ून का ड्रामा इस दास्तान को अमर न कर देता, तो क्या होता? रूपमती—बाजबहादुर पत्नी और पति बनकर जीते तो उनका क्या बनता? हँसकर न टालें, मेरी बात पर ग़ौर करके देखें। शराब, जितनी चाहें, बेतकल्लुफ़ी से उड़ेलें—या लाइए, अपना गिलास मुझे दीजिए।

इतना बड़ा सच न कहें कि उसके बोझ में बहुत सारे छोटे-छोटे नर्मो-नाजुक, आपस में गुत्थम-गुत्था सच दबकर हलाक हो जाएँ। कोई सच, अपने-आपमें पूरा नहीं होता, नहीं हो सकता। किसी इनसान को उसकी व्यक्तिगत सच्चाइयों से कैसे अलग किया जा सकता है ? इस तरह की सच्चाई क्या झूठ गिनी जाएगी ? एक भारी-भरकम शब्द को जन्म देने में, मालूम है आपको, कितने नर्म स्वर अपना अस्तित्व खो देते हैं। नहीं, मैं किसी ईश्वर को नहीं मानता। उसे न मानो तो क्या किसी दूसरी चीज़ को मानना ज़रूरी है ? यह ज़रूरत समझ पाना मेरे बस के बाहर है।

झुँझलाहट नहीं, आप ग़लत समझ रहे हैं। मैं अपनी बात कह रहा हूँ तो आपकी सुनना भी अपना कर्तव्य समझता हूँ। कोशिश भी करता हूँ, जब तक कि सामने वाले की मंशा पर ही शक़ न होने लगे। जहाँ तक समझने-समझाने का मामला है, आप मुझे ख़ासा ईमानदार पाएँगे, लेकिन बात अगर बहस और दलीलें देकर सामने वाले को चुप कराने की है तो मैं क्षमा चाहूँगा। मुझे किसी को चुप कराने में दिलचस्पी नहीं। सिर्फ़ अपना व्यक्तिगत सच मैं किसी के सामने रखना चाहता हूँ, बिना उसे स्याह और सफ़ेद में बाँटे। मुझे आपकी ईमानदारी में कोई संदेह नहीं, लेकिन इसका मतलब यह भी नहीं कि आपकी ईमानदारी कोई पूर्ण सत्य है। ऐसे किसी सत्य की मुझे तलाश भी नहीं। दुनिया के अपने अन्दाज़ हैं, मेरा अपना यह है।

दुखी क्या दुनिया में सिर्फ़ दुख पानेवाला ही होता है ? क्षमा कीजिए, मुझे ख़ुद भी अपनी बातें कभी-कभी बेहद काल्पनिक और बेतुक़ी लगती हैं। आपका सोचना भी अपनी जगह ग़लत नहीं—ज़्यादातर लोग मुझसे मिलकर यही अन्दाज़ा लगाते हैं कि मैंने बहुत दुख उठाया होगा, जबकि आज तक किसी के हाथों मुझे कोई दुख नहीं पहुँचा। प्रेमिका की बेवफाई ! बताइए, दुनिया में है कोई ऐसा जिसकी प्रेमिका न रही हो, और जिसने बेवफाई न की हो ? यह दुख तो हमारी, इनसान की, बढौत का ज़रूरी हिस्सा लगता है। पत्नी की मौत एक दुर्घटना थी और ऐसी चीज़ें सहने की इनसान में बड़ी शक्ति छिपी होती है। किस तरह क्या, बस मरना था, सो आत्महत्या कर ली। जी, मेरी पत्नी आत्महत्या करके मरी थी। कहा ना, तकलीफ़ें लोगों को मेरे हाथ तो पहुँची होंगी, मुझे किसी ने दुख नहीं पहुँचाया।

आपकी ख़ामोशी बड़ी विचित्र लगती है—बिलकुल जैसे साँप सूँघ गया हो। दुनिया में सब कुछ होता ही रहता है, और अब, इतने बरसों बाद, आपका सोगवार होना भी तो हास्यास्पद लगता है। मैं हाथ जोड़कर विनती करूँगा—प्लीज़, मुझे इस दया-दृष्टि से मत देखिए ! इसे मैं बरदाश्त नहीं कर सकता। मुझे किसी दया की आवश्यकता नहीं। न मैं दया करना जानता हूँ, न इसे स्वीकार करना। आत्मदया तक नहीं ! और आप होते कौन हैं, मुझे इस तरह देखनेवाले ? मुझसे पूछिए, भेंट होने से अभी तक आपके लिए मन में उपजे भाव से किस-किस तरह लड़ता रहा हूँ। दुनिया का सबसे बड़ा झूठ यह

दया है। मैं अपनी ईमानदारी से आपसे मिल रहा हूँ तो माफ कीजिए, यह झूठ बरदाश्त नहीं कर सकता। दुनिया में कुछ मुद्दे ऐसे हैं जिन पर कोई भी समझौता मेरे लिए सम्भव नहीं। यह उन्हीं में से एक है। बुरा मानकर जाइए मत, मेरी बात समझने की कोशिश तो कीजिए। किन्हीं चीज़ों को लेकर मैं भावुक हो जाता हूँ। अभी समय ही क्या हुआ है, बैठिए भी। मैं फिर से माफी माँग लेता हूँ। इसके अलावा भी तो बहुत कुछ है बात करने को—पंजाब समस्या को भी छोड़कर! कुछ पल में आप मुझे फिर से एक बेहतर व्यक्ति पाएँगे।

आपकी कड़वाहट किसी तरह कम होती नहीं लगती। मैं आपको केवल इतना ही आश्वासन दिला सकता हूँ कि आज की शाम मेरे लिए आपका साथ बहुत महत्त्व रखता है--उस मरी हुई पत्नी के ज़िक्र से कहीं ज़्यादा, जिसे आत्महत्या किए भी एक ज़माना बीत गया। आपको बताऊँ—इस बीच मैंने उसके बारे में बहुत कम सोचा है। सोचने को था भी क्या? कभी मेरे और उसके बीच कोई भावुक या रोमांटिक रिश्ता पैदा ही नहीं हो पाया। आपने भी साहब मुझे कहाँ ढकेल दिया। सब-कुछ एकदम से दिमाग़ में घूम गया। दिन और रात का निरन्तर नीरस और बेमज़ा सिलसिला, जिसकी याद भी उतनी ही फीकी है।

देखिए, शराब जब चाहें बेतक़ल्लुफी से लें। यहाँ हम दो के अलावा तीसरा है कौन? तीसरे की उपस्थिति में तो तक़ल्लुफ़ फिर भी किसी हद तक समझ में आता है, लेकिन अभी? यह सारा दिखावा और तकल्लुफ़ साहब, धीरे-धीरे, गले में रस्सी के फन्दे-सा कसता है। यह सब विनम्रता, आदर, तकल्लुफ़ किसी पल में हमें इतना क्रूर बना देते हैं कि या तो हम आत्महत्या कर लेते हैं या क़त्ल। अपने असली स्वभाव को इन झूठे परदों के पीछे कोई कब तक छिपा सकता है? कब तक ख़ुद अपने-आपसे भी झूठ बोल सकता है? जो सारा जीवन ऐसा कर पाते हैं, या तो महात्मा होते हैं या भोथरी खोपड़ी के, ये दोनों ही हो पाना मेरे बूते में नहीं।

ताश के पत्तों से 'पेशेंस' खेलना पसन्द करता हूँ। वैसे इसके अलावा, पत्तों में भी मेरी विशेष रुचि नहीं। बुरी लतों में बस यही एक शराब पीना गिना जा सकता है। औरतों से भी ख़ास लगाव नहीं। वैसे कभी-कभी सब चलता है।

रह-रहकर बात औरतों पर ही टूट रही है! यह शायद स्वाभाविक भी है, क्योंकि किसी-न-किसी तरह इस भेंट और परिचय का श्रेय जाता तो रूपमती को ही है! एक फूहड़पने का सवाल करने की जुर्रत करूँगा—आशा है कि ग़लत नहीं समझेंगे। असल में शराब का यही तो गुण है कि लोगों को उनके बहाव से खींच तट पर ला खड़ा करती है। इसीलिए शायद पूछने की हिम्मत भी कर रहा हूँ। क्या आप अपनी पत्नी से प्रेम करते हैं? इश्क नहीं, मेरा मतलब सीधे-सीधे प्रेम से है? आप ख़ुशनसीब हैं। मेरी तो शुरुआत ही शायद कहीं बहुत ग़लत तरीक़े से हुई और उसमें, यक़ीन मानिए, पत्नी का रत्ती बराबर भी दोष नहीं था। वह ज़्यादा से ज़्यादा, जो कुछ कर सकती थी, करने

की कोशिश करती हो, लेकिन सम्बन्ध क्या इतनी साधारण चीज़ है कि किसी एक के साधे सध जाए? दरअसल शादी का फ़ैसला करते समय ही सबसे बड़ी चूक मुझसे हो गई थी, जिसका इलाज बाद के जीवन में सम्भव न हो सका। अपने स्वभाव के ख़िलाफ़ यह निर्णय लेते हुए मैंने बहुत प्रैक्टिकल और व्यावहारिक बनने की कोशिश की थी, उसे एक पत्नी की हैसियत से जाँचा-परखा था, घर बसाने और अपनी नस्ल आगे चलाने के लिहाज़ से। और ऐसा करते हुए सिर्फ़ उन लोगों को नज़र में रखा था जो मेरे हिसाब से, पीढ़ी-दर-पीढ़ी इसी तरह चले आ रहे थे। इश्क जैसे अफलातूनी शब्द तब तक मेरे लिए अपना मतलब और महत्त्व खो चुके थे। मैंने सिर्फ़ यह देखा कि मेरी होनेवाली पत्नी एक पढ़ी-लिखी औरत है, घर की ज़िम्मेदारी सँभाल सकती है, और समय पड़ने पर घर का ख़र्चा चलाने में मेरी सहायता भी कर सकती है। शक्ल अगर परी-चेहरा नहीं, तो देखने में बुरा भी नहीं, शरीफ ख़ानदान , जो अपने माँ-बाप के नाम पर, लाख ज़्यादती सह ले, बट्टा नहीं लगने देगी। कठिन परिस्थितियों में भी जो राई का पर्वत बनाने के बजाय ख़ामोशी से मेरा साथ देना पसन्द करेगी, और कभी भी मुझे छोड़ने की नहीं सोचेगी। अन्दाज़ा लगाया आपने—मैंने हर तरह से एक ऐसी औरत का चुनाव किया था जो मुझसे इक्कीस न हो, मुझ पर हर तरह आश्रित रहे और हमारे विवाहित जीवन में किसी प्रकार का विवाद ही न पैदा हो सके।

हुआ भी यूँ ही। शादी के बाद अपने पहले मिलन को लेकर मेरे भीतर किसी प्रकार का भावुक उबाल या उतावलापन नहीं था। उसमें ऐसा कुछ था ही नहीं जो मुझे औरतों की ओर आकर्षित करता था। सीधी-सपाट, उबटन में लिपटी, शादी के चमचम कपड़े पहने एक घरेलू औरत। एक आम मध्यवर्गीय परिवार की लड़की जिस तरह पहली बार अपने पति से मिल सकती है, वह भी मिली। वही मामूली, बेतुका दुल्हन का मेकअप, वही लाज-लज्जा का नाटक, जिसके लिए मैं पूरी तरह तैयार था। मैं भी उसी पारम्परिक ढंग से मिला, उसके कुँवारेपन पर अपनी ख़ुशी और आश्चर्य का प्रदर्शन करता। विश्वास करें, वास्तव में मुझे कोई आश्चर्य नहीं था, ऐसी बेगिनती मध्यवर्गीय लड़कियों को मैं जानता हूँ जो अपना जेवर और पूँजी ही कुँवारापन समझती हैं। और लड़के, जो मरते दम तक एक कुँवारी ब्याहने के कमाल को सीने पर मेडल की तरह पहने रहते हैं। मैं नहीं कह सकता कि मेरी पत्नी अगर कुँवारी न निकलती तो प्रतिक्रिया क्या होती, लेकिन इतना भी सच है कि उसका कुँवारा होना मुझे रत्ती बराबर भी नहीं चौंका पाया। जतन मैं यही करता रहा, किसी भी प्रकार उसे यही महसूस हो कि वह भी मेरे जीवन की पहली औरत है। उस पहली रात, मुझे याद है, मेरा दिमाग़ कहीं अलग से मुझे उसके साथ देखता और तरह-तरह के सुझाव देता रहा। और जब वह संतुष्ट होकर सो गई तो ख़ुद भी उसके बाजू में सुकून से सो गया।

यह थी मेरी शादी की पहली रात!

लेकिन मैं यहाँ तक पहुँचा कैसे? हम लोग तो कुछ और बात कर रहे थे शायद? हाँ, तक़ल्लुफ़! तो इस तरह बीता मेरा तक़ल्लुफ़ से भरपूर हनीमून! और फिर यह दिखावा और तक़ल्लुफ़ मेरे-उसके सम्बन्धों में यूँ गँठता गया कि अन्त तक, यह अन्दाज़ा ही न हो पाया कि असल कितना है और तक़ल्लुफ़ कितना।

मैं मानता हूँ, थोड़ा तक़ल्लुफ़ और दिखावा तो, न चाहते हुए भी, हमारे बहुत आत्मीय सम्बम्धों में भी रह ही जाता है। हमारा जीवन बिताने का ढंग आपस में ज़्यादा बेतक़ल्लुफ़ी की मोहलत ही नहीं देता, फिर भी, मेरे विवाहित जीवन में जो हुआ, वह शायद अपने-आपमें एक उदाहरण है। लेकिन सोचकर कोई आश्चर्य भी नहीं होता। लगता है, उस जीवन के लिए मैं ख़ुद को पूरी तरह तैयार कर चुका था। लेकिन सारी तैयारी और अनुमान के होते, अन्ततः जो कुछ हुआ...

छोड़िए, मैं भी कहाँ अपना दुखड़ा लेकर बैठ गया। वैसे, आपको आश्चर्य होगा, ज़िन्दगी में पहली बार मैं किसी से इस बारे में बात कर रहा हूँ। क्यों, यह ख़ुद मुझे भी नहीं मालूम! अच्छा-भला रूपमती-बहादुर का ज़िक्र था, उसके बाद और सैकड़ों दिलचस्प बातें पड़ी हैं करने को। आशा है इन बातों के लिए मुझे क्षमा करेंगे आप। आप ही बातचीत का कोई अच्छा विषय सुझाइए ना! समय है, शराब है, आप हैं और मैं हूँ—इनका कुछ तो बने।

शुरू जीवन के बारे में बताने को कुछ विशेष है भी नहीं। एक मध्यवर्गीय परिवार की इकलौती औलाद, जिसके माँ-बाप उसके कुछ बड़ा बन दिखाने के सपने देखा करते थे। हैसियत से बढ़कर अच्छे अंग्रेज़ी मीडियम स्कूलों में शुरू की शिक्षा और फिर बाद में डॉक्टरी के लिए मेडिकल कॉलेज में दाख़िला। डिग्री के बाद ख़ुद अपनी प्रैक्टिस डाल ली। जी नहीं, अब छोड़ चुका हूँ। बच्चों के मामले में भी मैं दखल नहीं दे सकता। उनका मामा गार्जियन है। पत्नी की हत्या के इल्जाम में मुझे जेल हो गई थी। शायद इसीलिए नहीं बताया होगा कि एक ख़ूनी के साथ बैठना आप पसन्द नहीं करेंगे! मैं तो अब भी कहता हूँ कि उसने आत्महत्या की थी, लेकिन क़ानूनन तो मैं एक सज़ायाफ्ता क़ातिल हूँ। और मैंने अदालत के फ़ैसले के ख़िलाफ़ कोई अपील भी नहीं की। बस, नहीं की। इतना यक़ीन रखें कि मेरे साथ बैठकर आपने कोई ग़लती नहीं की। क़ानून तो क़ानून है, गवाहियों पर जाता है। और मेरे ख़िलाफ़ गवाही देनेवालों ने तो बाद में माफी माँगी, पाँव पकड़कर गिड़गिड़ाए कि तुम अपील करो, हम अपना बयान बदल देंगे। मेरी औलाद के भविष्य की चिन्ता थी उनको। नहीं की मैंने अपील। जिन्होंने मुझे सजा दिलाई, वही करें अब बच्चों की परवरिश!

आपकी ख़ामोशी देखकर लगता है, यह सब बताकर मैंने ठीक नहीं किया। क़ानून सबसे महत्त्वपूर्ण चीज़ है और उस हिसाब से मैं एक ख़ूनी ठहरता हूँ। नहीं-नहीं, चाहें तो आप भी मुझे ख़ूनी ही समझें। मैं क़ानून से भागा हुआ तो हूँ नहीं, पूरी

सज़ा काटकर रिहा हुआ हूँ। आश्वस्त करने के लिए बहुत धन्यवाद, लेकिन उससे कोई अन्तर पड़ता नहीं—मेरी जवाबदारी किसी को नहीं।

यही तो रहस्य है कि हँसी-ख़ुशी साथ रहने का नाटक एक ख़ूनी अन्त तक कैसे जा पहुँचा। वैसे देखा जाए तो हमारा जीवन भी एक सामान्य परिवार-सा ठीक-ठाक ही चल रहा था। भले मैं पत्नी से प्रेम न करूँ शिकायत भी तो कोई नहीं थी। दो जीवन अपनी-अपनी धुरी पर चल रहे थे, लेकिन अलग, विरूद्ध भी तो नहीं थे हम। लगता, साथ रहते स्वभाव का अन्तर या तो ख़त्म हो जाएगा, या हम दोनों ख़ुद ही थोड़ा-थोड़ा बदलकर किसी समझौते पर पहुँच जाएँगे। उसकी सही रंग चुनने में अक्षमता, कपड़ों को सिलने और पहनने में लापरवाही, पर्सनल हाइजीन के प्रति उदासीनता, खाने में लापरवाही से चलता मुँह और चपड़-चपड़ की आवाज़ें, सोने से पहले दाँत साफ़ करने से जी चुराना, कुछ तो इनमें से छूट जाएँगी और कुछ को मैं रोज़मर्रा में नज़रअंदाज़ करने में सफल हो जाऊँगा। विवाहित जीवन में इन छोटी-मोटी चीज़ों के साथ-साथ बहुत कुछ महत्त्वपूर्ण भी तो होता है। जिस प्रकार वह मेरी देख-रेख करती है—कपड़े धोने से लेकर जूते की पॉलिश तक, उससे क्या इनकार किया जा सकता है? मैं रात कितनी भी देर से घर पहुँचूँ, मुझे खाना खिलाए बिना ख़ुद नहीं खाती, यह क्या अपने में मामूली बात है? मैं ज़रूर भूल जाऊँगा कि मेरे कपड़े प्रेस करते समय उसकी लापरवाही से दोहरी क्रीजें पड़ जाती हैं, जिससे मुझे बहुत उलझन होती है, खाने पर प्लेटें मुझे एक ख़ास ढंग से लगी मिलनी चाहिए और टेबुल पर बैठते ही खाना सर्व हो जाना चाहिए, नहीं तो मेरी भूख ख़त्म और ग़ुस्सा दिमाग़ पर चढ़ जाता है। किताबें मैं जिस तरह जमाता या फैली छोड़ता हूँ, वैसी ही रहनी चाहिए और अपनी फाइलों और दराजों में किसी का भी हाथ लगाना या देखना मुझे बरदाश्त नहीं। बातें, जो किन्हीं भी दो लोगों में भिन्न हो सकती हैं, मेरे-उसके बीच भी थीं। और लगता था समय के साथ-साथ या तो हम इनके आदी हो जाएँगे या ख़ुद को बदलने में सफल। विवाह के कोई सवा साल बाद हमारे घर बेटे ने जन्म लिया और मेरी ज़िन्दगी अपने मेडिकल प्रैक्टिस और परिवार के बीच एक नपे-तुले ढंग से चलती रही। कभी-कभी ज़रूर स्थिति कोई गम्भीर सूरत लेती लगती और दिमाग़ सन्तुलन खोता, विद्रोह करता लगता। उन क्षणों में ज़रूर, वह क्या सोचती थी, यह तो मुझे नहीं मालूम, लेकिन मुझे लगता शायद अलग-अलग रहना ही हम दोनों के हित में होगा। एक दीवानगी-सी मुझे कुछ समय के लिए घेर लेती, जिसमें उसकी छोटी-से-छोटी कमी को भी मैं बड़ा और भद्दा करके देखता और घृणा की आग में जलता रहता। लेकिन ऐसा कभी-कभी होता और थोड़े समय तक ही यह मन:स्थिति रहती। उसके बाद फिर सब नॉर्मल।

अब सोचो तो अन्दाज़ा होता है कि उसने अपने सामर्थ्य भर ख़ुद को मेरी पसन्द के साँचे में ढालने की कोशिश भी की और मुझे इतना विश्वास आज भी है कि मेरी

पत्नी कहलाए जाने पर उसे अच्छा लगता था, कहीं किसी प्रकार की शर्मिंदगी नहीं थी। मैं आपको किस तरह समझाऊँ, दरअसल हम दोनों एक साथ रहने को बने ही नहीं थे। मेरी नज़रों में वह फूहड़पन की सीमा तक सीधी और लापरवाह थी, अर्थात् उन लोगों में बिलकुल मिसफिट जिनमें मेरा उठना-बैठना था। मैं उसके साथ कहीं भी आने-जाने से कतराता था—वे चाहे पारिवारिक रस्म—शादी-ब्याह इत्यादि हों या तफ़रीह या और ज़रूरत हो, फ़िल्म देखना या बाज़ार जाना हो। लगता, उसके साथ देखकर सड़क का हर राहगीर यही सोचेगा कि यह आदमी कैसी बेतुकी और फूहड़ औरत के साथ घूम रहा है, जबकि यह एहसास आज होता है कि वह इतनी फूहड़ हरगिज़ नहीं थी। हम दोनों के साथ का जीवन, इस प्रकार, घर की चारदीवारी तक ही सीमित होकर रह गया, और इसमें परिवर्तन लाने, अपने मन की बात उसे समझाने की कोई कोशिश भी मैंने नहीं की। बस जो-जो बुरा लगा, उससे बचने के लिए मैं ख़ुद के भीतर सिकुड़ता चला गया। फिर भी, जो होना था, वह शायद काफी पहले ही हो गया होता, अगर एक दूसरी दुर्घटना, कुछ समय के लिए, हमारे नियमित जीवन को गड़बड़ा न देती।

देखिए, हम इतने अभागे भी नहीं, जितना सोच रहे थे! इतनी ही देर में, बाहर देखिए, चाँदनी किस सुकून और ख़ामोशी के साथ छिटक गई है। बस, थोड़ा आगे बढ़कर दाईं ओर ही वह तालाब है, जिसके बारे में मैं बात कर रहा था—कमल के फूलों से पटा हुआ। देख रहे हैं आप, बाहर फैला सब कैसे किसी तिलिस्मी दुनिया, किसी जादूनगरी का दृश्य लगने लगा। हम जब बाहर निकलेंगे, तो वही बेजान पहाड़ और इमारतें चाँदनी में आपको धड़कते-बोलते लगेंगे। उठाइए साहब, एक जाम चाँदनी के नाम। दिन की धूप में चमक तो होगी मगर यह चाँदनी की गहराई कहाँ! सुबह पहाड़ फिर पहाड़ होंगे, दरख़्त फिर दरख़्त। लीजिए, चाँदनी और रात के इस अँधेरे के नाम जिसमें चीज़ें समा लेने की सामर्थ्य है। सच्ची भी, झूठी भी। दिन तो बहुत उथला है, हर बात उगल देता है। अभी क्या शेर सुनाया था आपने ? बहुत ख़ूब, साहब क्या बात है! कभी-कभी मन करता है, अब फिर से शायरी पढ़ने की कोशिश करूँ, शायद कुछ समझ में आ सके। या कोई ज़रूरी तो है नहीं कि उम्र के साथ दिमाग़ भी पढ़े। हो सकता है, मैं अब भी कुछ नहीं समझ पाऊँ। और फिर शेर समझना, न समझना ही तो दिमाग़ की अकेली परख नहीं। संगीत मुझे बहुत अच्छा लगता है। किसी सुर में डूबकर जब आप निकलते हैं तो पता चलता है, उसी बीच ख़ामोशी से बहते बहुत दूर भी निकल आए हैं। संगीत का मैं रसिया हूँ।

बहुत अच्छी तरह याद है, भूला एक क्षण भी नहीं! साथ ही यह अन्दाज़ा भी कि अब मुझमें नहीं, एक विचित्र-सी लगनेवाली दास्तान में आपकी दिलचस्पी रह गई है। मैं, मेरी पत्नी, बच्चे सब उस दास्तान के चरित्र मात्र बनकर रह गए हैं, जिसे

पूरी जानने की जिज्ञासा बिना कोई चारा भी नहीं। इस शाम का महत्त्व आपके जीवन में चाहे जो हो, लेकिन ख़ुद मैं कभी जीवन भर, आज के बाद आपको नहीं भुला पाऊँगा। शक्ल से भले न पहचान पाऊँ, लेकिन ज़िन्दगी में कहीं भी, कभी भी, जैसे ही आप इस शाम का हवाला देंगे, मैं आपको फ़ौरन पहचान लूँगा। वैसे मेरे जीवन के घटनाक्रम की अगली कड़ी सुनने में जितनी साधारण लगती है, परिणाम के हिसाब से उतनी ही गम्भीर और निर्णायक साबित हुई। कभी-कभी ज़िन्दगी का पूरा स्वरूप बदल डालनेवाली घटनाएँ इतनी ही सादगी और मामूलीपन से हो जाती हैं और बाद में, उनके बारे में, जितना-जितना सोचते हैं, उतने ही आश्चर्यचकित होते जाते हैं। भला कोई तुक भी होती है!

शहर के एक मालदार आदमी के बेटे का इलाज चल रहा था। उसे जो इंजेक्शन लग रहे थे, वे टेस्टिंग के बाद लगाने थे। ऐसा भी नहीं कि एक बार टेस्ट कर लेना काफी हो, हर इंजेक्शन यह देखने के बाद लगाना था कि कहीं एलर्जी तो डेवलप नहीं हो गई। मेरे असिस्टेंट के हाथों कई इंजेक्शन ठीक से लेने के बाद पेशेंट को एलर्जी हो गई, रिएक्शन हो गया और बहुत कोशिशों के बाद भी उसकी जान नहीं बच पाई। उस मालदार आदमी का दुख मैं अपनी जगह समझ सकता था, ग़रीब के पास पैसा तो बहुत था, मगर सन्तान इकलौती। नतीजा यह कि पुलिस केस बना और लापरवाही के इलजाम में, एक रात को ही सही, मगर उसने मुझे हवालात में बंद कराके छोड़ा। यह तो ख़ैर अपनी जगह, जमानत हो गई और मैं घर लौट आया, लेकिन मुकदमे के फ़ैसले तक अदालत ने मेरी प्रैक्टिस पर पाबन्दी लगा दी और डिग्री ज़ब्त कर ली। बहुत भाग-दौड़ की मगर उस समय कुछ नहीं हो पाया, और मजबूरन मुझे क्लीनिक पर ताला डालकर घर बैठना पड़ा।

नहीं, स्वभाव से मैं महत्त्वाकांक्षी नहीं हूँ—कभी भी नहीं रहा। लड़कपन में ज़रूर यह था कि मुझे देखकर लोग बड़ी आशाएँ बाँध लेते थे और उन लोगों में मेरी गिनती करते थे, जिनके हाथों में बेगिनती साधारण लोगों की रासें होती हैं, जो असाधारण होते हैं। कुछ समय यह भ्रम मुझे भी रहा, लेकिन ज़्यादा नहीं। बहुत जल्दी मैंने अपनी साधारणता को पहचान लिया। यह दूसरी बात है कि इस सत्य को पूरी तरह स्वीकार आज तक नहीं कर पाया! और क्या ऐसा कर पाना अपने-आपमें कोई आसान चीज़ हो सकती है! कैसे कोई मान ले कि गल्ले की एक भेड़ से अधिक उसका महत्त्व नहीं। पता नहीं आप मेरी बात समझ भी रहे हैं या उसी उदारता के सहारे, सहानुभूति का मुखौटा पहने, मेरा मनोवैज्ञानिक विश्लेषण करने में व्यस्त हैं। इससे मुझे कोई अन्तर भी नहीं पड़ता। मैं तो मानकर चल ही रहा हूँ कि आप समझें, न समझें, मैं अपनी बात ज़रूर कहूँगा।

मैं वास्तव में उन लोगों के दुख की बात कर रहा हूँ जो जीवन जीते यह स्वीकार

करने पर तो विवश हैं कि वे साधारण और मामूली हैं, लेकिन मन में जिनके यह आशा हमेशा बनी रहती है कि जीवन का कोई अनुभव, कोई मोड़, कोई क्षण इस साधारणता के रेवड़ से अलग कर जाएगा। लेकिन समय का हर बीतता पल उनके पहले विश्वास—ख़ुद के अदना और मामूली होने—को ही पुख़्ता करता जाता है। न किसी पेड़ के नीचे उन्हें ज्ञान मिलता, न पहाड़ की चोटी पर किसी असाधारण शक्ति का सम्बोधन सुनाई देता, न ही गुफाओं में, सन्देशा लेकर पर फड़फड़ाते फरिश्तों के दर्शन हो पाते। वे जितना-जितना अपनी साधारणता को स्वीकार करते हैं, किसी करिश्मे या चमत्कार में उनकी आशा और विश्वास बढ़ते जाते हैं!

जी, यह मैं कह रहा हूँ, जिसकी बुनियादी आस्था ही सेक्यूलर थिंकिंग और साइंटिफिक रीज़निंग में है, और जो सोच-विचार की कसौटी को ही दुनिया की अन्तिम परख मानता है। मैं आपको ख़ुद अपनी एक ऐसी विशेषता बताता हूँ जो मेरे इन दावों—थिंकिग और रीज़निंग और जीवन की अन्तिम परख—की पोल खोलकर रख देती है। बचपन में मैं स्वभाव से बहुत कोमल था। कहाँ साहब, अब तो केंचुली रह गई है, जानदार तो कभी का गया। बिलकुल, बिलकुल ठीक, आप भी मुझसे कोई कम रीज़नेबल नहीं! इनसान का विकास और उसके नतीजे आए परिवर्तन! जीवन में, अलग-अलग समय अलग-अलग माँगें! ए बंडल ऑव लाइज़! मन तो मेरा ऐसी पाखंड भरी बात सुनकर, यही चाह रहा है, लेकिन कृपया यह न समझें कि मैं आपका मज़ाक़ उड़ा रहा हूँ। मुझे तो ख़ुशी है कि इसी बहाने आपकी ज़िन्दादिली तो लौटी। मेरी बात संक्षेप में इतनी कि मेरी माँ मेरे स्वभाव को लेकर जब भी अपनी चिन्ता व्यक्त करती तो बाप हँसकर कहते, स्वभाव नवाबों-सा है, तो हो सकता है भाग्य में नवाबी ही लिखी हो। हमारा बेटा नवाब ही बने। माँ-बाप का देहान्त, बचपन से जवानी और आज यह उम्र लेकिन मस्तिष्क में कहीं गहरे यह बात बैठी है कि मेरे बाप-से भले और सूफी-स्वभाव व्यक्ति की बात ग़लत नहीं हो सकती, और हो सकता है कि अभी भी मैं... ! अब भी इस चेहरे की रेखाओं और बालों की सफ़ेदी के बावजूद यह धड़का या उम्मीद कहीं ज़रूर बँधी हुई है! तो यहाँ मेरी सोच-समझ और रीज़निंग-नामी मापदंड को क्या हुआ? मैंने आज तक न तो किसी आसमानी शक्ति के आगे सिर झुकाया, न किसी से दुआ माँगी, फिर अपने बाप की कही एक बात में, जो हो सकता है, सिर्फ़ मेरी माँ का दिल रखने को कही गई हो, यह आस्था और विश्वास कैसा? बाक़ी सब तो उम्र के साथ विकास और परिवर्तन के शिकार हो गए, मगर यहाँ आकर सूई क्यों अटक गई! विश्वास कीजिए, इस पल भी उस आस्था में मेरा विश्वास ज्यों-का-त्यों है।

तो बहरहाल, मैं तो अपने क्लीनिक में ताला डालकर घर बैठने पर मजबूर हो गया। और उस संकटकालीन स्थिति में घर की ज़िम्मेदारी पत्नी ने अपने सिर ले ली। शादी के बाद काम करने से मैंने उसे रोका था, लेकिन अब उसकी नौकरी एक बड़ा

सहारा बन गई। अब कहने को भी मैंने उसे मना नहीं किया, हालाँकि जिस कॉलेज में उसे नौकरी मिली, उसके कर्ता-धर्ताओं और वहाँ काम करनेवाली अधिकांश औरतों की करतूत का मुझे ख़ूब अन्दाज़ा था। मैंने आँख मूँदकर मान लिया कि मेरी बीवी को उनसे कुछ लेना-देना नहीं।

वह बहुत ही बुरा समय था। सवा तीन साल का अन्तराल, जिसमें मैं चारदीवारी के भीतर बन्द सिर्फ़ ख़ुद से सवाल-जवाब करता। हर सच को झूठ और सम्भव को असम्भव कर दिखाने के जतन करता रहता। वकील, अदालत और घर, सिमट-सिमटा कर कुल जमा यही मेरा संसार हो गए थे। वैसे अगर मैं थोड़ा तटस्थ होकर सोचता तो इतनी उलझन और परेशानी का कारण कोई था नहीं। जल्दी या थोड़ी देर बाद मुकदमे का फ़ैसला होना और मेरा बाइज्जत बरी होना तय था—इतना मुझे क़ानून की मामूली समझ रखनेवाले भी आश्वस्त करते थे। लेकिन जब मैं तटस्थ रह पाने की स्थिति में ही नहीं था तो ऐसा क्योंकर सोच पाता? और इस परिस्थिति का सबसे अजीब नतीजा यह निकला कि मेरा दिमाग़, मेरा ध्यान पत्नी की उन उलझन और ग़ुस्से में डालनेवाली छोटी-मोटी बातों से हट गया और वह मुझे एक बिलकुल सामान्य स्त्री के रूप में दिखने लगी! शायद, अब क्योंकि एक ज़्यादा मुश्किल समस्या का मुझसे सीधा सामना था, एक बड़े ख़तरे का डर, इसलिए ये मामूली, उलझन में डालनेवाली चीज़ें न नज़र आतीं, न ही उन पर ध्यान जाता। मैं एकदम इन्हें भूल गया—भूल गया या कि भुलावे में डाल दिया।

मुझे वही बार-बार उलझन में डाल देनेवाली पत्नी उन परिस्थितियों में एकदम मान्य हो गई। दिमाग़ कहीं और था इसलिए शायद। न तो अब मुझे उसके नकुवों से झाँकते बालों के गुच्छे घृणा में सुलगा पाते, न उसकी दूसरी सारी लापरवाहियाँ जो पहले मेरी जान का जंजाल बन जाया करती थीं। बेशक, स्वभाव का सीधा और दिल का भला आप उसे बेहिचक कह सकते हैं। संकट के दौर में भी जो ज़िम्मेदारी उसने सिर ली, उसे पूरा निभाया, नौकरी के साथ भी उसने, मेरी देख-रेख में कोई अन्तर नहीं आने दिया। वही हाथ से घर का खाना पकाना, बच्चे की देख-रेख, मेरे कपड़े-जूतों की व्यवस्था—सब जैसा मेरे क्लीनिक के दिनों में था, वैसा चलता रहा।

प्रशंसा तो उसकी आपसे कहीं अधिक मैं कर सकता हूँ! पता नहीं आप बात क्यों नहीं समझ पा रहे! मुद्दा प्रशंसा या निन्दा का नहीं, एक साथ जीवन व्यतीत करने का है। ज़िन्दा रहने की अपनी विचित्र माँगें होती हैं, जहाँ सौ अच्छाइयों के बदले आप कुछ आकर्षण मोल लेना ज़्यादा उचित सौदा समझते हैं। जीवन बिलकुल सही अनुपात में दोनों ही तलब करता है—सच भी और झूठ भी! ऐसे झूठे और नकली की भी आवश्यकता और महत्त्व से कोई इनकार नहीं जो जीवन में कहीं टेकों की तरह बनकर आएँ और इसके नतीजे हाथ लगनेवाले पछतावे से भी! यह पछतावा हमारे सन्तोष की बुनावट का महत्त्वपूर्ण तार है। नेकी, सच्चाई, उदारता, बलिदान!

कब तक ? आख़िर कब तक ? अपने–आपमें ये विशेषताएँ निहायत थकाऊ, बेहद उबाऊ होने के सिवा कुछ नहीं, जिनकी तमन्ना बुनियादी महत्त्व रखते हुए भी, कभी अपने में सब कुछ नहीं हो सकती। कम–से–कम मेरे लिए सिर्फ़ इन सच्चाइयों को जीवन का आधार बनाना न कभी सँभव हुआ और न ही शायद हो पाए। लेकिन, यह एक अलग बात है और संभवत: एक छोटा संकट ! छोटा !... बड़ा !... किस प्रकार हम अपने ही शब्दों की मार से लहूलुहान होते हैं।

उस पल यही लगा होगा—क्रम में इसी प्रकार संकट छोटे और बड़े लगे होंगे, लेकिन आज मेरी ज़िन्दगी की बही में सब उलट गया है। आज देखो तो छोटा लगनेवाला, उस पल के बड़े से अन्तत: बहुत गम्भीर और प्रभावशाली प्रमाणित हुआ है। और उन तीन, सवा तीन सालों में, सोचिए, अपने अस्तित्व के लिए मैं कितना स्वार्थी हो गया था। किसी भी मतभेद जगने के ख़तरे से चुप तो मैं वैसे भी घर में सदा से रहता था, लेकिन इस बीच तो न केवल मैंने दिल की बात छिपाई, पत्नी के प्रति व्यवहार में एक ख़ास चापलूसी भी शामिल हो गई। मुझे उससे प्रेम होता तो क्या ऐसा कर सकता था ? एक औरत की चापलूसी कि आड़े समय में वह मेरे लिए सहारा बन गई ! तब मैं उसका एहसान लेते चिढ़ता, बात–बात पर झगड़ता। नहीं, और जो कुछ भी हो, प्रेम तो मुझे उससे नहीं था।

ध्यान दिया आपने, मैं किस चीज़ की बात कर रहा हूँ ? प्रेम ! वह विषय, जिसको लेकर हमारी भेंटवार्ता हुई, जिस कारण हम दोनों इस समय साथ बैठे हैं, और जिसमें आस्था न होते हुए भी जो मेरे अस्तित्व का एक महत्त्वपूर्ण अंग है। आस्था अपनी जगह है और अस्तित्व अपनी, और ये दोनों ही लाख एक–दूसरे को झुठलाते नज़र आने के बाद भी, अपनी–अपनी जगह बिलकुल सच होते हैं। कोई समझौता इन दो सचों के बीच सँभव नहीं। मेरी ज़िन्दगी के दिन दोनों सचों के बीच झूलते–गुज़रते रहे, और हमारी दूसरी औलाद—बेटी भी पैदा हो गई। इसी के साथ–साथ घर का हुलिया भी उसके स्वभाव की लापरवाही का शिकार होकर क्या से क्या हो गया। घर की इस बदहाली का कारण किसी भी प्रकार पैसों की तंगी नहीं कहा जा सकता, क्योंकि बिलकुल अन्त तक भी हमारे घर एक नौकरानी तो काम करती ही रही। इसका कारण था सिर्फ़ और सिर्फ़ उसका स्वभाव, जिसमें एक स्तर के बाद बारीकी से सोचने का सामर्थ्य ही नहीं था, और मन में परिस्थितियों को देखते उपजा यह सन्तोष भी कि अब मैं दबे शब्दों में भी एतराज़ करने की हालत में नहीं। और ठीक ही, क्योंकि इन सवा तीन वर्षों में मैं भूले से भी शिकवा होंठों पर न लाया, न ही होशो–हवास में मुझे इसका ख़याल आया। बहरहाल, कब तक ?

मेरी डिग्री की वापसी और प्रैक्टिस की बहाली के सात–आठ महीने बाद की बात है। उस रात की ख़ामोशी और गरमी मुझे ऐसे याद हैं जैसे अभी कल की बात

हो। और हमारे बेडरूम में चलते कूलर की घरघराहट अभी भी मेरे मस्तिष्क में क़ैद है। बल्ब की हलकी रोशनी में अलग पलंग पर सोता मेरा बेटा और दूसरे बड़े पलंग पर बेटी और पत्नी, जिसके बाज़ू में मुझे लेटना था। कई घंटों से आरामकुर्सी में झूलता मैं अपने जीवन का लेखा-जोखा तैयार करने की कोशिश कर रहा था, जिसे रह-रहकर पत्नी के हलक से निकलती खर्राटों की आवाज़ तोड़ जाती थी। जितना-जितना मैं वर्तमान के बारे में सोचता, दिमाग़ बीते समय में ही दौड़ता जाता। पत्नी का चेहरा उस हलकी रोशनी में भी साफ़ नज़र आ रहा था और उसके खर्राटे पता नहीं मेरे भीतर किस भावना को उकसा रहे थे। साफ़ सिर्फ़ इतना था कि डिग्री वापस मिलने के बाद, बीते समय में मेरी पत्नी के प्रति वह घृणा कई गुना ज़्यादा होकर लौट आई थी। कोई दिन ऐसा न बीता था, जब घृणा बढ़ी न हो। मुकदमा जीतने के फ़ौरन बाद मैंने आदेश दिया था कि वह नौकरी छोड़ दे और ऐसा करते जब वह थोड़ा हिचकिचाई थी, तो यह परिवर्तन मुझे और असहनीय लगा था। नौकरी उसने छोड़ दी, लेकिन उस पल भर की हिचकिचाहट को मैं नहीं भूल पाया। ख़ास उस दिन, जिसकी रात का मैं उल्लेख कर रहा हूँ, एक घटना हुई थी—पत्नी की आँखों के सामने मेरे बेटे ने मेरे एक राइटिंग पैड को फाड़कर चिन्दी-चिन्दी कर दिया था। वह ऐसा होता देखती रही, जबकि उसे ख़ूब मालूम था, उस पैड को मैंने नौजवानी से कितना सँभाल और सहेजकर रखा था। वह उन गिनती की चीज़ों में से था जिन्हें शायद हर कोई ही कारण-अकारण जीवन भर सैंतता-सँभालता रहता है। आपका अनुमान अगर यह है कि उस राइटिंग पैड का सम्बन्ध मेरे जीवन में पहली लड़की, जिसे मैंने चाहा था, से जुड़ता था, तो ग़लत नहीं। बिलकुल ऐसा ही था। कुछ चीज़ें, जैसे बालों की एक वह लट, या चमेली के कुछ सूखे फ़ूल और पीले काग़ज़ पर धुँधली लिखावट में खत! मेरा ख़ून पैड की दुर्दशा देखकर खौल गया था और मैं उस पर बहुत नाराज़ होकर, जीवन में पहली बार, ज़ोर-ज़ोर से चीख़ना-चिल्लाना और शायद मारना भी चाहता था, लेकिन उसके भाई और भतीजे हमारे घर मेहमान थे। लाचार मैं किसी तरह ख़ुद पर क़ाबू कर, उस पल चुप रह गया।

वह एक ख़ामोश रात थी और आरामकुर्सी में पसरा मैं अपनी रगों में तुनकी मारते हुए ख़ून को अनदेखा करना चाह रहा था जो मेरे कानों में धम-धम धमक रहा था और आँच बनकर पपोटों और पुतलियों को सुलगा रहा था। जीवन एक कूड़ेदान, रद्द की हुई चीज़ों से भरा हुआ और उसके ऐसा होने का कारण-सामने बेखब्री की नींद में खर्राटे खींचती वह! जीवन की सारी कमियाँ 'क्या हो सकता था' और 'क्या है' के हवाले, मेरे भीतर किसी जानवर को उकसा रही थीं—खर्राटों के पीछे उस जानवर की गुर्राहट पल-ब-पल बढ़ रही थी, जैसे ज़माने से सोई उसकी भूख एकदम अपनी खुराक देखकर जाग उठी हो—ऐसी खुराक जिसे एक छलाँग में ही वह शिकार कर सकता हो। जाने क्या हो गया था मुझे, मेरे दिमाग़ और मेरे इन दो हाथों को,

जिन्हें देखकर कोई इसके अलावा नहीं सोच सकता कि ज़िन्दगी भर क़लम घिसी होगी। ये हाथ बाक़ी शरीर से कटकर दिमाग़ में चल रही किसी मशीन के क़ाबू में चले गए थे, और जब मुझे इनके फिर से शरीर से जुड़े होने का एहसास हुआ तो ख़ामोशी में गूँजी चीखें एक चेहरे की—फैलती सिमटती, फूलती-पिचकती रेखाएँ और शरीर की भरपूर तड़पन—सब ख़त्म हो चुके थे।

सबसे पहले कूलर की घरघराहट ही मुझे आसपास की दुनिया में खींचकर वापस लाई थी। उसी एक बँधी-टकी गति से 'घर-घर' करती कूलर की आवाज़। बच्चों की चीख़ें और फिर बाहर से पीटे जा रहे दरवाज़ों की भड़भड़ाहट सुनता मैं निर्जीव-सा पलंग के सिरहाने खड़ा रहा था। दिल की बेढब धड़कन पर भी ध्यान बाद में गया था। कोई आँधी भीतर, सिर से पैर तक उठती, दौड़ती, पागलों-सी सीटियाँ बजा-बजाकर एक ही बात कह रही थी—'हो गया...हो गया!' मटमैले अँधेरे में तकिए और चादरों के बीच वह ठंडा शरीर था, जिसकी गरमी वह नर्मो-नाज़ुक हाथ छीन चुके थे।

देखिए, यही ग़लती मैं भी कर चुका हूँ। अभी पिछला बिना सोडा मिलाए हलक़ के नीचे उतर गया। मेरे चेहरे से आपको इसका अन्दाज़ा भी नहीं होगा। आपके लिए सोडा है, थोड़ा गरम ज़रूर हो गया है, लेकिन इस मौसम में रात के इस समय ठंडा सोडा पीना सेहत के लिए ठीक भी नहीं। ग़लत मत समझिए, मैं आपसे विनती करता हूँ! अपने भीतर की सारी कालौंच के साथ भी विश्वास कीजिए, मैंने आज तक जीवन में किसी का बुरा नहीं चाहा। मुझमें एक दोस्त, प्रेमी, पिता, भला चाहनेवाला यह सब होने की सामर्थ्य आज भी मौजूद है, जबकि अभी तक के जीवन में इसमें से मैं कुछ भी नहीं हो पाया, यह भी एक सच है। आज कुछ लोग मुझे सनकी समझते हैं तो बाक़ी किसी दूसरी तरह एक नॉर्मल और सामान्य आदमी से भिन्न। विश्वास कीजिए, आज कितने वर्षों बाद किसी से बात करके मुझे अपनापन लगा, जिसे शायद यह कहानी सुनाकर ख़ुद मैंने ही ख़त्म कर दिया। अब आप मुझे दिलचस्प तो समझ सकते हैं, अपना नहीं।

मैं साथ छोड़कर आऊँगा, आप चिन्ता न करें, और इसी के साथ यह लम्बी और उबाऊ कहानी भी ख़त्म! कमरे का दरवाज़ा कैसे खुला, पुलिस, डॉक्टर्स, मेरे बच्चे और जेल इन सबके विस्तार में जाने का कोई तुक भी नहीं। मुझे ख़ुद भी इनमें कोई दिलचस्पी नहीं। बस, कभी-कभी पछतावा ज़रूर घेरने लगता है, मगर उससे भी होता क्या है! पछतावा भी शायद उन्हीं चीज़ों में से एक है जो हर जीनेवाले का नसीब है।

और फिर—दरअसल, पछतावा होता क्या है! किस परिन्दे का नाम है!

लौटते हुए

अब सोचने पर सब कितना अजीब और बेमतलब लगता है। और पता नहीं कुछ हुआ भी था या...। अब उसे ऐसा लगने भी लगा है। यही कि वह कभी-कभी बातें सोच लेता है और समझता है वह सचमुच हुई हैं। वह उनको सच साबित करने के लिए लोगों से लड़ तक सकता है।

ग़ौर किया जाए तो बात थी ऐसी कौन-सा अजूबा? क्या दूसरे लोगों के साथ ऐसा कभी होता ही नहीं होगा? ये जो इतने सारे लोग सड़कों पर सीने फुलाए फिरते हैं, क्या सब उतने ही मज़बूर और निडर हैं जितने नज़र आते हैं? और उन सबके सीने ठोस हैं? फिर क्या वह ख़ुद सड़क पर चलता हुआ इन लोगों से किसी तरह कमज़ोर नज़र आता है? लेकिन ख़ुद अपने बारे में वह जानता है कि जब भी उसने ज़मीन को नापते हुए इस तरह क़दम उठाए हैं, जैसे उसके पीछे ज़मीन क़ालीन की तरह लिपटती जा रही है, तभी वह इतना कमज़ोर रहा है कि अगर कोई फूँक भी देता तो वह न केवल डगमगाता, उसी जगह ढेर हो जाता। लेकिन उसे लगता है, ज़िन्दगी में जो भी फ़ासले उसने तै किए हैं वे इन्हीं लम्हों में हैं। उलझकर भटक जाना इसकी आदत बन गई है। बात शुरू कहीं से होती है और फिर किन-किन चीज़ों की भीड़ में खो जाती है।

कल रात भी कुछ ऐसा ही हुआ था।

उसे आठ बजे सिंह साहब के यहाँ पहुँचना था। उनके यहाँ किसी तरह की कोई पार्टी थी—जैसी अक़सर होती रहती है। शहर के बड़े-बड़े लोग, सरकारी नौकर, नेता सबका मजमा रहता है। कभी मुशायरा, कभी मुजरा, कभी क़व्वाली, कभी बस यूँ ही। जब से सिंह साहब से उसकी भेंट हुई थी, चन्द मिनट बातचीत हुई थी, तब से ही-ही वाज़ ए मस्ट। (उसका होना ज़रूरी था।) हर पार्टी में आने के लिए सिंह साहब ऑफ़िस में ही पर्सनली उसे फ़ोन पर इनवाइट करते। जवाब ज़ाहिर है—यस सर, श्यौर सर, आई 'ल बी इन टाइम, थैंक्यू सर! वह सिंह साहब की आँखों का तारा था, और उन जैसे मर्तबे के आफ़िसर का आँख का तारा होना कुछ मतलब रखता था।

घर से वह स्कूटर पर चला था। थोड़ी देर में स्कूटर रास्ते में एक अनजान मैकेनिक के यहाँ रख, स्वदेशी मशीनों को कोसता हुआ वह पैदल हो गया था। मौसम अच्छा था। हवा चल रही थी और आसमान में जिस तरह की रोशनी थी, उससे उसने अन्दाज़ा लगाया था कि पूर्णमासी का चाँद रहा होगा। आठ बजने में थोड़ी देर थी इसलिए वह पैदल ही चलता गया।

थोड़ी देर चलने के बाद वह उस लम्बी वीरान सड़क पर पहुँचा, जिस पर आगे सिंह साहब की कोठी थी। लम्बी वीरान सड़क, जाना-पहचाना-सा अँधेरा और अँधेरे के कालेपन में आब-सी पैदा करती चाँदनी। सूखे पत्ते हवा के ज़ोर से सरसराते हुए उसके आगे निकले जा रहे थे। सड़क से दूर एक तरफ़ खोए-खोए-से मकान थे, दूसरी तरफ़ काफ़ी दूर पर घाटी के नीचे तालाब। सब ठीक था और वह सिगरेट के कश खींचता हुआ आगे बढ़ा जा रहा था। किसी ख़याल के साथ वह एक सूने से वृक्ष के नीचे रुका—किसी के घर पहुँचकर फ़ौरन टॉयलेट की आवश्यकता!

तभी जाने क्या हुआ कि उसकी नज़रें अँधेरे में उभरते से पत्थर के उस टीले पर टिक गईं। गुज़रे सालों में बेगिनती बार वह इस सड़क पर आया था और इस टीले के पास से ऐसे गुज़र गया था जैसे सड़क पर फैली दूसरी तमाम चीज़ें। उसने देखा—मोटे दरख़्त का केवल तना रह गया था। शाखें, पत्तियाँ कुछ भी चाँदनी को झेलने के लिए नहीं बची थीं। उसकी उँगलियों में जलती सिगरेट वैसे ही दबी रही।

—हाथी की क़बर, उसे याद आया—यह हाथी की क़बर थी। और एकदम वह छोटा हो गया। स्कूल से लंच ऑवर में वह और सुनील अपने खाने के डब्बे लेकर अक़सर यहाँ आ जाते थे। पत्थरों के चिकने तख़्ते, उन पर बिखरे दरख़्त के सूखे पत्ते और पत्थरों की दराज़ों में उगकर सूखी हुई घास। सुनील का लंच बॉक्स, बाइल्ड-एग्ज़...

उसके क़दम आप-ही-आप बोझिल हो गए। कुछ बातें शायद कभी भी समझ में नहीं आतीं। या शायद एक बार न समझने पर हम कभी उन्हें समझने की कोशिश ही नहीं करना चाहते। भला हाथी की क़बर क्यों! और क़बर कहाँ, यह तो अच्छा-ख़ासा मज़ार था!—वह धीरे-धीरे क़दम उठा रहा था। एकदम उसके आस-पास का सब कुछ फिर से बदल गया। वह वापस फिर उसी सड़क पर आ गया, जिस पर थोड़ी देर पहले था। पुरानी बचपन वाली सड़क एकदम चौड़ी हो गई थी, वीराने में जगह-जगह मकान बन गए थे, पुराने मकानों को नए ढंग से बनाने की कोशिश की गई थी, तालाब उससे बहुत दूर चला गया था, चिड़ियाँ, फ़ाख़्ताएँ, मैनाएँ उड़ गई थीं, दरख़्त कट गए थे, ज़मीन की बेशुमार झाड़ियाँ और घास...कितनी बार उसने ख़ुद जलते देखी थीं। और धुआँ, दूर-दूर तक फैलता धुआँ।

फिर उसका दिल, एक बार, इस बुरी तरह धड़का कि पल भर को उसके क़दम रुक गए। उसे कभी-कभी लगता है वह हार्ट-अटैक से मरेगा, एक दिन इसी तरह!

इस सड़क पर कुछ और आगे वह रहती है! उसके क़दम और भारी हो गए। उसे क्यों याद आ गया, एक पल उसने ख़ुद पर झुँझलाने की कोशिश की। और अब तो तुम्हारी बीवी है! बच्चे हैं!—उसके भी तो हैं,—उसने अनजाने ही ऊँची आवाज़ में ख़ुद से कहा, और फिर चौंककर अपने चारों तरफ़ देखा था।

—वह भी कितना ज़लील है!—एकदम शर्म उसके ख़ून में मिलकर शरीर में दौड़ने लगी।—कभी-कभी आदमी कितना गिर जाता है? उसने कितनी बार रो-रोकर यह दुआ माँगी थी कि उसका पति...उसे कुछ हो जाए! वह...! और फिर उसके बाद...दुनिया का हर रास्ता उसे उस तक ही ले जाता था। यह दुआ उसने उसी बेबसी से माँगी थी जिसके साथ बचपन में वह गिरते पानी में धूप निकलने की दुआ माँगता था...डोर और माँझे की चरख़ी और पतंग थामे, काले बादलों से अटे आकाश की ओर देखते हुए जो थकन और हार का एहसास उसे होता था, वह धीरे-धीरे उन तमाम बीते सालों के ऊपर फैलता चला गया था।

—सब मूर्खता थी! कम उम्र, कम तजुरबा! उसने अपने आपको समझाया। और तभी, अजीब तरह से डरते हुए, उसने सोचा कि वह दुआ, वह उसे पूरी तरह भूला नहीं है! आज भी वह उस दुआ को फिर से माँग सकता है। पता नहीं क्या है उसमें? आज भी राह चलते हुए अगर वह कभी उसे नज़र आ जाती है तो सब कुछ गड़बड़ होने लगता है, वह छुपने के लिए जगह ढूँढ़ने लगता है। फिर उसे ख़ुद पर ही गुस्सा आ जाता है।—कुछ मिलाकर ऐसा नया क्या है?

उसने मायूस होकर सोचा।—शायद हर आदमी की ही कोई एक ऐसी प्रेमिका होती है, जिसे वह हासिल नहीं कर पाता। मजबूरियाँ, दुख, और फिर अजनबियों के बीच बैठकर वह उसकी बात करता है। या तब जब शराब पीने के बाद वह एकदम ख़ुद को बहादुर महसूस करने लगे। और ज़्यादातर यह औरत प्रेम करनेवाले के दिमाग़ की पैदा की हुई होती है! एकदम पाक-साफ़, मुलायम या कठोर, दुख-दर्द देने वाली। वह समझता है, अच्छी तरह जानता है कि यह सब जीवन से फ़रार ढूँढ़ने के तरीक़े हैं, लेकिन फिर भी!—और तुम तो बेटा—उसने मन-ही-मन ख़ुद को डाँटा—तुम तो उन लोगों में भी नहीं फिट होते। तुम्हारा प्रेम तो आदर्श भी नहीं कहा जा सकता। तुम तो कितनी ही बार जब अपनी पत्नी के साथ होते हो, तब भी उसी की कल्पना करते हो!

अँधेरा उसी तरह फैला हुआ था। ज़मीन पर फैली हुई डामर की वह सड़क, जो चाँदनी से चमकदार नज़र आ रही थी, बहुत ही सुविधा के साथ एक से दो में बँट गई। दाईं तरफ़ थोड़ा-सा तिरछा होकर एक रास्ता मुड़ गया था, दूसरे पर घाटी उतरने के बाद तालाब था...आगे कुछ और चलकर उसका घर।

इस सड़क पर बीते वर्षों में वह कितनी ही बार आया था और दाहिने मुड़ गया था। दफ़्तर, सीनियर ऑफ़िसर, सिंह साहब। कुछ लोगों को जाने, आप-ही-आप,

हमसे कैसी हमदर्दी हो जाती है। क्यों कोई दूसरा आपके लिए आपके बड़ों से लड़े! आपके लिए ढाल बन जाए? सिंह साहब न होते तो वह ख़ुद आज कहाँ होता?

वह एक आदत की तरह दाहिने मुड़ा था। कुछ क़दम चलता गया और फिर जाने क्या हुआ! जिस समय वह वापस मुड़ा, उसे सौ फ़ीसदी विश्वास है उसका दिमाग़ बिलकुल ख़ाली था। अब सोचने पर लगता है जैसे...बस एक बेमतलब हरकत थी जो आप-ही-आप हो गई! वह वापस मुड़ा और घाटी उतरते-उतरते सिंह साहब को बिलकुल भूल गया। दरख़्तों की शाख़ों पर हवा में झूमते पत्तों की सरसराहट उसके कानों को फिर से एकदम साफ़ सुनाई देने लगी थी।

—तालाब की लहरें सुनो! कभी उसने पूछा था, उससे!—सुनो, कभी ग़ौर किया है यह लहरें कहाँ से आती हैं... ? तब भी चाँदनी थी, दरख़्तों के पत्ते हवा में इसी तरह सरसरा रहे थे। वह हँसने लगी थी। शायद सचमुच उस पल वह मूर्ख लगा था—आज भी ख़ुद उसका अपना सवाल उसके भीतर कहीं अटका है। बस सन्दर्भ सब बदल गए हैं, और अपने मूर्ख लगने के डर से अब वह यह सवाल किसी से कर भी नहीं पाएगा। लेकिन सवाल आज भी ज्यों-का-त्यों, वैसा ही है। सालों उसे याद नहीं आता। हो सकता है, आज के बाद उसकी मौत तक न याद आए, लेकिन वह मरेगा तो...।

कोई चीज़ उसे उसकी ओर खींचे लिये जा रही थी। उसे लग रहा था—नहीं, अभी सब कुछ नहीं बदला। वह आज भी बरामदे के जँगले पर झुकी उसका इन्तज़ार कर रही होगी। उसे प्यार करेगी। वह चाँदनी में इसी तालाब के किनारे घूमेंगे, बातें करेंगे। वह समय जो उसने उसके साथ बिताया है—और वह क्षण...शायद वह अगर थोड़ा और समझदार होता तो इतने पास आने के बाद तो कोई भी...और फिर सम्बन्ध तो सम्बन्ध होते हैं...उनकी हदें तो नहीं बनाई जा सकतीं...वह सारी बेवक़ूफी ख़ुद उसकी अपनी थी...अगर उसे थोड़ा-सा तजुरबा होता तो...अगर अब...

उसके क़दम एकदम जैसे जम से गए। सामने उसका घर आ गया था! कम्पाउंड में एक जीप खड़ी थी—उसे मालूम था, उसके पति की। कुछ क्षण वह वैसे ही खड़ा रहा।

—शहर चलोगे?—सामने से आता ऑटो-रिक्शा उसके पास रुका और ड्राइवर ने पूछा। उसने झल्लाकर इनकार किया था।

हवा की तेज़ी कम हो गई थी, पत्तों की सरसराहट लगभग ग़ायब। उसने देखा, आकाश पर एक बड़ा-सा बादलों का घेरा चाँद की ओर बढ़ रहा था। थोड़ी देर में अँधेरा हो जाएगा।

उसने घड़ी की ओर देखा—आठ पैंतीस। अब भी वह अगर तेज़ी करे तो सिंह साहब की पार्टी अटैंड कर सकता है।

दूसरे ही पल वह घाटी चढ़कर सिंह साहब के घर की ओर वापस जा रहा था।

धुन

—साथ, उसने चौतरफ़ नजरें दौड़ाते फिर से सोचा—अकेले हो सकने को।

एक सात-आठ साल का लड़का ऊनी कपड़े पहने खरामाँ-खरामाँ हाथों में पतंग थामे दूर जा रहा था। कपड़ों की काट से ही अन्दाज़ा लगाया जा सकता था कि वह सेकिंड हैंड और विदेशी थे। दूसरी ओर चरखील से खुलती डोर थामे व्यक्ति आसपास की आवक-जावक से बेख़बर खड़ा था। लड़का पतंग छोड़ेगा, यह आदमी उसे फिर से तुनकी देगा, पतंग ऊपर उठते हुए डगमगाएगी, चरखील से डोर खुलेगी या लिपटेगी : शून्य में, मुक्के चलाते, तुनकी देते हाथ, पतंग को आसमान में उड़ाने के जतन में धीरे धीरे पीछे की ओर खिसकता आदमी—लगा वह युगों से यही तमाशा देखता खड़ा है। मैला कमीज़-पाजामा, कत्थई रंग की जर्सी और गले में लाल-काले चौखाने का मफलर पहने आदमी की आँखों का चौकन्नापन दिन की धुँवैली मुर्दा रोशनी में भी साफ़ देखा जा सकता था। उसके चेहरे पर छूटी कई दिन की दाढ़ी-बरसाती फफूँद-सी, फाटक-सा खुला मुँह और उसमें हर तुनकी के साथ फैलती-सिमटती जीभ और आँखों के गिर्द फैलते चुलबुली मुस्कान के हिलकोरे।

—मुस्कान किस पर ? वह कई बार ख़ुद से सवाल कर चुका था,—पतंग पर, आसमान पर या धरती पर हर दिशा में बिखरे काठ-कबाड़ पर ?

दो बार की नाकामी के बाद लड़का तीसरी बार फिर पतंग छोड़ने जा रहा था।

—साथ, शब्द, आपस में गिरहें लगाते, फिर दिमाग़ में गूँजे थे—अकेले रह सकने को।

इन शब्दों में यह ख़याल पहली बार उसे अभी कुछ घंटे पहले तालाब के किनारे उस मकान में आया था जो किसी बर्फ़ख़ाने-सा सर्दी में बसा हुआ था। बिना सूरज के वह शहर में चौथा दिन था, ओले और तूफ़ानी बरसात के बाद सिकुड़ा और धुँधियाया हुआ स्लेटी रंग। धरती और आकाश के बीच तमाम रंग बुझ गए थे, ब्लैकबोर्ड पर अधमिटी रेखाओं-से। साथी के साथ वहाँ सुबह से बैठा वह शराब पी रहा था। तब तक ख़ासी शराब, तली हुई चीज़ें और म्यूज़िक काम आ चुके थे। बैठे-बैठे उसे सालों

पहले सुनी एक धुन याद आई थी और सिगरेट का धुआँ उगलते वह लापरवाही से उसे व्हिसिल करने की कोशिश करने लगा था। व्हिसिल सुनकर साथी उठा था, कमरे में कुछ तलाश करने के बाद एक कैसिट लेकर लौटा था और उसे रिकॉर्डर पर लगाकर ऑन कर दिया था। वही धुन! बिलकुल वही-की-वही! लेकिन, अगले ही पल उसे अपनी ग़लती का एहसास हुआ था, वह दरअसल दो बिलकुल अलग-अलग धुनें थीं। एक वह, जिसे वह अपने भीतर दरिया-सी बहती महसूस कर रहा था, जिसके तटों पर पहचानी आबादी के सिलसिले, पूजा के स्थल, खेती के लिए बाँध और बिजली थे। अलग, उससे बिलकुल जुदा और अलग, जो साथी के भीतर होगा। जिसे न तो वह जानता था न ही जानना चाहता था। निपट अजनबियत, तटस्थता, दूरी, अपने-अपने संसार में दुबके रहने की आसानी।

—किसी का साथ, तब उसने पहली बार सोचा था,—अकेले हो सकने को। एक दिन, इस तरह के मौसम में, तालाब के किनारे उस घर में उसे यह सोचना था। बेतुके मौसम के उस ठंडे और सीले हुए दिन-सा ही एक सहमा-ठिठुरा ख़याल। सहसा, उस धुन में बहता, एक खनकती हँसी का पीछा करता, वह दूर, तालाब के किनारे एक पतली-सी पगडंडी पर पहुँच गया था। शहर का फैलाव, चौड़ी सड़कें और आसपास जड़ पकड़ती आबादी के संकेत किसी ने जादू की छड़ी घुमाकर नज़रों से ओझल कर दिए थे।

—सच? धुँध में डूबी पगडंडी पर चलते लड़की का ठंडा हाथ अपनी दोनों हथेलियों में दबाकर वह पूछता है—हमेशा-हमेशा?

लड़की की आँखें धुँधलके के पार कहीं देख रही हैं—लड़की अक़सर इतनी दूर क्या देखने लगती है? कहाँ खो जाती है?

—बोलो? गले में बाँहें डालकर उसने लड़की को चिमटा लिया है। उसके ख़ुश्क और ठंडे होंठों पर अपने होंठ रख दिए हैं।—बोलो!

—हाँ, लड़की खोए स्वर में कहती है और उसके गाल थपथपाकर हौले से चूमती है।—हमेशा...

—चाहे कुछ भी हो जाए? अपने स्वर की उत्सुकता से जाने वह किस की परीक्षा लेना चाह रहा है।

—कुछ भी..., लड़की का स्वर गम्भीर है।

—चाहे यह ताल सूख जाए? लड़की को वह सारी न-हो सकनेवाली-भी-हो जाएँ—मुश्किलों के स्तर पर परख लेना चाहता है।

—सूख जाए..., लड़की की दिलासा देने की कोशिश करती आवाज़।

—पहाड़ मिट जाएँ!

—मिट जाएँ..., लड़की उसी स्वर में कह रही है। —हम साथ रहेंगे।

—काश! वह कह रहा है तो इमली के दरख़्त के पत्तों में जमा, बेमौसम बरसात

का पानी, हवा के झोंके से झरझराकर गिर रहा है-जिन्दगी बस, एक लम्बा रास्ता हो और हम दो उस पर चलनेवाले।

कुछ झूठ ज़िन्दगी में सच से ज़्यादा महत्त्व रखते हैं!

तालाब के किनारे मकान में साथी उसे खोया हुआ देखकर कुछ पल ख़ामोश बैठा रहा था। रिकॉर्डर पर कोई नई धुन बज रही थी जब उन दोनों की आँखें मिली थीं।

—कुछ हो जाए! उसने आँख मारते हुए साथी से कहा था—हम भी याद करेंगे किसी के मेहमान थे।

—सूखड़ चलेगा! साथी ने मुक़द्दर को कोसने के अन्दाज़ में कहा था।

—ऊँ हूँ! उसने इनकार में सिर हिलाया था।—हो तो ज़िन्दा ही।

—मुर्ग़ा! साथी की बात सुनकर उसके पास व्हिसिल करने के सिवा चारा नहीं था, जिसके नतीजे वह इस वक़्त मछली बाज़ार में खड़ा था।

हवा में चलते मुक्कों का ज़ोर कम हो गया था और आदमी की पतंग कुछ अन्य से छेड़खानी करती आकाश में ऊँचे उड़ रही थी। लड़का चरखील थामे उसे निहारता खड़ा था।

बाज़ार पर भी मौसम का असर था। गरम कपड़ों में लिपटे लोग अहाते और सड़क के दोनों किनारों पर मुर्गे बेचनेवालों से मोल-भाव करने में व्यस्त थे। नमी और सीलन भरे वातावरण में दुकानदारों ख़रीदारों की बातचीत और सैकड़ों मुर्ग़ों की कुट-कुट, बुनकर शोकधुन-सी कानों तक पहुँच रही थी। भाव-ताव करते गम्भीर चेहरे, खाँचों से खींचकर निकाले जाते मुर्ग़ों की कान-कुरेदती चिल्लाचोट, छुरी चलाते, मुर्ग़े छीलते-बनाते हाथ और गीली सड़क पर कीचड़ के साथ सुनकर फैलते मुर्ग़ों के पर।

साथी भाव-ताव करता दूर निकल गया था।

आसमान में पतंगों को लहराते देख वह फिर वही धुन व्हिसिल करने लगा था।

—ऊपर आसमान पर रहते हैं, कभी अल्लाह मियाँ के बारे में उसने बड़े भाई से कहा था। पूछा था? तब लगता था उससे बड़े हर व्यक्ति को, जो सब-कुछ आँखों के सामने बिखरा था, उसके बारे में कोई ऐसा रहस्य मालूम था उसे नहीं पता था। वह रहस्य अगर कोई उसे बता सकता था तो बड़ा भाई, जिसकी पतंग वह छोड़ता था और चरखील भी थामता था।

भाई पतंग के जोते ठीक कर रहा था, नापकर। जवाब देने के बजाय उसने पतंग छोड़ने को थमा दी थी और हवा के समुद्र में डूबकर ऊपर होती पतंग को देखता, वह हिसाब लगाता रहा था उस दूरी का, जहाँ आसमान शुरू होते होंगे और डोर के उन गिट्टों का, जो पतंग ऊपर अल्लाह मियाँ तक ले जाने को दरकार होंगे। अपनी उलझन और समस्या के बारे में उसने भाई से कुछ नहीं कहा था, जो पेंच लड़ाने और दूसरों की पतंगें काटने की मंशा से ख़ुद की पतंग उड़ाता था।

—अपनी पतंग अल्लाह मियाँ तक पहुँचाकर वह क्या करना चाहता था? बाद में उसने बारहा समझना चाहा था। कोई पैग़ाम? शिकवा? या इसका मौक़ा भी कहाँ आ पाया। कुछ ही समय बाद उसे यक़ीन हो गया कि बड़ा भाई या कोई भी दूसरा किसी ऐसे रहस्य को नहीं जानता जिसकी ख़ुद उसे ख़बर न हो। कि दरअसल ऐसा कोई रहस्य है ही नहीं।

मछली बाज़ार के सीलन भरे मातमी वातावरण में उस धुन को अपने भीतर सींचता वह उस समय लड़की, बड़े भाई और बाक़ी जीवन से जुड़े तमाम ऐसे लोगों को याद कर रहा था जिनके साथ-साथ उसका संसार बीत गया था : ऐसे ही धुँधले, बिना रोशनी के दिनों का शिकार होकर, एक-एक, वापस लाम से न लौट सकनेवाले सिपाही-सा। उसका मन हुआ था लम्बे बाँस में झाड़न बाँधकर—बहुत लम्बे बाँस में—वह आसमान पर छाए उन बादलों को पोंछ डाले जिनके पीछे सूरज की गरमाहट और उसका मनचाहा संसार खो गए थे। आज वह किससे अपने भीतर के दरिया और उसके तटों से जुड़े रहस्यों की बात कर सकता था? जो कहे बिना भी उसे महसूस कर सकता हो।

दरिया में बनते-मिटते अक्स थे, लिखते-मिटते नाम।

—इस पल, उसने सोचा था—कोई मुझे याद कर रहा होगा?... सोच रहा होगा?

साथी एक मुर्गाफरोश से सौदा कर चुका था और इस समय मुर्ग़े की छील-काट चल रही थी। पतंग उड़ाता आदमी और चरखील थामे लड़का खिसकते पीछे की ओर निकल गए थे। उनके उत्साह से अन्दाज़ा लगाया जा सकता था कि वह अभी तक कई पेंच काट चुके थे।

—किसी दिन जल्द ही, उसने उत्साहपूर्वक सोचा था—सारी व्यस्तताएँ भुलाकर वह एक-एक के पास जाएगा। झँझोड़कर याद दिलाएगा—वह धुन-दरिया, उसके तटों से जुड़े रहस्य, वह सब जो उन्होंने खोजा था, जो उन्हें अभिन्न बनाता था—सब याद दिलाएगा। और साथी? कुछ फ़ासले पर मुर्गा कटवाते साथी को देखकर उसे लगा था—साथी का मतलब आज के योग में साथ बैठकर शराब पीने का बहाना। आज एक पुल था जिस पर वह और साथी अपने-अपने तट छोड़कर एक साथ टहलते निकल आए थे—एक ऐसी सीमा तक जिसके आगे, दोनों जानते थे, नहीं जाया जा सकता। दोनों का अतीत और भविष्य अपने-अपने तटों से जुड़ा था और वहीं उन्हें लौटकर जाना था।

ढेर सारे गरम कपड़ों में लिपटा, स्कूटर पर सवार, कोई अजनबी चेहरा, हाथ हिलाता पास से गुज़र गया था। उसे पहचानने की चाह उसे बेचैन कर गई थी। भीड़ और मजमे से अलग, हाथ ठेलों की क़तार में जहाँ वह दुबका खड़ा था, इस बाज़ार में उसे देखकर पहचाननेवाला कौन हो सकता था?

उसने आसपास देखा— चरखील लपेटता लड़ता डोर में पड़ी कोई गाँठ सुलझा रहा था। पतंग उड़ानेवाला गले में मफलर लपेटता अनन्त शून्य में उड़ रही बाक़ी पतंगों को हसरत भरी, थकी नज़रों से देख रहा था।

पॉलीथिन में लिपटा कटा—बना मुर्ग़ा लिये साथी लम्बे क़दम उठाता उसकी ओर बढ़ रहा था।

धरती पर

"रात फिर सपना देख लिया कोई ?" उसके स्वर से यह अन्दाज़ा लगाना, कि बात में व्यंग्य था या सीधा-सा सवाल, मुश्किल था। अभी-अभी वह सुबह की चाय लिए बेडरूम में दाखिल हुई थी और उसे अकेले में मुस्कराता पकड़कर बोली थी।

"क्या मतलब ?" मुस्कराहट की जगह फ़ौरन उसकी पेशानी पर बल पड़ गए।

"क्या रात में फिर कोई सपना देख लिया ?" उसने चाय की प्याली में चम्मच चलाते हुए बिना उसकी ओर देखे दोहराया, "सुबह-सुबह चेहरे पर यह मुस्कराहट—कुछ तो बात होगी ?"

उसने घड़ी की ओर देखा—सवा आठ हो रहा था। यानी पन्द्रह मिनट बाद बिजली ग़ायब और कूलर-पंखे बन्द। अजब कमबख़्ती लगा रखी है इस पावर-कट ने भी।

वह उसकी ओर देख रही थी। आज तक वह न तो उसकी आवाज़ के भाव को पहचान पाया, न चेहरे के।

"हाँ, देख लिया," उसने अपनी आवाज़ में लापरवाही लाने की कोशिश करते हुए कहा, "आज ही तो एक ऐसा सपना देखा जो आँख खुलते ही पूरा भी हो गया।"

"अच्छा!" आश्चर्य जताती आवाज़—"हम भी तो सुनें ?"

"सुनोगी ?" उसने चाय की प्याली थामते हुए कहा, "देखा कि मैं एक इतवार की सुबह जागता हूँ और तुम मुझे अपने हाथों से चाय बनाकर पिलाती हो। संयोग देखो—इतवार है और मेरे हाथों में तुम्हारी बनाई चाय की प्याली भी!"

वह इस तरह खिलखिलाकर हँसी थी, मानो इसी लतीफे के इन्तज़ार में हो।

यह सपने का खेल बहुत पुराना था—शुरू होता था कहीं उन दोनों के लड़कपन और नौजवानी में और बाद में बीते वर्षों को धागे-सा पिरोए, आ पहुँचा था आज उनके बुढ़ापे तक...

वह गुमसुम रहती थी...सारी दुनिया से कटी जैसे किसी तलाश में हो। वह ख़ुद स्वभाव का झेंपू और लड़कियों से अव्वल दर्जे का घबरानेवाला। उसे वह अच्छी

लगती थी—लेकिन इतना कह भर पाने का साहस भी उसमें नहीं था। क्या कहे, किस तरह कहे—बड़ी मुश्किल थी।

"क्या सोच रही हो?" जब वह उसे खोया हुआ देखता तो कभी पूछने की हिम्मत भी कर लेता।

"क्यों?" उसकी आवाज़ जैसे किसी दूसरी दुनिया से उस तक पहुँचती और वह उससे और भी दूर हो जाता।

"ऐसे ही पूछा," वह एकदम हड़बड़ाकर बात ख़त्म करता। लेकिन क्या है उसके दिमाग़ में, यह उसे बराबर परेशान किए रहता। क्या सोचती रहती है? परियों के देश के बारे में? आसमान के खुले विस्तार में उड़ते परिन्दों के बारे में? या उसके बारे में—ख़ुद उसके आने बारे में? जाने क्यों जैसे-जैसे समय बीता, उसे विश्वास होता गया कि वह किसी और के नहीं, उसी के बारे में सोचती रहती है। वह उससे बहुत कुछ कहना चाहती है, बताना और जानना चाहती है पर किसी तरह हिम्मत नहीं जुटा पाती—बिलकुल ख़ुद उसकी अपनी तरह।

और फिर उस बार जब वह मिली तो उसने उसे रोक लिया।

"मैंने," उसने गला खँखारकर अपने सारे आत्मविश्वास को इकट्ठा करने की कोशिश करते हुए कहा, "कल रात मैंने एक अजीब सपना देखा!"

"क्या?" उसकी आवाज़ में लगा, सपना जानने की इच्छा बेताब थी।

"नहीं," अपने स्वर में उदासी के साथ उसकी ओर देखते वह बोला, "तुम सुनकर हँसोगी।"

वह बिना सपना सुने ही हँसने लगी। वह बुरा मान गया।

"नहीं, विश्वास करो मैं नहीं हँसूँगी," कुछ पल बाद उसने उसे मनाते हुए कहा, "बिलकुल नहीं हँसूँगी।"

और उसने सपना सुनाना शुरू कर दिया। रह-रहकर बादल, फूल, परिन्दे, ऊँचे-ऊँचे चीड़ के दरख़्त और पहाड़ी रास्ते, बारादरियाँ—वह बता रहा था और वह उसकी बातों के जादू में खोई सुन रही थी। वह बादलों के घोड़े हाँकता ऊँचा, और ऊँचा चढ़ता चला जा रहा है—नरम चाँदनी में उड़ते पक्षी बहुत नीचे छूट गए—कोई उसके सामने आ खड़ा हुआ—काला डरावना राक्षस—मुँह से आग उगलता, उसका रास्ता रोके और पीछे किसी औरत की सुरीली आवाज़—उसे पुकारती हुई। उसने अपना कोड़ा बादलों पर चलाया। घन-गरज और बिजली के झमाके के साथ उस प्रेत का नाश हो गया और वह उस स्त्री-स्वर की ओर बढ़ता गया। हवामहलों के एक छज्जे पर एक शहजादी सफ़ेद कपड़े, सफ़ेद रिबन, हाथ में सफ़ेद फूलों का गुलदस्ता लिये उसे बुला रही थी। वह बढ़ता गया, बढ़ता गया...

"वह तुम थीं! वह तुम थीं!!" अपनी ही बातों के जादू में बहकर उसने पागलों की तरह कहा।

बिलकुल ख़ामोश हो वह उसको अजीब नज़रों से देख रही थी और उसे ख़ुद अपने-आप पर गुस्सा आने लगा था। 'मूर्ख!' मन-ही-मन उसने ख़ुद को लानत की।

"तुम कैसे कह सकते हो," ख़ामोशी तोड़ते हुए उसने बड़े रहस्य में डूबी आवाज़ में पूछा, "कि वह मैं थी?"

"कैसे कह सकता हूँ?" वह पहले गड़बड़ाया, फिर बात को सँभालने में सफल हो गया, "मैं क्या तुम्हें पहचानता नहीं? लाख मुसीबत सहता, लड़ता, जब मैं ऊपर जा रहा था तो क्या मुझे मालूम नहीं था, किसके लिए जा रहा हूँ और किसकी आवाज़ मुझे पुकार रही है!"

वह खोई-खोई-सी खड़ी रही।

"वह तुम थे!" दीवानों की तरह वह उससे चिमट गई, "हाँ-हाँ, मैं जानती हूँ वह तुम थे! वही जिसने मुझे उस डरावने प्रेत की क़ैद से छुड़ाया, जो मुझे धरती पर लेकर आया।"

उसकी बेताबी और भावावेश देख वह चकित रह गया।

"मैं भी यही सपना देखती हूँ। हर रात बस यही सपना।"

"मैं भी," उसके हाथ दबाते हुए वह बोला था, "और दिन में जब भी मुझे तुम्हारा ख़याल आता है, मैं आप-ही-आप मुस्कराने लगता हूँ।"

फिर कुछ दिनों बाद उन दोनों की शादी हो गई। उसकी आँखों में तैरते रहस्य और तलाश-धीरे-धीरे सब धुँधले पड़ते गए। उनके बच्चे हुए जो अब जवान होने को आ रहे हैं। एक पूरी दुनिया बीत गई। यह सब-कुछ होने के बाद भी उसे लगता है, वह अपनी पत्नी को कभी भी पूरी तरह समझ नहीं पाया। जब-जब उन दोनों के बीच कोई बड़ा संकट पैदा होता लगा, पत्नी उस सपने की याद दिलाकर स्थिति को सँभालने और निभा ले जाने में कामयाब रही है। वह ख़ुद को मुजरिम समझे या उसे मूर्ख, इस असलियत को नहीं नकारा जा सकता कि वह सपना जब-तब उनके जीवन में एक टेका साबित हुआ है।

"सुनो" उसने चाय की दूसरी प्याली लेते हुए कहा, "बच्चे कितने बजे की गाड़ी से आ रहे हैं? इतवार है, हम लोग ख़ुद स्टेशन चले चलेंगे।"

स्टेशन के लिए जब वह घर से रवाना हुए तो गाड़ी चलाते-चलाते उसने कहा, "तुम एक बात जानती हो?"

"क्या?" अपनी साड़ी का पल्लू ठीक करते उसने पूछा।

"यही कि मैंने कभी कोई सपना नहीं देखा था। वह सब जो मैंने कभी तुम्हें सुनाया था, मनगढ़न्त और झूठ था।"

वह चुप रही।

''सुना तुमने?'' उसने उकसाने के अन्दाज़ से कहा।

''हाँ।'' उसका स्वर संयत था।

''तुम्हें जरा भी आश्चर्य नहीं कि वह सपना जो हर रात तुम देखती थीं मैंने कैसे गढ़ लिया?''

''कौन-सा सपना?'' उसके स्वर में कोई फ़र्क़ नहीं आया।

''वही—बादल, फूल, परिन्दे, प्रेत, प्रेत से लड़ाई और तुम्हें धरती पर वापस लाना!''

वह केवल हँसी और बोली, ''देखकर जरा! सामने बच्चे सड़क क्रॉस कर रहे हैं।''

लड़ाई

दिमाग़ में ख़याल आते ही हाथ-पैर और ढीले पड़ जाए।

सुर्ख़ मख़मल का कारचोबी कवर चढ़ा रुपहला पानदान, धूल में अटा, मुड़ा-तुड़ा फूल और कलियों की शक्ल का इतरदान, बड़ी-सी मुरादाबादी तश्त और जग, प्लास्टिक की ट्रेज़, प्याले और चमचे—धूल में असली रंगत खोए, चीनी के डोंगे, प्लेटें, स्टेनलेस स्टील के चमचे और जाने क्या कुछ अल्लम-गल्लम! साथ ही कुछ किताबें, रिसाले, अख़बार—सब अलमारियाँ खालीं और सामान बीच फ़र्श पर फैला हुआ। दिमाग़ में ख़याल फिर कौंधा और एक लाचार मुस्कराहट, किसी अजनबी इबारत के पोस्टर-सी, चेहरे पर चिपक गई।

"और बनो बेटा तीसमार-खाँ!" मन ग्लानि से घुलने लगा। "लेकिन क्या किया जा सकता था?" कोई आश्वासन-सा, पीठ सहलाते बोला। आत्म-सम्मान भी कोई चीज़ होती है। और ऐसा बन क्या गया था जिसके बिगड़ने का दुख हो! फिर नए सिरे से सही।

जहाँ इतनी बार हुआ, एक बार फिर। इससे पहले कि 'क्या' और 'कैसे' परेशान करना शुरू करें, दिमाग़ में वही ख़याल लौट आया। बिलकुल ऐसी ही हालत उन जगहों की होती है जहाँ दो ताक़तों के बीच रण पड़ता है!

ऐसी ही अफरातफरी और बिखराव! "लेकिन," दिमाग़ ने पूछा, "कौन-कौन लड़ा? और कौन जीता? और तुम? तुम इस सब में क्या हो?" और दूसरे ही पल दिमाग़ काँच में जड़े काग़ज़ के उस टुकड़े में जा उलझा जो मेरी इस मन:स्थिति का बुनियादी कारण था, वरना मैं तो तय करके ही चला था कि भावुक नहीं होना, बीते को याद नहीं करना और पछताना नहीं।

टेबल पर चीज़ें उलट-पुलटकर हाथ-घड़ी खोजी और छत में घूमते पंखे के नीचे खड़े, पसीना सुखाते, मैंने देखा—साढ़े बारह यानी उसके आने में समय था अभी। दरअसल मैं बेरोज़गार था, और रोज़गार छूटे भी यह दूसरा ही दिन था। वैसे यह कोई विशेषकर नई स्थिति नहीं थी। क्योंकि न चाहते हुए भी मैं अभी तक कितनी ही नौकरियाँ कर और छोड़ चुका था। काम करवानेवालों के अपने अन्दाज़ और फरमाइशें होती

हैं, मेरा अपना सोचने और करने का ढंग है। जब-जब इन दोनों में टकराव पैदा हुआ है, मैंने ख़ुद को बेरोज़गार पाया है। यह शायद मुख्यतः इसलिए है कि जो कुछ भी, थोड़ा-बहुत, मैं कर सकने योग्य हूँ, उनकी न तो कोई नियमित शिक्षा पाई, न सनद है। जितना आसान या मुश्किल आज की परिस्थितियों में मेरे लिए नौकरी तलाश करना है, उससे कहीं ज़्यादा मालिकों के लिए मुझे नौकरी से निकालना। लेकिन इस बार ऐसा बहुत लम्बे अन्तराल के बाद हो रहा था—इतने लम्बे कि मेरे आत्मीय यह समझने लगे थे कि पुराना ख़तरा ख़त्म हुआ और उम्र ने आख़िरकार मुझसे घोड़े की पीठ पर भी जीन कस ही छोड़ी। आत्मीय से मतलब मेरी पत्नी और दो बेटियाँ।

तो जैसा कि ऐसे क्राइसिस के अवसरों पर मेरा रवैया रहा है, इस बार भी अगला क़दम उठाने या नई नौकरी की तलाश पर निकलने से पहले, एक तरह से अभी तक हुए का जायज़ा लेने, सोचने-समझने की मोहलत पाने को मैं घर में बन्द बैठा था। तब भी जब दिमाग़ भटकने से नहीं रुका तो सोचा घर, ख़ासकर हमारे रहने के कमरों की सफ़ाई कर डाली जाए।

"क्या काम पर... ?" सवेरे-सवेरे पत्नी ने अपने डरे-से लहज़े में पूछा था।

"नहीं," मैंने मुस्कराकर उसे आश्वस्त करने की कोशिश करते हुए कहा था।

बच्चियाँ एक-एक कर, अब्बा को 'सलाम अलैकुम' और 'बाय' कहकर स्कूल रवाना हो गईं और मैं हताश, इन दिन-ब-दिन बड़ी होती दो ज़िम्मेदारियों को ताक़ता रह गया। कितने अनजाने ही बच्चे बड़े होते रहते हैं और इसका अन्दाज़ा हमें अपने बेहद असुरक्षित क्षणों में कैसा बेचैन कर जाता है! कभी-कभी यह बड़ा होना एक सहारा भी लग सकता है, मगर अधिकांश बोझ। बड़ी इस साल हायर सेकंडरी की परीक्षा में बैठेगी और छोटी आठवीं जमात में पढ़ रही है।

इससे पहले कि उदासी मुझे बिलकुल बेबस कर दे, मैं उठ खड़ा हुआ, झाड़न हाथ में ली और दीवारों में बनी अलमारियों और शेल्फ से सामान निकाल-निकालकर फ़र्श पर ढेर कर डाला। बर्तन-भांडे, रिसाले-किताबें, सजावटी खिलौने, सब जड़ों से उखाड़ फेंके। पत्नी इस बीच एक बार फिर कमरे में आई। कुछ देर ख़ामोश खड़े तमाशा देखा और बिना एक शब्द बोले अपना प्लास्टिक का थैला, जिसे लेकर वह घर से बाहर निकलती है, उठाकर चली गई। वह घर से कुछ दूर तक मिशनरी स्कूल में टीचर है, कुछ घंटे वहाँ पढ़ाने जाती है।

वास्तव में यह पत्नी, जिससे विवाह मैंने अपनी एक बुनियादी ग़लती माना था, मुझ-से आदमी के साथ जीवन बिताने में हैरानी की हद तक कुशल साबित हुई है। कुल जमा, मेरा आज तक का जीवन यूँ चला था जैसे क्लच का तार टूटी कोई स्कूटर मोटरसाइकिल, जिसका गियर बदलना हर बार एक नया अनुभव हो-धक्का खाकर गाड़ी आगे बढ़े या बढ़ते-बढ़ते झटका लेकर रुक जाए और इस सवारी पर पत्नी की हैसियत यह रही थी कि वाहन-चालक और वाहन को धक्का देकर स्टार्ट करे और

स्टार्ट हो जाने के बाद किसी तरह दौड़-लपककर ख़ुद भी पिछली सीट पर लद जाए। घर का सिलसिला अगर नियमित रूप से चलता रहा है तो उसके इसी एकाग्र भाव के कारण। जैसे यही स्कूल में पढ़ाना।

"क्या करोगी स्कूल में पढ़ाकर?" पहले-पहल उसके प्रस्ताव का निहायत रुखाई से विरोध करते मैंने कहा था। (यह बताना ज़रूरी नहीं कि उन दिनों मेरा रोज़गार लगा हुआ था।)

मुस्कराहट।

ख़ामोशी।

"मैंने कहा," गला खँखारते मैं बोला, "क्या ज़रूरत है इन चार सौ रुपल्ली की ख़ातिर दिमाग़ खपाने की? अभी बच्चे भी छोटे हैं, और फिर सब-कुछ है तो। करता तो हूँ मैं सब।"

मुस्कराहट ग़ायब।

ख़ामोशी अपनी जगह।

"हमारे ख़ानदान में आज तक औरत ने नौकरी नहीं की," मैंने बिना चूके कहा। क्या रह जाती अगर वह पलटकर कह देती कि तुम्हारे ख़ानदान में इतनी पढ़ी-लिखी औरतें हैं कितनी! या यह कि कितने तो काम ख़ानदान में—जैसे कि शराब पीना, नमाज़-रोज़े से दूर रहना—तुमने पहली बार किए, अब अगर एक का उद्घाटन मेरे हाथों भी हो जाए तो क्या बुराई? मेरी उम्मीद के अनुसार उसने ऐसा कुछ नहीं कहा।

बोली, "फालतू समय है। शिक्षा भी मैंने पढ़ाने की ली है। तीन घंटे रोज़ चली जाऊँगी।"

इतनी आसानी से मान लेना मुश्किल था। और औरत-मर्द, पति-पत्नी की बराबरी मेरा आदर्श है। मैंने उसे हमेशा समझाया है वह अपनी मर्ज़ी की मालिक है। मैं मशवरा भले दूँ, उसे किसी बात के लिए मजबूर नहीं करूँगा। मेरा कहना कभी ग़लत भी साबित नहीं हुआ क्योंकि मेरे मशवरे को वह हुक्म की तरह मानती आई है।

"सोच लो," मैंने दो-टूक स्वर में कहा, "घर और बच्चे भी ज़िम्मेदारियाँ हैं। और—", फ़ौरन ही बचाव का हथियार सूझ गया, "अगर पढ़ाना भी है, अगर तुम्हारा शौक यही है तो पढ़ाओ, मगर बगैर तनख्वाह लिये। ऑनरेरी तौर पर। ठीक है, पढ़ाओ, कुछ समय घर के बाहर भी बीतना चाहिए।"

तो वह स्कूल जाने लगी। तनख्वाह लेती है या नहीं, अन्दाज़ा मेरी अगली बेरोज़गारी तक नहीं हो पाया जब चार महीने तक घर का ख़र्च उसने अपनी गिरह से चलाया।

ख़ुद अपना परिचय, मैं कम-से-कम शब्दों में दूँ, जैसा कि अब अनिवार्य लगता है, तो एक ऐसा व्यक्ति जिसमें लोगों को बड़ी सम्भावनाएँ नज़र आएँ, मगर कभी न पूरी होकर सम्भावनाएँ ही रह जाएँ। पढ़ने में मन नहीं लगा तो सोचा ख़ानदानी जायदाद,

खेती और धन्धा है, कोई भी लाइन पकड़ लेंगे, लेकिन जब इसका अवसर आया तो पता चला यह सारी चीज़ें बुजुर्गों की चाँदमारी की नज़र हो चुकीं। फिर भी संभवत: अगर देश-निकाला मिल जाता तो मिडिल ईस्ट इत्यादि कहीं जाकर अपने आव-भाव की कुछ खा कमा लेता, लेकिन शादी, बच्चे और कुछ करने के जतन में पहली दो-तीन चोटें ही ऐसी लगीं कि हौंसले पस्त हो गए। फिर, बस फैलते ही गए। शायद हर जगह ही कुछ ऐसे लोग देखने को मिलते हैं जिनको देखकर यह समझ नहीं आता कि यह कुछ महत्त्वपूर्ण क्यों नहीं कर रहे या नहीं कर पाए। स्वस्थ, कायदे की सूरत-शक्ल, बोलचाल का सलीका, दुनिया की जानकारी—सब होता है बन्दों के पास, नहीं होता तो दुनिया में कुछ हासिल!

कुछ जोड़-घटा के ज़िन्दगी मुझे ऐसा ही एक व्यक्ति साबित करती लगती है।

मुझे आसपास बिखरे काठ-कबाड़ में खोया देख वह दरवाज़े पर ही रुक गई।

''आ गईं,'' मैंने जैसे पूछा नहीं, उसे बताया।

ख़ामोशी।

''क्या कबाड़ा करके रखा है सारे सामान का!'' धूल में लुथा-पुथा उस क्षण मैं भी सामान का ही हिस्सा लग रहा था, ''सचमुच, आपके बस का नहीं है सलीक़ा! कपड़ों की अलमारी में बिस्तर भरे हैं और किताबों के शेल्फ में बर्तन-भांडे! ख़ुद नहीं होता तो'', मैंने ठंडी साँस ली, ''अब बच्चियाँ बड़ी हो गई हैं, कुछ उन्हीं को तरबियत, हाथ-पाँव चलाना सिखाइए।''

वह पास आकर बैठ गई—लाचारी से लड़ाई के मैदान को ताकती!

''जब पता है इन कमबख़्त अलमारियों में दीमक है, फिर इस लापरवाही का मतलब ? यह फेमिली-एल्बम देखिए—मेरा बचपन, जवानी और आपका भी बहुत कुछ, दीमक की खुराक बन गया!''

एल्बम सफहा-दर-सफहा कुछ इस तरह हो गया था जैसे भूगोल की किताबों में धरती के नक्शे होते हैं—कहीं पहाड़ी सिलसिला, कहीं बहते दरिया और कहीं फैले मैदान रेखांकित करते। एक तस्वीर नहीं थी जो पूरी या अप्रभावित बच गई हो।

''चार साल पहले,'' वह बोझिल आवाज़ में बोली, ''जब घर की पुताई हुई थी, तब साफ़ किया था।''

कुछ भी कहना फ़िजूल था!

यकायक एक ख़याल मुझे चौंका गया—चार साल पहले रँगाई-पुताई का तो मुझे ख़याल नहीं क्योंकि उन दिनों मैं साहिबे-रोज़गार था, लेकिन उससे पहले इन कमरों को हमेशा मैंने ही झाड़ा और साफ़ किया था। अन्तिम बार ऐसा कोई पाँच साल पहले हुआ था और उस हिसाब से मेरी इस पिछली नौकरी की उम्र भी लगभग इतनी ही हुई, जो मेरे किसी एक जगह टिके रहने का रिकॉर्ड था! फिर एक दूसरा ख़याल अठखेली करता आया और मुझे यह सोचते अजीब लगा कि हर बार जब मेरा

रोज़गार छूटा है इसी तरह अलमारियों, बक्सों, फाइलों, किताबों—हर चीज़ को उसकी जड़ से उखाड़, मैंने फ़र्श पर ढेर किया है, छँटनी की है, बहुत सारे काग़ज़, खत, फ़ोटो आग की नज़र किए हैं और पुराने रिसाले, किताबें रद्दीवाले को सौंपे हैं!

"हद यह," मैं सिर पे हाथ फेरते हुए बोला, "कि टीन के डिब्बों में बन्द काग़ज़ात तक दीमक पहुँच गई! यह पड़ी है तुम्हारे अब्बा के हाथों लिखी दहेज़ की लिस्ट, हमारी शादी का कार्ड और रिश्तेदारों के नामों की लिस्ट! वैसे भी इन उन्नीस साल में इनमें से कितने तो हिजरत कर चुके होंगे—ऐसी हिजरत जिससे लौटा नहीं जा सकता!"

उसके चेहरे पर साए-सी फैलती उदासी साफ़ महसूस की जा सकती थी। कहा कुछ नहीं उसने, सिर्फ़ दीमक से बची उन काग़ज़ की चिन्दियों को बैठी खखूरती रही।

"ऐसा ही है!" मैंने ऐसे स्वर में कहा जैसे कमरे में हो रहे को कहीं ऊपर से देख रहा हूँ, "चन्द साल बाद इसी हालत को हमें भी पहुँचना है! दस-बारह बरस भी और मिल जाएँ तो गनीमत जानेंगे।'

"कमाल है!", एकदम मैं उसकी ओर मुड़ा, "यार, तीन महीने बाद हमारी शादी को बीस साल हो जाएँगे!"

मैं सचमुच आश्चर्यचकित था। बीस साल इकट्ठे! जीवन का इतना बड़ा हिस्सा, जबकि लगता इस दौरान यही रहा कि यह सम्बन्ध कभी भी टूट सकता है। तालमेल की कमी है, दोनों एक-दूसरे के लिए बने ही नहीं हैं।

वह उन्हीं अजनबी नज़रों से मेरी ओर देख रही थी।

"कैसी अजीब बात है," आगे बढ़कर अपना हाथ उसके कन्धे पर रखते हुए मैंने कहा, "यार, हम दोनों तो सचमुच बूढ़े हो गए!"

एक हल्की-सी मुस्कराहट उसके चेहरे पर खेल गई।

"एक बात बताओ," कुछ क्षण बाद झाड़न उठाकर कोने में अटे जाले झटकते मैंने पूछा, "पछतावा हुआ तुम्हें कभी इस बीच?"

ख़ामोशी।

"लगा कि उम्र बरबाद हो रही है मेरे साथ? किसी और तरह से जीवन व्यतीत होता तो अच्छा होता?"

उसके चेहरे, आँखें और समूचे अस्तित्व में थकन थी।

"मिला क्या तुम्हें कुल मिलाके मेरा हाथ थामकर? न सुरक्षा का एहसास, न अपनाइयत का मज़ा। कैसे घिसटती रहीं इतने साल मेरे पीछे-पीछे? बताओ?"

"और," मैंने काँच का वह फ्रेम उठाकर झाड़न से पोंछते हुए कहा, "यह क्या छिपाकर रखा था तुमने?"

उसकी आँखों की तह में एकदम करवट बदलती रोशनी साफ़ देखी जा सकती थी, मेरे हाथों में उस फ्रेम को देखकर।

"इसे..." कहते–कहते वह रुक गई लेकिन मतलब आँखों ने साफ़ अदा कर दिया : वह चाहती थी उस फ्रेम से मैं कोई सरोकार न रखूँ।

"ग़ुस्सा नहीं आता अब इस मूर्खता को देखकर!" मेरी नज़रें काँच के फ्रेम में जड़ी उर्दू की उस ख़ुशखत इबारत पर दौड़ रही थीं जिसमें बहुत ही रिवायती और कारोबारी शायरी में 'रुख़सत' लिखी हुई थी—उसकी मुझसे शादी के अवसर पर दिया किसी बुजुर्ग का तोहफ़ा। तोहफ़ा क्या, एक आदेशनामा कि ससुराल में एक आदर्श बहू बनने के लिए क्या–क्या करना ज़रूरी है : आसमान वाले के बाद पति को धरती पर अपना ख़ुदा समझना, और उसके हर हुक्म का पालन करना, सास–ससुर का दिल जीतना, उनकी खिदमत करना, कोई ज़्यादती भी हो तो फरियाद जुबान पर न लाना–यानी लगभग वही 'डोली चढ़कर जाना, तो ताबूत पर ही ससुराल छोड़ना' वाली बात! एक मध्यवर्गीय घर में जो तरबियत लड़कियों को दी जाती है, उस सबका खुलासा था बगैर किसी शायराना नजाकत या ख़ूबसूरती के।

"यही तरीक़े तो हैं लड़कियों को गैया बनाने के!" मुझे कुछ–कुछ गुस्सा और पछतावा घेरने लगा। "जान दे देना लेकिन शौहर की चौखट न छोड़ना! ख़ूब सँभाल के रखा इसे तुमने, मेरी तो कभी नज़र ही नहीं पड़ी।"

"मुझे दे दीजिए!" उसने लाचारी से कहा।

"सुनो, हमारी भी दो बेटियाँ हैं, क्या चाहोगी कि वह भी कुछ तुमसे मिलती जुलती ज़िन्दगी गुजारें? शौहर की दासी बनकर यह सोचते कि इसका अज्र क़यामत के दिन मिलेगा?"

वह ख़ामोश थी लेकिन चेहरे पर घिरी झुँझलाहट साफ़ देखी जा सकती थी।

"जिस तरह तुम मेरे साथ जीं उससे कहीं बेहतर होता अगर तुम अलग होने की हिम्मत कर पातीं। अपनी बेटियों की शादी पर इस तरह की 'रुख़सत' मैं नहीं देने वाला—साफ़ कहूँगा बराबरी से रहना नहीं तो अलग हो जाना।"

चेहरे पर इल्तिज़ा के भाव से वह एक क़दम मेरी ओर बढ़ी, फ्रेम हाथ से लेने, जब बिलकुल अनजाने और अनचाहे वह मेरे हाथ से स्लिप हुआ और फ़र्श पर काँच रेजा–रेजा बिखर गया।

एकदम हँसने और सलाम करने की आवाज़ पर मैं चौंका था—इस दौरान मैं यह बिलकुल भूल गया था कि बेटियों के स्कूल से लौटने का समय हो गया है।

वे दोनों दरवाज़े पे खड़ी शरारती नज़रों से हमें और कमरे में बिखरे सामान को देख रही थीं।

"आओ बेटे," काँच के रेजों से रुख़सत का पन्ना चुनते मैंने सहजता से कहा। "किस पे हँस रही हो?" सवाल यूँ, जैसे मैं भी उनके साथ मिल के हँसना चाहता हूँ।

"अब्बा!" बड़ी बेटी ने अटखेली करते कहा, "कमरे में सामान कैसा बिखरा हुआ है, जैसे आप और अम्माँ लड़ रहे हों!"

एक शर्मसार कहकहा मेरे मुँह से फूट निकला, "लड़ ही तो रहे हैं बेटे," किसी सूरत बात को सँभालते मैंने आगे जोड़ा, "और सोचो ज़रा—बीस साल से!"

मेरे कहे को नज़रअन्दाज़ करती बेटी रुख़सत के पन्ने को, जिसे मैंने हाथों में थामा हुआ था, सवालिया नज़रों से देख रही थी।

"यह रुखसत है," मैंने उसे बताया, "तुम्हारी अम्माँ की शादी की।"

"रुख़सत?" छोटी बेटी के लिए शब्द ना-मालूम था।

"दुल्हन की बिदाई के वक़्त," मैंने उन्हें समझाते हुए कहा, "मायके वाले उसे नसीहतें करते हैं, और कोई बुजुर्ग इस तरह शायरी में नसीहतें लिखकर भेंट कर देता है, काँच के फ्रेम में शादी की यादगार सुरक्षित रहती है।"

बड़ी बेटी रवानी से तो नहीं, अटक-अटक कर उर्दू पढ़ लेती है। मेरे हाथ से उस ख़ुशखत इबारत का पन्ना लेकर वह पढ़ने की कोशिश कर रही थी—"आर्ज़ी होता है बेटी घर तो यह माँ-बाप का साथ कब देता है कोई उम्र भर माँ-बाप का।"

"लाओ, मुझे दो," उसे अटकते देखकर मैंने कहा था, "मैं पढ़कर सुनाता हूँ।" शायरी की ज़रूरत से शब्दों की ऊँच-नीच आवाज़ में पैदा करते मैं पढ़ने लगा—"आर्ज़ी होता है बेटी घर तो यह माँ-बाप का साथ कब देता है कोई उम्र भर माँ-बाप का। ताअते शौहर तुम्हारा सबसे पहला फ़र्ज़ है साथ उसके ताआते हक़ भी तुम्हारा फ़र्ज़ है।"

बेटियों के चेहरों पर ऊब घिर आई थी। फ़र्श पर बैठी पत्नी काँच के रेजे चुनने में व्यस्त थी।

मैं आगे पढ़ रहा था—

"नेक औरत है वही शौहर की जो महकूम है। यही हदीसे मुस्तुफा शायद तुम्हें मालूम है।" बेटियों को शायद मेरे स्वर में उत्साह पर आश्चर्य था।

"अब्बा," आख़िरकार बड़ी बेटी ने एतराज़ करती आवाज़ में कहा था, "यह तो सब क्या-क्या लिखा हुआ है!"

"ऐसा नहीं कहते!" मैंने गम्भीरता के साथ उसे टोका, "हर बात पर अपनी राय देना ज़रूरी नहीं, बात को और उसके पीछे छिपी भावना को समझना चाहिए। ख़ुद ही सोचो—क्या हमारे बुज़ुर्ग मूर्ख या कम-समझ थे?"

और मैं आगे, रुख़सत की बाक़ी पंक्तियाँ ऊँची आवाज़ में पढ़कर सुनाने और जगह-जगह रुककर समझाने लगा।

रिहाई

रात सोने से पहले देर तक वह दुनिया और ज़िन्दगी में पैदा हो गए बेतुकेपन के बारे में सोचता रहा था।

मार्च के आख़िरी हफ़्ते में आसमान कई दिन से लगातार बादलों की छापामारी का मैदान बना हुआ था। मार-धाड़ घन-गरज की शक्ल में आसमान पर थी और पानी बनकर बरसता ख़ून-ख़राबा ज़मीन पर। और उदास-भाव से इसका फसलों—कटी और खड़ी—पर पड़नेवाला असर विषय बनाकर बातें करते लोग, चौतरफ़। वह भी, जिनकी ज़िन्दगी पर अनाज की क़ीमत घटने-बढ़ने से सीधा फ़र्क़ पड़ता है और वह भी जिनकी ज़िन्दगी को ऐसा कोई ख़तरा नहीं। ख़तरे शहर में बसनेवालों को और भी थे फौरी और बिलकुल उनके मुँह-दर-मुँह। जैसे गर्दन तोड़ बुखार जिसकी महिमा के चर्चों से शहर के अख़बार रँगे पड़े थे, और जिनके प्रकोप का शिकार अभी तक लातादाद लोग हो चुके थे।

कुछ ख़तरे ऐसे भी थे जो बासी पड़ चुके थे—मतलब यह कि जो टले अभी भी नहीं थे मगर जिनके साथ ज़िन्दा रहने की धीरे-धीरे आदत पड़ती जा रही थी। शायद ही कोई दिन ऐसा जाता हो जब किसी गैस पीड़ित से सम्बन्धित ख़बर, किसी पुराने कबाड़े की नीलामी की तरह, अख़बार में जगह न पाती हो।

फिर लोकल के अलावा नेशनल ख़तरे थे—मज़हब को लेकर 'शैतान की आयात' के विरोध में जलसे-जुलूसों का बड़े पैमाने पर साम्प्रदायिक दंगों में तब्दील होने का ख़तरा, और त्योहार के नाम पर होली-रंगपंचमी या शबे-बरात का मारकाट में बदल जाने का ख़तरा। और फिर, ख़तरों की अन्तर्राष्ट्रीय किस्में—श्रीलंका और अफ़गानिस्तान से बेरुत या ईरान—कहीं भी कुछ भी शुरू हो सकता था, हो रहा था।

और जब सोच ख़बरों को ही शुमार करने में जुट जाए तो टी.वी. सीरियल और फ़िल्मी रिसालों के गिरते स्तर से लेकर शहर की दीवारों पर आए दिन लगते नंगी औरतों के फ़िल्मी इश्तिहार, देश की लोकसभा और राज्यसभा में शासन करनेवालों और विपक्ष के नेताओं की कारस्तानियाँ, शहर की तंग सड़कों पर बेहिसाब बढ़ते वाहन और मुल्क की ज़मीन पर रोज़-ब-रोज़ उजड़ते जंगल, सूखती और दिशा

खोती नदियाँ किसी को भी उस नुक़्ते पर ले जाकर खड़ा कर सकती हैं, जिसका सामना करने से बचने को बुज़ुर्ग यह कहकर ख़ामोश हो जाते थे कि सब क़यामत क़रीब होने के आसार हैं। थकन में क़यामत क़रीब होने का एहसास बड़ा आसरा लगता है—अपनी ख़राबी में दुनिया को शामिल समझकर।

उलझन भी बेमौसम बरसात ही की तरह आ पकड़ती है और लम्बे समय से जो चीज़ें रोज़मर्रा का हिस्सा और रोज़ की आदत में शामिल हो चुकी होती हैं, एकदम जबड़े भींचकर दाँत दिखाने लगती हैं। देखते ही देखते सब आदमक़द, आदिमानव की सूरत शक्ल के सवालों में तब्दील हो जाता है। घर का दरवाज़ा, सेहन, दीवारें, छत, पलंग, बिस्तर, बीवी-बच्चों की शक्लें, गुज़रा, मौजूद और आनेवाला ज़माना—बिलकुल क़ब्रिस्तान-सा जहाँ क़ब्र के तकिए की जगह भारी पत्थर में तराशा सवालिया निशान गढ़ा हो।

सवालिया पलंग-बिस्तर पर सवाली नींद गुजारने के बाद वह बासी-दम जागा था। धूप, बादल न छाए होते तो, ख़ूब फैल चुकी होती। छुट्टी का दिन था—घर में ख़ूब चहल-पहल। ज्वाइंट फ़ैमिली के साथ यह ख़ूब है कि फ़ैमिली तो दिन-ब-दिन बढ़ती जाती है लेकिन घर की हदों को मनचाहे ढंग से विस्तार नहीं दिया जा सकता। यह तथ्य एक ऐसा सवाल था जिसे वह पिछले कितने ही दिनों से गले में फाँसी के फँदे की तरह पहने फिर रहा था। सारे बाक़ी सवालों की जड़ भी यही एहसास था। और इस एहसास की जड़—पिछले दिनों बच्चों ने घर में कुछ चूज़े पाले थे जो देखते ही देखते दो काबुक बदल चुके थे और अब इतने बड़े हो गए थे कि नर-मादा का अन्दाज़ा लगाया जा सकता था।

उसे याद था—इस घर में एक ज़माने में आपा ने भी मुर्ग़ियाँ और कबूतर पाले थे। लेकिन तब घर का नाक-नक़्श यह नहीं था। कुशादा आँगन, खुली हवा और गिनती के घर वाले—अम्माँ, अब्बा, आपा और तीन भाई। अब तो यह घर ख़ुद किसी काबुकख़ाने की याद दिलाता है। कमरे-दर-कमरे, रहनेवालों से पूरी तरह भरे हुए। ऊपर से बाहरी सड़क का ट्रैफ़िक, लगता है कि किसी भी पल दीवारें तोड़कर घर में आ घुसेगा।

छोटे-छोटे चूज़े देखकर लगा था चंद दिन का शौक़ है, बच्चे ऊब जाएँगे तो किसी को बाँट देंगे। लेकिन ऐसा नहीं हुआ, और इसकी बुनियादी वजह भाई मियाँ, जिनका पूरा सहयोग बच्चों को प्राप्त था और उनकी सारी फ़रमाइशें—काबुक बनवाने और बदलने से लेकर दाना और दवा, सब पूरी करवा रहे थे।

इस तरह पहले से ही घुटन भरे घर में मुर्ग़ों की कुट-कुट, और उनके दाने की गन्ध और बीट की गन्दगी भी शामिल हो गए थे। अब बच्चों ने मुर्ग़ों के नाम भी रख दिए थे। दो लड़ाकू—एक खड़ग सिंह के नाम से जाना जाता था तो दूसरा दिलावर खान। मुर्ग़ियाँ—अनारकली, जूली, बॉबी इत्यादि नामों से पहचानी जातीं।

किसी दूसरे दिमाग़ी मौसम में वह सारी बात किसी लतीफ़े की तरह शेयर कर

लेता, लेकिन तबीयत के मतले पर छाये बादलों ने उसे एक गहरे डिप्रेशन में डाल दिया था।

उठकर वह सहन में पहुँचा तो एक नया मंज़रनामा पेश था।

—सुबह-सुबह, बीवी ने बताया—कौओं से जान बचाता एक ज़ख़्मी तोता दालान में आ गिरा। बासित ने उसे पकड़ लिया। पिंजरे में बन्द कर दिया। जब मुर्ग़ियों को दाना डाला गया तो बोला—रोटी! रोटी! सब हैरान कि तोता बोलना भी जानता है।

डिप्रेशन और कुछ बढ़ता लगा। क़दम उठाता वह बच्चों के झुंड में घिरे पिंजरे तक पहुँचा, उन देवमालाई कहानियों को याद करता जिनमें देव की जान तोते में होती है।

—म्याऊँ, म्याऊँ, दोज़ानू पिंजरे पर झुका बासित मुँह से आवाज़ निकाल रहा था।

—म्याऊँ, म्याऊँ! तोते ने बिल्ली की बोली दोहराई।

—भौं, भौं! अब रियाज़ की फ़रमाइश थी।

—भौं, भौं! तोते ने उसे भी पूरा किया।

दीगर बच्चे अपनी-अपनी फ़रमाइश तोते से बयान कर रहे थे जिसे वह बड़ी फ़नकारी से पूरा कर रहा था।

—चचा साहब, देखिए, बहुत उत्साहित स्वर में उसे दावत दी गई थी—बोलता है। मिट्ठू मियाँ—कहो 'चचा साहब'!

तोते ने बच्चों के दो-तीन बार उकसाने पर कुछ आवाज़ निकाली थी—'चचा साहब' से मिलती-जुलती।

उसे वापस मुड़ते देखकर नसीमा ने पूछा था—कैसा है, चचा साहब?

—बहुत अच्छा, लहज़े की तल्ख़ी पर लबों की शीरीनी चढ़ाने की कोशिश करते उसने कहा—अब परिन्दों की तो क़िस्में हो गईं, घर में कुछ चरिन्दों, दूध देनेवाली बकरी, गाय वग़ैरह पालना बचा है।

हो क्या गया है, घर के बुज़ुर्गों को! मामले की संगीनी का कुछ अन्दाज़ा ही नहीं! जो बच्चे कहते हैं, सिर झुका के मान लिया जाता है।

—अल्लाह! तो क्या उसे कौओं को खा लेने देते, बीवी ने कैफ़ियत चाही थी, और वह बिना कुछ बोले सुबह के मामूल में मसरूफ़ हो गया था।

घर से बाहर निकलते उसने एक निगाह अपने परिस्तारों में घिरे तोते पर डाली। भाई मियाँ का बड़ा बेटा असग़र—चुग्गी दाढ़ी, टखनों के ऊपर पतलून के पाँयचे, टोपी—भी मौजूद था। इसे वह रहमतुल्लाह कहता था—पिछले तीन साल से मज़हबी आसेब के शिकंजे में जकड़े होने के कारण। देखने में बदहाली, करने में तरह-तरह की इबादतें—सारा घर उसकी निकम्मी नेकियों से आजिज़ था। भाई मियाँ अक़सर सिर पकड़े चिन्ता में घुलते रहते-बिना असर।

वह ख़ुद रहमतुल्लाह से बात करने से गुरेज़ करता। ख़ुदा मालूम किस पल

ग़ुस्सा क़ाबू के बाहर हो जाए और डॉट-डपट के साथ हाथ उठ जाए। चौबीस साल के रहमतुल्लाह को सुधारने का यह तरीक़ा नहीं हो सकता। क्या हो सकता है, यह भी नहीं मालूम, लेकिन यक़ीनन, डाँट-डपट, मार-पीट नहीं।

—निकम्मे लड़कों की सोहबत, भाई मियाँ ने गहरे पछतावे से कहा था—शहर की वीरान मस्जिदों को आबाद करने के मंसूबे, ख़ुदा जाने क्या बनेगा! दो घड़ी ज़िम्मेदारी से कारख़ाने पर नहीं बैठ सकता। बैठ गया तो आमदनी का बड़ा हिस्सा ख़ैरात हुआ समझो। डाँटो, ख़ामोशी से मुस्कराते हुए सब सुन लेता है—अमल रत्ती बराबर नहीं। दादी और माँ के लाड़ ने और आफ़त की है—उनके ख़याल में दादा का रूहानी वारिस यह है!

इस वक़्त यह 'रूहानी वारिस' तोते पर मेहनत करने में लगा था।

—मिट्ठू मियाँ, मीठे लहज़े में तोते से दरख़्वास्त की जा रही थी—नबीजी भेजो। कहो लइलाहा इलल्लाह...!

मिट्ठू मियाँ, बाक़ी बच्चों की भीड़ इसरार कर रही थी—नबीजी भेजो...

तोता चुप—गुंग-सी लग गई थी उसे।

—बोलता ही नहीं, उसे पास ख़ड़ा देख बासित ने मायूसी से मुस्कराकर कहा था—कलमा भी नहीं पढ़ता।

बच्चों की भीड़ एक-आवाज़ तोते से नबीजी भेजने की फ़रमाइश या कलमा दोहराने की दरख़्वास्त करती खड़ी थी और तोता था कि हवास गुम, क़यास गुम। कोई आवाज़, हद कि उसकी असली बोली एक गोया हलक़ में सिजदे की हालत में तिरी पड़ी थी। चूज़ों का समूह अपने बन्दीख़ाने से नए मेहमान की ख़ातिर करने में जुटे बच्चों को ग़ुस्से और दिलचस्पी, और तोते को हसद से देखता खड़ा था।

फ़रमाइशों के जवाब में देर तक सन्नाटे में रहने के बाद तोता एकदम बोला था, अपनी आवाज़ 'टें-टें', और फिर दुहाई देते हुए कहने लगा था—'रोटी-रोटी-रोटी...'

रहमतुल्लाह बच्चों को दिलासा दे रहा था—एकदम से थोड़ी सीखेगा, धीरे-धीरे मेहनत करनी पड़ेगी। बोलने लगेगा।

—यह भी तो हो सकता है, दस साल के रियाज़ की अक़्ल यकायक कौंधी थी—कि तोता हिंदू हो! मतलब, उसने फ़ौरन बात सँभाली थी—किसी हिन्दू ने पाला हो?

सन्नाटा। दस साल का रियाज़ वह नुक़्ते की बात लाया था जो और तो और, रहमतुल्लाह के दिमाग़ में भी नहीं थी। बच्चों ने पसो-पेश के आलम में मशवरा तलब नज़रों से उसकी ओर देखा, मगर वह ख़ामोश खड़ा रहा।

—फिर तो इसे छोड़ देना चाहिए, नौ साल की समीना को अपनी राय देना ज़रूरी लगा।

—नहीं, ऐसा करते हैं, बासित अपने हिसाब से दूर की कौड़ी लाया था—तोते से 'जय रामजी की' बुलवाकर देखते हैं।

बासित की तजवीज़ प्रैक्टिकल थी, और उसे फ़ौरन ही अपना लिया गया।

जिस पल वह बोझिल क़दम उठाता, बेमौसम बादलों के जमाव को अपने बहुत भीतर बैठते महसूस करता घर की दहलीज़ लाँघ रहा था, आँगन में बच्चों का मजमा तोते से 'जयरामजी की', और 'सीता-राम' बोलने के आग्रह में जी-जान से जुटा हुआ था। और तोता था कि मोहर-बलब, बिलकुल चोंच-सी दी हो जैसे किसी ने। या फिर बोलता तो 'टें-टें।'

क्या हो रहा है दुनिया को ? कोई कितना भी कहे, हमेशा से ऐसा नहीं है। नेक लोग, मज़हब में आस्थावाले रहे हैं, बेशक। लेकिन मज़हब दुनिया में दूसरे सौदों का सिक्का, इस तरह पिछले कुछ सालों में ज़्यादा बना है। मज़हब या तकरार, या मंदिर-मस्जिद के झगड़े, यानी पैदा करनेवाले के एक नाम के ज़रिए दूसरे नामों की ज़िल्लत। कहीं अरब और अजम है तो कहीं इस्लाम, यहूद, ईसाई की रस्साकशी और इनसे फ़ुर्सत पाएँ तो मुवह्हिद और बुतपरस्तों के बीच घटिया-बढ़िया का मुक़ाबला। मज़हब तकिए से तलवार बन गया है।

—अल्लाहमियाँ की कुदरत देखो, अभी चन्द रोज़ पहले अम्मा ने अपनी ज़ईफ़ आवाज़ लेकिन आँखों में उस चमक के साथ, जिसे फतहमन्दी की चमक के सिवा कोई नाम नहीं दिया जा सकता, घर में बड़े होते चूज़ों में से किसी के बाँग देने को लेकर कहा था—बेसमझ, इतने छोटे मुर्ग़ी के बच्चों को भी एहसास है कि अज़ान किबला-रुख़ होके देना चाहिए। अभी थोड़ी देर पहले अज़ान दे रहा था तो मुँह किबले की तरफ़ करके।

क्या करें अम्माँ का! बाँग देता ज़िन्दगी में पहला मुर्ग़ा तो देख नहीं रही थीं। अब मुर्ग़ा-मुर्ग़ी की ज़ात भी काबे-काशी की निस्बत से तक़सीम होगी। अम्माँ सचमुच उन ग़रीब मुर्ग़ों को भूल गईं जिनकी मंशा पूरी ताक़त लगाकर साँस खींचना और बाँग देना होता है, ख्वाह उनका रुख़ किसी भी सिम्त में क्यों न हो।

अम्माँ की उम्र और दिमाग़ी हालत देखते उनसे कुछ कहना या समझाना ज़्यादती होगी। और फिर वह भी तो एक आईना ही हैं, इर्द-गिर्द की दुनिया का अक्स लिये। उसमें पंजाब भी शामिल है, कश्मीर, आसाम, श्रीलंका, पाकिस्तान, अफ़गानिस्तान और दीगर, बहुत महदूद सही, लेकिन जहान भी। और जहान बिलकुल औंधे पानदान-सा होकर रह गया है।

घर के बाहर क़दम रखते ही महसूस हुआ कि जाने के लिए उसके पास कोई जगह नहीं।

सड़क और चौराहे के पास क़ब्रिस्तान की फ़सील और आसमान में फैले देवकामत दरख़्त, जिन पर ट्रैफ़िक से उड़कर जमी ख़ाक की तह पिछले दिनों बरसात में धुल गई थी और पत्तियाँ बेहद ताज़ादम हरी निकल आई थीं। इन ऊँचे दरख़्तों की परवरिश खानदान के पुश्तहा-पुश्त बुज़ुर्गों ने इस ज़मीन की खाद बनकर की है।

कभी-कभी दिल करता अपने पूर्वज—इन दरख़्तों के साथ एक ग्रुप फ़ोटो खिंचवाया जाए। ज़माना हुआ शबे-बरात को घर से निकले, इस बार और कुछ नहीं तो क़ब्रिस्तानों की बदली हुई सूरत-शक्ल देखने के ख़याल से ही निकला जाए, अपनी दुआ से किसी की मग़फिरत तो होने से रही। देखा जाए—मगर देखना क्या? यक़ीनन इस रात इबादत करनेवालों में भी इज़ाफ़ा ही हुआ होगा! मन्दिर-मस्जिद सभी तो सीवन से फटे पड़ते हैं, श्रद्धालुओं की बढ़ी तादाद से। चायख़ाने, दुकानें, टैक्सी-स्कूटर—सब पर तरह-तरह के ख़ुदाओं का ठप्पा लगाना लोगों के लिए ज़रूरी हो गया है। मज़हब याने दुश्मनों के गिरोह, अपनी बेहतरी से ज़्यादा दूसरों की ख़राबी में दिलचस्पी ढूँढ़ते।

बेख़याली में क़दम उठाता वह इतवारा की तरफ़ चलने लगा। छुट्टी के दिन ट्रैफ़िक इतना कम ज़रूर होता है कि सड़कों पर बिना जान हथेली पर लिये पैदल चला जा सकता है।

वैसे यहाँ—दुनिया के इस ख़ित्ते में, अब दुआओं के सिवा किया भी क्या जा सकता है। ऐसा लगता है यहाँ सारे मुकद्दस सहीफ़ों और आसमानी किताबों में भी सिर्फ़ लफ़्ज़ों का बोझ छूटा रह गया है और उसकी तासीर हवा हो गई है। शहर और मुल्क एक बहुत बड़े ढाबे में तब्दील हो गए हैं जिनके मालिक शान और आराम से 'पहली दुनिया' के बाशिन्दे हैं। उस पहली दुनिया के लिए एक लेबोटरी या एक गिनी-पिग की हैसियत है इस तीसरी दुनिया और यहाँ के वासियों की। यहाँ लोग अपने आक़ाओं को अन्धी तक़लीद में हर चीज़ उन-सी करने में लगे हैं। लैंडस्केप से बेमेल और अपने लैंडमार्क्स की क़ीमत पर उस तरह की गगनचुम्बी इमारतों की तामीर हो रही है जो हमें पहली दुनिया की तस्वीरों में नज़र आती हैं। सड़कें और माहौल से कतअ-नज़र ईंधन से चलने वाली गाड़ियों की तादाद यूँ बढ़ी है और बढ़ रही है जैसे कुछ दिन में हर एक इनसान के लिए एक गाड़ी हो जाएगी। शहर ज़मीन पर फैलने के साथ ही साथ आसमान के रुख़ में फैलने लगे हैं, दूसरे हवा में घुलता इज़ारहा क़िस्म के इंजनों का धुआँ, नामोनिशान खोते जंगल, कटते पहाड़, गुम होती नदियाँ। और रोज़-ब-रोज़ मन्दिरों-मस्जिदों में बढ़ती लोगों की तादाद।

सड़क के बाईं ओर कुशादा मैदान के बीचोबीच लाल रंग की इमारत जिसमें एक ज़माने में रियासत का अजायबघर हुआ करता था और पिछले तीस साल से हुकूमत की सेंट्रल लाइब्रेरी बनी हुई है और कुछ क़दम पर उसके शाना-ब-शाना पत्थर के पटियों से बनी मॉडर्न डिज़ाइन की, सागौन के स्लाइडिंग शटर्स की बिल्डिंग और उसके आस-पास फैले हरे लॉन और फूलों की क्यारियाँ—बरकतउल्लाह भोपाली मेमोरियल, जिसमें आए दिन शादी-ब्याह की तक़रीबें होती रहती हैं। इस बिल्डिंग को, लगता है, बहुत जल्दी में बनाया गया है, और ऐसी जगह जिससे पुरानी लाल इमारत की ख़ूबसूरती भी ख़त्म हुई है। यह सूरतेहाल बड़ी सफ़ाई से आज की ज़िन्दगी का अक्स

मालूम होती है—लाइब्रेरी अजायबघर के अन्दर पहुँच गई है और किताबें पढ़ने के बजाय, देखने और हैरान होने की चीज़ें बन गई हैं। साथ ही सियासी माँगों के दबाव में एक क्रान्तिकारी के नाम पर बना मेमोरियल शादी–ब्याहख़ाने में तब्दील हो गया है, जिसे आए दिन रंगीन रोशनियों से सजाया जाता है, टेबलों पर खाने सजते हैं और कान–फोड़ ऑरकेस्ट्रा की आवाज़ पर नौजवान नित–नए फ़ैशन के डांस करते हैं। क्या हुआ चीज़ों की पाकीज़गी और हमारे दिल में उनके लिए इज़्ज़त के जज़्बे का? और यही सड़क ख़ास नहीं, शहर में जिस तरफ़ क़दम उठाइए, क्रीट और धातुओं की ख़ुशहाली उस दुश्मन की तरह हमला करती है जिसका एक सिर काटो तो सौ नए सिर पैदा होकर हमलावर होते हैं।

'पहली दुनिया' का डस्ट–बिन, यह 'तीसरी दुनिया', जहाँ निकम्मी और नुकसानदेह दवाओं से लेकर बोसीदा और पुराने डिज़ाइन के हथियार तक सबका स्वागत है। जहाँ हुकूमत और लोगों को न तो इनसान की बेपनाह बढ़ती पैदावारों पर क़ाबू है, न पैदा हुओं को सेहतमन्द रखने की तदबीर। सोचते क्यों नहीं, इनमें समझदार तक कुछ सोचते और करते क्यों नहीं? जहाँ पूरे मुल्क और क़ौम का भविष्य दाँव पर लगा हो, कड़े–से–कड़े क़ानून और सजाएँ क्यों नहीं तजवीज़ की जातीं?

एकदम तोते को नबीजी भिजवाने और सीता–राम कहलाने की कोशिश करता बच्चों का झुंड आँखों में तैर गया और लगा किसी ने उसके पैर मेखों से सड़क पर ठोंक दिए हैं।

घर में ख़ामोशी थी। बरसात, बेमौसम सही, खुनकी की सौग़ात लाई थी और घर रेल के टू–टियर बोगी की तरह, बिस्तर–दर–बिस्तर खुला पड़ा था। लोग बेख़बरी से नींद के सफर पर रवाँ–दवाँ थे।

जीना उतरकर वह आँगन में आया। मुर्ग़ों का दड़बा और तोते का पिंजरा सर्दी से हिफ़ाज़त के लिए टाट में अच्छे से लपेट दिए गए थे। तोते का पिंजरा उठाने पर भारी लगा। ख़ामोशी के साथ उसे साथ लिये वह आधा जीना चढ़ गया फिर सीढ़ी पर बैठकर टाट का कवर हटाने लगा। दिन में वह नोट नहीं कर पाया था इमरजेंसी में तोते को उस भारी पिंजरे में बन्द किया गया था जिसे पिछले दिनों भाई मियाँ ने घूसें पकड़ने को ख़रीदा था।

फटकी खोलने में कुछ दिक्कत हुई थी और तोता धीमे स्वर में 'टें–टें' करने लगा था। तोता बाहर निकालकर उसने पलभर को पीछे मुड़कर देखा। ऊपर बीवी खड़ी थी। थपथपाकर उसने तोते को खुली हवा में छोड़ दिया।

—कौवे उसका कुछ नहीं बिगाड़ सकते, पिंजरे को टाट में लपेटकर आँगन में अपनी जगह वापस रखकर उसने लौटते हुए पत्नी से कहा और दबे क़दमों कमरे की ओर बढ़ गया।

क़ौम

तब तक यह अन्दाज़ा कि मैं ग़लत फँस गया हूँ, बहुत अच्छी तरह हो चला था।

"आप भी अगर यूँ सोचेंगे," सामने बैठी फरीदा दुपट्टे की कोर अपने हाथ की उँगलियों में लपेटते ग़मगीन और कुछ-कुछ मायूसी में डूबे लहज़े में कह रही थी, "तब तो फिर किसी से भी कुछ उम्मीद रखना बेकार है। अब्बा, अम्माँ और दूसरे तमाम ख़ानदानवाले..." अपना जुमला उसने पूरा नहीं किया।

ख़ामोशी उभर आई और मेरे अन्दर 'क्या कहना चाहिए' और 'क्या कहना चाहता हूँ' के बीच फिर रस्साकशी शुरू हो गई। मैं जानता था कि वह बड़े विश्वास और बड़ी उम्मीद के साथ मेरे पास आई थी और मैं उससे यूँ टाल-मटोली में बातचीत कर रहा था। उसके आने से पल भर पहले भी अगर मुझे इस समस्या का आभास हो जाता तो शायद मैं ख़ुद को कुछ तैयार कर लेता। हुआ कुछ यूँ कि मैं बिलकुल अचानक ही पकड़ा गया और अगर ईमानदारी से कहूँ तो अभी मैं यह फ़ैसला नहीं कर पाया था कि सिचुएशन फिक्शन की किसी कलाकृति से उठाई हुई थी या उसका सम्बन्ध यथार्थ और सीधा-सीधा जीते-जागते लोगों से था। इसी दुविधा में फँसा मैं फरीदा के सामने यूँ मुँह बनाए बैठा था।

"क्या ऐसा हो पाएगा!" आप ही आप में बुदबुदाया।

"सलीम भाई, माफ कीजिए," फरीदा के लहज़े में मायूसी अपनी जगह थी, "क्या आपके सोचने और ज़िन्दा रहने में भी इतना फ़र्क़ है? मैं तो आपको बाक़ी तमाम लोगों से कहीं ज़्यादा ईमानदार और खुले ज़ेहन का समझती थी।"

"मैंने ऐसा कुछ कहा, जिससे तुम्हारी राय बदले?"

"कहते तो फिर भी शायद सब्र आ जाता!" लहज़े की कड़वाहट भरपूर थी। "यह हैरानी और टालने का अन्दाज़ तो कहीं ज़्यादा तकलीफ़देह है।"

"न मैं हैरान हूँ, न बात टाल रहा हूँ," उसे बताने से ज़्यादा शायद सोचने के लिए ख़ुद कुछ और समय हासिल करने को मैं जम्हाई लेते हुए बड़बड़ाया। "दरअसल, मुझे दो दिन पहले ही एक पुराने दोस्त से हुई मुलाक़ात याद आ गई जो अपने-आपमें मीठी नहीं है।"

मैं चुप हो गया और वह सवालिया नज़रों से मेरी तरफ़ देख रही थी।

"तुम भी मेरे हवाले या किसी और तरह उसे या उसकी बीवी को जानती होंगी", ऐनक उतारकर रूमाल से शीशा साफ़ करते हुए मैंने कहा, "दो दिन पहले दो मुसलमान लड़कों की सिफारिश लेकर मेरे पास आया था, इस दर्द और शिकवे के साथ कि आज मुल्क में मुसलमानों को पूछता कौन है। मैं ख़ुद मुसलमान होने के नाते उसके लिए कुछ न कुछ करूँ।"

फरीदा की नज़रों से मैं अन्दाज़ा लगा सकता था कि वह दोस्त को पहचान नहीं पाई। "मैं," कुछ रुककर मैंने कहा, "बासित की बात कर रहा हूँ...पहचानीं?"

वह पहचान गई। उसने सिर्फ़ गर्दन हिलाकर कहा था और अजीब नज़रों से मुझे घूरती हुई बैठी थी।

"यह भी होता है," सीधे अपना मतलब बयान करने के बजाय मैंने ख़ुद को हल्की निशानदेही तक ही सीमित रखा। "और आज से छह साल पहले यही बासित था जिसने अपने ख़ानदान तक से ताल्लुकात तोड़ लिए थे। यह भी होता है।"

"आख़िर आप साबित क्या करना चाहते हैं?" फरीदा की आवाज़ में मेरी अक्ल के प्रति उदासीनता और सारे मुद्दे को लेकर थकन पैदा हो चुकी थी।

"समझदार और खुले दिमाग़ का तो मैं बासित और पद्मा को भी समझता था। शादी करते वक़्त अपने-अपने ख़ानदानों से दुश्मनी मोल लेते हुए कुछ न कुछ आदर्श, असूल तो उनके भी रहे होंगे। फिर छह साल और दो बच्चों के बाद दोनों के बीच एकदम इस्लाम कहाँ से आ गया!"

"पूछा नहीं आपने?" लाख बहादुर बनने की कोशिश के बाद भी फरीदा की आवाज़ सहमी हुई थी।

"पूछता क्या!" मैंने कुछ झुँझलाहट से कहा, "बताने को नया क्या होगा? किसी दूसरे दोस्त ने पूछ लिया तो गठरी खोलकर बैठ गए—उन्हीं चीथड़ों की जिन पर शादी से पहले थू-थू करते थे! छह साल में लगता है उस गठरी के अलावा कुछ हाथ ही नहीं आया। बच्चों को कलमा सिखाने, क़ुरान पढ़ाने से लेकर क़ब्र और मौत के बाद की ज़िन्दगी...सब सताने लगे। ऐसों से क्या पूछना।"

"शुक्र है!" फरीदा ने एक लम्बी साँस खींचकर छोड़ते हुए कहा, "आपने कुछ तो दिल बढ़ाया। ऐसे बुज़दिलों और कम-अक्लों की हम बात ही क्यों करें! मुझे तो आप बुजदिल नहीं समझते?"

मैं ख़ामोश बैठा कंडीशनर की गुनगुन सुन रहा था। लाख चाहते हुए भी फरीदा से सीधा-सीधा यह नहीं कह पा रहा था कि बुज़दिल तो एक समय, जब दुनिया-जहान के विरोध के बावजूद बासित और पद्मा ने शादी की थी, मैं उन्हें भी नहीं समझता था। न केवल इतना, वह दोनों तो मुझे हिम्मत-हौसले की मिसाल और

आनेवाली पीढ़ी के लिए एक आदर्श लगे थे। दोनों को पास से जानते हुए मैं उन्हें मूर्ख या कम-अक्ल भी नहीं कह सकता था।

''मैं तो सिर्फ़ यह कह रहा था,'' उसका सवाल नज़रअन्दाज़ करते हुए, फरीदा की आँखों में अपलक देखते मैंने दोहराया, ''कि यूँ भी होता है।''

''लेकिन मैं बुज़दिल नहीं हूँ सलीम भाई,'' अपने एक-एक शब्द पर ज़ोर देकर, मुट्ठी हल्के-से मेज पर मारते हुए फरीदा बोली। ''और,'' एक क्षण को वह रुकी, ''और न वह।''

''कौन?'' मैंने मासूम बनने का नाटक किया।

''सलीम भाई!'' मेरे अन्दाज़ को मज़ाक समझकर उसने इठलाते हुए हँसकर कहा, ''आपको इस वक़्त भी मज़ाक सूझ रहा है। भैया मेरे लिए, ख़ुदा के लिए, थोड़ी देर को संजीदा हो जाइए।''

''तुम्हें मालूम है,'' मेरी आवाज़ ख़ुद-ब-ख़ुद संजीदा और भारी हो आई, ''बासित और पद्मा की शादी में मैं सबसे आगे-आगे था। अगर कोर्ट-मैरिजेज़ में भी कोई निकाही-बाप हुआ करता तो मैं उन लोगों का निकाही-बाप ही कहलाता। और अब तुम अन्दाज़ा करो जो सूरतेहाल उन दोनों के बीच आजकल है, पद्मा मुसलसल बीमार रहती है, छह साल पहले की पद्मा कितनी सेहतमन्द, ज़िन्दादिल, हिम्मत-हौसलेवाली लड़की थी, कोई सोच भी नहीं सकता। और बासित। लगता है एकदम पागल ही हो गया। उसके घरवाले 'मुसलमान' एक बहुत ही फंक्शनल सेंस में रहे हैं, नमाज़-रोजा तक ज़िन्दगी में शायद ही कभी किया हो। लेकिन यह बासित तो पहले इन्क़लाबी हुआ और उसके फ़ौरन बाद ही मोमिन हो गया! शायद हिन्दुस्तान में भी 'निजामे-मुस्तफा' टाइप की किसी चीज़ की तमन्ना करता होगा! मुझे उससे कोई हमदर्दी नहीं, लेकिन दिमाग़ यह सोचने पर मजबूर ज़रूर होता है कि ऐसा क्यों हुआ।''

''होता है!'' फरीदा के लहज़े में खीज थी, ''लेकिन मैं आपके पास यह सब अन्देशे सुनने के लिए नहीं आई। मैं और अनिल शादी करना चाहते हैं, इस बात में असूलन क्या आपको कुछ ग़लत लगता है? लगता है तो दो-टूक कह दीजिए कि आप हमारी कोई मदद नहीं कर सकते। अगर एतराज़ नहीं है तो प्लीज़! सलीम भाई, ख़ुदा के लिए यूँ इम्तिहान लेने के बजाय हम दोनों की मदद कीजिए।''

मुझे 'हम दोनों' का इस्तेमाल खटक रहा था। जिस लड़के को मैंने देखा तक नहीं था उसके लिए दिल में एकदम कोई अपनाइयत पैदा कर पाना मेरे लिए सम्भव नहीं था।

''फ़र्ज़ करो,'' मैंने बहुत बुर्दबारी से टेबल पर रखे पेपर-वेट को उलटते-पलटते कहा, ''फ़र्ज़ करो मैं इनकार कर दूँ?''

फरीदा को हक्का-बक्का होते मैं देख रहा था, जैसे कोई अनहोनी उसके सामने हो गई हो।

''फ़र्ज़ करो,'' मैंने आवाज़ की मुलाइमत बरकरार रखते हुए जोड़ा, ''मैं मदद करने से इनकार कर दूँ और इस शादी के ख़िलाफ़ हो जाऊँ...तो क्या होगा?''

''यह शादी तो होगी सलीम भाई!'' फरीदा धीरे-धीरे जैसे अपने आपे में आते हुए मेरी आँखों में सीधे देखते बोली थी, ''चलिए!'' जबान तालू से लगाकर पछतावे के 'तच्' की आवाज़ निकालते हुए उसने बहुत कड़वे लहजे में कहा, ''एक ग़लतफ़हमी और दूर हुई। शायद सब ही अन्दर से कुछ होते हैं, नज़र कुछ और आते हैं।

फरीदा दिल का ग़ुबार निकाल रही थी, मैं चुप बैठा सुन रहा था। जब एकदम कुर्सी खिसकाकर वह जाने को उठी तो मैंने थोड़ी सख़्ती और नाराज़गी से 'बैठ जाओ' कहते हुए टेबल की दराज़ से लिफ़ाफ़ा निकालकर उसके सामने खिसका दिया। ''देखो इसे।'' अपनी नज़र दूसरी दिशा में फेरते हुए मैंने कहा। एक पल को बगावत और झिझक के मिले-जुले असरात उसके चेहरे पर आए। फिर टेबल से उठाकर वह लिफ़ाफ़ा खोलने लगी।

''इसका मतलब?'' लिफ़ाफ़े से निकली तस्वीर को मेरी ओर करते हुए उसने पूछा। तस्वीर एक जवान लड़के की थी।

''यह नईम है,'' मैंने आँखें मिलाए बिना धीरे-धीरे कहा, ''इंजीनियर है। बम्बई में नौकरी करता है। कोई चार हज़ार के क़रीब माहाना तनख़्वाह, फ़्लैट, कार सब हैं। माँ-बाप नहीं है।''

''मैं समझी नहीं।''

''मेरी पहचान का है और पिछली बार जब शहर आया था तो तुम्हें भी देख चुका है। शायद तुमने भी उसे देखा हो।''

''मुझे याद नहीं।'' फरीदा ने उलझते हुए तस्वीर पर एक नज़र दौड़ाई, ''और देखा भी हो...तो?''

''दरअसल,'' मैंने ठहर-ठहरकर अपनी बात में वज़न पैदा करने की कोशिश करते हुए कहा, ''मैं तुम्हारे यहाँ आने ही वाला था, अब्बा-अम्माँ से मिलने। नईम ने तुम्हें देखा, तुम उसे अच्छी लगी और वह चाहता है मैं इस सिलसिले में बातचीत शुरू करूँ। आज ही फोन पर बम्बई बात हुई तो पूछ रहा था मामला कहाँ तक पहुँचा है।''

फरीदा ख़ामोश बैठी मुझे तक रही थी। कुछ वैसा ही भाव था उसका जैसे कोई पालतू जानवर अपने ही मालिक के हाथों चोट खा बैठे।

''बहुत अच्छा लड़का, अच्छी नौकरी और सास-ससुर के झंझट से पाक। बहुत ख़ुशनसीब लड़की होगी जिसे नईम-सा शौहर मिले।''

''मिलिए आप अम्माँ-अब्बा से,'' बहुत धीमी आवाज़ में उसने कहा, ''हमदर्द हैं, आपसे यही उम्मीद की जा सकती है!''

"तुमने," मैंने फ़ौरन ही वार करते हुए कहा, "यह भी सोचा कि तुम्हारी ज़ात के अलावा तुम्हारी और तुम्हारे प्रिंस-चार्मिंग... क्या नाम बताया था? सुनील? नहीं, नहीं, अनिल की शादी का असर बाक़ी लोगों और ख़ानदान पर क्या पड़ेगा?"

"क्या और कैसा ख़ानदान?" फरीदा नाराज़गी से बोली, "ख़ानदान वाले जब कुछ करते हैं तो सोचते हैं उसका असर हम पर क्या पड़ेगा? किसी उलझन, परेशानी या मजबूरी में कोई ख़ानदानवाला आज तक काम आया है? हाँ, जब नाम रखने या उँगली उठाने का मौक़ा होता है, तब ज़रूर होते हैं ख़ानदानवाले सबसे आगे!"

"मौत-मय्यत में तो यही लोग साथ होते हैं।"

"होते होंगे। मुझे अपनी ज़िंदगी की ज़्यादा परवाह है।"

"दूर के रिश्तेदारों को छोड़ो। तुमने अपने घरवाले के बारे में भी सोचा... अम्माँ-अब्बा?"

"सोचा है!" उसने बहुत कड़वाहट के साथ कहा, "और इसीलिए आपके पास आई थी कि अगर आपने थोड़ा साथ दे दिया तो बहुत-सी चीज़ें आसान हो जाएँगी। अब्बा और अम्माँ दोनों ही आपकी बात सुनते और मानते हैं।"

"और बाक़ी घरवाले?"

"मेरे अनिल से शादी करने पर मेरी बहनों को क्या एतराज़ हो सकता है! वे भी अनिल को जानती और पसन्द करती हैं।"

"क्या तुम्हें यह भी एहसास नहीं कि तुम घर की सबसे बड़ी बेटी हो? तुमने यह भी सोचा कि इस मनमानी शादी का असर बहनों की ज़िन्दगी पर क्या पड़ेगा?"

फरीदा का फक होता चेहरा मेरे सामने था।

"नहीं सोचा तो मैं बताता हूँ। मनमानी करके जो होगा उसके नतीजे के लिए तुम ख़ुद को तैयार कर सकती हो और क़िस्मत ने साथ दिया तो हो सकता है अपनी ज़िन्दगी भी कामयाबी के साथ गुज़ार ले जाओ। मसला बनेंगी तुम्हारी होनेवाली औलादें। यह तो हुई बाद की बात, शादी के फ़ौरन बाद क्या होगा, यह भी सोचते चलें। बहुत मुमकिन है अम्माँ-अब्बा तुम्हारी मुहब्बत की ख़ातिर इस शादी की इजाज़त दे ही दें। नहीं भी तो क्या, तुम्हें ज़्यादा से ज़्यादा 'आक़' ही तो करेंगे। जीते-जी तुम्हारी सूरत नहीं देखेंगे। तो यह भी गवारा। वह लोग अपनी ज़िन्दगी लगभग जी चुके। बरस-दस बरस और जीते-जी तुम्हें कोसेंगे और अपने रास्ते जाएँगे। छोटी बहनों का क्या बनेगा? तुम किसी मालदार घराने की भी नहीं कि लोग पैसों की ख़ातिर या जो ख़ानदान के नाम पर बट्टा कहलाएगा, नज़रअन्दाज़ करते हुए छोटी बहनों के लिए रिश्ता भेजें। कम-से-कम अच्छे या तुम्हारे बराबर के ख़ानदानवाले तो हरगिज़ नहीं भेजेंगे। नतीजा? क्या उन्हें भी तुम जैसे, जैसा तुम कहती हो 'आइडियलिस्ट और सेक्यूलर दिमाग़' के लोग मिल पाएँगे या वह अपनी ज़ात और

बिरादरी में अपने से बहुत कमतर लोगों के साथ ही ज़िन्दगी बिताने पर मजबूर होंगी?''

फरीदा पत्थर बनी सुन रही थी। उसकी आँखों में आँसू भर आए थे जो कभी भी बह सकते थे।

''और,'' कुछ पल के बाद मैंने फिर ठंडी साँस लेकर कहा, ''दूसरी सबसे बड़ी बदक़िस्मती यह है कि घर में कोई लड़का नहीं, अगर कोई लड़का होता तो भी शायद सूरते-हाल इतनी संजीदा न होती...''

मैं आगे क्या बोलता, फरीदा फूट-फूटकर हिचकियों से रोने लगी और मैं ख़ामोश बैठा पेपरवेट उलटता-पलटता रह गया। मुझे इस तूफ़ान की आमद का बहुत ख़ूब अन्दाज़ा था। इसलिए कहीं अपने में ही दुबका इसके बीतने का इन्तज़ार करता रहा। ग़ुबार से गँदलाया आसमान हवा के साथ बहते पानी में घुलकर पाक-साफ़ होते मैंने बारहा देखा है। किस ख़ूबी से इसके बाद साफ़ उजली धूप निकलती है। कैसे धुली और बेशिकन आसमानी चादर सिर के ऊपर तन जाती है। कब यह आसमान गँदलाते झोंके चलना बन्द होंगे। कब हम बिना ख़ौफ़-ख़तरे अपनी मनचाही ज़िन्दगियाँ जी पाएँगे?

फरीदा मेरी सगी बहन नहीं थी और यूँ देखा जाए तो उसका मुझसे कुछ भी पैदाइशी रिश्ता नहीं था—सिवाय इसके कि हम दोनों मुसलमान थे। उसके माँ-बाप और बाक़ी बहनें भी मेरा ख़ासा ख़याल करते थे क्योंकि फरीदा ने एक दिन जब उसकी उम्र मुश्किल से दस-ग्यारह साल रही होगी, मुझे भाई बनाया था। यह रिश्ता काफ़ी मज़बूत साबित हुआ और अब मैं चाहे हफ़्तों उसके घर न जाऊँ, यह यक़ीन ज़रूर रहता था कि घरवाले कोई भी बड़ा क़दम उठाते हुए मेरी सलाह ज़रूर लेंगे। इस लम्बे समय में फरीदा ने मुझे अपने अन्दाज़ से समझने की कोशिश भी की थी जो कहीं-कहीं ठीक साबित होता था, कहीं ग़लत। मेरे लिए वह बिलकुल छोटी बहन ही थी।

''मैं सलीम,'' अपने सामने खड़े लड़के से ख़ुद का परिचय कराते हुए मैंने कहा, ''फरीदा का भाई।''

लड़का मामूली सूरत-शक्ल का था। लम्बा कद, साँवला रंग और काले घुँघराले बाल। सिर्फ़ उसकी आँखें थीं जो एक मामूली चेहरे को ग़ैरमामूली बनाती थीं।

''नमस्ते।'' मेरे आगे बढ़े हाथ को उसने अपने हाथों में थामते हुए कहा, ''आइए न, अन्दर ऑफिस में आइए। फरीदा अक़सर आपकी बात किया करती है।''

''नहीं अनिल,'' मैंने उसे समझाने के अन्दाज़ में कहा, ''फिर कभी। इस वक़्त मैं सच पूछो तो एक ख़ास काम, तुमसे एक ख़ास बात करने आया था। जो शायद

अन्दर ठीक न लगे। यह बताओ, तुम्हें आधे घंटे की फ़ुर्सत मिल सकेगी?''

उसने एक पल सोचने के बाद कहा, ''आप ठहरें, मैं अभी आता हूँ।''

अनिल कॉलेज में लाइब्रेरियन था।

''कितना वक़्त हुआ तुम्हें सर्विस ज्वाइन किए?'' अनिल के लौटने पर हम दोनों कार में बैठे, ''और इस शहर में आए?''

''तीन साल हो जाएँगे, अगले महीने,'' उसने आँखें झपझपाकर मेरी ओर देखते हुए कहा, ''तभी से यहाँ हूँ।''

''फरीदा तुम्हारी बहुत तारीफ़ करती है,'' बात को सीधे रास्ते लाने की कोशिश में मैंने कहा।

''बुरा तो शायद मैं आपको भी नहीं लगूँ'', बिना अपनी बात में वज़न पैदा करने की कोशिश किए उसने सहजता से हँसकर कहा। ''वैसे मेरे सामने तो फरीदा आपके ही कसीदे पढ़ती रहती है। उसी ने बताया आपने बहुत अच्छी कहानियाँ लिखी हैं।'' एक पल की ख़ामोशी के बाद उसने उसी संजीदगी से कहा, ''आपकी कुछ कहानियाँ तो, जैसा मैंने बताया मैं ख़ुद तो उर्दू पढ़-लिख नहीं सकता, फरीदा ने मुझे पढ़कर सुनाईं, मुझे भी अच्छी लगीं।''

''एक-आध हमें भी तो पता चले?'' मैं कार का दरवाज़ा खोले बैठा था और हमारे क़रीबो-दूर लहराती हरियाली और वीराना था। कॉलेज से हम काफ़ी दूर निकल आए थे।

अनिल एक पल को अपनी गहरी, संजीदा आँखों से मुस्कराया था, ''इस वक़्त तो एक ही याद आ रही है,'' उसके लहज़े में ठहराव था, ''एक कहानी जो आपने हिन्दू मुस्लिम शादी को लेकर लिखी थी।''

''हुँह!'' मैंने व्यंग्यात्मक आवाज़ में हुँकारा भरा था और सब-कुछ ख़ामोश हो गया था। आसमान में मँडराती-चकराती चीलें अगर चिल्ला भी रही हों तो उनकी आवाज़ों की पहुँच हम तक नहीं थी।

''तुम्हें मालूम है,'' इस सकते को तोड़ते हुए कुछ देर बाद मैंने कहा। कार रुकी खड़ी थी लेकिन मेरे हाथों में दबा स्टीयरिंग बराबर हरकत कर रहा था। ''मेरा दिल क्या चाहता है? चाहता है जो कुछ लिखा सब फाड़कर चिन्दी-चिन्दी कर दूँ... खासकर वह कहानी जिसका ज़िक्र तुमने अभी-अभी किया!''

''क्यों?'' बग़ैर किसी चौकन्नेपन को दर्शाए आवाज़ मुझसे सवाल कर रही थी।

''क्योंकि वह सब झूठ है! लिखा जा सकता है सिर्फ़, जिया नहीं जा सकता।''

''आप जो कुछ कह रहे हैं,'' उसने थमे हुए स्वर में कहना शुरू किया, ''उसमें बहुत कुछ सच होगा या सच है, इससे मैं इनकार नहीं करता। उम्र से फ़र्क़ भी पड़ता है। बिलकुल पड़ता होगा, मैं सोच सकता हूँ। इस सबके बावजूद दुनिया बदल रही

है, और शायद हर समय में अपनी ज़रूरतों और सहूलियतों के हिसाब से बदलती रहती है... यह भी शायद मैं कोई नई बात नहीं कह रहा। आपने मुझसे ज़्यादा दुनिया देखी है। आपको ज़्यादा ठीक से अन्दाज़ा होगा। और सलीम भाई, अगर आप मुझे भाई कहने का हक दें तो मैं तो दुनिया को बदलने पर सचमुच विश्वास करता हूँ। अपने ढंग से कोशिश भी करता हूँ और जानता हूँ कि एक-न-एक दिन इसका नतीजा ज़रूर निकलेगा।''

''किसी अक्लमन्द का कहना है कि जो अठारह साल की उम्र में क्रान्ति के बारे में न सोचे उसके दिल के साथ गड़बड़ है लेकिन जो चालीस के बाद भी सोचता रहे उसके दिमाग़ में कोई ख़राबी है! मेरी उम्र तुम देख रहे हो!''

बात पूरी होने से पहले ही वह खिलखिलाकर हँसने लगा। बेक़ाबू हँसते उसकी आँखों से आँसू बह निकले थे और काफी कोशिश के बाद उसने हँसी को रोका था।

''मैं तो जो हूँ, आपके सामने हूँ। और सिर्फ़ इसी वजह से नहीं कि मेरी उम्र चालीस से कम है।'' कहकर वह फिर बेक़ाबू हँसने लगा।

''ख़ुद को क्रान्तिकारी साबित करने का बस यही एक तरीक़ा रह गया है कि मुसलमान लड़की से शादी कर डालो!''

उसके हँसने की आवाज़ और चेहरे पर खेलती मुस्कराहट एक पल में ग़ायब हो गए और उसकी जगह संजीदगी किसी घनी छाँव की तरह घिर आई। अगर मेरे कहे से उसे कोई चोट लगी, तकलीफ़ पहुँची हो तो उसकी तड़प उस छाँव में छिप गई और कम-से-कम मैं उसे नहीं देख पाया।

''आप जानते हैं,'' मुस्कराहट उसके चेहरे पर फिर लौट आई थी लेकिन अब उसमें बच्चों-सी शोखी के बजाय बूढ़ों-सी संजीदगी थी, ''मैं फरीदा से शादी ख़ुद को कुछ साबित करने के लिए नहीं करना चाहता। मुझे विश्वास है इतनी देर में आपको यह तो अन्दाज़ा हो गया होगा। और अगर नहीं हुआ तो फिर मैं आपको समझा भी नहीं सकता।''

''तुमने इस शादी के दूसरे नतीजों के बारे में भी सोचा है? फरीदा अपने घर की सबसे बड़ी लड़की है। इस शादी के बाद बाक़ी छोटी बहनों का क्या होगा? उनकी शादियाँ किससे होंगी।''

''जैसे दुनिया में और लड़कियों की होती हैं, वैसे ही उनकी भी होंगी।''

''हर घर की लड़की इतनी ख़ुदसर नहीं होती कि अपने मज़हब से बाहर किसी से शादी करने की सोचे! और तुम जानते हो फरीदा का ताल्लुक एक मिडिल क्लास घराने से है, जिसमें दान-दहेज की भी कोई कोशिश नहीं। जो कुछ भी देने को है वह बस यही पढ़ी-लिखी लड़कियाँ हैं। खान साब, फरीदा के अब्बा, आनेवाले चन्द महीनों में रिटायर हो जाएँगे औलाद में लड़का कोई है नहीं। इन हालात में तुम ख़ुद फरीदा के एक हमदर्द की हैसियत से सोचो बाक़ी घरवालों और छोटी बहनों का क्या बनेगा!''

उसके चेहरे पर रवानी के साथ बदलते भाव मैं देख सकता था। लगा जैसे मैंने जो कुछ उससे ऊँची आवाज़ में कहा उसमें कुछ भी नया नहीं था। वह ख़ुद इन चीज़ों को सोच चुका है। शायद सिर्फ़ इतना ही नहीं, इसके आगे भी।

"फिर आप बताएँ," उसने गम्भीर स्वर में कहा। पलभर को उसका चेहरा बिलकुल सादा हो गया था। वहाँ कुछ भी नहीं था पढ़ने को। "क्या किया जा सकता है?"

ख़ामोशी। आसमान में मँडराती चीलें भी नज़र से ओझल हो चुकी थीं। कार में बैठे-बैठे हल्की गरमी-सी लगने लगी थी।

"तुम्हें देर हो रही है," मैंने घड़ी देखते हुए इस लम्बी ख़ामोशी को तोड़ा। "अभी नहीं, चाहो तो तुम सोचकर मुझे बाद में बता सकते हो।"

"सोचना कुछ नहीं," उसने उसी फ़ुर्सत और इत्मीनान के लहज़े में सिगरेट का गुल झाड़ते हुए कहा, "हद यह कि मेरे बारे में तो जो आपको सोचना था वह आपने भी नहीं सोचा। बहनें और दूसरे घरवाले तो मेरे भी हैं। और इस शादी के बाद जो हालात पैदा होंगे, उनका सामना तो मुझे अपनी ज़िन्दगी में भी करना पड़ेगा। बहरहाल, वह मेरी अपनी समस्या है जिसे नज़रअन्दाज़ करने का मुझे आपसे कोई गिला नहीं। फरीदा की समस्या जो आपने सामने रखी तो मैं बताऊँ—धर्म-वर्म का महत्त्व मेरी नज़रों में इतना है नहीं। सिर्फ़ दुनिया को ही दिखाने की बात है तो मैं जैसा हिन्दू वैसा मुसलमान। मैं किसी भावुकता में बहकर कुछ नहीं कह रहा। अगर इससे फरीदा की बहनों के भविष्य पर कोई अच्छा असर पड़ सकता है तो मैं दिखावे का मुसलमान हुआ जाता हूँ। मेरे घरवालों की चिन्ता आप न करें, वह मेरी समस्या है। लेकिन..." वह एक पल को रुका था, "लेकिन यह शुद्ध और निरा पाखंड होगा। एक झूठा दिखावा, जिससे अगर कुछ देर के लिए किसी का कुछ बिगड़ने से बचता है तो मैं तैयार हूँ।"

मैं सकते के आलम में बैठा, उसका चेहरा देखता रह गया।

"मुझे फरीदा अच्छी लगती है, जीवन उसके साथ बिताना चाहता हूँ...इस विश्वास के साथ कि वह भी ऐसा ही चाहती है। लड़का होने के नाते मैं कुछ ऐसे बड़े क़दम भी उठा सकता हूँ जिनकी उम्मीद लड़की होने के नाते उससे नहीं की जा सकती।"

"यह बात," मैंने अटकते से स्वर में कहा था। "तुमने यह बात फरीदा से तो नहीं की?"

"अभी नहीं, लेकिन समय आने पर..."

"यह बात तुम उससे कभी मत कहना।" अपने लफ़्ज-लफ़्ज पर ज़ोर देकर मैंने कहा, "कभी नहीं!"

''यह फ़िज़ूल की बात है,'' मेरा जुमला ख़त्म होने से पहले ही खान साहब झुँझलाकर बोले थे, ''प्रैक्टिकल! थ्योरेटिकल! अमाँ जिस चीज़ को अपनाया ही नहीं जा सकता उसकी तारीफ़-ताक़ीद, मेरी नज़रों में दोनों फ़िज़ूल हैं।''

''मज़हब भी,'' एहतियातन मैंने बहुत धीमे स्वर में कहा, ''लोगों के लिए आजकल कुछ ऐसी ही चीज़ होकर रह गया है।''

''तौबा, तौबा!'' बेगम साहिबा ने अपने गाल पीटे थे और खान साहब गर्दन हिलाकर किसी गहरी चिन्ता में डूब गए थे। उनकी नज़रें खिड़की के बाहर फैली धुँधली धूप में भटक रही थीं।

''सलीम मियाँ, देखो बेटे!'' खान साहब मेरी ओर वापस मुड़े थे, ''तुम्हारा अपना सोचने का ढंग है और मैं उस पर रायजनी करनेवाला कोई नहीं होता। वह वक़्त जो मसला दरपेश है, बात उसी को लेकर करें तो ज़्यादा बेहतर होगा। तुम ही जरा ठंडे दिमाग़ से सोचकर मुझे मशवरा दो, कोई हल सुझाओ, मैंने मानने से कब इनकार किया है। मेरे सारे हालात बख़ूबी जानते हुए कोई हल। तुम्हें अच्छी तरह मालूम है कि मैं कठमुल्ला नहीं, लेकिन यहाँ बात उससे बहुत आगे की है।''

''मियाँ,'' बेगम साहिबा आबदीदा होकर कह रही थीं, ''हमारा इन बेटियों के अलावा और सगा कौन है...या...'' वह पल-भर रुककर बोली थीं, ''अल्लाह तुम्हें जीता रखे, एक तुम हो जिसे जब तब परेशान कर लेते हैं। कोई भी माँ-बाप अपनी औलाद की ख़ुशी से ज़्यादा क्या चाहेगा? और इसीलिए यह सोच पाना भी मुमकिन नहीं कि एक पल की ख़ुशी उम्र का जलापा बन जाए।''

''लेकिन,'' मैंने बहुत धीमे स्वर में कहा, ''यह तमाम समझदारी की बातें करते हम एक चीज़ बिलकुल भूल रहे हैं। ईमानदारी से देखा जाए तो फरीदा बालिग है और उसे उसकी मर्ज़ी के ख़िलाफ़ शादी करने पर मजबूर नहीं किया जा सकता। आपकी सारी परेशानियों से इत्तिफाक करते हुए भी यह मैं फरीदा और उस लड़के की भलमनसाहत ही कहूँगा कि उन्होंने कोई क़दम आपकी मर्ज़ी के ख़िलाफ़ नहीं उठाया है—यह जानते हुए भी कि कोई उनके साथ होगा नहीं, ख़िलाफ़ ही होंगे।''

''कैसे उठाती!'' बेगम साहिबा तुनककर बोली, ''कुछ ख़ानदान और परवरिश के भी माने होते हैं। हिम्मत कैसे कर सकती थी इतनी!''

''अपन लोग उसका या उन दोनों का क्या कर लेते?'' मैंने सहजता के साथ पूछा।

''टाँगें तोड़ देती मैं उस कमीनी की!'' बेगम साहिबा का ग़ुस्सा बढ़ता जा रहा था, आवाज़ ऊँची हो गई थी। ''जीते-जी उसकी शक्ल नहीं देखती, दूध नहीं माफ़ करती!''

''यह सब कर सकती थी,'' मैंने बहुत इत्मीनान के साथ कहा, ''लेकिन उसे शादी करने से क़ानूनन रोक नहीं सकतीं।''

बेगम साहिबा होंठों ही होंठों में बुदबुदाती शायद अपने मुक़द्दर को कोस-पीट रही थीं और खान साहब की आँखें एक ख़ास चमक लिये, खिड़की के बाहर भटक रही थीं। सबीहा, फरीदा से छोटी बहन चाय-नाश्ते का सामान लिये कमरे में आ गई।

"लो मियाँ," बिस्किट की प्लेट मेरी ओर खिसकाती बेगम साहिबा बोलीं और चाय की प्याली में चमचा चलाने लगीं। तभी खान साहब ने एक ज़ोर का ठहाका लगाकर हँसना शुरू कर दिया और बेगम साहिबा और मैं दोनों ही फिक्रमन्द, सन्देह भरी नज़रों से उनकी ओर देखने लगे।

"कुछ नहीं," खान साहब ने हँसते हुए अपनी पत्नी की आँखों में आँखें डालकर कहा, "ऐसे ही ख़याल आया कि क्या पता, सलीम मियाँ जिसको ख़तरा बनाकर हमारे सामने रख रहे हैं, वह अभी तक हो भी चुका हो!"

"क्या मतलब?" बेगम साहिबा सचमुच नहीं समझी थीं। वह एक सादा, घरेलू औरत थीं, अपनी अकल का उन्हें कोई दावा था भी नहीं।

"मतलब यह कि आपकी बिटिया का ब्याह अभी तक हो भी चुका हो!"

"हाय-अल्लाह!" बेगम साहिबा के हाथ में चाय की प्याली डगमगाई। "कैसी मनहूस बातें करते हैं आप! ज़ुबान पर लाने से पहले कभी सोच लिया कीजिए! अरे आप मर्द, सब एक जैसे!" उनके आँसू बहना, नाक सुड़कना, साड़ी का पल्ला भीगना शुरू हो गया, "अरे, कभी एक माँ के दिल से भी सोच लिया कीजिए।"

"खान साहब ने तो सिर्फ़ एक बात कही," मैंने बेगम साहिबा को दिलासा देने की कोशिश में कहा।

"जो सही भी हो सकती है!" खान साहब की तेजाबी हँसी तँज में बुझी थी। "क्यों सलीम मियाँ!"

"सही तो कोई बात भी हो सकती है," लाख क़ाबू रखने की कोशिश के बाद भी मेरे स्वर में थोड़ी झुँझलाहट आ ही गई, जिसे खान साहब ने फ़ौरन महसूस कर लिया। एक ख़ामोशी जिसमें सिर्फ़ बेगम साहिबा के कभी-कभी सुबकने की आवाज़ उभर आती, "और अगर अभी तक नहीं," मैंने ख़ुद पर कंट्रोल करने की कोशिश करते हुए कहा, "तो लगता है आगे हो जाएँगी।"

"लो!" खान साहब हँस ज़रूर रहे थे लेकिन उस हँसी में बहुत टूटन थी। "देख लिया", वह बेगम साहिबा से अपनी दिलशिकनी छिपाते हुए हँसकर कह रहे थे। "अपने सलीम मियाँ ही धमकी दे रहे हैं। यह भी तो फरीदा के भाई हैं। अब बताओ, क्या करें? अब तो मामला धमकी तक आ पहुँचा है।"

"कोई धमकी नहीं," मैंने खान साहब की तरफ़ झुकते हुए बहुत मुलाइमत के साथ कहा, "यक़ीन जानें, मैं आपके हुक्म के ख़िलाफ़ कुछ नहीं होने दूँगा, चाहे वह मेरी मर्ज़ी के कितना भी ख़िलाफ़ हो। बुज़ुर्गों का एहतिराम करना हमारी रिवायत

रही है और इसे कायम रखने में हमने बड़ी-से-बड़ी कुर्बानी दी है। क्या होगा, ज़्यादा-से-ज़्यादा दो लोगों की ज़िन्दगी ही बर्बाद होगी, तो रिवायतों के एहतिराम की ख़ातिर यह भी हँसी-ख़ुशी क़बूल। आप फ़िक्र मत कीजिए, अनिल और फरीदा की तरफ़ से यह गारंटी मैं देता हूँ। सब-कुछ आपकी मंशा और मर्ज़ी के मुताबिक होगा।''

सिर्फ़ बेगम साहिबा के सुबकने की आवाज़।

''और यह इस तरह का पहला मौक़ा तो होगा नहीं,'' मैंने धीमे स्वर में बात जारी रखी, ''न जाने मुल्क के कितने नौजवान इन रिवायतों को क़ायम रखने के लिए अपनी ज़िन्दगी जीते-जी जहन्नुम बनाते आए हैं और...'' मैंने लंबी साँस लेकर एक उचटती-सी नज़र खिड़की के बाहर दौड़ाई जहाँ रोशनी का गँदलापन घुटन का माहौल बनाए हुए था। ''और ज़्यादा दूर भी क्यों जाया जाए, अपने आसपास, क़रीब बल्कि ख़ुद को ही लेकर बात करें तो चीज़ें ज़्यादा आसानी से समझ में आ पाएँगी। कम-से-कम मैं तो ख़ुद को लेकर बात कर ही सकता हूँ।''

बेगम साहिबा की आँसुओं में डबराई और खान साहब की टटोलती, टोह लेने की कोशिश करती आँखें मेरी तरफ़ तक रही थीं।

''बेगम साहिबा,''...मैं जब उन्हें सम्बोधित कर रहा था तो अपनी आवाज़ भी किसी फ़ासले में आती लगी, ''मुझसे जान-पहचान और ताल्लुक के इस लम्बे अर्से में एक सवाल आपने ख़्वाहिश के लहजे में बारहा पूछा है, हमेशा क्यों से बचकर, यह कहते हुए कि मुझे शादी कर लेना चाहिए। मैं जानता हूँ कि इसके पीछे आपकी मुझसे मुहब्बत और मेरे आनेवाले वक़्त को लेकर पैदा हुई फ़िक्र ही काम करते रहे हैं। साथ ही साथ मुझे यह भी अन्दाज़ा है कि मेरी उम्र, जो अब चालीस साल होने जा रही है, इस बात की गुंजाइश नहीं छोड़ती कि बाक़ी चन्द सालों के लिए कोई बड़ा क़दम उठाने की हिम्मत की जाए। लेकिन मैं यहाँ, उम्र की इस सरहद तक पहुँचा कैसे, अन्दाज़ा है आप लोगों को?''

मैंने चाय की आख़िरी चुस्की लेकर प्याली रखते हुए देखा, खान साहब की चाय वैसी ही रखी थी। उनका दाहिना पैर हिल रहा था। दोनों हाथ सीने पर बँधे हुए, गर्दन बाएँ कन्धे की ओर मुड़ी हुई नज़रें बाहर धीरे-धीरे अँधेरे में तब्दील होते धुँधलके में एक लाचारी से गढ़ी हुई थीं।

''शायद कुछ अन्दाज़ा तो आपको पहले से ही रहा हो,'' ख़ामोशी को फिर मेरी ही आवाज़ ने तोड़ा, ''और जो तफ़सील जानते हैं, उनको भी आज हो सकता है सारी बात एक हिमाकत और बेवकूफ़ी से ज़्यादा न लगती हो। ख़ुद मैंने ज़िन्दगी में इस बात को लेकर न कभी मुँह खोला और अगर आज यह मौक़ा न आता, तो न कभी खोलता। सुनेंगे आप लोग मेरी बात?''

उन लोगों के मेरी ओर देखने को 'हाँ' मानकर मैं शुरू हो गया था। क्या कहने

को? बहुत संक्षिप्त! मेरा ज़िन्दगी का पहला और आख़िरी सम्बन्ध, साथ पढ़नेवाली एक लड़की से था जो इत्तिफ़ाक़ से हिंदू थी। हम दोनों एक-दूसरे को पसन्द करते थे, शादी करना चाहते थे। बीच में दोनों तरफ़ के बुज़ुर्ग मय अपनी-अपनी रिवायतों के आ धमके। नतीजा?...हमेशा की तरह रिवायतें जीत गईं। हम दोनों ने ख़ुद ही मिलकर तय किया कि अपने बड़ों के लिए अड़चनें पैदा करने के बजाय हमें उनका कहा मान लेना चाहिए। यूँ हुआ मैं और मेरी ज़िन्दगी के इतने साल।

"लेकिन," बात ख़त्म होने पर खान साहब ने बहुत संजीदगी से मेरी तरफ़ देखते हुए कहा, "उस लड़की की तो बाद में कहीं शादी हुई होगी। और आज वह अपने शौहर और बच्चों के साथ ख़ुशो-ख़ुर्रम होगी।" बात में सवाल नहीं जैसे मेरी याद-दहानी थी।

"ख़ुशो-ख़ुर्रम!" मेरे लहज़े में कड़वाहट थी, "हाँ, शायद ख़ुशो-ख़ुर्रम ही हो! लेकिन दो लोग ख़ुशो-ख़ुर्रम रहते, क्या यह ज़्यादा बेहतर न होता?"

"यह सब जज़्बातियत है मियाँ," खान साहब जैसे अपने आपसे ही चिढ़कर बोले थे, "उम्र दाना और भूसा, दोनों फटककर अलग कर देती है।"

"मुझे आप क्या कहेंगे?"

कोई जवाब नहीं। दोनों ख़ामोश, नज़रें गाड़े बैठे थे।

"और जज़्बात क्या कोई गाली जैसा लफ़्ज है?" मैं होंठों ही होंठों में बुदबुदा रहा था, "नौजवानी क्या अपने-आपमें जिये जाने लायक चीज़ ही नहीं? क्यों हम नौजवानों को अपने तजुरबे सुना-सुनाकर, उम्र के भारी-भरकम हिदसों से सहमाकर वक़्त से पहले बूढ़ा करने पर तुले रहते हैं? हमारी ग़लती क्या हर एक इनसान के लिए, सही और ग़लत के बीच फ़ैसला करने का कोई पैमाना हो सकती है?"

"यह तुम्हारी भलमनसाहत है मियाँ कि इतनी तकलीफ़ उठाकर भी किसी को इल्ज़ाम नहीं दे रहे," बेगम साहिबा इस अन्दाज़ से बोली थीं जैसे मुझे दिलासा देना उनका फ़र्ज़ बनता हो, "और उसने घर भी बसा लिया! देखा यह फ़र्क़ होता है।"

"हिंदू और मुसलमान के बीच ना?" जुमला खान साहब की मज़ाक़ उड़ाती, तेज़ाब में बुझी आवाज़ ने पूरा किया। "मुसलमान कुँवारा मरना पसन्द करता है! इस हिसाब से तो फिर शायद अपनी फरीदा भी कुँवारी ही ज़िन्दगी बिताए! यही कहना चाहती हो ना आप?"

बेगम साहिबा अपने ही शब्दों की पकड़ में आकर तौबा-तिल्ला करने पर मजबूर हो गईं। फिर इससे फारिग होकर उन्होंने एकदम वह बात कह दी, जिसका मुझे कब से ख़तरा और इन्तज़ार था।

"ऐसा क्यों नहीं करते मियाँ," उन्होंने विनती के स्वर में बहुत धीमे से कहा, इतना ऊँचा कि सिर्फ़ मैं सुन भर सकूँ, "उससे कहो कि इस्लाम क़बूल कर ले।"

मुझे अच्छी तरह अन्दाज़ा था कि खान साहब ने अभी बोला गया एक-एक शब्द सुना है, लेकिन वह बेख़बर बने बैठे रहे।

"खान साहब," कुछ देर की ख़ामोशी के बाद मैंने उन्हें पुकारा, "आपने सुना बेगम साहिबा का मशवरा? आपको इत्तिफ़ाक़ है?"

वह चुप रहे, सिर्फ़ उनका पैर तेज़ी से हिले जा रहा था।

"सोच लीजिए आप दोनों कि क्या यह मुनासिब रहेगा," मैंने जैसे अपने-आपसे ही कहा था। "अनिल के सामने यह शर्त रखी जा सकती है, वह क़बूल करता है या नहीं, इसके लिए तो इन्तज़ार करना पड़ेगा। वैसे ख़ुद उसने तो, फरीदा से एक बार भी यह नहीं कहा कि तुम अपना मज़हब छोड़ दो।"

"अभी न कहे मियाँ," बेगम साहिबा बोली थीं, "आख़िरकार तो औरत को ख़ुद मर्द के रंग में रँगना ही पड़ता है। और फिर बच्चे तो बाप के नाम..."

"ऐसी सूरत में सबसे बड़ी मरन तो बच्चों की हो जाती है," खान साहब के होंठ आप ही आप खुलकर बन्द हो गए थे।

"तसलीम," मैंने सिर झुकाकर कहा, "लेकिन जो आदमी आज एक लड़की के लिए अपना मज़हब छोड़ सकता है, कल क्या किसी और चीज़ के लालच में आपकी बेटी को नहीं छोड़ सकता? क्यों उसे आप एक बेमसरफ इम्तिहान में डालना चाहते हैं?"

बात बग़ैर किसी नतीजे पर पहुँचे दायरों में घूम रही थी।

"तुम बताओ क्या करें?" एक बार फिर सवाल मेरे सामने खड़ा कर दिया गया था, "जो तुम मशवरा दोगे, वही करेंगे।"

"मशवरा मैं कुछ नहीं दे सकता, सिर्फ़ जो ख़ुद सोचता हूँ वह आपके सामने रख सकता हूँ," मैंने थककर कहा। "कोई गारंटी नहीं है किसी भी चीज़ की। हो सकता है जो तमाम ख़तरे आप सोच और गिना रहे हैं सौ फीसदी सच साबित हों, हो सकता है ऐसा कुछ भी न हो। रिस्क तो है, लेकिन उससे शायद कुछ ही ज़्यादा जितना फरीदा को किसी मुसलमान लड़के से ब्याहते हुए होता। मैं पूछता हूँ ऐसी शादियाँ अव्वल तो होती कितनी हैं और उनमें जो ख़ुशहाल रहते हैं उनका ज़िक्र कोई क्यों नहीं करता? सिर्फ़ उन मिसालों को क्यों चुना जाता है जिनमें कुछ कड़वाहट या बदमगजी हो? मैं आपको इल्ज़ाम नहीं दे रहा। सब यही करते हैं। मैं भी करता हूँ।

"आख़िर कब तक चीज़ों को संजीदगी से समझे बग़ैर हम सिर्फ़ रिएक्ट करते रहेंगे? मुझे नहीं लेना कुछ अपने पुरखों की शानदार तारीख से जिसमें उन्होंने हिन्दुस्तान पर सदियों हकूमत की, न उस अलहदगी के जज़्बे से जिसने मुल्क का बँटवारा कराया। मुझे अपनी ज़िन्दगी यहाँ और इन लोागें के बीच बितानी है जो मुझे तमाम फ़र्क़ के ढिंढ़ोरा पीटे जाने के बाद भी एक-से लगते हैं। कब हम मानेंगे कि

यह फ़र्क़ की पब्लिसिटी कुछ लोगों का रोज़ी-रोटी और वजूद बनाए रखने का तरीक़ा है और इससे नुकसान वह उठा रहे हैं जिनके किए से लोग आपस में क़रीब आ सकते हैं।

''ऐसी शादियों से पैदा बच्चे! कितनी शादियाँ और कितने बच्चे!! इन बच्चों की हो तो जाने दीजिए तादाद इतनी कि उन्हें गिना या एक मसला समझा जा सके...और इस मसले का हल मैं और आप नहीं, वही लोग खोजेंगे जो इस आपस के मिलने से पैदा होंगे।

''कुछ दिन और यूँ ही चलेगा। आपसी डर, शको-शुबह, हिचकिचाहट...लेकिन आख़िर कब तक! अलग-अलग मज़हब के माननेवाले हैं जिन्हें एक क़ौम की हैसियत से जीना है। कल सूरतेहाल बदलेगी और इस रिश्ते की ख़ूबसूरती को सराहा जाएगा। कल यह तसलीम किया जाएगा कि इन अलग-अलग इकाइयों में बाँट दिए गए लोगों में रिश्ता मज़हब से कहीं गाढ़ा है। कभी-न-कभी तो कुछ अच्छा होगा खान साहब, बेगम साहिबा...कोई-न-कोई तो ज़रूर ख़ुशी-ख़ुर्रम जी पाएगा। शादी होने दीजिए। इन लोगों के बीच आने के बजाय इन्हें सिर्फ़ वक़्त को सौंप दीजिए। ताकि कल जब वह अच्छा वक़्त आए तो फरीदा और यह लड़का उन पछतानेवालों में से न हों जिन्होंने हिम्मत तो की, मगर फिर पीछे हट गए। आपको मालूम है, आज मुझे सबसे बड़ा पछतावा क्या है ? कि मैंने उन तमाम रस्मों-रिवायात की परवाह क्यों की और ज़िन्दगी जैसे सोचा था उस तरह क्यों नहीं गुज़ारी। लेकिन अब मैं सिर्फ़ पछता ही सकता हूँ।

''नौजवानी बड़ी सखी, बहुत दरिया-दिल होती है खान साहब, बेगम साहिबा, एक इशारे पर उम्र खैरात कर देने का हौसला रखती है। मत कीजिए! फरीदा और अनिल को अपनी ज़िन्दगी ख़ैरात करने पर मजबूर मत कीजिए। इसके बदले मैं, बावजूद कि मेरा अकीदा किसी ख़ुदा, किसी भगवान में नहीं, सारी ज़िन्दगी हाथ उठाकर आप दोनों के लिए दुआ करूँगा!''

मुझे नहीं मालूम बोलते-बोलते मैं कब उठकर खड़ा हो गया। खिड़की की चौखट मैंने भींचकर पकड़ी हुई थी और आँखों में नमी से चश्मा धुँधला गया था। खान साहब और बेगम साहिबा मेरे पास खड़े थे। उनके हाथों का गरम स्पर्श मैं अपने सिर और पीठ पर महसूस कर रहा था।

''सलीम मियाँ! सलीम मियाँ!'' खान साहब मुझे पुकार रहे थे। ''कैसे बेटे हो यार तुम हमारे!'' उनकी रुँधी हुई आवाज़ मुझ तक पहुँच रही थी... ''हम पर भरोसा नहीं! अब तुम्हारा किया होगा या हम जैसे सठियाते लोगों का! पानी पियो। बैठ जाओ! यह कैसा बहादुर भाई है फरीदा का!'' उन्होंने मेरे गाल थपथपाकर कहा था।

''बुलाओ ना, यह लड़की है कहाँ ?'' वह बेगम साहिबा से कह रहे थे, ''देखो, अन्दर ही होगी।''

जब मैं वहाँ से चलने को हुआ तो रात ख़ासी बीत चुकी थी। बाहर सड़कों पर उस समय घना कोहरा बसा हुआ था और कुछ दूर का सूझना भी दूभर हो रहा था।

बहुत ख़ुश और हल्का महसूस करता मैं आप-ही-आप मुस्कराया और अगले ही क्षण गहरी चिन्ता में डूब गया।

ज़िक्रे ख़लील उर्फ़ दास्ताने फ़ाख़्ता

ख़लील ख़ाँ की आँख रात जिस पल खुली, वह पल घड़ी के डायल पर बिखरे एक से बारह तक के हिंदसों के एतिबार से, जिनसे ख़लील ख़ाँ की शनासाई उमर के बेढंगे—मगर—लगातार बरसों में पहचान के आगे नहीं बढ़ पाई थी, क्या रहा होगा, अंदाज़ा लगाना मुश्किल था, क्योंकि ख़लील ख़ाँ अँगूठा-छाप जाहिल था और हजूर-ज़नाब-सलाम की तरबियत के आगे उसे इल्म और शिक्षा की न ज़रूरत महसूस हुई, न उसके न होने की शर्मिन्दगी। उसे पता था पढ़े-जाहिल-रहे, उसका रिश्ता फ़ाख़्ता तक जाकर ख़त्म हो जाएगा, और यह समस्या अपने में अलग, इससे बिलकुल जुदा, जो अभी आँख खुलने पर दरपेश थी।

ख़लील ख़ाँ को अव्वल तो सोते में काफ़ी देर तक ऐसा महसूस होता रहा—यूँ, जैसे कोई उसकी पसलियों, बाँहों, जाँघों, सारी ऐसी कमज़ोर जगहों को जहाँ किसी अजनबी छुवन की कल्पना ही गुदगुदा जाती है, कहाँ यह कि सचमुच कोई उँगलियों से गुदगुदी कर रहा हो, जैसा कि बचपन में कुछ उसके यार करने की आज़ादी लिया करते थे, अब बचा कौन उनमें, खलील ख़ाँ, सब ख़ाक का पैबन्द, लाला-ओ-गुल बन-बनकर वीरानों में खिल भी चुके, और ख़ुद तुम्हारी बोटी और खाल, खलील ख़ाँ, हड्डी के इर्द-गिर्द लिपटा छीछड़ा रह गया, अब कहाँ की गुदगुदी और कैसी हँसी और क़हक़हा।

फिर जब उसने आँखें खोलकर देखा तो मामला हड्डी-बोटी, हँसी और गुदगुदी से कहीं ज़्यादा गंभीर और संगीन था, सिर्फ़ वह अकेला नहीं घर के दूसरे सदस्य भी उसी हालत में कोई मुस्करा रहे थे, किन्हीं के होंठों से हँसी की हल्की फुव्वार छूटना शुरू हो गई थी और बाक़ी हँसी के रास्ते पर साथियों को पीछे छोड़ इतना आगे, इतनी दूर निकल गए थे कि दीवानावार फ़र्श पर लोट रहे थे, पेट दबाकर अपने क़हक़हों पर काबू पाना चाह रहे थे और उनकी आँखों से हँसी के आँसू, नाक से क़हक़हों की नमी और हलक़ से ख़ुशी का बलगम निकला पड़ रहा था।

खलील ख़ाँ एक सीधा आदमी, ऊपर से दिए गए आदेशों का पालन करनेवाला, हर ऐसी चीज़ जो बड़ी-हो-या-लगे से डरनेवाला, इस डर का सामना करने के लिए

बुज़ुर्गों से मीरास में उसे एक सहारा मिला था, जिसका मौक़ा पड़ने पर फ़ायदा उठाने से वह कभी नहीं चूका और ज़िन्दा रह सकने की जंग में कलमे को अपना सबसे बड़ा हथियार मानता था, उसने कलमा तो पढ़ा ही, एहतियातन चार कुल पढ़कर भी दम कर लिया कि यह अगर बड़े-की-मर्ज़ी—सबसे-बड़े-का-हुक्म नहीं और बुरी रूहों का साया है तो ख़त्म हो जाए और ख़लील ख़ाँ और उसका परिवार, जिसे संक्षेप में उसकी फ़ाख़्ता कहा जा सकता है, आराम से सो जाए।

तभी उसे यक़ीन हुआ कि यह हँसी कोई मामूली हँसी नहीं, न ही इसकी ख़िलाफ़वर्ज़ी का बूता खलील ख़ाँ की छाती में टँगे पिंजरे में बन्द उसकी ज़िन्दगी-हिम्मत-मजाल-नामी परिन्दे में है और खलील ख़ाँ—मेरे रब, अगर तेरे ही आदेशों का पालन करना है, कि तेरी मर्ज़ी के बिना पत्ता शाख़ पर करवट न ले सके, कलियों के कलेजे चटखकर तू न चाहे तो कभी फूल न बनें, चाँद-सितारे-सूरज-सय्यारे सब एकटक अपनी जगह खड़े रह जाएँ, बीवियाँ-बेटियाँ, बदकार और करिन्दे रिश्वतें क़बूल करना बन्द कर दें, गर तेरी ही महानता और अद्वितीय होने का एतिराफ़ करना है तो सरेआम क्यों नहीं, सोचता हँसी की उसी क़ैफ़ियत में गिरफ़्तार, धुआँधार क़हक़हे लगाता घर के बाहर निकल खड़ा हुआ, और यह एहसास तो बहुत बाद में कभी हुआ कि बड़े की रज़ा और ख़ुशी पूरी करने की धुन उस पर इतनी ग़ालिब थी कि चलते पल अपनी फ़ाख़्ता और उसके पिंजरे को वह बिलकुल भूल गया, जो अभी तक बीती ज़िन्दगी में एक अजूबा था कि फ़ाख़्ता ख़लील ख़ाँ बिना फ़ाख़्ता के होते और-हो-तो-सकते हैं, लेकिन कितने अजीब!

तुम्हें क्या ख़बर थी, ख़लील खाँ, कि यह हुकुम कितना महत्त्वपूर्ण था और तुम, जो ख़ुद को उसका बन्दा-हक़ीर-फ़क़ीर कहते हो, कितने पिछड़ गए थे, कितनी देर कर दी थी उसके बुलावे को सुनने में कि—मैं जब सड़क पे पहुँचा, क्या कहते हैं उसे, यह अपने चौराहे पर तो अल्ला-आपको नेकी दे, हज़ारहा लोग जूते-टोपी-बुर्के-दोपटट्े से बेनियाज़, हँसते-क़हक़हे लगाते औरत-मर्द-बच्चा-बच्ची-सुअर-इनसान सैलाब से बहे जा रहे थे।

नहीं, कहाँ पहुँचना है यह सही-सही तो नहीं पता लेकिन नियत साफ़ हो तो सारे रास्ते ही उस दर तक ले जाते हैं, फिर यहाँ भी आपस में मुक़ाबला था—पहले और जल्दी पहुँचने का, तो भला चाहनेवाले धर्मात्माओं ने जिनके पास जो था, इक्का-ताँगा-ठेला-ट्रक-ट्रॉली सड़कों और मैदानों में ला खड़े किए थे और, क्या नाम से अल्लाह झूठ न बुलवाए, कानों-सुनी कहता हूँ मगर आँखों-देखी जितनी सच, उस रात तो कश्तियाँ, स्टीमर, जहाज़ तक चल गए थे, नहीं जनाब, तालाबों में नहीं, ख़ुशकी में सड़कों पर, तो वह अगर चाहे तो क्या है जो न हो सके। क़हक़हे थे, हज़ारहा लोगों की बुलावा क़बूल करने की आवाज़ें थीं, उफ़न कर फैलते लावे-सी बेक़ाबू भीड़, ट्रक, जहाज़, हवाई-जहाज़, पर जो नेक थे वह आगे निकल गए थे, जो उनसे

कम, ख़लील ख़ाँ, वह पीछे, और अभागे वह जिन तक हुक्म पहुँच ही न पाया था, ऐसे अन्दर पड़े सोते रहे कि क़ब्र की गहराई उस अकेलेपन और सन्नाटे के आगे शरमा जाए बिलकुल जैसे वह तमाम ख़ुद शरमाए पिछली रात की वारदात सुनते, अपनी आँखें मसलते हुए।

ख़लील ख़ाँ, समझे आप, यह मामूली हुक्म और सरसरी बुलावा नहीं कि जिसकी तुलना हम अपने युगों और काल के बुख़ारों, सैलाबों, सूखों, चेचकों, जंगों, फ़सादों से कर सकें, और ख़लील ख़ाँ, वह बदनसीब हैं जो कहते हैं हमारा पालनेवाला हम पर सिर्फ़ गुस्सा करना जानता है कि हमने पैदा होने के बाद उसके नाम पर जुल्म, तक़लीफ़, मशक़्कत, मौत, महरूमी के सिवा कुछ न जाना, उन्हें उस रात उस क़हक़हा लगाती, बेदिशा भागती भीड़ से सबक़ सीखना चाहिए जिसे कुछ नहीं मालूम था, यक़ीन के साथ बुलावा है या नहीं, कहाँ-कैसे जाना है, साथ के दूसरे कहाँ हैं, तक नहीं।

कोई कहता हँसी की गैस छोड़ी है भीड़ को बिखेरने, कोई आँसू-गैस का नाम लेता और कुछ मसख़रे इसका सम्बन्ध अंतर्राष्ट्रीय राजनीति, युद्ध, शान्ति, रासायनिक युद्धशास्त्र इत्यादि से जोड़कर अपनी बेअक़्ली साबित करते थे—और—हैं, सो वह करते रहेंगे, लेकिन तुमने ख़ुद देखा, ख़लील ख़ाँ, वह निकल खड़े हुए थे, बावजूद कि सर्दी सख़्त और रात अँधेरी और हालात किसी भी तरह साज़गार नहीं कहे जा सकते।

उनका वह जोश, वलवला, वह आरज़ूमन्दी कि उस बड़े, अपने पालनेवाले की हँसी, उसके क़हक़हे में अपना क़हक़हा शरीक करते, उसकी ख़्वाहिश उसकी आरज़ू पर कुरबान हो जाएँ कि जो समझदार हैं, वह जानते हैं, खलील ख़ाँ, कि जन्नत-दोज़ख़ उसके रहमो-क़हर का जलवा, दोनों यहीं हैं, क्या-नाम-से-अल्लाह-आपको-नेकी-दे, उन्होंने शहादत का मरतबा पाया, सीधे जन्नत गए, शहीद को ग़ुस्लाना-कफ़नाना कब ज़रूरी है, शहीद से बाक़ी ज़िन्दगी के नेकोबद का हिसाब पूछने, सवाल करने का हक किसे पहुँचता है, तो क्या-नाम-से सैकड़ों कुछ घंटे के अन्दर मौत-तक-ख़ुशी-शादमानी के दौरे में मुबतिला, हुक्म को देनेवाले हाकिम के इशारे पर हलाक हुए।

हालाँकि सचमुच इशारा था भी कि नहीं तक तय नहीं, न ही उन्होंने मालूम करने की कोशिश की जिससे पता चलता कि उनके सवालों का जवाब देने अपनी जगह, अपने स्थान, अपनी ड्यूटी पर कोई नहीं था, क्योंकि वही मुक़ाबला जो बाक़ी लोगों के बीच था, उन तमाम ओहदेदारों के बीच इसलिए नहीं था कि एक दूसरे हुक्म के ज़रिए सारे कारिन्दों पर उसमें हिस्सा लेने से रोक लगा दी गई थी, जिसके नतीजे यह तमाम बड़े-बड़े लोग सीने पर राज़दारी का पत्थर रखे, नियमित समय से पहले-पहले, दूसरों को उसकी रज़ा में ख़ुद से बाज़ी मार ले जाने का दिल तोड़नेवाला दृश्य देखने से बचने के लिए, शहर से दूर सुरक्षित स्थानों पर चले गए

थे, तो मौत-तक-ख़ुशी में सैकड़ों कामयाब हुए और उनमें भी ज़्यादा बेहतर वह थे, जो उस एक क़हक़हे में अपनी आख़िरी साँसों से क़हक़हा निचोड़कर शामिल करते हुए, अपने आक़ा के हुक्म का पूरा-पूरा पालन कर सके।

भागते-भागते लड़खड़ाते थे, मुहलत मिली तो सँभलकर फिर भागना शुरू करते, लेकिन क्या मज़ाल, गिरते हों या सँभलते, साँसों से हँसी के फ़व्वारे, क़हक़हों के गीत, मुस्कराहट का संगीत उगलते जाते थे, इतना होश किसे था मियाँ जो गिनती गिनता, कितने सुबुकदोश हुए, ख़ुदा झूठ न बुलवाए, दस-पन्द्रह को तो रास्ते में ही लाँघना पड़ा था, हालाँकि आम हालात में, या अब फिर इसकी कल्पना मुहाल लगती है, लेकिन उन मुर्दा चेहरों पर उस रात नूर से इबारत, साफ़-साफ़ लिखा था कि तुम हमसे पिछड़े ज़रूर लेकिन महरूम नहीं, क्योंकि जो पालता परवरिश करता है वही सबसे ज़्यादा प्यार भी करता है, और उसकी मसलिहत को समझे बग़ैर उसके हुक्म के बारे में दो तरह से मत सोचो, इसका हक़ तुम्हें यूँ भी नहीं कि उसके हज़ारहा इनामों के बदले तुमने दिया ही क्या है, और ख़लील ख़ाँ, आज जैसी भी नुची-खुची सही, यह फ़ाख़्ता फिर से मेरे पास है, कि बग़ैर फ़ाख़्ता के मेरा वजूद अधूरा, ज़माना मुझ पे हँसता अगर यह फ़ाख़्ता मेरे हाथों से फुर्र...से उड़ ही जाती, और फिर यही लोग जो मेरे इर्द-गिर्द हैं, आज ख़ामोश हैं, मेरा मज़ाक़ बनाते, हँसते, कहते, रह गए खान ख़लील, ख़ाँ गई फ़ाख़्ता चील।

क्योंकि उस पाकीज़ा रात लोगों ने चीलों को भी हँसते और क़हक़हा लगाते सुना, यह बात और है कि उनके क़हक़हे और हँसी अभी तक उसी तरह जारी हैं, कोई फ़र्क़ नहीं पड़ा इसमें, न पड़ने के आसार हैं, तो बड़ा जब तक चाहे चील यूँ ही हँसती-क़हक़हा लगाती है, और सिर्फ़ इसलिए कि तुम बड़े को बड़ा समझने में नादानी न करो, तुम्हारी ही भलाई और आसानी के लिए। उस रात भी, ख़लील ख़ाँ, उस नेकी और बरकतों भरी रात भी तूने कैसी-कैसी मिसालें देखीं, क्या नाम से, अल्लाह-आपको-नेकी-दे, मैंने देखा—एक नौखेज़ कली कहूँ उसे, बदन की कलियाँ अभी पूरी चटख भी तो न पाई थीं उसकी, शहद में धुला-चाँद-सा चेहरा, आँखें बारूद की सीली सुरंग-सी, और चरित्र का अन्दाज़ा इसी से लगा लो कि उफ़्न किया, बड़े की रज़ा के लिए हँसते-हँसते जान न्योछावर कर दी, और क्या—नाम से, तब तो अस्पतालों और शफ़ाख़ानों में तबर्रुक बँट रहा था, हर किसी के बूते का नहीं था। पोस्टमार्टम, मगर ख़ानदान में कुछ दम और पहुँच रही होगी जो उस अफ़रातफ़री के हालात में भी उसका पोस्टमार्टम किया गया, और अल्लाह-आपको-नेकी-दे, क्या-नाम-से, तौबा, तौबा हँसी क़हक़हा अलग, मालूम हुआ भीड़-बेगिनती लोगों ने उसकी आबरू लूटी थी, जी जनाब, मरने के पहले, मरने के बीच और मरने के बाद, क्या कहते हैं, गैंग-रेप, तो क्या हुआ, वह तो नेक थी, सज़ा और ज़ज़ा के क़ैदो-बन्द से आज़ाद हुई।

मगर कभी-कभी सोचकर लगता है कि कैसे-कैसे लोग हममें ज़िन्दा हैं, या शायद कैसे-कैसे लोगों में हम ज़िन्दा हैं, हैं-कि-नहीं, आपको न लगे मैं तो अपनी जवान बेटी-जी, उसी फ़ाख़्ता का एक पर, के कुँवारेपन को भी उस रात के बाद सन्दिग्ध समझता हूँ, कोई भरोसा है, क्या-कहते हैं, जवानी का, हुक्म और क़हक़हे में भी मज़ा लेने के लोभ से मुक्त नहीं, अदा क़हक़हे की, मौज-मज़ा कुछ और ही, रहे उस घर के लोग, तो हाथ क्या लगा उन्हें चीर-फाड़ करा के, शर्मिन्दगी के सिवा, उन्हें जो हो चुका था, बेशक, उसे वैसा ही मान लेना था, कि जो सवाल करते हैं, वह तकलीफ़ का सौदा करते हैं, निजात सिर झुका के तसलीम कर लेने में है, क्योंकि जो सवाल का जवाब देने वाला है, वह बहुत बड़ा है, ख़लील ख़ाँ, तेरी कल्पना की बड़ाई-तेरी एड़ी से चोटी, कश्मीर से कन्याकुमारी तक से बहुत बड़ा, उसके इशारे पर सूबे बनते-बिगड़ते हैं, फ़साद ख़ैर में तब्दील होते हैं, मज़दूरों और कमज़ोरों को भी कुछ करने की ताक़त और हौसला सारे इनकार के बाद भी मिलता है तो वहीं से, तू माने चाहे न माने।

क्या मंज़र थे अगले दिनों कि बड़ी-बड़ी क्रेनों से मुर्दा जानवरों के फूले हुए शव ट्रक-ट्रॉलियों में ढोए जा रहे थे, श्मशान की आग ज़रतुश्त की पवित्र अग्नि की तरह बिना एक पल रुके, सुलग और दहक रही थी, और बाज़ारों में शोरा और नमक, लाशों को सामूहिक क़ब्रों में गलाने-घुलाने के लिए, कि सड़ायंध शहर में न फैले, वातावरण साफ़ रखा जा सके, फैलनेवाली बीमारियों पर नियंत्रण रहे, ढूँढ़े नहीं मिल रहा था।

सुना तो यह है, खलील ख़ाँ, कि सुबह होते-होते, बन्दोबस्त के लौटते, सैकड़ों-हज़ारों को, उनको जो बड़े की रज़ा के लिए शहीद हुए, उसके हुक्म पर हँसते-हँसते-प्राण-त्यागे-जिन्होंने, बिला मज़हब-मिल्लत के भेद के, ट्रकों में लादकर, वहाँ होशंगाबाद घाट से नर्मदा में बहा दिया गया, और इस तरह जिस एकता, हिन्दू-मुस्लिम-सिख-ईसाई का सिर्फ़ ख़्वाब देखते रह गए तुम, ख़लील ख़ाँ, वह उसकी ताबीर हुए।

और, वह जो मुआवज़े की बात करते हैं, उसके तलबगार हैं, वह कमअक़्ल भी हैं और गुमराह भी, भूल करते हैं, उन्हें शुक्रगुज़ार होना चाहिए उन अस्पतालों का, जो देखते-देखते बन गए, उन सफ़ेद, मोटरगाड़ियों का जिन पर लाल क्रॉस बना रहता है और जो तेरे शहर की सँकरी गलियों-सी सड़कों पर अठखेलियाँ करती घूमती हैं, और फ्री राशन-ब्रेड-दूध-गेहूँ-चावल का।

कितने तो ऐसे थे जो ज़िन्दगी भर बाहर-मुल्क नहीं जा सकते थे, वह गए, कितने जिनके पास बिना लिखा-पढ़ी की ज़मीनें थीं, जो जीवन और मौत, दोनों में जो गज़ ज़मीन को तरसते, उन्हें पट्टा मिला, घर बनाने को आर्थिक सहायता, राहत के नाम पर सैकड़ों-हज़ारों लकड़ी की गुमटियाँ बनाने की मज़दूरी शहर के कारीगरों

और मज़दूरों में ही बँटी, क्या वह जानता नहीं कि दरअसल कितना काम हुआ, कितने वसूल किए गए, सब बहुत ख़ूब पता है, लेकिन जिसकी मर्ज़ी देना और बनाना है, वह किसी-न-किसी बहाने तुम तक पहुँचाना चाहता है, बग़ैर बहीखातों-हिसाब-किताब के इस तरह अपनी ख़ुशी दिखाता, तुमने जो किया उसे इज़्ज़त देता, क़बूल करता हुआ और तुममें कुछ ऐसे हैं जो इस सबको नज़रअन्दाज़ करते हुए मुआवज़े की बात करते हैं।

मेरे तो, क्या-नाम-से, फेफड़े, जाने क्या हो गया इनको, दो क़दम चला नहीं कि साँस फूल जाती है, सीने में हज़ारों कौवे काँय-काँय करते उड़ने लगते हैं, मेरी आँख, अल्लाह-आपको-नेकी दे, अव्वल ही कौन से नज़रबाज़ थे, मगर अब तो धुआँ भरा लगता है हर पल, बिलकुल गन्दा नाला हो गई हैं, भैया, हमें तो ज़मीन-आसमान की गर्दिश यूँ समझ में आई, कि लेटो, बैठो, हर-कुछ हर-पल गर्दिश करता लगता है, ख़ुदा झूठ न बुलवाए मियाँ, शौहर की ज़िम्मेदारी निभाना, दादा मियाँ की बरसी मनाने जैसा हो गया है, न डिज़ायर रही न परफार्मेंस, दो-ढाई नहीं जी, इक अक्खर प्रेम का भी किस दिक़्क़त से बोल पाता हूँ, क़सम ख़ुदा की, यक़ीन ही नहीं आता कि यह हम, वही हैं। और-तो-और हरियाली पर जैसे तेज़ाबी बौछार-तुषार ऐसा पड़ा कि तना-शाख़-पत्ते-फूल-फल जैसे थे, वैसे के वैसे, सब मुस्कराते हुए रह गए अपनी जगह, ख़ाली सुनसान सड़कों पर ख़लील ख़ाँ, इन अचानक मौत के शिकार सूखे पत्तों के शव हवा में यूँ सरसराते-खड़कते थे, जैसे आसेब-भूत-प्रेत नाचते हुए पाजेब और घुँघरू बजा रहे हों, और तनों की छाल मियाँ, जैसे जाड़ों की आमद पर कुछ लोगों के हाथों की खाल उधड़ती है, तो यूँ कि अन्दर की तह तो अभी पकी नहीं और ऊपरी छार-छार होकर कत्थे की टिकियों-सी टपक गई, मैं तो कहता हूँ अगर दरख़्तों का ख़ून लाल होता तो लाल नदियाँ बह गई होतीं और शहर के बाग़-बाग़ात-गली-कूचे इन वक़्त से पहले उधड़े छाल खुरंटों से पट गए होते, इतनी ख़ुशहाली-वाली-हरियाली बदहाली का शिकार हुई थी, कई तो तने यूँ ज़मीन में गड़े-गड़े सूख गए जैसे लकड़ी नहीं, किसी सिंथेटिक पदार्थ में ढालकर बनाए गए हों।

लोग पूछते हैं, ख़लील ख़ाँ, यह तमाम मंज़र देखने के बाद भी तुम ज़िन्दा और ख़ुश क्यों हो, तो ख़ुशी की तो... ! हाँ, ज़िन्दा कहने की हद तक ठीक है, अपन तो उसकी ख़ुशी में हर तरह ख़ुश हैं, कहा ना यह फ़ाख़्ता अगर बिलकुल ही उड़ गई होती, और फ़र्र...से, तो अपन क्या बिगाड़ लेते, अमेरिकी भी हिन्दुस्तानी भी और दीगर तमाम मुल्कों के भी।

क्लेम-फ़ार्म सब भरे हैं, भरे हुए भी मुद्दत हो गई मियाँ, उस दुर्घटना के बाद तो दरख़्त भी कितनी छाले, कितने पत्ते बदल चुके, कितने मौसम बीत चुके, एक कौड़ी जो क्या नाम से, अल्लाह के नाम पे भी मिली हो, खा गए होंगे खानेवाले,

किस–किस के पीछे हाथ जोड़ते फिरो, और फिर बदले में क्या दे देंगे, ख़लील ख़ाँ, जो मुआवज़े की बात करते हैं, वह नासमझ भी हैं और गुमराह भी, कोई ढाई हज़ार सिर गिनता है, कोई पच्चीस हज़ार, आँकड़ों के फेर में पड़ना फ़िजूल और निरर्थक, लाखों तलबगार, क्लेम फ़ार्म्स की तादाद शहर की कुल आबादी से ज़्यादा।

तय हुआ कि ऐसा करनेवाले मक्कार और धोखेबाज़ हैं, इसके लिए कुछ भी कर दिया जाए, एहसानमन्दी के बजाय यह नाशुक्री ही करेंगे, यह तक नहीं मानेंगे कि उस क़हक़हों के सैलाब वाली रात के बाद तुम्हारे धन्धों में तरक़्क़ियाँ हुई हैं, बाज़ारों की रौनक़ बढ़ी है, वह लोग तक, जिनको कल तक तुम्हारी नगरी के अस्तित्व का ज्ञान न था, उस रात के बाद तुम्हारे इतिहास, भूगोल और दीगर सारी तफ़सीलात से अच्छी, बहुत अच्छी तरह वाक़िफ़ हो गए, और आज तुम्हारे शहर का हवाई अड्डा हज़ारहा विदेशी लोगों का स्वागत करता है, एक तरह की ज़ियारतगाह कह लो इसे, ख़लील ख़ाँ, एक तीर्थ—जो उस क़हक़हों के जादू में ढलकर पाक, पवित्र और मुक़द्दस हो गया, जहाँ मैं, ख़लील ख़ाँ और उसकी फ़ाख़्ता बसते हैं, किसी अगले, किसी दूसरे हुक्म तक।

एक पारम्परिक समस्या-प्रधान कहानी

''कुछ दिनों में,'' खान साहब ने बेगम को दिलासा देने को कहा होगा, ''सब-कुछ ठिकाने लगाकर फिर हाथ बाँधे खड़े होंगे! इनसान अपनी औक़ात रातोरात थोड़ी बदल सकता है!''

यह कि खान साहब ने ऐसा कहा होगा, पहले-पहल, कोई दो वर्ष पूर्व, यह दरअसल इस कहानी को गढ़ने के लिए ज़रूरी, और इसी कारण, लेखक का अपना अनुमान है।

पहली बात पहले कहें तो यह कहानी वास्तव में शहर भोपाल और यहाँ रहनेवाले कुछ लोगों के जीवन के बारे में एक कथा गढ़ने का प्रयास है। टॉल्सटॉय की बात को थोड़ा बदल दिया जाए तो हर शहर का सुख एक-सा होता है लेकिन दुख, बारीक़ी से, एक-दूसरे से भिन्न और अनोखा। ख़ासकर भोपाल, जहाँ गैस रिसने की घटना के बाद छोटी-छोटी चीज़ों की परिभाषा बदल गई है। पिछले वर्षों में यहाँ दवा और दारू, दोनों की दुकानों में आश्चर्यजनक वृद्धि हुई है और पूरे शहर में जितने लेटरबॉक्स होंगे उससे तीन गुना अस्पताल खुल गए हैं। ऐसे एक शहर में एक खान साहब, उनकी बेगम, आल-औलाद और दीगर सम्बन्धियों को लेकर यह, दरअसल, एक पारम्परिक कहानी गढ़ने का प्रयास है, जिसमें सब वैसा ही हो जैसा कहानियों में होता है—शायद जैसा एक पारम्परिक कहानी में ही हो सकता है।

कहानी के चरित्रों में, परम्परा के अनुसार, नायक भी होगा, नायिका भी, और खलनायक के बिना तो वैसे भी आज तक कोई कहानी पूरी नहीं हो सकी। इनके अलावा भी जो सहायक चरित्र एक कहानी को कहानी बनाने को आवश्यक होते हैं, यहाँ मिलेंगे। और मिलेंगे परिवर्तनों के ज़िक्र, समस्याओं के उल्लेख और—अपने कैसे पराए बनते हैं—की तफ़सील और—पराए कैसे अपने बनते हैं—का किस्सा। कहानी में आरम्भ-मध्य-अन्त, परम्परा की शैली में ही रखने की कोशिश की गई है। पाठक को शुरू से इस तरह अपने विश्वास में लेने का कारण वास्तव में यह है कि लेखक कथा गढ़ने की इस प्रक्रिया में पाठक को साथ लेकर चले और उसकी सहकारिता से कहानी की जो भी रूपरेखा बने, उसे शब्द देकर काग़ज़ पर

उतारे। अपने दिल की बात वह पाठक से कहे, उससे परामर्श करे, वह विस्तृत वर्णन जो पाठक नहीं जानता उसे पूरी तरह बताए और पाठक द्वारा दिया गया मुनासिब मशवरा कथा की बुनावट में शामिल करता जाए। इस तरह, मिल-जुलकर गढ़ी जाए एक समस्याप्रधान, पारम्परिक कहानी और ढूँढ़ा जाए उसमें, जितनी भी समस्याओं का समाधान ढूँढ़ना सम्भव हो। यह इस कारण कि हो सकता है इसे पढ़कर कुछ ऐसे लोगों की इच्छाशक्ति जाग्रत हो सके जो बिना लड़े ही अपनी पराजय स्वीकार कर चुके हैं। या कुछ लोग इसे पढ़ने के बाद आत्म-निरीक्षण करें और कहानी के पात्रों की ज़िन्दगी से कोई पाठ सीख सकें। या अगर यह सब न भी हो और केवल कुछ लोग इसे पढ़ते हुए थोड़ा-सा आनन्द ही ले पाएँ, तो भी इसे लिखने की मेहनत साकार होगी। इतना स्पष्ट करने के बाद हम लौटते हैं, अपनी कथा गढ़ने की प्रक्रिया की ओर, और फिर से शुरू करते हैं।

"कुछ दिनों में," खान साहब ने बेगम को दिलासा देने को कहा था, "सब-कुछ ठिकाने लगाकर फिर हाथ बाँधे खड़े होंगे। इनसान अपनी औक़ात रातोरात थोड़ी बदल सकता है।"

यह दो साल पहले की बात थी। असल में जब से शहर में गैसपीड़ितों को राहत बँटना शुरू हुई थी, मेहनत करके रोज़ी कमानेवाले दिन-ब-दिन कम और महँगे होते गए थे। खान साहब के परिवार की वर्तमान परेशानी इसी स्थिति का परिणाम थी।

वैसे, खान साहब का परिवार भोपाल के निम्न मध्यवर्गीय मुस्लिम परिवार की एक फ़िल्मी तस्वीर था जिसमें वक़्त के साथ ख़स्ता और बोसीदा होता बड़ा मकान, दीवारों पर टँगी पुरानी शानो-शौकत का सबूत बड़ी-बड़ी मूँछोंवाले हथियारबन्द पूर्वजों की तस्वीरें, एक अताअतशुआर, नेक और ख़ूबसूरत बीवी, दो नालायक और अपढ़, ठूँठ-से लंबे-चौड़े बेटे और एक नाज़ुक-ख़ूबसूरत, मेडिकल कॉलेज में पढ़ रही बेटी—सब-कुछ था। पुरखे, पेशे से 'सिपहगर' थे और खान साहब के मुक़द्दर में लकड़ी-बल्ली का व्यापार था जिसे छोड़कर अब और कुछ करने की इच्छा उनके लिए ऐसा सपना बन चुकी थी जो गहरी नींद सोने के कारण देखा न जा सके। नए और पुराने का सम्मिश्रण, खान साहब थे बहुत मेहनती, अगर इतनी मेहनत उन्होंने सिपहगीरी के पेशे में की होती तो बहुत ऊँचा ओहदा और नाम कमाया होता! वैसे, लक्कड़-बल्ली का व्यापार भी वह सिपाहियों की मुस्तैदी से करते थे, हालाँकि यह अन्दाज़ा उन्हें धीरे-धीरे शिकस्त करता जा रहा था कि समय के साथ सिपाहगीरी और व्यापार दोनों के नियम बदल चुके हैं और इन परिवर्तनों के साथ ख़ुद को एडजस्ट करना उनके लिए ख़ासी दिक़्क़त का काम था।

"बदलाव एक स्वाभाविक प्रक्रिया है," वह ख़ुद का मनोबल बनाए रखने को अक्सर कहते, "हर पीढ़ी अपनी पसन्द और मजबूरी से कुछ नया बनाती और पुराना

उजाड़ती है। इनसान अपनी सुविधा के लिए नई चीज़ों आविष्कार करता रहा है, वह चाहे एक समय में चक्का रहा हो या आज, अन्तरिक्ष में घर किए सेटेलाइट... जिसे ये चीज़ें बुरी लगती हैं, उससे बन पड़े तो अपने लिए कोई नई दुनिया ईजाद कर ले। हमें तो हर परिवर्तन अच्छा लगता है। ख़ुदा झूठ न बुलवाए, हम तो अपनी लक्कड़-बल्ली की तिजारत भी ऐसे साइंटिफिक उसूलों पे करें कि दुनिया देखती रह जाए। मगर हमारे दोनों हाथ तो लूटे हैं। ऐसी औलादें—एक अल्लाहवाला! गश्त, तबलीग़ और नमाज़ से फुरसत नहीं, जाने किन-किन चिक्कटों के गले में बाँहें डाले फिरता है! और दूसरे, दुनियावाले! दिन-रात अपने बनाव-सिंगार, पतलून की क्रीज़ और जूते की पॉलिश की फ़िक्र से ही फुरसत नहीं! जाने कहाँ, इंग्लैंड-अमेरिका में जाकर बसेंगे! यही सोचकर चैन आ जाता मगर साले, हाईस्कूल तक तो पास कर नहीं पाए! एक बेटी है बेचारी, जो संजीदगी से पढ़-लिख रही है। बस, उसी का सोचकर दिल को थोड़ा-सा इत्मीनान होता है।''

बेगम, खान साहब की, सूरत ही नहीं सीरत की भी ख़ूब थीं। सुघड़, समझदार, घर को सलीक़े से चलानेवाली। शिक्षा तो उनकी क़ुरान और उर्दू तक ही सीमित थी लेकिन दुनिया को बरतने का सलीक़ा उनमें ख़ूब था। घर में कितने ही नौकर रहें, कुछ ख़ास काम वह अपने ही हाथ से करती थीं, जैसे हाँडी बघारना या खान साहब जब खाना खाएँ तो उनके लिए मद्धिम आँच पर फुल्के सेंकना। वैसे, घर के काम के लिए एक ख़ास बुआ, हलीमन थी जिस पर पूरा एतबार किया जा सकता था, क्योंकि दो पीढ़ियों से उसके घर के लोग खान साहब के परिवार में काम करते आ रहे थे।

हलीमन के हाथ में सफाई तो नहीं थी लेकिन वह अपना काम ज़िम्मेदारी और तेज़ी से करती थी। उसकी, बेटा-बेटी जोड़कर आठ और ज़िन्दा-मुर्दा जोड़कर बारह, पूरी एक दर्जन औलादें हुई थीं। छुटपन में शादी होने के कारण उसकी उम्र पैंतालीस साल से ज़्यादा नहीं थी और न ही किसी प्रकार की थकन या सुस्ती उसके व्यवहार में आई थी। पति उसका ज़रूर बूढ़ा और जोजरा हो चुका था। पेशे से कसाई, लेकिन उससे गोश्त की दुकान भी नहीं होती थी, ख़ासकर गैस की उस शहर उजाड़ देनेवाली रात के बाद, जिसमें हलीमन की दो औलादें भी काम आ गई थीं। घर का सारा ख़र्चा हलीमन के सिर था जिसे वह बिना माथे पर शिकन लाए, अपनी मेहनत की कमाई से पूरा करती थी।

हलीमन में कुछ ख़ूबियाँ तो ऐसी थीं जो इस ज़माने में अच्छे ख़ानदानी लोगों में मुश्किल से मिलती हैं। उसके घर आने वाले हर मेहमान का ख़ुश होकर स्वागत होता था और जितना भी सम्भव हो सके, ख़ातिर-तवाजो भी। त्योहारों को वह पूरी मुहब्बत के साथ त्योहारों की परम्परा से मनाती थी, वह चाहे मुहर्रम पर खिचड़ा पकाना हो, बकरा-ईद पर पाए और मीठी ईद और शब-बरात पर सेवई या मीठा

हलवा। इसमें पास-पड़ोस और बिरादरीवालों की दावतें भी शामिल रहती थीं और दूर-दराज़ के पहचानवालों को शिकायत का मौक़ा नहीं मिलता था। अपने सीमित साधनों में वह यह सब कर पाती थी, यह बड़े आश्चर्य की बात थी।

खान साहब और बेगम, हलीमन की क़द्र करते थे—ज़बानी ही नहीं, लेन-देन के स्तर पर भी। इसी वजह से जब हलीमन की झोंपड़ी, जो क़ब्ज़ा-नाजायज़ ज़मीन पर बनी थी, तोड़ी गई और वह बेघर हुई तो उन्होंने अपने बड़े बेटे के, जिसे व्यंग्य से वह अल्लाहवाला कहते थे, क़ब्रिस्तान पर क़ब्ज़ा करके, मुहल्ले के कुछ दादा-टाइप लड़कों के पहरे में, हलीमन के लिए घर बनवाने का विरोध नहीं किया था। "आजकल," उन्होंने बेगम से कहा था, "औक़ाफ़ और क़ब्रिस्तान भी तो मालदार लोगों की अपनी जायदाद बनकर रह गए हैं! इससे तो कुछ ज़रूरतमन्द ग़रीबों को फ़ायदा पहुँचे, यह कहीं बेहतर है।"

यूँ, खान साहब ने हलीमन के परिवार के, दोबारा घर की छत की छाया पाने में सहायता की थी। इसके अलावा उसके बड़े बेटे को भी उन्होंने अपने कारख़ाने में नौकर रखा हुआ था। दूसरी ओर बेगम यह ख़याल रखती थीं कि ख़ानदान के जिस घर में शादी-ब्याह हो, वहाँ हलीमन को काम करने की ग़रज से भेजा जाए और वहाँ के इनाम में उसका हिस्सा बने। और हलीमन जहाँ भी जाती, अपनी मेहनत और अख़लाक़ से लोगों के दिल जीत लेती। बिना लालच, ख़ूब काम करती और सचमुच इनाम पाकर ही लौटती।

एक घटना ऐसी थी जिसने खान साहब के परिवार के दिल में हलीमन की इज़्ज़त बहुत बढ़ा दी थी। गैस निकलने के बाद हलीमन अपनी दो औलादों का दुख भुला भी न पाई थी कि मुहल्ले की एक विधवा अपनी चार महीने की बेटी लावारिस छोड़कर ख़त्म हो गई। अभी लोग सोच ही रहे थे कि बच्ची को यतीमख़ाने के सुपुर्द किया जाए या कुछ और, कि हलीमन ने बच्ची की परवरिश का ज़िम्मा लेने का ऐलान किया। जिस औरत की अव्वल ही इतनी ज़िम्मेदारियाँ हों उसका जिगरा देखकर सब दंग रह गए थे। हलीमन ने जैसा कहा, वैसा कर भी दिखाया और उस लड़की को अपनी औलाद का सा लाड़-प्यार देकर इस तरह पाला कि उसे कोई अलग से पहचान भी नहीं सकता था।

बाद में जब गैस राहत के क्लेम-फ़ॉर्म भरे जा रहे थे तो खान साहब को सबसे अधिक चिन्ता हलीमन के परिवार की ही रही थी और उन्होंने बेटे, अल्लाहवाले को तम्बीह की थी इस सिलसिले में कोई कोताही न हो और वह फ़िक्र से हलीमन के परिवार के सदस्यों के क्लेम-फ़ॉर्म भरवाए।

"जुआ है," उन्होंने फ़ॉर्म भरने की प्रक्रिया को शक़ की नज़रों से देखते हुए कहा था, "क्या पता, शायद मुआवज़ा मिल ही जाए!" खान साहब के परिवारवालों ने अनमने ढंग से फ़ॉर्म भरे थे लेकिन ख़ुद खान साहब ने ऐसा करने से साफ़ इनकार

कर दिया था। "हमारी जान के दुश्मन," उन्होंने भावुक होकर कहा था, "अब उसकी क़ीमत भी ख़ैरात में देंगे! लानत है ऐसे मुआवज़े पर।"

खान साहब के घर में गैस का प्रभाव अन्य लोगों पर तो कम लेकिन बेगम पर अधिक हुआ था। आए दिन उन्हें कोई-न-कोई शिकायत रहती और इलाज-मालजा चलता रहता। आँखों पर चश्मा लगा, साँस भरने लगी, घबराहट और दिल यूँ धड़कता जैसे कोई इमारत गिर रही हो। बेगम फिर भी निचला न बैठतीं और गृहस्थी के काम में ख़ुद को व्यस्त रखतीं। भारी कामों के लिए, हमेशा की तरह, हलीमन थी ही।

इसके बाद वह साअत आई जब शहर में दो सौ रुपए फ़ी नफ़र माहाना की अन्तरिम राहत बँटना शुरू हुई और शहर के सारे मान्य समीकरण तेज़ी से गड़बड़ाना शुरू हो गए। हलीमन को दो बच्चों की मौत पर पचास हज़ार रुपए का अन्तरिम मुआवज़ा मिला और उसके यहाँ दावतों का सिलसिला शुरू हो गया। कुछ पैसा घर ठीक करने पर भी खर्च किया गया और फिर, पति के इलाज के लिए बम्बई जाने का प्रोग्राम बनना शुरू हुआ। और एक सुबह, उसका सारा परिवार बिना इत्तिला के, सैर-तफ़रीह और इलाज-मालजे के लिए बम्बई रवाना हो गया। यह सब परिवर्तन बहुत तेज़ी से हुआ।

हलीमन के बदलते रंग महसूस करके पहले तो बेगम ने उसकी टोकाटोकी की, लेकिन जब इससे फ़र्क़ नहीं पड़ा तो बात खान साहब के कान में डाली, और उन्होंने, अपने ढंग से हलीमन और उसके बेटे को पैसे का मूल्य समझाते हुए फ़िजूलखर्ची न करने को कहा। बातें, दोनों ने, सिर झुकाकर सादतमंदी से सुनीं लेकिन इसका कोई रचनात्मक असर उनके रहन-सहन में हुआ हो, ऐसा बिलकुल नहीं। घर के काम में आए दिन नागे करने के बाद, अब बड़ा परिवर्तन यह, सारे परिवार का बिना इत्तिला बम्बई प्रस्थान था।

खान साहब के कुढ़ने का कारण सिर्फ़ हलीमन और उसके परिवार की हुक्म-अदूली ही नहीं, ख़ुद उनका दिनोदिन ठप होता धंधा भी था जो उनके कोई कारण समझने से पहले ही इतना बैठ गया कि जो छोटी-मोटी पूँजी उन्होंने किसी आपात्कालीन स्थिति का सामना करने को अलग बचाकर रखी थी, वह सब देखते-ही-देखते काम आ गई। बेगम और बच्चों को जो अन्तरिम राहत के पैसे मिलना शुरू हुए उनसे कुछ घर का ख़र्च चलने में मदद मिली, लेकिन कितनी! दिनोदिन बढ़ती महँगाई, मज़दूरों के नित नए नखरे और खान साहब का तंग होता हाथ—वह लोग जिनसे पुराना लेन-देन था और बात के भरोसे माल उधार दे देते थे, उन्होंने भी आनाकानी और तरह-तरह के बहाने करने शुरू कर दिए, कारण यही कि जब बाज़ार में नक़द खरीदनेवाले हों तो कोई उधार क्यों दे।

देखते-देखते खान साहब का हँसता-बोलता स्वभाव चिड़चिड़ा हो गया और

इस चिड़चिड़ाहट और गुस्से में उन्होंने कुछ और ऐसे लोगों से सम्बन्ध बिगाड़ लिए जिनके यहाँ से अभी तक माल आता रहा था या कुछ ऐसे जो उनके बँधे हुए ग्राहक थे। अन्ततः उन्होंने जल्दबाज़ी में एक निर्णय लेकर लकड़ी-बल्ली का व्यापार बन्द किया और किसी दूसरे धन्धे की तलाश शुरू कर दी। इस बीच, जब खान साहब का धन्धा बैठ रहा था, उन्हें ख़बर मिली कि हलीमन का बड़ा बेटा, जो पहले उनका नौकर था, अपने बाप की दुकान शुरू कर चुका है और शहर में कहीं गोश्त बेच रहा था।

"कुछ दिनों में सब-कुछ ठिकाने लगाकर तब," खान साहब ने पहली बार अपने ग़ुस्से को आवाज़ दी थी—"फिर हाथ बाँधे खड़े होंगे! इनसान अपनी औक़ात रातोरात थोड़ी बदल सकता है!"

शब्द औक़ात का विश्लेषण किया जाए तो खान साहब यह कहना चाहते थे कि गोश्त बेचनेवाला कसाई, आप उसे दुनिया के धन्धे सुझा दें, मौक़ा मिलते ही गोश्त की एक दुकान डालेगा क्योंकि उसकी असलियत ही जानवरों को मारना, काटना और उनका गोश्त बेचना है।

"एक हम हैं," वह झूठी शहादत की मुद्रा में कभी-कभी कहते, "कि जब से पर्यावरण वालों की बात समझ में आई कि जंगल काटना ग़लत है तो अपना लकड़ी-बल्ली का अच्छा-ख़ासा कारोबार बन्द कर बैठे।" लेकिन उनके ऐसा कहने के अवसर कम ही आ पाते क्योंकि कुछ करने की चिन्ता उन्हें हमेशा घेरे रहती।

बेगम अच्छे और बुरे, दोनों हालात में सब्रो-शुक्र से रहना जानती थीं, इसलिए घर की तमाम ज़िम्मेदारियाँ अपने सिर लेती गईं। बेटी, पराई अमानत, उसे भी माँ-बाप दोनों ने कोई तंगी नहीं महसूस होने दी। बस, दोनों बेटों का निकम्मापन खान साहब के ग़ुस्से और कड़ुवाहट का निशाना बनता गया। नाख़ुश तो उन लोगों की करनी-धरनी से वह शुरू से ही थे, और मौक़ा मिलने पर अक़सर अपने दिल की बात कह भी गुज़रते थे, मगर कहीं एक सूफ़ियाना रवैया यह रहा था कि हर एक अपनी गत-दुर्गत की कहानी साथ लेकर पैदा होता है जिसे कोई दूसरा बिलकुल सिरे से बदल नहीं सकता। अब ऐसा भी होने लगा कि ग़ुस्से के उबाल में वह अपना यह सोच भूलने लगे और ऊँची आवाज़ और बुरे शब्दों में बेटों को उनकी औक़ात और निकम्मापन याद दिलाने लगे।

कई दिन से यह होने लगा था कि रात-रात भर बिस्तर पर करवटें बदलते, खान साहब जागते रहते। बदली हुई परिस्थितियों में अब उन्हें बेगम में भी दोष ही दोष नज़र आते, विशेषकर बेटों की खराब तरबियत के लिए वह उन्हें अकेले ही पूरी तरह ज़िम्मेदार ठहराते। रही बेटी, जो कुछ दिन बाद अपनी मेडिकल की शिक्षा पूरी करने वाली थी, तो खान साहब को यह पुख़्ता यक़ीन होता गया था कि तीनों औलादों

में से बेटी बाप पर पड़ी थी और दोनों बेटे अपनी माँ पर गए थे! वैसे, बेटी की शिक्षा पूरी होने का ख़याल भी उनके लिए एक दोधारी तलवार था—एक धार उसके डॉक्टर होने की ख़ुशी की, दूसरी उसके शादी-ब्याह की फ़िक्रमन्दी की। एक ओर वास्तविक दुनिया का बदलाव, दूसरी ओर खान साहब का डगमगाता मानसिक सन्तुलन—परिवार एक नाज़ुक परीक्षा के दौर से गुज़र रहा था। यहाँ यह था और दूसरी ओर हलीमन के घर, पति के इलाज के बाद और मुआवज़ा मिलने पर, बच्चियों की शादियाँ हो रही थीं, दावतें दी जा रही थीं। बेगम की तबीयत की खराबी की ख़बर भेजकर कई बुलावों के बाद वह मुश्किल से खान साहब के घर आई थी और अपनी व्यस्तता और मजबूरियाँ गिनाकर लौट गई थी। इतना उसने ज़रूर किया था कि अपनी बिरादरी से, एक काम करनेवाली औरत को खान साहब के घर भेजा था जो सौ नख़रों के साथ चन्द दिन काम करने के बाद, ग़ायब हो गई थी।

समय बीतने के साथ यह भी सामने आया कि खान साहब के परिवारवालों के क्लेम-फ़ॉर्म तो भरे, लेकिन मेडिकल चेकअप जैसी औपचारिकताओं में पड़ना किसी ने भी ज़रूरी या मुनासिब न समझा। यह उसके बावजूद कि अल्लाहवाले ने हलीमन के परिवार और उसके अलावा लगभग आधे मुहल्लेवालों का मेडिकल चेकअप कराने में मदद की थी। अब, जब मुआवज़े की राशि बँट रही थी तो चेकअप का महत्त्व समझ में आ रहा था, और इस बारे में भी खान साहब के मन में अपने परिवार के सदस्यों के प्रति गहरी निराशा थी।

हलीमन के बेटे की दुकान जम जाने की खबरें खान साहब को आए दिन मिलतीं जिसे वह अनसुना करना चाहते, यही कहकर कि बस! चन्द दिनों की बहार है सब। कुछ दिनों बाद, सब पैसा मिटाकर, फिर नौकरी माँगते खड़े होंगे। फिर जब दिल नहीं माना तो एक दिन वह छिपकर उसकी दुकान देख भी आए। सचमुच दुकान पर ग्राहकों की भीड़ थी और हलीमन का बेटा बड़े सलीक़े से ग्राहकों से पेश आ रहा था। अपने बेटों के निकम्मेपन के ख़याल से उदास, बोझिल क़दमों खान साहब घर लौट आए।

उस रात बेगम की मौजूदगी में दोनों बेटों की पेशी उनके सामने हुई।

"मैंने तुम्हें इसलिए बुलाया है," खान साहब ने बिना किसी भूमिका के अपनी बात शुरू की थी, "कि मैं बस एक महीने का वक़्त और दे सकता हूँ तुम दोनों को। उस बीच अगर कुछ काम-धंधा कर सकते हो घर का ख़र्च चलाने में हाथ बँटा सकते हो, तो इस घर में तुम्हारे लिए जगह है, वरना मैं तुम्हें इसकी छत के नीचे नहीं रहने दूँगा। जुआ खेलो, सट्टा लगाओ या कहीं से चोरी करके लाओ। कुछ नहीं तो अपनी दाढ़ी और सिजदे के निशान के नाम पर ही भीख माँगकर दिखाओ"(यह सम्बोधन, कहने की आवश्यकता नहीं, अल्लाहवाले से था)—"मेरे बस में यह घर चला पाना

नहीं रहा! हम जिन–जिन पर हँसते थे वही सब आज काम–धंधे से लगे हुए हैं, मकान बना रहे हैं, शादियाँ कर रहे हैं! तुम दोनों ही ऐसे कैसे अय्यूब सलाम बनकर इस घर में पैदा हो गए कि बग़ैर अल्लाह को जाने–समझे, उसके नाम के दीवाने और बदहाली में सब्र के पुतले बने हुए हो!'' और यकायक उन्हें ख़याल आया कि छोटे बेटे को अल्लाह या इबादत से कुछ ख़ास लेना–देना नहीं था, वह तो कपड़ों–जूतों का दीवाना था...''तुम छोड़ो यार, इस शहर भोपाल को! बम्बई वग़ैरह कहीं जाओ, जहाँ तुम्हें हाथोहाथ लिया जाए! फ़िल्म नहीं तो किसी टीवी सीरियल का ही हीरो बनकर दिखाओ। यहाँ काहे को अपने पेरशानहाल माँ–बाप का इम्तिहान लेने पर तुले हो!'' (उन्होंने दुनियावाले को शर्म दिलाई थी) ''...तुम दोनों के लिए क्या कुछ नहीं करना चाहा हमने। अपनी बहन को देखकर ही कुछ सबक लो, जो बिना किसी मदद के कुछ दिनों में डॉक्टर बननेवाली है। कान खोलकर सुन लो, यह घर अपने पीछे मैं तुम्हारे रहने को छोड़कर नहीं जाऊँगा। इसे बेचकर किसी कायदे के घर में बेटी की शादी करूँगा और कहीं झुग्गी–झोंपड़ी तानकर रहने लगूँगा। अरे बेशर्मो!'' उनके स्वर में गुस्से से अधिक पीड़ा थी, ''हलीमन के बेटे को देखकर ही अपने निकम्मेपन पर नादिम होओ, जिसने गैस के पैसों से अपनी दुकान शुरू की और आज उसे कामयाबी से चला रहा है। कुछ दिन में वह इस हैसियत में होगा कि तुम जैसे कितनों को अपने यहाँ नौकर रख ले! बल्कि, सच कहा जाए तो, तुममें तो इतनी लियाक़त भी नहीं कि उसकी नौकरी भी कर सको! वह तुम्हें नौकर भी रखे तो बड़ा एहसान करेगा तुम पर।''

ग़ुस्से और मायूसी में, उस रात, देर तक खान साहब बेटों को डाँटते हुए अपने जीवन संघर्ष की कहानी सुनाते रहे थे जिसकी, वैसे देखा जाए तो कोई आवश्यकता इसलिए नहीं थी कि अलग–अलग मूड और मौके पर वह उसे इतनी बार दोहरा चुके थे कि सारी तफ़सील घरवालों को ज़बानी याद हो गई थी। बेटे निकम्मे भले रहे हों, बला के सादतमन्द भी थे कि बिना एक लफ़्ज़ होंठों पर लाए या उफ़्फ़ भी किए, सब–कुछ सुनते रहे। उस रात मामला कहासुनी तक ही सीमित नहीं रहा, बल्कि भावुक होकर खान साहब पहले तो परिस्थितियों में आए बदलाव और अपनी लाचारी को लेकर आबदीदा हुए, और फिर बेचारगी के साथ रो पड़े। यह पहले कभी नहीं हुआ था, इसलिए सब लोग सहम गए। बेटी, जो अपने कमरे में बैठी सारी बात सुन रही थी, लपककर आई और बाप को कुछ दम–दिलासा देकर चुप किया। बेगम ने दो लफ़्ज़ तसल्ली के कहना चाहे तो खान साहब ने निहायत रुखाई से उन्हें यह कहकर चुप कर दिया कि जो कुछ भी बिगाड़ के नाम पे सामने था, उसके लिए बड़ी हद तक वह भी ज़िम्मेदार था।

''एक महीने का वक़्त है'', अपनी बात ख़त्म करते हुए उन्होंने दोनों बेटों से सम्बोधन किया था, ''उसमें तुम्हें दिखाना है कि इस घर में तुम्हारे लिए जगह है या

नहीं! और अब मुझसे किसी रहम की उम्मीद मत रखना। दिल चाहे तो इसे मेरा एकतरफ़ा फ़ैसला ही समझ लो।''

यहाँ तक पहुँचकर हमारी कहानी में एक पड़ाव आता है। खान साहब और उनके परिवार की मौजूदा परेशानी बयान करते हुए हम एक ऐसी तफ़सील को अनदेखा कर गए जिसका, आगे जो कुछ होना है उससे गहरा सम्बन्ध है और जिसका उल्लेख किए बिना हम अपनी बात आगे नहीं बढ़ा सकते। कहानी का कोई और उद्देश्य होता तो हमें इस जानकारी की कोई आवश्यकता न होती कि खान साहब की किस-किस से क्या रिश्तेदारी थी, और रिश्तेदारों में किससे उनके सम्बन्ध मधुर थे, किससे कड़वे और कौन उन्हें और वह किसे नीचा दिखाने की ताक में रहते थे। और गैस रिसायन के अलावा, वह कौन-सी छोटी या बड़ी दुर्घटनाएँ थीं जिन पर अनेक दोस्तियों और दुश्मनियों की बुनियाद रखी थी।

किसी परिवार की परिस्थितियों में आई ऊँच-नीच में एक बड़ा, या सबसे बड़ा हाथ उसकी आर्थिक स्थिति में बदलाव का होता है। इस खाते-कमाते ख़ुशहाल परिवार में कोई बात अगर ग़लत या उम्मीद के ख़िलाफ़ भी हो जाए तो उसकी सीधी आलोचना करने की हिम्मत लोग नहीं कर पाते और ऐसी बातों को अपने सीने का राज़ बनाकर रखते हैं। फिर मुक़द्दर से अगर उसी घर को कभी बुरे वक़्तों का सामना करना पड़ जाए तो मुहल्ले की बकरी भी शेर बनकर बात करती है। छोटी बुराइयों को ख़ूब बड़ा किया जाता है, पुराने मुर्दे उखाड़े जाते हैं और उनका ख़ूब डटकर प्रचार किया जाता है। इसमें बदले की भावना प्रत्यक्ष होती है, और अपने क़रीबी रिश्तेदार ही ऐसा करने में सबसे आगे होते हैं। इस बुरे वक़्त में, आदमी का घेरा बहुत कुछ उसी घेरे में मिलता-जुलता होता है जिसमें जानवर शिकार किए जाते हैं। कहानी की आवश्यकता है कि ऐसा ही कुछ खान साहब और उनके परिवार के साथ भी हो।

यह हो, इसके लिए हमें कुछ नए चरित्र और अतीत में बीता कुछ आविष्कार करना पड़ेगा। यह मानकर चला जाए कि खान साहब की इकलौती छोटी बहन थीं जिनसे उनके सम्बन्ध हमेशा प्यार-मुहब्बत के रहे थे लेकिन बहन के पति, खान साहब के बहनोई का स्वभाव कुछ ऐसा था कि खान साहब ही नहीं, सारे रिश्तेदारों में उनकी किसी से भी नहीं पटती थी। बहनोई का बड़बोला और अपने सामने सबको कमतर समझनेवाला ऐसा चरित्र बनाया जाए जिससे पहले न तो पत्नी को सुख मिला हो, और फिर जो औलादें हुई हों वह भी घुन्नी और नालायक हों, इस हद तक कि उनकी ख़ुद अपने माँ-बाप तक से न पटती हो। दो बेटे तो ख़ुद खान साहब के हैं, इसलिए कुछ बदलाव की ख़ातिर इनके तीन बेटे रखे जाएँ जिनमें खान साहब के बेटों से बड़ी समानता यह हो कि वह भी हाईस्कूल से आगे नहीं पढ़ पाए हों। वैसे, निम्न-मध्यवर्गीय परिवारों में लड़कों की असली हालत भी यही है : बच्चियाँ पढ़ रही हैं, लड़के पढ़

नहीं पा रहे और दुनिया की ख्वारी और आवारागर्दी में व्यस्त हैं। बहनोई के बच्चे खान साहब के बच्चों से उम्र में बड़े रखे जाएँ, जिस कारण वह अपनी शिक्षा छोड़ने के बाद अभी तक छोटे-मोटे काम-धन्धों में लग चुके हों और उनका शादी-ब्याह भी हो चुका हो। बाप-बेटों के बीच रिश्ता ऐसा रखा जाए कि आए-दिन आपस में तकरार चलती हो जिसे सुलझाने घर में पंचायतें बैठतीं और झगड़ों का तस्फ़िया करती हों।

कहानी को लेखन के स्तर पर थोड़ा आसान बनाने के लिए बेहतर होगा कि खान साहब की बहन को तरह-तरह की बीमारियों का शिकार करके, अपने ही घर में एक ख़ामोश तमाशाई की-सी हैसियत दे दी जाए। उनका घर और खान साहब का घर पास-पास ही रखे जाएँ और दोनों में रोज़ का आना-जाना रहे। सतही तौर पर ऐसा कोई विवाद भी नहीं हो जिसके कारण कोई दूरी बन सके। ख़ासतौर पर खान साहब के बड़े बेटे अल्लाहवाले को, जिसे दूसरों के छोटे-छोटे काम करके सवाब कमाने का चाव है, दिन में दो-तीन चक्कर अपनी फफू के घर के लगाता दिखाया जाए। यह उसके बाद भी कि फूफा ख़ास तौर पर उसी को नापसन्द करते हों। इसके लिए कोई कारण खोजा जा सकता है—ऐसा कि बच्चों के बड़े होने के तकाज़े समझनेवाला बुज़ुर्ग उसे लेकर अपने दिमाग़ में कभी गिरह न बाँधे। फूफा में ऐसी दिमाग़ी परिपक्वता ही न हो।

यह सोच लिया जाए कि कभी, अल्लाहवाले की जवानी की शुरुआत में, इन फूफा ने उसे अपने घर में काम करनेवाली एक लड़की के साथ पकड़ लिया हो और खान साहब को बुलाकर उनके सामने अल्लाहवाले से सवाल-जवाब करके उसे झूठा साबित करके, उसकी जमकर पिटाई करवाई हो। बेटे के अपनी ग़लती क़बूल कर लेने पर खान साहब ने उसे सज़ा देने में कोई रिआयत भी न की हो। नौकरानी को घर से चलता किया गया हो और खान साहब की अम्माँ को तब जीवित दिखाया जाए, दबे अलफ़ाज में जिनसे घटना का ज़िक्र करने के बाद उनके मशवरे से, सबने यह तय किया हो कि इस बात का ज़िक्र ख़ानदान में किसी और के सामने न किया जाए। इसके कोई दो साल बाद तक, अल्लाहवाले का अपनी फफू के घर आना-जाना बन्द कर दिया जाए।

फिर, समय के साथ-साथ खान साहब के ज़ेहन में इस घटना की याद धुँधली पड़ने दी जाए लेकिन उनके बहनोई अपने दिल में यह पुख़्ता कर लें कि उनके साले का बड़ा बेटा बदकार भी है और मक्कार भी। वह उसके हर काम को हमेशा शक़ की नज़रों से देखें और उसकी मंशा में उन्हें खोट-ही-खोट नज़र आए। उनके ख़याल में उसका हुलिया दुनिया को ठगने का एक स्वाँग हो और नमाज़-रोज़ा महज़ ढकोसला-दिखावा। हालाँकि प्रमाण इसका उनके पास कोई न हो मगर वह मानकर यही चलें कि मुहल्ले के जिस घर में उसका आना-जाना हो, वहाँ कोई लड़की ज़रूर होनी

चाहिए, और लोगों का भला करने की आड़ में वह सट्टा-जुआ चलाता हो। खान साहब के इन बहनोई के साथ मुख्य समस्या यह हो कि मज़हब में बताए हलाल और हराम, सही और ग़लत में से जितने सही या हलाल काम ख़ुद उनसे हो जाते हों, वह बस उसी की जवाबदारी समझते हों, जो छूट जाएँ उसकी उनके लिए कोई पूछताछ न हो! जाने कितने आत्मीयों पर उन्होंने जुल्म किए हों, कितनों से लेन-देन में हेरफेर और कितनों की ज़मीन-जायदाद दबाए बैठे हों। यह सब, क्योंकि वह ख़ुद कर रहे हों इसलिए उनकी अन्तरात्मा ही उस सबको हलाल और ठीक समझने लगी हो, या फिर यह कि समझने-बूझने के झमेले ही में न पड़ना चाहती हो। जहाँ तक परिवारों की आर्थिक स्थिति का सवाल है तो दोनों परिवारों की आर्थिक स्थिति लगभग समान ही रखी जाए, बल्कि किन्हीं अर्थों में, आमतौर पर, खान साहब की हालत अपने बहनोई से हमेशा बेहतर ही रही हो।

पाठक समझ रहे होंगे कि खान साहब के बहनोई और परिवार की इस प्रकार परिकल्पना करते हुए हम दरअसल अपने उस खलनायक को गढ़ रहे हैं, जिसके बिना हमारी इस समस्याप्रधान पारम्परिक कहानी की गाड़ी आगे नहीं बढ़ सकती। हमें चाहिए एक ऐसा चरित्र जो खान साहब की मौजूदा परेशानी का फायदा उठाते हुए उन्हें ऐसा परेशान करे कि खान साहब तो खान साहब, इस कहानी को पढ़नेवाले पाठक भी भूल न पाएँ। हमें वास्तव में खान साहब को बेबसी के उस कगार पर ले जाकर खड़ा करना है जिसके आगे कोई आस या उम्मीद न हो। और ऐसा करने में उनका सबसे क़रीबी रिश्तेदार, बहन का शौहर समर्थ हो तो फिर बात ही क्या! स्याह और सफ़ेद का विभाजन बहुत सरलता से हो जाएगा और हमें अधिक मेहनत नहीं करनी पड़ेगी।

यह तथ्य पूरी तरह ज़ेहन में बिठाने के बाद हम अपनी कहानी को आगे बढ़ाते हैं। यह पड़ाव यहीं पर समाप्त होता है और हम अपने चरित्रों के संसार में दोबारा लौट जाते हैं।

तो, खान साहब के ऐसे एक बहनोई थे, जिसकी कल्पना और वर्णन हमने अभी कुछ पहले किया है। एकदम से बिगड़ी आर्थिक स्थिति में एक-दो बार ऐसा भी हुआ कि खान साहब को अपनी किसी फ़ौरी ज़रूरत पूरी करने के लिए इन बहनाई से कर्ज़ माँगना पड़ा, जो वादे के अनुसार उन्होंने वापस भी कर दिया। लेकिन तीसरी बार जब ऐसा अवसर आया तो उन्होंने ख़ुद अपनी तंगी की झूठी और लम्बी कहानी सुनाने के बाद मदद करने से इनकार कर दिया। खान साहब ने उनसे तो कुछ नहीं कहा लेकिन, मन-ही-मन अपनी मूर्खता को कोसते घर वापस लौट आए और फ़ैसला किया कि अब किसी रिश्तेदार के सामने अपनी परेशानी बयान नहीं करेंगे।

बेटों को तकतरफ़ा फ़ैसला सुनाने के लगभग एक हफ़्ते बाद की बात है कि

खान साहब का बड़ा बेटा अल्लाहवाला घर में परेशानहाल दाख़िल हुआ। उस समय खान साहब टीवी पर ख़बरें देख-सुन रहे थे—अपनी गुत्थी, परेशानी की कोई शक्ल बाहर दुनिया में तलाश करने की कोशिश करते हुए। इसलिए उन्हें बेटे के आने की ख़बर भी नहीं हुई, चौंके वह तब, जब बेगम ने उन्हें पुकारा।

''यह बता रहा है,'' बेगम ने अल्लाहवाले की ओर इशारा करते हुए कहा, ''कि फूफी के घर पच्चीस हज़ार रुपए की चोरी हो गई है, और फूफा कह रहे हैं हमें तुम पर शक है! सच-सच बताओ, वरना हम पुलिस में रिपोर्ट करने जा रहे हैं।''

खान साहब बेगम की बात का सिर-पैर ही नहीं समझ पाए लेकिन उनका स्वर और बेटे के चेहरे पर मँडराते चिन्ता के बगूले उनके ध्यान आकर्षण को काफ़ी थे। उन्होंने बात सविस्तार जानने का आग्रह किया और जो तथ्य उनके सामने आए वह कुछ यूँ थे : पन्द्रह मिनट के अन्दर यह करामात हुई थी कि खान साहब के बड़े भानजे ने पच्चीस हजार रुपए लाकर अपने कमरे की अलमारी में रखे थे और ताला लगाने के बाद किसी काम से चला गया था। पन्द्रह मिनट बाद जब उसने दोबारा ताला खोला था तो रक़म ग़ायब थी। कुछ महीने पहले भी कोई, उसी कमरे और अलमारी से, सबकी आँख में धूल झोंककर कुछ ज़ेवर ले गया था जो लाख कोशिश, पुलिस रिपोर्ट, तावीज़-टोना करने के बाद भी नहीं मिल पाए थे। लेकिन इस बार तो और बिलकुल हद ही हो गई थी। न किसी के आने-जाने के निशान थे, न ताले से लड़ने-झगड़ने के। सब इस सोच-समझ और योजना से किया गया था जैसे घर के ही किसी आदमी ने किया हो—कोई ऐसा आदमी जो घर और घरवालों की गतिविधियों को बारीक़ी से जानता हो और चोरी करने के अवसर की ताक में हो। अल्लाहवाले की ओर सन्देह की उँगली सबसे पहले यूँ उठती थी कि बहनोई के अनुमान के अनुसार चोरी जिस बीच हुई थी उसी बीच अल्लाहवाला भी उनके घर आया-गया था। यह सतही तौर पर सच इसलिए था कि वह उस छोटे बच्चे, बहनोई साहब के पोते और उन्हीं भानजे के बेटे को वापस छोड़ने गया था जिसे बहनोई की बहू अक़सर ख़ुद काम करने के लिए फ़ुरसत को, खान साहब के घर भेज देती थी। खान साहब, बेगम और उनके परिवार के सारे सदस्य ही बच्चों से स्नेह करते थे। ऐसा प्रायः रोज़ ही होता था और बच्चों को लाने-ले जाने का ज़िम्मा अल्लाहवाले का रहता था।

''तुमने...,'' खान साहब के लिए यह विश्वास कर पाना सम्भव नहीं था कि उनकी औलाद पर चोरी का इल्ज़ाम भी लगाया जा सकता है, ''...समझाया नहीं?'' उनके स्वर में गुस्सा और झुँझलाहट आ सिमटे थे।

''मैंने उनसे यही कहा...'', अल्लाहवाले की उलझन और परेशानी उसके तमतमाते चेहरे और टूटते स्वर से व्यक्त थी, ''कि मैं मस्जिद में चलकर क़सम खा सकता हूँ, कुरान शरीफ़ उठा सकता हूँ।''

''फिर?'' खान साहब मामले की गहराई समझने की मोहलत चाहते थे।

"वह कहते हैं हमें फ़िजूल की चीज़ों में दिलचस्पी नहीं! चोरी हुई है और हम जानते हैं, तुमने की है। या तो सीधे-सीधे क़बूल कर पैसे वापस कर दो, नहीं तो हम पुलिस में रिपोर्ट करेंगे। वे लोग अपने तरीक़ों से सब उगलवा लेंगे।"

"उन्होंने अपनी आँखों से तुम्हें चोरी करते देखा है?"

"अब मैं क्या कह सकता हूँ, साहब! मैंने तो हर तरह उन्हें यक़ीन दिलाने की कोशिश की, मगर वह यही कहते हैं कि हमसे उड़ने की कोशिश मत करो। हमें तुम्हारी सारी कारस्तानियाँ पता हैं। एक बार हवालात में बन्द होगे तो सब ख़ुद-ब-ख़ुद उगल दोगे।"

"अबे, क्या उगल दोगे? कुछ हमें भी तो पला चले?" खान साहब का ग़ुस्सा बढ़ता जा रहा था।

"मुझे क्या मालूम साहब! वह मेरी बात ही कहाँ सुन रहे थे। बस, अपनी-ही-अपनी कहे जा रहे थे।"

"तुम्हारी फफू कुछ नहीं बोलीं? और उनके तीनों बेटे...तुम्हारे भाई?"

"फफू अन्दर थीं, उनसे सामना नहीं हुआ। मुझसे यह कहकर कि अब्बू को कुछ बात करनी है, भाई ही ले गए थे," अल्लाहवाले ने दबे अल्फ़ाज़ में कहा था कि इस षड्यंत्र में बाप-बेटे सब शामिल थे।

घर में पराजय और शोक का वातावरण ऐसे रोगी-सा पसर गया था जो अपने जीवन की आख़िरी साँसें ले रहा हो। सब जानते हों कि वह बच नहीं सकेगा लेकिन जिसका बचना ख़ुद उनके जीवन की सबसे बड़ी आस हो। उसे बचा न सकें तो कम-से-कम उसकी अन्तिम साँसें गिनकर ही वह अपनी उपस्थिति के दायित्व का निर्वाह करना चाहते हों।

खान साहब समझ नहीं पा रहे थे कि मौजूदा परिस्थिति में क्या किया जाए और घर के अन्य सदस्य यूँ भयभीत हो उठे थे जैसे कुछ ही देर में पुलिस की गाड़ी घर के बाहर आकर रुकेगी और सबको ले जाकर थाने-हवालात में बन्द कर देगी, यह क़बुलवाने कि चोरी अल्लाहवाले ने ही की थी और उसकी साजिश में वह सब मानसिक रूप से शरीक़ थे। सारे प्रमाण यह साबित करते थे कि बेटे ने बाप की तंगहाल और परेशानी देखते हुए पैसा हासिल करने को यह काम किया था।

उस पल की परेशानी में घर के सब लोग, हद यह कि ख़ुद खान साहब भी, यह भूल गए कि हाथ में रक़म न होना, या धन्धे का न चलना एक अलहदा बात थी लेकिन परिवार की अपनी हैसियत और साख ऐसी थी कि पच्चीस हज़ार रुपए उसके सामने कुछ मायने नहीं रखते थे, और आगे जब समस्या का समाधान हो चुका हो तो जो कोई भी ठंडे दिमाग़ से इस इल्ज़ाम को सुनेगा वह बहनोई को थू-थू करेगा। अभी तो खान साहब थे और उनकी परेशानी, जिसमें घिरकर उनका मन कर रहा

था दीवार पर टँगी पुरखों की पगड़ीधारी, लम्बी मूँछें और अँगरखे पहनी तलवारों और बन्दूकों से लैस तस्वीरें उतारकर उनके फ्रेम तोड़कर चिन्दी-चिन्दी कर दें। यह किसका अदृश्य, अस्पर्शीय, झूठा बोझ था—वह रह-रहकर ख़ुद से सवाल कर रहे थे, जो उन्हें बौना कर गया था। इन तस्वीरों को इनके जनाज़ों के साथ ही दफ़ना दिया गया होता तो कितना बेहतर रहता। जीने के नाम पर वह आज तक किसका स्वाँग रचने की कोशिश में लगे रहे! ख़ुद का क्या किया और औलादों का क्या हश्र बन रहा था! और आज इन्हीं, फ्रेम में मूँछों को ताव देते बुज़ुर्गों की वह औलादें, खान साहब की रिश्तेदार कहाँ थीं जिनके पास पैसा और जीने के संसाधन मौजूद थे! त्योहारों तक पर कोई नहीं फटकता था, उलझन या परेशानी की तो बात ही क्या। जो एक झूठा और धुँधला-सा ताल्लुक़, ख़ानदान से बना रह गया था वह सिर्फ़ बिटिया की वजह से, कि वह डॉक्टर बननेवाली थी और कुछ परिवार उससे रिश्ता करना चाहते थे। एक बार वह जो अपने घर की हुई फिर तो कोई पलटकर देखनेवाला भी नहीं मिलेगा।

बेगम परछाईं में बदल गई थीं, अल्लाहवाले के चेहरे पर वह तमतमाहट थी जिसे बुख़ार की हरारत से तो जोड़ा जा सकता था, नूर नहीं कहा जा सकता था। और छोटा बेटा उँगलियों से पतलून की क्रीज़ दुरुस्त करता, मुँह अपनी जाँघों पर धरे, शायद बूट की चमक में अपना चेहरा देखना चाह रहा था। बेटी कहीं बाहर गई हुई थी और घर लौटने पर जब उसे सारी बात मालूम हुई, तो कुछ परेशानी के बावजूद उसने खान साहब को दिलासा देते हुए कहा, "आप इतने परेशान क्यों होते हैं? उनके इल्ज़ाम लगाने से भाई चोर तो नहीं साबित हो गया।"

खान साहब ने उसे याद दिलाया था, "बेटी, मामला पुलिस तक पहुँचने का है। अल्लाहवाला अगर एक बार अन्दर हो गया तो क्या तो वहाँ उसके साथ सलूक होगा और क्या हम दुनिया को मुँह दिखाने के लायक़ रहेंगे।"

"हमारी एक क्लास-फेलो है, उसके अब्बा पुलिस कमिश्नर हैं," बेटी यूँ हार माननेवाली नहीं थी, "वह हमसे भी बहुत लाड़-प्यार करते हैं। हम अभी उन्हें फ़ोन करते हैं, यह फूफा ने ख़ुद को आख़िर समझ क्या लिया है!"

बात यहीं तक हुई थी कि घर में हलीमन का नाटकीय प्रवेश होता है। उसका इस तरह, ऐसी नाजुक घड़ी में आ टपकना खान साहब को एक आँख नहीं भाता। अव्वल ही, पिछले समय में उसमें आए परिवर्तन को लेकर वह उससे सख़्त ख़फ़ा होते हैं, इसलिए लगता है आने की यह घड़ी चुनने में भी हलीमन की मंशा उनकी मजबूरी का मज़ाक़ बनाना और ख़ुद पर तथा ख़ुद की औलाद के किए पर इतराना था। वक़्त की करवट, ज़मीन-आसमान की गर्दिश, अपना-अपना मुक़द्दर...खान साहब अपनी ठंडी साँस में तरह-तरह के शीर्षक की गिरहें लगाते सोचते हैं। लेकिन जब वह ध्यान से देखते हैं तो हलीमन के चेहरे पर चिन्ता की रेखाओं का जाल बना नज़र आता है, और वह गहरी परेशानी में डूबी दिखती है। हो गया होगा घर में कुछ

उलटा-सीधा, वह अन्दाज़ा लगाते हैं। आख़िर सब ठिकाने लगाने के बाद इसे आना तो यहीं था। पति बीमार हो गया होगा, या बेटे का दुकान पर किसी से झगड़ा-टंटा हो गया होगा मगर आने को भी इसने कौन-सी घड़ी चुनी, कि वह अगर चाहते तो भी उसकी कोई सहायता नहीं कर पाते।

"यह क्या हो गया भाभीजान?" उन्होंने सुना, हलीमन, बेगम से इस तरह पूछ रही थी जैसे उसे मामले की सारी जानकारी हो।

"क्या हो गया?" बेगम ने मामले की पर्दापोशी करने को अनजान बनने का नाटक करना चाहा था।

"अरे भाभीजान!" हलीमन ने अपने ख़ास अन्दाज़ में हाथ नचाकर ऊँची आवाज़ में कहा था, "मैं तो आपा के इधर गई, इज़्न देने कि परसों बेटे की मँगनी की रस्म है, और वहाँ देखा कि यह जलसा हो रहा था। दूल्हा भाई चिल्ला-चिल्लाकर बड़े मियाँ (अर्थात् अल्लाहवाले) को कोस और बुरा-भला कह रहे हैं। आपा बेचारी मना कर रही हैं, चुप होने को कह रही हैं। लेकिन उनकी सुनता कौन है! और तो और, बहुएँ भी वही दोहरा रही हैं जो ससुर या उनके मियाँ कह रहे हैं। मैंने आपा से पूछा—पच्चीस हज़ार की चोरी और शक, अल्लाह उनको जीता रखे, अपने बड़े मियाँ पर? मैंने कहा—सोच के तो देखो दूल्हा भाई आप क्या कह रहे हो! बड़े मियाँ जैसा बच्चा चोरी करेगा! और वह भी अपनी सगी फूफी और फूफा के घर! इस पर तो, भाई साहब—(अब हलीमन का सम्बोधन खान साहब से था)—उन्होंने बड़े मियाँ के लिए ऐसी गन्दी-गन्दी बातें कही हैं कि तौबा! मैंने कहा, दूल्हा भाई औरत-मर्द, लड़की-लड़के से ज़िन्दगी में कभी ऊँच-नीच हो सकती है। देखो, हम सब मिट्टी के बने हैं, फ़रिश्ते तो हैं नहीं। लेकिन बड़े मियाँ, अल्लाह उन्हें जीता रखे, चोरी कर सकते हैं यह तो कोई जलते तवे पर बैठकर कहे तो भी हम नहीं मानेंगे। इस पर मुझ पर ही बिगड़ पड़े! मैंने कहा—साब, बड़े मियाँ क्यों चोरी करेंगे, उनके घर ख़ुदा का दिया सब ही कुछ है, और इस थोड़ी उम्र में उनकी यह हालत है कि किसी को परेशान देख लें या कोई सवाल कर बैठे तो जो कुछ पास हो, सब उसे दे देते हैं। आप इतने बड़े दिल के बच्चे पर चोरी का इल्ज़ाम लगा रहे हो! तौबा, तौबा! कहने लगे हाँ! वह सुल्ताना डाकू है, अमीरों की दौलत लूटकर ग़रीबों में ख़ैरात करता है! और उसके घरवालों की गिरह में अगर कुछ होता तो हमारे साले साहब आए दिन हमारे सामने हाथ फैलाए न खड़े होते। सब घरवालों की मंशा और मर्ज़ी से हुआ है। जब ख़ुद माँगने से काम नहीं चला तो बेटे को चोरी का इशारा कर दिया। बेचारी आपा पूरे वक़्त उनसे चुप होने और बेवजह बात न बढ़ाने का कहती रहीं मगर उनकी सुनता कौन है! मैंने भी जब ज़्यादा एतराज़ किया, तो वह तू-तड़ाक पर उतर आए। कहने लगे, अगर उन लोगों से ऐसी हमदर्दी है तो यहाँ क्या कर रही हो, उनको इस वक़्त तुम्हारी ज़्यादा ज़रूरत होगी। जाओ, जाकर

दम-दिलासा दो! मैंने तौबा की भाई साहब, जो अब उस घर की डेवढ़ी में भी क़दम रखूँ।''

हलीमन अपनी बात पूरे जोश से कहने में थक गई थी और अब आँखें फाड़े परिवार के सदस्यों के बीच सवालिया निशान बनी खड़ी थी। उसके अन्दाज़ से लग रहा था जैसे जानना चाहती हो कि आगे क्या किया जाए।

खान साहब, इस पल बिना कुछ कहे-सुने घर के मंच से प्रस्थान कर गए थे, कुछ पल सड़क पर अकेले टहलने और दरपेश समस्या का कोई सम्भावित समाधान सोचने को। बहनोई के स्वभाव के हलकटपन को वह ख़ूब अच्छी तरह समझते थे और यह भी कि अगर उन्होंने पुलिस की बात की थी तो उसे वहीं तक पहुँचाकर छोड़ेंगे। वैसे भी उनकी सोहबत गुंडा-पेशा लोगों और बदमाशों की थी, जहाँ से पुलिस तक महज एक चोर-दरवाज़े का फासला होता है। जो बात खान साहब को किसी तरह समझ में नहीं आ रही थी वह यह कि आख़िर क्या था जिसका बदला बहनोई उनसे इस तरह ले रहे थे। या फिर—एक ख़याल बिजली की तरह उन पर गिरा—कहीं सचमुच ऐसा ही तो नहीं कि अल्लाहवाले ने चोरी की हो! और वह प्यार की वजह से बेटे की कारस्तानी समझ नहीं पा रहे। अभी कुछ दिन पहले जो उन्होंने दोनों बेटों की डाँट-डपट की थी और कुछ कर दिखाने का अल्टीमेटम दिया था—कहीं यह उसी का नतीजा तो नहीं था?

खान साहब उलटे पाँव तेज़ी से घर लौटे थे जहाँ, इस बीच बेगम ने किसी मशवरे या मदद की उम्मीद में अपने छोटे भाई को बुलवा लिया था और हलीमन भी कोने में एक चौकी पर बैठी थी। कुल मिलाकर घर का वातावरण—ख़ामोशी, उतरे हुए चेहरे और एक-दूसरे से यकायक पैदा हो गई दूरी, किसी ऐसे घर की याद दिला रहा था जहाँ मौत हुई हो और ग़ुसल और क़फ़न की कार्यवाही के दौरान कुछ लोग दुख, तो दूसरे ऊब से वक़्त काट रहे हों। बेगम के भाई, यानी खान साहब के साले भी थे तो बड़े चिन्तित, लेकिन उससे भी मोटी इबारत में 'मेरे पास भला पच्चीस हज़ार रुपए कहाँ हैं?' उनके समूचे अस्तित्व पर गुदा हुआ था।

''तुम मेरे सामने,'' खान साहब ने अल्लाहवाले को अकेले, अपने साथ, ख़ुद के कमरे में ले जाकर कहा था, ''क़ुरान शरीफ़ पर हाथ रखकर कहो कि तुमने चोरी नहीं की।''

अल्लाहवाले ने पल भर को बाप को अजीब नज़रों से देखा था लेकिन अगले ही पल वह कर दिया था जो उनका आग्रह था। यानी क़ुरान पर हाथ रखकर क़सम खा ली थी कि उसका पच्चीस हज़ार की चोरी से कुछ लेना-देना नहीं था।

यहाँ, अल्लाहवाले के क़सम खाने पर, हम खान साहब को एक लम्बी साँस लेते हुए दिखा सकते हैं—अगर वह साँस गरम हो तो इस इत्मीनान के कारण कि

शुक्र है, मेरा बेटा चोर नहीं, और अगर वह ठंडी हो तो इस निराशा में डूबकर कि मेरी औलाद में यह योग्यता भी नहीं कि चोरी ही कर सकें। यह नाअहली तो है कि शक्ल और हरकतों से लोग चोरी का इल्ज़ाम दे सकें, मगर यह गुण नहीं कि चुराएँ और इल्ज़ाम न आए। या कम-से-कम वह तो चुरा ही लें जिसका इल्ज़ाम सिर धरा जा रहा हो। कभी-कभी पूर्णत: निस्सहाय होने का एहसास व्यक्ति को यह सोचने पर मजबूर कर सकता है जिसकी क्षण भर पहले तक ख़ुद उसे कल्पना भी न हो और जिसे आइन्दा फिर सामान्य परिस्थितियों में, वह कभी सोचने की हिम्मत नहीं कर पाए। खान साहब अगर ऐसा सोचते हैं तो इसमें अधिक आश्चर्य की बात नहीं, क्योंकि वह जिस समय में जी रहे हैं, उन्हें लगता है, वह मानवीय मूल्यों को दरपेश, बड़े संकट का समय है जिसमें कोई भी, किसी भी समय, कुछ भी कर सकता है। इस करने में उसकी मर्ज़ी या मंशा का शामिल होना क़तई ज़रूरी नहीं। यह संकट का काल भोगना इन्हीं की पीढ़ी का भाग्य है, बस! और मौजूदा हालत में अगर अल्लाहवाला पच्चीस हज़ार रुपए, ख़ामोशी से, खान साहब की हथेली पर रख देता तो वह क्या करते, यह अनुमान लगाने की बात एक दूसरी कहानी का विषय होता।

खान साहब ने वापस आकर ऐलान किया था कि अब और जागकर रात ख़्वार करने का कोई मतलब नहीं था। अब अगला क़दम बहनोई जो भी उठाएँ, सुबह ही होगा। देखते हैं, पुलिस को बुलाते हैं या क्या करते हैं। काश कि उस वक़्त उनके पास पच्चीस हज़ार रुपए होते जिन्हें ख़ैरात समझकर बहनोई के मुँह पर मारकर वह हमेशा के लिए रिश्ता तोड़ सकते! ख़ैर, जो लोग नेकी का सौदा करते हैं, काँटे भी उन्हीं की राह में बिछाए जाते हैं। अल्लाहवाले के मुक़द्दर में अगर हवालात और उसकी पीड़ा लिखी है तो वह भी खन्दा-पेशानी भुगतेगा। बेक़सूर को ऐसी आज़माइशें उसके इरादों में पुख़्ता ही करती हैं। अफ़सोस कि आज के दिन एक बेक़सूर की मर्यादा की रक्षा के लिए वह पच्चीस हज़ार रुपए की हक़ीर रक़म नहीं जुटा सकते।

बेटी ने फिर क्लास-फेलो के पिता, पुलिस कमिश्नर की याद दिलाई थी जिस पर बहुत मजबूरी की हँसी हँसकर उन्होंने कहा था, "बेटी, कमिश्नर से किसी और काम के लिए कहा जाता तो ठीक था। किस मुँह से उनसे यह कहोगी कि तुम्हारे भाई पर चोरी का इल्ज़ाम है। और लगानेवाले कौन हैं—ख़ुद तुम्हारे सगे फूफा। और फिर इसने जो अपना हुलिया बना रखा है..." जाने कहाँ से हँसने की इतनी ताक़त खान साहब में आ गई थी "...बिलकुल अफ़गान छापामारों का, कि बकरौट दाढ़ी, माथे पर काला निशान, उटक्का पाजामा—डेढ़ गज़ रूमाली वाला, और सिर पे कीट खाई टोपी—जो भी एक नज़र देखेगा यही ताईद करेगा कि ज़रूरतमन्द लगता है, ज़रूर चोरी की होगी! दिल में किसी के क्या है, आजकल कौन देखता है! सबकी नज़र तन के उजलेपन पर जाकर रुक जाती है, कि यह बड़े नेक हैं और ज़िन्दगी में ख़ुद के सिवा कभी किसी का नुक़सान नहीं किया, यह कितने लोगों को जानने

का मौक़ा और फ़ुरसत है। वैसे यह एक बिलकुल अलग और इनका निजी मामला है। सुबह होने दो, देखें ऊँट किस करवट बैठता है। फिर अगर ऐसा ही लगा तो कर लेंगे तुम्हारी दोस्त के अब्बा से दरख़्वास्त, और माँग लेंगे उनकी मदद भी। बहरहाल, अभी ख़ुद को और परेशान मत करो, हम ख़ुद भी सोने जा रहे हैं।''

कहने की बात नहीं कि उस पल वहाँ से जो भी उठा, वह बेगम हों, उनके भाई हों, हलीमन या अल्लाहवाले समेत खान साहब की तीनों औलादें, सबने सोचने का नाटक करते , रात आँखों में गुज़ार दी। और अगली सुबह खान साहब के घर मुर्ग़े ने सूरज निकलने से काफ़ी पहले ही बाँग देकर सबको जगा दिया।

दिन की कार्यवाही लगभग दस बजे ख़ानदान के एक बुज़ुर्ग के आगमन से शुरू हुई जिन्हें बहनोई ने बीच में डालने को चुना था। बुज़ुर्ग अच्छी नीयत के एक भलेमानस थे जो चाहते थे मामला पुलिस में जाने के बजाय, किसी तरह रफ़ा-दफ़ा हो जाए।

''आप बताएँ किस तरह ?'' खान साहब ने सादगी से बुज़ुर्ग से मशविरा चाहा था।

''उन्हें तो आप जानते हो'', बुज़ुर्ग ने खान साहब को अपने विश्वास में लेते हुए बहनोई के बारे में कहा था, ''तबीयत ही फ़ित्ने और फ़साद की पाई है। जो इनसान अपने बूढ़े बाप से उसके आख़िरी दिनों में बदतमीज़ी कर सकता है, या सगे भाइयों की ज़मीन पर क़ब्ज़ा कर सकता है, उससे किसी अच्छे बरताव की उम्मीद क्योंकर की जा सकती है।''

''सवाल ही नहीं उठता,'' खान साहब बुज़ुर्ग से सहमत थे, ''मुझे ख़ुद दरअसल निराशा अपनी बहन से है, जो चाहती तो शायद बदतमीज़ी इस हद तक न बढ़ पाती। उनकी औलाद से भी मुझे कभी कोई उम्मीद नहीं रही, हालाँकि काम-धन्धे के सिलसिले में ख़ुद हमने उनकी हमेशा बढ़-चढ़कर मदद ही की। मगर वह जिस तरह इल्ज़ाम लगा रहे हैं—क्या उन्होंने अपनी आँखों से चोर को चोरी करते देखा है ?''

बुज़ुर्ग ने एक लम्बी, ठंडी साँस ली थी—निराशा की। ''मैं यही पूछताछ करके आ रहा हूँ,'' उन्होंने धीमे स्वर में कहा था, ''उनकी बड़ी बहू का कहना है कि उन्होंने अकसर बेटे को इस चाबियों के गुच्छे से खेलते, उसे उलटते-पलटते देखा है जिसमें उस अलमारी की चाबी है, जहाँ से पैसे ग़ायब हुए हैं। उनका ख़याल है कि ज़रूर किसी वक़्त उसने किसी तरह चाबी की छाप ले ली होगी। इसी बीच उन्हें एक दूसरे गवाह ऐसे मिल गए हैं जिन्होंने उसे बाकायदा चाबी बनाते देखा है। इस दूसरे गवाह का नाम तो मुझे बताया नहीं गया लेकिन आपके बहनोई साहब के ख़याल में इतना उसके जुर्म को साबित करने को काफी है। बाक़ी तफ़सील पुलिस कबूल करा लेगी।''

"अगर ऐसा ही है", खान साहब भड़क उठे थे, "तो वह रिपोर्ट करने में देर क्यों कर रहे हैं? उन्हें तो कल रात ही पुलिस को इत्तिला कर देनी चाहिए थी।"

बुज़ुर्ग ख़ामोश रहे थे और खान साहब ख़ूब अपने जी की भड़ास उनके सामने निकालते रहे थे। हालाँकि चाबी की सूचना उनके लिए नई थी लेकिन वह साफ़ देख सकते थे कि यह सब मनगढ़ंत और उनके बेटे को पूरी तरह फाँसने के रचे गए षड्यंत्र का हिस्सा था। बुज़ुर्ग के कहने पर अल्लाहवाले ने एक बार फिर क़ुरान पर हाथ रखकर 'मैंने चोरी नहीं की' कहा था, जिस पर बुज़ुर्ग ने फिर एक लम्बी साँस ली थी, इस दफ़ा इत्मीनान की, और कहा था, "अब मुझे यक़ीन है। अब मैं कभी नहीं चाहूँगा कि इस बेक़सूर के साथ कोई भी ज़्यादती हो। देखो मियाँ, (उन्होंने फिर से खान साहब को अपना राज़दार बनाते हुए कहा) जान का सदक़ा माल होता है। बहनोई का मुँह बन्द करने को पच्चीस हज़ार रुपए उनके मुँह पे मारो, अल्लाह आपके काम-धन्धे में बरकत देगा, इससे कहीं ज़्यादा आप कुछ ही दिन में कमा लोगे। बस, यही एक तरीक़ा है उनसे निबटने का। मैं जानता हूँ इन दिनों आपका हाथ तंग है, पच्चीस हज़ार की रक़म इतनी मामूली नहीं कि कहीं से बैठे-बैठे हासिल हो जाए, इसलिए अभी जितना हो सके, दे दो, आगे की मैं उनसे मोहलत माँग लेता हूँ।"

बताने की ज़रूरत नहीं कि यह प्रस्ताव सुनकर खान साहब के दिल पे क्या बीती होगी, या उनके परिवार के अन्य सदस्यों को कैसा लगा होगा।

"मैं ख़ुद भी यही चाहता था," किसी तरह ख़ुद पर पूरा क़ाबू रखते हुए उन्होंने कहा था और अपनी अलमारी से पैसे निकालकर टेबल पर धरते हुए बोले थे, "यह कुल जमा आठ हज़ार की पूँजी है मेरे पल्ले। यह भी लेन-देन की है लेकिन, बेशक उन लोगों से मैं किसी तरह माफ़ी माँग लूँगा। यह मेरी बदनसीबी है कि इस वक़्त इससे ज़्यादा का इंतज़ाम नहीं कर पाऊँगा, हालाँकि बस में होता तो मैं कहीं ख़ुद को गिरवी रखकर भी पच्चीस हज़ार एकमुश्त उनके मुँह पर मारता और हमेशा-हमेशा के लिए अपना रिश्ता ख़त्म कर लेता। आपके ख़याल में अगर इन आठ हज़ार से कुछ हो सकता है तो कोशिश करें। हाँ, मेरे हालात जिस तरह से चल रहे हैं, मैं यक़ीन के साथ नहीं कह सकता कि बाक़ी रक़म का इन्तज़ाम कब तक हो पाएगा।"

बुज़ुर्ग, अपनी आँखों में आँसू भरे, कोई दुआ बुदबुदाने में व्यस्त थे। समूचा घर एक दुविधाग्रस्त ख़ामोशी में जकड़ गया। बुज़ुर्ग ने दुआ पूरी करने के बाद कुछ कहने को मुँह खोला था...

कहानियों में जो भी अनदेखा-अनसोचा होता है, वह ऐसे ही किसी क्षण तक होने का इन्तज़ार करता रहता है। जीवन में खुलनेवाले ऊँच-नीच जाहिर-सी बात है, किसी लेखकीय परिकल्पना के कारण तो हैं नहीं, बल्कि इनके होने से ही लेखक में कल्पनाशीलता का जन्म और विस्तार होता है। यही वह इकलौता चमत्कार है जो मूर्त

होकर जीवन को हर बार नया ज़ायका और आयाम दे सकता है, जो कभी पुराना नहीं पड़ता। यह अनदेखा–अनसोचा, संयोग कहें जिसे, न हो तो जीवन कितना नीरस और उबाऊ होकर रह जाए! फिर तो न कोई सट्टा खेले, न घोड़ों पर दाँव लगाए, इश्क और मुहब्बत जैसी बाज़ियाँ तो भूल ही जाइए। महत्त्वाकांक्षा पैदा होना ही बन्द हो जाए और इनसान भी पेड़–पौधों की तरह उगें, फलें, फूलें और नष्ट हो जाएँ। यह अनदेखा और अनसोचा ही है शायद जो इनसान की ज़िन्दगी को इतना दिलचस्प और अन्य प्रजातियों से भिन्न बनाता है। वही अनदेखा–अनसोचा, जो शायद हमारी इस कहानी के सन्दर्भ में इतना अनसोचा भी नहीं रह गया है, क्योंकि शुरू से ही एक दिल कहता रहा है कि यह कहानी महज़ खान साहब के परिवार के उजड़ने की दस्तावेज़ नहीं हो सकती। कहीं कोई ऐसा मोड़ आएगा जो उनके जीवन की मौजूदा त्रासदी को नए आयाम देकर, उनके मन में ज़िन्दा लोगों से मुहब्बत की कोंपल को हराकर जाएगा। मत भूलिए कि हमारा प्रयास कुल मिलाकर एक पारम्परिक, समस्याप्रधान कहानी गढ़नी—या चलिए—लिखना है जिसके, जैसा हम तय करके चले हैं, कुछ अपने उद्देश्य हैं। जहाँ हमारी यह कहानी ख़त्म होगी वहीं से एक, बल्कि एक से अधिक कहानियों की शुरुआत हो जाएगी। इसलिए—

बुज़ुर्ग ने दुआ पूरी करने के बाद कुछ कहने को मुँह खोला था लेकिन इससे पहले कि आवाज़ उनके होंठों तक आ पाती, दृश्य में बगूले–सी चकराती हलीमन का प्रवेश हुआ था। आज वह कुछ इतनी जल्दी में थी कि घरवालों को सलाम करना भी भूल गई थी। हमेशा की तरह उसने मैला–कुचैला बुर्क़ा पहन रखा था और हाथ में सिंथेटिक पदार्थ से बनी गन्दी थैली थी जिसमें कुछ वज़न था, और जिसे उसने ले जाकर खान साहब के पास ज़मीन पर रख दिया था।

"भाई साहब," उसने हाँफती आवाज़ में खान साहब से कहा था, "यह हैं पच्चीस हज़ार रुपए। यह दूल्हा भाई को पहुँचा दें, और यह भी कहला दें कि बड़े मियाँ (अर्थात् अल्लाहवाले) की क़ीमत उन्होंने बहुत कम आँकी।"

बुज़ुर्ग का बोलने को खुला मुँह फिर बन्द हो गया था। और पूरा घर! जैसे दरोदीवार से संगीत के धारे फूट बहे थे! ख़ुशी और आश्चर्य को व्यक्त करते, संगीत के धारे!

कहानी अब लगभग अपने क्लाइमेक्स पर पहुँच चुकी है। संगीत, मद्धिम होते-होते बन्द हो जाता है और खान साहब किसी नाटक के पात्र की तरह, बोलने से पहले अपने संवाद ज़बान पर तौलते, आश्चर्य और कृतज्ञता के स्वर में हलीमन से पूछते हैं, "इतने पैसे! यह तुम कहाँ से लाईं?"

"अरे भाईजान," हलीमन रुधे स्वर में कहती है, "इस मौके पर तो मैं इन्हें कहीं से चोरी करके भी ला सकती थी! वैसे आप बेफ़िक्र रहें, ये चोरी के नहीं हैं। कुछ गैस राहत की बची रक़म है जो बेटे की मँगनी के लिए थी, कुछ बेटे ने नई

दुकान खरीदने को जमा की थी, और बाक़ी बिरादरी की पंचायत से माँगकर लाई हूँ। ऐसा लेन-देन हमारे यहाँ चलता रहता है। आप उसकी फ़िक्र छोड़ो, यह बच्चे सलामत हैं तो ऐसे न जाने कितने पैसे आते-जाते रहेंगे। ऐसा थोड़ी है कि बड़े मियाँ कभी कुछ कमाएँगे-धमाएँगे नहीं। उन्हें शायद कभी कुछ करने की ज़रूरत ही नहीं लगी, घर में सब-कुछ हासिल रहा। अब सबक सीखकर कुछ करेंगे।''

हलीमन बोले जा रही थी, ख़ुद और ख़ुद के परिवार पर खान साहब और उनके बुज़ुर्गों के एहसान याद दिला रही थी, उनके बड़प्पन और अपनी दीन-हीनता का बखान किए जा रही थी। और खान साहब के दिमाग़ में ख़ुद उनका ही बार-बार दोहराया वाक्य गूँज रहा था—कुछ दिन में सब-कुछ ठिकाने लगाकर, फिर हाथ बाँधे खड़े होंगे। गूँज हर पल ऊँची होती जा रही थी और लग रहा था खान साहब के सोचने-समझने की क्षमता समाप्त हो गई। यह दृश्यलेख में एक ऐसे चरित्र थे जो अपना संवाद भूल गया हो लेकिन जिसके चुप रहने से काम नहीं चलनेवाला था। वह केवल चरित्र ही नहीं, कथा के सूत्रधार भी थे।

ठिकाने लगाना क्या होता है ? वह अपने ही वाक्यों की बारीक़ी से व्याख्या करना चाहते थे। और हाथ बाँधकर खड़े होने से क्या मुराद होती है ? क्या हलीमन ने पच्चीस हज़ार रुपए की रक़म इसलिए उनके क़दमों में ला डाली थी कि उसे पैसों का महत्त्व नहीं मालूम था ? या मालूमात होने-न-होने से बढ़कर कोई चीज़ होती है व्यक्ति में—कुछ में होती है, कुछ में नहीं होती ? अगर हलीमन दीगर बहुतों से इतनी बेहतर थी तो उससे कहीं कमतर लोग जोड़-तोड़, हिसाब-किताब के साथ उससे कहीं अधिक सुख-सुविधा का जीवन कैसे व्यतीत कर रहे थे ? क्या हलीमन का तौर, सूफ़ी-संतों वाला, दुनिया को ख़ातिर में लाए बग़ैर ठुकराने का था, या फिर उसे जीवन का मूल्य, कद्रो-क़ीमत कुछ पता ही नहीं था ? और यह सब सवाल-जवाब, जाँच-पड़ताल अपनी जगह, खान साहब दरअसल बेहद शर्मिन्दा थे ख़ुद से।

बुज़ुर्ग फिर से कोई दुआ पढ़ना शुरू कर चुके थे, और बेगम हलीमन को झूठे मन से समझाना चाह रही थीं कि उसके पैसों की ज़रूरत नहीं थी और खान साहब अभी जितना पैसा उनके पास था, देकर बाक़ी के लिए बहनोई से कुछ दिन की मोहलत माँग लेंगे....

''भाभीजान,'' हलीमन ने ज़रा भी बुरा माने बग़ैर कहा था, ''दूल्हा भाई से मोहलत माँगना हमें तो अच्छा नहीं लगेगा। वैसे, भाई साहब और आप जो भी फ़ैसला करें। और मैं जो पैसा लाई हूँ वह तो अपने साथ नहीं ले जाऊँगी।''

इस पल खान साहब खँखारकर वहाँ मौजूद लोगों को अपनी उपस्थिति याद दिलाते हैं।

''हम किन लफ़्ज़ों में तुम्हारा शुक्रिया अदा करें!'' वह भारी आवाज़ में हलीमन से कहते हैं, ''मोहलत माँगने का अब कोई मौक़ा नहीं, हम अब एकमुश्त

ही यह रक़म अदा करेंगे।'' यह कहकर वह अपनी आठ हज़ार की रक़म हलीमन को सौंपना चाहते हैं ताकि बेटे की मँगनी में अड़चन न आए और सब काम ठीक-ठाक हो जाए, जिसे लेने से हलीमन साफ़ इनकार कर देती है।

''सुनो!'' वह अल्लाहवाले और दूसरे बेटे से कहते हैं, ''इससे यह मत समझ लेना कि बाक़ी सब भी बदल गया। मोहलत, कुछ कर गुज़रने या मर गुज़रने की, वही है जो मैं दे चुका हूँ। यानी एक महीना, जिससे यह एक हफ़्ता कम हो गया।''

इस तरह हमारी कहानी का अन्त होता है, एक ऐसे मोड़ पर जहाँ से कई नई कहानियों की सम्भावनाएँ और रास्ते खुलते हैं। एक कहानी तो, मोटी-मोटी, यही हो सकती है कि इस घटना के बाद खान साहब अपनी सगी बहन से सम्बन्ध तोड़कर, सामाजिक स्टेटस को भूलकर हलीमन को अपनी बहन बना लेते हैं और सारी उम्र उस रिश्ते के पाबन्द रहते हैं, कसाई, यानी छोटी ज़ात या घटिया काम उनके दिमाग़ से हमेशा के लिए निकल जाता है। हद तो यह कि वह अपनी औलाद, अल्लाहवाले को मशवरा देते हैं कि वह भी हलीमन के बेटे केसाथ रहकर काम सीखे और ख़ुद भी गोश्त की दुकान खोले!

कहानी का यह रुख़ बहुत विश्वसनीय या क़बूल करने योग्य नहीं बनता, शायद इसलिए कि अल्लाहवाले में गोश्त काटने या बेचने की सामर्थ्य कहीं शुरू से ही नज़र नहीं आती। लगता है, इस काम में भी वह असफल ही रहेगा। फिर क्या किया जाए? परम्परा का तकाज़ा है कि इन दो परिवारों—एक निम्न-मध्यवर्गीय और दूसरा विशुद्ध निम्न-वर्गीय को किसी प्रकार, इस घटना की पृष्ठभूमि में एक दूसरे के कुछ अधिक निकट लाया जाए। इसके लिए कोई दूसरा तरीक़ा? खान साहब के कपड़ों-जूतों के शौक़ीन बेटे का रिश्ता हलीमन की किसी बेटी से कर दिया जाए, और दोनों को हनीमून मनाने के लिए विदेश भेज दिया जाए? वहाँ दोनों को सेटल कर दिया जाए। या—हम तो भूले ही जा रहे थे—इस सबसे अधिक क्रान्तिकारी तो यह होगा कि हलीमन के बेटे की मँगनी का जो सन्दर्भ निकला है, उसका फायदा उठाते हुए यह स्थापित किया जाए कि हलीमन का बेटा और खान साहब की डॉक्टर होने जा रही बेटी, दरअसल बचपन से एक-दूसरे को चाहते थे, लेकिन चाहत की बात ज़बान पर लाने से घबराते थे। इसका अन्दाज़ा दोनों के घरवालों को भी था, लेकिन सिर्फ़ अन्दाज़े से क्या होता है। वह लोग भी अपनी-अपनी तरह मजबूर थे। लेकिन इस घटना के बाद खान साहब का दिल एकदम से साफ़ हो जाता है, समाज और दुनिया के कहने-सुनने का ख़याल मन से निकल जाता है, और वह हलीमन से कहते हैं—बहन! हम अपनी बेटी का हाथ तुम्हारे हाथ में देना चाहते हैं! हलीमन सवालिया नज़रों से बेगम की ओर देखती है। हाँ, बहन (बेगम जीवन में पहली बार हलीमन को बहन कहकर सम्बोधित करती हैं और कहती हैं) यह बिलकुल ठीक कह रहे हैं।

ख़ुशी के शादयाने! तालियाँ! कहानी का समापन!

नहीं, नहीं! यह तो और भी अविश्वसनीय और अव्यावहारिक लगता है। ख़ुशी के शादयाने या तालियाँ बजाने से किसी भी वास्तविक समस्या का समाधान तो होने से रहा! वास्तविक समस्या? अब कौन-सी समस्या बचती है? हाँ, वही पैसा जो खान साहब को जितनी जल्दी हो सके हलीमन को लौटाना है।

तो आइए ना, इस पर सोचें कि खान ने वह पैसा कमाने के लिए क्या किया होगा, कमा भी पाए होंगे या नहीं?

और तीन सप्ताह बाद, उनके दोनों बेटे... ? उनका क्या बना होगा?

राहत

कुछ दिन पहले एक दोपहर की बात थी।

मैं और सरदार साहब बातचीत का उचित विषय खोजते-खोजते देश और राजनीति नामी भूल-भुलैयों में ही खो गए थे। कहने को बहुत कुछ था, हम दोनों के पास। मैं अगर तेज़ी से पनपती अस्थिरता, धार्मिक कट्टरवाद और साम्प्रदायिक दंगों से चिन्तित था तो सरदार साहब पंजाब की दिन-ब-दिन बिगड़ती सूरतेहाल और शासन के नियंत्रण न बनाए रख पाने से दुखी और निराश थे। बातें—कुछ व्यक्तिगत पीड़ा से उपज़ीं, अन्य सुने और अधूरे सचों पर आधारित, किसी निष्कर्ष तक पहुँचने के बजाय केवल एक नपुंसक रोष दर्शातीं, जो दायरों में घंटों चल सकती हैं और चलती हैं।

देर तक मैं और सरदार साहब अपने-अपने दुख-दर्द कहते-सुनते रहे थे।

यूँ देखा जाए तो सरदार साहब मेरे बहुत पुराने दोस्त या आत्मीय नहीं। जनवरी-फरवरी, 1985 में मेरी उनसे भेंट हुई थी। मैं शहर भोपाल का निवासी हूँ और यह मिलना उसी दुर्घटना के बहाने हुआ था जिससे यह शहर, एक तरह, 'खोजी हुई दुनिया, का हिस्सा बना! वैसे, एक ऐसी जगह को याद रखा भी क्यों जाए जिसकी कोई विशेषता नहीं। यहाँ के पहाड़, उनके लिए जिन्होंने ग़रूर से सिर ताने पहाड़ी सिलसिले न देखे हों। और तालाब उसका जो ताल-तलैया का भेद न जाने। जंगल कटकर ख़त्म हो चुके और मौसम का सन्तुलन बिगड़कर, किसी भी ऐसे शहर-सा जिसमें पाँच-सात लाख नफ़र बसते हों। पहले ज़रूर शहर के पक्ष में यह कहा जाता था कि इसकी मिट्टी पैरों को पकड़ती है और जो भी यहाँ आया, यहीं का हो रहा। अब लगता है, इस मिट्टी की पकड़ भी ढीली पड़ गई है, कि बाहर से आनेवाले प्लान तो यहीं बस-खपने के बनाते हैं लेकिन कोई चीज़ ऐसा करने नहीं देती। लेकिन, किसी स्थान को महत्त्व अगर मिलना ही हो, तो कारणों की कमी नहीं, इस भोपाल और 'किलर-कार्बाइड' का उदाहरण ही आपके सामने है, जो मेरी सरदार साहब से पहली मुलाक़ात का भी कारण बना।

तब...!

दुर्घटना को तब ज़्यादा समय नहीं हुआ था और शहर मौत की मज़बूत जकड़ में था। चौतरफ़ वीरानी यूँ थी कि कोई ज़िन्दगी की आहट भी मौत का ख़तरा बनकर सनसनी फैला देती थी। जैसे जनाजे में शामिल सब, चाहे–अनचाहे, उदास हो जाते हैं, यहाँ बाहर से आनेवाला हर कोई—वह समाज–सेवक रहा हो या अन्य कोई ज़िम्मेदारी निभाने वाला, शहर के उजाड़पन और उदासी का हिस्सा बन जाता था। सरदार साहब भी, जो पेशे से वकील थे और किसी अमेरिकी एटॉर्नी के साथ गैस–पीड़ितों को मुआवज़ा दिलाने के लिए काम कर रहे थे। मुझसे उनका मिलना दिल्ली में एक आपसी दोस्त की मार्फ़त हुआ था।

—उसे सबके विस्तार में जाने को मत कहिए! मेरे व्यक्तिगत अनुभव जानने की इच्छा के जवाब में मैंने विनम्रता के साथ बात टालने का प्रयास किया था।

बताता भी क्या मैं उन्हें? पीड़ितों की सहायता के नाम पर उस दौरान जो हो रहा था, वह सरदार साहब की आँखों के सामने भी था। या बाद में जो–जो हुआ और अब पत्रकारिता के इतिहास का हिस्सा है, वह उनकी नज़रों से भी गुज़रना था और कुछ महत्त्वपूर्ण आपने भी पढ़ा ही होगा। शहर के लोग तो ख़ुद अपने ही मूक–दर्शक थे और एक प्रकार से दिमाग़ों ने काम करना ही बन्द कर दिया था—जैसे सिलसिलेवार ख़ामोश तस्वीर उतारता कैमरा। उन तस्वीरों के साथ कॉमेंट्री तो बहुत बाद में जुड़ पाई है।

आज, सचमुच, मैं काव्यात्मक भाषा या जुमलेबाज़ी का साहस कर सकता हूँ, क्योंकि वह मौत अब मेरे अतीत का हिस्सा है। कुछ अपनी संवेदना, कुछ अनुभव और थोड़ा जो पढ़ा–लिखा है, का सहारा लेते मैं कह सकता हूँ कि जब एक शहर, जैसे भोपाल, मरता है तो बड़े व्यापक और तफ़सीली फ़लक पर। और उस मौत के परिणामों में यह होता है कि जीवित बचे रहे लोगों की आस्था ख़त्म हो जाती है। जब कोई ख़ुद चुनकर नास्तिक होता है तो उसके सामने विकल्प होता है, उसका हौसला बढ़ाता और सीना चौड़ा करता। आस्था जब हमें ख़ुद निहत्था छोड़ फ़रार होती है तो अनचाहे, हमारी इच्छा और विनती से मुँह मोड़, हमें अपनी ही नज़रों में बौना और विकल्पहीन करती है। यही उस दिसंबर 84 की दुर्घटना से सरदार साहब से भेंट के बीच, अपने ढंग से, मेरे साथ हो चुका था। आस्था जा चुकी थी और अपनी जगह छोड़ गई थी उदासीनता, शक़ और झुँझलाहट तथा व्यवस्था–नामी हर चीज़ को खोद फेंकने की तीव्र इच्छा।

—आप जितना चाहेंगे, मैंने सरदार साहब को आश्वासित करते कहा था—मैं मदद करूँगा। आप एक अच्छा काम कर रहे हैं। मेरा यह असिस्टेंट आपके साथ रहेगा। कार्बाइड के एरिए में, जहाँ गैस का प्रभाव सबसे अधिक था, इसके पहचान वाले और रिश्तेदार रहते हैं। एक ही प्रार्थना है आपसे कि मुझसे या मेरे परिवार के सदस्यों से यह क्लेम–फ़ार्म भरने को न कहें।

—क्यों ? उन्होंने बात समझते भी कुछ अचम्भे से पूछा—आप लोगों ने भी तो कुछ भुगता होगा ?

रोना, गाना या सोच को व्यक्त करने का कोई अमूर्त ढंग—सब कभी कितने हैच जान पड़ते हैं ! उस पल मैं हिंसात्मक होकर भी समझाना चाहता कि आप मेरी इन्सल्ट कर रहे हैं तो सरदार साहब को समझा सकता था !

—उसका मुआवज़ा देने की क्षमता किसमें है ? कहते मेरा स्वर गम्भीर हो गया—कितने दे देंगे ? पाँच-पाँच या दस लाख ? वह क्या मेरी शर्म और नामर्दी से मुक्ति की क़ीमत हो सकते हैं ? छोड़िए, आपको तो कुछ ईमानदारी के केसेज़ चाहिए ना ? वह हो जाएगा। मुझे और मेरे परिवार को छोड़िए।

हमारी नियति जाने कब और कैसे तय होती है। ख़ुद अपना एक अधूरा जुमला हम किसी के मुँह से पूरा होते सुनते हैं, और आश्चर्यचकित उसकी ओर देखते हैं—आमने-सामने तो आप पड़ ही गए, अब यह आमना-सामना आगे दोस्ती की राह ले जाता है या मुक़ाबले के उस सिलसिले की तरफ़, जिसमें कोई एक ही जीवित रह सकता है—अभी कुछ तय नहीं। कुछ भी हो सकता है।

मेरी बात के बाद उभरी चुप्पी शायद हमारे आगामी सम्बन्धों को तय करने में ही बीती और इस बार जब हम मुड़े तो ज़्यादा गर्मजोशी से। परिवार के क्लेम्स का सन्दर्भ उस पल ख़ुद ही बातचीत से ख़ारिज हो गया। लेकिन कुछ दिन, और साथ बैठकों के बाद, क्रिकेट, स्कॉश और उर्दू ग़ज़ल की बात करते-करते, मैंने अचम्भित होकर पाया कि मैं बिना उनके पूछे या याद दिलाए, दुर्घटना का अपना अनुभव, बहुत भावुक होकर विस्तार से, सरदार साहब को सुना रहा हूँ ! बल्कि पूरी रूदाद बयान कर चुकने के बाद ही मुझे यह एहसास भी हो पाया। ऐसा विशेष था क्या मेरे बताने को ? दुर्घटना की रात को अगर पीड़ा का एक विराट वृक्ष कहें तो मेरा अनुभव उसकी एक बहुत छोटी लेकिन हरी कोंपल। परिवार में कोई दुर्घटना से मरा तो नहीं, लेकिन कितनों को मौत के मुँह से खींचकर लाया गया। सीमित परिवार के बीच ही एक विचित्र नाटक जिसे 'डिवाइन कॉमेडी' से कम कोई नाम नहीं दिया जा सकता।

—हम सब दोग़ले, झूठे, अवसरवादी—दुनिया का गिरा-से-गिरा शब्द इस्तेमाल कर लें, हैं मगर क्या इतने ? हर तरफ़ नाटक चल रहे हैं ! सब मुर्दों का माल खाने और अपनाने में व्यस्त हैं—किसी मजबूरी में नहीं, क्योंकि मौक़ा हाथ लग गया है, बस ! मजबूरी में किया गया तो बड़े-से-बड़ा जुर्म समझने की कोशिश की जा सकती है, लेकिन एक मौत के शहर में छोटे-छोटे आर्थिक फ़ायदों की ख़ातिर मौत के सर्टिफ़िकेट से डॉक्टर के पर्चे और ज़मीन-जायदाद पर नाजायज़ क़ब्जे तक का बाज़ार ! मैं बताऊँ आपको—तब डॉक्टर इतने थे कहाँ कि मरतों के अलावा किसी की सुनवाई हो पाती ! हॉस्पिटल या क्लीनिक जाकर पर्चा बनवाया या इलाज किया जाता ! और आज तक दुर्घटना के इतने सप्ताह बाद भी यह काम क्या इतना ही आसान है ! और

मुझे नहीं है मुश्किल, दोस्तों से या पैसे देकर, कहीं से भी सर्टिफ़िकेट बनवा सकता हूँ। कितने ज़रूरतमन्दों को बनवाकर दिए भी हैं, लेकिन यह शहसवारी किस पर! यहाँ, शासन के लोकल यमदूत हों या यह आपका विदेशी एटॉर्नी, दे आर आल इन फॉर दियर पाउंड ऑव फ़्लेश! मैं सर्टिफ़िकेट बनवा देता हूँ कि गैस से मेरे शरीर को घुन लग गया, जी कैंसर हो गया मुझे तो इससे! कैंसर तो मासूम बीमारी है, इन लोगों का आप क्या करोगे जो कभी 'ऑपरेशन फेथ' तो कभी फ्री राशन, दूध, ब्रेड के नाम पर लाखों हड़प रहे हैं! यह अस्पतालों, दवाओं, वैज्ञानिकों, वकीलों का नाटक, कार्बाइड के ओहदेदारों की गिरफ़्तारी और लोकल ज़िम्मेदारों को मनमानी की छूट—कितना शर्मनाक! ऐसा कमबख्त शहर जहाँ मातम में भी लोग एक-दूसरे के शरीक़ न हो पाए!

नहीं रहता था! सचमुच उन दिनों इस विषय पर बात करते ख़ुद पर क़ाबू नहीं रहता था। वैसे, मुझसे बुरे लोग उस बीच यहाँ अगर यह तमाम धोखेधड़ी के कामों में लगे थे तो कुछ ऐसे भी थे जिन्होंने बुरे-से-बुरे क्षण भी सन्तुलन नहीं खोया और यह शहर आज अगर दोबारा साँस लेता लगता है, तो उन्हीं के किए से। उन लोगों को भले इसका ग़म न हो लेकिन मेरे भीतर उपजी उदासीनता मुझे यक़ीन दिलाती कि ऐसे लोग एक परिश्रम भरा जीवन जिएँगे और कल को कोई उनका नामलेवा भी न होगा!

मेरी आपबीती और आक्रोश को सरदार साहब ने गहरी चुप्पी में डूबकर सुना और मैं रुककर अभी साँस भी न ले पाया था कि उनकी ख़ामोशी का बाँध टूटते सुना—व्यवस्था! व्यवस्था से उन्हें भी बेहद नाराज़गी थी, जिसके कारण तब तक मुझे इतनी तफ़सील से मालूम नहीं थे। वह मुझे इन्दिरा गांधी की हत्या के नतीजे में देश और दिल्ली में भड़की हिंसा की तफ़सील बता रहे थे, और मैं डर रहा था—एक निहायत हट्टा-कट्टा, और मेरी समझ में खोंच-खरोंच की कल्पना से भी परे व्यक्तित्व किसी पल फूट-फूटकर रो न पड़े। मैं उनकी पारदर्शी आँखें गँदलाते, उसमें जलते मकानों की लपटें और फैलता धुआँ देख सकता था। नफ़रत से कहीं ज़्यादा उन दो अक्स उजागर करती आँखों में पीड़ा थी, और मेरे ख़याल में आज भी कोई रिश्ता हमें किसी से बाँध सकता है तो वह एक-दूसरे की पीड़ा की समझ ही है। उन आपसी बातचीत के क्षणों में हम दोनों एक-दूसरे को एक सरीखे पीड़ित लगे थे, बाक़ी सारी परिभाषाएँ इसके आगे छोटी थीं।

देर तक, ख़ामोशी के साथ मैं सरदार साहब को बोलते सुनता रहा था, और वह मुझे भूलकर, सारी बातें दोहराकर जैसे ख़ुद को ही सुनाते रहे थे। और उस दिन हम एक-दूसरे के बेहद निकट आ गए थे। यह अपनाइयत फिर इतनी बढ़ी कि दिल्ली लौटने से एक दिन पहले सरदार साहब ने हक जताकर मुझसे तर्क सहित कहा कि क्लेम-फ़ॉर्म न भरना नासमझी है। चाहे बाद में मिला पैसा हम ख़ैरात कर दें, अभी उसे ग़लत हाथों में जाने से रोकना चाहिए।

वह कोई कमज़ोर क्षण रहा होगा!

आनन-फ़ानन सारे काग़ज़ात, मेडिकल सर्टिफ़िकेट और हस्ताक्षर जमा हो गए, और अगली दोपहर फ़्लाइट से सरदार साहब दिल्ली लौट गए। क्लेम-फॉर्म्स सहित।

कोई पन्द्रह वर्ष पहले मैं एक मेडिकल स्टोर पर बैठता था जिसे ज़्यादातर पहचान वाले मेरा ही समझते थे और मालिकाना आदर से मिलते थे। वह बेगारी का दौर था और अपने में अलग क़िस्सा है लेकिन वहाँ एक सुबह मुझे एक बिलकुल अजनबी चेहरा नमस्ते करते मिला—एक साधारण व्यक्तित्व जिसमें पहली नज़र में मुझे कोई विशेषता नहीं दिखी। सफ़ेद खादी के कपड़े जो ज़्यादा पहने रहने से गँदला गए थे और मुँड़े सिर पर सफ़ेद खादी ही की टोपी। मेडिकल स्टोर के पास ही शहर का बड़ा जनाना अस्पताल था जहाँ पैदाइश से सम्बन्धित लोगों के एक-से-एक विचित्र दृश्य देखने की आदत पड़ गई थी, इसलिए लगा यह उन्हीं में से कोई होगा।

—पेन चाहिए, उसने कैश-बुक पर रखे लीड की ओर इशारा करते कहा—चिट्ठी लिखनी है। छोटी-सी दुनिया में बहुत छोटी-सी दुकान पर बैठे भी अजीब-अजीब अनुभव होते हैं!

—ख़ुद लिखेंगे? पल भर बाद मैं पूछता हूँ।

चेहरा मना करता है—बाज़ू में फ़ोटोवाले से लिखवाऊँगा।

कुछ पल फिर बीतते हैं, और मैं अन्दर आने को इशारा करते कहता हूँ—आइए, मैं लिख देता हूँ। मैं ध्यान से देखता हूँ—एक थका-माँदा व्यक्ति, हाथ में पोस्ट-कार्ड दबाए। दाढ़ी कई दिनों की छूटी हुई।

वह बोलता है तो मेरी कलम पकड़ी उँगलियाँ तो अपनी रफ़्तार से चलती हैं, दिमाग़ तेज़ी से दौड़ने लगता है। वह कह रहा है—अमुक जगह के अमुक-अमुक को बाद सादर बन्दे, मालूम हो कि हम सब कुशल हैं और चारधाम की यात्रा से लौट रहे थे तो अमुक जगह अमुक व्यक्ति का चलती बस से गिरकर देहान्त हो गया और अन्तिम संस्कार जो आख़िरी पैसा था, से कर दिया, और मैं रेल में आगे यहाँ भोपाल आ गया, बाक़ी सब पीछे पैदल आ रहे हैं, कल स्टेशन के प्लेटफ़ार्म पर मिलने का तय है, हम वहीं रहेंगे जब तक कोई पैसे लेकर न आएगा। अन्त में पत्र लिखवानेवाले का नाम और गुजरात में किसी जगह का पता।

पोस्ट-कार्ड लेकर वह जाने ही को था कि मैंने रोककर सारी बातें विस्तार से पूछ डालीं। उसका सम्बन्ध एक संपन्न किसान परिवार से था और तीर्थ पर जाते, बेजा ख़र्च और चोरी से बचने के लिए, लोग कम-से-कम पैसा लेकर निकलते हैं। उसके पीछे-पीछे आठ लोगों का दल अगले दिन शहर पहुँचनेवाला था।

—लेकिन कार्ड पहुँचने और किसी के पैसे लेकर आने में तो समय लगेगा? तब तक आप लोग क्या करोगे?

शान्तिपूर्वक, मेरी ओर देखते वह मुस्कराया, कहा कुछ नहीं। उसी क्षण मैंने तय किया। पास के फ़ोटोग्राफर से दवा की दुकान पर नज़र रखने को कहा, और उसे लेकर घर गया। घर जितने भी पैसे (जो ज़्यादा नहीं, सौ-सवा सौ रुपए ही थे) मेरे पास थे, लाकर उसकी हथेली पर रख दिए। वह पल, अपनी छोटी-सी दौलत ख़र्च करने का—इतनी ख़ुशी दे गया जो मुझे जीवन में बड़ी-से-बड़ी रक़म खर्च करके भी शायद ही मिली हो। और मेरे साथ वह अजनबी, उस पल, जितना ख़ुश उससे ज़्यादा हैरान!

—आप घर तार दे दीजिए, मैंने उसकी आँखों में देखे बिना कहा—तब तक कुछ काम अगर इन पैसों से चल सके...

दुकान लौटते मेरा मन बहुत हल्का था—मैं ख़ुश था, ख़ुद से, जैसा बहुत कम होता है। दूसरी सुबह भी।

अगले दिन जब वह दुकान आया तो होंठ पान में रचे थे और उँगलियों में सुलगती सिगरेट दबी थी। उसे इस सकून से देख मुझे और भी अच्छा लगा। बाक़ी लोगों के शहर पहुँचने की सूचना उसने दी, इस इत्मीनान के साथ कि कल-परसों, जब तक कोई पैसा लेकर लौटे, उनके पास ख़र्चे को काफ़ी पैसे थे। बिना 'धन्यवाद' कहे उसने अपनी कृतज्ञता पूरी तरह महसूस करा दी। एक बात का आग्रह था उसका—मैं अपना डाक-पता उसे दे दूँ।

—किसलिए? मैंने विनम्रता से पूछा।

—मैं लौटकर, उसने निःसंकोच मेरी आँखों में देखते कहा—आपको पैसे भिजवाऊँगा।

—लेकिन, मैंने समझाना चाहा—यह पैसे मैंने उधार नहीं दिए। कल को परदेश में ऐसा वक़्त मुझ पर भी पड़ सकता है। जब आप किसी ज़रूरतमन्द की सहायता करें, समझना मेरा पैसा लौटा रहे हैं।

वह बहुत प्यार से अपनी बात पर बजिद था और मेरे लिए यह समझाना मुश्किल होता जा रहा था कि मैं फ़िजूल के शक और आजमाइश—कि मैंने ठीक किया या किसी के हाथों ठगा गया, में नहीं पड़ना चाहता था। कभी-कभी कुछ आप ऐसा भी करना चाहते हैं जो केवल आपके अपने सुख के लिए हो। मैं विनती करना चाहता था कि उस सुख के अनुभव से तुम मुझे क्यों वंचित करना चाहते हो।

इसके बजाय, बार-बार आग्रह से आजिज़ आकर, मैंने उसे अपना पता थमा दिया?

कहने की ज़रूरत नहीं, उसके बाद न तो मुझे कभी वह व्यक्ति नज़र आया न उसके द्वारा भेजा कोई मनीऑर्डर या शुक्रिया का ख़त। हो सकता है इसके पीछे कारण रहे हों क्योंकि उस व्यक्ति को केवल फ्रॉड मानने को मन आज भी तैयार नहीं। सबके बावजूद, इससे भी इनकार नहीं कि उस क्षण, अपना पता लिखकर उसे

देते, मैंने शायद किसी मनीऑर्डर की आस बाँध ली थी और एक ऐसी ख़ुशी को, जो भीतर पल और बढ़ सकती थी, शक और शर्म के एहसास से बदल गया था।

सरदार साहब को क़्लेम-फ़ॉर्म्स भरकर देते, मैं लगभग वही ग़लती दोहरा रहा था।

याददाश्त स्याह तख़्ते-सी होती है जिस पर लिखा मिट सकता है, और मिटता ही रहता है। इस लगातार लिखने-मिटने से अन्तर यह पड़ता कि सफ़ेदी और कालिख लम्बे समय तक आपस में रगड़ते ख़ाकी मिट्टी-से रंग बदलते जाते हैं, जिस पर नया लिखा बहुत मुश्किल से पढ़ाई में आता है। हमारे सारे व्यक्तिगत अनुभव स्याह तख़्ते पर सफ़ेद लिखावट से उपजे भभूंद्रे रंग से ज़्यादा महत्त्व नहीं रखते। सो इस दूसरी दोपहर तक पहुँचते-पहुँचते जो सरदार साहब से पहली भेंट के लगभग ढाई साल बाद हो रही थी, न तो मेरे लिए गैस रिसायन और ऑपरेशन फ़ेथ में कोई नयापन रह गया था, न उनके लिए सन् 84 के दंगों या ऑपरेशन ब्लूस्टार में। दरअसल वह इतनी लम्बी अनुपस्थिति के बाद शहर आए थे कि मैं उनका और यूनियन कार्बाइड का आपसी सम्बन्ध भूल ही गया था।

और इस बीच?

उस 2 या ३ दिसम्बर की रात के बाद यह शहर विभिन्न प्रकारों का 'राहतगढ़' बना रहा है! गैस दुर्घटना से वास्तव में पीड़ितों को छोड़कर, जिसका जितना मन और हौसला हुआ, इस राहतनामी लंगर से फैज़ उठाता रहा है। बड़े तथा छुटभैए नेता, वकील, बेसनद डॉक्टर—सब यहाँ बँट रहे करोड़ों की खैरात से मनचाहा हिस्सा वसूल कर रहे हैं, और करते रहेंगे। कोई आश्चर्य नहीं, क्या बिलकुल शुरू ही में गहरी उदासीनता ने मुझे अपनी जकड़ में नहीं ले लिया था! बाक़ी हर घटना मेरे पहले एहसास को ही और पुख़्ता करती रही है। हो रहे को भूलना या नज़रअन्दाज़ करना ही सम्भव होता तो 'संसार की सबसे बड़ी औद्योगिक दुर्घटना' का सम्मान इसे थोड़ी प्राप्त होता, यह एहसास बहुत धीरे-धीरे हो पाया है! पच्चीस सौ हों या दस हज़ार, मरने को वैसे देश में सूखा और सैलाब ही क्या कम हैं! ट्रेजेडी, वास्तविक अर्थ में, यह इसी कारण है जो दुर्घटना के बाद, धीरे-धीरे सामने आया है और आएगा।

सम्भव है! बहुत सम्भव है, मैं बात बहुत बढ़ा-चढ़ाकर कह रहा हूँ, क्योंकि दुर्घटना के परिणामों में से ही एक यह भी है कि इस शहर के रहनेवाले इसे ख़ुद के लिए कोई कली-फुन्ना समझने लगे हैं, और हर एक ख़ुद को गैस-पीड़ित! बातें करते, लोगों को उस रात की तफ़सील यूँ रट गई है कि बात का सलीक़ा रखने वाले लेकिन उस रात यहाँ अनुपस्थित लोग दुर्घटना की तस्वीरकशी से लेकर रिसायन से उपजी पीड़ाओं का ऐसा बयान करते हैं कि सचमुच पीड़ित दाँतों से नाख़ून कतरते रह जाएँ! आँकड़े जो भी कहते हों, और आटे में नमक की तरह ऐसा हुआ भी है,

कि किसी सचमुच पीड़ित या मृत के वारिसों के आँसू पुँछे हैं, लेकिन यह बस, इतना ही! मैं तो दरअसल, इस सबको सिरे से ही भूल जाना चाहता था!

इस दोपहर सरदार साहब ने दफ़्तर में क़दम रखा तो गर्मजोशी का वही सूत्र हमारे बीच था जो पिछली भेंट में छूटा था। गले मिलने, ख़ैरियत मालूम करने के बाद नासमझी में मैं ही पूछ बैठा—बहुत दिन बाद आना हुआ? ख़ैर तो है ना?

वह अदालत से आ रहे थे, और बहुत उत्साह से जैसे ही उन्होंने यूनियन कार्बाइड, शासन, एटॉर्नी जनरल, पेशी, क्लेम इत्यादि शब्द दाग़ना शुरू किए, भीतर उपजी गर्मजोशी ठंडी पड़कर मरती चली गई। अब मैं उनकी बात सुनने का अभिनय तो कर रहा था, उसमें भाग ले पाना सम्भव नहीं था। उनकी बातों का सारांश—कि अदालत की ताज़ा पेशी से फिर उम्मीद पैदा हुई है कि हक़ हक़दार को ही मिल सके और इसीलिए वह और उनका विदेशी एटॉर्नी शहर आए हैं, कि हर न्यायप्रिय शहरी का फ़र्ज़ बनता है कि इस काम को करनेवालों को सहयोग दे। आग्रह उनका—कि जिन वास्तव में पीड़ित लोगों के क्लेम बुनियाद बनाकर वह कार्यवाही करना चाहते हैं उनमें मैं और मेरा परिवार शामिल हो और एक बार फिर मैं उन्हें कुछ फॉर्म भरकर दूँ।

बिना अपनी बेज़ारी दर्शाए मैंने फ़ॉर्म्स का बंडल ले लिया और वह मुझे उसे भरने का तरीक़ा समझाने लगे। बिलकुल मासूम बच्चों-सा उनका उत्साह मेरी समझ से परे था।

—इतने चुप क्यों हैं? आख़िर मेरी हालत भाँपते वह बोले—यहाँ से तो उम्मीद की किरन पैदा होती है। क्या सोच रहे हैं?

—कुछ नहीं, मैंने बात टालना चाही—सोच रहा था हम जब भी मिलते हैं, उसी मनहूस दुर्घटना की बात क्यों शुरू हो जाती है!

सरदार साहब एक संजीदा चुप्पी में डूब गए—आपको यूँ नहीं सोचना चाहिए, कहते-कहते शायद उन्हें हमारी पहली भेंट और तब मेरा रवैया याद हो आया। बड़ी निराशा-भरी बात करते हैं! मुझे दिलासा देते उन्होंने चहक कर कहा, सबसे बुरा क्या होगा? कुछ नहीं ही मिलेगा ना! इसलिए हम कोशिश भी छोड़ दें?

मैं कड़वे लहजे में कहना चाहता था—ऐसा नहीं! मिलेगा, और ग़लत तरीक़ों से ग़लत लोगों को मिलेगा—अभी तक भी मिलता रहा है और आगे भी! तुम जो कर रहे हो, वह जाने-अनजाने, कुछ किया जाना चाहिए के नाम पर, किसी बड़े फ्राड का हिस्सा बन जाएगा। मैं मूर्ख सही, लेकिन फ्रॉड?

एकदम आपको महात्मा याद आने लगते हैं—गौतम-यीसु इत्यादि, और शर्मिन्दगी होंठ सी देती है।

—आप तो, मेरी ख़ामोशी को सरदार साहब ने दुविधा मानते कहा—जैसा हमारे बीच एक बार तय हो चुका, फॉर्म भरकर, फ़ोटो चिपकाकर मुझे दे दो, कुछ मिल गया तो हम ग़रीबों में बाँट देंगे!

—ठीक है, मैंने बात ख़त्म करते कहा—लेकिन चाहे हम मानसून और सूखा पर बात करें, चाहे एड्ज़ की बीमारी पर, यह कोर्ट-केस और यूनियन कार्बाइड लब पर नहीं आएगा! मंज़ूर?

सरदार साहब ने स्वीकृति में गर्दन हिला दी, और उसके बाद देर तक, हम दोनों, देश की राजनीतिक सूरतेहाल की भूल-भुलैयों में भटकते रहे, अपने-अपने असन्तोष को ज़ुबान देने की कोशिश में।

यह बात थी कुछ दिन पहले, उस दोपहर की।

दूसरी शाम सरदार साहब और उनके एटॉर्नी को वापसी की फ्लाइट लेनी थी—उससे पहले वह मेरे दफ़्तर आए। मेरे लिए विदेशी बस दो क़िस्म के होते हैं—गोरे और काले। यह गोरा, सुर्ख़ो-सफ़ेद, शोख़ रंग के कपड़े पहने, ताज़ा बर्फ़ के गोले-से बालों वाला, गले में कैमरा लटकाए, एक अमेरिकन था।

परिचय होता है, उसके बाद सरदार साहब कल दिए फ़ॉर्म्स माँगते हैं। ख़ानापूरी में कुछ कमी रह गई है, मैं उन्हें आगाही देता हूँ—कल सुबह रजिस्ट्री या फिर कूरियर सर्विस से भेज दूँगा। तस्वीरें लगे अध-भरे फ़ॉर्म्स वह दोनों अपनी आँखों से देखते हैं—कल सुबह, ज़िम्मेदारी से, वह मुझे ताकीद करते हैं।

—आपका फ़ोटो, एटॉर्नी तस्वीर से मेरी तुलना करते कहता है—पुराना लगता है? मैं नया खींच लेता हूँ।

फ़्लैश का झमाका : मेरा फ़ोटो खिंच जाता है।

मैं सहसा, उससे कहता हूँ—मेरी एक विनती है, कृपया मेरी और सरदार साहब की साथ तस्वीर खीच दें।

सरदार साहब और मैं, बाँहों में बाँहें डाले खड़े हैं। —रैडी?—विदेशी पूछता है। फ़्लैश। तस्वीर खिंच जाती है।

उनको विदा करने मैं बाहर तक आता हूँ, जहाँ होटल की कार खड़ी है। यह हो क्या गया है, इस क़स्बेनुमा—शहर को! जैसे ही गोरी चमड़ी नज़र आई, फ़ाक़ामस्त बच्चों के झुंड इकट्ठे होने लगते हैं! उस पे सितम कि हाथ में कैमरा, और ख़ुद ही बेतकल्लुफी और मसख़रेपन पर उतारू हो! बच्चे निहाल हैं, मुस्कराने की कोशिश में उनके जबड़े फटे जा रहे हैं क्योंकि विदेशी का कैमरा लगातार उनके फ़ोटो उतार रहा है।

—जल्दी करो, सरदार साहब टोकते हैं—होटल और एयरपोर्ट काफ़ी दूर हैं।

—एक मिनट, सरदार साहब की बात अनसुनी करता विदेशी बच्चों को मज़े-मज़े के पोज़ सुझा रहा है, तरह-तरह खड़े होने के मशवरे दे रहा है। रह-रह कर फ़्लैश झमक रहा है।

क्षण-भर मुझे अजीब-सा लगता है—जैसे एक भारी फ़्लैश भीतर, बड़े झमाके से जल उठा हो! मैं देख रहा हूँ—विदेशी बच्चों से पोज़ तो बदलवा रहा है, लेकिन

कैमरे का न तो शटर दबा रहा है न रील घुमा रहा है! झमाके से चुँधियाया मैं खड़ा रह गया हूँ और विदेशी सरदार साहब के साथ कार में बच्चों के हिलते हाथों की अलविदा क़बूल करता जा चुका है। वो पल मेरी आँखों में चकरा रहे हैं : मैं और सरदार साहब, गले में बाँहें डाले—फ़्लैश का झमाका! फटेहाल बच्चों का समूह, हिदायतें देता फ़ोटो खींचने का अभिनय और अपना मनोरंजन करता, वह ऐंटार्नी, लंगूर!

एक भौंड़ी गाली मेरे होंठों तक आकर रुक जाती है। एक बार फिर कोई फ़ोटो उतार ले गया। सरदार साहब और मेरा, जैसे हमने इच्छा की! बच्चों की उस तरह जैसे वह चाह सकते थे। हक़-ब-हक़दार! और मैं? और फ्रॉड...!!

दफ़्तर पलटकर मैं टेबल से क्लेम-फ़ॉर्म्स का दस्ता उठाता हूँ और झटके से फाड़ने की कोशिश करता हूँ : काग़ज़ क़ीमती और मज़बूत हैं, मैं नहीं फाड़ पाता। कैंची की मदद से, टोकरी में, बारीक़-बारीक़ कतरनें काटता, मैं देर तक ख़ामोश बैठा रहता हूँ : ख़ाली दिमाग़ लेकिन कुछ-कुछ हल्का महसूस करता।

रास्ते में

वह बाहर निकल आया।

ख़ुद के भीतर इकट्ठा हुए उस सबको कोई भी नाम दे पाना सम्भव नहीं था। वह जो अन्दर-ही-अन्दर उसे जला और तपा रहा था, जाने क्या कुछ मिलकर बना था। नफ़रत और मुहब्बत के वह बेशुमार भाव, जो किसी की दिनचर्या निर्धारित करते हैं, रात को नज़र आनेवाले सपनों की रूपरेखा को तरतीब देते हैं और जो किन्हीं अर्थों में दुनिया की कोई तस्वीर बनाने में सहयोगी होते हैं। यह सब और इनके अलावा और भी बहुत कुछ शामिल था। एक नामर्द एहसास, जिसे वह उन लोगों के बीच बैठा शराब के साथ-साथ पिछले चार घंटों से इस तरह मुस्करा-मुस्करा और क़हक़हे लगाकर पीता रहा था जैसे अपने अन्दर बीत रहे के इज़हार का यही एक तरीक़ा हो। शराब के हर घूँट के साथ ग़ुस्सा किसी फ़साद की तरह फैलता चला गया था। दिमाग़ में साफ़ कुछ नहीं था—न कोई शक, न सवाल, न मतभेद। बस, पूरी शाम, धीरे-धीरे उसे एक ऐसे कोने में धकेलती गई थी, जिसमें उसने ख़ुद को बिलकुल अकेला और बे-यारो-मददगार पाया था। लग रहा था कि उसकी हालत वहाँ जमा हर आदमी ख़ूब अच्छी तरह समझ रहा था और शायद इसीलिए मनमानी भी कर रहा था। किसी भी ठट्ठे में अपनी आवाज़ जोड़ना, बेमतलब, फ़िज़ूल, सैकड़ों बार सुने हुए लतीफ़ों और शेरों की तारीफ़ करना, अपने ऊपर हो रही आलोचना पर भी लाख असहमत होने के बावजूद आँखें फाड़कर, सिर कुछ इस तरह हिलाना जैसे सोच और फ़िक्र का एक नया धागा हाथ लग रहा हो—यह सब जैसे उसकी ज़िम्मेदारी हो गई थी। एक यक़ीन-सा होता गया था उसे कि वह शाम उसे ठगनें, उससे खेलने और उसका अदनापन साबित करने के लिए एक साजिश थी जिसमें, पहले से अन्दाज़ा होने के बावजूद वह आकर शामिल हो गया था।

लेकिन कैसी साजिश और कौन था साजिश करनेवाला ? शाम की नशिस्त उसी की मर्ज़ी और मशवरे से रखी गई थी और उसमें सारे दोस्त ही शामिल थे। फिर कैसा गुस्सा और क्या झुँझलाहट ?

बाहर फैली रात इस घड़ी, जागने और सोने के बीच जो अन्तराल ऊँघ का-सा होता है, में थी। तब, जबकि ऑटोवाले सोए तो नहीं होते लेकिन किसी सवारी के मिलने या न मिलने को मुक़द्दर तसलीम कर चुके होते हैं। और शबगश्त करते पहरेदारों की सीटियों का पहला हल्ला दम तोड़ चुका होता है, वह समय, जब दूर से उठती आवाज़ें धीरे-धीरे बिलकुल साफ़ सुनाई देनी शुरू हो जाती हैं। ख़ुद उसकी तपन और झुलस से जुदा, रात अलसाई, बर्फ़ के किसी टुकड़े की तरह धीरे-धीरे घुल रही थी।

मतलब क्या है! उसका वजूद कोई अरना भैंसा अन्दर-ही-अन्दर सींग मार-मारकर लहूलुहान कर रहा था। यह सब है क्या? और इस सब-कुछ में ख़ुद उसकी अपनी हक़ीकत क्या है? दोस्त क्यों बनते हैं? बनकर बने क्यों रहते हैं? क्यों मिलते और लगातार मिलते रहते हैं? और दोस्त क्यों बेमुरव्वत साबित होते हैं तब, जब मुरव्वत की उम्मीद सबसे ज़्यादा हो? और दोस्त तब भी दोस्त ही क्यों कहलाते रहते हैं जब दोस्ती ख़त्म हो चुकी होती है? क्या दोस्त आपस की नफ़रत पे पलते हैं और एक-दूसरे की कमज़ोरी से ताक़त पाते हैं! दोस्ती क्या कोई देव या देवी है, जो दोस्तों की बलि चाहती है?

नफ़रत और सिर्फ़ नफ़रत! दोस्ती से नफ़रत और उन तमाम चेहरों से नफ़रत, जिनके बीच उसने पिछले घंटे बिताए थे। इस सड़क से नफ़रत, बिजली के खम्बे और इर्द-गिर्द इमारतों से नफ़रत। उस ऑटो और ऑटोवाले से नफ़रत जिसमें वह नहीं बैठेगा—कोई सिर काट दे तो भी नहीं। पैदल जाएगा यहाँ से घर तक, होने दो फ़ासला ज़्यादा! क्या होगा? मर जाएगा? मर जाने दो!

सड़क पर जूता घसीटते देर हो चुकी थी और जिस्म इस लगातार की वर्जिश से पसीजने लगा था। रह-रहकर कोई चेहरा, बात का कोई अधूरा जुमला उसके दिमाग़ में कौंध जाता। सड़क वीरान, घुप अँधेरी रात और पेड़ों के देवक़ामत ख़ामोश आकार—कोई इक्का-दुक्का मोटर-गाड़ी सड़क में भड़भड़ाती गुज़र जाती और वह अपने क़दम साधने की कोशिश करने लगता। नशे में क़दमों की डगमगाहट का एहसास उसे बहुत अच्छी तरह था।

और तभी वह आवाज़ उसके कानों से टकराई थी।

सन्नाटे में उभरकर सिसकती, धीरे-धीरे डूबती उस आवाज़ में जाने क्या था कि एक पल में उसके रोंगटे खड़े हो गए। अपनी जगह रुककर आसपास फैले अँधेरों में वह आँखें फाड़े, कान लगाए कुछ देखने या सुनने की कोशिश करने लगा। किसी कुत्ते को कोई बहुत बेरहमी के साथ मार रहा था। कुत्ता भी नहीं, आवाज़ किसी छोटे पिल्ले की-सी लगती थी। उसने अगला क़दम उठाया ही था कि विलाप की अगली लहर पिल्ले का रोना, किसी भँवर की तरह उसके इर्द-गिर्द सिमटने लगा। तब उसी पल, उसने फ़ैसला कर लिया। तेज़-तेज़ क़दम उठाते हुए वह सोच रहा था कि कुत्ते

पर ज़ुल्मो-ज़बरदस्ती करनेवाले को किस तरह सबक़ पढ़ाएगा। जूते, लातें ही लातें मार-मारकर हरामज़ादे को अधमरा कर डालेगा! एक बेज़ुबान जानवर को इस तरह तकलीफ़ पहुँचाना—मार-मार के कमबख़्त का भुरकुस निकाल देगा। ऐसे ज़नख़े और ज़ालिम को तो साले, जान से ही मार डालेगा।

शाम साथ बिताने वाले एक-एक आदमी का चेहरा यह फ़ैसला करते हुए उसकी आँखों में तैर गया और वह सारा ग़ुस्सा और झुँझलाहट कई गुना बढ़कर लौट आए।

आवाज़ें थोड़ी देर के लिए बन्द हुई थीं।

ग़ुस्से में क़दम साधता, हाथ हिलाता वह उस दुश्मन की तरफ़ बढ़ रहा था, जो अब सड़क के अगले मोड़ पर नज़र भी आने लगा था। उसने शराब पी हुई है! एकाएक ख़याल आते ही उसके क़दमों के जमाव में कुछ ढीलापन आ गया। मार-पीट में अगर बात बढ़ गई तो? मामला पुलिस-कचहरी तक जा पहुँचा तो? और पिछले दिनों से जैसा उसका मिज़ाज बन गया है—बात बेबात हर किसी से झगड़ लेना! हर बात का हल हाथ-पैर की ताक़त या मार-पीट ही तो नहीं हो सकता। समझा-बुझाकर, बातचीत करके भी तो आदमी अपना काम निकाल सकता है।

कुत्ते की 'टियाऊँ-टियाऊँ' की दिल बींधती आवाज़ें फिर उभरीं और ख़ुद-ब-ख़ुद ही उसके जिस्म में फिर से बिजली भर गई, हाथ-पैरों में तनाव आ गया और मुट्ठियाँ भिंच गईं।

अब सामने का मंज़र बिलकुल साफ़ नज़र आने लगा था। सड़क के किनारे किसी होटल के अधखुले पट और फुटपाथ पर टॉय-टॉय करते पिल्ले को मारनेवाले उसकी आँखों के सामने थे।

लड़ने-लड़ाने का कोई मौक़ा नहीं, उसने दिल-ही-दिल में तय किया। हो सकता है, मारनेवाले का अपना कुत्ता हो। वह सिर्फ़ बात करेगा।

'कुँ- कुँ' करता ज़मीन से बमुश्किल चन्द अँगुल ऊँचा वह पिल्ला सड़क से फिर फुटपाथ पर चढ़ने की कोशिश ही कर रहा था जब आदमी ने पैर से एक ज़ोरदार ठोंक लगाई और 'टॉय-टॉय' की चीखों के साथ वह फिर से सड़क पर औंध गया।

"क्या बात है भई," आवाज़ धीमी और क़ाबू में रखने की कोशिश से लहज़े में ज़्यादा ही नरमी आ गई। एकदम यह फ़िक्र कि सामने वाले को उसके नशे में होने का अन्दाज़ा न हो पाए। चेहरे पर ग़ुस्से और मुस्कराहट की लाइनें आपस में ही गुत्थम-गुत्था हो गईं। "—क्या हुआ?"

"क्या हुआ?" होटल के उस छोकरेनुमा कारिन्दे या मालिक ने उसकी तरफ़ इस नाराज़गी और ग़ुस्से से देखा जैसे उसके ज़ाती मामले में दख़ल-अन्दाज़ी करनेवाला वह कौन।

"इतना छोटा-सा पिल्ला है, इसे यूँ तो मत मारो" 'कुँ-कुँ' करते, दुम हिलाते

नन्हे-से पिल्ले की तरफ़ इशारा करते वह लगभग घिघियाते हुए बोला था। लड़ने-मारने का कोई मौक़ा नहीं, उसने एक बार फिर से ख़ुद को जतलाया, तुमने पी रखी है।

''वाह!'' लड़के ने थोड़े ग़ुस्से और लापरवाही से जैसे हवा में ही कहा, ''वह साला बर्तनों मे मुँह डाल रहा है, ये कह रहे हैं, मारो मत! जाने कहाँ-कहाँ से आ जाते हैं!'' और दो-चार गालियाँ देकर वह अपना सामान समेटने में लग गया।

''फिर भी भाई मियाँ,'' लड़के की नाराज़गी का कोई असर लिये बग़ैर उसने उसी प्यार और ख़ुलूस से कहा, ''इस तरह तो मत मारो।'' और वह कुत्ते को पुचकारने लगा था, जो अपनी जगह दुम हिलाता खड़ा था।

''ऐसा करो,'' कुछ पल बाद लड़का बोला था, ''इसे कुछ दूर तक पुचकारते अपने साथ ले जाओ।''

पुचकारने की भी नौबत नहीं आई और पिल्ला मटकता हुआ उसके पीछे-पीछे चलने लगा। ख़ुद उसका दिल उदारता से छलक पड़ा था। किस क़दर प्यारा और छोटा-सा पिल्ला है, वह अपने आपसे कह रहा था। कितना भोला और मासूम! दिल चाह रहा था ज़मीन से उठाकर उसे वह अपनी गोद में ले ले। जाने कहाँ से मुहब्बत का एक सैलाब उसमें फैलकर सब-कुछ डुबोए दे रहा था। आगे-आगे वह ख़ुद था और पीछे-पीछे दुम हिलाता मासूम पिल्ला।

घर के क़रीब आने के साथ-ही-साथ उसे यह एहसास हुआ कि पिछले डेढ़-दो किलोमीटर से पिल्ला उसके पीछे यूँ लगा चला आ रहा है जैसे गले में पट्टा डालकर चेन उसने अपने हाथों थाम रखी हो।

इस तरह आख़िर कहाँ तक! वह झुंझला उठा। यूँ अपने पीछे लगाए-लगाए वह इसे कहाँ तक लेकर जाएगा। घर पहुँचने से पहले-पहले किसी भी सूरत पिल्ले से छुटकारा पाना बहुत ज़रूरी था। कहीं भी चकमा देकर भाग निकलना है, उसने दिल में तय किया।

वह एकदम तेज़ी से चलने लगा। पाँच मिनट सरपट भागने के बाद, उसने पीछे मुड़कर देखा। एक आकार, देखने में मेढ़क की तरह, अपनी चारों टाँगों पर उछलता-कूदता उसकी तरफ़ दौड़ा आ रहा था। बीच की दूरी देखते-ही-देखते कम होती जा रही थी। उसका गुस्सा और झुँझलाहट दोबारा लौटने लगे थे। इस तरह दुम से बँधकर यह आख़िर कहाँ तक जाएगा! पिट रहा था, कमबख़्त को बचा लिया तो जान पर ही आ पड़ी।

ज़मीन की तरफ़ इस तरह झुककर जैसे पत्थर उठा रहा हो, उसने दायाँ हाथ हवा में घुमाया, जैसे पिल्ले को निशाना बना रहा हो, लेकिन अगले ही पल किसी राहगीर के ख़याल के चौकन्ना होकर नज़रें इर्द-गिर्द दौड़ाईं और सीधा होकर खड़ा हो गया। पिल्ला बहुत उदास नज़रों से उसकी आँखों में देख रहा था। तेज़ भागने

से उसका पेट फूल-पिचक रहा था और ज़बान मुँह के बाहर लटक आई थी। एक पल को उस हाँफते हुए पिल्ले की आँखों में देखते वह और सब भूल गया। पिल्ला चितकबरा था, उसकी आँखें गीली थीं और उसकी दुम हिल रही थी।

"हाश!" अपने आपे में लौटते हुए उसने एकदम पिल्ले को डाँट लगाई। "भाग यहाँ से! चल!" फिर से हवा में हाथ-पैर चलाकर उसने उसे भगाने की कोशिश की। सिर्फ़ थोड़ा सहमकर पिल्ला अपनी जगह बैठ गया और पाँव से कान खुजलाने लगा। उसने क़दम बढ़ाए तो पिल्ला उसके पीछे-पीछे था। उसे होटल वाले लड़के पर बेपनाह ग़ुस्सा आने लगा था। सुअर कहीं का! दिल में वह किसी बेवा की तरह उसे कोस रहा था। अच्छी मुसीबत सिर मढ़ दी! "पुचकारते अपने साथ ले जाओ!" साला सब अच्छी तरह समझ रहा होगा और यह मुझसे बदला लेने के लिए किया है।

पिल्ला परछाईं बना उसके साथ लगा था और अब धीरे-धीरे घर बिलकुल क़रीब आने लगा था। एक मोड़ पर दबे पाँव चलता, वह धीरे से अँधेरे में दुबक गया ताकि पिल्ला सीधे रास्ते निकल जाए और वह छिपकर भागने में क़ामयाब हो सके। लेकिन बहुत मासूमियत के साथ पिल्ला मोड़ तक आकर रुक गया और इधर-उधर कुछ देर सूँघने के बाद, कराहने की आवाज़ निकालता वहीं बीच राह में बैठ गया। ख़ुद वह किसी तरह उससे नज़रें बचाकर भागने में क़ामयाब हो गया। कुछ दूर दबे क़दमों, तेज़-तेज़ चलते रहने के बाद वह बेतहाशा भागने लगा—किसी भी तरह वहाँ से जितनी जल्दी हो सके दूर होने के लिए। भागते-भागते उसकी साँस फूल गई, पसीना जिस्म से चूने लगा, सीना धड़कने लगा। काफ़ी दूर तक सरपट दौड़ते रहने के बाद वह सुस्ताने के लिए पास में बनी तालाब की पुलिया पर बैठ गया। सारा नशा हिरन हो चुका था और पेट में कहीं खाने की ख़्वाहिश फोड़े की तरह दुखने लगी थी। ज़िन्दगी नहीं हुई, आसमान और खजूर की मिसाल होकर रह गई! बड़े शहर-कोतवाल बन रहे थे, आ गई अक़्ल ठिकाने! चलो, किसी तरह पिंड तो छूटा। कैसे पीछे-पीछे चला आ रहा था, जैसे वर्षों की जान-पहचान हो और उसकी आँखों में तैरता वह उदास और दया माँगने का सा भाव! जाने कब से बेचारे को खाने को भी कुछ मिला था या नहीं।

उसने यूँ ही मुड़कर जो नज़र डाली तो अपनी जगह बैठे-बैठे पथरा गया। पिल्ला उसी रफ़्तार से इठलाता-मटकता उसकी तरफ़ दौड़ा आ रहा था।

पुलिया पर बैठे-बैठे उसे बहुत देर होने को आ रही थी और पिल्ला उसके आसपास सूँघता, 'कूँ-कूँ' की आवाज़ें निकाल रहा था। थककर चूर-चूर, वह यह नहीं सोच पा रहा था कि करे तो आख़िर क्या करे। कई बार तो किचकिचाकर उसने यह भी सोचा था कि साले को उठाकर तालाब में फेंक दे। बस एक बार साले का टेंटुवा अपने हाथों में दबाकर पानी के हवाले कर दे! हिम्मत करके उसने हाथ बढ़ाए

भी थे लेकिन जाने उस पिल्ले की आँखों में ऐसा क्या था, जो हर बार उसके बढ़े हुए हाथ वापस लौट आए थे।

क्या किया जाए, कुछ समझ में नहीं आ रहा था। शाम शुरू कहाँ से हुई थी—वह तमाम उसके साथ खेलते, किलोरियाँ-सी करते चेहरे एक बार फिर आँखों में घूम गए और ग़ुस्से की एक झुलस उसे सिर से पैर तक दहका गई। बहुत यक़ीन और आत्मविश्वास के साथ उसने पिल्ले की तरफ़ हाथ बढ़ाए ही थे कि क़दमों की चाप सुनकर रुक जाना पड़ा। एक पन्द्रह-सोलह साल का लड़का बग़ल में किताबें दबाए सामने से आ रहा था—इस तरह तेज़-तेज़ क़दम उठाता जैसे जल्दी में हो।

"यार सुनो," लड़के के पास आने पर उसने बहुत दोस्ताना आवाज़ में कहा, "ऐसा करो, ज़रा पुचकारते हुए इस पिल्ले को थोड़ी दूर अपने साथ ले जाओ।"

"जी नहीं," लड़के ने बग़ैर रुके या उसकी तरफ़ एक पल को भी देखे कहा, "मुझे अपने पीछे लगाने का शौक नहीं!"

वह आँखें फाड़े, हैरान, लड़के को नज़रों से ओझल होते देख रहा था। हिलने-डुलने की शक्ति भी नहीं थी। उसने होटलवाले का गुर इस लड़के पर आज़माना चाहा था और लड़का उसके सोचे से कहीं ज़्यादा समझदार निकला था। रास्ता चलते किसी से प्यार जताना दरअसल उसे अपने पीछे लगाना होता है, इतनी उम्र गुज़ारने के बाद भी वह ख़ुद नहीं समझ पाया था, जबकि उससे बमुश्किल उम्र में आधे इस लड़के को मालूम था। होटलवाले छोकरे को मालूम था। बल्कि उस शाम साथ रहे सारे चेहरे और शायद सारी दुनिया ही जानती थी। शर्मिंदगी से पिल्ले की आँखों में ताकता वह ख़ामोश बैठा रहा।

अन्त में जब वह उठकर चला तो पिल्ला उसके पीछे-पीछे था।

तलाफ़ी*

हम कुछ लोग उस रात साथ बैठे थे और बात किसी बड़े उर्दू शायर को लेकर निकली थी। एक मशहूर और जाना-पहचाना शायर जिसे एक दिन पहले दिल का दौरा पड़ा था और जो उस समय बम्बई के किसी हॉस्पिटल में ज़िन्दगी और मौत के दरमियान कहीं झूल रहा था। ख़बर सुबह के अख़बार में थी और हम सब ही उसे लेकर अपने-अपने अन्दाज़ से ग़मगीन और फ़िक्रमन्द थे : जब इलाज-मालजे तक के लिए चन्दे की नौबत आ जाए तो आदमी लिखना-लिखाना छोड़कर कोई दूसरा, क़ायदे का काम, क्यों नहीं शुरू कर दे ? कोई भी ऐसा काम जिससे इतना तो हासिल हो सके जो रोज़ की ज़िन्दगी बिताने के लिए ज़रूरी हो।

बात 'आदमी क्यों लिखता है' को लेकर फैलती गई थी।

उस समय हम जिस जगह बैठे थे वहाँ ऊँची आवाज़ में बातचीत की जा सकती थी, एक-दूसरे पर चीखा-चिल्लाया जा सकता था और कोई चाहे तो ज़ोर-ज़ोर से गाली-गलौज या गिरेबान पकड़कर हाथापाई भी कर सकता था। हम किसी सुनने या देखनेवाले की पहुँच से परे थे।

—यह शायद कुछ ऐसा ही है—लेखन की मजबूरी को लेकर कोई बोला था—कि आप जिस चमकीले जूते के बन्द कसे किसी से मिलने जा रहे हैं, सीना तानकर क़दम उठाते हुए, उसके तले में एक छोटा-सा छेद है और आप किसी भी पल किसी बारीक कंकर की चुभन से तिलमिला सकते हैं। न भी तिलमिलाएँ तो चेहरे की मुस्कुराहट बरक़रार रखे आप अपने फटे तले को भूल पल-भर को भी नहीं सकते, कहनेवाला एक पल को रुका था।—सिवाय उन लोगों के जिनके तलुवों की खाल ही सख्त पड़ चुकी है। उनका तो यहाँ ज़िक्र करना ही फ़जूल है। लिखता वह है जिसके तलुवे नर्मो-नाजुक होते हैं।

—लेकिन, दूसरा अपनी बात पर ज़ोर देते हुए बोला था—यह क्या हुआ कि आप तो अपनी खाल की चुभन के तक़ाज़ों को पूरा करते रहें और आपके रिश्ते से जुड़ा आपका ख़ानदान-बीवी, बच्चे, रिश्तेदार उस चुभन की लज़्ज़त लिए बिना,

* क्षतिपूर्ति

सारी महरूमी का शिकार बनें! इसमें उनका क्या क़सूर है? वह तो किसी शुमार में ही नहीं हुए।

कुछ देर को ख़ामोशी उभर आई थी।

—क्यों ख़ाँ, स्टफ़ तो कम नहीं पड़ेगा? किसी ने पूछा था।—मैंने कहा, अभी टाइम है, कुछ और ले आते हैं।

—कम क्या पड़ेगा यार, अभी तो आधी बॉटल भी नहीं हुई है! किसी की झुँझलाई हुई आवाज़ और उस पर पड़ा ज़ोरों का ठहाका। सब मिलकर हँसे थे।

'स्टफ़्फ़' यानी देशी मदिरा मसाला। 'मदिरा मसाला' कहते हुए इतना घटिया महसूस होता था कि हम लोगों ने उसे 'स्टफ़्फ़' का नाम दे दिया था। 'स्टफ़्फ़?' दरअसल पिछले कुछ महीनों की देन था। कुछ समय पहले तक यह मजबूरी नहीं थी कि चाहे कुछ भी हो, पिया ही जाए। तब तक न तो दोस्तों का ग्रुप बना था, न यह एहसास हुआ था कि शराब पीते हुए दुनिया की संजीदा बातें बहुत सलीके से की जा सकती थीं, और एक-दूसरे के मार्फ़त दुनिया को समझा जा सकता था। कुछ समझ पाने की ख़्वाहिश ही शायद वह बुनियादी कमज़ोरी थी जिसने हम सबको इकट्ठा कर दिया था। उससे पहले तक शराब पीने का मतलब कभी महीने में एक-दो बार किसी होटल की बार में जा बैठना होता था। वर्दी पहने वेटर, सजा-सजाया, कम-रोशनी का बैठक का हिस्सा, म्यूज़िक और क़ीमती पोशाकों में आते-जाते लोग। पहले शराब से ज़्यादा यह तमाम चीज़ें आकर्षित करती थीं, मगर इन दोस्तों के साथ शराब अच्छी लगने लगी। आर्थिक स्थिति के कारण हम सब ऐसी क़ीमती जगहों पर बैठकर बिला नाग़ा नहीं पी सकते थे। शासन की ओर से तभी लागू किए गए प्रोहिबिशन ने हमें एक आसान बहाना सुझाया था और शहर में पब्लिक बार ख़त्म होते ही हमने तरह-तरह की ऐसी जगहें खोज निकाली थीं जहाँ कोई सुनगुन लेनेवाला पहुँच ही नहीं सकता था। तालाब का वीरान किनारा, मीनारनुमा उजाड़ टीला या फिर वह स्टेडियम जहाँ उस समय, हम सब, लिखने-पढ़ने के शौक़ और व्यवसाय से, जाने-अनजाने जुड़े, दोस्त बैठे थे। फिर धीरे से अंग्रेजी शराब की जगह देशी मदिरा मसाला-'स्टफ़्फ़' ने ले ली थी क्योंकि हममें से किसी की आर्थिक स्थिति ऐसी भी नहीं थी कि बाहर बैठकर भी, अंग्रेज़ी शराब रोज़ पी सके।

—नाम के भी बड़े दाम होते हैं, तलुवे की चुभन की बात करनेवाले ने मुख्य विषय की ओर लौटते हुए कहा था।

—क्या दाम होते हैं? मुक़द्दर में साथ बँधकर आनेवालों की वकालत में बोलनेवाले ने कुछ झुँझलाए स्वर में कहा था।—तुम्हें मालूम है उस बड़े नामवाले की बीवी घर का खर्चा किस तरह चला पाती है? साहब के बेगिनती यार-दोस्त हैं, एक से बढ़कर एक नामवर हस्तियाँ, जो मिलने चली आती हैं। बम्बई जैसे शहर में फ़्लैट का किराया, दो बड़ी होती बच्चियों की एजूकेशन, घर का चूल्हा और मियाँ

और मियाँ के दोस्तों की मेहमानवाज़ी के लिए रोज़ शराब! किस तरह सब कुछ हो पाता होगा! कमाई के नाम पर क्या है? कभी बहुत सारा एकदम आ जाता है—जैसे किसी फ़िल्म का गाना रिकॉर्ड हो गया या किसी किताब पर कोई एवार्ड मिल गया। रॉयल्टी? अमाँ हिन्दी की बात छोड़ो, वहाँ कुछ तो है। उर्दू की हमसे पूछो, अगर आप मुशायरे और गलेबाज़ी के शायर नहीं हैं तो! ऊपर से मिज़ाज यह भी नहीं कि जब कुछ इकट्ठा मिल जाए तो उसमें से थोड़ा-सा बुरे वक़्तों के लिए बचा लिया जाए। वही दड़ेग़मी है कि जो कुछ भी हाथ आ गया फूँक दो!

पेग ख़त्म हुआ और सबने अपने-अपने गिलास ऊपरी सीढ़ी पर बैठे शराब बाँटनेवाले को थमा दिए थे। बीच में खाली, गोलाकार मैदान और आस-पास सीढ़ियों की शक़्ल में दर्शकों के बैठने की सीटें : स्टेडियम। लगभग एक वैसी ही जगह जैसी कभी-कभी अंग्रेज़ी फ़िल्मों में देखने को मिलती है, जिसमें एक, हुलिए से मसख़रा लगनेवाला आदमी, अपने हाथों में लाल रंग का कपड़ा हिलाता भैंसों को लड़ने पर उकसाता है। स्पेनिश बुलफाइट! फ़िल्मों में जहाँ तमाशबीन बैठते हैं उसी जगह हम बैठे थे, एक कोने में सीढ़ियों पर। और क्योंकि न तो मैदान में कोई अरना भैंसा था, न उसे उकसाने को लाल कपड़ा हिलाता मसख़रा, इसलिए मैदान और सीढ़ियों के बीच कोई पक्की बाड़ भी नहीं थी, भैंसे को तमाशबीनों पर हमला करने से रोकने के लिए।

—सँभाल के यार! गिलास खनकने पर किसी ने कहा था—ख़बरदार जो क़तरा भी छलकाया!

—जब हाथ काँपते हैं तो शराब ढालने क्यों बैठ जाते हो! दूसरे ने तंज़ किया था। माचिस की तिली जलने की सरसराहट। सबने अपनी-अपनी सिगरेटें जलाई थीं। माचिस की बुझती तीली। अँधेरा। कुछ पल को बोझल ख़ामोशी।

—मैं तुम्हारी बात कॉन्ट्रडिक्ट नहीं करता, किसी ने उससे कहा था जो शायर के परिवार के दुःख को लेकर अभी तक बात करता रहा था—लेकिन क्या तुम्हें ऐसा नहीं लगता है कि उसकी पत्नी जब अपनी आँखों से यह देखती होगी कि उसके पति की ख़तो-किताबत देश के राष्ट्रपति और प्रधानमन्त्री से है, देश का बड़े-से-बड़ा नेता उससे झुक के मिलता है, बड़े-से-बड़े मजमे में उसे सम्मान की कुर्सी पर बिठाया जाता है और उसकी लिखी कविता देश की आनेवाली नस्लों का दिमाग़ बनाने में हिस्सा ले रही है तो उसकी कमियों के एहसास की पूर्ति नहीं होती होगी? और यार, ऐसी भी क्या तकलीफ़ है उस ख़ानदान को! एक-दो बार ख़ुद मेरा वहाँ जाना हुआ है। बम्बई जैसे शहर में अपनी अदा से रहते हैं। कभी बस या ट्रेन से सफ़र करने की ज़हमत नहीं उठाते, हमेशा कोई चाहनेवाला या फ़िल्म प्रोड्यूसर कार लिए ख़िदमत में हाज़िर रहता है। बच्चियाँ बम्बई के सबसे क़ीमती स्कूलों में पढ़ रही हैं और हर शाम कम-से-कम अच्छी शराब ख़रीदने के पैसे तो होते हैं! हमारी तरह

यह कमबख़्त 'स्टफ़्फ़'!-उसने गिलास उठाकर आवाज़ के साथ वापस रखते महरूमी के स्वर में कहा था—यह ज़हर तो नहीं पीना पड़ता! न किसी की गुलामी या जी-हजूरी, न यह शर्मिन्दगी कि उम्र-भर क़लम घिसने के बाद छः सौ रुपए की सरकारी नौकरी कर रहे हैं, जहाँ से कभी भी चलता किया जा सकता है! तुम उन लोगों के ज़्यादा क़रीब हो, मुझसे बेहतर जानते हो, लेकिन ख़ुद अपने बारे में ज़रूर मैं यह यक़ीन से कह सकता हूँ कि जब मेरे बीवी-बच्चे मुझे भीड़ में घिरा देखते हैं, लोगों की आँखों में जो इज़्ज़त और सम्मान उन्हें मेरे लिए नज़र आता है, या जब लोग मुझे मंच से बोलता सुनते दिखाई देते हैं तो कई कमियों की तलाफ़ी होती मुझे अपने घरवालों की नज़र में महसूस होती है। बोलते-बोलते वह पल-भर को रुका था और आवाज़ नीची करते हुए जोड़ा था—तो तुम्हारे अज़ीज़ शायर-दोस्त के बीवी-बच्चे भी दुनिया से जुदा होने से तो रहे। क्यों?—सवाल मुझसे था।—नए-नए लेखक साहब क्या सोचते हैं?

मैंने कुछ ही दिन पहले अपनी पहली कहानी को छपे रूप में देखा था इसलिए दोस्त मज़ाक में मुझे नए-नए लेखक साहब कहते थे।

मैं ख़ामोश रहा था और किसी ने मेरे जवाब का इन्तज़ार भी नहीं किया था। बात किसी एक के चुप रहने से टूटती भी नहीं। पहले ने दूसरे से अपनी बात सही शब्दों में समझा न पाने की लाचारी ज़ाहिर की थी, दूसरे ने अपनी बात को और आगे बढ़ाया था। मैं बैठा यह सोचता रहा था कि गर्मियों की रातों में तो यूँ खुले में बैठना ठीक था, जैसे वह मैदान जिसमें दिन में बच्चों के खेलों के मुक़ाबले होते और बड़े और जवान हॉकी और क्रिकेट खेलते थे। वहीं पर दशहरे का रावण जलाया जाता था और अँधेरी रात में मनचले अपनी प्रेमिकाओं के साथ भी आ निकलते थे। सीढ़ियाँ उनकी सुविधा के लिए क़ाफी चौड़ी थीं और उन्हें कोई दिक्कत नहीं होती होगी। बाजू में पवेलियन जैसी कोई जगह थी जिसमें पहरेदार जैसा कोई आदमी रहता था। एक बार हमें पानी कम पड़ गया था तो मुश्क़िलों से उसे आवाज़ दे-देकर जगाया था। गर्मियों में तो यह सब ठीक था लेकिन सर्दी और बरसात में हमारे बैठने का क्या होगा। पीते हम सब थे लेकिन अपने घरों में बैठकर यह शग़ल करने की किसी की हिम्मत नहीं थी। कहीं बुज़ुर्ग आड़े आते थे, कहीं बढ़ती औलादें तो कहीं ख़ानदानी रिवायत।

यह तमाम बातें देखते हुए पिछले दिनों किसी ने यह सुझाव रखने की हिम्मत की थी कि जब पीना 'स्टफ़्फ़' ही ठहरा तो कलारी में बैठने में क्या बुराई थी। शहर के बार ही बन्द हुए थे, कलारियाँ तो खुली थीं। और हम लोग वहाँ की भीड़ से देखने में ही अलग नज़र आते थे, कलारी का ठेकेदार ख़ुद भी अच्छी तरह समझता था। वह हम लोगों के बैठने के लिए अलग कमरे का इन्तज़ाम करने को भी तैयार था।

जब यह सुझाव रखा गया था तो कुछ देर को सकता-सा पड़ गया था। कहेनवाले

की बात ग़लत नहीं थी, ख़ासकर कलारी में पर्याप्त सुविधाएँ, जैसे तले पापड़, गर्म मँगोड़े, दाल-चूड़े का नमकीन, और सिगरेट-पान लाकर देनेवाले कलारी में काम करनेवाले लड़कों को याद करते हुए उस सकते में बैठा मैं सोचता रहा था कि कुछ दिन पहले तक हम एक-दूसरे को महसूस कराते रहे थे कि सस्ती शराब की लत लगाना एक अल्कोहलिक की मौत मरना है-एक घटिया मौत! शुरू-शुरू में तो इतनी हिम्मत कर पाना भी मुश्किल होता था कि कोई कलारी तक जाकर 'स्टफ़्फ़' ख़रीद लाए। फिर धीरे-धीरे इतनी हिम्मत होने लगी थी कि अँधेरा पड़े कोई छुपता-छिपाता वहाँ तक पहुँच जाता और बाक़ी लोग दूर पान-सिगरेट की दुकान पर खड़े बतियाते रहते।

सकते के दौरान मुझे लगा था कि हर कोई एक-दूसरे से यह उम्मीद करता था कि वह प्रपोज़ल को सेकंड करे। आख़िरकार जब सकता टूटा तो सबने एक-ज़बान होकर उसका विरोध किया था। इस हद तक कि सुझाव सामने रखनेवाला कुछ ही पल में ख़ुद शर्म से पानी-पानी हो गया था।—कहता है, सबने हूट किया था—कलारी, यानी 'पुअर-मेंस बार'!

बात बम्बई वाले शायर की मार्फ़त लिखने की मजबूरी, परिवारवालों के दुःख-सुख और किसी सम्भावित तलाफ़ी को लेकर ही चल रही थी। गोलाकार मैदान की छिटकी चाँदनी में अजीब-सा आकार बनाता, तिरछे कोण से पड़ा एक पत्थर का रोलर था। हम में से कोई उठा था—ज़रा मुत्तूस्वामी से मिल आऊँ! इस पत्थर के रोलर का नाम हमने मुत्तूस्वामी रख छोड़ा था। जिसे ज़रूरत पड़ती वह अपने मसाने का ग़ुस्सा मुत्तूस्वामी पर उतारकर आ जाता। मैदान बराबर करने का रोलर : हमारे दुश्मनों का प्रतीक-मुत्तूस्वामी।

शायर! मुत्तूस्वामी! मेरा दिमाग़ भटकने लगा था।

—तुम क्या समझते हो?... क्या इसी तरह से मामला चलता रहेगा?

मैं उसकी तरफ़ देखता, बैठा रहा था। सड़क पर तेज़ दौड़ती मोटरसाइकिलों की आवाज़ दूर से पास आती, और फिर दूर जाते-जाते हवा में घुलकर ग़ायब होती सुनाई दी थी।

—नहीं चलेगा तो? और है क्या? मैंने सधे लहज़े में कहा था।—पेट भरने या ज़िन्दगी गुज़ारने के लिए अगर कोई मुझे मशवरा दे कि मुहल्ले के नुक्कड़ पर परचून की दुकान लगाकर बैठ जाओ, तुम्हारी और तुम्हारी आल-औलाद की गुज़र-बसर हो जाएगी तो मैं इस मशवरे को नहीं मानूँगा। मैं ख़ुद कहता हूँ कि शादी करके मैंने एक अच्छी-भली लड़की की ज़िन्दगी ख़राब की और रही-सही क़सर बाप बनकर पूरी कर दी! मुझे मालूम है, उसमें मेरा स्वार्थ था! अगर बीवी और बच्चा न होते तो मैं कभी का आत्महत्या कर चुका होता।

वह ख़ामोश, मेरी ओर देख रहा था। अचल, स्थिर, गहरे पानी की सतह-सी आँखें जिनमें जहाज़ डूब जाएँ तो भी ऊपर लहर न जन्मे।

—मैं लिखना चाहता हूँ, टेबिल पर रखा गिलास पूरा हलक़ में उड़ेलकर वापस रखते हुए, मैंने कहा था।—मुझे लगता है—जबकि यह भी मुमकिन है कि यह महज़ मेरा भ्रम हो—कि मैं अपने आस-पास का बहुत कुछ समझ तो सकता हूँ, बहुत गहराई तक! लेकिन उसमें ख़ुद भी हिस्सा ले पाना मेरे लिए सम्भव नहीं है। चाहते हुए भी मैं वह सब कर ही नहीं पाता। लगता है शायद लिखकर ही लोगों के सामने मैं अपना दृष्टिकोण रख सकूँ, यह समझा सकूँ कि इस सब में हिस्सा लेना मेरे लिए क्यों सम्भव नहीं है।

—लिखने से पैसा थोड़ी मिलेगा, भावविहीन चेहरे को पीछे छोड़कर जो आवाज़ मुझ तक आई थी उसमें मेरे प्रति चिन्ता की एक झलक थी।—हर चीज़ पीछे-पीछे आती है। सारे रिश्ते, सम्बन्ध, प्यार, सम्मान—जिसे तुम कुछ लोगों का अपना अधिकार समझते हो, इसका कारण भी तुम नहीं, तुम से बड़ी—हाँ, मैं बड़ी ही कहूँगा, एक चीज़ है। वह है तो ही बाक़ी सब कुछ है। तुम जानते हो, उसने उन्हीं शान्त आँखों से मेरी ओर देखते हुए कहा था—हर ट्रेड के नियम लगभग एक-से होते हैं। लिखने में तुम सफलता चाहते हो तो भी बहुत कुछ वैसा ही करना पड़ेगा जैसा परचून की दुकान कामयाबी से चलाने को करना पड़ता है। तुम अगर वह कर पाओ तो ही यह भी कर सकते हो। और परचून या लिखना अपनी जगह, तुम्हें मालूम है—उसकी आँखों की चमक कई गुना बढ़ गई थी—कि यू आर गोइंग डाउन द् हिल?

—मेरे नीचे लुढ़कने या ऊपर चढ़ने में तुम लेखन को क्यों घसीट रहे हो! मेरे स्वर में खीझ थी।—लिखकर मुझे, वह कुछ पल को ही सही, किसी मुक्ति का एहसास तो होता है। और कुल मिलाकर रखा भी क्या है!

—डाउन द् हिल से मेरा यही मतलब था!

वह गिलास में और शराब उड़ेल रहा था—कोई क़ीमती स्कॉच। कोई साल-भर पहले तक देशी शराब की महक से ही आँतें पेट में एक-दूसरे से उलझने लगती थीं और घूँट लेने पर अक़सर उबकाई आ जाती थी। काफ़ी दिन तक यह भी लगता रहा था कि उसे बदिक़्क़त हलक़ के नीचे उतारने के बाद शरीर थोड़ा-सा ढीला तो हो जाता था लेकिन सिर में पूरे समय कोई नुकीली चीज़, किसी पत्थर की कत्तल-सी, चुभती रहती थी। धीरे-धीरे वह चुभन का एहसास गायब होता गया था और देशी शराब ही अच्छी लगने लगी थी। फिर कभी-कभी जो क़ीमती शराब से पाला पड़ता, तो वही चुभन होने लगती! फ़र्क़ यह था कि देशी शराब से हुई चुभन को मैं ऊँची आवाज़ में 'यह साली चीज़ ही घटिया है' कहकर बयान कर सकता था। क़ीमती शराब की चुभन चुपचाप बर्दाश्त करनी पड़ती थी।

पाउच से तम्बाकू निकालकर वह अपना पाइप भर रहा था। हमारे क़दमों में हरी दूब का क़ालीन था जो आकाश से विदा होती रोशनी और कुछ फ़ासले पर जल रहे मर्करी बल्ब के धीरे-धीरे उभरते उजास में सलेटी रंग का लग रहा था : किसी मुर्दा जानवर की खाल-सा। या जैसे काई—गहरे पानी में वर्षों से जमी, जिसमें न तो किसी ने डोल डाला हो, न ही पत्थर फेंका हो।

दियासलाई की रोशनी में पल-भर को उसका चेहरा उभरा था। उसकी नज़र तीली की लौ पर थी और गहरे कशों के साथ-साथ पाइप का धुआँ फैलता जा रहा था।

—लाउज़ी क्लीनर्स! कश के साथ आती हल्की-सी आवाज़ पर उसने धुएँ की ओट से मेरी तरफ़ देखते हएु बुदबुदाया था।

पाइप जल चुका था और तम्बाकू की भीनी, ख़ुशगवार महक फैलती जा रही थी। गहरी साँस लेकर, उस ख़ुशबू को अपने भीतर समोने की कोशिश करते मैं उसे तकता रहा था।

—पता है, प्लेट से दो काजू उठाते हुए मैंने हाथ का गिलास चियर्स की मुद्रा में लहराया और एक और बड़ा घूँट हलक़ के नीचे उतारते हुए कहा था—मैंने एक नाटक लिखने का सोचा था—

—वही लेखन! एक पल उसकी नज़रें मेरे चेहरे पर जमी थीं और फिर वह मेरे पीछे, शून्य में कहीं तकने लगी थीं।

—तुम सुनो तो, मेरे स्वर में वैसी ही झुँझलाहट थी जो अमूमन शराब पीने के साथ नागवार नहीं लगती।—बुद्ध, गौतम बुद्ध के बारे में! या शायद अपने बारे में। यूँ ही, एक कम-उम्र बच्चा है जो अपने आस-पास की भीड़ में किसी एक बड़े पर विश्वास कर लेता है। बड़ा उसे जो समझाता है वह उस बच्चे के आदर्श बन जाते हैं। उन्हीं के हिसाब से वह अपनी आनेवाली ज़िन्दगी प्लान करता और आगे बढ़ता है। वर्षों बाद फिर उसकी मुलाक़ात अपने गौतम, अब गौतम कहूँ उसे या बुद्ध समझ नहीं आता, से होती है और उसे बड़ा आश्चर्य होता है कि उसका आदर्श बिलकुल बदल चुका है! उसे ख़ुद इस बात की भी हैरानी है कि इतने बदलाव के बावजूद, वह उसे पहचान क्योंकर गया। उसके और उसके गौतम के बीच श्रद्धा की खाड़ी का लाँघकर, वह उससे सवाल करता है। गौतम के पास उसके हर-हर सवाल का बड़ा तसल्ली बख़्श जवाब है : गौतम जो भी कर रहा था वही सही था, गलती उपदेश की व्याख्या करनेवालों की थी, उपदेश की नहीं। वह कम-उम्र जो अब जवान हो चुका है, अपने दामन में नई गिरहें लगाता है और इस बदले रूप को सही मानकर अपनी ज़िन्दगी बदलने की कोशिश शुरू कर देता है। सिर्फ़ कोशिश ही करता है वह, इसमें कामयाब नहीं हो पाता, क्योंकि गौतम का पहला रूप उसके भीतर बसकर बड़ी अड़चन बन चुका है। आगे जीवन में उसे अपना वही गौतम नित नए रूप धरे नज़र

आता और मिलता है, कभी आदमी तो कभी औरत के रूप में, और मज़े की बात यह कि उन्हें पहचानने में उसे ज़रा भी दिक़्क़त नहीं होती। लेकिन उन सबकी दलीलें स्वीकार करने के बाद भी वह कर वैसा नहीं पाता जैसा वह चाहते हैं। हर बार ज़िन्दगी के किसी-न-किसी मोड़ पर उसे अपना गौतम ख़ुद से दूर, और दूर जाता नज़र आता है। सिर्फ़ इसलिए कि वह आज तक उसके उपदेश की व्याख्या में ही उलझा हुआ है। वही, जिसके कारण आज मैं वह हूँ, जो हूँ! बुद्ध की शरण में मेरे लिए कोई जगह नहीं!

—कहीं ऐसा तो नहीं, मेरा लम्बा मोनोलॉग ख़त्म होते ही उसने अपनी दोनों आँखें मेरे चेहरे पर गाड़ते हुए कहा था—तुम अपनी कमज़ोरियाँ, लापरवाहियाँ और नाएहली किसी और के सिर थोपकर ख़ुद के लिए बचाव ढूँढ़ना चाहते हो? पलायन-यू नो, सम सॉर्ट ऑव एन इस्केप... ?

नाटक की रूपरेखा समझाते मैं ख़ासी शराब पी गया था। पिछले कुछ दिनों से एक नया झंझट पैदा हो गया था कि मैं ज़्यादा शराब पीने के बाद झगड़ने लगा था। इसका कारण भी पता नहीं चल पाता था क्योंकि अगली सुबह तक मैं झगड़े की तफ़सील भूल जाता था। कभी बात चीख़ने-चिल्लाने पर ही टल जाती, लेकिन कुछ बार, मुझे बताया गया था कि मैंने बाक़ायदा हाथापाई तक की थी। यह सब इन जगहों तक—उस गोलाकार स्टेडियम, वीरान पहाड़ी चट्टानों या उस टीले-नुमा उजाड़ मीनार तक तो चल सकता था, लेकिन उस पल मैं जिस घर में बैठा था वहाँ आस-पास बहुत से लोग थे—घरवाले, नौकर, पोर्च में खड़ी कार जिसका ड्राइवर भी यक़ीनन क़रीब ही होगा। सामने बैठा वह नहीं जानता था कि मैं देशी शराब पीने लगा था। जाने कितने वर्षों से मैं उस घर में जाता रहा था। उस घर के कुछ अपने आदाब-लिहाज़ थे जिनका मैं भी पालन करता था। मुझे और शराब नहीं पीना चाहिए थी!

—पता नहीं, मैंने लबो-लहज़े को क़ाबू में रखते हुए कहा था—हो सकता है तुम ठीक ही कह रहे हो!

—तुम अगर गौतम होते—गौतम कहो या बुद्ध मेरे लिए बात एक ही है। उसने मना करने के बावजूद और शराब उड़ेलते हुए कहा था—तो उपदेश की व्याख्या और अपना रास्ता आराम से तय करते रहते। लगता है तुम उस व्यक्ति की बातों से प्रभावित ज़्यादा हुए, उसे समझ कम पाए। उसके कहे जुमले तुम्हें ज़रूर याद हो गए लेकिन बताया हुआ रास्ता पकड़ में नहीं आ सका। अगर पहली बार तुम्हें अपना गौतम ख़ुद से बड़े किसी व्यक्ति की शक़्ल में नज़र आया दूसरी बार किसी दोस्त और तीसरी बार किसी ऐसी औरत के रूप में दिखा जिससे तुम, लगता है, प्यार करते हो तो मैं तो तीनों को बआसानी एक ही रास्ते पर चलता देख और समझ सकता हूँ। एक ही रास्ते की परिभाषाएँ, उम्र के साथ-साथ बदलती रहती हैं : उन्हें बदलते रहना चाहिए। लफ़्ज़ और जुमलों का उलझाव किसी को लहूलुहान करता है तो यह

उसकी कमसमझी है। आपने अगर गौतम के उपदेश को ठीक से समझा होता तो लिखने-लिखाने के चक्कर में हरगिज़ न पड़ते!

एक लम्बी चुप्पी पैदा हो गई थी : जैसे तेज़ बहाव पर कमज़ोर पुल जो कुछ क्षण को जंगल में बहती नदी की सरसराहट को बाँध ले। तब तक जबकि पानी का ज़ोर पुल के परख़चे न उड़ा दे और एक असीमित जल-समूह तटों को दबोचकर चौतरफ़ा फैल जाए। दरख़्त उखड़ जाएँ, तट पर बसी आबादी का नामो-निशान न मिट जाए।

—एक मिनट, कहकर वह उठा था।

टॉयलेट! मैं जानता था वह टॉयलेट जाने को उठा था। लॉन पर उसकी ख़ाली कुर्सी के बाजू में ज़मीन में चमकीली निकल की छड़ी गड़ी थी। रंग-बिरंगे कपड़े की घेरदार छतरी खड़ी करने का स्टैंड...। बड़ा-सा ख़ूबसूरत लॉन...तेज़ हवा में फड़फड़ाती बेगिनती रंगीन परों की छतरियाँ...गोरे-उजले लोग, लम्बी आरामदेह लॉन-चेअर्स में पसरे हुए...ख़ूबसूरत औरतें...तन्दुरुस्त बच्चे...सूरज की धूप में छाया करती परिन्दों-सी छतरियाँ...गोलाकार मैदान...अरना-भैंसा...देशी मदिरा मसाला... मैदान में पड़ा हमारी दुश्मनी का प्रतीक, वह पत्थर का रोलर—मुत्तूस्वामी! सब बेतुका! मैंने कुर्सी में पहलू बदलते हुए ऊँची आवाज़ में ख़ुद से ही कहा था—मुझे शराब छोड़ देनी चाहिए।

कहते हुए भी मैदान में पड़े उस रोलर की तस्वीर मेरी आँखों में घूम रही थी।

—बहरहाल, वापस आकर उसने ख़ुद को सामनेवाली कुर्सी में फैलाते हुए कहा था—मुद्दा सिर्फ़ यह है कि तुम्हें कुछ करना चाहिए।

—ठीक कहते हो, मैंने सँभलकर बैठते हुए कहा था—अब हम लोगों को खाना खाना चाहिए! फिर तुम मुझे घर ड्राप कर देना।

—शाम के साढ़े आठ बजे? आवाज़ वही थी लेकिन शायद मैंने उसमें व्यंग्य खोज लिया था।—अभी तो इतनी बची है, उसने बोतल की तरफ़ इशारा करते हुए कहा था।

—क़ीमती शराब है! मेरा लहज़ा ज़हर में बुझा हुआ था—थोड़ी में ही बोतलों का नशा हो गया!

ख़ामोशी। जंगल में बहती नदी की सरसराहट। उखड़ते दरख़्त। डूबते मकान।

ख़ामोशी।

—आज दो महीने बाद हाथ लगाया है, मैंने उसकी तरफ़ देखते हुए कहा था—तबीयत ही ठीक नहीं रहती।

तबीयत की ख़राबी एक बहाना था जिसे वह खूब समझ रहा होगा, यह अन्दाज़ा मुझे था।

—इधर पिछले दिनों कुछ ऐसा हो गया, मैंने आगे कहा था—कि दोस्तों के साथ बग़ैर शराब के बैठ ही नहीं सकते। साथ होने का मतलब ही महज़ पीना होकर रह गया! रात दो-दो, तीन-तीन बजे घर पहुँचना—अगले दिन दिमाग़ साला किसी काम का ही नहीं रहता! और आज भी, सिर्फ़ तुम्हारे साथ की ख़ातिर...

—हाँ, उसने जैसे मेरी पूरी बात को समझते हुए कहा था।—अरे, दया, पास से गुज़रते ख़ाकी नेकर-बनियान पहने लड़के को रोकते हुए उसने सवाल किया था—हमने तुमसे पापड़ लाने को कहा था?

—अभी लाया साब, कहते हुए लड़के ने दूसरे कमरे में बैठे आदमी को कुछ हिसाब बताया था और पापड़ लाने लपक गया था। दूसरे कमरे में लकड़ी के क्रेटों में लाल, पीली, कत्थई, सफ़ेद बोतलें जमी रखी थीं। हम जहाँ बैठे थे उस छोटे-से कमरे के कोने में एक तख़्त बिछा था, जिस पर एक तोशक लिपटी पड़ी थी। तोशक का कपड़ा जगह-जगह से फटा हुआ था जिसमें से रुई झाँक रही थी। मैला कपड़ा, मटमैली रुई। जिन कुर्सियों में हम धँसे बैठे थे उनकी नायलान की बुनाई उधड़कर ढीली हो गई थी और लोहे का फ्रेम टाँगों में चुभ रहा था।

—यह दरवाज़ा! लड़का अपने पीछे दरवाज़ा खुला छोड़ गया जिसे मैंने लपककर भेड़ा था।

बाहर दाहिनी ओर कलारी का वह हिस्सा था जहाँ आम आदमी बैठकर पीते थे। वहीं नमकीन की दुकान थी और आगे खुले कम्पाउंड के अन्त में एक झाड़ियों की बेतरतीब बाड़। बाहर उस समय लोगों की हमाहमी थी और जिस कुर्सी पर मैं बैठा था, दरवाज़ा थोड़ा-सा भी खुलने पर बिलकुल सामने पड़ जाती थी।

—तुम पीने की बात कर रहे थे, उसने अपनी आहिस्ता रौ में मुझसे मुख़ातिब होते हुए कहा था—यही कि दोस्तों के मिलने का मतलब सिर्फ़ पीना होकर रह गया है। इसमें ऐसा हर्ज़ भी क्या है? दोस्त अच्छे लगते हैं और दोस्तों के साथ पीना और भी अच्छा लगता है।

—मगर उसकी कोई हद भी तो होनी चाहिए! पहले भी तो था कि हफ़्ता-पन्द्रह दिन में कभी एक बार। तब पीने के साथ-साथ कुछ बात करने या अपने-अपने तजुर्बे कहने-सुनने के अलावा उन्हें एक नए दृष्टिकोण से देखने का भी एहसास होता था। अब तो दिन-भर नशे के हैंग-ओवर में पड़े पिछली रात की बातें याद करते रहो और दोस्तों में कीड़े निकालते रहो!

—और कुछ साहब? लड़के ने तले हुए पापड़ लाकर अख़बार पर रख दिए थे।

—दरवाज़ा! मैं झुँझलाकर फिर उठा था और किवाड़ भेड़े थे।—आप भी समझदार हैं, ऐसी कुर्सी पर बैठे हैं कि दरवाज़ा खुलने पर दिखाई न दे!

—उसे अपने लिए मुसीबत क्यों बना रहे हो, उसने सहजता से कहा था—इस

इलाक़े में तुम्हें कितने लोग जानते हैं। हमारा तो घर नज़दीक है। थोड़ा लिहाज़ रखना पड़ता है।

—साब, आज वो कालेवाले मोटे साब नहीं आए? लड़के ने मेहमाननवाज़ी का फ़र्ज़ निभाने के अन्दाज़ में पूछा था—कल चश्मेवाले साब आए थे, आपको पूछ रहे थे।

लड़के को जवाब देने के बाद वह मेरी ओर देखकर धीमी आवाज़ में हँसने लगा था।—समझे? उसने मुझसे पूछा था।

मैं समझ गया था। काले मोटे साहब भी और चश्मेवाले साहब भी! मतलब यह कि कलारी में सबके बाद आनेवाला मैं ही था। और आगे से मुझे भी चश्मेवाले लम्बे साहब के नाम से जाना जाना था।

—तो आप यहाँ पाबन्दी से आते रहे हैं! मेरे लहज़े में ऐतराज़ से ज़्यादा जैसे पिछड़े रह जाने का दुःख था।

—मैंने तो पहले भी बताया था, उसके दाँतों में कड़कड़ाकर पापड़ टूटने की आवाज़ आई थी। कलारी में काम करनेवाले लड़के ने दरवाज़ा खुला छोड़ दिया था और मेरे टोकने पर उसे भेड़ता हुआ दूसरे कमरे में चला गया था। वहीं, जहाँ क्रेटों में रंग-बिरंगी बोतलें सजी थीं और एक छोटी-सी वैसी खिड़की के सामने जिस पर सिनेमा के टिकट बिकते हैं, एक आदमी बैठा शराब तौल रहा था और दो दूसरे नोट गिन-गिनकर गड्डियाँ बना रहे थे। खिड़की के उस तरफ़ शराब ख़रीदनेवालों की भीड़ होगी और मैं नहीं चाहता था कि कोई मुझे वहाँ बैठा देखे।

—ख़ाक भी डालो अब, दरवाज़े पर! उसने मुझे फिर, इस बीच खुल गए दरवाज़े की तरफ़ लपकते देखा था, और शराब गिलास में उड़ेलने लगा था।

—भाड़ में जाए दरवाज़ा। मैंने घूँट लेते हुए सोचा था और नज़र उठा के देखा था—दरवाज़ा बन्द था।

—तो तुमने मेरा उपन्यास पढ़ ही डाला, मैंने अपनाइयत के साथ उसे कुछ देर पहले कही बात याद दिलाई थी।—अच्छा लगता है आपके किसी अपने की राय जानना कि वह सब घंटे जो आपने बिलकुल अकेले, किसी शून्य की हालत में गुज़ारे, वह कुल मिलाकर क्या बने। वह मशक़्क़त जो दीगर लोगों की नज़रों में शायद बेमकसद ही नहीं, गुमराह करनेवाली भी हो सकती है। और सचमुच, अपने ही लिखे को जब छपा हुआ देखो, तो ख़ुद अपनी सोच का एक हिस्सा भी कहीं उन लोगों की राय से सहमत होता लगता है। तुमने ख़ुद भी महसूस किया होगा, लिखने के दौरान अपनी ही कोई उपलब्धि लगनेवाली चीज़ से, उसके छपने के बाद का मोहभंग! शायद इसीलिए पढ़नेवालों की राय का इतना महत्त्व है—वह राय अच्छी हो या बुरी। ख़ासकर वह लोग जो आपके क़रीबी हों और जिनकी राय की आप दिल से क़दर करते हों। आपका अपना अनुभव काग़ज़ पर स्याह-सफ़ेद में उतरते-उतरते

क्या शक़्ल अपनाता है, उसके समर्थन में आप कुछ सुनना चाहते हैं। शायद एक तरह की हौसलाअफ़ज़ाई कि आपकी मेहनत व्यर्थ नहीं गई। आपका अनुभव—आपकी मेहनत...। लगता है तुम्हें मेरे मुँह से शब्द 'अनुभव' सुनना अच्छा नहीं लग रहा? लेकिन एक बार मुझे अपनी पूरी बात कह लेने दो—क्या कह रहा था मैं? एकाएक मेरा दिमाग़ बिलकुल ख़ाली हो गया था।

—मैं बात समझ रहा हूँ, उसने मुस्कुराते हुए कहा था—पूरी तरह समझ रहा हूँ। यह बिलकुल वैसा ही है कि आप उस फाँस की चुभन जो आपको चुभी हो, दूसरों को भी महसूस कराना चाहें—यह जानते हुए भी कि ऐसा करना मुमकिन नहीं। आपके लिखे के सहारे ज़्यादा-से-ज़्यादा, लोग उन फाँसों को याद कर सकते हैं जो ख़ुद उन्हें चुभी हों, बस! वह चुभन, बहरहाल, आपकी चुभन से अलग होगी। लेकिन सिर्फ़ इतने फ़र्क़ की वजह से आपकी मेहनत बेकार तो नहीं हो जाती!

—इन बारीकियों को छोड़ो! मैंने उलझन के साथ कहा था, कुर्सी के लोहे की फ्रेम की चुभन अब टाँगों में महसूस नहीं हो रही थी।—कुल मिलाकर, रखा क्या है लिखने में!

वह सिगरेट का कश खींचते, मुझे टकटकी लगाए देखता रहा था। मेरी निगाह तब तक भटकने लगी थी और उसे किसी एक जगह जमाना मुश्किल हो रहा था। कमरे की दीवार पर एक कैलेंडर टँगा हुआ था, वैसा ही जैसा कुछ दिन पहले कुछ रिसालों के लिए चन्दा देने पर मुझे भेंट किया गया था। दरवाज़ा, जाने कब, किसके आने-जाने में, खुला रह गया था और बाहर मौजूद लोगों की आवाज़ों की भनभनाहट हमारे चुप होने पर ही सुनाई दी थी।

—तुम्हें महत्त्वपूर्ण महसूस नहीं होता...यह सोचकर कि तुमने एक किताब लिखी है?

—तो क्या हुआ?

—तुम्हारी पहली किताब है...जब कोई देखता या सुनता होगा कि तुम्हारा उपन्यास छपा है तो...चलो, उसे इज़्ज़त या सम्मान न कहो, बहरहाल जो महत्त्व तुम्हें मिलता होगा...वह तुम्हें अच्छा नहीं लगता?

—बहुत अच्छा लगता है! कहते हुए गोलाकार स्टेडियम की सीढ़ियों पर बिताई शाम मेरे दिमाग़ में किसी चमगादड़-सी फड़फड़ाई थी। शायर की बीमारी, घर, बीवी, बच्चे, शराब और दोस्त, और वह सवाल कि कोई क्यों लिखता है।

—सुनो, अभी कुछ दिन पहले मालूम है क्या हुआ..., मैंने धीमे स्वर में कहना शुरू किया था। कलारी का बाहर, धीरे-धीरे वीरान होने लगा था।—मैं अपने कमरे की सफ़ाई कर रहा था। नया-नया साहिबे-किताब हुआ हूँ! इसलिए कुछ ज़्यादा ही उत्साह था। बैठक का कमरा झाड़ा-झटका और सोचा, पिछला, सोने का कमरा भी साफ़ करके ऊपर की मंज़िल में ही वापस शिफ़्ट हो जाएँ। असल में, कोई डेढ़ साल

से, अब्बा के इन्तकाल के बाद ही, मैं और बीवी-बच्चा, अम्मा के पास, नीचे कमरे में सोते रहे हैं। पिछला कमरा साफ़ करते हुए एक शेल्फ़ में मुझे बीवी के जूते के डिब्बे जमे नज़र आए। झुँझलाकर यह सोचते हुए कि बीवी कहीं भी, कुछ भी रख देती है, मैंने डिब्बे नीचे उतारे। पहला डिब्बा फटा हुआ था, चप्पलें निकलकर बाहर गिरीं। मैं उन्हें वापस डिब्बे में ठूँसना चाह रहा था कि देखा चप्पलों के तस्मे टूटे हैं! जाने क्यों, कुछ पल को मैं वैसा ही, बैठा-का-बैठा, रह गया। फिर एक-एक करके मैंने वह तमाम डिब्बे खोल डाले : हर एक में फटी जूती या चप्पल की जोड़ी थी। किसी की एक एड़ी ग़ायब, किसी के फ़ीते टूटे, किसी का तला घिसा हुआ, मैं काफ़ी देर तक, ख़ाली दिमाग़, वहीं बैठा रहा। मुझे यह भी याद आया कि पिछले कई महीने से मैं बीवी के पाँव में वही प्लास्टिक की चप्पल देखता रहा था, जो तो उसे पसन्द थी, न मुझे। डिब्बे वैसे ही बन्द करके और उन्हें वापस अपनी पुरानी जगह पर सजाकर मैं जाने कितनी देर तक ख़ामोश बैठा रहा।

बात करते-करते मुझे लगने लगा था कि मैं बहुत ग़लत ढंग से भावुक हो रहा था। बीवी की फटी चप्पल और मेरे पहले उपन्यास की बात आपस में बेतुकी और बेमेल थी और कहीं मैं सोचने में बुरी तरह गड़बड़ा गया था।

—मैं तुम्हारी बात बहुत अच्छी तरह समझ रहा हूँ, उसका स्वर मेरा मज़ाक उड़ाने जैसा नहीं था, यह मेरे लिए उस पल एक बड़ी तसल्ली की बात थी।—बहुत सारी रंग-बिरंगी, क़ीमती पोशाकें, ख़ुशबुएँ, मेक-अप का सामान और जूते-चप्पलें, जहाँ यह सब होते हैं, तुम क्या समझते हो वहीं अच्छे और क़रीबी सम्बन्ध होते हैं? आमतौर पर यह पति-पत्नी के सम्बन्धों में आए झोलों की पर्दापोशी के प्रयास लगते हैं, कम-से-कम, मुझे तो! क्या तुम्हारी क़िताब देखकर तुम्हारी बीवी को बहुत-सी क़ीमती पोशाकें या ख़ुशबुएँ हासिल करने से कम ख़ुशी हुई होगी! तुम्हारा नाम छपा हुआ देखकर क्या उसे ज़िन्दगी की कई कमियों की तलाफ़ी होती नहीं महसूस हुई होगी...

वह कुछ पल को ख़ामोश हुआ था, फिर एक बड़े-से घूँट में बहुत सारी शराब पीकर, सिगरेट सुलगाते हुए बोला था—तुम्हें याद है, वह शाम जब हम सब स्टेडियम की सीढ़ियों पर बैठे थे?

वह फिर से रुककर सोचने लगा था। उसका लहजा बहुत नर्म हो गया था।—तब, मैंने उस शायर की बात निकाली थी...उसके बीवी-बच्चों की परेशानी...घर का गुज़ारा...याद आया तुम्हें? कुछ देर को वह फिर बिलकुल चुप हो गया था।—मैं सिर्फ़ इतना जानता हूँ कि तुम्हारी बात को मैं अच्छी तरह समझ रहा हूँ...चप्पलें भी ज़रूरी हैं...या क्या पता, शायद सिर्फ़ चप्पलें ही ज़रूरी हैं! ऐ सुनो! तुम इस पर लिखो ना...! लिखो...तुम्हें लिखना चाहिए...क्या ज़रूरी है, मुझे नहीं मालूम...

रिश्ता

शहर में सन्नाटा है : आश्चर्य और मलाल मिली ख़ामोशी। आनन-फानन सब हो गया और रिवॉल्वर से दागी दो गोलियों की आहट भी किसी कान तक नहीं पहुँच पाई। फिर, मौत के बाद की मंज़िलें तो जितनी भी हों, ज़िन्दगी की निस्बत कहीं आसानी से तय हो जाती है। यहाँ भी क़ातिल की गिरफ़्तारी से मक़तूल के पोस्टमार्टम और कफ़न-दफ़न तक, सब-कुछ, सारी हंगामा-आराई के बावजूद दिन ढलते-ढलते हो गया और सकते में आँखें फाड़े लोगों के दिमाग़ में अनगिनत कहानियों के बीज बो गया। वारदात कुछ हुई भी इतने नाटकीय ढंग से कि समझ का फ़रेब खाना आसान और सच की तह तक पहुँचना असम्भव लगता है। क़त्ल को आज दूसरा दिन है मगर इसी बीच वारदात मुझे एक से ज़्यादा कहानियों की शक्ल में सुनाई जा चुकी है। हर कोई अपनी कल्पना, मज़े और मिज़ाज के ताने-बाने लगाकर कहानी बुन और सुना रहा है। यह इसलिए भी कि मक़तूल शहर की एक बहुत जानी-मानी हस्ती था, साहिबे-हैसियत और मालदार लोगों में उसका शुमार होता था। अगर सैकड़ों उसके एहसानमन्द थे तो काफ़ी लोगों को उससे शिकवा-शिकायत और दुश्मनी भी थी। लेकिन, एहसानमन्द हो या दिल में बुराई रखनेवाले, डरते उससे सब थे। किसी के लिए वह रॉबिनहुड का अवतार था तो बहुतों की नज़र में लोकल माफ़िया डॉन। मैंने उसे कभी नहीं देखा था।

हो सकता है आपको अजीब लगे, या कि झुँझलाहट हो कि एक ऐसे व्यक्ति के बारे में जिसे मैंने देखा तक नहीं, और जैसे कि, मेरी बातों से हुलिया बनता है, उसमें थोड़ा जोड़-घटा के, हर शहर में कुछ लोग होते हैं, मैं इतने विस्तार से आपको बता रहा हूँ। आपका इस तरह सोचना जायज़ है लेकिन किसी निर्णय तक पहुँचने से पहले आपको मुझे कुछ और समय देना चाहिए। बात अगर इतनी ही सरल और इकहरी होती तो विश्वास कीजिए, मैं आपके समय पर इस तरह डाका न डालता। हरगिज़ नहीं। ऐसे लोग बड़े-छोटे सैकड़ों होते हैं, जो एक से बढ़कर एक दिलचस्प अन्दाज़ में मरते या मारते हैं और जिनके कारनामे रोज़ अख़बार की सुर्खियाँ बनते हैं। आज तक मुझे ऐसी ख़बरों ने नहीं मोहा। एक सरसरी और वक़्ती दिलचस्पी के

साथ, ऐसी सुर्ख़ियों के बाद मेरी नज़र हमेशा अख़बार में ज़्यादा महत्त्वपूर्ण ख़बरें तलाश करने लगती है। शायद इसीलिए कि उन मरने या मारनेवालों से न मेरी कोई वाक़फ़ियत, न उनके जीने–मरने से कुछ नफ़ा–नुक़सान। और शब्द वाक़फ़ियत मैं यहाँ सिर्फ़ देखने के अर्थों में इस्तेमाल नहीं कर रहा, क्योंकि ज़िन्दगी में ऐसे अजूबों की भी कोई कमी नहीं कि सालहासाल लोगों को देखते रहने, उनके साथ ज़िन्दगी बिताने के बाद भी हम उनसे वाक़िफ़ नहीं हो पाते। यहाँ तो ज़िक्र एक ऐसे शख़्स का है जिसे मैंने देखा तक नहीं। सुनी–सुनाई को, माफ कीजिए, मैं वाक़फ़ियत या जानकारी नहीं मानता।

फिर? अगर यही मेरी मान्यता है, अगर मैं सुने–तो–सुने, देखे को भी जानकारी नहीं मानता तो क्यों, आपका और अपना, इतना वक़्त बरबाद कर रहा हूँ। क़त्ल की इस वारदात में ऐसा कौन–सा अनोखा पहलू है जिसने, मेरे ही शब्दों में, मुझे मोह लिया है?

मैंने शायद अभी तक आपको यह नहीं बताया कि पूरी वारदात का चश्मदीद गवाह कोई नहीं। जी हाँ, कोई भी नहीं। पुलिस अपनी कोशिशों में लगी है, मगर अभी तक उसे कोई कामयाबी नहीं मिली है। और यह मैं आपको पूरे यक़ीन के साथ बता सकता हूँ कि वह इसमें कामयाब होगी भी नहीं। कुछ तो होगा जिसके बूते पर मैं इतने यक़ीन से कह रहा हूँ। लोगों को इस क़त्ल का पता, सचमुच, तब ही चला जब क़ातिल ने अपने घर की छत पर चढ़कर रिवॉल्वर हवा में लहराते हुए आसपास के घर और मुहल्लेवालों को धमकी दी कि अगर किसी ने उसके घर में घुसने की हिम्मत की तो अपनी मौत का ख़ुद ज़िम्मेदार होगा। और दूसरी तरफ़ मक़तूल जाए–वारदात से ख़ून उगलता जिस्म अपने पैरों पर साधे, कोई किलोमीटर भर की दूरी तय करता, नर्सिंगहोम तक पहुँचा और डॉक्टर से बोला—मुझे बचा लो! हरामज़ादे ने गोली मार दी। किसी डॉक्टरी मदद के दिए जाने से पहले ही, ज़्यादा ख़ून बह जाने से वहाँ उसकी मौत हो गई। जाए–वारदात से नर्सिंगहोम तक ज़्यादा फ़ासला तो वीराना ही है, आश्चर्य यह कि चहल–पहल वाले इलाके में भी कोई मकतूल का पहचानवाला या मदद करनेवाला नहीं मिला, जबकि नर्सिंगहोम पहुँचने के कुछ मिनट में ही उसके चाहनेवालों और रिश्तेदारों—सैकड़ों लोगों की भीड़ जमा हो गई। बिलकुल उसी तरह जैसे कुछ फ़ासले पर राहगीरों, तमाशबीनों और मुहल्लेवालों ने क़ातिल के घर को घेरा हुआ था। एक तरफ़ डॉक्टरी मदद तो सही समय पर मिल नहीं पाई, लेकिन दूसरी ओर पुलिस ने बड़ी तादाद में पहुँचकर क़ातिल को उस रिवॉल्वर के साथ, जिससे क़त्ल किया गया था, गिरफ़्तार कर लिया।

नहीं, नहीं, मैं इस शहर में अजनबी नहीं। मेरा इससे रिश्ता पैदाइशी, बल्कि पैदाइश भी छोड़कर हम और पीछे जाएँ तो आबाई है। जाने कितनी पुश्तों से हम इस शहर के ज़मीन और आसमान में हिस्सेदार हैं। वक़्त के साथ–साथ यह रिश्तेदारी का सिलसिला यूँ फैलता गया है कि पुराने शहर का हर दूसरा आदमी पहचानवाला और

हर तीसरा आपस में रिश्तेदार निकलता है। नहीं, अपने स्वभाव की वजह से मुझे यह नज़दीकी भुगतने की ज़रूरत नहीं पेश आती। शुरू से ही अपना अन्दाज़ मैंने कुछ यूँ बनाया कि जो ख़ुद मुझे पहचानने की तकलीफ़ उठाना चाहता है, शौक से उठाए, मुझे इस झमेले में पड़ने की कोई ज़रूरत नहीं। सो बस, जो कुछ बहुत आत्मीय और दोस्त हैं, उनके अलावा मेरी किसी से अलेक-सलेक तक नहीं। इस माने में ज़रूर मुझे अपने ही शहर में अजनबी कहा जा सकता है, लेकिन ख़ुद मुझे इसका एहसास नहीं होता। जिस शहर के क़ब्रिस्तान आपके बुज़ुर्गों से पटे हों वहाँ अजनबियत महसूस भी क्योंकर हो सकती है। यह ख़ूबसूरती पैदा करने के लिए अलग से सोचा गया कोई ख़याल नहीं, जैसी, थोड़े देर के बाद, मेरा पेशा जानते हुए, आपको ग़लतफ़हमी हो सकती है, बचपन से ही मेरी कल्पना के सिरे दो जगहों तक पहुँचकर ख़त्म हो जाते हैं। एक मस्जिद, दूसरी क़ब्रिस्तान। एक उम्र में मेरा कच्चा दिमाग़ यही सोचा करता कि दुनिया जब इनसान को दी गई होगी तो दो जगहें उसमें बनी-बनाई मिली होंगी। यही मस्जिद और क़ब्रिस्तान! सोच की वह मासूमियत तो उम्र की नज़र होकर ख़त्म हो गई, सिर्फ़ उसकी एक छाप, एक गूँज शरीर के भीतर कहीं क़ैद रह गई है। तालीम! कैसी ट्रेजेडी है, बहुत कुछ नया सिखा तो सकती है, लेकिन सब-कुछ भुला नहीं सकती। यह न भुलाई जा सकनेवाली चीज़ें शरीर में आत्मा का पैबन्द बनकर चलती हैं और आख़िरकार उसे यहीं अकेला छोड़ चल देती हैं, उस सफ़र पर जिसका अहवाल सोचा लाख जाए, लिख नहीं सकते।

मेरी बात बेसिलसिला नहीं, इतना आप यक़ीन रखिए। मैं आपको उस वारदात की तफ़सील ही सुना रहा हूँ जिसका मक़तूल दफ़न किया जा चुका, क़ातिल पुलिस की क़ैद में है, जिसका चश्मदीद गवाह कोई नहीं और जिसको लेकर शहर में सैकड़ों कहानी-अफ़साने कहे जा रहे हैं। जो कुछ मैं आपसे कह रहा हूँ, पूरी बात में उसकी ज़रूरत है, वह चाहे मस्जिद हो, क़ब्रिस्तान हो या शहरवालों के आपसी रिश्ते और ताल्लुकात। सबसे पहले रिश्तों के इस क़रीबीपन को ही ले लें। आज सुबह घर में कुछ बुज़ुर्ग शहर में हुए इस हादसे को लेकर आपस में खुसर-फुसर कर रहे थे जब मैं भी उनके पास जा बैठा। चन्द बातें सुनकर ही मेरे लिए यह अन्दाज़ा लगाना बहुत आसान था कि वह लोग एक और, उनकी पसन्द की, कहानी गढ़ रहे हैं! मौक़ा देखकर मैंने उनसे क़ातिल और मक़तूल के बारे में पूछताछ शुरू की थी—उनका ख़ानदान, पेशा, सिलसिला इत्यादि, इत्यादि। कुछ पल में खुलकर जो तफ़सील सामने आई उसके नतीजे क़ातिल और मक़तूल दोनों ही, कुछ घूम-फिरकर सही, लेकिन फिर भी मेरे काफ़ी क़रीबी, रिश्तेदार निकलते थे!

लेकिन! मैंने हैरान होकर उन्हें याद दिलाया था कि मक़तूल की गिनती शहर के नामी और पेशेवर गुंडों में, ख़ुद उन्हीं के कहे अनुसार, होती थी—फिर हमारा उससे रिश्ता?

गुंडागर्दी, दादागिरी, अमीरी, ग़रीबी, एक ही परिवार के अच्छे और बुरे लोग, मुझे समझाने के लिए बुज़ुर्ग इन चीज़ों को लेकर आपस में बात करते रहे थे, और निःसंदेह इतना तय हो गया था कि मक़तूल की रगों में भी वही ख़ून था जो मेरी और हमारी रगों में है। क़ातिल का मसला तो इतना मुश्किल भी न था—उसकी शराफ़त और नेकनामी की चर्चा हर कोई कर रहा था। उससे रिश्ता कायम कर दिखाना तो बुज़ुर्गों के बाएँ हाथ का खेल था, कुछ पल में ही उन्होंने मुझे भी शक में डाल दिया कि मैं क़ातिल को चेहरे से ख़ूब अच्छी तरह जानता हूँ, शादी-ब्याहों में उससे मिलना भी हुआ है, और अभी शायद नाम से चेहरे को जोड़ नहीं पा रहा।

उस समय मैं उनसे क्या कहता! या अब भी!! मैंने उनसे एक ही सवाल किया था, और इसके पीछे अपनी होशियारी साबित करना नहीं, सिर्फ एक विचित्र-सी सूरतेहाल को समझने की ख़्वाहिश थी—जब मक़तूल मेरे बाएँ हाथ और क़ातिल दाएँ के रिश्ते से अजीज़, चलें आसानी के लिए हम उसे भाई ही कह लें—लगते हैं, तो क्या मरते और मारते पल उन्हें भी किसी आपसी रिश्ते का इल्म था? क्या भाई ने भाई को भाई जानते हुए क़त्ल किया था? और ठंडी साँसों और गरम आहों के बीच दो ख़ानदानों की, जो मूल्यतः एक ही थे, तफ़सील मुझे मालूम हुई थी। संक्षेप में इतना कि क़ातिल और उसका घर जो सीढ़ियाँ उतरता मौजूदा बदहाली को पहुँचा था, मक़तूल का परिवार उन्हीं को चढ़ता असर, रसूख और रुतबे को जा पहुँचा था, और इसके नतीजे हाथ लगी थीं बेहिसाब आपसी रंजिशें। और यह कि हम तो फिर भी कुछ घूम-फिर कर रहे थे, लेकिन क़ातिल और मक़तूल, वह लाख इससे इनकार करें, आपस में कहीं क़रीबी और सगे रिश्तेदार थे। झगड़ा, जिसके नतीजे क़त्ल हुआ, बुनियादी तौर पर इसी ख़ानदानी रंजिश के कारण था जिसमें एक तरफ़ 'मेरा बाप सुल्तान था' का जज़्बा काम कर रहा था तो दूसरी ओर 'मैं किस सुल्तान से कम हूँ' का।

बुज़ुर्गों के कहे में कितना सच, कितना झूठ ढूँढ़ने के बजाय दिमाग़ ने उनके कहे का सार जो घटना के चन्द पहलुओं को और उजागर करता है, अपने में सुरक्षित कर लिया। ऐसा शायद मेरे बिना कोशिश किए ही होता गया, सोच के अँधेरे कोने-कोचर रोशन करने की ख़ातिर। अभी भी बात को पूरी तरह समझा पाना मेरे लिए काफ़ी मुश्किल है और उसके लिए मैं आपसे थोड़े और सब्र की दरख़्वास्त करूँगा। किसी चीज़ को अपनी आँखों से देखना एक बात होती है और उसे, उसकी सारी बारीकी और तफ़सील से बयान कर पाना दूसरी और मैं कहूँगा, बहुत मुश्किल ज़िम्मेदारी। मैं चाहूँगा, बिना अपनी तरफ़ से कुछ जोड़े-घटाए, जो कुछ मेरी आँखों ने देखा उसे वैसा-का-वैसा आपके सामने पेश कर सकूँ।

आप अगर चौंक रहे हैं, तो मेरे ख़याल में बेजा! मैं अब आपसे यह कहता हूँ कि वारदात का कोई चश्मदीद गवाह नहीं और पुलिस किसी ऐसे गवाह को तलाश नहीं कर सकती तो मैं क़ानून की भाषा बोलता हूँ। मैं अपने कहे पर कायम हूँ। पुलिस

के फ़रिश्ते भी यह गुमान नहीं कर सकते कि जाए—वारदात पर कोई मौजूद था—वहाँ हो रहे को आँखों से देखता, कानों से सुनता, जो दुर्घटना की सारी तफ़सील बहुत अच्छी तरह जानता है। वह मैं ही था—क्यों और कैसे, यह भी अभी सामने आया जाता है। सच तो यह कि मैं अपने स्वभाव के ख़िलाफ़ ऐसी-वैसी बहादुरी के सबूत देने से हमेशा बचता हूँ। बातें मुझे चैलेंज करके वक़्ती तौर पर बहादुर बनने पर नहीं उकसा पातीं। ख़ासकर यह मामला जिसमें मेरी समझ से, कोई नैतिक ज़िम्मेदारी भी मुझ पर नहीं आती। जिस बात के लिए मैं ख़ुद को ज़िम्मेदार समझता हूँ वह ज़रूर कर रहा हूँ—यह दास्तान-सा बयान आपको सुनाना। सचमुच, जो हो चुका उसे बदल सकने वाला मेरे पास कुछ नहीं, तो फिर पुलिस, क़ातिल और मक़तूल के ख़ानदानों से मैं कोई दोस्ती या दुश्मनी क्यों मोल लूँ। बस चलता तो यह सब में आपको कि सी फेंटेसी के रूप में किसी चिड़िया, कुत्ते, बकरी या गाय की ज़बानी सुनाता जिसने वारदात को अपनी आँखों से देखा। या अभी भी आप मुझे कोई ऐसी ही चीज़ मान सकते हैं—एक बेज़ुबान मगर आँखों वाला जानदार जिसे सिर्फ़ यह बयान सुनाने के लिए ख़ास आसमानी हुक्म से, इनसानी बोली बोल सकने की ताक़त दे दी गई है, जो इसे पूरा सुनाने के बाद फ़ौरन ही छीन ली जाएगी।

जुमे की नमाज़ के बाद, शहर के एक उजाड़ क़ब्रिस्तान में, एक दौलतमन्द आदमी का, जिससे शहर के लोग थर-थर काँपते थे, उसके पड़ोसी द्वारा, जिसकी मुफ़लिसी और शराफ़त सब लोग मानते हैं, क़त्ल। क़त्ल को आज दूसरा दिन और वारदात को चोरी-छिपे, अपनी आँखों से देखनेवाला मैं, जो इन पंक्तियों को लिख रहा है।

आज सनीचर, याने क़त्ल का दूसरा दिन है।

कुछ देर पहले बचपन के हवाले से मैं आपको अपनी क़ब्रिस्तान और मस्जिद की कल्पना के बारे में बता रहा था। इसी सिलसिले में आपको बताऊँ कि हमारे शहर, ख़ासकर इसके पुराने हिस्से में क़ब्रिस्तानों और मस्जिदों की अजीब भरमार है। क़ब्रिस्तान तो फिर भी बढ़ती आबादी और नाजायज़ क़ब्ज़ों का शिकार होकर कुछ कम हुए हैं, मस्जिदों की तादाद में कुछ और इज़ाफ़ा ही हुआ है। मेरी बात को ग़लत न समझें तो हर पचास क़दम पर यहाँ आपको नए हुलिए, नए आकार की मस्जिद देखने को मिलेगी। क़त्ल के जुमे को क़ातिल और मक़तूल ने अपने मुहल्ले की मस्जिद में, एक ही इमाम के पीछे जुमे की नमाज़ अदा की थी। यह मेरी चश्मदीद गवाही में तो शामिल नहीं, लेकिन मस्जिद में जो कुछ हुआ उसके गवाह सैकड़ों नमाज़ी हैं।

यहाँ मैं संक्षेप में कुछ अपने पेशे के बारे में बताना चाहूँगा ताकि जाए-वारदात पर मेरी मौजूदगी को समझा जा सके। जी नहीं! शहर के क़ब्रिस्तानों की हिफ़ाजत को बनाई गई किसी कमेटी का मैं सदस्य नहीं, न किसी और तरह क़ब्र-क़ब्रिस्तानों

की देख-रेख मेरा पेशा। मैं एक साधारण लेखक हूँ, पिछले काफ़ी समय से अपने और देश से अपने सम्बन्ध को लेकर कुछ असाधारण-सा लिख डालने के जुनून में मुब्तिला। एक किताब, अपने बुज़ुर्गों को उनकी जड़ों से खोजता वहाँ तक, जहाँ आज हम हैं, लिखना मैंने अपना मकसद बना रखा है। साबित मैं यही करना चाहूँगा कि इस मुल्क में बसनेवाले मुसलमान कहीं बाहर से नहीं आए। एक नया धर्म उन्होंने कबूल किया तो उससे उनकी जड़ें नहीं बदल गईं—वह आज भी उतने ही भारतीय हैं जितने सैकड़ों साल पहले उनके पूर्वज थे। तलाश करें तो आसानी से हम उस सतह तक पहुँच सकते हैं जहाँ उनका आपसी ख़ून का रिश्ता साबित होता है। इस मकसद को शब्द और भाषा में पकड़ पाना, चरित्रों और वातावरण से अदा करना, यक़ीन जानिए, आसान काम नहीं और यह कोशिश मुझे पिछले महीनों और सालों में अजीब-अजीब जगह भटकाती रही है।

एक ऐसी ही कोशिश कल, जुमे की दोपहर, भी थी।

यह मुझे मालूम है कि जुमे की नमाज़ के बाद आज भी लोग अपने बुज़ुर्गों की क़ब्रों पर फ़ातिहा पढ़ने जाते हैं, यह सिर्फ़ एक इत्तिफ़ाक़ है कि कल दोपहर मैंने उसी क़ब्रिस्तान में जाना चुना जहाँ क़त्ल हुआ। यह शायद सिर्फ़ इसलिए हुआ कि शहर की आबादी के बीचोबीच वही सबसे बड़ा और फैला हुआ क़ब्रिस्तान है, आसमान में सिर उठाए बड़ के पेड़ों और ज़मीन पर फैली बेशुमार झाड़ियों के नीचे ढँपा-छिपा। हद्दे नज़र तक ताज़ा और पुरानी क़ब्रों के नए और चौई खाए तकिए दिखते हैं और थोड़े ही फ़ासले पर आसमान में सिरबुलन्द मस्जिद के मीनार। बाहर, सड़क से गुज़रते ट्रैफ़िक की आवाज़ें, ज्यों-ज्यों आप क़ब्रिस्तान में गहरे उतरते हैं, पहले हल्की भनभनाहट और फिर मक्खी की-सी भन-भन में तब्दील होती जाती हैं—ज़िन्दा चीज़ों से आपका सम्बन्ध धुँधलातीं, उसे स्वप्निल-सा करतीं। नहीं। सिमेट्री नहीं! वहाँ तो क़ब्रें इतने सलीक़े से और इतनी पुख़्ता बनी होती हैं कि लगता है इनसान को न सही, दुनिया में क़ब्रों को ज़रूरत सबात है। क़ब्रिस्तानों की अस्त-व्यस्तता देखकर ज़रा भी सन्देह नहीं रहता कि हर वह चीज़ जो बनी है, फ़ना होगी। ख़स्ता, ज़मीन में धँसते, इन मिटट्री-पत्थर के चबूतरों के बीच यहाँ वहाँ कोई पक्की क़ब्र ज़िन्दगी की बेचारगी को कुछ और भी पुख़्ता करती जाती है।

तो इस क़ब्रिस्तान की लकोदक वीरानी में बोझिल क़दम उठाता, मैं शताब्दियों के उस बोझ की कल्पना करना चाह रहा हूँ जो यहाँ जीवन रहा है, और दिमाग़ क़ब्रिस्तान से बड़ के पेड़ और पेड़ से उन पर बसेरा करनेवाले गिद्ध और चीलों का रिश्ता क़ायम करने और सोचने में लगा है। वैसे उस फैलाव में बड़ ही अकेले नहीं, और भी कई ख़ानदानों के कद्दावर दरख़्त, खा़सतौर पर इमली के हैं, लेकिन इमली या सीताफल में ऐसा क्या हो सकता है जो आपको सोचने पर मजबूर कर सके? पेड़ों पर बसेरा करनेवाले परिन्दों की बीट झाड़-झंकाड़ में भी बिखरी नज़र आ रही है। दरख़्तों की

घनी ख़ामोशी और उससे भी गहरा क़ब्रवासियों को सकूत, और इस सबके बीच अपने पूर्वजों का इतिहास खोजता, भटकता मैं। समय एक बजे के आसपास, क़ब्रिस्तान में चहल-कदमी करते ही मैं जुमे की अज़ान सुनता हूँ। धीरे-धीरे कोई तिलिस्म मुझे बाँधना शुरू कर देता है और घने क़ब्रों के सिलसिले के बीच मुझे एक ताजा ख़ुदी क़ब्र नज़र आती है। क़रीब दूर कोई नहीं है। तिलिस्म मेरे कान में फुसफुसाता है—इस कबर में उतर जाओ! मैं बिना एक पल सोचे, बिना कुछ देखे क़ब्र में उतर जाता हूँ। लेट जाओ! लेट जाओ!! तिलिस्म दूसरा हुक्म देता है और उसकी भी मैं फ़ौरन तामील करता हूँ।

वीरान क़ब्रिस्तान में मैं एक ताज़ा ख़ुदी क़ब्र में लेटा हूँ। मैंने पढ़ा है एक ज़माने में लोग, बुज़ुर्ग अपनी ज़िन्दगी में ही क़ब्र ख़ुदवाकर उसमें इसी तरह, वक़्त-वक़्त से, ज़िन्दगी से अपनी रुख़सत की तैयारी का जायज़ा लेने के लिए लेटा करते थे। इस सचमुच के अकेले पल मुझे वह पढ़ा हुआ याद नहीं आता, सिर्फ़ आसमान और मेरे बीच यह कुछ फ़ीट और बढ़ गई दूरी बेतरह चौंकाती है। मैं दूर, धुलकर फीकी पड़ चुकी आसमान की गहराई में कुछ काले चींटे-से रेंगते देखता हूँ। मुझे पहली बार एहसास होता है कि जीवन की सारी पहचानी तथा अपरिचित ख़ुशबुएँ मिट्टी की गन्ध से निकली हैं। और हवा में डोलती ऊँचे दरख़्तों की शाखें इस तरह मन्द-मन्द लहरा रही हैं जैसे मेरे और उनके संसार के बीच पैदा हुए गति के अन्तर को समझना चाहती हों, लहराने का अन्दाज़ अलविदा कहने-सा है। साँस रोके मैं इर्द-गिर्द के घने और वज़नी सन्नाटे को जिस्म में सोखता पड़ा हूँ। देर हो जाती है-पल भर या पूरा जीवन, कुछ यक़ीन से नहीं कहा जा सकता। इस दौरान मैं जागता रहा, अपने होशो-हवास में, या तिलिस्म के किसी अगले हुक्म की तामील में बेसुध रहा, यह बताना भी मुश्किल। हवास लौटते हैं क़ब्र के बाहर फ्रेम-भर दृश्य में, पैताने, काफ़ी फ़ासले पर, दो लोगों के प्रवेश से। मैं एकदम क़ब्र में और भी दुबक जाता हूँ। मुझे ज़िन्दा, इस तरह क़ब्र में लेटा देखकर जाने यह लोग क्या सोचें! अभी तक इतनी गम्भीरता से काम करती रही मेरी समझ एक मूर्खतापूर्ण एहसास में तब्दील हो जाती है। कोई तुक होती है, पता नहीं किसके लिए खोदी गई क़ब्र में इस तरह लेटे हैं! हो सकता है इन लोगों के पीछे जनाज़ा भी आ रहा हो? मैं दो ख़यालों में हूँ : किसी तरह उनकी नज़रों से बचे रहने और क़ब्र से भाग निकलने के। तभी यह देखकर थोड़ा इत्मीनान होता है कि वह दोनों अलग-अलग क़ब्रों पर खड़े फ़ातिहा पढ़ रहे हैं। चोरों-सा दुबका मैं उन्हें देख रहा हूँ—सफ़ेद कुर्ते, पाजामे और सिर पर टोपियाँ लगाए, फ़ातिहा पढ़ते दो लोग, जिनके चेहरे मेरे लिए अनजान हैं। क़ब्रिस्तान की वीरानी उसी तरह क़ायम है। दोनों फ़ातिहा पढ़कर हथेलियाँ मुँह पर फेरते हैं और अपने-अपने गिरेबानों में दम करते हैं।

"यहाँ ठीक है," दोनों में जो ज़्यादा सेहतमन्द नज़र आता है, दूसरे से

कहता है, ''मस्जिद में या बाहर दुनिया को क्या तमाशा दिखाना! यहाँ तय किए लेते हैं।''

क़ब्रिस्तान के साँस रोके सन्नाटे में एक-एक शब्द, पर तौलता, मँडराता है और धीरे से मेरे कान में उतर जाता है।

''तुम क्या समझते हो,'' दूसरे के लहज़े में निडरता के साथ शामिल बेपरवाही, उसके दिल में छिपे किसी डर का आभास बनकर उभरती है। ''मैं तुम या तुम्हारे हाली-मवालियों से डरता हूँ! जहाँ जी चाहे, तय कर लो। ज़िन्दगी में कभी हथकड़ियाँ नही पहनीं तो चूड़ी पहनने का भी शौक नहीं!''

बाद की तफ़सील जानकर, अब मुझे लगता है, वारदात का पहला हमला, ज़बानी, यही जुमला था!

''देखो यार,'' पहला नपे-तुले लहज़े में आगे कहता है, ''हम चाहते हैं मामले का जो भी हल हो, भाईचारे और प्यार-मुहब्बत से हो जाए—आज आख़िरी बार, यहाँ इस क़ब्रिस्तान में, जहाँ हम दोनों के बुजुर्ग दफ़न हैं। शायद उन्हीं की ख़ातिर हम हक़ और इंसाफ़ की बात कर सकते। हम तो यह चाहते हैं और तुमने वही कचर-कचर चालू कर दी जो थोड़ी देर पहले मस्जिद में कर रहे थे!''

और मस्जिद में— ?

मस्जिद में जो हुआ उसे यहीं से जानते चलना बेहतर होगा। मस्जिद में वज़ू के पानी के लिए एक पक्का हौज़ बनाया जा रहा है, जिसके लिए पैसों की ज़रूरत थी। जुमे की नमाज़ के बाद इस काम के लिए जब चन्दे की अपील की गई तो, हमारे बयान में अभी तक, पहले ने सारा ख़र्चा अपनी जेब से देने का प्रस्ताव रखा। इस प्रस्ताव की जहाँ सारे नमाज़ियों ने सराहना की, वहीं, हमारे बयान का दूसरे ने खुलकर विरोध। दूसरे का कहना था कि मस्जिद के काम में हराम का पैसा लगाना ग़लत था। उसके ख़याल में पहले ने अपनी सारी दौलत हराम के काम करके कमाई थी। इस पर बहस शुरू होकर तू-तू-मैं-मैं और फिर बाकायदा झगड़े तक पहुँची थी और पहले के साथियों ने, वहीं मस्जिद में दूसरे को घेर लिया था। इस तरह की झड़पें उन दोनों में आए दिन होती रहती थीं और कई बार बात किसी ख़तरनाक नतीजे को पहुँचते-पहुँचते टली थी। इस बार भी यही हुआ और मुहल्ले के बुजुर्गों के बीच-बचाव से मामला रफ़ा-दफ़ा हो गया। उस पल जाने किसी को यह याद था या नहीं कि पहला और दूसरा, दोनों ही, हर जुमे की नमाज़ के बाद, नज़दीकी क़ब्रिस्तान में फ़ातिहा पढ़ने जाते हैं?

''यार पहलवान,'' दूसरा पहले से मसखरी करने के अन्दाज़ में कह रहा है, ''तेरे दिल में ख़ुदा, मस्जिद और बुज़ुर्ग जैसी चीज़ों का इज्ज्ज़त-एहतराम कब से पैदा हो गया! अबे, हरामख़ोरी ज़िन्दगी की हर-हर सतह पर करते हो तो हरामियों-सी ही अदाएँ तुम पर सजती भी हैं! दौलत के सहारे शराफ़त का स्वाँग बाक़ी दुनिया के लिए रखो, हम तुम्हारी असलियत ख़ूब जानते हैं!''

"देखो शमीम खाँ," पहले की आवाज़ का सन्तुलन बना रहता है, "इस कहासुनी के लिए मैं यहाँ बात नहीं कर रहा। मैं सोचता हूँ यहाँ अपनी माओं की क़सम खाकर उनकी क़ब्रों पर हाथ रखकर हम कोई तसफ़िया कर लें। इन बातों पर उतरोगे तो पहले तो ख़ुद अपने घर की ख़बर लो—बल्कि जानते हो, तुम साले! कि तुम्हारी बहू-बेटियाँ किसके साथ मुँह काले कर रही हैं।"

"अरे बदज़ात! कमीन की औलाद! तू इस हद तक गिर सकता है?" दूसरा तैश में थर-थर काँप रहा है, आवाज़ में लरजिश है उसकी। "हम आज अगर पैसों से तंग हैं तो तू इस तरह की इल्जामतराशी से भी नहीं चूकेगा? हमारी बदहाली का ज़िम्मेदार भी तो तू है! और उसके बाद भी, कमीने, दुनिया शराफ़त के नाम पर हमारी क़समें खाती है। तसफ़िए की बात करता है? क्या तसफ़िया करेगा तू?"

पहले के चेहरे पर बुर्दबार हँसी है, रवैए से साफ़ ज़ाहिर है वह बेजा उलझना नहीं चाहता। "तुम्हें तो," वह कहता है, "अपने पेट में मरोड़ की वजह भी मैं ही नज़र आता हूँ! बहरहाल मेरी-हमारी ज़ात से तुम्हें इतनी ही उलझन है तो उसका भी कुछ हल हम दोनों मिलकर ढूँढ़ सकते हैं।"

"क्या ढूँढ़ सकते हैं?" लहज़े में कुटी बेएतबारी साफ़ महसूस की जा सकती है। कहूँ-न-कहूँ की पसोपेश में उलझा पहला कुछ पल चुप रहता है। "देखो," जब वह बोलता है तो आवाज़ में मिठास और बढ़ी होती है, "इतना तो अब तय है ही कि हम दोनों, हमारे दोनों ख़ानदान पास-पास नहीं रह सकते, यह तो मानते हो ना?"

ख़ामोशी। 'हाँ' या 'नहीं' दूसरा कुछ नहीं बोलता।

"अगर तुम्हें मेरी बात से इत्तिफ़ाक़ है," पहला उसी दोस्ती के समझाने के अन्दाज़ में कहता है, "तो एक ही तरीक़ा हो सकता है, कोई एक यह मुहल्ला छोड़ दे।"

रहस्यमय, बेएतबारी से धड़कती गहरी ख़ामोशी। दूसरा अब भी चुप है।

"तुम चाहो तो," पहला ऐसा स्वर अपनाना चाह रहा है जिसमें बुज़ुर्गी, प्यार, मिठास—सब-कुछ हो, "तुम चाहो तो अपना यह मकान बेचकर किसी दूसरी जगह ख़रीद सकते हो।" वह आख़िरकार कहता है।

"तो तू मेरा घर ख़रीदेगा!" दूसरे के मुँह से तेज़ाब की बौछार छूटती है, एक-एक शब्द ज़हर में बुझा। "यही इशारा है ना कि घर बेच, मुहल्ले की बेताज शहंशाही तुझे सौंप, मैं कहीं अनजाने में जा बसूँ! यही मंशा है ना!"

पहले के सकून में इस हड़काने के अन्दाज़ से कोई अन्तर नहीं पड़ता। "यह इसलिए," वह उसी समझानेवाले स्वर में कहता है, "कि हम दोनों अपनी-अपनी मर्ज़ी और आसानी से जी सकें। क़ीमत बाज़ार में जितनी बनती है, पूरी दूँगा। ख़ुद मैं तो यहाँ अपना तान-तवीला छोड़कर जाने से रहा।"

"बराबर है!" दूसरा, जिसका नाम अभी तक की बातचीत में शमीम खाँ पता

चला है, ज़हर ज़बान पर रौलते हुए थूकता है।—"तू क्यों जाने लगा यहाँ से भला, यहाँ का तो घर-घर किले की तरह फतह करके तूने सल्तनत की बुनियाद रखी है। यह सारे रंडियों के कोठे, जुएख़ाने, सटट्‍ के अडड्े, माल-ममलुकत छोड़, तू कैसे जा सकता है! आज तक जो तुझसे टकराया वह या तो तेरा ख़ादिम बन गया या," शमीम खाँ क़ब्रों की तरफ़ इशारा करता है, "यह! मिटट्ी मलबा हो गया! तू क्यों जाए यहाँ से!" व्यंग्य का दंश आवाज़ में और गहरा हो गया है। "हम ही चले जाएँगे! कितनी क़ीमत देगा हमारे घर की?"

"शमीम खाँ, यार! कैसी बातें करते हो तुम," पहले की आवाज़ में दुलार उमड़ा पड़ रहा है—"तुम्हें मालूम तो है यार, मैं यह सारे काले-पीले धंधे छोड़ चुका—माँ की क़ब्र पर खड़ा कह रहा हूँ तुमसे।"

"जा, जा!" शमीम खाँ हिकारत से नकारता है। "वह हमें सब पता है! अब तो तुम बड़े उद्योगपति बन गए, साले-सुलेमान इंडस्ट्रीज़ के मालिक, सुलेमान सेठ! अब तुम्हें काले-पीले कामों की क्या ज़रूरत, यह तो तुम्हारे लगुवे-भगुवों का हिस्सा हैं। तुम तो क़ीमत लगाओ मेरे घर की?"

"कोई दबाव नहीं, न किसी तरह की मजबूरी है," पहला यानी सुलेमान सेठ, अपना पहलू बचाने को बात टालते हुए कहता है, "तुम अपनी मर्ज़ी और मंशा के मालिक हो..."

"तू!" डपटकर शमीम खाँ बात सुलेमान सेठ के मुँह से छीन लेता है। "तू अपनी औक़ात मत भूल सुलेमान! आज जो कुछ भी तेरे पास है—पैसा, जायदाद, रसूख, वह सब मेरे घर की जूठन, तुझे ख़ैरात में मिले हैं! तेरी मज़ाल क्या कि मुझ पर दबाव डाले या मजबूर कर सके!"

"हो गई कचर-कचर चालू!" सुलेमान सेठ थके स्वर में कहता है, "यार हमने तो हमेशा तुम्हारी इज़्ज़त ही करने की कोशिश की है। जो भी है, बहरहाल, हमारे बीच कोई रिश्ता भी तो है।"

"कोशिश नहीं साले!" शमीम खाँ किचकिचाकर कहता है, "तुम इज़्ज़त करने पर मजबूर हो। रिश्ता? यह आज तुझे हुआ क्या है! कभी बुज़ुर्ग, कभी मस्जिद, कभी रिश्ते की बातें कर रहा है!"

"जैसा अच्छा लगे, सोचो," पहले यानी सुलेमान सेठ, उदास मगर गुस्सीले स्वर में कहता है। वह अपने पर हर हाल में काबू रखने का तय किए है, "मैंने बहरहाल किसी-न-किसी सतह पर तुम्हें अपना समझा है और यही वजह है कि जैसे भी हो, तुम आज तक ज़िन्दा हो!" बोलते-बोलते, जाने किस पल उसके लहज़े में गाँठ पड़ ही जाती है और ग़ुस्सा सारे बाँध तोड़ निकलता है।—"हम तुझसे", वह बदली हुई सख़्त आवाज़ में कहता है, "शराफ़त की बोली बोल रहे हैं तो तेरे मिज़ाज ही नहीं मिल रहे! चाहता क्या है? चींटी-सी हक़ीर औक़ात है तेरी मेरे लिए, पता भी नहीं

चलेगा किस पल मसल गया! टुकड़ा-टुकड़ा कुत्तों में बाँट दूँगा साले, वही दाद देंगे तेरी शराफ़त की!''

धधकते ज्वालामुखी-सी आवाज़ सुलेमान सेठ के मुँह से निकलती है और ऊँचे दरख़्तों पर बैठे परिन्दे फड़फड़ाते आकाश में उड़ जाते हैं। क़ब्रिस्तान में फैली ख़ामोशी किसी अजनबी आहट के इर्द-गिर्द फैल सिमट रही है, कुछ पल में अन्दाज़ा होता है यह मेरे सीने में बेतरतीबी से धड़कते दिल की धमक है। क़ब्र के गड्ढे में, पसीने से सराबोर, मैं उन दोनों को तक रहा हूँ। सुलेमान सेठ के हाथ में धातु की कोई चमकदार चीज़, शायद रिवॉल्वर, आ गया है जिसे वह शमीम खाँ पर ताने खड़ा है। मेरी आँखों के सामने किसी सनसनीपूर्ण ड्रामे का दृश्य-सा चल रहा है। ''बोल!'' सुलेमान सेठ क्रूरता से कहता है, ''छः की छः सीने में उतार दूँ! औलाद रोटी की मोहताज हो जाएगी, भीख माँगती फिरेगी, साले! और मेरे लिए न यह पहला क़त्ल होगा न आख़िरी!''

शमीम खाँ सकते में अपनी जगह खड़ा है।

''यार शमीम मियाँ,'' दूसरे ही पल सुलेमान सेठ की आवाज़ बेहद नरम हो जाती है।—''हमारी तो जैसी भी, अच्छी या बुरी, बीती बीत गई, मैं इस मामले को यहीं ख़त्म करना चाहता हूँ। तुम्हारी तरफ़ दोस्ती का हाथ बढ़ाना चाहता हूँ, कुछ नहीं तो उस भूले रिश्ते और भाईचारे ही की ख़ातिर। और सब तुम्हारी शर्तों पर। माँ की क़ब्र पर खड़ा कह रहा हूँ, और जिसकी चाहो क़सम ले लो।''

रिवॉल्वर शमीम खाँ की तरफ़ फेंक देता है, ''हर जगह,'' मस्जिद के मीनारों को देखते हुए वह कहता है, ''हथियारों से काम थोड़े...,'' बात अधूरी छोड़कर वह मुड़ता है, और हैरान रह जाता है। शमीम खाँ ने बिल्ली-सी चुस्ती और ख़ामोशी से रिवॉल्वर उठा ली है, और अब उस पर ताने खड़ा है। एक पल की चुप्पी के बाद सुलेमान सेठ ठहाका लगाकर हँस देता है।

''ख़बरदार!'' शमीम खाँ की आवाज़ में कँपकँपी है।

सुलेमान सेठ किसी बच्चे-सा किलकारियाँ लगाता हँस रहा है। ''कमाल है!'' वह रह-रहकर दोहरा रहा है। ''ठीक से पकड़ो यार, कहीं चल न जाए! लाओ मैं पकड़ना सिखाता हूँ!''

''एक क़दम भी बढ़ा तो गोली मार दूँगा!'' सुलेमान सेठ को अपनी ओर बढ़ते देख शमीम खाँ कहता है, ''तेरे अलावा भी लोगों को लबलबी दबाना आता है!''

''लबलबी दबाने को सिर्फ़ उँगली काफ़ी नहीं,'' सुलेमान सेठ बच्चों को समझाने के अन्दाज़ में कहता है। कोई डर या फ़िक्र उसे छू तक नहीं पाया है। वह शमीम खाँ की ओर बढ़ रहा है।

''देखो, मैं गोली मार दूँगा,'' शमीम खाँ के स्वर में कुछ ऐसा है जो सुलेमान सेठ के क़दम पलभर को रोक देता है।

"तुम गोली नहीं मार सकते, इस बात पर मैं शर्त बद सकता हूँ! आपसी रिश्ता भी कुछ होता है।"

वह शमीम खाँ के नज़दीक पहुँच गया है।

"मैं गोली..." शमीम खाँ के हलक़ में आवाज़ फड़फड़ाती है।

"नहीं मार सकते!" सुलेमान सेठ बात मुँह से छीन लेता है, वह शमीम खाँ के बहुत क़रीब पहुँच गया है।—"रिश्ता भी तो..." कहते हुए शर्त बदने को शायद वह अपना हाथ शमीम खाँ की ओर बढ़ाता है कि पिट-पिट की आवाज़ दो बार कानों तक पहुँचती है और ऊँचे दरख़्तों से पक्षी अपनी-अपनी बोली में चिल्लाते एकजुट आकाश में उड़ जाते हैं।

शमीम खाँ और सुलेमान सेठ—हमारे बयान के दूसरे और पहले—क़ातिल और मक़तूल, अपनी-अपनी जगह पथराए खड़े हैं : यह तय करना मुश्किल है कि दोनों में ज़्यादा हैरान कौन है। पहले के बेदाग़, सफ़ेद कपड़ों पर ख़ून के कत्थई धब्बे फैलते जा रहे हैं और उसने दोनों से अपना पेट जकड़ रखा है। उसके मुँह से निकलती आवाज़ें भाषा के व्याकरण से मुक्त हैं, वह तकलीफ़ की भी अभिव्यक्ति हो सकती हैं और ग़ुस्से या मायूसी की भी। दूसरा, चकित खड़ा, उसे तक रहा है। इतना बिलकुल साफ़ है कि जो उसने किया, या जो शायद हो गया, उससे ख़ुश वह रत्ती भर भी नहीं। कुछ देर यूँ ही खड़े रहने के बाद क़ब्रें उलाँघता, सरपट, वह क़ब्रिस्तान से भाग खड़ा होता है, उधर पहला भी अपना पेट दबाए, धीरे-धीरे बाहर की ओर रेंगने लगता है—उसी नर्सिंगहोम की तरफ़ जहाँ उसकी मौत हो जाती है।

अपना दिल बहलाने को तो लोग हर हाल में कोई बात ढूँढ़ ही लेते हैं। और यही हाल शहर में इस वारदात को लेकर है। क़ातिल के समर्थकों की नज़र में सुलेमान सेठ को क़त्ल करके शमीम खाँ ने न कि सिर्फ़ शरीफ़ों की इज़्ज़त रख ली, बल्कि समाज की वह सेवा की जो हुकूमत नहीं कर पाई। सुलेमान और उसके गुर्गों की गुंडागर्दी शहर में किससे छिपी थी। साथ ही उन्हें यह भी विश्वास है कि उसने यह क़त्ल सिर्फ़ अपनी जान बचाने के लिए किया होगा। सुलेमान सेठ के साथी भी इस बात से सहमत हैं, क्योंकि क़त्ल बहरहाल सुलेमान सेठ के ही रिवॉल्वर से हुआ था। और गाली-गुफ्तार अलग। मज़ाल कैसे हो सकती है शमीम की ख़ुद हमला करने की! कुछ अभी से भविष्य में इस मौत का बदला कैसे लिया जाए की प्लानिंग में लग गए हैं। सुलेमान सेठ कोई निहत्था तो था नहीं जो कोई भी उसे यूँ आराम से मार डाले—पूरी एक बिरादरी छोड़ गया है वह अपने पीछे। सीधे और धर्म में आस्था रखनेवाले लोग घटना को अपने नज़रिए से देखते, एकमत हैं कि सुलेमान सेठ शहीद हुआ और जन्नत में जाएगा। जुमे के दिन ऐसी मौत नसीब किसे होती है, अगर जीते-जी उसने गुनाह भी किए तो इस मौत से वह धुल जाएँगे—धुल गए, ग़रज़ कि—!

और मैं? ख़ुद मैं कहाँ हूँ??

वहीं, उस क़ब्रिस्तान में, उसी क़ब्र के गड्ढे में छिपा बैठा, सारी वारदात अपनी आँखों से देखता, इस सच से अनजान कि शमीम खाँ से सुलेमान सेठ तक जो रिश्ता जाता है उसकी एक कड़ी ख़ुद मैं भी हूँ।

बाक़ी सारी गाड़ियाँ

सिर्फ़ बीस मिनट, जिसमें छह-सात किलोमीटर की दूरी तय करके रेलवे-स्टेशन पहुँचना, स्टेशन की भीड़-भाड़ से लड़ते-गुज़रते दो अदद लम्बे जीने, एक चढ़ने दूसरा उतरने के बाद प्लेटफ़ॉर्म नम्बर तीन पर बिखरे सामान और लोगों के बीच, एक लगभग अपरिचित पड़ गए चेहरे को खोजना। मुश्किल ही नहीं, लगभग असम्भव!

फिर फ़ोन पर ही क्यों न कह दिया कि नहीं आ सकता, ऑटो का किराया नहीं? कैसे कहता पगले, काम तेरा है, अगले का नहीं! और इतनी इमरजेंसी में फ़ोन—हो सकता है कुछ बात बन ही गई हो।

उम्मीद अतिरिक्त ईंधन-सी जलकर उसे किसी तरह स्टेशन पहुँचने पर उकसाने लगी।

इसे सिर्फ़ संयोग कहा जाए कि जिस समय टेलीफ़ोन आया, वह दवा की दुकान पर ख़ुद मौजूद था, वरना वह नम्बर सिर्फ़ इमरजेंसी में कोई सन्देशा छोड़ने को था। आते-जाते, अलेक-सलेक के बाद वह केमिस्ट से पूछताछ करता रहता था और बदले में, फुर्सत के पल, जो फ़िलहाल बहुत थे, उसे साहित्य-जगत की अफ़वाहें सुनाता रहता। सफल दुकानदार होते हुए भी जाने क्यों केमिस्ट के मन में लिखने-पढ़ने से सम्बन्धित लोगों के लिए एक विशेष आदर था, उस आदमी के बिलकुल उलट, जिससे उसे स्टेशन पर मिलना था। वह उसका पुराना परिचित, शासन में फ़िलहाल एक महत्त्वपूर्ण ओहदेदार और एक सफल लेखक था, इसलिए लिखने-पढ़नेवालों, सफल-असफल, दोनों को ही एक मुनासिब दूरी पर रखता था। उसकी परेशानियाँ, कुछ ही दिन पहले एक आकस्मिक भेंट में जानकर, अपने स्वभाव के विपरीत उसने मदद का वादा किया था और अभी, टेलीफ़ोन पर, दिल्ली जानेवाले पंजाब-मेल पर आ मिलने का आदेश छोड़ा था।

दो रुपए! जेब में मोटे, काले पर्स को पसीनालुथी हथेली और उँगलियों में भींचते हुए उसने सोचा—पर लग जाएँ तो ही पहुँच सकता हूँ! ऑटो के आठ-दस से कम क्या बनेंगे और वह इस भीड़ के क्षण मिले तब। रही बस, तो बस को लेकर उसने ख़ुद को हमेशा बेबस पाया है। उस धक्का-मुक्की की कल्पना ही उसे ठंडे पसीने

में डुबाने को काफ़ी थी। फिर भी कोशिश कर लेने में क्या बुराई है? आप ही हिम्मत बँधाने को उसने दिल-ही-दिल कहा, और आगे चौराहे की ओर बढ़ने लगा, जहाँ ऑटो या बस मिलने की सम्भावना हो सकती थी। शायद कोई पहचान का ऑटोवाला मिल जाए, किराया बाद में दे देंगे, एक दूसरा दिलासा देकर उसने ख़ुद को समझाना चाहा।

रात काले पड़ते पहरों की चहल-पहल थी, जब शान्त होने से पहले हर चीज़ की गति एकदम तेज़ हो जाती है।

चौराहे पर बनी-बनाई, जैसे उसी का इन्तज़ार करती एक मिनी बस दिखाई दी। सोचे के ख़िलाफ़ बस में गिनती की सवारियाँ थीं—अधिकांश पढ़ी-लिखी भद्र-सी महिलाएँ, अच्छी ख़ुशबुओं में बसी-लिपटी। कंडक्टर भी हुलिए-बोलचाल, हर तरह उसकी कल्पना के कंडक्टर से कहीं बेहतर और शरीफ़। और सबसे बड़ी बात—बस जा भी सीधे स्टेशन रही थी, बीच में कहीं उतरने और बदलने का झंझट भी नहीं। इत्मीनान की साँस लेता वह बस के एक कोने में जा बैठा।

जाने क्या हुआ है, बैठे-बैठे उसका दिमाग़ भटकने लगा—पहली-सी जीने की चाह और इच्छा ही नहीं रही। ज़रा हाथ-पैर मारो, थोड़ा-सा सोचो तो थकान यों आ दबोचती है जैसे मीलों पैदल भागे हों। और दुनिया, सारे-के-सारे साथी और हमउम्र कहाँ-से-कहाँ जा पहुँचे, ख़ुशहाल और आबाद हैं। कोठियाँ, कारें, जायदादें, आज सब-कुछ ही तो है ज़्यादा के पास। और आप स्टेशन तक ऑटो के किराए को तरसते हैं। यही रूपरेखा तय की थी अपने आगामी जीवन की—क़दम-क़दम पर कठिनाई, हर कार्यालय, हर ऑफ़िसर से टकराव, और बिलआख़िर पिछले आठ महीनों से सस्पेंशन! और यह तब कि आप एक सामान्य नौकर के अलावा एक ठीक-ठाक और जाने-पहचाने-से लेखक भी हैं। उम्र लगभग चालीस की होने आई, समझदारी से ब्याह न किया वरना किसी नदी के किनारे लहरें गिन रहे होते! फिर ख़ुद ही मन में उपजे इन औंधे-सीधे विचारों का वह खंडन करने लगा। क्या हुआ जो आज बहुत सारी सुविधाएँ उसे प्राप्त नहीं, वह तंगी की ज़िन्दगी ज़रूर गुज़ार रहा है, लेकिन उस जैसे जीवन अपनी शर्तों पर जीने का साहस भी कितने कर पाते हैं? वह और उसके आदर्श, जीवन की सारी टूट-फूट के बाद भी एक हैं—बिना किसी खरोंच या ख़राश के। यह उपलब्धि अपने में क्या कम है?

बस स्टार्ट होकर, धीरे-धीरे पैतरे बदलती, एक औसत रफ़्तार पर दौड़ने लगी थी।

जाने कितने समय बाद बस में यों बैठना हो रहा था। उसका दिमाग़ अन्दर की घनघनाहट और बाहर के शोर-भरे अँधेरे से परे अपने कल्पित शून्य में धड़क रहा था। कॉलेज का ज़माना। सोचते लगा, अनन्त घटा घिरे आकाश में उसने कोई बगुला खोज लिया हो। शहर और कॉलेज तब आबादी के दो अन्त हुआ करते थे। दस नम्बर

की सिटी बस उन दिनों कॉलेज जाया करती थी। सिटी बसें तब शहर में नई-नई चलना ही शुरू हुई थीं। नसीर पहलवान—मज़बूत बाँहें, चौड़ा सीना, सफ़ेद कुर्ता, जिसके बटन बहुत लापरवाही से खुले रहते थे, चौड़ा जबड़ा लगातार पान चबाता और बाहर निकले बड़े-बड़े सफ़ेद दाँत—चेहरा यों नज़रों के सामने बनता जा रहा था, जैसे एक ज़माने में डब्हेल्पर में सफ़ेद पेपर डुबाते ही डुबाते उसकी आँखों के सामने तस्वीर के नक़्श बनते जाते थे। पतले होंठों के ऊपर बारीक-बारीक मूँछें और सूपड़े-से खड़े कानोंवाला स्वस्थ, मुस्कराता चेहरा—कल्पना ने तस्वीर के अन्तिम नक़्शों को उभारा था। नसीर पहलवान, सिटी बस का ड्राइवर, जिस पर, सुना करते, फ़ौजदारी के दर्जनों मुक़दमे—हद कि क़त्ल तक के—एक साथ चला करते थे। यह अपनी जगह, लेकिन कॉलेज के लड़कों से नसीर पहलवान ऐसी विनम्रता से पेश आता कि ज़्यादा लोग उसे सिर्फ़ बस ड्राइवर या गुंडे के बजाय अपना बड़ा या बुज़ुर्ग समझकर बात करते। अपने अशिक्षित रह जाने का पछतावा नसीर पहलवान को बहुत था और अपने शब्दों में शिक्षा को वह आत्मा की चाबी कहा करता था और देश का भविष्य मानकर ईर्ष्यायुक्त मुहब्बत से सारे स्टूडेंट्स से बात करता था। बाद में सुना, किसी जुर्म में उसे उम्र-क़ैद की सज़ा हो गई और फिर आज तक कहीं आमना-सामना नहीं हो पाया।

जैसे ऐसे किसी सामने की उसे कोई इच्छा हो! नसीर पहलवान के कन्धे पर सिर रख के रोना हो! क्या कहेगा ऐसा अगर हो ही गया तो?—कि मुझे देखो, तुम कितना सच कहते थे! पढ़ा-लिखा होने के कारण मैं अगर आज असफल भी गिना जाऊँ, तो भी एक महत्त्वपूर्ण असफलता कहलाऊँगा! मेरा जीवन ख़ुद के लिए कुछ न होकर भी, जाने कितनों के लिए बहुत कुछ है। आनेवाली पीढ़ियों का दिमाग़ निर्माण करने में मेरे किए और कहे का बहुत बड़ा योग होगा! इस बस में यह यात्रा केवल एक ख़ाली-जेब इनसान का मजबूरी में बस का सफ़र ही नहीं, इसकी जितनी-जितनी व्याख्या करोगे, उतने-उतने ही आयाम और अर्थ तुम पर खुलेंगे।

छटपटाकर उसने खिड़की के शीशे से बाहर देखा, जहाँ बिजली की रोशनी और रात के अँधेरे के दाँव-पेच चल रहे थे। सड़क पर दौड़ते स्कूटर, कारें, बसें, पैदल, बिजली के खम्भे, खुले या अधमुँदे सजी दुकानों के शटर्स। रात बीतने के साथ-साथ बत्तियाँ एक-एक करके गुल होती जाएँगी। उन कुछ को छोड़कर जो सारी रात जलती हैं। कुछ रोशनियों का मुक़द्दर ही सारी-सारी रात जलना होता है। वह कुछ अलग क़िस्म की ही रोशनियाँ होती हैं। इसीलिए बनाई जाती हैं।

एक उबासी और ठंडी आह, आपस में गुत्थमगुत्था, उसके हलक़ में ही घुट गए।

कंडक्टर जगह-जगह बस रोककर सवारियाँ चढ़ाने में व्यस्त था और देखते-ही-देखते बस में खड़े होने तक की जगह नहीं बची थी। कोई बन्दिश, कोई पाबन्दी

नहीं। बसों को ही क्यों लें अकेले, जीवन के किस विभाग में आज काम नियम और क़ानून से हो रहा है? जो जितना बड़ा घाघ और गुंडा है, उतने ही उसके हाथ-पैर हैं, उतना ही कामयाब है वह। न हुए आज तुम नसीर पहलवान, बादशाह होते इस ज़माने में तुम! न रिपोर्ट, न मुक़दमा। पूजा जाता! तुम्हें तो लोग भगवान का अवतार मानते बिलकुल। ज़्यादा सवारियाँ ढो-ढोकर ही बिल्डिंग तान चुके होते तुम, और जिसकी थाली में खाते वह चलते समय अपनी थाली भी भेंट करना न भूलता तुमको।

बस कूल्हती-कराहती घाटी चढ़ रही थी और सवारियाँ यों चिन्ता भरे एकाग्र भाव से खड़ी थीं जैसे बस का इंजन उनकी ताक़त से ही स्टार्ट हो। फिर बाएँ मुड़कर बस धीरे-धीरे ट्रैफ़िक से अटी सड़क पर भीड़ में धकेले आदमी-सी, जिसे नहीं पता हो वह कहाँ जा रहा है, रास्ता तय करने लगी थी। रह-रहकर दौड़ता हुआ पंजाब मेल उसके दिमाग़ में कौंध जाता और चिन्ता, पिंजरे से सिर फोड़ते परिन्दे-सी, दिलो-दिमाग़ में आँखें खोलने-बन्द करने लगती।

बाहर के शोर-गुल के ऊपर उठती घंटों की आवाज़ उसके कानों से टकराई थी और साथ ही यह ख़याल कि आगे झील के किनारे मन्दिर है, जहाँ हर शाम, और विशेषकर एक ख़ास दिन, कौन-सा दिमाग़ पर ज़ोर देने के बावजूद वह याद ही नहीं कर पा रहा था, भक्तों की काफ़ी भारी भीड़ जमा रहती है।

क्या नास मारा है शहर का! सोचते कसैला स्वाद मुँह में और तेज़ी से फैलने लगा। जहाँ-जहाँ बन पा रहा है, मन्दिर-मस्जिद तान रहे हैं और दुहाई दे रहे हैं इक्कीसवीं शताब्दी की। दूसरी ओर पूरा शहर, सारा-का-सारा, एक मीलों लम्बे बाज़ार में परिवर्तित हो गया है। चलते चले जाइए, हर घर का बाहरी हिस्सा आपको दुकानों में बदला नज़र आएगा—किराए पर उठाया हुआ। गोटा-किनारी-कपड़ा-लत्ता-जीरा-ज़र्दा—सब बिक रहा है और विशेषकर जूते! अंग्रेज चले गए, भारतवासियों को इस धन्धे के चाले में लगा गए! बेच रहे हैं साले, एक-दूसरे को ही लूटकर चूना लगा रहे हैं।

अपने बाज़ू में किसी को हिलते महसूस कर उसने गर्दन मोड़ी—पास बैठा व्यक्ति श्रद्धापूर्वक हाथ जोड़कर माथे से लगाए, आँखें मूँदे, होंठों-ही-होंठो में कुछ बुदबुदा रहा था। जब उसने ग़ौर किया तो बस की अधिकांश सवारियाँ ऐसा ही करती नज़र आईं। मूर्खता, एक ग़ुस्से-भरी मूर्खता, का एहसास उसे हुआ और साँस रोककर वह बस की खिड़की के बाहर देखने लगा।

सड़क पर आगे ट्रैफ़िक कम था, इसलिए बस तेज़ रफ़्तार से लपकी, लेकिन लपकने के कुछ ही क्षण बाद लगा जैसे इंजन का दम निकल गया हो। ड्राइवर ने साइड में करके बस खड़ी कर दी। इंजन स्टार्ट अब भी था लेकिन बस बेहरकत खड़ी थी।

सवारियों से खचाखच बस में गरमी बढ़ने लगी थी और इसी के साथ लोगों की बेचैनी भी। कुछ समय बाद पता चल पाया कि ट्रैफ़िक-स्क्वैड ने बस का चालान कर दिया है। मामला रफ़ा-दफ़ा करने पहले कंडक्टर गया, फिर उसका सहायक

और अन्ततः गाड़ी स्टार्ट छोड़े-छोड़े ही ड्राइवर को भी जाना पड़ा। पहलू बदलती, पसीना पोंछती सवारियों की भीड़—घास कुतरते भेड़ों के रेवड़-सी बेचैन, हिलती-डुलती, उबासियाँ लेते रहने के बाद एक-एक करके विदा होने लगी। दूसरी बसें अधूरे रास्ते में रुकी मिनी बस के पास आकर रुकतीं, उनके कंडक्टर ऊँची आवाज़ में अपने मार्ग का ऐलान करते और बस-सवार यों एक-दूसरे से नज़रें चुराते जैसे कोई यहाँ तक का किराया तलब कर बैठेगा, अपने रास्ते रवाना हो जाते।

ट्रैफ़िक-स्क्वैड और बस चालकों के बीच विवाद ज़्यादा ही तूल पकड़ गया था, जिससे एक ही नतीजा निकाला जा सकता था कि ड्राइवर-कंडक्टर अनाड़ी—लेने-देने का हुनर ठीक से नहीं जानते थे। बाज़ू में बैठे हाथ जोड़ने, आँख मूँदने, बुदबुदाने वाले की ओर उसने देखा—वह बहुत धैर्य के साथ अपनी जगह स्थापित था और लोगों के जाने ने उसे ज़रा भी मोहित नहीं किया था। बिना अक्षर 'शान्ति-शान्ति-शान्ति' उसकी आँखों में लिखा साफ़ पढ़ा जा सकता था।

"कहाँ तक जाना है?" शान्ति लिखी आँखों से उसने ख़ुद ही सवाल किया।

"स्टेशन तक!" शान्त स्वर में ही जवाब मिला। "रेल पकड़नी है—पंजाब-मेल।"

"अब तो मिल चुकी पंजाब-मेल!" उसके स्वर में चुटकी काटता व्यंग्य उभर आया था। "गाड़ी छूटने में दस मिनट बचे और हम यहाँ टँगे हैं। कहीं जा रहे थे?" उसने पूछा।

"दिल्ली," बाज़ू वाले की आवाज़ में चोंच मारती चिंता अब साफ़ होकर उभरी थी, "बेटे को हार्ट अटैक हो गया है, फ़ौरन पहुँचना है।"

"तो फिर ऑटो पकड़िए और स्टेशन जाइए। शायद ठीक समय पर पहुँच जाएँ!"

बाज़ू वाले की दृष्टि में दुविधा पर तौल रही थी। "शायद यह लोग, मतलब बस-चालक, आते ही हों। वैसे भी, ऑटो यहाँ कहाँ मिलेगा?"

"शायद मिल जाए। बस तो खड़े-खड़े वैसे भी स्टेशन पहुँचने से रही!"

ऑटो में बिठाने में लोभ ख़ुद भी साथ बैठकर जा सकने का था। रिक्वेस्ट करेगा—सिर्फ़ इसी तरह गाड़ी छूटने से पहले स्टेशन पहुँचने की हल्की-सी उम्मीद बँधती थी।

बाज़ू वाले की मटमैली आँखों पर लटके चमगादड़ पल भर को फड़फड़ाए, लेकिन उसके फ़ौरन बाद ही वहाँ 'शान्ति-शान्ति-शान्ति' का भाव तैर गया—दोनों आँखों में और चेहरे पर।

"क्या कह सकते हैं!" उसकी आवाज़ में बाज़ू वाले के लिए मखौल अब बिलकुल साफ़ था। "क्या पता आपके हाथ जोड़ने, आँख मूँदने, मंत्रोच्चारण करने से खड़े-खड़े भी यह बस स्टेशन पहुँच ही जाए!"

जवाब में ख़ामोशी उसे और चिढ़ा गई और वह दूसरा ज़बानी हमला करने ही वाला था, जब बाजू वाले ने बहुत मासूमियत से पूछा, "आपने कुछ मुझसे कहा?"

"जी," उसका स्वर और बेक़ाबू था।

"क्षमा कीजिए," मटमैली आँखोंवाला, ख़ाकी, वृद्ध चेहरा विनती के स्वर में कह रहा था—"मैं कुछ सोचने लगा था, इसलिए आपकी बात सुन नहीं पाया?"

उसने बस खड़े-खड़े स्टेशन पहुँच सकनेवाली बात उसके हाथ जोड़ने, आँखें मूँदने, बुदबुदाने के सन्दर्भ सहित दोहराई तो उसमें व्यंग्य और कड़वाहट और अधिक थे।

"आपको," शान्ति लिखा चेहरा दुखी आवाज़ में सवाली था—"मेरे हाथ जोड़ने, आँख मूँदने या सीस नवाने पर क्या आपत्ति है?"

"यह एक अलग विषय है," मज़ाक़ उड़ाती आवाज़ में उसने कहा था,—"जिस पर मैं आपसे विस्तार से बात कर सकता हूँ। तय कर लीजिए—पंजाब-मेल पकड़नी है या नहीं?"

बाजूवाला सीट से उठते-उठते, किसी निर्णय पर पहुँचने की कोशिश में गड़बड़ाया था, दूर अँधेरे में उस ओर देखा था जहाँ किसी ट्रैफ़िक-अदालत की सम्भावना हो सकती थी और दो-चार उखड़ी-उखड़ी साँसें खींचने-छोड़ने के बाद धप्प से वापस अपनी जगह बैठ गया था। "आते होंगे," माथे का पसीना पोंछते उसने कहा—"जानकर तो देर कर नहीं रहे। क्या दुनिया हो गई है! बुरे वक़्तों में भी किसी से हमदर्दी करनेवाले नहीं रहे। सारी सवारियाँ बिना किराया दिए उतर-उतरकर चल दीं। क्या ज़माना आ गया है।"

"गाड़ी!" अन्तिम बार उसने बाजूवाले को उकसाने के लिए कहा, "शायद आपका दिल्ली जाना ज़रूरी है?"

बस की अधिकांश सवारियाँ अब तक अलविदा हो चुकी थीं और सिर्फ़ कुछ बेफ़िक्रे, जिनके पास शायद करने को कुछ न था, मट्ठी, पेटभरी मक्खियों-से, बस के इर्द-गिर्द भनभना रहे थे।

"क्या समय आ गया है," बाजूवाला दोहरा रहा था, लेकिन स्वर में शिकायत नहीं, पश्चाताप था। उम्र में वह उतना नहीं था जितना उसे पहली नज़र में लगा था—लगभग उस जितना ही। लेकिन उसके चेहरे का भाव देखकर दिमाग़ में ज़रूरत से ज़्यादा इस्तेमाल हो चुकी चीज़ों जैसा भाव ही आता था। "कलियुग क्या इसके अलावा कुछ होगा।" वह बड़बड़ा रहा था—"सब उसी के चिह्न हैं। मेरा बेटा बीमार है, मैं किसी भी तरह पहली गाड़ी पकड़कर दिल्ली जाना चाहता हूँ। ट्रैफ़िक वाले बीच रास्ते में बस रोक देते हैं—इसलिए नहीं कि यही अकेला ट्रैफ़िक नियमों का उल्लंघन कर रहा है। मुँह-भर पैसे लेकर चलता कर देंगे। बस-यात्रियों में इतनी हिम्मत तो दूर कि बस वाले के पक्ष में बोले, सब बेशर्मी से किराया तक दिए बिना अपने-अपने रास्ते चल देते हैं और आप पूछते हैं कि मैं सीस क्यों नवाता हूँ!"

''इसीलिए पूछता हूँ,'' आवाज़ जलते पेट्रोल-सी भकभका कर उठी थी।—''इसीलिए! यह हाथ जोड़ना, आँख मूँदना, सीस नवाना ही आज आपकी रेल छुड़वाएगा, देश तो इस कारण कब का डिरेल्ड हो ही चुका!''

''आपका मतलब... ?'' बाजू वाले की दुविधाग्रस्त आवाज़ निकलने से पहले कंठ में फड़फड़ाई थी।

''मतलब,''—स्वर में आग की लपट वैसी ही थी—''बहुत साफ़ और सामने! चौतरफ़ बिखरे अधर्म, बेईमानी और काली करतूतों के होते किसके आगे शीश नवाते हो? मुक्ति का अर्थ आँख मूँदकर सारी ज़्यादतियाँ स्वीकार करना है या इनका विरोध? इस ट्रैफ़िक वाले को मनमानी करने की छूट हर वह व्यक्ति देता है जो मौजूदा परिस्थितियों में आपकी तरह आँख मूँदकर शीश नवाता है। जिस पल वह ऐसा कर रहा होता है, इस कुरूप, बदहाल, ठुकरा दिए जाने लायक व्यवस्था से कह रहा होता है—हे दलदल! ऐसी ही बनी रहो। हर हाल में तेरे आभारी हैं!''

मटमैली आँखों में पहली बार कुछ चमका था। पलभर में ही उसकी नज़रों का भाव बदल गया। आश्चर्य की जगह अब उनमें व्यंग्य और दिलचस्पी फन्दा-फन्दा बँट गए थे।

''इनकार का साहस जुटाइए,'' गर्मजोशी में वह बोलता गया था। इतना तो अब वह वैसे ही मानकर चल रहा था कि पंजाब-मेल अटेंड करना सम्भव नहीं रहा। ''यों माथा नवाते-नवाते तो आपने शताब्दियाँ बिता दीं और आज इस दुर्दशा को आ लगे। इनकार की ताक़त और अर्थ भी समझिए। आज यह बस अगर स्टेशन और आपके बीच रुकी खड़ी है, वाक्य में किसी ब्लैंक-किसी रिक्त स्थान-सी, और आप बीमार बेटे से मिलने को तरस रहे हैं, तो इस रिक्ति की रचना ख़ुद आपने जीवन-भर यों ही सिर झुका-झुकाकर चीज़ों को क़बूल करते हुए की है। इस कलियुग को रचनेवाले आप ख़ुद हैं।''

आश्चर्य बाजूवाले के धैर्य पर था, जिसका गाड़ी पकड़ना ख़ुद उससे कहीं ज़्यादा ज़रूरी था, और जो चाहता तो ऑटो पकड़कर कभी का स्टेशन पहुँच भी चुका होता। अभी कुछ पल पहले जो व्यंग्य-भाव उसके चेहरे पर घिरा था, छिद्र बादल-सा फैलकर चेहरे की रूपरेखा में ही घुल-मिल गया था और बची रह गई थी केवल एक दिलचस्पी।

''क्या मुझे,'' दिलचस्पी अन्ततः चेहरे पर किसी फूल-सी खिल उठी थी—''यह कहने का अधिकार नहीं कि यथास्थिति का कारण आप और आप जैसा सोचनेवाले लोग हैं? ऐसे लोग जिनकी न तो किसी के प्रति श्रद्धा है और न किसी में आस्था। जिनके पास इनकार कोई शक्ति नहीं, सुविधा बनकर आता है। जिनका अस्तित्व आदर्शों के बजाय समझौतों पर टिका है। आस्था तो नास्तिक की भी, न होने में ज़रूरी है, सो वह भी अपने ढंग से बिना शीश नवाए, कहीं-न-कहीं शीश

नवाता है। वैसे मैं बिना किराया दिए नहीं जाना चाहता था,'' उसने अपनी जगह से उठते हुए कहा, ''लेकिन अब रुकना निरर्थक लगता है। मैं ऑटो से ही जाता हूँ।''

''देर कर दी आपने!'' उसने धारदार आवाज़ में कहा था—''गाड़ी अब जा चुकी होगी।''

''गाड़ी,'' बाजूवाले ने जैसे कोई रहस्य समझाते हुए कहा,—''लेट भी तो हो सकती है।''

अवाक्, पल के उत्साह में बँधकर, उसने स्टेशन तक की लिफ़्ट माँगी थी और वह दोनों एक साथ ऑटो में स्टेशन पहुँचे थे।

स्टेशन पर 'पंजाब-मेल जा चुकी' पता चला था, जिस पर 'कुछ समय बाद कोई गाड़ी फिर दिल्ली जाएगी', बाजूवाले ने, जो अब उसके सामने खड़ा था, कहा था, और वह उसे स्टेशन पर दूसरी गाड़ी की प्रतीक्षा करता छोड़, थका-माँदा, वापसी के लिए, बस अड्डे आ खड़ा हुआ था।

चाहे जितनी गाड़ियाँ आएँ-जाएँ, वह विशेष गाड़ी, जिस पर उसे किसी से मिलना था, उस व्यक्ति विशेष सहित, जा चुकी थी, और बाक़ी सारी गाड़ियाँ ख़ुद उसके लिए बेकार थीं।

कड़ी

घटना उन दिनों की है जिन्हें 'जोश का ज़माना' कहकर याद किया जा सकता है।

जोश इसलिए कि होश की कमी थी, और होश की कमी के सारे जायज़ कारण मौजूद थे। कम-उम्री, न होने के बराबर तजुर्बा और उन चीज़ों से अजनबियत जो धीरे-धीरे आदमी को इस ख़याल में डालने लगती हैं कि उसकी मौजूदगी ही सबसे बड़ा सच है और ख़ुद उसके सीने में छिपा, दुनिया का सबसे क़ीमती और महत्त्वपूर्ण अजायबघर। जब तब्दीली अच्छी लगती है और मौत का डर नहीं होता।

यह शहर तब इतना बड़ा नहीं था और कई मायनों में यहाँ का मिज़ाज लगभग क़स्बाती था। उस ज़माने और माहौल में यहाँ मेडिकल और इंजीनियरिंग कॉलेज बड़ा परिवर्तन थे और यहाँ के छात्रों को एक आम नागरिक भी विशेष महत्त्व और प्यार से देखता था। घटना से कुछ समय, छः या आठ महीने, पहले ही इंजीनियरिंग कॉलेज में एक छोटी-मोटी क्रान्ति के बाद, जिसमें अन्य चीज़ों के अलावा बम फोड़ना, प्रिंसिपल की कार जलाना और उसके शुभ-चिन्तकों की ठुकाई करना शामिल था, एक प्रकार के लोकतंत्र की स्थापना हो चुकी थी। अभी तक कॉलेज की छात्र परिषद् में प्रिंसिपल, तानाशाही अंदाज़ में मनचाहे छात्रों की नियुक्ति करता रहा था। नए प्रिंसिपल के आने के बाद सुधार लागू हुए थे और अपने प्रतिनिधि चुनने का अधिकार छात्रों को मिल गया था। अभी तक कॉलेज की पहली चुनी हुई परिषद् अपना कार्यभार सँभाल चुकी थी।

राजनीति के प्रति इस जागरूकता के वातावरण में छात्रों के विभिन्न दल बन गए थे और हर दल के केन्द्र में कोई, या कुछ व्यक्ति थे, जिन्हें बाक़ी लोग अपना नेता मानते थे। हमारा भी एक गुट था जिसका केन्द्र, चौथे वर्ष का एक बंगाली छात्र, सचिन सान्याल था। सचिन देखने में जितना सतही और मामूली लगता था, जानने पर उतना ही असाधारण और गहरा। उस ज़माने में, जब हममें से ज़्यादातर यह मानकर चलते थे कि राजनीति भी, वकालत अथवा इंजीनियरिंग की तरह, एक पेशा है, सान्याल ने व्यक्ति और समाज के बीच रिश्तों और ज़िम्मेदारियों की बात हमें इस सहज और प्रभावशाली ढंग से बताई कि हम ज़िन्दगी के बारे में अपनी राय का दोबारा जायज़ा

लेने पर मजबूर हो गए। समाजवादी चिन्तन, डायलेक्टिक्स इत्यादि को सही परिप्रेक्ष्य में समझने के बाद हम सान्याल के साथी बन गए जो जोश की बातें करते हुए भी हमेशा होश में लगता था। सान्याल की पृष्ठभूमि में नक्सलवाद भी था—यूँ कि कुछ समय पहले ही उसका बड़ा भाई, पुलिस से एक सामने में मारा गया था। सान्याल क्रान्ति की बात करना, बदलाव का उल्लेख इतिहास के हवालों से, और सचमुच, लगता दुनिया को होना वैसा ही चाहिए। राजनीति ख़ासकर हमारे देश में, उसके अलावा हालात से तर्कसंगत हो ही नहीं सकती, जैसा सान्याल कहता है। इस समस्या-प्रधान देश का इलाज इन बातों के अलावा किसी में नहीं जिन पर सान्याल, और उसके साथ ही हमारी भी आस्था है।

हमारा खाली, और कभी-कभी क्लास से भागकर भी बहुत सारा समय कॉफ़ी हाउस में बीतने लगा था। उस ज़माने का कॉफी हाउस भी बाक़ी शहर और बाज़ार की तरह, कोई-सा भी मौसम हो, गरर्मियों की लम्बी दोपहरों-सा अलसाया रहता। कोने की एक टेबल, वक़्त पड़ने पर जिसके साथ और टेबल-कुर्सियाँ जोड़ी जा सकें, हर समय हमारा स्वागत करती। दिन में ज़्यादा वक़्त और शाम कॉफी हाउस बन्द होने तक, दूसरे चेहरे बदलते रहते लेकिन सचिन सान्याल कोने में बिछी अपनी मनपसन्द कुर्सी पर बैठा नज़र आता। मज़ाक़ या सलाह-मशवरा, जिसे ज़रूरत हो बेहिचक सान्याल तक पहुँच सकता था।

वह एक सहपहर में ढलती कॉफ़ी हाउस की ही दोपहर थी, जब लंच की भीड़ ख़त्म हो चुकी थी और नाश्ता-पानी करनेवालों का सिलसिला शुरू नहीं हुआ था। हम चार, सान्याल सहित, टेबल पर थे—ख़ाली प्यालियों, अधभरे गिलासों और हलक़ तक ठुँसी ऐश-ट्रेज़ के बीच। सान्याल लगातार सिगरेट पीता था—पीली डिबिया वाली चारमीनार। आस-पास की ज़्यादा मेज़ें ख़ाली थीं और काउंटर पर बैठा आदमी, पुराना हिसाब-किताब मिलाता गिनती-पहाड़ों में गुम था। होंठ बुदबुदाते, उँगलियों पर अँगूठा चलता और सामने फैले काग़ज़ पर क़लम। कभी-कभी एक अधूरी नज़र वह टेबलों पर भी डाल लेता। छत में घूमते पंखों और दूर, दीवार में फिर एग्ज़हॉस्ट की 'घन-घन' कानों में बज रही थी।

—जीवन के लिए क्या बेमतलब है और कौन-सी चीज़ ज़रूरी—देर से चल रही बातचीत और बहस का पूर्णविराम खोजते सान्याल ने कहा—इसका फ़ैसला अन्ततः उन्हें ही करना होगा जिन्हें ज़िन्दगी बितानी है। हमारा सौभाग्य है कि हम ऐसे युग में पैदा हुए जब अन्ध-विश्वासों के ख़िलाफ़ जंग जीती जा चुकी है, छोटी-मोटी लड़ाइयाँ बाक़ी हैं। आस्था, इनसान से हटकर किसी में भी, मेरी समझ से परे की चीज़ है। हमारे मार्ग-दर्शन को विज्ञान है जो ज्ञान से भी आगे, हमारे अच्छे भविष्य की ओर राहें खोज रहा है। मनुष्य को सुधरना—न सुधरे तो सुधारना पड़ेगा! आसमानों के ऊपर फैला सामराज ध्वस्त हो चुका, अब जन्नत अथवा जहन्नुम, जो भी बने, इसी धरती

पर बनेगा। कोई भी ऐसी चीज़ जो हमारी सोच और समझ के परे हो, जीवन के लिए सन्दर्भहीन है।

सान्याल मीठे, बंगला युक्त उच्चारण में अंग्रेज़ी बोलता था। वह हिन्दी जानता था, लेकिन इस प्रकार के गम्भीर विचारों के आदान-प्रदान के लिए हम अंग्रेज़ी का ही इस्तेमाल करते थे। सान्याल नास्तिक है, हमें पता था, फिर भी लगभग रोज़ ही किसी न किसी से, धर्म और ईश्वर को लेकर, उसकी चर्चा होती रहती। हम जूनियर्स को ज़्यादा मज़ा तब आता जब यह चर्चा सान्याल के किसी सहपाठी या सीनियर से होती और देखते ही देखते ही उन्हें लाजवाब कर देता। ऐसा ही इस समय हुआ था जब सान्याल ने तर्कों से अपने सहपाठी, मनोहर व्यास को बिलकुल चुप कर दिया था। व्यास इस समय ख़ामोश होकर चश्मे के शीशे रूमाल से रगड़ने में ख़ुद को भुलाने की कोशिश कर रहा था।

—माफ़ कीजिए, अजनबी आवाज़ पर हम लोग मुड़े थे। क्या मैं कुछ क्षण आप लोगों के साथ बैठने का गौरव प्राप्त कर सकता हूँ? क्षमा करें, लेकिन काफी देर से अपनी टेबल पर बैठा मैं आप लोगों की बात सुनता रहा हूँ।

एक अनजान चेहरा—गेहुँआ रंग, तीखे नाक-नक़्श, कनपटी पर पके बाल, उस गरमी के मौसम में भी क़ीमती टाई-कमीज़ पहने, बहावदार फर्राटे से अंग्रेज़ी बोलता। हुलिया ऐसा जैसे वह किसी से मिलने घर से निकला हो।

—मुझे खान कहते हैं, सान्याल के पूछने पर उसने परिचय दिया—एम.एफ. खान। सेल्स में हूँ और इसी सिलसिले में आपके शहर भी आना हो जाता है। इजाज़त है?

इजाज़त ही नहीं बल्कि सबने उसका स्वागत किया और वेटर से कुर्सी लगाने तथा टेबल साफ़ करने को कहा। खान ने अपना ब्रीफ़-केस, सिगरेट का पैकेट और लाइटर उठाया और हम लोगों के साथ आ बैठा। सिर से पैर तक—जेब में लगा फाउंटेनपेन, टाई-पिन, कफ़लिंक्स और जूते अच्छी पसन्द और करीने के स्वभाव के परिचायक। उम्र चालीस के ऊपर और व्यक्तित्व में रचा-बसा कुछ ऐसा जो सैलानियों में होता है—वह लोग जो जमकर कहीं भी देर तक नहीं बैठ सकते। हाँ, मगर जहाँ सैलानियों की आँखों में ताज़गी होती है, खान की आँखों में एक प्रकार से बासीपन आ चला था। सैलानियों की आँखें उस बहते पानी-सी होती हैं जिसमें हर पल अक्स बदलता है, लेकिन खान की आँखों में एक ठहराव आ चुका था।

सान्याल ने अपना और हम सबका परिचय कराया।

—बहुत ख़ुशी हुई आप लोगों से मिलकर, खान ने गर्मजोशी से हाथ मिलाते हुए अपनी भारी आवाज़ में कहा—इस तरह आप लोगों की बातचीत में दखलअन्दाज़ी के लिए मैं एक बार फिर से माफ़ी चाहता हूँ, मगर मुझे लगा शायद आप लोग ही मेरी बात में दिलचस्पी ले सकेंगे। दरअसल, किसी के साथ कभी-

कभी कुछ ऐसा घटता है कि किन्हीं ख़ास मौक़ों पर उसका साझा किए बिना नहीं रहा जाता। आपकी बातें देर तक ख़ामोशी से सुनने के बाद लगा यह मेरे लिए एक ऐसा ही अवसर है। दरअसल आपकी शक्ल में मुझे अपने छोटे भाई का चेहरा नज़र आने लगा—लगभग आपका ही हमउम्र।

उसकी ख़ामोशी लम्बी होते देख यह अन्दाज़ा लगाना मुश्किल नहीं था कि वह कोई ऐसी बात बताने जा रहा है जिसने उसे बेहद बेचैन कर दिया है।

—आपके लिए कॉफी? सान्याल ने विनम्रतापूर्वक पूछा।

—शुक्रिया, मैं पहले कुछ खाना भी चाहूँगा। बाद में कॉफ़ी। आप लोग भी कुछ लें और मुझे बड़ा होने के नाते मेज़बानी का मौक़ा दें।

वेटर ऑर्डर लेकर चला गया और पानी के गिलासों को घूरते बैठे, हम, खान की बात शुरू होने का इन्तज़ार करने लगे। सान्याल ने उसे सिगरेट पेश की जिसे दिलचस्पी से देखते हुए उसने माथे तक हाथ उठाकर शुक्रिया अदा किया और अपने पैकेट से एक सिगरेट निकालकर सुलगाते हुए ठंडी साँस ली।

—एक ज़माना था, जैसे कहानियों में एक ज़माने की बात हुआ करती है! उसने अपनी रोबदार आवाज़ में उदासी के साथ कहा! जब मैं चारमीनार पीता था। अब वह ज़माना कहाँ! एक कश खींचो तो खाँसी का दौरा पड़ जाता है।

इसके बाद, कॉफ़ी हाउस की ख़ुशबुओं में बसी, उस सहपहर के बीतते पलों में, अपने ख़ास लहज़े और अन्दाज़ में जो बात हमें खान ने विस्तार से बताई, और जिसमें—कारण भाषा का प्रवाह हो या अदायगी का लबो-लहजा, हम लोग कुछ इस तरह खो गए जैसे बचपन में परियों की कहानियाँ सुनते आस-पास की दुनिया को भूल जाते थे, वह कुछ इस प्रकार थी :

—मेरा सम्बन्ध यू.पी. के एक मँझोले शहर से है जो, कई बातों में, इस शहर से मिलता-जुलता है। ख़ासकर दोनों जगह मस्जिदों और क़ब्रिस्तानों की संख्या में बड़ी समानता है, इस बुनियादी फ़र्क़ के साथ कि हमारे यहाँ क़ब्र पूजनेवाले मुसलमानों की भी बड़ी संख्या है। जबकि—एक पल रुककर उसने हाथ से मेरी ओर इशारा किया—यह आपके मित्र जो मुसलमान हैं, और मैं ग़लत नहीं समझ रहा तो, इसी शहर के रहनेवाले भी? यह बेहतर बता पाएँगे। मुझे लगता है यहाँ क़ब्रों की पूजा करनेवाले मुसलमान बहुत कम हैं? ठीक? धन्यवाद। मैं, जैसा कि आप लोगों ने नाम से अन्दाज़ा लगाया होगा, एक मुस्लिम परिवार में, मध्यवर्गीय कहें जिसे, पैदा हुआ और पला-बढ़ा। हमारा ख़ानदान आज भी यू.पी. के ज़्यादातर लोगों को स्वतंत्रता सैनानियों का ख़ानदान के नाम से याद है, बावजूद इसके कि स्वतंत्रता के नाम पर ख़ुद उस ख़ानदान को गुमराही और बरबादी के सिवा कुछ न मिला। ज़्यादातर लोग बँटवारे के वक़्त पाकिस्तान चले गए—इसलिए कि यू.पी. के अधिकांश मुसलमानों के लिए हिजरत स्वतंत्रता का एक अभिन्न हिस्सा हो गई थी। कुछ, जो ठहरे, उनमें

मेरा परिवार भी था, क्योंकि हमारे पिता विचारधारा से वामपन्थी और राजनीति में सुभाषचन्द्र बोस के अनुयायी और आज़ाद हिन्द फ़ौज के सदस्य थे। विभाजन के समय ख़ुद मेरी उम्र सोलह-सत्रह साल रही होगी। विभाजन-बँटवारा...

यहाँ रुककर खान विभाजन की वह तफ़सील बताने लगा था, जो हमारे लिए तब तक, बावजूद कई जगह पढ़ी होने और कुछ के मुँह से सुनी होने के भी, बासी नहीं हुई थी। जब भी कोई बँटवारे की बात करता, एक नामालूम सदमा सोच को घेर लेता और एक निरन्तर पश्चाताप मन में चलने लगता कि ऐसा क्यों हुआ। ऐसा क्यों होने दिया गया। उसी क़त्लो-ख़ून की कहानी वह एक चश्मदीद गवाह की हैसियत से सुना रहा था, जिसका ज़िक्र बार-बार किसी न किसी बहाने, इस बाद के बीस-पच्चीस सालों में लगातार होता रहा है। इस हद तक कि नई पीढ़ी उसके नाम से उबासी लेने लगी है! फिर भी, लगता है, यह ज़िक्र तब तक होता रहेगा जब तक वह पीढ़ी ज़िन्दा है जिसने बँटवारे में अपना कुछ खोया है।

यह बात अपनी जगह।

—क़िस्सा कोताह, खान ने बँटवारे की तफ़सील से लौटते हुए कहा—शायद आज़ादी की लड़ाई में ख़ुद मैं भी शामिल होता, बावजूद कि बाद में जो अंजाम इस बँटवारे की शक्ल में नज़र आया, उससे लगा कि बहुत अच्छा ही हुआ जो इस नदामत से छूटे रहे। वैसे कारण इसका यह था कि माँ-बाप की इकलौती औलाद होने के नाते मुझे इस सबसे दूर रखा गया। पिता ने माँ से कहा बेटे और पति में से वह किसी एक को अपने लिए चुन ले, दूसरे को देश के हवाले कर दे। यह मुश्किल चुनाव मेरी माँ के सामने तब रखा गया जब मेरी उम्र बमुश्किल से आठ-दस साल रही होगी। मेरी माँ बहुत शानदार औरत हैं, आज भी ज़िन्दा और सेहतमन्द हैं। दुनिया जो चाहे कहे, बहरहाल उन्होंने पति को मुल्क के हवाले करते हुए, ख़ुद अपने लिए बेटे को चुन लिया।

—आज़ादी और विभाजन के नतीजे मेरे पिता के सन्तुलित स्वभाव में एक अजीब तरह की खीझ और चिड़चिड़ाहट पैदा हो गई। मुझे याद है जिस रात मुल्क आज़ादी का जश्न मना रहा था, हमारे घर चिराग तक रोशन नहीं किया गया था। पिता ने घर से निकलना या लोगों से मिलना बन्द कर दिया और अपने इर्द-गिर्द की हर चीज़ को शक्को-शुबह की नज़र से देखने लगे। फिर, दो नाटकीय घटनाओं में, क्रमानुसार, पहले तो चन्द दिन की मामूली बीमारी के बाद, पिता का देहान्त हुआ, और उसके चन्द माह बाद, ठीक उसी दिन जब मुल्क आज़ादी की पहली सालगिरह मना रहा था, मेरे छोटे भाई का जन्म। जी, उसी भाई का, जिसकी शक्ल मुझे आप लोगों में दिखाई दी और जिसके ख़याल ने आपसे मिलने, बात करने पर मजबूर कर दिया।

—मैंने अपनी पढ़ाई के साथ-साथ कुछ काम करना भी शुरू कर दिया जिससे ख़ानदान का गुज़र-बसर आसानी से चल सके। वैसे पिता अपने पीछे इतनी जायदाद

छोड़ गए थे कि हमें किसी क़िस्म की उलझन नहीं थी। बुनियादी बात, मैं छोटे भाई की कर रहा हूँ जिसका बचपन पिता की अनुपस्थिति में, माँ के साथ रहकर इस तरह बीता कि बाद की उम्र में भी वह दुनिया को माँ की आँखों से ही देखता रहा। अच्छा, माँ हमारे पिता के बरख़िलाफ़, बहुत ही मज़हबी औरत हैं, जिन्हें दुनिया के अच्छे बुरे के पीछे, बस अल्लाह ही अल्लाह की मर्ज़ी दिखाई देती है। छोटे भाई का नाम शकील रखा गया और स्कूल में दाख़िले से पहले उसकी मज़हबी तालीम तरबियत का सिलसिला, क़ुरान की शिक्षा से, पहले घर और फिर मुहल्ले की मस्जिद के मदरसे में शुरू किया गया। घटना उस समय की है जब शकील बमुश्किल पाँच वर्ष का रहा होगा।

बातचीत के दौरान और स्टूडेंट्स भी कॉफ़ी हाउस में आकर हमारे साथ बैठते गए थे। टेबलें जोड़ दी गई थीं। कॉफ़ी का सिलसिला और वेटर का लपक-लपककर सिगरेट के पैकेट लाना जारी था। खान, इस बीच, सबसे पूछने के बाद अपने लिए खाने की चीज़ें ऑर्डर करता रहा था और छुरी-काँटा, उसकी बातचीत के साथ-साथ बिना बाधा पहुँचाए, चलता रहा था।

—यहाँ, खान ने धीमे से मुस्कराकर कहा—मेरी माँ की एक विशेषता जानना बहुत ज़रूरी है, जो मैं भूला जा रहा था। दरअसल, वैसे तो मेरी माँ बहुत दिलेर हैं—पठान महिला हैं, अगर इस उम्र में, आज भी मेरी कलाई पकड़ लें तो छुड़ाना मुश्किल हो जाए। निडर इतनी कि शेर की आँखों में आँखें डालकर देखें। बस, एक चीज़ दुनिया में ऐसी है जिससे उनकी रूह फ़ना होती है! आसमान में चमकती बिजली और बादलों की गड़गड़ाहट। दूसरे मज़हबी संस्कारों के साथ ही साथ यह डर भी शायद शकील को माँ से ही मिला। मुझे याद है जब आसमान में बादल घिरते, माँ कड़क-चमक के डर से कमरे में बन्द हो जातीं और ऊँची आवाज़ में दुआएँ पढ़तीं। शकील को भी वह अपने साथ बन्द कर लेतीं और उससे भी अपने साथ-साथ दुआएँ पढ़वातीं। आसमान में बादलों को घिरते देख उन पर एक दौरा-सा पड़ता था जिसमें वह बाक़ी सब भूल जातीं। बाद में ख़ुद ही कहतीं, मानतीं कि मैं ग़लत करती हूँ, अल्लाह का हुक्म तो सात ताले तोड़कर भी पूरा होता है। लेकिन जैसे ही आसमान में कड़क-चमक के आसार होते, सोच समझ उनके लिए बेकार हो जाती।

—पाँच साल का शकील मस्जिद के मदरसे में क़ुरान पढ़ने जाता था, यह उन्हीं दिनों, बरसात की बात है। मुहल्ले की मस्जिद के आस-पास फैला एक लम्बा-चौड़ा क़ब्रिस्तान था, उसी तरह, खान ने फिर मेरी ओर इशारा किया—यह, आपके स्थानीय मित्र आपको बताएँगे, जैसे घनी आबादी से हटकर, इस शहर की मस्जिद और मुहल्लों का हाल है। क़ब्रिस्तानों का एक अपना वातावरण होता है, काफी कुछ दूसरी ऐसी जगहों से मिलता-जुलता जहाँ मुर्दों को ख़ाक के सुपुर्द किया जाता है या आग के हवाले। हमारे मुहल्ले का क़ब्रिस्तान इसलिए कुछ और भी उजाड़ था कि वहाँ स्वतंत्रता

सैनानी तो—मेरे पिता सहित—कई दफ़न थे लेकिन ऐसी क़ब्र एक भी नहीं थी जिसे लोग मज़ार का दर्जा देते, उसे आबाद रखते, चादर चढ़ाते या उर्स करते हों। क़ब्र पूजने के लिए जाने जाते हमारे शहर में ऐसे कमनसीब क़ब्रिस्तान कम ही होंगे।

—एक दोपहर जबकि आसमान में अच्छे-ख़ासे बादल छाए थे, जाने किस उधेड़बुन में, माँ ने शकील को मदरसे भेज दिया। मैं ख़ुद तो घर पर था नहीं लेकिन बाद में जो शकील की ज़बानी पता चला, वह यह कि मस्जिद में क़ुरान पढ़ानेवाले हाफ़िज़ और दूसरे बच्चों को अनुपस्थित पाकर जब वह वापस घर लौट रहा था तो क़ब्रिस्तान के अँधेरे को भेदती उसे बिजली की तेज़ो-तर्रार लपक नज़र आई, दूर-दूर तक फैले आसमान में बादलों को हौंकती-सी। और उसके पलभर बाद ही कड़ाकों के अन्तहीन सिलसिले से ज़मीन-आसमान के बीच की जगह भर गई। बड़ी मुश्किल से शकील घर तक पहुँचा जहाँ, उतनी ही परेशान, माँ, उसका इन्तज़ार कर रही थीं। कुछ देर में उसे बेहोशी और बुख़ार हो गया, जो लम्बे अर्से तक, हमारे ख़ानदानी हकीम साहब के इलाज से ठीक हो पाया। यह कमसकम ठीक तो हो गया, लेकिन शकील के दिल में बिजली-बादल का ख़ौफ़, वक़्त और उम्र के साथ बढ़ता ही गया। आप यक़ीन नहीं करेंगे, लेकिन उस छोटी उम्र से ही, इस घटना के बाद, मैंने कभी उसकी नमाज़ छूटते नहीं देखी। मेरे लाख कहने पर भी उसने स्कूल में दाख़िला नहीं लिया और मज़हब-ख़ासकर क़ुरान-हदीस तक ही अपनी शिक्षा को सीमित रखा। इसमें माँ की मंशा भी शामिल थी। नमाज़-रोजा, रात देर तक जागकर इबादत करना, दुआएँ माँगना उसका मामूल था। हद यह कि उसने जीवन में कभी शेव नहीं बनाया और बिलकुल उस तरह दाढ़ी रखी जैसा मज़हब में बताया गया है। यक़ीन कीजिए, बरसात में वह महीनों, बिजली-बादल के खौफ़ से, घर के बाहर क़दम नहीं निकालता। यह सिलसिला आज से चार साल पहले तक नियमित रूप से चला, आगे भी चलता, अगर बहुत नाटकीय और अविश्वसनीय ढंग से जो हुआ, वह न होता।

हम लोग बहुत चौकन्ने होकर खान की बात सुन रहे थे, इस तैयारी के साथ कि ज़रूरत पड़ने पर उससे सवाल-जवाब भी किए जा सकें और अगर कोई बात ग़लत लगे तो उसका विरोध भी। अभी तक उसकी लम्बी बातचीत में ऐसा अवसर नहीं आया था और हम सबकी दिलचस्पी पूरी तरह उसकी रूदाद सुनने में क़ायम थी।

—मैं कह चुका हूँ, खान ने अपनी बातचीत जारी रखते हुए, एक नया सिगरेट सुलगाया—कि बिजली-बादल के बारे में आज से चार साल—गोया जब शकील की उम्र सोलह-सत्रह साल की थी उसे किसी का कुछ भी समझाना बिलकुल बेअसर रहा और सारे वैज्ञानिक तथ्य कि बिजली क्यों चमकती है, बादलों का गरजना क्या होता है न उसे रत्ती भर बदल सके न उसके सोचने के ढंग में कोई तब्दीली ला सके। बुनियादी स्वभाव काफी कुछ शायराना होने के कारण भी वह

बिजली को अल्लाह की तसबीह कहता, उसका हुक्म और इशारा मानता। दुआओं में जिस तरह गरज-चमक को याद किया है, जो शायराना मिसालें दी गई हैं, वह सब उसे ज़बानी याद हो गई थीं, और जैसे ही आसमान में घटा घिरना शुरू होती है, वह ऊँची आवाज़ में उन्हें पढ़ना शुरू कर देता।

—चार साल पहले, बरसात ही का ज़िक्र है, लगातार कई दिन नज़ले की शिकायत और चक्कर आने से परेशान होकर, अन्य इलाज के बाद, मेरे कहने पर, उसने मेरे एक मित्र को, जो अच्छे होम्योपैथ हैं, ख़ुद को दिखाया। तफ़सीली हाल—अहवाल सुनने के बाद उन्होंने दो पुड़ियाँ दवा की दीं—एक रात सोने से पहले, दूसरी सुबह नहार मुँह खाने को, और तीन दिन बाद फिर से हाल बताने को कहा। दवाएँ खाने के अगले रोज़, बरसात का मौसम था ही, इधर आसमान में बादल घिरना शुरू हुए, उधर माँ और शकील की गरज-चमक से छिपने की तैयारियाँ। और उस दिन गरज-चमक थी भी गज़ब की, लगता था बादलों में बारूद भरी हो। माँ का तो जो हाल होना था, हुआ, लेकिन, चमत्कारों का चमत्कार यह कि शकील को उस गरज-चमक से रत्ती बराबर भी डर न लगा! माँ के लाख रोकने, मना करने के बावजूद वह, बेख़ौफ़, खुले आसमान के नीचे खड़ा होकर उस तमाम रोशनी और आवाज़ों के तमाशे को देखता और सुनता रहा। और फिर अगले रोज़ ही इस चमत्कार की व्याख्या मेरे मित्र होम्योपैथ से कर दी। शकील का तफ़सीली हाल सुनकर, उसने बिजली-बादल के डर को कुँजी मानकर दवा दी थी, यह उसी का नतीजा था! उसने समझाया कि दुनिया में कोई चमत्कार नहीं, रोग हैं जिन्हें समझ लिया जाए तो फिर उनका इलाज भी किया जा सकता है। उसने विश्वास दिलाया कि अब शकील को बिजली-बादल से कभी डर नहीं लगेगा।

—मेरे भाई की दिमाग़ी हालत की कल्पना आप कर सकते हैं : जिस चीज़ को आसमान की मर्ज़ी या क़ुदरत का करिश्मा समझते उसने अभी तक अपना जीवन बिताया था, वह कोई बीमारी थी जिसका इलाज दो चुटकी दवा ने कर दिया, यह मान लेना उसके लिए अभी तक की सारी आस्थाओं से विश्वास उठने के बराबर था। इनसान क्या इतनी ही आसानी से समझ में आ सकनेवाली पहेली हो सकता है, यह सवाल वह ख़ुद से तब तक पूछता रहा जब तक एक बार फिर से घटा नहीं घिरी और उसने देख नहीं लिया कि सचमुच, बिजली-बादल का डर उसके लिए बेअसर हो चुका है। और फिर यही एहसास उसके जीवन में एक क्रान्तिकारी बदलाव का कारण बन गया। अभी तक अपने पिता के जीवन और विचारों को, जितने भी माँ या अन्य लोगों से वह जान पाया था, वह जितने संदेह से देखता था, उतने ही, देखते-देखते वह जीवन और सोच, उसके लिए आदर्श बन गए। उसकी दिनचर्या एकदम बदल गई। उसके जीने का अन्दाज़, अभी तक, जीवन को अनदेखा करने, इच्छाओं को मारने और पैदा करनेवाले के गुणगान करने का रहा था, अब वह एकदम

ज़िन्दगी में शिरकत और हिस्सेदारी का हो गया। जीवन के इतने लम्बे अर्से का, अन्धविश्वासों में पड़कर, बरबाद होने का उसे बेहद क़लक़ था और अब वह उसकी पूर्ति करना चाहता था। सचमुच उसके जीवन के वे अजीब दिन थे! पहली फ़ुर्सत में उसने अपनी मज़हब-मार्का दाढ़ी मुँड़ाई, क़ायदे के मेरा मतलब, जो उसके हमउम्रों का आम पहनावा था, वैसे कपड़े पहनना शुरू किया और इबादत इत्यादि से बिलकुल रिश्ता तोड़ लिया। स्कूल की पढ़ाई का सिलसिला उसने प्राइवेट बोर्ड के इम्तिहान देने के हिसाब से शुरू किया, इतनी मेहनत और दिलचस्पी से कि पलक मूँदते हाईस्कूल में जा पहुँचा। आगे वह साइंस पढ़ना चाहता था तो, जाहिर है, मुझे या माँ को क्या एतराज़ होता! हमने ब़ख़ुशी मंजूरी दे दी। इस तरह सब-कुछ लाइन पे आ गया, सिवाय उस लगातार के पछतावे के कि फ़िज़ूल की चीज़ों में पड़कर उसकी उम्र का इतना क़ीमती हिस्सा बेकार गया। यह पछतावा भी एक प्रकार की झुंझ या दीवानगी-सा उस पर सवार होता, ख़ास तौर पर उन्हीं बिजली-बादल से भरे, बरसात के दिनों में। ऐसे में, जान बूझकर वह खुले में निकल जाता और दुनिया के सारे धर्म और अंधविश्वासों को कोसता, ऊँची-से-ऊँची जगह पर चढ़ने की कोशिश करता। यह एक प्रकार से, बिलकुल उसका निजी झगड़ा था। उम्मीद है मेरी बात आप लोग पूरी तरह समझ रहे हैं?

हम लोगों ने आश्वस्त किया कि हम पूरी बात समझ ही नहीं रहे बल्कि उसके और उसके छोटे भाई के विचारों से पूरी तरह सहमत भी हैं। धर्म अन्धविश्वासों का ही दूसरा नाम है जिसने इनसान को दुख के अलावा कुछ नहीं दिया, और निजात का रास्ता विज्ञान और वैज्ञानिक चिन्तन में है। दुनिया 'कारण' और 'परिणाम' के नियमों का पालन करती है, लेकिन सोच की सही दिशा न अपनाने के कारण लोग अक़सर भ्रमित होते हैं, औरों को भी करते हैं। बिलकुल यही बात तो सान्याल, खान के आने से पहले, हम लोगों से कर रहा था।

—भ्रम, खान ने गहरी सोच में डूबे स्वर में कहा—क्या ही अच्छा शब्द चुना है आपने—भ्रम! और किस-किस प्रकार के भ्रम? ऐसे, जो कभी-कभी हमारे ठोस-से-ठोस विश्वासों को डगमगा दें, जैसा कि अन्ततः ख़ुद शकील के साथ हुआ। मेरा वही भाई जो बिजली के नाम से डरता था, होम्योपैथ की दवा से इस डर से मुक्त हुआ। लेकिन पिछले साल वही छोटा भाई, तफ़रीह के बाद रानीखेत से लौटते हुए, जब बारिश से बचने, एक दरख़्त के नीचे, तीन अन्य व्यक्तियों सहित, पनाह ढूँढ़े खड़ा था, बिजली गिरने से उनके साथ ही मारा गया! इसे कोई क्या कहेगा? पिछले साल, देश भर के अख़बारों में ख़बर थी—7 जुलाई 1966 मैं कैसे भूल सकता हूँ! एक अख़बार की कटिंग तो अभी इस समय भी मेरे वॉलेट में है। देखिए! मरने वालों में शकील अहमद खान, यह छपा है। इसे आप क्या कहेंगे?

हम लोग कुछ इस तरह सोग़वार और ख़ामोश बैठे थे जैसे खान के भाई पर गिरती

बिजली को अपनी आँखों से देख लिया हो। बात का रुख़ इस नाटकीयता से इतनी जल्दी बदलेगा, यह कल्पना हममें से किसी को भी नहीं थी। बाक़ी सब अपनी जगह, इस समय हम एक ऐसे व्यक्ति के साथ बैठे थे जिसने जीवन में एक बड़ा सदमा, अपने नौजवान छोटे भाई की मौत, सहा था और हमारी सारी हमदर्दियाँ उसके साथ थीं। यह सदमा किसी भी छान-बीन, सवाल-जवाब से बड़ा और महत्त्वपूर्ण था।

—माफ़ कीजिए, सान्याल ने किसी प्रकार अपने स्वर को क़ाबू में रखते हुए, बहुत मुलाइमत के साथ खान को सम्बोधित किया हम सबको बेहद दुख है। वैसे हम सब ही आपके छोटे भाई हैं, विश्वास कीजिए।

सोग़वारी के उसी वातावरण में वेटर से मेज़ें साफ़ करने और ताज़ा कॉफ़ी लाने को कहा गया मगर खान, अपनी व्यस्तता बताते हुए और नहीं बैठा। बहुत मना करने पर भी उसने सारा बिल अपनी जेब से अदा किया और उठकर चलने से पहले, सबसे, विनम्रतापूर्वक हाथ मिलाया।

—टैक्सी स्टैंड तो मुझे मालूम है, उसने चलते-चलते कुछ संकोच से कहा— लेकिन यह पता मेरे लिए नया है। क्या आप, उसने मेरी ओर देखते हुए कहा—इतना कष्ट करेंगे कि टैक्सीवाले को पता समझा दें? स्थानीय होने के अपने फ़ायदे हैं।

जब मैं कॉफी हाउस लौटा तो सान्याल तथा अन्य मित्र उसी बोझिल उदासी में घिरे बैठे थे। बातचीत का विषय खान ही था जिसने सभी को किसी-न-किसी तरह दुखी और बेचैन कर दिया था।

—बहुत ट्रेजिक, सान्याल, कह रहा था—मगर खान कितना सज्जन व्यक्ति है। सचमुच, दुनिया में अच्छे लोगों के साथ ही अनहोनी होती है। फिर भी देखो, उसने अपना सन्तुलन कितने सलीक़े से बनाया हुआ है।

—पता नहीं, व्यास ने दुखी स्वर में कहा—उसकी माँ बेचारी पर क्या बीती होगी!

—फिर भी वह दुनिया को कारण और परिणाम की कड़ियों में पिरा सिलसिला मानता है, यह कितनी बड़ी बात है।

—मेरा मन इस आदमी की बात पर विश्वास नहीं करता, किसी एक ने थोड़े अनमने ढंग से कहा।

—यह कैसे कह रहे हो? सान्याल ने कुछ नाराज़गी से पूछा।

—मन की बात है।

—तुम्हारे ख़याल में, सान्याल के स्वर की तुर्शी बढ़ गई—जो आदमी हम सबकी चाय-कॉफी और सिगरेट तक के पैसे जेब से देकर गया है, वह बिना-वजह हमसे झूठ बोल रहा था?

—तुमसे उसे क्या लेना-देना? दूसरी नाराज़ आवाज़ आई।

—मूर्खता की बात मत करो, तीसरे ने खान की बात झूठ कहनेवाले को डाँटा।

उसे क्या पड़ी जो हमें अपनी राम-कहानी सुनाता। छोटे भाई की याद ने उसे बोलने पर मजबूर कर दिया।

—पता नहीं, मैंने कुछ हिचकिचाते हुए कहा—मुझे भी उसकी बात में असलियत कम, नाटकीयता ज़्यादा लगती है।

—तुम्हारा ख़याल है, सान्याल ने नागवारी से पूछा—ऐसा होना सम्भव नहीं?

—मैं यह नहीं कह सकता, मैंने सहज होकर कहना चाहा—मगर उसकी बात विश्वास करने के लिए ज़्यादा ही सच्ची लगती है!

लेकिन तुम्हारे पास, व्यास ने चिढ़कर कहा—उसे झूठ कहने का भी तो कोई आधार होना चाहिए!

—और क्या, कोई और बोला—मत भूलो सच कभी-कभी काल्पनिक से अधिक अविश्वसनीय हो सकता है।

—एक चीज़ तो बिलकुल ही असम्भव लगती है, मैंने उनकी बात अनसुनी करते कहा।

—क्या? कई आवाज़ें एक साथ आईं।

—सोलह साल की उम्र में उसका भाई होम्योपैथ के इलाज से ठीक हुआ, और उससे पहले ही—यानी सोलह की उम्र से पहले उसके छोटे भाई की दाढ़ी भी आ गई? जिसे उसने कभी शेव नहीं किया? इस उम्र में दाढ़ी का बढ़ना कैसे सम्भव है?

—तुम भी यारो, सान्याल ने आजिज हँसी के साथ कहा—कहाँ दो दूनी चार के चक्कर में पड़े हो! दाढ़ी का मतलब पूरी दाढ़ी ही थोड़ी होता है। जिसकी जितनी निकल आए, कहेंगे तो उसे दाढ़ी ही।

—और वह तो खान है, वह और बोला—यानी पठान? पठानों का तो दाढ़ी-मूँछ भी जल्दी ही निकलता होगा!

—उम्र बताने में ग़लती भी हो सकती है। मतलब कुछ साल इधर-उधर, खान के एक और समर्थक ने सुझाया।

—जो भी हो, मैंने तयशुदा स्वर में कहा—मुझे उसकी बात पर विश्वास नहीं। लगता है सिर्फ़ अपना महत्त्व जताने वह इतनी देर बोलता रहा। अपना महत्त्व और सान्याल की बात ग़लत साबित करने।

—कौन-सी बात?

—कि जीवन की कुँजी ज्ञान विज्ञान है और आसमानों पर फैला सामराज ध्वस्त हो चुका है।

कुछ पल की चुप्पी पड़ गई। लगा मेरी बात से कोई भी सहमत नहीं।

—उसकी बात का मेरे कहे से क्या सम्बन्ध? कुछ क्षण बाद सान्याल ने धीमे स्वर में कहा, मेरे ख़याल से तुम खान के साथ ज़्यादती कर रहे हो।

बात आगे भी चली लेकिन मैं कुछ और बोले बग़ैर दूसरों को एक नपी-तुली लापरवाही से सुनता रहा। ज़्यादातर हमदर्दी और चिन्ता के स्वर में एक-दूसरे से कही गई बातें।

कॉलेज के बाद एक लम्बा सक्ता पड़ जाता है—लगभग ढाई दहाई पर फैला, जिसमें दोस्त और उनके साथ बिताया समय, किसी ख़्वाब की तरह धुँधला पड़ता जाता है। चेहरे और नाम एक-दूसरे से जुदा होते जाते हैं : कभी नक़्श याद आते हैं तो नाम खो जाता है, नाम लो तो कोई चेहरा याददाश्त में आकार नहीं ले पाता। पता नहीं, एक साथ इतना समय बितानेवाले वह तमाम लोग कौन-सी दुनिया में जा बसे। भूले-भटके, अगर किसी को देखकर शनासाई का गुमान भी हुआ है तो वह ज़्यादातर मिलने, बात करने पर ग़लत साबित हुआ है। इतना बहरहाल, तय है कि हममें से कोई भी ऐसा कुछ नहीं कर पाया जो अख़बारों की सुर्ख़ी या ख़बरों का विषय बन पाता। अपने ज़माने में बेहद चतुर लगने वाला और सामाजिक दायित्वों के प्रति जागरूक और प्रतिबद्ध, सचिन सान्याल भी मेहनत-कशों के उस हजूम का एक हिस्सा बन गया, जहाँ किसी व्यक्ति-विशेष का, अलग से पता नहीं होता। कॉलेज के बाद, उससे बमुश्किल साल-दो साल, नियमित-अनियमित खतो-किताबत चली, फिर बन्द हो गई। जोश का अध्याय समाप्त हो चुका था। हम सब, शायद, अपनी-अपनी होश की ज़िन्दगी जीने की कोशिशों में लगे थे।

मुझे, ज़ेहन में गहरे दफ़न यह घटना शायद फिर कभी याद न आई होती अगर कुछ रोज़ पहले सफ़र में ट्रेन बदलने के लिए मुझे कटनी-जंक्शन पर कुछ समय न बिताना पड़ता। न मैं वहाँ होता न मेरा नाम ज़ोर से पुकारा जाता, न मैं मुड़कर देखता, और बिलकुल, जैसे परछाईं देखकर दरख़्त का अन्दाज़ा लगाना पड़ जाए, मुझे अन्दाज़ा होता कि सान्याल वहाँ खड़ा है! मिल गए तो दोनों एक-दूसरे से चिमट भी गए। सान्याल हुलिए से कोई साहूकार लगने लगा था। शरीर भारी हो गया था और ज़्यादा बाल सफ़ेद। खादी के क़ुर्ते पाजामे में मैंने उसे कभी कॉलेज के दिनों में नहीं देखा था। हाल-चाल, परिवार, आल-औलाद की, ख़ैरियत के बाद मैंने आश्चर्य व्यक्त किया कि, इतने समय बाद भी, उसने मुझे पहचान लिया।

—तुम ज़्यादा तो नहीं बदले, सिर से पैर तक निगाह दौड़ाते, उसने कहा—क्या मैं बहुत बदल गया?

मैंने झूठा दिलासा देना चाहा।

—यह औपचारिकता छोड़ो, उसने मेरी बात काटते हुए कहा। जो बदला सो बदल गया, इसमें शरमाने की क्या बात? फिर इतने समय में बदलाव से बचा क्या है—वह धातु भीतर की हो या बाहर की!

—तुम्हें देखकर, मैंने मज़ाक़ किया—एक पुराना फ़िल्मी गीत याद आता है।

—कौन-सा? उसने उत्सुकता से पूछा।

—कल रात ज़िन्दगी से मुलाक़ात हो गई, लब थरथरा रहे थे-अर्थात् उसे देखकर डर लग रहा था, मगर बात हो गई-अर्थात् किसी तरह पहचान में आ ही गई!

पता नहीं वह मेरा मज़ाक़ समझ पाया या नहीं, पर हँस ज़रूर दिया—एक खोखली हँसी।

ट्रेन आने में देर थी। बातों में पता चला वह पिछले अट्ठारह साल से गुजरात शासन की नौकरी कर रहा है। ज़िन्दगी, ज़िम्मेदारी, कोल्हू, तेल, उम्र भाषा के सारे प्रतीक बदल देती है।

—मुझे हमेशा लगता था तुम राजनीति में कुछ महत्त्वपूर्ण करोगे, मैंने याद करते कहा।

—राजनीति कौन-सा संसार बदल देगी! उसने प्रसंग टालते हुए कहा—चादर बराबर पैर फैलाना ही समझदारी है।

संसार में हुए राजनीतिक परिवर्तनों के प्रति अपनी उदासीनता व्यक्त करते-करते, जाने एकदम उसे खान और उसके साथ कॉफी हाउस में बिताई शाम कैसे याद आ गए।

—उस आदमी की बातें, सान्याल ने अपने में खोकर कहा—आज भी मेरा पीछा करती हैं। याद है तुम्हें कुछ?

—याद है, एकदम कड़ी-से-कड़ी मिलती गई और मैं गुज़रे ज़माने की उस सहपहर में पहुँच गया।

—अफ़सोस कि हम दूसरों के तजुर्बे से कुछ नहीं सीख पाते। बल्कि कभी-कभी तो उनकी बात सुनना भी गवारा नहीं करते। सान्याल मायूसी के जाने कौन से चक्रवात में घिरा था।

—क्या सचमुच, मैंने पूछा, सान्याल से या ख़ुद अपने आप से, पता नहीं। क्या दूसरे की बात हमारे लिए कोई महत्त्व रख सकती है?

—क्यों नहीं, सान्याल की निष्कर्ष तक पहुँचने की अदा आज भी ज्यों-की-त्यों थी,—बिलकुल रख सकती है।

—यह खान की बात, मैंने राज़दारी के साथ कहा—जो तुमने याद दिला दी। माफ़ करना इसकी एक तफ़सील ऐसी है जो मैंने किसी को नहीं बताई।

—क्या मतलब?

—तुम्हें याद है उस शाम, बात पूरी होने के बाद, मैं उसे टैक्सी-स्टैंड तक छोड़ने गया था?

—याद है।

—रास्ते में, मेरे मन में क्या आया कि उससे पूछ लिया—

—क्या पूछ लिया? सान्याल समझ नहीं पाया।

—यही कि जो घटना उसने सुनाई, क्या वह सच थी।

—तुम्हें शक़ क्यों था! सान्याल ने एक बार फिर एतराज किया।

—इसलिए कि मुझे लगा था उससे मिलती-जुलती कहानी मैंने कहीं पढ़ रखी है। वही बिजली-बादल का डर, होम्योपैथ का इलाज और अन्ततः बिजली गिरने से मौत।

—फिर? खान ने क्या कहा? लगा सान्याल के पैरों तले ज़मीन खिसकने लगी है।

—हँसकर कहने लगा मैं ऐसा क्यों सोच रहा हूँ। जब मैंने कहानी की बात कही तो ग़म्भीर होकर बोला—क्या तुम वह छपी हुई कहानी मुझे दिखा सकते हो?

—फिर? सान्याल ने चिढ़े स्वर में पूछा।

—उसे गम्भीर देखकर मैं घबरा गया। मुझे घबराते देखकर वह हँसने लगा और बोला कि हो सकता है किसी और के साथ भी यही घटना घटी हो। उसने उसे लिख दिया हो। और कहानियाँ कैसे बनती हैं! फिर कहने लगा मैं जिस दुनिया में ज़िन्दा हूँ, वह 'कारण' और परिणाम की दुनिया है, सत्य-असत्य की नहीं। मैं तुम लोगों को बता चुका हूँ कि सेल्स के व्यवसाय में हूँ और उसी की रोज़ी-रोटी खाता हूँ। कुछ बेचना दुनिया का सबसे मुश्किल काम है, मेरा यह कहा हमेशा याद रखना।

—फिर? कोई चीज़ थी जिस पर सान्याल अब भी विश्वास नहीं कर पा रहा था।

—चलते-चलते उसने अपना कार्ड दिया और कहा कि कभी बम्बई आना हो तो मुझसे ज़रूर मिलना। सेल्स की चुनौतियों के बारे में तब विस्तार से बात होगी। वह मामूली सेल्समैन नहीं, अपनी कम्पनी का कोई बड़ा ऑफ़िसर था। चलते-चलते फिर हँसकर बोला—बेचने में सब ही काम आ सकता है, पढ़ा-लिखा भी और मनगढ़न्त भी। शर्त यह कि पकड़ा न जाए!

सान्याल ख़ाली नज़रों से मेरी ओर देख रहा था।—तुमने, उसने स्वर संयत रखने की कोशिश करते हुए कहा—तब तो यह नहीं बताया था?

—लेकिन तुम्हें याद होगा, मैंने प्रतिरोध किया—मैंने तब भी यही कहा था कि खान की बातें मुझे झूठ लगती हैं। फिर उस किताब को खोजते, जिसमें वह कहानी पढ़ी थी, ख़ासा समय बीत गया। मूल प्लॉट वही-का-वही, बस बाक़ी की सारी डिटेल्स उसने, बहुत फनकारी के साथ, अपने परिवेश में ढालकर हमें सुना दी थीं।

सान्याल कुछ इस तरह चुप और निराश खड़ा था जैसे मैंने यह बात छिपाकर उसकी ज़िन्दगी का स्वरूप बदल, बल्कि बरबाद कर दिया हो।

—पता नहीं, आख़िर उसने आजिज़ आए स्वर में कहा—मनगढ़न्त उस शाम खान ने सुनाई थी या! या आज तुम सुनाने की कोशिश कर रहे हो!

इसके बाद जितनी देर भी हम दोनों का साथ रहा, ट्रेन के इन्तजार में रहा।

तमाशा

(दिनेश जुगरान के लिए)

याद करता हूँ तो कोई क़िस्सा–कहानी लगता है : ख़ुद से बहुत दूर और अविश्वसनीय–सा। यह कमाल वक़्त के पास है कि असलियत को क़िस्से–कहानी में तब्दील कर दे। ख़ुद सकीना आपा भी तो अपनी आँखें मटकाकर ऐसा ही कुछ कहा करती थीं कि सब तमाशा है। लेकिन उनकी तमाशे की परिभाषा, अपने वक़्त और ज़माने के लिहाज़ से, क्या रही होगी, अन्दाज़ा लगाना मुश्किल है।

ख़ुद मैंने सकीना आपा को जब देखा था, वह उनकी अधेड़ उम्र थी जिसमें अच्छे–ख़ासे तमाशों में नायक–नायिका की भूमिका निभानेवाले भी सहायक पात्र बनने पर मजबूर हो जाते हैं। वह थीं, और उनकी पाँच औलादें–चार लड़कियाँ और एक लड़का, और सँकरी गली में मस्जिद के पिछवाड़े बनी सात कोठरियों में से एक कोठरी जिसके आगे छोटा–सा दालान और कुछ खुला सेहन था। दालान और सेहन को दूसरी कोठरियों से अलहदा करने के लिए लकड़ी के फ़र्रे ठोंककर पार्टीशन किया गया था। उस छोटे–से दालान में ही एक कोने में घर का चूल्हा जलता था और तंग सेहन में ही फ़र्रों को ठोंककर पाख़ाने–ग़ुसलख़ाने की आड़ थी। उस कोठरी से पहले सकीना आपा, मय अपनी आल–औलाद के, दुनिया में कहाँ थीं, यह मुझे नहीं मालूम। बातें सुनने में आती थीं कि उनके शोहर उन्हें छोड़ गए थे। इसी दुनिया में कहीं, लेकिन कहाँ, यह कम–से–कम सकीना आपा को नहीं मालूम था। वह अकेली औलाद की परवरिश कने को रह गई थीं।

यह भी मैं ठीक–ठाक नहीं जानता था कि वह मेरी और हमारे ख़ानदान की कितनी क़रीबी रिश्तेदार थीं। लेकिन थीं ख़ासी क़रीबी, यह एहसास ज़रूर है। उनसे हमारा रिश्ता अब्बा की ओर से था, यह भी मालूम है। उस ज़माने में जब की मैं बात कर रहा हूँ ऐसा नहीं कि सकीना आपा की मुफ़लिसी कोई अनोखी बात हो, हमारे मोहल्ले में लोगों की बड़ी तादाद उसी तरह सुबहो–शाम करने पर मजबूर थी। हमें, उनकी निस्बत, खुशहाल कहा जा सकता था तो इसीलिए कि हमारा अपना ख़ुद का घर था

और अब्बा की मेहनत इतना कमा लेती थी कि हम बिना तंगदस्ती के इज़्ज़त के साथ जी सकें। फिर शहर में हमारे रिश्तेदार भी जो हमसे भी अधिक खुशहाल थे। उनके पास खेती की ज़मीनें, मोटरें, और ज़्यादा बड़े और ख़ूबसूरत मकान थे। शहर छोटा था और इसमें ज़िन्दगी की रफ़तार धीमी। उस धीमी रफ़्तारवाले, छोटे शहर में सकीना आपा अपनी ज़िन्दगी बसर कर रही थीं और ज़िन्दगी की मिसाल अगर संगीत से दी जाए और बात को ज़्यादा साफ़ किया जाए तो संगीत के सात सुरों में से वह ख़ुद-मय पाँच औलादों के, कुल जमा छः, उस सातवें सुर की दुहाई की तस्वीर थीं, जो उन्हें अकेला छोड़कर खो गया था : रिश्तेदारों के, क़रीबी और दूर के, रहमो-करम पर जीने को।

ज़ेहन पर ज़ोर डालता हूँ तो याद आता है सकीना आपा से बड़े, उनके एक सगे भाई, असग़र भी थे। फिर सुनी हुई बातों के सहारे ही, मैं याद करता हूँ कि सकीना और असग़र के माँ-बाप, उन्हें बहुत छोटा छोड़कर, किसी ऐसी बीमारी में ख़त्म हो गए थे जैसी एक ज़माने में, आमतौर पर, समय-समय पर, फैलकर गाँव के गाँव और शहर के शहर साफ़ कर जाती थी। इस तरह सकीना आपा और असग़र भीाई जिन्हें बहुत बाद में मैंने कभी यूँ ही, सरसरी तौर पर देखा, कि परवरिश, शादी-ब्याह और शादी के बाद औलादों सहित सकीना आपा की वापसी, हमारे ख़ानदान के आसरे ही हुई थी। यह, कि पति से अलहदगी के बाद वह कुछ साल हमारे घर में ही रही थीं, मुझे इसलिए भी याद नहीं कि तब मैं बहुत छोटा रहा होऊँगा। यह अन्दाज़ा लगाना इसलिए मुश्किल नहीं कि सकीना आपा की सबसे छोटी सन्तान, बेटी ज़ैनब और मैं, लगभग एक ही उम्र के थे।

आज मैं अगर सुननेवाले की हमदर्दी खो देने का जोख़िम उठाते हुए भी साफ़-साफ़ कहने की हिम्मत करूँ तो यह बिलकुल सच है कि सकीना आपा और उनके परिवार से अधिक भुला दिए जाने लायक मैंने शायद ही कोई परिवार देखा या जाना हो। यह उसके बावजूद कि ज़िन्दगी को किस्तवार विपदा के रूप में जीते हुए सकीना आपा ने हैरान कर देनेवाली ख़ुद पर हँस सकने की महारत हासिल कर ली थी। मेरी याद में उनकी हँसी और हँसते-हँसते आँखों के आँसू पोंछने की मुद्रा यूँ सुरक्षित है जैसे वह पच्चीस-तीस साल नहीं बल्कि अभी पलक झपकने से पहले मेरे सामने रही हैं। जाने वह अपने रोने पर हँसती थीं या हँसी की निरर्थकता का एहसास आँखों में आँसू भर जाता था। मौक़े-बेमौक़े, अपनी किसी ज़रूरत से या वैसे ही घरवालों के हाल-अहवाल मालूम करने, वह अपना उड़े हुए काले रंग का टोपीवाला बुर्का पहने घर में आती-जाती रहती थीं और उनकी त्वचा और हाथ-पाँव में कुछ इस तरह की फूलन होती थी जैसे वह देर तक पानी में डूबे रहे हों। उनके नाक-नक़्श, वैसे भी बेहद मामूली थे और जिस्म में पेट निकला हुआ और छातियाँ ढलकी हुईं। आँखें इस मामले में भला क्यों पीछे रहतीं, इसलिए वह भी गँदला गई थीं और तब ही नज़र

में आती थीं, जब सकीना आपा आँसू पोंछ रही होतीं। मैं कह ही चुका हूँ कि सकीना आपा का क़द-बुत, हड्डी-काठी सब ऐसे थे जिन्हें भुलाने में कोई दुश्वारी हो ही नहीं सकती थी, और आवाज़ तो उनकी और भी, गले से ऐसे फँसी-फँसी निकलती जैसे उनकी मंशा और मर्ज़ी के ख़िलाफ़ कोई काम कर रही हो। एक ठँसी हुई, ऊँच-नीच से ख़ाली अभिव्यक्ति जिसे किसी दूसरे इनसान के साथ जोड़ा ही नहीं जा सकता था। तो भी सकीना आपा अगर कुछ पल को भी घर में आतीं तो लोगों को हँसाना शुरू कर देतीं और यह हँसी उनके वापस जाने के बाद काफ़ी देर तक घर में खनकती रहती।

जिस इलाक़े में हमारा मोहल्ला था वह भी शहर और देहात के बीच की कोई चीज़ था और फ़सीलों के शहर से बाहर आबाद था। यहाँ अभी भी हरे कछवाड़े और खुले मैदान थे और, जब अब्बा जुमे की नमाज़ पढ़ने, हफ़्ते में, एक बार जामा मस्जिद जाते, और उस बीच कोई उनको पूछता हुआ घर आ निकलता तो अम्मा या परिवार का कोई दूसरा बुज़ुर्ग यह कहला भेजता कि वह शहर गए हैं। अब्बा, आमतौर पर, जब जुमे की नमाज़ पढ़कर लौटते, और उनके साथ घर के पुराने ख़ादिम और अब्बा के अर्दली, कालेख़ान भी होते, तो घरवालों के लिए फल बेचनेवालों से लेकर हलवाई के यहाँ तक से, जो कुछ भी कालेख़ान, या कभी-कभी एक ताँगे पर लादा जा सकता था, वह साथ लेकर आते। एक बार ऐसा हुआ कि अब्बा की वापसी ख़ाली हाथ और ख़ासे ग़ुस्से में हुई। कालेख़ान के भी होश उड़े हुए थे। फिर बच्चों और कमउम्रों को दफ़्तर-बाहर का हुक्म दे दिया गया और सकीना आपा की तलबी हुई। अब्बा उन्हें देर तक किसी बात पर डाँटते रहे थे। यह अन्दाज़ा घर के अलग-अलग हिस्सों में उनकी बार-बार ऊँची होती आवाज़ के पहुँचने से लगाया जा सकता था। फिर हमने सकीना आपा को लौटते और लौटते हुए रुककर, अम्मा से पान छालिया और ज़र्दा लेते, और मुस्कुराते, आँसू पोंछते देखा था। बात आई-गई हो गई थी लेकिन अब्बा की उस दोपहर नाराज़गी का सबब कुछ बाद में पता चला था। असल में शहर में उन्हें लोगों ने बताया था कि सकीना आपा के बड़े भाई, असग़र, किसी क़व्वाली गाने वाले की शागिर्दी में पेटी बजाने और ख़ुद भी क़व्वाली गाने लगे थे। अव्वल ही अपनी मर्ज़ी से किसी से शादी करके उन्होंने बुज़ुर्गों को नाराज़ कर रखा था और अब, क़व्वाली एक ऐसा जुर्म था कि अब्बा सकीना आपा के ज़रिए उन तक ख़ानदान से सम्बन्धों के ख़ात्मे की ख़बर पहुँचाना चाहते थे। जिस घर में कभी चूड़ी का बाजा तक न बजा हो, उसका कोई सदस्य, कितना ही दूर-दराज़ का क्यों न हो, ख़ुद गाए-बजाए, वह क़व्वाली ही सही, यह माफ़ नहीं किया जा सकता था।

—तुमने तो कभी सुना नहीं—बहुत बाद में आपा ने हँसते हुए कहा था—असग़र भाई वैसे तो हकले थे, लेकिन जब गाते थे तो बहुत रवानी से। आवाज़ अच्छी नहीं थी, नाक से गिनगिनाते थे, मगर यूँ डूबकर पढ़ते थे कि बुरा नहीं लगता

था। उनके पोते के अक़ीके में हमारी बहुत फ़रमाइश पर अपने घर में ही गाकर सुनाया था, यह कहते हुए कि वैसे अब मैं गाने से तौबा कर चुका हूँ। बस, तुम्हारी फ़रमाइश पूरी कर रहा हूँ।

असग़र भाई की अपनी कोई कहानी होगी, साधारण-से-साधारण कहानी भी हो तो दिलचस्प सकती है। ख़ुद मैं जो कहानी कह रहा हूँ, सकीना आपा की, उससे अधिक साधारण कहानी भला और क्या हो सकती है! एक अधेड़, मुफ़लिस औरत जो पति के होते हुए भी विधवाओं की तरह जीने और अपने बच्चों की परवरिश करने पर मजबूर थी। और बच्चे? कैसे बच्चे! जो मामूलीपन में अपनी माँ को बहुत पीछे छोड़ने पर तुले थे! धरती और आकाश, यह माना कि चक्की के दो पाट हैं जो आख़िरकार हर एक को पीसकर छोड़ेंगे। मेरा दिल कभी दुःख से भर उठता है : कौन हाथ हैं जो चक्की को चला रहे हैं! कोई तर्क है, चक्की, हाथों, पिसने, मरने और जीने को क़बूल करने का! फिर ख़ात्मा हर जगह, अस्वीकार्य भी नहीं लगता : कहीं-कहीं लगता है वह आगे कुछ होने की ही एक कड़ी है। फिर बेचारी सकीना आपा? उनका बेटा आलम? बेटियाँ जमीला, शकीला, कनीज़ा और ज़ैनब? और वह सारा का सारा, हमारा पुराना मोहल्ला जो बदल ज़रूर गया है लेकिन ज़्यादा बदसूरत हो गया है? वह अत्तू मियाँ, नवाब, शाहंशाह, सिकन्दर? वह ऊँची छत का स्लॉटर हाउस और दरख़्तों, मकानों की खपरैलों पर बैठे गिद्ध और आसमान में काएँ-काएँ करते, उड़ते कौवे—

क्या यह सब भी कुछ होने की ही कड़ी है?

संक्षेप में, सकीना आपा की सबसे बड़ी औलाद, बेटा आलम था। हमारे मोहल्ले के आस-पास बड़ा बदलाव यह आ रहा था कि कछवाड़े दिन-ब-दिन ग़ायब होते जा रहे थे और उनकी जगह आरा-मशीनें और लकड़ी के पीठे लेते जा रहे थे। यह स्वाभाविक ही था कि आलम भाई, जो असल में तो मेरे भाँजे थे, लेकिन कुछ उनके उम्र में बड़े होने के कारण, और कुछ शायद ख़ुद को वक़्त से पहले बूढ़ा महसूस करने और मामू कहलाने से बचने के लिए, मैं आलम भाई से कहता था, कुछ कमाने का ख़याल दिमाग़ में आते ही, घर के सबसे पास वाली आरा-मशीन पर जाना शुरू कर दें। इस सिलसिले की अगली कड़ी भी, बहुत स्वाभाविक, यही थी कि आरा-मशीन के मिस्त्री, अत्तू मियाँ से उनके सम्बन्ध हों, जो ख़ुद एक सुन्दर व्यक्तित्व और भले परिवार की जाहिल और नाराज़ औलाद थे। सचमुच, वह कंजी आँखों और सुर्ख़-सफ़ेद चमड़ी के एक ऐसे व्यक्ति थे जिन्हें अलग से आरा-मशीन की मिस्त्रीगिरी से जोड़कर नहीं सोचा जा सकता था। फिर ऐसा हुआ कि आलम के साथ अत्तू मियाँ सकीना आपा के घर भी गए जहाँ लड़कियों में, जो भी थोड़ी बड़ी होती थी, गोद में बीड़ी बनाने का सूपड़ा लेकर बैठ जाती थी, और घर का ख़र्चा चलाने में, इस तरह जो भी सम्भव हो सके, मदद करने लगती थी। सबसे बड़ी

जमीला आपा थीं। उम्र थी, पल का जादू था! अत्तू और जमीला, हज़ार जान से एक-दूसरे पर फ़िदा हो गए। इसका एक अलग से फ़ायदा यह हुआ कि अत्तू मियाँ की आलम के प्रति तवज्जोह बढ़ गई, और कुछ ही समय में तरक़्क़ी की जाने कितनी मंज़िलें तय करके आलम अत्तू मियाँ का हेल्पर हो गया। मालिक मशीन ने ऐतराज़ करना चाहा तो अत्तू मियाँ ने नौकरी छोड़ने की धमकी दे दी। आलम हेल्पर अत्तू मियाँ का था। मालिक को सीधे वैसे भी क्या लेना-देना, सो उसने हथियार डालकर आलम का हेल्पर होना क़बूल कर लिया। नतीजा : आलम की कुछ पगार बढ़ी और जमीला के दिल में अत्तू मियाँ के लिए बहुत-सी जगह। ज़्यादा समय नहीं लगा—साल-भर के अन्दर ही जमीला और अताउल्ला ख़ान उर्फ़ अत्तू की सारे ख़ानदान के विभिन्न प्रकार के सहयोग और योगदान के साथ, शादी-ख़ानाआबादी हो गई।

शादी, बहुत सादगी से, हमारे ही घर से हुई, और सचमुच, रिश्तेदारों ने बिना यह सोचे कि अभी सकीना की तीन बेटियाँ और हैं, जिससे जितना बन पाया, दहेज और शादी के ख़र्चे में हिस्सेदारी की। जमीला की रुख़सत के बाद जो सकीना आपा के चहेरे का भाव था, सब कुछ बख़ूबी हो जाने के कारण शायद, वह ऐसा था जैसे उन्हें बेटी के घर से जाने का बहुत सदमा हो। वह हँसतीं, आँसू पोंछतीं, 'तमाशा है सब' कहतीं, दूसरी साँस में अल्लाह और अपने रिश्तेदारों का शुक्रिया अदा करने लगतीं—ऐ अल्लाह, मैं तेरी हमेशा-हमेशा की शुक्रगुज़ार हूँ, मैं बाक़ी सारी उम्र भी अपने बुज़ुर्गों की ख़िदमत में बिता दूँ तो क्या मेरी एहसानमन्दी का इज़हार हो पाएगा! ऐ अल्लाह, शुक्र-शुक्र-शुक्र तेरा!

वैसे सकीना आपा की अल्लाह मियाँ से तमाम रिश्तेदारी उसका ज़बानी शुक्र अदा करने तक ही सीमित थी। न वह कभी नमाज़ पढ़तीं नज़र आती थीं न कुरान, और शायद रमज़ान के रोज़ों के मामले में भी चोर थीं। अम्मा ने कई बार, ख़ासतौर पर उन्हें नमाज़ पढ़ने की तम्बीह की थी मगर वह टाल गई थीं, फिर, आख़िरकार जब उन्होंने सकीना आपा से जवाब ही तलब किया था तो उन्होंने राजगीरे के लड्डू की तरह टूटती, अपनी फुसफुसी आवाज़ में कहा था—क्या करूँ, दुल्हन चची, जैसे ही नमाज़ की नीयत बाँधती हूँ, दिमाग़ इसी गुन्तारे में लग जाता है कि मैं क्या कर रही हूँ, क्यों कर रही हूँ और हँसी है कि आपने आप ही आने लगती है! सब गड़बड़ा जाता है। मैं बहुत तौबा करती हूँ, अल्लाह मियाँ से माफ़ी माँगती हूँ, मगर यह शैतान! मैं क्या करूँ?

अम्मा बेचारी सकीना आपा को क्या बतातीं कि वह क्या करें!

आगे भी, घटनाक्रम अगर स्वाभाविक रूप ही से चलता तो होना यह चाहिए था कि जमीला की शादी के बाद समीना आपा की जिम्मेदारियों में कमी आ जाती। ऐसा हुआ नहीं और इसके दो कारण थे। ससुराल के जिस घर से शादी हुई उसी के किसी सदस्य की आरा-मशीन पर वह मिस्त्री थे, यह जानकारी अत्तू मियाँ जैसे अच्छे

परिवार के नाराज़ व्यक्ति के फंडामेंटल्स गड़बड़ाने के लिए काफ़ी थी। वह जिन लोगों के नौकर थे, वह उनके ससुराली रिश्तेदार थे और रिश्ते में छोटे, भाँजे अर्थात् भतीजे, इस सच को अत्तू मियाँ ने अपने दिमाग़ में गाँठ-सा बाँध लिया और बीवी और सास से शिकायत शुरू कर दी कि उनको तो इतनी तमीज़ और तौफीक़ भी नहीं कि अपने से बड़ों को सलाम करें। सकीना आपा, जो एक लम्बी ज़िन्दगी इन्हीं रिश्ते के खेलों को, बग़ैर समझने की कोशिश किए, देखती रही थीं, अत्तू मियाँ को क्या समझातीं कि रिश्तेदार दूसरी दुनिया में अपनी मगफ़िरत की उम्मीद में, ख़ैरात तो दे सकते हैं, लेकिन इज़्ज़त क्या सिर्फ़ किसी के कहे से दे देंगे! और जिस तरह का नाराज़गी-भरा स्वभाव ख़ुद अत्तू मियाँ का था, ऐसा हो नहीं सकता था कि इस सच को उन्होंने भी अपने रिश्तेदारों में, अपनी तरह न जाना हो। हो सकता है इसी वजह से, उनका ग़ुस्सा, कम होने के बजाय और बढ़ गया हो। जो भी रहा हो, शादी के कुछ समय बाद ही उन्होंने अपने और जमीला के बीच कड़वाहट की बुनियाद खोज निकाली थी। यही नहीं, वह सकीना आपा और जमीला को, अक़्सर तैश में, उनके रिश्तेदारों की आरा-मशीन छोड़ देने की धमकी भी देते, यह कहते हुए कि दामाद मिल सकता है मगर आरा-मशीन का अच्छा मिस्त्री कहाँ मिलता है! कहना बेजा होगा कि उनकी इन बातों में आलम भी बढ़-चढ़कर हाँ-में-हाँ मिलाता था। यह सूरतेहाल कुछ समय—तब तक रही जब तक कि जमीला एक बेटी की माँ न बन गई और अत्तू मियाँ आरा-मशीन की आरी टूटने में घायल न हो गए। फिर न जाने क्या हुआ कि अत्तू मियाँ और मशीन की आरियों में ठन-सी गई। रह-रहकर दुर्घटना होती थी और अत्तू मियाँ कभी मामूली, कभी गम्भीर रूप से ज़ख्मी हो जाते थे। देखते-देखते उनका चेहरा इस लड़ाई की निशानियों से पट गया था। उन्होंने एक आँख गँवा दी थी और दाहिने हाथ का अँगूठा खो दिया था। शादी के दस साल के अन्दर ही वह अपाहिज, तीन बेटियों के बाप, जमीला को फिर से बीड़ी का सूपड़ा थामने और छोटे बच्चों को क़ुरान पढ़ाकर गुज़ारा करने पर मजबूर छोड़कर, दुनिया से रुख़सत हो गए थे। जमीला ने अपनी औलादों को किस तरह पाला-पोसा, उनकी शादियाँ की, वह एक और दिलचस्पी से ख़ाली और हमारी कहानी से ही जन्म लेनेवाली, दरअसल एक दूसरी कहानी है जिसकी तफ़सील में जाना यहाँ असंगत और अनावश्यक होगा। लेकिन अत्तू मियाँ के दु:खदायी अन्त तक, उन दस सालों में, ख़ुद सकीना आपा की ज़िन्दगी ठहरी नहीं रही, सुस्त रफ़्तारी या तेज़ी से उनके आस-पास, कुछ-न-कुछ होता रहा।

एक निराशा जो दिन-ब-दिन पुख़्ता होती गई, वह आलम को लेकर थी। समय के साथ-साथ यह पक्का होता गया था कि वह बड़ी हद तक निकम्मा और उससे भी ज़्यादा ख़ुदग़र्ज, व्यक्ति था। अगर कोई आरा-मशीन की सबसे लम्बी हेल्परी जैसा रिकॉर्ड होता तो नि:सन्देह आलम के नाम लिखा जाता। इसी पर बस नहीं, वह अपनी कमाई सकीना आपा से छिपाकर जोड़ता था। पगार और ओवर-टाइम मिलाकर सौ

रुपए बनते तो सकीना आपा को तीस रुपए थमाता और कहता, इतने ही बने हैं। अच्छे ख़ानदान से सम्बन्ध के कीटाणु उसके भी बहुत अदर घर कर गए थे, इसलिए किसी की भी ऊँची आवाज़ में बात बर्दाश्त नहीं थी। नतीजा यह कि उसे आए दिन अपने काम के ठीये बदलने पड़ते और ठीये बदलने का भी अगर कोई रिकॉर्ड होता तो शायद आलम के नाम ही दर्ज होता! मिस्त्री तो खैर, वह कभी बन ही नहीं पाया, मगर अत्तू मियाँ की मेहरबानी से सदा-सदा का हेल्पर ज़रूर बन गया।

जिन सात कोठरियों में से एक में सकीना आपा रहती थीं, उनके आगे और स्लॉटर-हाउस के पीछे जहाँ गली कुछ अन्धे मोड़ मुड़ती थी, यह सीलन खाया, अँधेरा, बड़ा-सा मकान था जिसके प्रवेश-द्वार से ही सटी हुई घर की बेपर्दा संडास थी जिसके सामने बिखरी राख पर आमतौर पर दो-तीन कुत्ते लोटते रहते थे। यह दारोग़ाजी का मकान कहलाता था। दारोग़ाजी कौन और कब के, यह तो पता नहीं लेकिन उस घर में नवाब और शहंशाह, उनकी बहन बेगम और बूढ़ी माँ जिन्हें सारा मोहल्ला अम्मा कहता था, रहते थे और उनके अलावा कुछ किरायेदार भी। कुछ नाम बच्चों के साथ भौंड़ा, मज़ाक साबित होते हैं, और नवाब, शहंशाह और बेगम के साथ बिलकुल यही था। नवाब होश और दीवानगी के बीच इधर-से-उधर, सफ़र करता रहता था और उसकी चमड़ी ऐसी स्याह थी कि उसमें दाँत और आँखों की सफ़ेदी हाथीदाँत के काम-सी चमकती थी। उस पर दौरे पड़ते थे, अलग-अलग चीज़ों के। नमाज़ पढ़ने का दौरा, नमाज़ न पढ़ने का दौरा, मेहनत का दौरा, हाथ-पर-हाथ धरे बैठे रहने का दौरा, लोगों की मदद करने का दौरा, लोगों से झगड़ने का दौरा, इत्यादि। शहंशाह सफ़ाई का दीवाना था और हर मौसम में, हर वक़्त सफ़ेद कलफ़दार कपड़े और सिर पर सुहरवर्दी कैप पहनकर घर के बाहर निकलता था। उसे बिना टोपी पहने किसी ने नहीं देखा था, हालाँकि उसकी तबीयत में मज़हब की ओर झुकाव कहने को भी नहीं था। असल में यह टोपी वह एक तरह से विग की तरह पहनता था, अपने सिर के मुक़म्मल गंजेपन को छिपाने के लिए। उसे मुर्गे और पतंग लड़ाने का शौक़ था। जब भी उसकी पतंग कटती या मुर्गा पिटता, वह दिल की भड़ास मोहल्ले में किसी-न-किसी से झगड़कर निकालता। बची बेग़म, तो उसके पहले नक़्श याद करने पर दिमाग़ में गद्दर जामुन जैसी कोई चीज़ उभरती है। नवाब की तरह कोयला-स्याह नहीं बल्कि तह में कहीं दमकता, गहरी नीली रोशनाई-सा रंग, बेर-सी नाक और बटन-सी गोल-गोल आँखें। हड्डी-काठी का सही अन्दाज़ा इसलिए नहीं होता था कि क़द बहुत छोटा था और आवाज़ ऐसी बारीक और धारदार कि बिना जख़्मी हुए सुनी नहीं जा सकती थी। ज़मीन-आसमान के बीच जाने क्या-क्या साज़िशें होती हैं जिनके बहकावे में आकर इनसान कुछ भी क़दम उठा लेता है। आलम का बेगम पर आशिक़ होना मुझें आज भी इसी शृंखला की एक कड़ी लगता है। न सिर्फ़ आशिक़ होना बल्कि अपने इश्क़ को ब्याह-मंडप तक ले जाने के लिए उन तमाम शर्तों को मंजूर करना

जो अन्ततः आलम ने कीं, जिसमें छोटी बहन कनीज़ा की, जो मानसिक रूप से बड़ी हद तक कमज़ोर थी, शादी शहंशाह के साथ करना भी शामिल था।

दरअसल जमीला के फौरन बाद शादी के लायक तो घर में शकीला थी, लेकिन उस ज़माने में उस पर अल्लाह मियाँ की गाय बनने और कहलाने का भूत सवार था। एक छोटी-सी कोठरी में भी उससे जितना बन सकता, वह पर्दा भी करती और इबादत भी। उसके सिर से दुपट्टा, सोते-जागते, इस तरह बँधा रहता जैसे आमतौर पर औरतें नमाज़ पढ़ते वक़्त कसकर बाँधती हैं। सूरत-शक्ल में वह सकीना आपा से भी मामूली लेकिन बहरहाल कनीज़ा से बेहतर थी। कनीज़ा तो बिना बोटी का हड्डी-चमड़ा थी जो सारे समय, गोद में बीड़ी का सूपड़ा रखे, दुनिया को आँखें फाड़-फाड़कर देखने की कोशिश किया करती थी। ऊपर से सितम कि वह अपने मामू की ही तरह बल्कि उससे भी ज़्यादा बोलते समय हकलाती थी। दिमाग़ की कमज़ोरी की वजह से उसे अपने कुर्ते-दुपट्टे का भी सही-सही होश नहीं रहता था। यह सोच पाना मुश्किल है कि उस दिन शहंशाह के कितने पेंच कटे होंगे, या कितने मुर्गे लड़ते हुए मारे गए होंगे, जब उसने कनीज़ा को ब्याहने का सोचा। एक ही कारण समझ में आता है—शहंशाह की ढलती उम्र। जिस समय यह रिश्ता हुआ, शहंशाह साठ साल के इर्द-गिर्द का रहा होगा जबकि कनीज़ा उससे पैंतीस-चालीस साल छोटी होगी। सकीना आपा की मंशा आसानी से समझी जा सकती थी। बेटियों की शादी उनके लिए कोई तक़रीब न होकर महज़ एक पूरी की जाने वाली ज़िम्मेदारी रह गई थी। एक जमीला की शादी की तो थी तक़रीब समझकर सो वही अब दुःख दे रही थी। जमीला आए दिन अत्तू मियाँ की शिकायतों के साथ, कभी रोती-पीटती घर लौटती रहती और वह उसे वापस उसके घर की ओर धकेलती रहतीं। सो वह पल बड़े ही सुकून का था जब उन्होंने कनीज़ा को दारोग़ाजी के घर रुख़सत किया और वहाँ से आलम के लिए बेगम को ब्याह कर लाईं। इन दोनों शादियों में सकीना आपा के ख़ानदान, यानी मेरे घरवालों की शिरकत वैसी नहीं थी जैसी जमीला की शादी में रही थी। किसी से कुछ हो सका तो कर दिया वरना दिल को यह इत्मीनान काफ़ी था कि पहली शादी में फर्ज़ अदा किया जा चुका है। सकीना आपा को शिकायत कभी अल्लाह से न हुई तो अपने रिश्तेदारों से क्या होती। वह उसी पाबन्दी और अपनाईयत से, तमाम घरों में आती-जाती रहीं। यह वह ज़माना था जब उनके पैरों की फूली-फूली उँगलियाँ स्पंज की चप्पलों में उलझी रहतीं, और मुझे याद है, उनके दो पैरों की चप्पलें, कभी एक जैसी नहीं होती थीं। पट्टे का रंग अलग-अलग होना आम बात थी, लेकिन अक़सर दोनों का नम्बर भी एक नहीं होता था।

आलम ने अपनी दुल्हन के लिए सात कोठरियों से एक कोठरी किसी किरायेदार को उसकी मुँहमाँगी रकम देकर, खाली करा ली थी, उसके कहे अनुसार, आरा-मशीन के मालिक से एडवांस लेकर। यह असलियत सकीना आपा से अधिक समय

तक छिपी न रह सकी कि दरअसल आलम उनसे अलग रहना चाहता था, और बहुत पहले से उसने, अपनी तरह इसकी तैयारी भी शुरू कर दी थी। सकीना आपा का रवैया, यह जानकर बिलकुल ऐसा था जैसे इत्मीनान हो कि एक ज़िम्मेदारी यूँ भी पूरी हुई। अब बची दो और, शकीला और ज़ैनब, देखते हैं यह सिर का बोझ कब और किस तरह हल्का होता है।

सकीना आपा ने जमीला के मामले में सीधी दख़लअन्दाज़ी से तो इनकार कर दिया, मगर ज़रूरत के वक़्त वह उसकी हौसलाअफज़ाई या हिम्मत बँधाने की कोशिश ज़रूर किया करती थीं।—यहाँ से गई हो, वह समझाती—तुम्हारा घर है। जब चाहो यहाँ आ सकती हो। मगर बेहतर यही हो कि अच्छा-बुरा, जैसा भी हो, अपने घर ही जियो। न ज़मीन मेरी, न आसमान पर कोई दावा, वह आँख का आँसू पोंछते हुए, संजीदा होते-होते हँस देतीं—बस, मौत पड़ी, यह कुछ साँसें हैं, जो जब तक भी चल रही हैं, चल रही हैं। इनके भरोसे मैं कोई ठेकेदारी थोड़ी कर सकती हूँ! तमाशा है सब, यह समझ लो!

आलम और बेगम तो, दोनों, एक-एक दिन करके जीने, लड़ने-झगड़ने, औलादें पैदा करने, और ज़ेहन से ओझल और दुनिया से बेनामो-निशान होने की व्यस्तताओं में खो गए, और कुछ समय बाद, जब कनीज़ा और शहंशाह दुनिया में नहीं रहे, तो कोठरी छोड़कर दारोग़ाजी के घर में रहने लगे, लेकिन मेरा जो याद पीछा करती है वह उन दिनों की है जब कनीज़ा गर्भ से थी। यह सही-सही कह पाना तो सम्भव नहीं कि उस जैसे कमज़ोर दिमाग़ की लड़की की समझ में शादी और औरत-मर्द के रिश्ते का मतलब क्या रहा होगा, लेकिन शादी के बाद मैंने उसे जब भी देखा, किसी ख़ौफ़ में मुब्तिला, ख़ुद को कपड़ों में बाँधते-समेटते ही देखा। वह बड़ा बदलाव था, उस लड़की में , जिसे कुछ दिन पहले तक अपने ओढ़नी-दुपट्टे का ख़याल तक नहीं रहता था। मैंने बिना किसी ऊपरी वजह के उसे कई बार अकेले में रोते और ख़ुद से बातें करने की कोशिश करते देखा था। ज्यों-ज्यों उसकी गर्भावस्था बढ़ती गई और उसके बाक़ी शरीर से असंगत, पेट गोल होकर बाहर निकलता गया, उसके चेहरे पर बेबसी का भाव तीव्र होकर फैलता गया। वैसे भी उसे देखने पर दिमाग़ में किसी मजबूर परिन्दे का ख़याल आता था, अब लगता वह परिन्दा अपनी रिहाई की आस छोड़कर बाक़ी ज़िन्दगी क़ैद समझकर काट रहा है। मैंने महिलाओं को माँ बनने की प्रक्रिया से गुज़रते और उस ख़ास घड़ी का इन्तज़ार करते देखा है जब उनके वजूद में पली कोंपल, किसी दरख़्त की शाख़ की तरह अलग होकर, ख़ुद में मुख़्तार, एक इकाई बनती है। वहाँ चेहरों पर निकलते दिन की रोशनी और छँटता अँधेरा होता है। कनीज़ा के चेहरे से रोशनी दिनों-दिन रुख़सत हो रही थी और रात पड़ाव डालने को थी। अपनी याददाश्त में अगर मुझे सकीना आपा इतनी परेशान याद हैं कि तमाशे को भूलकर उसका पात्र बन गई हों, वह कनीज़ा के माँ बनने को लेकर ही हैं। दारोग़ाजी

के मकान और मस्जिद की सात कोठरियों में ज़्यादा फ़ासला तो था नहीं, इसलिए रोज़ ही या तो शहंशाह उसे माँ के पास छोड़ जाता, या सकीना आपा ख़ुद जाकर कनीज़ा को अपने साथ ले आतीं। कोठरी पर पहुँचते ही वह अपनी टाट की बिछात खोजती, बीड़ी बनाने का सूपड़ा माँगकर गोद में रखकर, तेन्दू के पत्ते फैलाकर उन पर तम्बाकू की तह जमाती और पत्तों को गोल करके उनका मुँह खीसकर, बीड़ी बनाने में लग जाती। यह सब सकीना आपा और दो बहनों के समझाने के बाद भी कि अब तुम्हारा घर अलग है और तुम्हें बीड़ी बनाने की कोई ज़रूरत या मजबूरी नहीं। देर-देर तक ख़ामोश रहने के बाद वह अपनी कमज़ोर आवाज़ में रो देती और हकलाते हुए अपने रोज़-ब-रोज़ बढ़ते पेट की ओर इशारा करके सकीना आपा से कहती—बिया, अब हमारा क्या होगा?

सकीना आपा ने उसे भी दिलासे दिए होंगे, जैसे कि सारी उम्र अपनी औलाद ही नहीं, दुनिया-जहान में उन्हें जो भी ज़रूरतमन्द लगा, उसे दिए। और कनीज़ा तो उनकी वह सन्तान थी, जिससे ख़ुद सकीना आपा के कहे अनुसार, उनकी बिना बोले भी बातचीत हो जाती थी। वैसे दुनिया को समझने-समझाने का, सकीना आपा का, ख़ुद अपना एक अन्दाज़ था। एक बार ज़ैनब हुज्जत करने लगी कि यह ज़मीन-आसमान सात-सात ही क्यों होते हैं? सात से कम या ज़्यादा क्यों नहीं! देर तक उन्होंने ज़ैनब के सवालों को टालने की कोशिश की, मगर जब वह नहीं मानी तो सकीना आपा ने अपनी ठँसी आवाज़ में चुटकी भरी थी—कैसी कमअक़्ल लड़की है! इसे यह भी समझ में नहीं आता कि हम सात कोठरियों में रहते हैं! हमारी मस्जिद की सात कोठरियाँ हैं और हर कोठरी एक ज़मीन-एक आसमान के बराबर है! बेवक़ूफ़ कहीं की!

समझी तो ज़ैनब क्या होगी—समझ भी क्या सकती है, मगर सकीना आपा का वह लहज़ा उसे उस पल चुप कर देने को काफ़ी था।

हुआ बहरहाल वही जिसका डर था और कनीज़ा बच्चे की पैदाइश में गुज़र गई थी। बेटा सही-सलामत पैदा हुआ था, लेकिन यह जाने कैसा क्रान्तिकारी परिवर्तन था कि शहंशाह ने अपने बेटे की शक्ल देखने से भी इनकार कर दिया था। जाने वह कनीज़ा की बेवक़्त मौत का सदमा था या किसी ऐसी बात का पछतावा जिसे बाक़ी दुनिया नहीं जान सकती थी, मगर देखते-ही-देखते शहंशाह के सफ़ेद कपड़ों की कलफ़ ढीली पड़ी और फिर वह मैले-कुचैले, धुलने को भी मोहताज होते गए। उधर उसके मुर्गे दाने को तरसते, दारोग़ाजी के मकान की खपरैलों पर चढ़-चढ़कर बाँगें देने और मोहल्ले की मुर्गियों के पीछे भागने पर मजबूर होते गए, इधर शहंशाह खाट पकड़ता, समय-समय पर ख़ुद से ही पेंच लड़ानेवालों की तरह गाली बककर कहने लगा—वह काटा! वह काटा! वह अनहोनी भी हुई कि मोहल्लेवालों ने उसे बगैर टोपी के, गंजे सिर गलियों में बेमकसद भटकते देखा। फिर एक दिन बड़े भाई, नवाब से उसकी कुछ कहा-सुनी हुई और नवाब ने चिढ़कर पीठ पर इतने कसकर

मुक्का मारा कि शहंशाह अपने पलंग पर जाकर लेट गया, और जो लेटा तो फिर ख़ुद नहीं उठा।

सकीना आपा यह सब आँखों के सामने होता देख रही थीं और कनीज़ा और शहंशाह के बेटे बिलाल को पालने–पोसने में लगी हुई थीं। उन्हें इस बात का आख़िर तक अफ़सोस रहा कि बिलाल का अक़ीक़ा सही–सही मजहबी रस्मों के अनुसार नहीं हो पाया। बस आलम ने उसके कान में अज़ान दे दी, और बाद में कुछ लोगों ने मिलकर नाम बिलाल तय कर दिया। वैसे शायद यह भी उनके लिए कोई नई बात नहीं थी, और ख़ुद उनकी तीन औलादों के अक़ीक़े, तुफ़ेलिया अक़ीक़े थे। यानी ख़ानदान में किसी के बच्चे का अक़ीक़ा हो रहा था, उसी के साथ उनके सिर पर भी उस्तरा फिरा दिया गया।

जल्दी ही बिलाल का ज़िम्मा सकीना आपा से, अल्लाह मियाँ की गाय, शकीला ने ले लिया था। कुछ था शकीला में ऐसा जैसे वह बच्चे पालने को ही बनी हो, पैदा करने को नहीं। शादी–ब्याह में उसकी दिलचस्पी भी नहीं थी, लेकिन क्या किया जाता, सकीना आपा का! वह तो उसकी और ज़ैनब की शादी को अपनी दो आख़िरी ज़िम्मेदारियाँ मानकर चल रही थीं, जिन्हें किसी तरह उनकी ज़िन्दगी में पूरा किया जाना था।

बहाव में जब मैं सकीना आपा की बात करता हूँ तो इसका यह मतलब नहीं कि इस दौरान बाक़ी दुनिया की गर्दिश रुक गई थी। बदलाव हर जगह था, चाहे वह छोटी इकाई, हमारा ख़ानदान हो या फिर इसके आगे हमारा मोहल्ला या बाक़ी की दुनिया हो। घर में अनेक भाई–बहन शिक्षा के बाद, शादी करके रोज़गार का पीछा करते, मोहल्ले और शहर ही नहीं, मुल्क़ से भी बाहर जा चुके थे। एक इकाई टूटकर अनेक में बँट रही थी। कोई ख़ुश था, कोई संघर्ष में लगा था, तो कुछ का हौसला टूटा भी था। यह बदलाव समझ में आ सकने वाले स्वाभाविक जीवन के सहज पड़ाव थे। जो दो दिन ख़ुश था उसे तीसरे दिन मुश्किल का सामना और फिर उसका हल तलाश करना, सब जिस तरह आमतौर पर होता है, वह हो रहा था। इसमें मौतें भी थीं, बच्चों का जन्म भी, शादी और प्यार–मोहब्बत भी, धोखाधड़ी भी, पुराने मकानों का ढाया जाना भी और उनकी जगह नयों का बनना भी। मोहल्ले की गलियों में अजनबी चेहरे आकर बस रहे थे, पुरानी ख़ानदानी दादागिरी की जगह चुटपुट गुंडागर्दी लेती जा रही थी। शहर के आसार चारों दिशाओं में दूर–दूर तक फैल गए थे। हमारा घर विभाजन और नव–निर्माण की प्रक्रिया से गुज़रते कई पुरानी शिनाख़्तें खो चुका था, खोता जा रहा था। बस, असाधारण विपदाओं में घिरे होने के बावजूद एक सकीना आपा थीं, जो इस अनेक टुकड़ियों में बँट रहे परिवार की हर टुकड़ी को अपने में पूरा और ख़ुद अपना ख़ानदान समझती थीं। उनको ख़ानदानवालों के आपसी झगड़ों से कोई सरोकार नहीं था और सबके यहाँ, उसी पुरानी अपनाइयत के साथ आना–जाना था।

ज़ैनब, मुझे यूँ भी याद है कि हम दोनों लगभग एक ही उम्र के थे और छुटपन

में जब मैं मछली पकड़ने की मंशा से ज़मीन खोदकर केंचुए निकालता था तो देखकर वह बड़ी हाय-तौबा करती थी। मगर फिर झिरिया तक, जो स्लॉटर-हाउस के पीछे ही थी, साथ भी जाती थी। जब मैं बलिए पर केंचुए चढ़ा रहा होता था तब वह अपनी दोनों हथेलियों से कान यूँ बन्द कर लेती थी जैसे क़ेचुए का रोना-चिल्लाना नहीं सुनना चाहती हो। उस पल उसकी आँखों में डर परछाई की तरह काँपता नज़र आता। मैं उसे छेड़ते हुए ताना देता कि घर के पास रोज़ इतने भैंसे और बकरे काटे जाते हैं, उससे तो डरती नहीं, क़ेंचुए से डरती है। वह चिमटी बहुत कसकर काटती थी और ला-जवाब होने के बाद यही उसका बदला होता था : ख़ुद ही चिमटी काटती थी, इससे पहले कि सामनेवाला तकलीफ़ से चीखे-कराहे, ख़ुद ही मोटे-मोटे आँसुओं से भैं करके रोने लगती थी। याद नहीं कि मैंने उस झिरिया से कभी मछली पकड़ी हो लेकिन उन दिनों लम्बे समय तक, पानी में अपनी छोटी-सी बंसी डालकर बैठे रहने का अपना सुख था। थोड़े फ़ासले पर केवड़े के झुंड थे जो फूलते तो दूर-दूर तक तीखी ख़ूशबू महकती रहती। इसके अलावा छोटे-बड़े जंगली खजूर के दरख़्त थे जिनकी ड्राइंग, मैं वापस घर लौटकर काग़ज़-पेंसिल से करने की कोशिश करता। ज़ैनब उस ख़ुशबू और दृश्य के साथ ही दिमाग़ में बची रह गई, उसी तरह जैसे बचपन की अनेक चीज़ें जिन्हें हम याद नहीं रखते भुलाने में असमर्थ होते हैं।

धीरे-धीरे मेरा उन गलियों में जाना बन्द हुआ और फिर एक दिन वह मोहल्ला छोड़कर मैं शहर के दूसरे हिस्से में रहने लगा। दुनिया ने उम्र के साथ समझ या अनुभव के तौर पर मुझे जो दिया उसमें किसी आस या उम्मीद का पहलू कम था। मैं ख़ुद के बारे में सोच-सोचकर इसी नतीजे पर पहुँचा था कि एक कीड़ा, जो कुछ सोच-समझ भी सकता है : इससे ज़्यादा हरगिज़ कुछ नहीं। जिस दिन सही मायने में कुछ समझ में आ जाए, इस उबाऊ सिलसिले को ही ख़त्म कर देना चाहिए। मैंने शादी न करने का फैसला किया था, बहुत पहले जब अम्मा और अब्बा जीवित थे, और अपने फैसले से उन्हें आगाह भी कर दिया था। अब्बा-अम्मा को अच्छा नहीं लगा था, तो उनके लिए तो कई ऐसी औलादें भी, पूरी निराशा के रूप में सामने आ चुकी थीं, जिन्होंने कहे पे बहुत ख़ुश होकर शादियाँ की थीं। और, ख़ुशी-नाख़ुशी अपनी जगह, माँ-बाप रहते कितने दिन हैं!

मेरे हाईस्कूल पास करने वाले साल ही, सकीना आपा बिलआख़िर, अपनी आख़िरी ज़िम्मेदारी, ज़ैनब की शादी से भी फ़ारिग हो गई थीं। उससे पहले शकीला के फ़र्ज़ से वह हल्की हो ही चुकी थीं। सात कोठरियों में कोई आकर बसा था जो चढ़ी उम्र का रँड़वा था। काम भी कोई तारीफ़ जैसा तो नहीं, स्लॉटर-हाउस में काटे गए जानवरों की आँतों को ठेके पर लेता था और उनकी सफ़ाई करके, सुखा के, जितने में ख़रीदता था, उससे कहीं ज़्यादा में किसी और को बेच देता था। दिन की मेहनत के बाद शाम को नहा-धोकर, साफ़ कपड़े पहनकर घर से निकलता तो कोई सोच भी नहीं सकता

था कि वह आँतोंवाला ठेकेदार है। **रँडवा था**, पहली शादी से कोई औलाद या उससे हटकर कोई क़रीबी रिश्तेदार थे नहीं। सबसे बड़ी बात यह कि शकीला के साथ बिलाल का ज़िम्मा उठाने को तैयार था, और ख़ुद अल्लाह मियाँ की गाय, शकीला को पसन्द था। यह शादी ख़ामोशी से हुई थी और आगे शकीला की इससे कोई औलाद भी नहीं हुई थी।

ज़ैनब की शादी पर ख़ानदानवालों ने फिर तवज्जोह दी थी, यह सोचकर कि सकीना की आख़िरी लड़की की शादी है, सकीना ख़ुद बेचारी क्या-क्या करेगी। बेटा अव्वल दर्जे का नालायक़ और बड़े दामाद, जब तक ज़िन्दा भी थे तो किस काम के थे, अब तो चलो ख़ैर दुनिया में हैं ही नहीं। ज़ैनब का दूल्हा, सिकन्दर अच्छी सूरत-शक़्ल और लगभग मेरी ही उम्र का एक ख़ुशमिज़ाज कार्पेंटर था। अच्छे परिवार से था। शादी के बाद इस दामाद ने सकीना आपा को उस तरह की इज़्ज़त दी और उनका ख़याल किया कि उनके दिल से दुआएँ भी निकली होंगी और ज़ैनब के भविष्य की ओर से कुछ चिन्ता भी मिटी होगी।

कुछ लम्बे ही समय तीन-चार साल की अनुपस्थिति के बाद मैं शहर लौटा था। एक सुबह, घंटी की आवाज़ पर दरवाज़ा खोलने पर देखा, बाहर पसीने में डूबी सकीना आपा खड़ी हैं : पहले से भी अधिक धुँधली और बूढ़ी सकीना आपा! लिफ्ट की सहूलियत को अनदेखा कर, पता चला, वह चार मंज़िल की सीढ़ियाँ ही चढ़कर आ गई थीं। सलाम के जवाब में दुआएँ दीं, बलाएँ लीं, आँख का आँसू पोंछा, अन्दर आकर बैठ गईं, कहा—हम तो समझते थे पहचानोगे भी नहीं। मैंने आश्वस्त किया, दूसरे लोगों का अहवाल पूछा। हँसने लगीं और कहा—मैं किसी ज़रूरत से नहीं, सिर्फ़ तुम्हें देखने आई हूँ। ज़माना हो गया, कभी ख़ुद भी थोड़ा-सा वक़्त निकालकर आओ मियाँ, अब हमारा तो ख़ुद का कभी का बुलावा लग चुका है। आगे आपस में जानोगे-पहचानोगे नहीं तो कैसे सिलसिला चलेगा। वैसे सब अपने-अपने घर हैं, बस इस मौत-पड़ी ज़ैनब की समझ में नहीं आता। अपना घर छोड़कर दो औलादों के साथ हमारी कोठरी पर पड़ी है। मियाँ ने एक और कर ली है। अब यह कि बाई, ज़माने के साथ तू अपनी औलाद को ऐसा बना कि वह लड़कर अपना हक़ ले सके, तुझे तो वज़ीफे और गंडे-तावीज़ के सिवा आता क्या है! और सिकन्दर में शराफ़त है, कितनी बार मनाने आ चुका है। कोई और होता तो मौके का फ़ायदा उठाकर दूसरी को ही घर ला बिठाता।

सकीना आपा ने घूम-फिरकर मुआयना किया था, बताया था कि उस ख़ूबसूरत घर में सिर्फ़ मेरी दुल्हन की कमी थी।

—क्या मिलता है, सकीना आपा, मैंने हँसकर बात टालने को कहा था—नालायक़ और बेमुरव्वत औलाद जो जब तक साथ रहती है तो दुःख देती है और फिर अपनी मर्ज़ी से जीने को अकेला छोड़कर चली जाती है।

—इससे वह पराई थोड़ी हो जाती है, मेरी बात से सकीना आपा पल-भर को भी सहमत नहीं थीं।—यही तो ज़िन्दगी की असल इबादत है मियाँ, और इसी में बख़्शिश और मग़फ़िरत है। यही आज़माइश है और यही उसका सिला है, यह हमारी जैसी छोटी अक़्ल से सोचो तो! या यह शायद हमारी उम्र बोल रही हो! इनसान सठिया भी तो जाता है, कि लगता है अन्दर होने और न होने के बीच लगातार छीना-झपटी चलती रही है। जब से भी होश सँभाल के दुनिया को देखा है, आल-औलाद, घर-ख़ानदान, बुनियादी ज़िम्मेदारियाँ—

मैं सकीना आपा से कहना चाहता था कि आप या आपकी आल-औलाद में होना है कहाँ, सब न होना ही न होना है! मगर चुप रहा था। वह मेरा पता आपा से लेकर महज़ मुझसे मिलने पन्द्रह किलोमीटर की दूरी बस में तय करके आई थीं और घर, ख़ानदान, औलाद के बारे में अपनी ज़बान में अपने ख़याल बता रही थीं। यानी उन तमाम चीज़ों के बारे में जो उन्हें प्यारी थीं।

—चलिए, मैंने हँसकर कहा—ढूँढ़िए आप कोई लड़की जो मुझसे शादी करने पर राज़ी हो। मैं न करूँ तो नाम बदल दीजिएगा।

वह लौट गई थीं। मैं ख़ुद गली के नुक्कड़ तक उन्हें कार में छोड़कर आया था। वह दुआएँ देती रही थीं और मैं जल्दी ही आने की यक़ीनदहानी करता हुआ वापस आ गया था। मैंने कुछ पैसे देना चाहे थे तो उन्होंने साफ़ कह दिया था—कुछ देना हो तो घर ही आकर देना।

कुछ समय बाद सिकन्दर ज़ैनब को मनाकर वापस ले जाने में कामयाब हो गया था। फिर एक सिलसिला शुरू हो गया था, सिकन्दर और ज़ैनब के बीच लड़ने-झगड़ने, रूठने-मनाने का। मेरा यह ख़याल पुख़्ता हुआ था कि सकीना आपा और उनकी औलाद की ज़िन्दगी से ज़्यादा बेमतलब और नीरस शयद ही कोई सिलसिला हो।

वक़्त रफ़्तार पकड़ लेता है और आस-पास के बदलाव और सरगर्मियाँ तेज़ हो जाते हैं। आपा फ़ोन पर बताती हैं कि सकीना आपा मुझे याद कर रही हैं। उनकी तबीयत कुछ गम्भीर रूप से ख़राब है। मुद्दतों बाद मैं फिर उस गली और कोठरी में जाता हूँ। एक दूसरी ही सकीना आपा, साफ़-सुथरी और हल्की-फुल्की, प्याजी रंग के कपड़ों में तकिए से टिककर बैठ जाती हैं। आवाज़ बमुश्किल निकलती है। मेरे कान में कहती हैं—लड़की नहीं ढूँढ़ पाई! ज़रा ठीक हो जाऊँ।

सकीना आपा, ऊपरी तौर पर देखा जाए, तो एक लम्बी ज़िन्दगी जीने के बाद दुनिया से रुख़सत हो जाती हैं। कड़वाहट के लम्हों में मैं ख़ुद से सवाल करता हूँ—इनसानों की तक़दीर कौन लिखता है? अगर सकीना आपा निरर्थक ही जीं तो मरते समय उनके चेहरे पर सुकून और इत्मीनान क्यों था? उनका जीवन बेमक़सद ही था तो मुझे इतनी तफ़सील से क्यों याद रह गया? मैं याद करता हूँ स्लॉटर-हाउस के क़रीबो-

दूर, दरख़्तों और मकानों की खपरैलों पर बसेरा करते बुड्ढ़े गिद्धों को : शायद उनके पास मेरे सवालों का कोई जवाब हो! आसमान में भेड़ों के रेवड़-से हाँकते, सफ़ेद बादलों के गुच्छों को देखता मैं अपने आप से दोहराता हूँ—इनसानों की तक़दीर कौन लिखता हैं?

बादल हवा में तैरते-गुज़रते रहते हैं, गिद्धों की उम्र बहुत लम्बी होती है, और मैं उम्र की सँकरी गलियाँ तय करता इतनी ज़िन्दगी गुज़ार चुका हूँ कि जो कुछ बीत चुका है, उसके गवाह कम ही रह गए हैं।

ज़ैनब अपने पति को कोसती, उससे लड़ती-झगड़ती, तीन बेटियों की शादी कर चुकी है और उसका इकलौता बेटा, डिप्लोमा करने के बाद पिछले कई वर्ष से मिडिल ईस्ट में काम कर रहा है। सिकन्दर रहा जितनी भी दूसरी औरतों के साथ हो, बिल आख़िर अब ज़ैनब और उसकी औलाद के साथ है।

बेटे के बाहर जाने से उनके ज़ाहिरी हालात में भी सुधार हुआ है। इन दिनों ज़ैनब बेटे के लिए लड़की ढूँढ़ रही है। ख़ुद में आए बदलाव पर पर्दा डालने या उस बदलाव को और उजागर करने की मंशा से वह लापरवाही से ख़ानदान के एक-एक ऐसे घर में जा रही है जहाँ लड़कियाँ हैं : यह कहते हुए कि यह रिश्ता आपस में ही हो जाए तो अच्छा है। वह उन रिश्तेदारों के घर ख़ासतौर पर जा रही है जो कल तक उसे पहचानने से इनकार करते थे या उसके आने को कुछ माँगने की भूमिका समझकर अपने-अपने ग़ैरज़रूरी कामों में व्यस्त हो जाते थे। आज वह उससे मुस्कुराकर मिलने पर मजबूर हैं। मैं एक दूर का तमाशाई, स्लॉटर-हाउस के उन गिद्धों जैसा ही, ऊँचान से सब कुछ देख रहा हूँ और सोच रहा हूँ कि चीजें क्या यूँ भी बदलती और बेमतलब से बामतलब होने लगती हैं? इस कहानी, या सकीना आपा का ही शब्द इस्तेमाल किया जाए तो 'तमाशा' में, उनके न रहने के इतने समय बाद किसी क्लाइमेक्स की उम्मीद कैसी?

ख़ानदानवालों में नाराज़गी है, ज़ैनब के रवैए में आए बदलाव के साथ-ही-साथ इस बात से कि उनके 'हाँ' या 'ना' का इन्तज़ार किए बिना ही उसने बेटे की मँगनी एक दूसरे परिवार में कर दी है। लोग दबे अल्फाज़ में उन अहसानों को भी गिनाने से बाज नहीं आ रहे हैं जो बीतें समय में कभी उन्होंने या उनके बुज़ुर्गों ने सकीना आपा और उनके परिवार पर किए थे। लड़के का रिश्ता एक उम्मीद से भी बेहतर परिवार में हुआ है। इससे उन गिनती के लोगों को भी ईर्ष्या है जो कल तक ज़ैनब की वकालत में दो शब्द बोल दिया करते थे।

ज़ैनब का बेटा आएगा, शादी के दावतनामे बँटेंगे, निक़ाह होगा, फिर बारात और उसके बाद वलीमा।

और उसके बाद? उसके बाद क्या होगा? क्या दूल्ला-दुल्हन, ख़ुशो-ख़ुर्रम, हमेशा-हमेशा के लिए साथ रहने लगेंगे?

ऐसा हुआ तो मुझे ख़ुशी होगी लेकिन सकीना आपा और उनकी औलादों के साथ बीते समय में जो हुआ है, वह मुझे तरह-तरह के अन्देशों में डालता है और सोचने पर मजबूर करता है कि यहाँ भी सब बिगड़ सकता है! बावजूद सकीना आपा के ज़िन्दगी को ही इबादत और इबादत का फल मानने के यक़ीन से क्या कहा जा सकता है। इसी को सकीना आपा ने 'होने' और 'न होने' के बीच छीना-झपटी कहा था जिसमें उनकी औलाद के हिस्से, अभी तक तो 'न होना' ही आया था।

मेरे अन्देशों से बेख़बर, ज़ैनब के यहाँ शादी की तैयारियाँ ज़ोरों से चल रही हैं। उसका बेटा शहर आ चुका है और शादी से पहले अपना ख़ुद का मकान बनवाने में व्यस्त है। मुझे नहीं मालूम, मेरे अन्देशे अगर निराधार साबित हुए तो अपने नए मकान में पत्नी के साथ ज़िन्दगी की नई शुरुआत करते हुए उसे कभी मस्जिद की वह सात कोठरियाँ याद आएँगी या नहीं जहाँ उसकी नानी ने अपनी आधी उम्र और माँ ने बचपन और नौजवानी बिताई थी। शायद नहीं आएँगी।

शायद यह याद न आना ही वह बिन्दु है जहाँ ज़िन्दगी फिर एक नई शुरुआत की ओर लौटती है।

—क्या सचमुच, ज़िन्दगी एक नई शुरुआत की ओर लौट सकेगी...

अपने आप में अकेला छूटा रह गया मैं जब ख़ुद से यह सवाल पूछता हूँ तो सकीना आपा, आलम, जमीला, अत्तू मियाँ, शकीला, कनीज़ा, शहंशाह, नवाब और वह स्लॉटर-हाउस, तंग गलियाँ, सड़ी नालियाँ, सब-के-सब उस तरह जीवित हो उठते हैं जैसा कभी मैंने उन्हें देखा था। और देखते हुए कभी नहीं सोचा था कि वह मुझे इस तरह याद रह जाएँगे। जो आज भी तेज़ रफ़्तार ज़िन्दगी की निगाहों से ओझल अपनी जगह ज्यों-की-त्यों मौजूद हैं, और कुछ दूसरे नाम और चेहरे, वहाँ अपनी ज़िन्दगी काट रहे हैं।

भोपाल का बेगम-दरबार

यह मेरी उस उम्र की याद है जब मुझे लगता था कि दुनिया मेरे ही साथ और मेरे ही लिए बनी है : हर चीज़ तरोताज़ा और नई-नई, वह अब्बा-अम्मा हों, भाई-बहन या कवेलू की छत, कच्ची दीवारों और सँकरी गलियों का मुहल्ला। और दुनिया से मतलब, ज़ाहिर-सी बात है, अपना शहर भोपाल।

हम जहाँ रहते थे, शहर की फ़सील के बाहर बसे उस हिस्से का नाम छावनी वलायतियान था। आमतौर पर वहाँ निम्न-मध्यम वर्ग के उन पठानों के परिवार बसते थे जो कभी भूतपूर्व रियासत की सेना में सिपाही रह चुके थे। उन्हीं में एक शप्पा दादा का घर था। वे अपनी पत्नी (जो जगत-दादी थीं) के साथ रहते थे। ऊपरी तौर पर उनमें पठानों जैसा कुछ नहीं था। वह ज़्यादा समय मोटी-मोटी किताबें पढ़ते या कुछ लिखते नज़र आते थे। किताबों का मोह उस ज़माने में कम देखने में आता था। और शप्पा दादा की लिखावट इतनी सुन्दर थी कि दिल चाहता उसे देखते ही रहो। लिखने के लिए वह ज़्यादातर बरू की क़लम इस्तेमाल करते थे। अपनी कलम वे ख़ुद बरू छील-काटकर बनाते थे। हाँ, जब दादा के यार-दोस्त घर के बाहर पत्थर के पटिए पर आ बैठते तो खूब मज़े में पश्तो में बातचीत होती। हँसने-हँसाने का सिलसिला चलता रहता। दादी यह बोली नहीं समझ पातीं और चिढ़कर दादा के दोस्तों को 'खड़िया' कहकर (जो शायद कोई अपशब्द रहा होगा) दिल की भड़ास निकालतीं। कुछ बड़े होने पर समझ में आया कि दादी उन बरूकाट भोपालियों में से नहीं थीं जो खुद को रियासत भोपाल की बुनियाद रखनेवाले, सरदार दोस्त मोहम्मद खान का सगा और साथी मानकर चलते थे। उनका परिवार सीमा प्रान्त के तीराह से नहीं आया था बल्कि, यहीं का था। और कुछ पीढ़ी पहले, अपने पूर्वजों का धर्म छोड़कर मुसलमान हो गया था!

दादी बड़ी आकर्षक महिला थीं और शप्पा दादा उन पर जान छिड़कते थे। स्वभाव से वे झगड़ालू थीं और ज़्यादा समय शप्पा दादा की डाँट-फटकार करने और नाराज़ होने में लगी रहती थीं। वे ख़ुद के पठान होने का दावा करतीं और उस नाते, पठानों की मान-मर्यादा का उन्हें हर दम ख़याल रहता था। शप्पा दादा जिनका ग़ुस्सा

सारे मुहल्ले में मशहूर था, कान पकड़कर उनकी डाँट-डपट सुनते, और उन्हें ख़ुश करने की कोशिश करते रहते। उन दोनों के आपसी सम्बन्ध देखकर मज़ा तो आता ही, साथ ही आश्चर्य भी होता।

एक बार दादी का पठानों और सरदार दोस्त मोहम्मद खान की शान में लम्बा क़सीदा सुनते रहने के बाद शप्पा दादा ने बहुत आजिज़ी के स्वर में कहा था, ''बिया, दोस्त मोहम्मद सरदार और नवाब तो यहाँ पहुँचकर बना। अपने घर से तो रोज़ी-रोटी की तलाश में निकला था! तीराह जैसी पिछड़ी जगह में कोई क़लम चलाना तो सीख नहीं सकता था, तलवार ही चला सकता था! सो दोस्त मोहम्मद ने भी वही सीखा और हिन्दुस्तान में फ़ौज की नौकरी ढूँढ़ता आ पहुँचा। वैसे उस वक्त पठानों के दिलों में औरंगज़ेब के ख़िलाफ़ बहुत ग़ुस्सा था क्योंकि उसने उन पर बहुत ज़्यादतियाँ और ज़ुल्म किए थे। दोस्त मोहम्मद के ज़माने में, तीराह में ही एक बडा शायद, ख़ुशहाल खान 'खटक' गुज़रा है। ख़ुशहाल खान 'खटक' उन ख़ुशनसीब पठानों में से था जो तलवार के साथ क़लम चलाना भी जानते थे!''

''हाँ, हाँ,'' दादी ने हाथ नचाकर व्यंग्य किया, ''पठानों में दो ही तो ऐसे हुए हैं—एक वह और एक तुम!''

शप्पा दादा बुरा मानने के बजाय हँसने लगे थे।

''सारे पठानों के बारे में तो मैं नहीं जानता,'' दादा ने वहाँ मौजूद हम बच्चों को सुनाते हुए कहा, ''मगर रियासत भोपाल तो, जब तक भी रही और जैसी भी रही, वह दोस्त मोहम्मद के घराने की औरतों से रही—वह उनकी बीवी हो, बहू हो, या औलादों की बेटियाँ। सोचो, यहाँ हुकूमत करने वालों में चार तो बेग़में थीं ही, उनके अलावा कई ऐसी औरतें भी जिन्होंने औलाद के फ़र्ज़ को ख़ुद इस तरह अपने ज़िम्मे ले लिया कि नाम तो बेटों का हुआ और काम सब उन्हें करना पड़ा।''

यह समझते हुए कि हम लोग उस इतिहास को नहीं जानते जिसकी वे बात कर रहे हैं। उन्होंने हमें समझाया, ''देखो, यहाँ औरतों का दख़ल तुम्हारी दादी और इस घर से न तो शुरू हुआ न इस पर ख़त्म होगा। शुरुआत इसकी दोस्त मुहम्मद और फ़तह बीवी से हुई, जो उनकी राजपूत मुसलमान बीवी थीं। उन्हीं के नाम पर फतहगढ़ क़िले का नाम रखा गया। वह हमेशा राजकाज की मुश्किलों में दोस्त मोहम्मद का हाथ बँटाती रहीं। यह आज से कोई ढाई सौ साल पहले की बात है! तो तब जो फ़तह बीवी दोस्त मोहम्मद के लिए थीं, वहीं आज तुम्हारी दादी हमारे लिए हैं!''

''अरे जाओ!'' दादी की डाँट पड़ी, ''छोटे बच्चों को जाने क्या झूठी-सच्ची पट्टियाँ पढ़ाते रहते हो।''

''सच कह रहा हूँ,'' शप्पा दादा ने कान पकड़कर बात कहने की इजाज़त चाही थी। ''किस्सा यहीं ख़त्म नहीं होता, क्योंकि दोस्त मुहम्मद के बेटे यार मुहम्मद की बीवी जिन्हें आज सब इज़्ज़त से, माँजी ममोला के नाम से याद करते हैं, फिर एक

राजपूत मुसलमान थीं। और उनका एहसान यहाँ के लोगों पर सबसे बढ़कर है। कहते हैं, ख़ुद उनकी कोई औलाद नहीं हुई, मगर अपने शौहर की, हुकूमत करने में मदद के बाद, उन्होंने अपने दो सौतेले बेटों का सारा ज़िम्मा अपने सिर ले लिया। इनमें से एक फ़ैज़ मुहम्मद थे जो मिज़ाज के सूफ़ी थे। और दूसरे हयात मोहम्मद को एय्याशी से फ़ुर्सत नहीं थी। दोनों ही हुकूमत की ज़िम्मेदारी से जी चुराते थे। कितनी सलाहियतमन्द और दिलदार औरत रही होंगी माँजी ममोला, कि उन्होंने चार लड़कों को बेटा बनाकर उन्हें पाला-पोसा, बड़ा किया। उन चार में एक गौंड था, दो अहीर और एक ब्राह्मण, जिसका नाम छोटे खान था। छोटे खान खुद बड़ा क़ाबिल निकला और रियासत के वज़ीरे-आज़म के ओहदे तक तरक्की करके पहुँचा। उसने बड़े-बड़े काम किए जिनमें से एक उस पुल को बनवाना भी था जिसे आज पुल-पुख़्ता कहते हैं : इस पुल के बनने से पहले छोटा तालाब भी नहीं था और शहर के उस हिस्से में, जहाँ बाद में जहाँगीराबाद बना, जाने के लिए बानगंगा नदी पार करना होती थी। दरअसल भोपाल इस नदी के किनारे बसे एक गाँव का नाम था जिसकी आबादी हज़ार-पाँच सौ से ज़्यादा नहीं थी। और कशिश बड़े तालाब और कमलापति के महल की थी। देखो, बातों-बातों में यहाँ की एक और औरत का नाम आ गया। इस रानी ने दोस्त मुहम्मद को भाई बनाया था सुना है न?''

यह हमने सुना भी था और कमलापति का महल आँखों से देखा भी था।

शप्पा दादा ने बताया, ''माँजी ममोला ने उस अराजकता के माहौल में रियासत की बागडोर सँभाली जब मराठे, राजपूत, रोहिल्ले और मुग़ल दरबार से टूटकर अलग हुए निज़ाम—सब आपस में लड़ रहे थे। मुल्क में चैन और अमन कहीं मयस्सर नहीं था। थोड़े वक्त नहीं, पचास साल से ज़्यादा वे रियासत की मुख़्तार रहीं। उनमें आनेवाले वक़्तों की समझ थी और यह अन्दाज़ा था कि रियासत को क़ायम रख सकने के लिए मुल्क में क़दम जमा रही अंग्रेज़ों की नई ताक़त से दोस्ती करना ज़रूरी था। उन्हीं के ज़माने में अंग्रेज़ों की तरफ दोस्ती का हाथ बढ़ाया गया और उनसे समझौते किए गए जिससे अंग्रेज़ जब ताक़त में आए तो उन्होंने रियासत भोपाल की पुश्त-पनाही की और बार-बार काम आए। इसी पॉलिसी को आगे हुकूमत करनेवाली बेगमों ने अपनाए रखा।''

उस उम्र में शप्पा दादा की बातें और इतिहास का फैलाव समझ पाना आसान काम नहीं था। वे जो नाम ले रहे थे, कभी भूले-भटके सुने हुए होने के बावजूद हमारे लिए अजनबी थे। मुग़ल, पठान, अंग्रेज़, मराठे तब तक हमारी शिक्षा में नहीं थे, और अफवाहों की तरह, उस उम्र में उनकी बातें सुनकर भुला दी जाती थीं।

''तुम तो ऐसे यकीन से कहते हो,'' दादी ने जैसे हमारे दिल की बात जानकर डाँट लगाई थी, ''जैसे ख़ुद अपनी आँखों से देखा हो! जाने क़हाँ का सच-झूठ और मनगढ़न्त!''

''मनगढ़न्त नहीं बिया,'' शप्पा दादा ने सादतमन्दी से कहा था, ''ये जो तुम मुझे मोटी-मोटी किताबें पढ़ते देखती हो, उन्हीं में दर्ज है यह सब!''

दादी ने अविश्वास से गर्दन हिलाकर हुँकार भरी। ''अरे भाई,'' दादा ने समझाया था, ''तुम नवाब साहब के होने से तो इनकार नहीं कर सकतीं न? न उनकी अम्माँ, नानी और परनानी से और न उनके बुज़ुर्गों से? बस उन्हीं सबके किस्से-कहानियाँ हैं ये!''

''इत्तफ़ाक़ देखो'', शप्पा दादा ने दोबारा हम लोगों को सम्बोधित किया—''चार बेगमों यानी कुदसिया, सिकन्दर शाहजहाँ और सुल्तानजहाँ के बाद रियासत का तेरहवाँ हाकिम मर्द, यानी नवाब हमीदुल्लाह खान हुए। अंग्रेज़ तो वैसे भी तेरह अंक को मनहूस मानते हैं! पर ऐसा ही कुछ हुआ भी, और हमीदुल्लाह के साथ ही, यह और मुल्क की सारी रियासतें ख़त्म हो गईं! मगर उससे पहले चारों बेग़मों ने अपने ढंग और शान से यहाँ हुकूमत की, और उन सबको ग़लत साबित कर दिया जो औरत को मर्द से कमतर समझते थे और कहते थे कि औरत, वह भी मुसलमान और पठान, हुकूमत का काम कर ही नहीं सकती।''

शप्पा दादा बात करते-करते कहीं खो गए थे।

''तुम लोग,'' उन्होंने जोड़ा, ''बड़े होकर मेरी किताब पढ़ना और आप ही अन्दाज़ लगाना।''

यह एक मुद्दत पुरानी याद है। इस बीच समय के साथ बहुत कुछ बदल गया है : शहर भोपाल भी और मुहल्ला छावनी वलायतियान भी। शप्पा दादा और दादी को गुज़रे एक ज़माना होने को आया और आज शायद मैं सही तौर पर यह भी न बता पाऊँ कि उनका मकान वहाँ ठीक किस जगह पर था।

मैंने तरह-तरह से मालूम करने की कोशिश की कि शप्पा दादा की उस किताब का क्या हुआ जिसे एक समय वे इतनी लगन से लिख रहे थे और जिसे पढ़कर उन्होंने हमसे, अपनी राय क़ायम करने को कहा था। वह किताब पूरी लिखी भी जा सकी या नहीं, कुछ पता नहीं चल पाया।

छप तो बहरहाल, वह नहीं सकी।

शादी के बहाने

सब कुछ तय हो गया था—उबटने की रस्म एक शादी हॉल से, मेहँदी दूसरी जगह से, निकाह शहर की ताजुल मस्जिद से। बरातियों को होटल इम्पीरियल सेब्र के क़रीब मिलना था और दूल्हा के साथ होटल तक जाना था। लड़कीवालों ने वहीं इन्तज़ाम किया था। वहीं से दुल्हन को रुख़सत किया जाना था। एक दिन बाद, उसी जगह रात को हमारी तरफ़ से वलीमे की दावत थी।

जगहें सब अच्छी थीं। ख़ास ध्यान गाड़ियों की पार्किंग की जगह का रखा गया था। खाने, डेकोरेशन, बिजली की सजावट का ज़िम्मा, इन कामों को करनेवाले भरोसेमन्द लोगों को दिया जाना था। खाने का मीनू तय होना था। और काज़ी साहब के दफ़्तर जाकर निकाह की काग़ज़ी तक़मील की जानी थी।

यह सब भागादौड़ी के काम थे, जिनमें मैं कुछ मदद नहीं कर सकता था। सो मुझे, मेरे लायक, शादी के कार्ड का ज़िम्मा सौंप दिया गया था। मेहमानों की लिस्ट चेक करना, लिफ़ाफ़े लिखवाना, और उनको सही पते तक पहुँचाना। मुझे घर की वह पुरानी लिस्ट थमा दी गई थी, जिसमें पिछले पचास सालों में, जो शादियाँ हुई थीं उनमें बुलाए जाने वाले नाम-पते थे।

यह छोटे भाई के बेटे की शादी की बात है, जो शहर के ही एक खानदान में हो रही थी। पिछले महीनों शादी की गर्मागर्मी रही थी। इसकी शुरुआत मँगनी के फ़ौरन बाद ही हो गई थी। यह घर के बड़ों के ज़रिए तय की गई शादी थी, और हमें यक़ीन था कि वह लोग भी इसमें शिरकत करने आएँगे, जो पाकिस्तान या खाड़ी के देशों में बस गए थे।

नामों की लिस्ट एक जिल्द में बन्द थी। उसमें नए नाम जोड़े जा सकने के लिए अभी भी सादा पन्ने मौजूद थे। इसमें कुछ नाम तो ऐसे भी थे जिन्हें कोशिश करने के बाद भी मैं याद नहीं कर पाया, और कुछ की याद ने दिल को अजीब तरह से उदास करके छोड़ दिया।

एकाएक ख़याल आया कि मेरे बचपन से लेकर लड़कपन और नौजवानी तक खानदान की शादियों के साथ, अगर मुझे कोई एक चेहरा जुड़ा हुआ याद था, तो वह नाइन बुआ का था।

उनका नाम इस मोटी लिस्ट में शामिल नहीं था।

याद आया, उनका सिर्फ़ एक हाथ था। लम्बा कद, इकहरी काठी। सिर हमेशा पल्लू से ढँका रहता। वे हमारे ख़ानदान की नाइन थीं और कोई भी शादी का रिश्ता उनकी मौजूदगी और हिस्सेदारी के बिना तय नहीं हो सकता था।

खानदान के तमाम जवान होते, या हो चुके, लड़के-लड़कियों की तमाम ख़ूबियाँ और खराबियाँ उन्हें याद होतीं। लड़कीवालों के दिल का हाल मालूम करके, लड़केवालों को बताना और फिर शादी के लिखित प्रस्ताव 'पैगाम' को, लड़कीवालों के घर लेकर जाना। लड़कीवालों की बातें लड़केवालों तक, और उनकी बातें इन तक इस तरह पहुँचाना कि दोनों में किसी तरह की ग़लतफ़हमी न पैदा हो! ये सब काम नाइन बुआ के होते। ये कोई आसान काम नहीं थे। एक शादी, खैरो खूबी (खैरियत) के साथ करा पाना, नाइन बुआ के लिए, एक आग का दरिया पार करने से किसी तरह कम न होता होगा। अगर सब कुछ ठीक-ठाक हो गया, तो उसका क्रेडिट घरवाले ख़ुद ले लेते थे, और कुछ ऊँच-नीच हुई, तो उसका ठीकरा फूटता था, नाइन बुआ के सिर।

रिश्ता पुख़्ता हो जाने, या मँगनी की रस्म अदा हो जाने के बाद भी नाइन बुआ के ज़िम्मे कई काम होते। उबटना, मेहँदी, निकाह, बरात, वलीमा, और दुल्हन वालों की तरफ़ से दी जानेवाली जुमे की दावतों (किसी ज़माने में छुट्टी के दिन यानी जुम्मे के दिन होने के कारण शायद इसे यह नाम मिला) का इज़्न 'न्योता' भी नाइन बुआ ही, ख़ानदान के घर-घर लेकर जाती थीं। उस ज़माने में ख़ास-ख़ास लोग ही कार्ड छपवाते थे या छपवा पाते थे।

उर्दू में एक कलमी लिस्ट तैयार की जाती थी। उसके साथ, दावत की तफ़सील और शिरकत की दरख़्वास्त होती थी। इसे लेकर नाइन बुआ घर-घर घूमती थीं और लोगों की स्वीकृति (साद) उनके हाथों से दर्ज करके लाती थीं। फिर एक ज़माना आया जब कार्ड छपवाए जाने लगे थे। अब वे कार्डों की थप्पी थामे सारे शहर और गली-मुहल्लों में उन्हें बाँटतीं। बाद में, जोड़े लड़का-लड़की की मर्ज़ी से या ख़ानदान के बुजुर्गों द्वारा तय होने लगे थे। लेकिन तब भी, नाइन बुआ ही, एक वकील की तरह, लड़के का पर्चा लेकर, लड़की के घर जाती थीं।

एक चूक मुझसे हुई कि बुजुर्गों से यह पूछ न सका कि उनकी सारी मशक्कत के एवज़ में नाइन बुआ को जिसे वे ख़ुद 'इनाम' कहती थीं, दिया क्या जाता था?

नाइन बुआ अपनी तारीफ या आलोचना से हमेशा अनछुई नज़र आतीं। उन्हें सिर्फ़ अपने काम से काम रहता था। कभी-कभी ऐसा भी होता कि उन्हें दो या तीन शादियों की ज़िम्मेदारी एक ही समय में निभानी पड़ती। और वे उस ज़माने के छोटे ही सही, मगर पूरे शहर में एक हाथ से सिर पे साड़ी का पल्लू खींचे चकराती फिरतीं।

नाइन बुआ की दिली-ख़्वाहिश थी कि वे मेरे लिए लड़की ढूँढ़ें। मैं उनसे

इन्तज़ार करने को कहता, तो वे उदास हो जातीं। मेरी वह उम्र ऐसी नहीं थी कि उनकी उदासी को संजीदगी से ले पाता!

हद यह, कि मैंने शायद ख़ुद अपनी शादी पर भी उनके न होने को पूरी शिद्दत से महसूस नहीं किया। वे और उनके ज़माने की यादें तेज़ी से धुँधला रही थीं!

नाइन बुआ भी, साफ़-सुथरे नीले आसमान, हरे घने सायादार दरख्त, खपरैल के कच्चे मकान, बैलगाड़ी, साइकिल, ताँगे, आलस, फुर्सत, खुश होने की मुहलत, मेहमानदारी, त्योहार और एक-दूसरे की ख़ुशी में शामिल होने की बेताबी की तरह ही तेज़ी से धुँधली पड़ रही थीं। शहर में होनेवाली शादियों से और दुनिया से रुख़सत हुए तो उन्हें एक ज़माना बीत ही चुका था।

मुझे याद है कि आपा की शादी में उन्होंने कितना बड़ा काम किया था।

आपा की शादी हमारे तायाज़ाद भाई से हुई थी। इतना ही नहीं, ताई भी अम्मा की सगी बहन थीं! साइंस और कुछ लोग, ऐसे रिश्ते के बारे में, जो भी कहें, सच यह है कि मुसलमानों में इतने क़रीबी रिश्ते में भी शादियाँ होती हैं और ऐसा होना पसन्द किया जाता है। यह अलग बात है कि मैं ख़ुद इसका समर्थन नहीं करता।

यह तब की बात है, जब भोपाल रियासत तो ख़त्म हो चुकी थी, मगर न मध्य प्रदेश बना था, न भोपाल उसकी राजधानी। रियासती माहौल और मिज़ाज अभी उसी तरह बरक़रार था। न शहर की सारी दीवारें टूटी थीं, न दरवाज़े। वही सँकरी गलियाँ, कच्ची-पक्की सड़कें, वही गिनती के ताँगे, वही पुराने शनासा चेहरे।

भोपाल का मध्य वर्ग ग़रीब ही था। और यहाँ झूठी शानो-शौकत और दिखावा भी नहीं था। यहाँ हकूमत करनेवाले पठान थे। पठान सादा मिज़ाज़ होते हैं। इससे भी बढ़कर यह कि यहाँ की हाकिम बेग़में रही थीं। शायद इस वजह से भी कई बुराइयाँ यहाँ नहीं पनप पाई थीं। कुल मिलाकर, यहाँ के लोगों में एक तरह की सादगी थी जिसका असर यहाँ के लोगों में एक तरह की सारंगी थी जिसक़ा असर यहाँ की शादियों में भी नज़र आता था।

आपा, हम तीन भाइयों में अकेली बहन थीं—हम सबकी लाड़ली। अब उनकी शादी हो रही थी, तो हम सब ही ख़ुश थे। हफ़्ते पहले से, मेहमान आना शुरू हो गए थे। उबटन पीसा गया था। लड्डू बने थे। गाने-बजाने का माहौल था। आपा की 'कोना बिठाई' रस्म हुई थी। इसमें उनकी हमउम्र लड़कियाँ उनके साथ थीं। मेहँदी की रस्म हुई थी, जो मेरी हथेली पर भी लगाई गई थी। आपा का दहेज़, बरात से एक दिन पहले, सड़क के पार उनके ससुराल पहुँचा दिया गया था! यह वही घर था जिसमें खेलते ख़ुद मेरा आधा बचपन बीता था।

इस अदला-बदली ने मेरे मन में अन्देशे बोना शुरू कर दिए थे। बरात के स्वागत के लिए घर में तो.जगह थी नहीं। बाहर सड़क पर टेन्ट लगाकर दूल्हे के लिए तख़्त, और बाक़ी लोगों के लिए फ़र्श पर बिछामत की गई थी। और तकिए लगाए

गए थे। शाम के तीसरे पहर, सड़क पार करके बरात आ पहुँची थी, क्योंकि अब्बा चाहते थे कि अँधेरा होने से पहले मग़रिब की नमाज़ के बाद, रुख़सत हो जानी थी। टेन्ट में काज़ी साहब ने निकाह पढ़ाया, फिर दूल्हा सलाम के लिए औरतों में गया। और उसके बाद आपा, हमें छोड़कर उसके साथ रवाना हो गईं।

किसी से जीते–जी बिछड़ने का यह मेरा पहला अनुभव था। इसे मैं पूरी तरह से समझ तो नहीं पाया था। लेकिन उदासी ने मेरे अन्दर ऐसी गहरी जड़ें उतारी थीं कि आँसू बह निकले। मैं भागकर कमरे में छिप गया। मगर नाइन बुआ ने मुझे देख लिया! वे अपना काम छोड़कर मुझे ढूँढ़ती हुई कमरे में आईं। और अपना इकलौता हाथ, मेरे सिर पर रखकर, दिलासा देने लगीं।

फिर और लोग भी कमरे में आ गए थे।

आनेवाले दिनों में मेरे पास इस असलियत से समझौता करने के सिवा चारा नहीं था, कि आपा अब सड़क पार, ताया अब्बा के घर में रहेंगी और वही उनका घर है। वे हमारे यहाँ आएँगी, मगर लौटकर अपने ही घर जाएँगी, और वहीं रहेंगी।

जुदाई का वह पहला एहसास और सिर पर नाइन बुआ का स्पर्श, आज भी मेरे भीतर, उसी ताज़गी के साथ पैवस्त है।

बहुत सारी शादियाँ, अभी तक की उम्र में मैंने देखीं, उनमें शिरकत की। और लगातार, अपने आसपास के बदलाव को, महसूस करता रहा। खुद अपनी बारी भी आई थी और शादी के बाद घर बस गया था। उस वक़्त भी मुझे नाइन बुआ याद नहीं आई थीं।

वह तब याद आई थीं, और उनका वह हाथ, मैंने सिर पर दोबारा तब महसूस किया था, जब मैं अपनी बेटी को रुख़्सत कर रहा था! एक पूरी तरह बदली हुई दुनिया में, जब मेरी आँखें आँसुओं से लबरेज़ (भरी) थीं मुझे लगा था, नाइन बुआ मेरे सिर पर अपना वही इकलौता हाथ रखकर दिलासा दे रही हैं। वही नाइन बुआ, जिनका हवाला उस फेहरिस्त में कहीं दर्ज नहीं था, जो पिछले पचास साल में हुई शादियों के रिकॉर्ड की शक्ल में मेरे सामने मौजूद थी।

चन्दा

ज़माना बदल रहा था, यह कहते हुए ख़याल आता है कि बदलना तो ज़माने का काम ही है, और वह एक-सा कब रहा है! फिर भी जिस सन्दर्भ में मैं 'ज़माने' और 'बदलने' जैसे शब्दों का यहाँ प्रयोग कर रहा हूँ, वह आज की दुनिया से बिलकुल जुदा, वह समय था, जिसमें मेरा बचपन बीता। मोटे-मोटे तथ्य याद करो तो भोपाल रियासत भारत में विलीन तो हो चुकी थी लेकिन न तो देश की नई सूबाबन्दी हुई थी और न उनमें से एक मध्य प्रदेश की, वह राजधानी बना था। बाक़ी जो कुछ हो रहा था या जो कुछ पूर्व में हो चुका था, उसे तटस्थतापूर्वक समझ सकने या ज़रूरी गम्भीरता से ले पाने की न तो मेरी उम्र थी और न ही बौद्धिक सामर्थ्य। मैं और छोटा भाई एक ऐसे स्कूल में पढ़ने को दाख़िल कर दिए गए थे, जिसमें शिक्षा का माध्यम अंग्रेज़ी थी। यह उस समय का, अपनी तर्ज़ का इकलौता मँहगा स्कूल था जिसमें बस की फ़ीस मिलाकर प्रतिमाह प्रति विद्यार्थी लगभग पन्द्रह रुपए फीस देनी पड़ती थी —कैम्ब्रिज स्कूल!

स्कूल, वहाँ के सहपाठी, पढ़ानेवाले और अनेकानेक लोगों का अपना एक इतिहास और उससे जुड़ी अनेकानेक यादें हैं, जो उसके लिए मौक़ा और मोहलत देखते हुए ही बयान की जा सकती हैं, जो मुझे लगता है, फिलहाल उपलब्ध नहीं है। अभी, इस पल मैं दरअसल चन्दा की बात करना चाह रहा हूँ, जो अब्बा के कारख़ाने पर काम करता था और जो मेरी स्मृति में ज़िन्दगी, ज़िन्दादिली और जिस्मानी चलत-फिरत के ऐसे उदाहरण की तरह मौजूद है जैसा उम्र गुज़रने को आई, आज तक दूसरा कोई नहीं मिल पाया। ड्यूटी का काम करने के साथ-ही-साथ वह अपने आसपास के लोगों की ज़रूरत, तफ़रीह या मनोरंजन के लिए कुछ भी कर सकता था, और ख़ासकर लफ़्फ़ाज़ी! वह जिसे कहते हैं 'हर्फ़ों का बना', चन्दा जैसे किसी नायाब चरित्र को बयान कर सकने के लिए ही ईजाद हुआ होगा!

मेरी उम्र आठ वर्ष, छोटे भाई शायद पाँच वर्ष, तो चन्दा भी बस 15 से 20 वर्ष के पेटे ही में रहा होगा।

यह उस बड़े बदलाव का ज़माना था जब भोपाल में लकड़ी चीरने के लिए

आराकशों की अड्डियों की जगह—जिसमें एक साधारणत: पुरुष आराकश ऊँचान पर और दूसरी, स्त्री आराकाश नीचे खड़ी होकर लम्बा आरा ऊपर-नीचे खींचते, और बहुत समय और मेहनत लगाने के बाद साइज की लकड़ी चीर पाते थे—तेज़ी से बिजली या डीज़ल से चलनेवाली आरा मशीनें लगना शुरू हुई थीं। अब्बा का लकड़ी का पीठा तब तक आराकशों की अड्डियों के सहारे चलता रहा लेकिन अन्तत: मार्केट में हाथ और मशीन के बीच मुक़ाबला होना ही था। जिसे मैदान में रहना था उसके लिए मशीन लगवाना बुनियादी शर्त ठहरता-ही-ठहरता था।

अब्बा ने अपनी पैतृक जायदाद में से एक सबसे मौक़े का घर, जो चौराहे पर था, शायद तीन या साढ़े तीन हजार में परिचित को बेचा था और अपनी आरा मशीन की ख़रीदारी का डोल डाला था। उसी सिलसिले में पहली बार दिल्ली, पहाड़गंज और सुग्गा कम्पनी के नाम सुनने को मिले थे। मशीन का ऑर्डर दिया गया होगा, मशीन आई होगी, इसकी याद मुझे विस्तार से नहीं है। हाँ! वह ऊँचा टिन का शेड और उसमें खड़ी आरा मशीन ज़रूर याददाश्त में नक्श है। मशीन पर चढ़नेवाली आरी, सानग्राइंडर पर रखकर लगाई जाती धार, बोर्ड पर मशीन स्टार्ट करने का 'ग्रीन' और बन्द करने का 'रेड' स्विच, इंजन स्टार्ट होने की 'धूँ....धूँ' की आवाज़ें, पुलियाँ, पट्टे, आरी टूटने की सड़ाके की आवाज़! कहाँ वह सीधी-सादी अड्ड्याँ, जिन पर दो-दो आराकश, पसीना बहाते, जुटे रहते थे और कहाँ यह पूरा तामझाम का कारख़ाना, और उसमें काम करनेवाले मिस्तरी, हेल्पर, मज़दूर!

मशीन आने के साथ, अभी तक अडिड्यों पर काम करनेवाले आराकश, अब्बा के और अन्य कई पीठों के, बेकार हो गए थे और मशीन के मिज़ाज और काम की ज़रूरत के अनुसार नए लोगों को नौकर रखा गया था। चन्दा उसी सिलसिले में कारख़ाने (आराकश का पीठा, तो आरा मशीन का कारख़ाना) का सदस्य बना था। उससे पहले वह कहाँ था और संसार में क्या करता रहा था, यह जब तक, मौक़े पर ख़ुद ही ज़ाहिर नहीं हुआ, हमने पूछा भी नहीं या कभी पूछने का ख़याल आया भी होगा तो लगा होगा, जैसी उसकी फ़ितरत थी, गिनवा डालेगा कि उससे पहले वह कहाँ-कहाँ काम करके, किन-किन पीठेवालों को कारख़ानेदार बनवा चुका था!

चन्दा स्वभाव का चंचल, चुलबुला और हँसोड़ तो था ही, कद-काठी और सूरत-शक्ल भी उसने अच्छी पाई थी। सिर के बाल घने और काले, जो उस ज़माने के रिवायती फ़िल्मी नायकों की तरह रूखे थे और लापरवाही से माथे पर बिखरे रहते थे। आँखें उसकी शरारतों के दो फव्वारे थीं, ठहाका जानदार और चेहरे पर हमेशा खेलती मुस्कान का भाव, जो किसी भी अजनबी को पलक झपकते पटाने में सक्षम था। पहनने को वही मोटा-झोटा, सूती कमीज़ और चौड़े पायँचे का सफ़ेद लट्ठे का पाजामा या ड्यूटी करते ऊपर कुछ बंडी जैसा और नीचे जाँघिया जैसा निक्कर। लेकिन उसके हाव-भाव में कुछ ऐसा अपनापन और आकर्षण था कि ये कमियाँ नज़र ही नहीं आती

थीं, इसलिए भी शायद कि उस ज़माने में समाज के बड़े वर्ग का पहनावा था ही यही कुछ! खादी में अभी वह विशेषता शेष थी कि उसमें सही अर्थ में आदर्शवादी या ग़रीब समाज, दोनों तन ढँकने की आसाइश और इज़्ज़त की दृष्टि से देखे जाने की गुंजाइश पा सकते थे। यह धीरे-धीरे समझ में आया कि हज़रते चन्दा ने मिज़ाज भी ख़ासा आशिक़ाना पाया था और छुट्टी-फ़ुरसत के पलों में पड़ोस के घरों की औरतें उससे खुलकर गपशप के मज़े लेती थीं। कुछ साथ बिठाकर खिलाती-पिलातीं और राजो-न्याज का साझा भी करती थीं। इसमें सबसे अधिक सहायक चन्दा का बोलचाल का गँवई लहज़ा होता जिसमें हमारे इलाके की बाखलों में बसनेवाले कोष्टे और उनके परिवार, निजता की बास और अपनापन पाते।

यह तब रुककर कभी ग़ौर ही नहीं किया कि चन्दा की बोलचाल कारख़ाने में काम करनेवाले बाक़ी ज़्यादातर लोगों से, जिनका सम्बन्ध भोपाल या पास-पड़ोस के गाँव-गाँवड़ों से था, एकदम भिन्न क्यों थी!

यहाँ, उस ज़माने के शहर, जबकी मैं बात कर रहा हूँ, और हमारे मुहल्ले की बात, थोड़े विस्तार से करना ज़रूरी लगता है, इसलिए कि जिन्होंने उसे आँखों से नहीं देखा वह आज सारे ज़माने के बदलाव के कारण, उसकी सही-सही कल्पना शायद ही कर पाएँ।

फ़सीलों के भीतर, दरवाज़ों वाले शहर, उसके महल, बाग़ और क़िलों को उनकी हालत (अब, वह जो भी हो गई हो!) पर छोड़कर किसी समय रहे इतवारा दरवाज़ा के बाहर जो आबादी थी, जिसमें अजायबघर की ख़ूबसूरत लाल इमारत और उसके गिर्द फैला बाग़ और मैदान था और जहाँ से कुछ ही फ़ासले पर शहर भोपाल का रेलवे स्टेशन, यह सब हमारे पास-पड़ोस में था। शहर आने-जानेवाला, कोई भी छोटा या बड़ा आदमी, उस ज़माने में भारत टॉकीज के सामने से होकर, हमारे घर के चौराहे से गुज़रे बग़ैर शहर में अपनी हाज़िरी ही दर्ज नहीं करा सकता था! भारत टॉकीज को भी बने तब थोड़ा ही समय हुआ था और उसके पास-दूर फैले कंछवाड़ों का सिलसिला था, जहाँ तब भी खेती होती थी। अब पुराना और बोसीदा हो चुका कैपिटल होटल तब बनना भी शुरू नहीं हुआ था और जिस ग्रांड होटल के सामने का हवाला दिए बिना आज मेरी डाक मुझ तक नहीं पहुँच सकती, उसका ब्लूप्रिंट बनना भी अभी दूर था : होटल की जगह एक बड़ा 'सरकारी' घूड़ा हुआ करता था, जिसकी तीन फीट ऊँची, चूने-पत्थर की चुनाई की फ़सील से हदबन्दी थी, और मुहल्ले के लोग अपने घरों का कचरा ला-लाकर उसमें डाला करते थे। फिर किसी अच्छे मुहूर्त में, कभी म्यूनिसिपल की अटाला ट्रैक्टर-ट्रॉली भी वहाँ आकर रुकती जिस पर सर्कस के जोकरों की वेश-भूषा में, फावड़े, तगाड़ी और टोकरियाँ लिये कचरा लादनेवाले मज़दूर भी सवार होते थे और पूरी लगन से घूड़े की सफ़ाई का अपना ज़िम्मा निभाने का प्रयास करते थे।

इस घूड़े के पहले, एक तीन फीट की रेंगली छोड़कर, इस इलाके की अकेली किराना की दुकान थी जिसमें वाजबी ज़रूरत का सामान और बच्चों के लिए टॉफी, सन्तरे की गोली, गटागट इत्यादि उपलब्ध रहते थे लेकिन जिसकी कम-ग्राहकी के कारण बन्द हो जाने के अन्देशे सबको लगे रहते थे। असल में जिनकी थोड़ी-भी कुछ हैसियत थी, वे अपने ही मुहल्ले में महीने की ख़रीदारी करना अपनी कस्रे-शान समझते थे, और ग़रीब-गुरबा से, जो वास्तव में वहाँ के रहने वाले थे, क़र्ज़ की उगाही एक मुश्किल काम था। इसी दुकान से सटे, दो-तीन सिर झुकाए कच्चे रिहाइशी घर थे जिनमें रहनेवालों ने घरों के बाहर बर्तन क़लई करवाने, फूटे बर्तन झलवाने और मिट्‌टी का तेल बेचने के लिए अपने-अपने ढंग से दुकानें फैला ली थीं। आगे चौराहा था। सामने की ओर बढ़ते जाओ तो मंगलवारा पहुँच जाओ, बाएँ यादगार शहजहानी पार्क और लेडीज़ हॉस्पिटल, और दाहिनी ओर स्टेशन की दिशा में, बाएँ हाथ पर भारत टॉकीज, और उसके सामने (जहाँ अब ख़स्ता और पुराना हो चुका कैपिटल होटल है, जिसमें किसी ज़माने की सारी, साहित्य जगत् से सम्बन्धित हस्तियाँ, शायर और अदीब-हद यह कि गजानन माधव मुक्तिबोध तक—ठहरा करते थे) छह या सात लकड़ी की बड़ी गुमटियाँ रखी थीं। कुछ पर चाय-बिस्कुट मिलने की सुविधा थी, तो कहीं पान-बीड़ी-सिगरेट, और इसी प्रकार, शायद कोई गुमटी ऐसी भी रही हो जहाँ खाने की व्यवस्था हो। दो लोग—वहीद दादा और इब्बू दादा—किराये पर साइकिल चलाते थे क्योंकि ताँगा महँगी सवारी था, आसानी से मिलता नहीं था और एक से अधिक लोग या महिलाएँ हों तो ही मुनासिब समझा जाता था। सो वहीद दादा-इब्बू दादा की अपनी-अपनी, साइकिल की गुमटियाँ थीं। सबसे महत्त्वपूर्ण यह कि घूड़े, परचून की दुकान और मकानों की पंक्ति के पीछे तथा गुमटियाँ शुरू होने से पहले की जगह के बीचोबीच से, एक बड़े पाट का, शहर का गन्दा नाला बहता था। दूसरे मौसमों में तो ठीक लेकिन इस नाले के असली करतब बरसात में देखने को मिलते थे, जब वह पूरा इलाक़ा उसके बहाव के रहमो-करम पर होता था!

अब हम अगर फिर से वापस मुड़कर, दोबारा घूड़े तक आएँ तो बरखेड़ी-ऐशबाग को जाती मेन रोड से कटकर, ठीक घूड़े के बाद एक रास्ता सीधा, गुमटियों के पीछे के इलाक़े में जाता था, जहाँ दाहिने हाथ पर हमारे ताया अब्बा का बड़ा मकान और उनके वह मकान थे, जिनमें बनी बाखलों में आमतौर पर कोष्टा समुदाय—कपड़ा बुनने वालों के परिवार रहते थे। ताया अब्बा का बड़ा घर और उसके चौतरफ़ खुले मैदान, जिनके छोर पर छुक-छुक करती रेलगाड़ी स्टेशन की दिशा में बढ़ती थी, वहाँ से छूट कर उस तरफ़ रवानगी डालती थी जहाँ बम्बई नाम का शहर था, जहाँ फ़िल्में बनती थीं, बरसात के बादल यलगार बोलने को जमा होते थे और जहाँ से जहाज़ों में बैठ कर हर साल लोग हज करने जाते थे, जिन सब बातों के बारे में कुछ तो हमने बड़ों की ज़बानी सुन रखा था और कुछ निकट ही भविष्य में सुनना था। वह ताया

अब्बा का घर, ख़ानदान और शहर में लक्कड़खाने के नाम से जाना जाता था और उसे सारे ख़ानदान की नज़र में केन्द्रीय महत्त्व प्राप्त था। इसकी हैसियत कुछ वैसी ही थी, जो आज शहर में बने बड़े शादी हॉलों की है कि ख़ानदान की ज़्यादातर ख़ुशी की वारदातें वहीं होती थीं! खुली जगह के साथ-साथ ताया अब्बा का दिल भी बड़ा था, और ऐसे मौकों पर वह रिश्तेदारों की रुपए-पैसे से भी मदद करते थे। उस घर के मेहमानख़ाने में हमेशा कोई-न-कोई ठहरा ही रहता था। हाँ, ताया अब्बा के घर से पहले ही और उससे लगा हुआ सड़क के किनारे औकाफ का वह प्लॉट था, जिसमें से होकर गन्दा नाला बहता था, जिसे पत्थर के पटियों से ढाँप दिया गया था और जिसमें अब्बा की आरा मशीन का शेड और लकड़ी जमा करके रखने की व्यवस्था थी।

मुझे अच्छी तरह याद है कि इस समय मेरा बुनियादी मुद्दा चन्दा की बात करना है लेकिन किसी व्यक्ति की स्मृति किन-किन ऊपरी तौर पर असम्बद्ध चीजों की याद में गुँथी होती है, यह अन्दाज़ा ख़ुद हमें तब तक नहीं होता, जब तक हम समग्रता में उस तक पहुँचने की ईमानदाराना कोशिश करके न देखें। सो, यह पचपन-साठ वर्ष पर फैला वह ज़माना है जब मैंने पहली बार चन्दा को देखा था और जिसे याद किए बिना अलग से मैं चन्दा को भी याद नहीं कर सकता!

दरअसल, हमारे स्कूल में अंग्रेज़ी की पढ़ाई थी, और अब्बा, अम्मा, भाई मियाँ या आपा, कोई अंग्रेज़ी पढ़ा नहीं था। हमें कोच करने की इस प्रकार व्यवस्था की गई कि स्कूल से छुट्टी के बाद हम एक टीचर के साथ, जो रिश्ते में हमारी बहन भी होती थी, स्कूल बस में ही उनके घर चले जाएँ, जो हमारे घर से क़रीब ही घोड़ा निखास, बाल विहार के पास था। वहाँ घंटा भर पढ़ने के बाद कोई घर से आकर हमें ले जाए। अच्छा सिलसिला बन गया और हमें टीचर के यहाँ से घर ले जाने का ज़िम्मा अब्बा के कारख़ाने में काम करनेवाले दो लोगों को सौंपा गया—चन्दा और दिलावर। सो, दोनों में से कोई नियत समय पर टीचर के घर आकर बाहरी दरवाज़े की साँकल बजाता और हम दोनों भाई अपने बस्ते-किताबें समेटकर बाहर आ जाते। वापसी साइकिल पर होती और आमतौर पर मैं साइकिल के पिछले कैरियर पर बैठता। एक-डेढ़ किलोमीटर का फासला पलक झपकते तय हो जाता और तरह-तरह के सेब और नमकीन की महक अपनी साँसों में खींचते, जो उस इलाक़े में थोक में बनते थे! हम घर पहुँच जाते।

दिलावर भी, शायद चन्दा के साथ ही कारख़ाने में नौकर हुआ होगा और उम्र में भी वह चन्दा जितना ही लगता था लेकिन वह स्वभाव का गम्भीर, साँवले रंग का एक मूडी व्यक्ति था और अपना नाम गम्भीर स्वर में—दिलावर खान कहकर बताता और इसी तरह औपचारिक ढंग से पुकारा जाना चाहता था। अच्छी लहर में होता तो मज़े की बातें करता वरना चन्दा के ही शब्द उधार लेकर कहा जाए तो

"दिलावर मियाँ को जब–तब बिच्छू डंक मार जाता है। इन्हें चढ़ता भी बहुत है, बिच्छू!"

इस उम्र में हम इस मुहावरे का पूरा–पूरा लुत्फ़ तो नहीं ले पाए लेकिन कुछ था चन्दा के स्वर की चुलबुलाहट में, कि अन्दाज़ा हो गया, बात ज़रूर मज़े की है।

टीचर के यहाँ से हमारे घर तक की सात से दस मिनट की साइकिल–सवारी में सबसे यादगार क्षण चन्दा के गाने के होते थे और साइकिल के पैडल मारता, वह न केवल अपनी पूरी ऊँची आवाज़ में बिना रुके गाता रहता बल्कि सड़क चलनेवालों के मनोरंजन के लिए करतब और ऐक्टिंग भी करता जाता। उसका मनपसन्द गाना तब ही कभी रिलीज़ हुई फ़िल्म 'श्री 420' का 'दिल का हाल सुने दिलवाला' हुआ करता था। वह जिस तरह से डूबकर गाता और पैडल मारकर मटकता और हाथ हिलाता, राह चलते लोग रुक जाते और काम करते लोग मुँह खोले देखते रह जाते। वह महज़ गाता ही नहीं, अलग–अलग साज़ों की आवाज़ें भी मुँह से निकालता जाता। तब शहर की सब्ज़ीमंडी मंगलवारे में उस जगह हुआ करती थी, जहाँ अब पुलिस–थाने की बिल्डिंग है, और वह रोज़ हमारे रास्ते में पड़ती थी। वहाँ भीड़ की वजह से साइकिल धीमी रफ़्तार से और बहुत देखभाल कर चलानी पड़ती थी। साइकिल के पैडल मारने की रफ़्तार और चन्दा के गाने में एक मज़े का तालमेल बना रहता था और साइकिल धीमी कितनी भी हो जाए, रुकती नहीं थी और गाने का तार टूटता नहीं था। खासतौर पर गाने का बन्द—'बूढ़े दरोगा ने चश्मे से देखा, ऊपर से देखा, नीचे से देखा...हाय ये तूने क्या कर डाला। ये तो था थानेदार का साला!'

हमारी उन दिनों की दिनचर्या में टीचर के यहाँ साइकिल पर घर वापसी और चन्दा का गाना और मज़ेदार बातें विशेष आकर्षण रखती थीं और जिस दिन हमें चन्दा की बजाय दिलावर खान के साथ आना पड़ता तो मज़ा किरकिरा हो जाता। ख़याल तो हम लोगों का वह भी रखते थे मगर अपनी तरह से। गम्भीरता से हमारी पढ़ाई के बारे में पूछताछ करते और बुजुर्गाना मशवरे देते कि दुनिया में सबसे अव्वल तालीम है और हमें अपना सबक़ दिल लगाकर याद करना चाहिए। दूसरे, क्योंकि वह ख़ुद भी नमाज़ पाबंदी से पढ़ते थे इसलिए ऐसा करने के फायदे बताते और हमें भी नमाज़ पढ़ने की ताकीद करते। हमें टीचर से छुट्टी पाने के बाद भी लगता ही नहीं कि फ्री हैं और घर पहुँचते–पहुँचते दिलावर खान हमारी पूरी क्लास ले डालते। वैसे, उनकी चन्दा से भी ज़्यादा पटती नहीं थी और अक़सर पीठ पीछे या मुँह पर भी वह उसे बुरा–भला कहा करते थे।

"देख यार दिलावर खान!" एकाध बार उनकी आपसी कहासुनी हमारे कानों में भी पड़ी थी, "अपन यार, गाँव–देहात के आदमी! जैसा था, बन गए। तुम्हारी तरह थोड़ी कि शहर के बड़े–बड़ों से रिश्तेदारी, जो पास तुम्हें बैठने भी नहीं देते!"

आने वाले समय में इस सच्चाई का खुलासा यूँ हुआ कि भारत-पाकिस्तान बनने या देश के विभाजन के दिनों में जब धर्म के नाम पर मार-काट चल रही थी, चन्दा अपने पुश्तैनी गाँव से जान बचाकर भोपाल भाग आया था, और तब से यहीं रह रहा था। ग्वालियर या सागर के क़रीब उस गाँव में चन्दा के अलावा परिवार में कौन-कौन था और उनका क्या हुआ, यह कम-से-कम मुझे, पूछ पाने का फ़ौरन ही अवसर नहीं मिला। न मैंने पूछा, न कभी चन्दा ने बीती ज़िन्दगी में गुज़री बातों को याद करने के योग्य समझा, जब तक कि वह सरसरी बातचीत में ख़ुद ही नहीं निकल आईं।

''चन्दा,'' एक बार हम दोनों भाइयों ने उससे सवाल किया, ''तुम्हारा पूरा नाम क्या है?''

चन्दा ने अपनी आँखों में शरारत के साथ हमारी ओर देखा, ''चन्दा पूरा ही तो है,'' उसने सहजता से कहा था।

''नहीं,'' हमने समझाया था, ''जैसे दिलावर का पूरा नाम दिलावर खान है या हमारे क्लास में भी सब बच्चों के नेम और सरनेम हैं। क्या तुम्हारा पूरा नाम चन्दा खान है?''

''ऐसे कोई कहे, तो कुछ भी कह ले,'' चन्दा ने लापरवाही से कहा था, ''चन्दा खान या चन्दा प्रसाद या दिल चाहे तो चन्दा राम। अपन किसको मना कर सकते हैं मगर असल तो चन्दा ही है।''

''अच्छा, यह बताओ,'' हमने ख़ुद ही किसी नतीजे तक पहुँचने की मंशा से पूछा, ''तुम्हारे अब्बा का क्या नाम था?''

''सब चुनुआ कहते थे, मेरे पैदा होने पर ही बुढ़ऊ ने अपनी पक्की रजिस्ट्री करा ली! बिना एक दिन को बीमार हुए, सब तुरत-फुरत...''

''और अम्मा?''

''इमरत कहलाती थीं। हिन्दू थीं या मुसलमान, यह पता नहीं, पूछ ही नहीं पाया! देवी-देवताओं और मक्का-मदीना के फोटुओं पर अगरबत्ती सुलगाते-सुलगाते आप भी धुआँ हो गई। मैं साल-छह महीने का था तब ही।''

''चन्दा ही पूरा है, भैया!'' चन्दा ने हमें दिलासा दिया, ''पहली का हो या चौदहवीं का, चन्दा चन्दा ही रहता है! अँधेरी रात में भी चन्दा के ही न होने की बात होती है! चन्दा से ज़्यादा पूरा क्या हो सकता है?''

आज इस कहे की याद जिन दार्शनिक वाहनों पर सवार होकर आती है सोच-समझ को एक शरीर, एक आत्मा की 'वाह' में परिवर्तित करती, उस उम्र में ऐसा होना सम्भव नहीं था! फिर भी अगर हमारे पास चन्दा की बात का जवाब नहीं था तो इसका मतलब यह नहीं कि हम उससे सहमत थे या वह हमारी समझ में आ गई थी।

''तुम्हारे रिश्तेदारों को भी...'' हमने धीमे-उदास स्वर में पूछा, क्या करें, उस ज़माने में छोटी उम्र में भी विभाजन, फ़साद, मार-काट की बात इस तरह ज़ेहन में

भर गई थी कि बाक़ी तमाम कुछ उसी के संग और उसी की रोशनी में सूझता था, "...वहाँ तुम्हारे गाँव में लोगों ने मार डाला?"

चन्दा हँसने लगा था, "यह रिश्तेदारों की अच्छी कही भैया ने!" उसने ख़ास ढंग से ठुंकी मारकर कहा था, "वहाँ मेरा था कौन, जो मारा जाता? माँ-बाप पहले ही ऐसी उम्र में ख़त्म हो चुके थे कि मुझे उनकी धुँधली-सी शक्ल भी याद नहीं। मेरा तो सब ही गाँववाले ख़याल करते थे, नहीं तो पालता-पोसता कौन! मन्दिर के सेहन में भी झाड़ू लगाता था और हाफ़िज़ जी के घर के बर्तन भी धो देता था। हिन्दू मुझे हिन्दू ही मानते होंगे जो न किसी ने आँख उठाकर देखा, न कभी भूले से मारने को हाथ उठाया। बाक़ी दंगे-फसाद, लूट-मार चल रहे थे, सब मेरी आँखों के सामने होता रहता था। बहुत बुरा लगता था मगर किसे रोक सकते थे। जब बहुत हो गया और देखते रहने का सब्र नहीं रहा तो मैं बिना किसी से कुछ कहे, वहाँ से भाग निकला और एक चलती ट्रेन में बैठ गया। वह भोपाल रुकी तो दंगों में लुटे मुसलमानों को शरण देने के लिए प्लेटफॉर्म पर बहुत से मुसलमान जमा थे। उन्हीं लोगों के साथ एक जगह मैं भी ठहर गया, जहाँ खाने-पीने और रहने का इन्तज़ाम था। कुछ दिन तक वहाँ रहे, खाया-पिया फिर यह शहर अच्छा लगा तो यहीं रुक गए!"

उस कड़वाहट, आपसी शक-शुबह और दुश्मनी के ज़माने में कोई अपने अनुभव की बात यूँ बिना लाग-लपेट और नफ़रत के कर सकता था, सुनकर विश्वास कर पाना मुश्किल था। उस कम उम्र में हमें शायद यही लगा होगा कि या तो चन्दा की सोच-समझ में गड़बड़ है या फिर बाक़ी दुनिया हक़ीक़त का सामना करने के बजाय उसमें मनचाहे अफ़साने के रंग भरकर सारी बात करती है। विभाजन के इतिहास और अन्य ढेर सारी ज़रूरी-गैर-ज़रूरी बातें तो तब हम विस्तार से नहीं ही जानते थे और अगर जानते भी होते तो कौन-से चन्दा के हिम्मत-हौसले को सराहने की हैसियत में थे!

जुमलों और बातों में उलझकर मैं अपने उस ज़माने के मुहल्ले, घर, अब्बा के कारख़ाने और हमारी निजी ज़िन्दगी की छोटी-छोटी तफ़सील को अनदेखा नहीं करना चाहता लेकिन चन्दा के बारे में कुछ कहने में यह सब अड़चन न बने, इसका भी ख़याल है। सो, घर, मुहल्ला, दुनिया, चन्दा और हम, सब अपनी-अपनी तरह से बदल रहे थे। अब्बा या अम्मा तो पाबन्दी से सिनेमा जाते नहीं थे। भाईमियाँ के अपने दोस्त-साथी होंगे इसलिए हम दोनों छोटे भाइयों को अपनी निगरानी में हर महीने एक फ़िल्म दिखाने का ज़िम्मा चन्दा को सौंप दिया गया था! हमें बालकनी के टिकट के पैसे दिए जाते और चन्दा को निचली क्लास के लेकिन हम लोग अपने पास से पैसे मिलाकर चन्दा को भी बालकनी में ही बैठाते। फ़िल्म का आधा सुख तो चन्दा के मज़े-मज़े के कमेंट्स ही होते थे और उससे हटकर भी हमें ख़ुद बालकनी में और चन्दा का नीचे बैठना गवारा नहीं था।

फिर चन्दा की शादी भी हुई और रहने का इंतज़ाम भी कारख़ाने के पास एक कमरे में ही किया गया लेकिन उसकी बीवी के नाम या चेहरे की मुझे कोई स्मृति नहीं है। हाँ, उसका बेटा कल्लू ज़रूर याद है। दरअसल, अपनी–अपनी पढ़ाई में व्यस्त होकर हम अब्बा के कारख़ाने से दूर होते जा रहे थे और चन्दा भी कहीं और रहने लगा था। अब्बा के बाद उसने भोपाल और होशंगाबाद में लम्बे समय तक भाईमियाँ के लिए काम किया। जब–तब मिलना होता लेकिन यह ख़याल कभी न आता कि पुरानी यादों का चन्दा, उम्र के साथ कितना बदल गया है। उसके अन्दाज़ भी वही कि रस्सी जल भी गई तो बल न जाए!

भारत टॉकीज पुराना हुआ और शब्द 'टॉकीज' प्रचलन से बाहर भी, आज अंग्रेज़ी डिक्शनरियों में ढूँढ़ने पर 'टॉकी' यानी बोलती फ़िल्म तो मिल जाती है लेकिन 'टॉकीज', जो हमारे ख़याल में सिनेमा हॉल का पर्यायवाची था, भोपाल से लेकर भारत और लक्ष्मी तथा अल्पना, सब 'टॉकिज', नहीं मिलता! इधर गुमटियाँ, घूड़ा, परचून की दुकान और उनसे मिले तीन या चार रिहाइशी मकान पहले तो याददाश्तों का हिस्सा बने और फिर उनमें से ज़्यादातर याददाश्तें भी दुनिया ख़ाली कर गईं! कैपिटल और उसके बाद ग्रांड होटल बने और बनने के बाद आज तक पुराने और 'आउट ऑफ फैशन' भी हो गए। कुछ बचा रह गया तो ताया अब्बा का, दुनिया की भीड़ में ओझल होता, लक्कड़खाना या फिर हर बरसात में अपनी तानाशाही के जौहर दिखाता वह गन्दा नाला!

"आज दोपहर ऐशबाग के पास रेलवे-क्रॉसिंग पर ट्रेन की चपेट में आकर चन्दा भी गुजर गया," भाईमियाँ ने मुझे बताया, "उसे कम नज़र आने लगा था। सोचा होगा, इंजन से पहले पटरी क्रॉस कर लेगा, जो नहीं हो सका।"

उसका इकलौता बेटा कमर, जो एक खुशहाल कार्पेन्टर है, दफ़न की इत्तिला दे गया था।

"उसके बेटे को तो कल्लू कहते थे?" मैंने भाईमियाँ से पूछा।

"वहीं कमर से कल्लू कर दिया था लोगों ने!" भाईमियाँ ने बताया, "चन्दा ने उसका नाम अपने नाम पर रखा था—कमर यानी चाँद! नालायक बेटा निकला। बुढ़ापे में बाप को आराम नहीं दिया।"

तसबीह

"अभी दिन पड़े हैं," झुँझलाकर उसने साजिदा की तरफ़ देखते हुए कहा था—"मुझे सब याद है! बाद में देखा जाएगा।"

रमज़ान की एक सुनसान दोपहर जब वह बावर्चीख़ाने में छिपकर खाना खा रहा था, दबी ज़ुबान में साजिदा ने आनेवाले ख़र्चों का ज़िक्र किया था और वह झुँझला उठा था। वैसे अपने लहज़े में बढ़ती चिड़चिड़ाहट का उसे ख़ुद भी अच्छी तरह अन्दाज़ा था। किया क्या जाए! रोज़-रोज़ के तक़रीब-त्योहार और घर में लगातार बीमारियों का सिलसिला—कोई कहाँ से लाए? रोज़मर्रा का ख़र्चा चले, बच्चों की पढ़ाई-लिखाई और दूसरी ज़रूरतें पूरी हों या यह तक़रीब-त्योहार की ऐय्यासी की जाए! कल शबे-बरात थी, आज मीठी ईद है, कल बक़रा ईद सिर पे सवार होगी। रही-सही कसर शादी की सलामियाँ और सालगिरहों के तोहफ़े पूरी कर देंगे। ऐसा कौन सा क़ारून का ख़ज़ाना आ गया है उसके पास!

क़दमों की आहट पर वह चौकन्ना हो गया। दालान में अम्माँजी धीरे-धीरे क़दम उठातीं ग़ुसलख़ाने की तरफ़ जा रही थीं। साँस रोके-रोके उसने साजिदा की तरफ़ देखा, वह मुस्करा रही थी। एक आग उसके सिर से पैर तक दौड़ गई—बिलकुल दूसरी अम्मी जी! दिल ही दिल में उसने साजिदा को लानत मलामत की। एक को उठाओ, दूसरी को बिठाओ। शादी के बाद ही उसके रोज़ा न रखने पर उसने एक मसला खड़ा कर दिया था। अम्माँजी से शिकायत और अपने घर लौट जाने की धमकी के बाद, एक लम्बे वक़्त में बड़ी मुश्किल से वह उससे समझौता कर पाई थी।

और यह क्या मज़ाक़ है! भीतर ही भीतर वह कुढ़ रहा था—वह ख़ुद अम्माँजी से झूठ बोलने पर मजबूर क्यों है? कह क्यों नहीं देता कि वह रोज़ा नहीं रख सकता?

वह नहीं कह सकता। हर साल उनकी बढ़ती उम्र के बावजूद वह अम्माँजी को रमज़ान के चाँद के इन्तज़ार में बच्चों-सा उतावला और बेचैन देखता है—पूरे घर की एक ख़ास तैयारी के साथ। चाँद की ख़बर के साथ ही घर का माहौल एकदम बदल

जाता है। बच्चे टोपियाँ लगाकर सलाम करते तराबियाँ पढ़ने मस्जिद की तरफ़ दौड़ जाते हैं। सहरी की तैयारी होने लगती है। अम्माँजी अपने हाथ से घड़ी का अलार्म, जिसे वे 'जाग' कहती हैं, सेट करके, घड़ी ख़ुद अपने सिरहाने रखकर सोती हैं। 'जाग' बजते ही वे ख़ुद उठकर सारे घरवालों को जगा देती हैं। चूल्हे के इर्द-गिर्द बैठकर सब लोग सहरी भी करते जाते हैं और एक-दूसरे से बातचीत भी। सुबह के नाश्ते और दोपहर के खाने का चूल्हा जलना बन्द, सिर्फ़ शाम को इफ़तार और खाने का ख़ास इन्तज़ाम किया जाता है। यह देखते हुए उसे अम्माँजी से अपने रोज़ा न रखने की बात कहने की हिम्मत न होती। काफ़ी दिनों तक तो मुरव्वत में ही वह सहरी को भी जागता और दिन में रोज़ा रखने का नाटक भी करता। फिर आख़िर में बहुत हिम्मत करके, अम्माँजी से यह कहते हुए कि दिन भर काम को थकन की वजह से उससे सहरी पे नहीं जागा जाता इसलिए बिना सहरी के रोज़े रखा करेगा, उसने सहरी के लिए जागना बन्द कर दिया था। अम्माँजी को तो शुरू में यह भी नागवार गुज़रा था। उनकी नज़रों में बिना सहरी के रोज़ा अधूरा होता है। रोज़ा अगर ख़ुदा का हुक्म और मुसलमानों के लिए फ़र्ज़ है तो सहरी सुन्नत यानी हजूर मुहम्मद का बताया हुआ तरीक़ा है। फिर आख़िरकार अपनी बात का उस पर असर न होते देख, वे चुप हो गई थीं। उनके लिए शायद यह भी बहुत था कि इस पन्द्रहवीं सदी में जब तमाम बातों का बिगड़ना एक आम बात हो गई है, उनकी औलाद बिना सहरी सही, रोज़ा तो रखती है।

घर में इस वक़्त रमज़ान की घनी दोपहरों की ख़रामोशी थी। भाई साहब और भाभी अपने कमरे में आराम कर रहे थे और बच्चे अभी स्कूलों से नहीं लौटे थे।

अम्माँजी अभी वज़ू करके नमाज़ और उसके बाद वज़ीफ़ा पढ़ने में लग जाएँगीं। वैसे भी उनका ज़्यादा वक़्त नमाज़ की चौकी पर ही बीतता है—ख़ासकर रमज़ान में। सामने दीवार पर टँगे दो क़तबे-एक मक्के, दूसरा मदीने का, अलमारी में रखा क़ुरान शरीफ़, पंज-सूरा और नज़र का चश्मा, अलमारी के ऊपर घड़ी, दवाओं का डिब्बा और कपड़े का एक बटुवा, जिसमें कतरी छालियाँ—कत्था और ज़र्दा रहता है। और एक काले दानों की तसबीह, जिसे अम्माँजी मुसल्ले पर बैठे या बिस्तर पे लेटे पढ़ती रहती हैं...

...यह तसबीह, बहुत पुरानी थी। उसे याद है, जब वह मुश्किल से आठ-दस साल का था, मामू ने हज से वापसी पर यह तसबीह अब्बा को तबर्रुक में दी थी। ख़ास बात यह थी कि इस तसबीह के बड़े दाने 'इमाम' में आँख लगाकर देखने पर अन्दर काबा-शरीफ़ दिखाई देता था। तब यह उसे एक चमत्कार लगा था जो कहीं बहुत अन्दर तक उस पर असर कर गया था। चोरी छिपे वह अब्बा की जेब से तसबीह निकालकर उस सुराहीनुमा इमाम में आँख लगाए काबा-शरीफ़ देखा करता और दिल ही दिल में कलमा पढ़ता रहता।

अम्माँजी ने अब्बा की मौत के बाद यह तसबीह ले ली थी और बीतती उम्र के साथ-ही-साथ उनका और तसबीह का रिश्ता गहरा होता गया था। ख़ाली वक़्त में अकेले, या आसपास घरवाले जमा हों तो भी उनकी उँगलियाँ तसबीह के काले दानों पर दौड़ती रहतीं—ख़ासतौर पर तब, जब उन्हें कोई उलझन या परेशानी हो।

"दुनिया की ज़िम्मेदारियाँ अल्लाह ने पूरी कराईं," वे अपने नाती-पोतों से खेलती, अपने छाल पड़े चेहरे पे मुस्कराहट के साथ कहतीं—"अब कुछ वक़्त उसके लिए भी निकल सके ताकि अपने गुनाहों की माफ़ी और मग़फ़िरत के लिए भी कुछ हो सके।"

"अरे अम्माँजी," एक बार उसने उनका दिल हल्का करने की कोशिश करते हुए कहा था—"आपने जो कुछ अपनी औलाद के लिए किया, वही क्या किसी इबादत से कम है। अब कुछ हम लोगों के लिए भी छोड़ दीजिए।"

"अल्लाह तुम सबको ख़ुश रखे," अम्माँजी और ज़्यादा संजीदा हो गई थीं—"तुम लोगों का किया ज़रूर काम आएगा। या क्या पता सिर्फ़ वही काम आए? लेकिन जो फ़र्ज़ तुम्हें पालना-पोसना, बड़ा करना था, वह तो पूरा हुआ, अब यह इम्तिहान आख़िरी साँस तक का है। और कुछ नहीं माँगती मैं ख़ुदा से इसके बदले बस जो गुनाह जाने-अनजाने हो गए उनकी माफ़ी, तुम लोगों के लिए ख़ुशहाली और बुराई से बचने की तौफ़ीक़।"

जैसे ये चीज़ें किसी से माँगने पर मिल जाती हैं। पीठे की बैठक में सिगरेट जलाते, उसके दिमाग़ ने वही दोहराया जो पहली बार अम्माँजी की बात सुनकर, सोचकर रह गया था। लेकिन अम्माँजी को किस तरह समझाया जाए!

दो नौकर पीठे के अहाते में बिखरे बाँस जमा रहे थे—इस बार का नीलाम! उसे झुरझुरी-सी दौड़ गई। लगता था सन्दल के लाटों की बोली लग रही हो। समझ में नहीं आता यह क़ीमतें कौन से आसमान पर जाकर रुकेंगी। और मज़ा यह है कि इसके बावजूद बाज़ार में ख़रीदारों की कोई कमी नहीं, जो रेल-पेल पहले थी, अब भी है। जाने लोगों के पास कहाँ से इतना आ गया है कि आलीशान कोठियाँ बन रही हैं, मोटरें, स्कूटर्स ब्लैक से ख़रीदे नहीं मिल रहे हैं और चेहरों की रौनक भी दिन-ब-दिन बढ़ती ही नज़र आती है। कारपेंटर हो या मेकैनिक, सबके लिए अरब के दरवाज़े खुल गए हैं। हर एक पासपोर्ट बनवाने और बाहर भागने के चक्कर में लगा हुआ है।

बहुत बेदिली के साथ उसने सिगरेट का आख़िरी कश खींचा।

फिर इन बढ़ी क़ीमतों और ग्राहकों के बाद भी, ख़ुद उसे अपना धन्धा पनपने के बजाय दिन-ब-दिन ठिठुरता क्यों लगता है? क्या यह सिर्फ़ उसका ख़याल ही है कि बीच दर्जे के व्यापारी धीरे-धीरे अपनी लागत ही खाने पर मजबूर होते जा रहे

हैं ? बड़े कारोबार वालों का धन्धा तो और भी बढ़ता, उनके ऊँचे ख़र्चों के बावजूद, अलग ही नज़र आता है जबकि ख़ुद उसे दिन-ब-दिन गुज़ारा होना भी मुश्किल लगता है।

सामने, सड़क के पार की मस्जिद आबाद थी और मुहल्ले के दो बुज़ुर्ग सफ़ेद दाढ़ियाँ, सफ़ेद कपड़े पहने दरवाज़े पर खड़े आपस में बात कर रहे थे। उसने खिड़की के बाहर सिर निकाला—मस्जिद के शीशे के मीनार धूप में झिलमिला रहे थे।

...वह बहुत छोटा था तब अब्बा ने यह मीनार शाही औक़ाफ़ के नीलाम से ख़रीदे थे। तब यह मस्जिद कितनी छोटी-सी थी। मीनार के शीशों को अब्बा के साथ उसने भी साबुन के पानी में ब्रश से रगड़-रगड़कर धोया था। उन्हीं दिनों अब्बा मियाँ कलकत्ते से मस्जिद के लिए छत से लगानेवाला बिजली का पंखा लाए थे। उस ज़माने में कितना कुछ मस्जिद के ही इर्द-गिर्द घूमता था। अब्बा मस्जिद की देख-रेख में सबसे आगे रहते थे। अब्बा की सारे मुहल्ले में कितनी इज़्ज़त थी। अब्बा जब तक ज़िन्दा रहे, घरवालों की ज़िन्दगी कितने आराम से बीती।

उदासी का एक लहरा उसे बहाकर ले गया।

अगर पूरी तरह पढ़-लिख लिया होता तो आज यूँ बाँस-बल्ली न बेच रहे होते! पछतावे ने उसे घेर लिया। इन जाहिल लक्कड़ बेचनेवालों के बजाय, समझदार लोगों में उठना-बैठना होता। अब्बा के धन्धे का जो छोटा टुकड़ा हाथ लग गया है, उसे ही काटते-कुतरते रहो। रमज़ान में खुल्लम-खुल्ला सिगरेट पीते हो, मस्जिद में भूले नहीं भटकते, बाप को मरे ज़माना बीता, चाहते हो सब तुम्हारी भी उन जितनी ही इज़्ज़त करें। क्यों करें जब तुम उनसे मिलते भी इस तरह हो, जैसे कोई एहसान कर रहे हो! दो लफ़्ज़ पढ़ लिए तो ख़ुद को अफलातून समझने लगे। फिर क्यों जब पिछले नीलाम में इनमें से एक ने तुम्हारी बोली पर बढ़कर बोली लगाई, तो इतना तैश आया ? तुम उन्हें छोटा महसूस कराओ, वे अपने ढंग से तुम्हें ज़लील करेंगे! खेल तो दो ही खेलते हैं।

ट्रक सड़क को रौंदते, बसें लोगों से खचाखच भरीं और थ्री-व्हीलर्स सड़क पर चलते लोगों की परवाह किए बिना, धूल और धुआँ उड़ाते उसके और मस्जिद के बीच सड़क पर अजीब लापरवाही से बीत रहे थे।

यह सब अपनी जगह लेकिन जो कुछ हुआ उसका वह ख़ुद कहाँ तक ज़िम्मेदार है ? किसे ख़बर थी चीज़ें इस तेज़ी से बदलेंगी कि साँस लेने या सोचने-समझने तक की मुहलत नहीं मिलेगी। अब्बा की मौत, भाई साहब का धन्धे से दिल उचटना, ख़ानदान की ज़िम्मेदारी और ठप होता धन्धा, उसका कॉलेज छोड़ पीठे पर आ बैठना—सब-कुछ जैसे पलक मूँदते हो गया। पिछले कुछ साल से अब फिर भाई साहब धन्धे में उसका कुछ-कुछ हाथ बँटाने लगे हैं, लेकिन इसी बीच उनकी

औलादें बड़ी होने को आ गईं, ख़ुद उसकी शादी और दो औलादें हो गईं, और एक पूरा ज़माना ही लगभग गुज़र गया। उसकी बीवी—साजिदा, जैसी आमतौर पर पढ़ी-लिखी लड़कियाँ होती हैं, मौजूदा ज़िन्दगी और हालात को देखते हुए शायद ठीक थी, लेकिन उन दोनों के सोचने-समझने में बहुत फ़र्क़ था। शादी अम्माँजी की पसन्द से हुई थी इसलिए साजिदा और अम्माँजी की तबीयत एक-सा होना हैरत की बात नहीं थी। यह दूसरी बात है कि ऐसा होना ख़ुद उसकी ज़िन्दगी के लिए बड़ी अड़चन बन गया।

नज़र दौड़ाकर उसने देखा—आगे सड़क पर पान-सिगरेट की दुकान इस वक़्त बन्द थी और चाय की गुमटी के सामने भी पर्दा लटका हुआ था—रोज़दारों के एहतिराम और ख़याल की ख़ातिर।

पहली बच्ची की पैदाइश के कुछ ही महीनों बाद जब पता चला था कि साजिदा फिर से माँ बननेवाली है, तो उन दोनों के बीच ठन गई थी। उसने साजिदा से एबॉर्शन कराने को कहा था जबकि साजिदा के लिए मज़हब के नज़रिए से यह क़त्ल के बराबर ही जुर्म था। वह अपनी बात पर अड़ गया था कि मज़हब, ख़ुदा-रसूल अपनी जगह, उनके हालात इतनी जल्दी दूसरे बच्चे की इजाज़त नहीं देते। हफ़्तों की ठंडी जंग, छिप-छिपकर रोने-पीटने के बाद आख़िरकार साजिदा ने हार मान ली थी और इससे पहले कि किसी के कानों में भनक भी पड़े, उसने साजिदा को एक प्राइवेट नर्सिंग-होम ले जाकर डी.एन.सी. करा दी थी। बाद में शायद यह बात अम्माँजी के कानों तक भी पहुँची थी, लेकिन उन्होंने साजिदा से कुछ कहा हो तो पता नहीं, उससे इस सिलसिले में कोई बात नहीं की।

इस तरह ही सही, साजिदा ने कुछ तो उसका कहा किया। और शायद इसी का नतीजा था कि एक बार बाद में फिर, जब कुछ गड़बड़ मालूम हुई तो पहले की तरह आनाकानी करने के बजाय साजिदा ने ख़ुद ही नर्सिंग-होम का मशवरा दिया था। बहुत न सही, उसने अहाते में फैले बाँस जमाते नौकर को आवाज़ देकर सामने की गुमटी से चाय लाने को कहते हुए सोचा—साजिदा पिछले सालों में कुछ तो बदली है। अम्माँजी का जन्नत-जहन्नुम छोड़कर कुछ तो उसके साथ दुनिया में साँस लेना सीखी है। इतना तो मानना पड़ेगा, उसने सोचा।

साजिदा जब कमरे में दाख़िल हुई तो दीवान पर लेटे-लेटे उसकी आँख लग गई थी। इफ़्तार और खाने के बाद वह कमरे में आ गया था और साजिदा को नमाज़ और उसके बाद सहरी की तैयारी में देर हो गई थी। उसके बाज़ू में वह पुरानी फ़िल्मी मैगज़ीन पड़ी थी, जिसके पन्ने आँख लगने से पहले वह यों ही पलटता रहा था। साजिदा के पास बैठने से वह चौंककर जागा था और नींद भरी आँखें पटपटाकर उसकी ओर देखने लगा था।

"थक गए," नमाज़ के लिए सिर पर कसकर बाँधा दोपट्टा ढीला करते हुए साजिदा मुस्कराकर उसका सीना थपकती बोली।

"मैं क्यों थकूँ!" उसके लहज़े की चिड़चिड़ाहट उभर आई—"सारी नेकियाँ ढोने का ठेका तो तुमने ले रखा है।"

"लो," उसके लहज़े को नज़रअन्दाज़ करते हुए साजिदा ने हँसकर कहा—"दिन भर तो वहाँ पीठे पर उठा-धरी करते रहते हैं, थकेंगे नहीं तो क्या? और दिन कैसा बीता?"

"क्या मतलब?" झुँझलाहट में कोई फ़र्क़ नहीं आया।

"ग्राहकी? आज दिन की बिक्री कैसी रही?"

"कह चुका हूँ जितने की ज़रूरत हो, साफ़ बता दो। घर पर भी बातें करने को एक बहीखाता ही बचा रह गया है!"

उसके लहज़े की कड़वाहट ज्यों-की-त्यों थी और साजिदा का सीना थपकता हाथ पलभर को रुक गया था। एक बोझिल सकता पड़ गया जिसके बाद बिना कुछ कहे, वह उसके पास से उठ गई। उसका उठकर जाना उसे अच्छा लगा...

...रमज़ान भर साजिदा की रोज़ा-नमाज़ की पाबन्दी, मुसलसल कुरान की तिलावत, जिस्म से उठती इत्र की हल्की-सी महक उसे अजीब तरह से पशेमानी में डाले रहती। पूरे महीने उसका जिस्म छूना भी उसे साजिदा की पाकीज़गी या संस्कार भंग करने-सा लगता। इस दौरान वह उससे एक नपी-तुली दूरी क़ायम रखता, हद यह कि सोता भी अलग दूसरे कमरे में...

कुछ ही पल बाद साजिदा लौट आई। उसके हाथों में प्लास्टिक के कुछ पैकेट्स और थैलियाँ थीं। बैठकर वह उसे बाज़ार से ख़रीदारी की तफ़सील बताने लगी—उन पैसों का इस्तेमाल जो उसने ईद के ख़र्चों के लिए दिए थे। वह बिलकुल किसी छोटी बच्ची की तरह एक-एक चीज़ खोलकर उसके सामने रख रही थी और वह साजिदा की गर्मजोशी को हैरत से तक रहा था...

...कितना वक़्त बीता उसमें आख़िरी बार उमंग या गर्मजोशी को जागे...न तो कोई चीज़ चौंकाती, न डराती, न ख़ुश करती, न उदास...सिर्फ़ एक चिड़चिड़ाहट है जिसने तमाम दूसरे भावों को धकेल बाहर किया है...

वह एक-एक ठंडी साँस भरना चाहता था।

"आप तो कुछ बोल ही नहीं रहे?" भाभी के कुरते का कपड़ा तह करते हुए साजिदा ने शिकायती अन्दाज़ में कहा, "कहती तो हूँ कि आप साथ बाज़ार चला कीजिए, आपकी पसन्द सबको अच्छी लगती है। अपन तो भैया, वैसे भी गँवार हैं। कुछ भी अच्छा नहीं लगा आपको?"

"नहीं, अच्छा है," लहज़े में ज़बरदस्ती थोड़ी गर्मजोशी पैदा करने की कोशिश करते हुए उसने कहा—"सब ठीक है।"

शायद जितने पैसे ख़र्च किए गए थे, उसके लिहाज़ से सब ठीक भी था। कटपीस में ख़रीदे कपड़े, सस्ते क़ीमत जूते–चप्पल, सस्ते मलमल के मर्दाना कुरते–टोपियाँ। यह अपनी जगह दूसरी बात थी कि ख़ुद उसकी और साजिदा की पसन्द में कोई मेल नहीं था। शायद ही कभी साजिदा का ख़रीदा हुआ कुछ उसे पसन्द आया हो। लेकिन अब मुद्दा पसन्द नहीं, ज़रूरत था।

"सचमुच अच्छा लगा?" साजिदा को यक़ीन नहीं आया था, "या यों ही दिल रखने को कह रहे हो?"

"सचमुच अच्छा है," कहते हुए उसने बात वहीं ख़त्म करना चाही।

"यह सब तो हो गया," सामान समेटते हुए साजिदा निरे–दुनियादारी लहज़े में बोली, "कुछ पैसे बच गए हैं तो शीर–ख़ुर्मा और बच्चों की ईदी हो जाएगी। कितना बड़ा काम हो गया ना?"

ख़ामोशी रही। साजिदा चुप बैठी कुछ सोच रही थी। वह चित लेटा छत को घूर रहा था।

"वह," गला खँखारते हुए साजिदा ने धीमी आवाज़ में रुकते–रुकते कहा, "वह अम्माँजी ज़कात का कह रही थीं।"

उसका बायाँ पैर आप ही आप हिलने लगा। अभी भी उसकी आँखें छत को तक रही थीं। कमरे में ख़ामोशी रही।

"भाई साहब से हिसाब लगवाया था उन्होंने," साजिदा ने दबी आवाज़ में आगे जोड़ा, "साढ़े सात सौ बनते हैं। अम्माँजी कह रही थीं कुछ और तंगी से गुज़र कर लेंगे लेकिन यह फ़र्ज़ अदा हो जाए तो उन्हें बहुत सुकून मिलेगा। ग़रीबों और कम–हैसियत लोगों का हक़ और ख़ुदा का हुक्म तो हमें पूरा करना ही चाहिए। और ज़कात की तो यह फ़ज़ीलत बयान की गई है कि जिस चीज़ पर अदा कर दी जाए, अल्लाह मियाँ उस पर आग, पानी, चोरी, डाका—सारे ख़तरे हराम फ़रमा देते हैं। इससे ज़्यादा किस चीज़ की तमन्ना की जा सकती है भला... ?" जैसे ही साजिदा की नज़रें उससे मिलीं वह एकदम गड़बड़ा गई, "अम्माँजी ही कह रही थीं।" अपनी आवाज़ एकदम से धीमी करते हुए उसने बात वहीं छोड़ दी।

"कहने दो अम्माँजी को!" लहज़े में इकट्ठा गुस्से को दबाते हुए वह बोला, "अम्माँजी को यह नज़र नहीं आता कि पाँच साल से घर की दीवारें क़लई को तरस रही हैं। घर मक़बरा लगने लगा है। पैसा हो तो मैं यह ज़रूरी काम न कराऊँ।"

कुछ देर को फिर सकता पड़ गया।

"मगर," ख़ामोशी तोड़ते हुए साजिदा ने दरख़्वास्त के लहज़े में कहना शुरू किया, "आप ज़रा अम्माँजी का भी तो सोचिए। जो लोग बरसों यहाँ से ज़कात पाते रहे हैं, रोज़ अम्माँजी को आकर घेर लेते हैं। दिन में कितनी औरतें आती हैं और वह

उन्हें यह कहकर टाल देती हैं कि ज़कात रमज़ान के आख़िरी हफ़्ते में निकलेगी। आख़िर उन सबको कैसे समझाया जाए?''

''कोई ज़रूरत नहीं समझाने की।'' अपने लहज़े की सहजता क़ायम रखते हुए वह बात ख़त्म कर देना चाहता था, ''हमारे हालात अब पहले जैसे नहीं। न पिछले साल ज़कात निकल पाई थी न इस साल निकलेगी।''

''लेकिन,'' कुछ पल की पसो-पेश के बाद साजिदा अटकते हुए बोली, ''जिन चीज़ों पर ज़कात बनती है वह तो देनी ही पड़ेगी।''

''यों कहो!'' तिलमिलाकर उसने तंज किया, ''अम्माँजी को बीच में क्यों घसीटती हो, कहो कि ज़कात का ठेका तुमने अपने सिर ले रखा है। पेट के तो लाले पड़े हैं, ऐसी कौन-सी चीज़ है जिस पर ज़कात निकलती है?''

''और तो आप जानें,'' साजिदा के लहज़े में थोड़ी सख़्ती थी, ''मेरे ज़ेवर हैं, सोना है, उन पर...''

''और,'' उसने पैर ज़मीन पर पटककर बैठते हुए ऊँची आवाज़ में कहा, ''अभी कुछ दिन पहले जब मुझे धन्धे में तुम लोगों के पेट पालने के लिए कुछ पैसों की ज़रूरत थी और मैं ये ज़ेवर कुछ दिन के लिए गिरवी रखना चाहता था, तब तुम्हारी सारी मुसलमानियत कहाँ गई थी? तब सारे अल्लाह-रसूल के हुक्मों को क्या हुआ था!''

''क़सम ख़ुदा की!'' साजिदा का गला रुँध गया, ''मैंने ज़ेवर नहीं कर दिए थे आपके हवाले? मना किया था मैंने या अम्माँजी ने?''

''जो भी है।'' उसने फ़ैसले के अन्दाज़ में कहा, ''मेरे पास नहीं हैं पैसे ज़कात-वकात के लिए।''

''देखिए,'' साजिदा का गला भर आया था और वह मिन्नत करते हुए कह रही थी, ''पिछले साल आपने मना कर दिया और ज़कात नहीं निकली, नतीजा क्या निकला? सारी ज़िन्दगी में, मैं आपसे क़सम खाकर कहती हूँ, कभी ऐसा नहीं हुआ कि मेरी कोई क़ीमती चीज़ खोई या चोरी हुई हो। अगर कभी हुई भी तो कुछ दिन, हफ़्ते—हद यह कि महीनों बाद भी वापस ज़रूर मिल गई। पिछले साल क्या हुआ? दुर्दाना की शादी में मेरी सोने की बाली जो खोई, वह वापस मिली? और उसी की क़ीमत साल भर की ज़कात से ज़्यादा रही होगी। ख़ुदा का हुकम...''

''चुप रहो!'' साजिदा शायद आगे भी बोलती, लेकिन वह गुस्से से बेक़ाबू होकर खड़ा हो गया, ''जाहिल! कम-अक्ल! अक़ीदों की अन्धी!! ज़कात नहीं दी इसलिए बाली खो गई। दिमाग़ से यह सारी जहालत निकालो, ज़मीन पर लौटो। ख़बरदार, जो अब मेरे सामने ज़कात की बात भी निकाली!''

यहाँ ख़त्म न होकर बात कहाँ तक जाएगी, यह अन्दाज़ा उसे नहीं था।

उस रात के पाँच-छह दिन बाद और ईद से दो-तीन दिन पहले दोपहर, जब वह घर पहुँचा तो अम्माँजी के कमरे में कुछ बुर्क़ापोश औरतें दिखाई दीं, जिनसे वह हँस-हँस कर बातें कर रही थीं। उसने झाँककर अन्दर देखना चाहा तो अम्माँजी ने पैरों की आहट सुन ली और आवाज़ देकर उसे अन्दर बुला लिया। उनके बताने से पहले ही वह उन फटे-पुराने चेहरों को पहचान गया जो हर साल रमज़ान में ज़कात पाने की उम्मीद लिए घर में नज़र आते थे और फिर साल भर के लिए खो जाते थे। हर साल इस भीड़ में कुछ पुराने चेहरे ग़ायब हो जाते और कुछ नए शामिल।

"माशा-अल्लाह!" एक बड़ी बी, जिन्हें अम्माँजी सुबहान आपा कहती थीं और जो एक ज़माने में घर की नौकरानी रह चुकी थी, उसके सलाम के जवाब में दुआएँ देती बोलीं, "अल्लाह मियाँ काम में और तरक़्क़ी और बरक़त दे। तुम्हें मैंने गोद में खिलाया है मियाँ, निहालचे में पोतड़े बदले हैं। इतने बड़े रहे होंगे जैसे अब यह तुम्हारी छोटी बिटिया है। अल्लाह काम में और तरक़्क़ी दे, मेरे बेटे को मालामाल रखे। अल्लाह हमारी उम्र भी तुम्हें दे दे। आमीन!"

अभी वह अम्माँजी के कान में कहना ही चाहता था कि इस साल भी ज़कात न दी जा सकेगी कि आस-पास जमा भीड़ दुआएँ देती, अम्माँजी से वापसी की इजाज़त माँगने लगी। उसने देखा अम्माँजी का चेहरा एक ख़ास दमक लिये, जिसमें इनकार की थकन या शर्मिन्दगी का कोसों पता नहीं, उन्हें वापसी की इजाज़त दे रहा है।

"फिर मौक़ा मिले तो आना सुबहान आपा," वह दोबारा आने की दावत ज़रूर दे रही थीं, लेकिन किस ख़ास काम से, यह उनकी आवाज़ में नहीं था।

वह उलझा खड़ा रहा। जब अम्माँजी अपने कामों में लग गईं तो वह चुपचाप बावर्चीख़ाने में घुस गया जहाँ साजिदा खाना निकाले उसका इन्तज़ार कर रही थी। ख़ामोशी के साथ उसने जल्दी-जल्दी खाना खाया, बग़ैर साजिदा की तरफ़ एक पल को देखे।

शाम बहुत मुश्किल से हुई। इफ़्तार और खाने के बीच भी वह बिलकुल ख़ामोश रहा और खाने के बाद अपने कमरे में जाकर बेचैनी से साजिदा का इन्तज़ार करने लगा। वैसे शायद उसके आने में रोज़ जितना ही वक़्त लगा हो लेकिन उसे महसूस होता रहा कि साजिदा जान-बूझकर देर कर रही है और उसके सामने नहीं आना चाहती। बच्चे कमरे में आए तो उन्हें भी उसने डाँटकर भगा दिया और सिगरेट पे सिगरेट पीता, उसके आने का इन्तज़ार करता रहा।

साजिदा कमरे में आई तो इशा की नमाज़ और तरावीह की पूरी तैयारी में थी। उसके चेहरे पर कुछ भी ऐसा नहीं था जिससे अन्दाज़ा हो सके कि कहीं कुछ रोज़मर्रा से हटकर हुआ था। उसे देखकर वह मुस्कराई और हमदर्दी में डूबा वही रटा-रटाया जुमला, "क्यों, थक गए?" दोहरा दिया। ख़ुद पर लाख क़ाबू पाने की कोशिश के बाद भी, उसके अन्दर का बाँध टूट ही गया।

"आज दोपहर को," अपने लहजे़ की सख़्ती को उसने ख़ुद भी महसूस किया, "वह सब औरतें अम्माँजी के कमरे में कैसे थीं?"

साजिदा ख़ामोश, बिना हिले-डुले, जैसी थी वैसी ही खड़ी रह गई।

"सुना नहीं तुमने?" आवाज़ ऊँची करते हुए उसने पूछा,—"चलो! निकलो बाहर!" बड़ी बेटी को कमरे में आते देखकर वह चिल्लाया, और वह रोती हुई पिच्छे-पाँव वापस लौट गई, "मेरी बात का जवाब दो?" साजिदा को धमकाते हुए उसने फिर पूछा।

"अम्माँजी ज़कात बाँट रही थीं," एकाएक साजिदा बहुत सधी और वज़नी आवाज़ में कहती हुई, बेटी को पकड़ने बाहर की तरफ़ मुड़ी।

"ठहरो!" उसने हाथ उठाकर हुक्म देने के अंदाज़ में कहा, "ज़कात बाँटने को उनके पास पैसे कहाँ से आए?"

"मैंने दिए," सीधे उसकी आँखों में देखते हुए साजिदा ने बहुत सधे लहज़े में कहा, "मेरे कान की जो दूसरी बाली बच गई थी, उसे बेचकर।" कहते-कहते ही साजिदा एकदम से डर गई। लपककर उसके पास जाते हुए उसने विनती करते हुए कहा, "क़सम है आपको जो आपने अम्माँजी से कहा। देखिए, ख़ुदा का हुक्म हम पर फ़र्ज़ है और वह तो एक ही बाली रह गई थी, मेरे किस काम आती? मैंने अम्माँजी से यही कहा है कि पैसे आपने..."

"और झूठ बोलना भी ख़ुदा-रसूल का ही हुक्म है!" उसने नफ़रत से फुफकारते हुए कहा, "तुम्हें अन्दाज़ा है तुम लोगों के पेट पालने के लिए मुझे क्या-क्या..."

"ज़रा धीरे!" उसे चीख़ते देख साजिदा ने आजिज़ी से कहा।

"मुझे किसका डर पड़ा है!" वह पूरी ताक़त से चीख़ रहा था,—"तुम्हें मालूम है, यही पैसे मेरे किस-किस काम आ सकते थे! खुदसर! करोगी हमेशा मनमानी! तुम्हारा मज़हब यही सिखाता है कि शौहर की हुक्मउदूली करो! यह सब नहीं चल सकता, चलो, इसी वक़्त अम्माँजी के सामने चलो।"

साजिदा की बाँह खींचता जब वह अम्माँजी के कमरे की तरफ़ जा रहा था, घर में हड़बड़ी मच चुकी थी। भाभी, "क्या हुआ मियाँ?" कहती लपकी थीं जिसे उसने अनसुना कर दिया था, बच्चे रोने लगे थे। सुबकती साजिदा को घसीटता जब वह कमरे में दाख़िल हुआ तो अम्माँजी, एक हाथ से बड़ी बेटी का सिर सहलाती, अपनी नमाज़ की चौकी पर बेचैन बैठी थीं। साजिदा का हाथ छोड़कर, वह दीवानों-सा उनके सामने बोलने लगा-अपनी पेशानी, मजबूरी और घरवालों की लापवाही के बारे में। अम्माँजी का एक हाथ बड़ी बेटी के सिर पर था और दूसरे की उँगलियों में तेज़ी से तसबीह गर्दिश कर रही थी।

"कोई मज़हब आँखें बन्द करके कुएँ में कूदने को नहीं कहता," वह ऊँची आवाज़

में बोल रहा था, अम्माँजी के सामने ज़िन्दगी में पहली बार। "कोई नहीं कहता ख़ुद भूखे रहकर दूसरों को भीख दो! और अगर कहता है तो मुझे ऐसे मज़हब से कुछ नहीं लेना। वह ज़माने गए जब दुआओं से सब मिल जाता था। मेरे बस का नहीं कि आप लोगों की सख़ावत और दरियादिली के लिए अपना ख़ून-पसीना एक करूँ। अम्माँजी, दुनिया बदल गई है—इस चार-दीवारी में बन्द आपको क्या मालूम, बाहर कैसी नफ़सा-नफ़सी है! मरते के मुँह में पानी डालनेवाला कोई नहीं। बहुत हो गया, ख़ुदा की क़सम मुझ पर रहम खाइए। किसी और की नहीं तो मेरी ख़ातिर ख़ुद को थोड़ा-सा बदलिए। और इसे!" साजिदा की तरफ़ इशारा करते हुए उसने कहा, "ख़ुदा के लिए इसे भी। मैं सच कहता हूँ, वरना एक दिन यह घर ही छोड़कर भाग जाऊँगा।"

वह बोले जा रहा था और साजिदा सिसकियाँ ले रही थी। सिर्फ़ अम्माँजी, होंठों ही होंठों में बुदबुदाती, उँगलियाँ तसबीह के दानों पर फेर रही थीं। लग रहा था जैसे, जो वह कहना चाहती हैं, वह अभी तक बुदबुदाते लफ़्ज़ों में इस तरह गड्ड-मड्ड हो गया है कि कुछ भी उनके मुँह के बाहर नहीं निकल पा रहा। होंठों पर कुछ आने के बजाय आँखों से मोटे-मोटे आँसू बहकर उनके चेहरे की शिकनों को गीला करने लगे थे। बेआवाज़ सिर्फ़ उनके होंठ हिल रहे थे।

एकाएक बहुत सारे काले-काले, गोल-गोल दाने उसे अम्माँजी के आस-पास तितर-बितर होते लगे। उसने घबराकर देखा—अम्माँजी के हाथ की तसबीह का डोरा टूट गया था और डोरे से निकलकर दाने चारों तरफ़ बिखर रहे थे। ख़ुद अम्माँजी इससे बेख़बर, आँसुओं में भीगी आँखों से हवा में तकती, उँगलियाँ तसबीह पर फेरे जा रही थीं। वह बड़ा दाना—काबेवाला तसबीह का इमाम, उसने देखा—धीरे-धीरे लुढ़कता, उसके पैरों के पास आकर ठहर गया है।

कोई चीज़ बहुत अन्दर तक उसे डरा गई। लगा वह अपनी जगह खड़े-खड़े पत्थर हो जाएगा।

रात काफ़ी बीत गई थी।

पिछले घंटों वह अकेला शहर के गली-कूचों में बेमतलब मारा-मारा फिरता रहा था—उन गलियों, उन रास्तों को नापता, जिनसे गुज़रे हुए भी एक ज़माना बीत चुका था, और जिनको इस बीच दोबारा देखने का कभी ख़याल भी नहीं आया था। सँकरी गलियों का वह बिखरा जाल, जिनसे स्कूल जाने का रास्ता आधा रह जाता था, वह सड़क और ढलान जिस पर उसने नई-नई साइकिल चलानी सीखी थी, वे चौराहे जिनका पुराना नक्शा इस वक़्त दिमाग़ पर ज़ोर देने पर भी याद नहीं आ पा रहा था, लग रहा था पूरी उम्र बिताने के बाद भी वह शहर के लिए अजनबी है और सारी पुरानी चीज़ें अपनी पहचान खो चुकी हैं।

गलियों और सड़कों के वे होटल जो रमज़ान में दिन भर बन्द रहते हैं, इस वक़्त

रोशनियों मे नहाए, लोगों से खचाखच भरे थे। हँसते-बोलते, आपस में मज़ाक़ करते, सिरों पर टोपियाँ लगाए, कुरते-पाजामे पहने लोग इन होटलों और चाय-पानी की दुकानों पर जमा थे। मस्जिदों के आस-पास गुमटियों पर ख़ासकर भीड़ जमा थी। रमज़ान की आख़िरी रातों में मस्जिदों में रात-रात भर शबीने पढ़े जाते हैं। अँधेरे आसमान में जहाँ-तहाँ छोटे-छोटे बल्बों से सजे मस्जिदों की मीनारें सिर उठाए खड़ी थीं। सारी भीड़ में न तो कोई उसका जाना हुआ चेहरा नज़र आया, न किसी ने उसको पहचाना। थककर, सन्नाटे में, वह तालाब के पुल पर जा बैठा। एक तरफ़ तालाब का ठहरा हुआ फैलाव, दूसरी तरफ़ ढलान के नीचे बसी बस्ती—उसका दिल तालाब की तरफ़ देखने से डर रहा था। सिर्फ़ मौजों के पुल से टकराने की हल्की 'थपड़-थपड़' कानों तक पहुँच रही थी और नज़रें बस्ती की जलती रोशनियों में भटक रही थीं।

लगा, बहुत देर हो गई और बोझिल क़दमों वह घर की तरफ़ वापस मुड़ गया।

घर का दरवाज़ा अन्दर से बन्द नहीं था और उसके हल्के धक्के से खुल गया। अन्दर गहरी ख़ामोशी थी, जैसे बहुत पहले लोग सो चुके हों। सिर्फ़ आँगन का छोटा बल्ब रोशन था। वह अपने कमरे की तरफ़ बढ़ गया। कमरे का दरवाज़ा खोलने से पहले उसने देखा, अन्दर की बत्ती जल रही थी और फिर धीरे से दरवाज़ा खोलकर वह कमरे में दाख़िल हो गया।

सामने दीवान पर साजिदा लेटी सो रही थी। लग रहा था जैसे रोते-रोते उसकी आँख लग गई हो। कुछ पल ख़ामोश खड़ा वह साजिदा के आँसुओं में धुले चेहरे को ताकता रहा, फिर आगे बढ़कर उसे जगाने की कोशिश करने लगा।

"साजिदा!" उसकी बाँह हिलाते हुए वह बड़ी मुश्किल से कह पाया। लग रहा था कोई चीज़ उसके हल्क़ में अटक रही हो। "साजिदा उठो!"

उसे मालूम था, साजिदा उठते ही फिर रोने लगेगी लेकिन वह उसे मना लेगा। कोई सख़्त-सी चीज़ उसके वजूद में कहीं घुलने लगी थी। वह अपने पर क़ाबू रखते हुए साजिदा को मना लेगा। आस्तीन से आँखें खुश्क करते हुए उसने सोचा।

"उठो साजिदा," साजिदा की निंदियाई आँखों में देखते हुए उसने भारी आवाज़ में कहा, "देखो, सहरी होनेवाली है।"

और अपने होंठ उसने साजिदा के माथे पर रख दिए।

छतरी

देखा जाए तो झगड़ा होना ही था लेकिन वह जिस तरह हुआ था, यह अन्दाज़ा किसी को नहीं था। ख़ुद जिन लोगों ने शुरुआत की, उन्हें भी नहीं। दरअसल शहर कुछ होने का इन्तज़ार करते–करते थक गया था।

गर्मी का लम्बा मौसम गुज़ारने के बाद लोगों की मानसून की उम्मीदें ग़लत साबित हुई थीं और बरसात का डेढ़ माह सूखा बीत चुका था। सारे देश में बरसात, पानी और बाढ़ की ख़बरें हर माध्यम से शहर पहुँच रही थीं और शहर तप और झुलस रहा था जैसे किसी ने जादू करके बादलों के आने पर पाबन्दी लगा दी हो। लोग बारिश न होने की बात करते–करते इतने थक गए थे कि यह विषय ज़बान पर आना बन्द हो गया था। अपनी व्यस्तता से पल–भर छुटकारा पाकर वे भाव–शून्य आँखों से आकाश की ओर देखते और थकान तथा निराशा पर पर्दा डालने, दोहरी मेहनत से, दिनचर्या में जुट जाते। पूजा और नमाज़ ही नहीं, अभी तक शहरवासी वर्षा न होने के विरोध में जलसा, धरना और बन्द, सब कर चुके थे और अब अगर बरसात न हुई तो कहाँ जाएँगे, सोचते बैठे थे।

शहर को दो अलग–अलग हिस्सों में बाँटती वह सड़क थी जिसके एक तरफ़ सैनेट्री का थोक मार्केट था और दूसरी ओर फ़र्नीचर, हैंडलूम, क़ीमती क्रॉकरी के शोरूम। सड़क पर दिन के एक ख़ास समय, दुकानदारों की नज़रें किसी के इन्तज़ार में बेचैन रहने लगी थीं। वह कौन था, लोग उसका नाम तक नहीं जानते थे। रोज़, उस ख़ास समय, दुनिया से बेनियाज़ वह उनके बीच से गुज़रता। क़ीमती कपड़े, बरसाती जूते पहने, हाथ में फ़ोल्डिंग छतरी लिये वह इस तरह निकलता था जैसे बरसात होने ही को हो। लोगों को लगने लगा था कि वह हमेशा से उसे इसी हुलिए में देखते आए हैं। वह यह सोचकर नाराज़ होते जा रहे थे कि यह आदमी बरसात न होने पर उनका और शहर का मज़ाक उड़ाता घूमता है। वह जब भी सड़क से गुज़रता लोगों की घृणा-भरी नज़रें उसका, ओझल होने तक, पीछा करतीं।

हर शहर का अपना भूगोल होता है जो उसका मौसम और मिज़ाज तय करता है। इस शहर की विशेषता यहाँ के ताल–तलैया और पहाड़ थे जिनके साथ–साथ ही

आबादी का फैलाव था। बीते वर्षों में यहाँ आबादी बढ़ी थी जिसे अनुपात में शहर की दीगर चीज़ों का विकास नहीं हो पाया था। एक ज़माने से पीने के पानी के लिए तालाब थे जो अब भी, उसी तरह ज़रूरी थे। शहर के पास कोई बड़ी नदी नहीं बहती थी, सिर्फ़ छोटी-छोटी बरसाती नदियाँ थीं। तो भी मौसम की पहली बरसात शहर को किसी हिल-स्टेशन-सा ठंडा और ख़ुशगवार कर जाती थी। बरसात में साल-से-साल ऊँच-नीच होती रही हो मगर इतने लम्बे समय तक पानी न गिरना किसी को याद नहीं था।

दिन-ब-दिन वर्षा का न होना शहर के लिए संकट बनता जा रहा था, जिसका विज्ञापन वह तालाब थे जिनके तट सिमटकर नीचे चले गए थे और पानी तलछट में छूटा रह गया था। लगता किसी सुबह जब लोग जाएँगे, तालाब सूखे मिलेंगे। वह शहर में सबके लिए अन्तिम दिन होगा। इधर सारे अन्देशों में घिरा जीवन था, उधर देश के जल-थल होने और जगह-जगह सैलाब की ख़बरें थीं। ट्रांज़िस्टर और टी.वी. पर वर्षा का उत्सव मनाते, मेघ और मल्हार, झड़ी और फुवार के गीत थे जिनमें बिजली-बादल-पानी और दिल की धड़कन का लेखा-जोखा था। शहर में रहनेवाले यह मानने पर मजबूर होते जा रहे थे कि वह सब किसी और जनम और जीवन से सम्बन्धित था जिसे उन्हें भूलकर जीना था। एक बेबसी का एहसास उन्हें ग़ुस्से से भरता जा रहा था। सड़क के दुकानदारों की की तरह।

दरअसल यह सड़क और इसका बाज़ार कई मायने में शहर का प्रतिनिधित्व करते थे। यहाँ मालदार से लेकर मामूली पूँजीवाले व्यवसायी दुकानें खोले बैठे थे, धर्म और जाति में विभाजित हुए बिना। जब चिलचिलाती धूप में वह क़ीमती कपड़े, बरसाती जूते पहने अजनबी, हाथ में फ़ोल्डिंग छतरी लिए, नपे-तुले क़दम उठाता सड़क से गुज़रता तो सब लोग एक-समान अपमानित अनुभव करते और उसके नज़र से ओझल होते ही, बिना उसका नाम भी लिए, अपने-अपने काम में जुटकर ख़ुद को थकाने और उसको भुलाने के जतन करने लगते।

धीरे-धीरे लोगों को सारी उलझनें, निराशाएँ और ग़ुस्सा टाँगने को 'बरसात क्यों नहीं हो रही' की खूँटी मिल गई थी। इस खूँटी को हर एक मनमानी सूरत-शक्ल में ढालने में लग गया था। देश में राजनीति के नाम पर जो अप्रिय हो रहा था, परिवारवालों को जो एक-दूसरे से गिले-शिकवे थे, धन्धे में जो घाटा था, प्रेम में जो असफलता या दोस्ती में जो धोखाधड़ी सब किसी क्षण बरसात न होने के ग़ुस्से की आँच को भड़का जाते। हर एक यह मानकर चलने लगा था कि उसका पड़ोसी इस संकट का कारण था। जैसे सड़क के दुकानदारों के लिए फ़ोल्डिंग छतरी लेकर गुज़रनेवाला सारी मुश्किलों की जड़ और वर्षा न होने का कारण तय हो चुका था। एक-दूसरे से कहे बग़ैर, यह लोगों की आम सहमति बन गई थी। आपस में लड़ने का जोखिम उठाए बिना उन्होंने फ़ोल्डिंग छतरीधारी को अपना दुश्मन और ग़ुस्से का

निशाना बनाना तय कर लिया था। दिन की एक ख़ास घड़ी अब वह उसके आने की प्रतीक्षा करने लगे थे।

राह से गुज़रनेवाले व्यक्ति में, अगर वह चिलचिलाती धूप में छतरी लेकर न चलता तो अलग से कोई विशेषता नहीं थी। वह किसी कम्पनी के सेल्समैन से लेकर किसी बैंक में काम करनेवाले कर्मचारी तक, कुछ भी हो सकता था। यह अनुमान इसलिए लगाया जा सकता था कि वह कपड़े-जूते क़रीने से पहनता था, बाल सँवरे हुए और गले में प्राय: टाई बँधी रहती थी। चलते हुए नाक की सीध में देखता वह किसी गुत्थी को सुलझाता, सोचता नज़र आता था। पूरे बाज़ार में उसकी किसी से अलेक-सलेक नहीं थी। वह रोज़ आता दिखाई देता। उसे सड़क से लौटकर जाते किसी ने नहीं देखा था। उसके क़दम उठाने में एहतियात थी जैसे एक-एक पैर तय करके रख रहा हो। धीरे-धीरे सबको पक्का विश्वास हो गया था कि उनके 'पानी कब गिरेगा' सोचते चेहरों को देखता, व्यंग्य से मुस्कुराता, वह लहक-लहककर क़दम उठाता है। उसकी एक-एक अदा उन्हें चिढ़ाने की है।

आस-पास के दुश्मनों से बेनियाज़ फ़ोल्डिंग छतरीधारी सड़क पर रोज़ अपना रास्ता तय कर रहा था।

बीती रात टेलीविज़न पर, धूप में जलते, नफ़रत में सुलगते शहर ने जो फ़िल्म देखी थी उसके फ़ोकस में बरसात और पानी में भीगते-गाते नायक-नायिका, नदी-नाले और हरियाली थी। साथ ही मौसम की भविष्यवाणी, सैटेलाइट द्वारा खींचे गए चित्र सहित, अगले दिन शहर में भारी बरसात की थी। चित्र में घने बादल सबको शहर पर घिरे नज़र आए थे और अनेक बार टूटी आशा फिर जुड़ी थी कि शायद इस बार पानी गिर जाए। बरसात के ख़्वाब देखता शहर रात-भर गर्मी में बेचैन रहा था। सुबह जब लोग जागे थे तो आसमान गँदला और सूरज तेज़ी से चमकता पाया था। पिछली रात की फ़िल्म और मौसम विभाग की भविष्यवाणी सबको एक भौंडा मज़ाक़ लगी थी। सारे शहर ने अपने दिनों-दिन सूखते तालाबों का स्मरण किया था और साथ मिलकर सोचा था—'पानी कब गिरेगा ?' और फिर सब अपनी-अपनी दिनचर्या में व्यस्त हो गए थे।

सड़क के बाज़ार की दशा उस दिन इसलिए और ख़राब थी कि बिजली न होने के कारण कूलर और पंखे बन्द थे। अधिकांश दुकानदार उस समय दुकानों के बाहर बरामदे में साँस लेने को निकले हुए थे जब किसी जादू में बँधकर उन्होंने चौराहे की ओर देखा था जहाँ फ़ोल्डिंग छतरीवाला, नपे-तुले क़दम उठाता प्रवेश कर रहा था। साफ़-सुथरे कपड़े, टाई, छाता, धीरे-धीरे मुख्य बाज़ार के बीच आगे बढ़ता। लेटर-बॉक्स, पान की दुकान, अख़बार और रिसाले-पत्रिकाओं के स्टॉल के सामने से निकलकर उस पल वह एस.टी.डी.पी.सी.ओ. के निकट था जब कोई उससे टकराया था। टकराने से उसका सन्तुलन गड़बड़ाया था और वह सँभल भी न पाया था कि किसी

और ने बढ़कर धक्का दिया था। वह नाली में गिरते-गिरते बचा था। देखते-ही-देखते वह लोगों से घिर गया था जिनके बीच उसका छाता छीनने के लिए छीना-झपटी शुरू हो गई थी। कुछ ही देर में लोग उसे भूल गए थे। उसका छाता हथियाने के लिए उनमें होड़ लगी थी और आपस में मारपीट शुरू हो गई थी। भीड़ और मारपीट बढ़ती जा रही थी। सड़क पर ट्रैफ़िक रुक गया था। छीना-झपटी में कुछ लोग घायल हो गए थे। उनके हिमायती और उनसे लड़नेवालों के गिरोह बन गए थे। ज़ोर का धमाका, जो किसी टायर बर्स्ट होने का था, सुनकर लोगों में भगदड़ मच गई थी। सड़क के दोनों ओर दुकानों के शटर गिरने लगे थे। मारपीट बढ़ गई थी। पुलिस आ गई थी और हालात को क़ाबू में रखने के लिए हवाई फ़ायरिंग करनी पड़ी थी। आग-सी तेज़ी से शहर में बलवे की ख़बर फैल गई थी। आसार कर्फ़्यू का सोचा जाता, शहर में अटाटूट बारिश शुरू हो चुकी थी जो आनेवाले आठ दिन तक बिना एक पल थमे होती रही थी। शहर में छतरियाँ और बरसातियाँ चौतरफ़ नज़र आने लगी थीं। सूखते तालाब पानी से लबालब हो गए थे। निचले इलाक़े डूब में आ गए थे। लोग अपने मकानों की देख-रेख और बरसात के मज़े लेने में लग गए थे। झगड़े की याद बरसात के पानी में घुल गई थी। आठ दिन की झड़ी के बाद भी बादल शहर पर छाए रहे थे और थम-थमकर दिनों बरसते रहे थे।

अगली बार जब अजनबी छतरी लगाए, फुटपाथ और सड़क पर जमे पानी के बीच एहतियात से क़दम रखता उस सड़क से गुज़रा तो न तो उसे किसी ने ग़ौर से देखा, ना ही पहचाना। ख़ुद वह यह कभी नहीं समझ पाया कि उस दिन उसकी छतरी को लेकर शहर दीवाना होते-होते क्यों बचा था।

काला पुल

हरे देवदार से ढँकी, ऊँची पहाड़ी चोटी से लेकर आकाश में जगमगाते सफ़ेद बर्फ़ीले पहाड़ों तक कमान-सा कसा अँधेरा, काला पुल, उसे नज़र आया। और उस पर तेज़-तेज़ क़दम बढ़ाता वह ख़ुद। न थकान, न बोझ का एहसास। वह बर्फ़ की पाकीज़गी के क़रीब होता जा रहा है। ज्यों-ज्यों वह आगे बढ़ता है, पीछे काला पुल क़ालीन-सा लिपटता जाता है। पुल के दोनों ओर बाज़ार सजा है जिसमें छोटी-छोटी दुकानों पर क़ीमती सामान सजाए पहाड़ी लड़कियाँ, हँसतीं-बोलतीं दुकानदारी कर रही हैं। मैदानों में गुमान भी नहीं होता, पहाड़ी चेहरे, जिस्म और शोख़ रंग कितने आकर्षक हो सकते हैं। दुकानों में सजे साज़ो-सामान में उसे दिलचस्पी नहीं। वह जल्द-से-जल्द वहाँ पहुँचना चाहता है जहाँ अन्ततः काला पुल जाता है। वह क़दम उठा रहा है, तेज़-तेज़। काला पुल सामने हद्दे-नज़र तक फैला हुआ है...

—अब कैसा लग रहा है? मेज़बान चिन्तित स्वर में पूछ रहा था।

उसकी आँखों में साए-सी फैलती परेशानी देखकर वह मुस्कुरा दिया। पल भर को मन हुआ, वह उसे सब कुछ बता दे, लेकिन अगले ही पल एक अनजान एहसास ने होंठ सी दिए। इस पल वह किसी को मनोवैज्ञानिक विश्लेषण का सुख नहीं देना चाहता था।

मेज़बान उसकी मुस्कान से आश्वस्त, अपने ख़यालों में खो गया था।

—आज कौन-सा दिन है? लगा उसकी आवाज़ गहरे कुएँ में परिन्दों का चीत्कार बनकर उभरी हो।

—मंगलवार...मेरा मतलब तीसरा।

चिन्ता से उबरते अजनबी मेज़बान ने उठकर खिड़की और दरवाज़ों के पर्दे खींच दिए। बाहर छिटकी धूप फिसलकर कमरे के कोने-कोचर में फैल गई। लकड़ी के फट्टे ठुकी छत और फ़र्श सहमकर सतर्क और दीवारें सावधान हो गईं। सामने टँगी पेंटिंग से लामा का चेहरा डूबकर और रहस्यमय और उदास नज़र आने लगा।

—बौद्ध भिक्षु, पिछले दिनों कभी उसने मेज़बान से पूछा था—अपने इर्द-गिर्द हमेशा शान्ति, ख़ामोशी और उदासी का व्यूह रचे रहते हैं। कारण?

—पहाड़ पर, मेज़बान ने चिन्तकों की मुद्रा में नज़रें मिलाए बग़ैर बताया था—थोड़ी ऊँचाई चढ़ने को भी लम्बा फ़ासला तय करना पड़ता है।

जाने इसमें उसके सवाल का जवाब कितना था, फिर भी उसे मेज़बान का कहा याद रह गया था। कम-से-कम कहीं ऊँचाई की सम्भावना तो रहती है।

—दफ़्तर से जल्दी लौट आए? मेरे कारण तो नहीं?

—नहीं।

अजनबी या मेज़बान—क्या कहा जाए? कहने की आवश्यकता कहाँ, सोचा कुछ भी जा सकता है। जिस तरह वह इस क्षण टेबिल पर रखे गिलासों को देख रहा था, उसका शराब साथ लेकर आना तय था। पीते हुए अपना प्रेम-प्रसंग लेकर बतियाना शुरू करेगा। औरतों के शिकार में अपने अचूक निशाने से लेकर औरत की बेवफ़ा फ़ितरत, पर्वतों पर चढ़ने की शिक्षा, पर्वतारोहण की तफ़सील, साहित्य और इतिहास की पेचीदगियाँ, ऐलिया गिंज़बर्ग की कविता और, सम्भवतः हेमिंग्वे की आत्महत्या—प्रेमिका से पर्वतारोहण तक। सब शामिल होगा उसमें। लेकिन विषय जब पहाड़ होंगे, लगेगा वह औरतों के साथ बिताए आत्मीय क्षण याद कर रहा है और औरतें, जुबान पर आते ही, दूर धूप में झिलमिलाती बर्फ़ीली चोटियाँ हो जाएँगी। लेकिन वह ख़ुद, कुछ भी सुने बग़ैर, उस वक़्त तेज़-तेज़ क़दम उठाता, काले पुल पर बढ़ रहा होगा। रंग-बिरंगे, लाल, पीले, सुरमई, नीले शॉल, स्वेटर, कमीज़ें, टोपियाँ हवा में सरसराते उसका अभिवादन करेंगे, और कमसिन पहाड़ी लड़कियों की हँसी की फुआर आस-पास बरसेगी, पहाड़ों और घाटियों में फैलती...

—मुझे क्षमा कर दो! रोते हुए वह कह रही थी।

वह घाटी में घुसकर दृश्य धुँधलाते बादलों को ख़ामोशी से देखता उसकी टूटकर कमज़ोर होती आवाज़ सुन रहा था। कुछ क्षण पहले जहाँ चमकीली धूप और स्वच्छ हवा का बहाव था, अब एक मातमी धुँधली चादर से सब ढँक गया था। वह अपने आँसू पोंछ रही थी।

—सुना नहीं? उसकी बाँह झिंझोड़ती वह बोल रही थी—जवाब दो!

जवाब नहीं था, कोई भी पास। शब्द सारे कई हज़ार फ़ीट नीचे, मैदान में ही छूट गए थे—घर, बूढ़ी होती पत्नी और जवान होती औलादों के साथ। क्या जो भी हो रहा था वह उकी परिकल्पना में शुरू से ही शामिल नहीं था!

—यह क्या होता है? बोलते हुए, उसकी आवाज़ में बादलों-सा कुछ घुमड़ा था—क्षमा!

रोने से सूजकर लाल हुईं उन आँखों से वह उसे देख रही थी।

—ख़ासकर हमारे सन्दर्भ में! शायद वह अपना बेमतलब जुम्ला पूरा करना चाहता था, लेकिन चुप रहा।

—फिर सज़ा दे लो! दाँतों से होंठ काटती, वह दूर धुन्ध में खोए पहाड़ों की तरह

शान्त हो गई और उस क्षण वह सोच रहा था बीत जाने के बारे में। सम्बन्ध और लोग जो ज़िन्दगी पर फैले होने के बावजूद एक क्षण में बीत जाते हैं। इसे भी बीतना था, कोई भारी चीज़ छाती में फड़फड़ाकर हलक़ में अटकी कह रही थी। वह उसे किसी भी क़ीमत पर खोना नहीं चाहता था, पर चाहना तो होना नहीं होता। अदब से सिर झुकाए, धुन्ध में खोए पहाड़ों की कसम, जो होना था वह हो चुका।

—पर यहाँ? बेख़्तियार लाचारी उसके मुँह से स्वर बनकर फूटी थी।—पहाड़ पर इतने ऊँचे? सबसे दूर? तुम जाओ! फिर उसने ख़ुद को कहते सुना था—न मैं क्षमा कर सकता, न सज़ा दे सकता। जवान हो! जाओ! दुनिया तुम्हारे सामने है। मेरा रास्ता अब अलग है।

दिनों पहाड़ों और पगडंडियों पर अपने भीतर धधकते लावे की आवाज़ें सुनता, वह अजनबी जिस्मों और चेहरों के बीच भटकता फिरा था।-फूटने के बाद, उसने कभी लिखा था—ज्वालामुखी के ढलानों पर अँगूर की खेती होती है। वह पहाड़ वीरान रहते हैं जो फूटने का खतरा बना रहें। लोग उनका आस-पास छोड़ जाते हैं। फिर जब उसकी चेतना लौटी तो उसने ख़ुद को मॉनेस्ट्री में बुद्ध की देवकाया मूर्ति के सामने स्तब्ध खड़ा पाया था। मूर्ति की आँखों में आँखें डाले वह अपलक तक रहा था। जीवन एक उत्तर के रूप में, उन क्षणों से पहले, उसने कभी इतनी सहजता से महसूस होते नहीं जाना था। छोटे-छोटे राज़ और गुत्थियाँ जो ज़िन्दगी भर छलावा बनकर परेशान करते रहे, वह समझने योग्य होता जा रहा था। होने का अर्थ और बीतने का महत्त्व मूर्ति के चेहरे पर फैली मुस्कान किसी संकेत की तरह धीरे-धीरे उसे समझा रही थी। अब! या अब!! पलक झपकते जीवन के रहस्य उजागर होने वाले थे। किसी भी क्षण निर्जीव मूर्ति की आँखें पलकें झपकाकर उसकी ओर देखेंगी, जिसका ज़िक्र वह दुनिया में किसी दूसरे से, हद कि अपनी कविता में भी नहीं करेगा! जीवन में ज़िन्दा रहने को कुछ थोड़ा-सा ख़ास सिर्फ़ अपने लिए बचाकर रखना-यह एहसास उसे ज़िन्दगी में पहली बार हो रहा था। अब! या अब!!

समय और अनश्वरता की कगार पर उस क्षण अपने सारे हवास एकजा किए वह किसी विशिष्ट अनुभूति के इन्तज़ार में था, जब धीरे-धीरे, सारी कोशिशों के बावजूद एकाग्रता टूटना शुरू हुई थी और फिर अपना आत्म-नियन्त्रण खोकर, सब कुछ दाँव पर लगाने के बाद भी, वह अपनी छींक नहीं रोक पाया था। सारा तिलिस्म टूटने के बावजूद, उसने एक बार फिर से अपना ध्यान एकत्रित करना और मूर्ति की आँखों में देखना चाहा था। छींकें लगातार आती गई थीं, मुसलसल, बेगिनती। और होश की उस हालत में एक दूसरा मौत का ख़याल, दिमाग़ में परछाईं बनकर पल-ब-पल, स्याह पड़ता गया था। अपनी मौत का ख़याल! वह मूर्ति के सामने से हट गया था, और अपनी समाप्ति का फ़रमान ग्रहण किए, जिस पल बोझल क़दमों घाटी उतर रहा था, मूर्ति के चेहरे पर फैली मुस्कान और उसकी आँखों का रहस्यमई भाव, भीतर

और बाहर की दुनिया के बीच पर्दा बन-बनकर आ रहा था। दिल की धड़कन तेज़ होने के साथ ही उसका शरीर ठंडे पसीने में डूब चुका था। उसका सामर्थ्य बस इतना ही था कि अपने अनश्वरता के क्षण की आहट-भर सुन सके, उसे आँखों से देख सकने की ताब उसमें नहीं थी (दोस्तों में वह कितने अहं के साथ कहता रहा कि मुझे पराजित पहाड़ ही करेंगे! मैदानों में इतनी ताकत नहीं।)

—क्षमा कीजिए! घाटी चढ़ता, नीली आँखों और छोटे क़द-काठी का व्यक्तित्व उससे पूछ रहा था—मैंने अपको कहीं देखा है?

चेहरे के नक़्श किसी धुँधलके में खोए पहाड़ से। लापरवाही से पहनी मलगजी सफ़ेद जींस, फ़ाल्सई कमीज़ और काँधे का झूलता काला चमड़े का बैग। वह उसे नहीं जानता, बहुत विनम्रता से कहकर वह अपनी थकी, तपती देह ढोता नीचे जाना चाहता था, जब नीली आँखोंवाले ने उसको नाम लेकर पुकारा था। अचम्भित, उसे लगा यही था जो आत्मा को शरीर से जुदा कर, अपने साथ ले जाने यहाँ उसका इन्तज़ार कर रहा था! तेज़ बुख़ार में, तपते बदन के साथ, उन क्षणों वह अपने भीतर सब कुछ शान्त करते हुए, फैलती मूर्ति की मुस्कान को बहुत अच्छी तरह महसूस कर सकता था।

—कहाँ देख सकते हैं! उसका स्वर असहाय हो आया था—मैंने तो आपको कभी नहीं देखा।

नीली आँखोंवाले ने जब जिसे वह मेज़बान या अजनबी जो चाहे नाम देकर याद रख सकता है, अदब से बताया था कि वह उसका पाठक-प्रशंसक, ज़माने से उससे मिलने की इच्छा लिए जी रहा है। उसका लिखा हर्फ़-हर्फ़ उसने पढ़ा है और कितना सुखद आश्चर्य था कि टेलीविज़न पर कुछ रोज़ पहले ही उसे देखने के बाद आज यूँ, उसके रू-ब-रू खड़ा है। वह ख़ुद माउंटेनियरिंग इंस्टीट्यूट में इंस्ट्रक्टर—लोगों को पर्वतारोहण की शिक्षा देता है और क़रीब ही उसका निवास है। वह ख़ुद केवल पढ़ता ही नहीं, कविता लिखता भी है। क्या कुछ क्षण उसके घर चलकर वह उसकी हार्दिक इच्छा पूरी नहीं करेगा? बिना कुछ पूछे, वह अजनबी के साथ हो लिया था। उसकी लिखी कविताएँ, लेख, संस्मरण, कहानियाँ—अजनबी सबसे इतना परिचित था कि ख़ुद उसे बात करने की ज़हमत भी नहीं उठानी पड़ी थी। और लगता है, यह उसका भ्रम है कि बर्फ़ की चमकीली चोटियों तक जाता, अँधेरे की परतों का रास्ता—काला-पुल उसने बाद में चढ़ते-उतरते बुखार के दौरान यहाँ मेज़बान के घर, ख़्वाब में देखा। वह पुल तो उसी क्षण आकार ग्रहण करने लगा था जब उस देवकाया मूर्ति के सामने खड़ा वह ख़ुद पर नियन्त्रण खो बैठा था, और मेज़बान के साथ घाटी उतरता, उसके घर तक आया था। उसके बाद सिर्फ़ सोच के साए हैं, आपस में गड्ड-मड्ड होते या याद का क्रम, भूलता-भटकता। कब... ? क्या... ? कहाँ... ? सोने-जागने की-सी कैफ़ियत के बीच...

—ऐसा कौन-सा आकर्षण नज़र आता है, मुझमें? कभी एकान्त में वह पूछ बैठा था।

वह उम्र में उससे बहुत कम उसकी औलादों जितनी, टी.वी. केन्द्र पर नौकर थी, और इस आपसी निकटता का बुनियादी कारण यही था कि उसे यह नौकरी उसकी सहायता और सिफ़ारिश से मिली थी। वह शरारती नज़रों से निहारती-सी उसकी ओर देख रही थी और ख़ुद उसके भीतर बेचैनी का एक झक्कड़ चल रहा था, हर ओर बरबादी मचाने को बज़िद। अपने मध्यवर्गीय संस्कारों का इतना तीख़ा एहसास उसे जीवन में पहली बार हुआ था। उम्र और वर्षों पर बिखरे, मछुए के जाल से, दुनिया और पत्नी से सम्बन्ध, बुलबुले से द्वीप में बदलकर अपनी-अपनी शनाख़्त बनाती सन्तानें, जीवन का सूद और सरमाया...सब, प्रेतों-से, दहशत में डालते, हाथ बाँधकर खड़े हो गए थे।

—पहले किसी औरत से नहीं पूछा! तंज़, नख़रे और दुलार में डूबी उसकी आवाज़, भीतर चल रहे झक्कड़ को उकसाती, दूर-दूर तक अपना साम्राज्य स्थापित करती।

—उनमें अधिकांश, अपने भीतर मथ रहे विनाश को कवितामय कोमल भाषा के दबीज़ पर्दों में ढाँकते हुए उसने कहा था—मेरे जितनी, या मुझसे भी ज़्यादा दुःखी आत्माएँ थीं। दुःख को दुःख से ही समझा जा सकता है। मगर तुम्हारे सामने तो सारी दुनिया...

—यह दुनिया, वह तटस्थतापूर्वक बोली थी—मुझे भी बहुत अच्छी नहीं लगती। तुम्हारी आँखों में, तुम्हारी बातों में मुझे अपने सोचे की पूर्ति और अभिव्यक्ति मिलती है...

...उसकी कोमल देह, वह अपनी बाँहों में समेटे हुए था। दो छोटी-छोटी, अधपकी छातियों में मुँह रखे, जाने कब तक दिल के खुलने, और खुलकर बन्द होने की आवाज़ें सुनता, सोचता रहा था, वह तमाम कुछ जो आस-पास हाथ बाँधे प्रेत-तमाशाइयों की मौजूदगी में कह पाना सम्भव नहीं था...

और चढ़ते हुए बुख़ार में उसने ख़ुद को मॉनेस्ट्री में देखा था—खंजर लेकर आहिस्ता-आहिस्ता उस देवकाया मूर्ति की ओर बढ़ते, उस पर दीवानावार हमला करते। मूर्ति से बहता गहरा लाल ख़ून, सारे रास्ते छोड़ता न जाने किस तरह उस काले पुल तक जा पहुँचा था और उन स्वच्छ बर्फ़ीली चोटियों की ओर बढ़ने लगा था जिन्हें एकाएक बादलों के धुँधलके ने घेरे में ले लिया था। दूर पुल पर उसने और उसके युवा प्रेमी ने आकार ग्रहण कर लिया था। बर्फ़ीली चोटियाँ धूप में चौंधिया कर चमकी थीं। दूर पुल पर वही दोनों उसकी नज़रों से ओझल होते जा रहे थे...

—कहो—दैट यू लव मी! वह पुचकारते स्वर में कह रही थी। कमरे का ख़ालीपन छत में घूमते पंखे के डैनों पर फड़फड़ाकर दो शरीरों के बीच तेज़ी से तितर-बितर

हो रहा था। मुझे तुम्हारी इच्छा है, ज़रूरत है। मैं किसी क़ीमत पर तुम्हें नहीं खोना चाहता। लेकिन प्रेम। तुमने कभी सोचा, प्रेम संज्ञा है या सर्वनाम। प्रेम भीतर बिछी चादर की शिकनें हैं या ख़ुद चादर–मैं तय नहीं कर पाया हूँ। लेकिन सत्य यह भी है कि इस चादर में अब किसी नई शिकन की सकत बाक़ी नहीं : थोड़ा सा और भार इसे छलनी–छलनी करने को काफ़ी होगा। यह मेरा अपना अन्दाज़ है, घूम–फिरकर परिणाम तक पहुँचने का, तुम ख़ुद सीधे–सीधे समझने की कोशिश क्यों नहीं करती! एक उम्र के बाद इच्छा होती है, उसके लिए जोख़िम उठाने का हौसला हो सकता है, पर प्रेम नहीं।

—से! दैट यू लव मी...

ग़ुस्से में ज़ोर से खींचकर बन्द किया गया दरवाज़ा। उसकी ख़ामोशी की सुरंग से नाराज़ और चीखती–बकती वह बाहर जा चुकी है। सन्नाटा पंखे के डैनों से उतरकर काँधे और छाती पर बिलकुल उस जगह आ बैठा है जहाँ उसकी देह का स्पर्श था। शरीर में बसी दूसरी देह की गन्ध हवा में घुलकर कमज़ोर पड़ती जा रही है।

—दैट यू लव मी! से...!

मेज़बान गिलास से जिन की चुस्कियाँ ले रहा था : उसका ख़याल था मौजूदा शारीरिक स्थिति में जिन उसे भी फ़ायदा पहुँचाएगी। यह कोई मौसमी बुख़ार था, जो अपनी मियाद पूरी करके ठीक हो जाएगा। वैसे भी इस समय तो टेम्प्रेचर नॉर्मल था ही।

—तुम भी क्या सोचोगे! अपनी निदामत कम करने के लिए उसने तकिए के सहारे बैठते हुए कहा था। खिड़की से बाहर दूर झिलमिलाती बर्फ़ीली चोटियाँ सुरमई नज़र आ रही थीं और जहाँ–तहाँ कुछ चाँदी–सा चमकता दिखाई दे जाता था।—बीमार भी मुझे यहाँ आकर पड़ना था।

वह आगे जोड़ना चाहता था कि आमतौर पर उसका स्वास्थ्य कितना अच्छा रहता है, कि उसकी देह वर्षों के निरन्तर सूखे और सैलाब के बाद भी बासी और कमज़ोर नहीं पड़ी। यह सिर्फ़ एक इत्तिफ़ाक़ था कि वह यहाँ बीमार पड़ गया। उसके कुछ बोलने से पहले ही दिमाग़ में मूर्ति का चेहरा और उस पर फैली मुस्कान कौंध गए थे।

—अपने लिए कुछ बचाकर रखना! उसे याद आया था, वह चुप रहा था।

—ऐसा नहीं, मेज़बान ने आश्वस्त करते हुए कहा था—इसी बहाने आपको और आपके साथ, आपकी सोच को जानने का अवसर मिला। इस एकान्त में साझा करनेवाला भी तो मुश्किल से मिलता है। आपकी बीमारी मेरे इस सुख का कारण बनी है, आप बात ग़लत न समझें तो कहूँ। और आज तो, आपकी तबीयत में सुधार

देखते हुए, मैं इतना साहस करना चाहूँगा कि अभी...फौरन नहीं...कुछ शराब पीने के बाद, अपनी कुछ रचनाएँ-कविताएँ, पढ़कर सुनाऊँ और उसके बारे में आपकी राय जानूँ!

सर्दी का घेरा कसने लगा था।

—इस क्षण वह कहाँ होगी? शराब का घूँट लेते हुए उसे ख़याल आया।

—उसी पहाड़ पर अपने प्रेमी के साथ घूमती-भटकती? किसी दूसरे पहाड़ पर किसी और के साथ, कहीं और... ? या... ? वे दोनों पार कर चुके होंगे, उस कमान से कसे, जगमगाते, बर्फ़ तक ले जानेवाले काले पुल को... ? चोटियों पर कौन-कौन उनका स्वागत करेगा? कौन-कौन वहाँ मिलेगा? क्या वह ख़ुद... ?

—मैं प्रेम नहीं करता! उस रात उसने कहा था—न तुम मुझसे प्रेम करती। मुझे तुम्हारी ज़रूरत है, कम-से-कम यह एहसास तो है। तुम्हें यह भी नहीं! जब होगा तब तक कुछ भी तुम्हारे काबू में नहीं रह पाया होगा। तुम एक लम्बी और तरसती मौत मरोगी, हर पल जीने की इच्छुक मगर मौत की कामना करतीं!

कब?...कब की बात थी यह... ?

पीली पड़ती धूप और गहराते अँधेरे के बीच वह मेज़बान को कॉपी-किताबों के पन्ने खखूरते देख रहा था।

कुछ शामों पहले, एक रात आसेबों के हिसार में क़ैद, उस पहाड़ पर, उस कमरे में, उस क्षण। वह रो रही थी, हमेशा की तरह, और ख़ुद उसकी अपनी देह श्मशान-सी ठंडी और सुनसान हो गई थी, उन वाक्यों को बोलते-बोलते। और अगली सुबह, वह युवा पहाड़ी से बतियाती कमरे में आई थी—इससे पेशतर कि वह नींद से जागता।

—और क्या कहती हैं माँ? उससे एक सरसरी परिचय कराने के बाद, वह उत्तेजित स्वर में पहाड़ी से बोली थी।

—पहाड़ पर रहनेवालों की मान्यताएँ हैं, युवक ने सहजता के साथ कहा था—उनका मानना है कि सारी आसमानी विपदाएँ इस कारण हैं कि पहाड़ियों ने फलों की तिजारत शुरू कर दी। घर-बग़ीचे में लगे फल अतिथि सत्कार के लिए होते हैं, जिन्हें बेचकर कोई ईश्वरीय प्रकोप से नहीं बच सकता। माँ कहती हैं हमारे लिए फल बेचना अपनी औलाद बेचने के समान है।

पहाड़, पहाड़ पर बसनेवाले लोगों का रहन-सहन, उनके जीवन के मूल्य और मान्यताएँ, उसकी माँ की कही एक-एक बात वह बहुत उत्साह और अपनाइयत से पूछ रही थी। फिर, बिना उससे कहे या सलाह लिए, पहाड़ी के साथ उसके घर जाने और वहाँ का असली जीवन देखने का प्रस्ताव भी उसने स्वीकार कर लिया था। वह बहाना करके कमरे में अकेला छूटा रह गया था और वह देर रात गए लौटी थी—एक नए उत्साह और ताज़गी में डूबी।

अगली सुबह वह उससे माफ़ी माँगते जागी थी...

—मैं, उसने कम्बल में पैर सिकोड़ते, थोड़ी ऊँची आवाज़ में कहा—एक बार फिर उस मॉनेस्ट्री में जाना चाहता हूँ।

मेज़बान सिर्फ़ मुस्कुराकर ख़ामोश रह गया था। न ही उसने कुछ पूछा था, न बताया था।

—तुम तो वहाँ, जितना भी सम्भव हो वह कविता पाठ टालना चाह रहा था—अक़सर जाते होगे?

—आप आश्चर्य करेंगे, उसने लापरवाही से बयाज़ के पन्ने पलटते कहा—मुझे यह तक याद नहीं कि अन्तिम बार वहाँ कब गया था!

उसे आश्चर्य नहीं हुआ था—जाने क्यों।

—जब, मेज़बान शायद अपनी बात पूरी तरह समझाने के लिए कह रहा था-आप मान लेते हैं कि कोई चीज़ है, तो वह वैसी ही रहती है। बार-बार लौटने या ख़ुद को विश्वास दिलाने की ज़रूरत नहीं पड़ती...

बिलकुल जैसे अट्ठारह महीनों में वह उसके लिए हो गया था! जाना-पहचाना, समझा-बूझा, एक बारहा पढ़ी किताब-सा, जो अपनी दिलक़शी और दिलचस्पी दोनों ही खो चुकी थी। ज़रूरत अनजाने कथ्य, नई शैली की होती है। हम जीवन में एक जगमग बर्फ़ीली चोटी खोजते हैं और उस तक पहुँचने को एक काला पुल रचते हैं। अनजाने, जब तक कि कोई हमारे भीतर से इस पुल को पार न कर जाए। न ख़तरा होता, न इस सम्भावना का एहसास कि किसी दिन यह दुर्घटना हो सकती है। जब हो जाती है तो आप वहाँ होते हैं जहाँ साझा सम्भव नहीं—न पत्नी, न सन्तान, न ही वह जो फरार का रास्ता खोज चुका-चुकी! यह सारा अँधेरा, कितने आश्चर्य की बात है, किसी क़ाग़जी छिलके-सा, हरे देवदारों से लेकर, पारे की तरह चमचमाती बर्फ़ीली चोटियों तक फैला, सब हमारे भीतर जमा होता है? और उसके अलावा बाक़ी सब निरर्थक?

बयाज़ से कविता पढ़ रहे मेज़बान को देखकर उसे अजीब लग रहा था : जो अनुभूति अट्ठारह महीनों में उसके साथ हुई लगभग वैसी ही, इन गिनती के चन्द दिनों में मेज़बान के साथ होने लगी थी! अपने घर उसे शरण देकर वह किसी तरह से ख़ुद को उसका समकालीन और उसके लिखे-जिए पर अधिकृत राय देने का हक़दार समझने लगा है। जिन रचनाओं के 'प्रेम' और 'प्रशंसा' में बँधकर, वह एक महान रचनाकार को अपने घर लाया था, उन्हीं के बारे में, धीरे-धीरे पहले तो उसकी 'तटस्थ राय' सामने आई थी जिसमें, बाक़ी समय में, 'आत्मीयता' ने इतना 'साहस' भी डाल दिया था कि वह एक आलोचनात्मक दृष्टिकोण अपनाते हुए अपने मतभेद खुलकर सामने रख सके! बिना रोष दर्शाए वह सब कुछ देखता और महसूस करता रहा है। ख़ुद को समझाता, याद रखो! याद रखो! वह मुस्कान जिसके पीछे सारे रहस्य छुपे हैं...कुछ ख़ास, सिर्फ़ अपने लिए बचाकर रखना! पुल के दोनों ओर हवा में सरसराते लिबास

अभिवादन कर रहे हैं...हँसते, शगुफ़्ता चेहरे...मरमर-से गठे शरीर में न्यास करती आत्माएँ बोल रही हैं...भाषा, भाव, मुद्रा...याद रखो! याद रखो!

—मैंने जो कार्ड, कविता को बीच में अधूरी छोड़कर मेज़बान उसकी ओर सीधे देखते, पूछ रहा था—लाकर दिए थे, वह आपने लिख दिए?

तीन पिक्चर पोस्टकार्ड, तीन बर्फ़ीली चोटियों के दृश्य! उसे याद आया कमरे में टँगी एक पेंटिंग में भी बर्फ़ीली चोटियों के बीच अस्त होते सूरज का ही दृश्य था। रात अँधेरे में बाहर जब पहाड़ खो जाते हैं, दीवार पर टँगे, बिजली की मुर्दा रोशनी में, टिमटिमाते रहते हैं। कई बार सोचा मेज़बान से कहे कम-से-कम जब तक वह यहाँ है, वह उस पेंटिंग को दीवार से उतार दे। पहले, बहुत पहले, उसने कविता लिखी थी, बर्फ़ के एक रंग विस्तार में बने मकान और उनमें रहनेवालों की भीड़ में भी, लौटनेवाले अपने घरों को पहचान लेते हैं। विषय घर पहुँचना नहीं, यह आश्चर्य था कि कैसे पहचान लेते हैं। लिखना भी जीवन में क्या वह कह पाना रहा है, आज इस पल तक भी, जो कहना चाहा या चाहता है! अर्थ तो हर लिखी पंक्ति का निकला, और लोगों द्वारा अपने-अपने हिसाब से निकाला गया। आलोचकों के पास एक प्रकार की सर्व-सम्मति से, उसके रचना संसार के लिए कुछ गढ़े-गढ़ाए जुमले और कुछ अस्पष्ट परिभाषाएँ हैं। उदाहरणत: वह 'पल-पल मिटते उस मानव संसार को प्रतिध्वनित करता रचनाकार है जिसमें अतीत और भविष्य गहन निराशापूर्ण और वर्तमान असहनीय बनकर व्यक्ति की नियति निर्धारित करते हैं। क्या सचमुच?

—मैंने, मेज़बान के सूखे होंठों में धीमे-धीमे जुम्बिश हो रही थी—टेलीग्राम दे दिया है। डॉक्टर का यही मशवरा था। वैसे आप... ?

दिन, दोपहर, शाम कौन-सा पल था यह? दिमाग़ को किसी अन्धे कुएँ में डले डोल-सा, धीरे-धीरे चेतना में बाँधकर, वह ऊपर रोशनी के निकट लाता है। वही कमरा, वही दीवारो-दर, फिर डॉक्टर और टेलीग्राम!! दिमाग़ की पहाड़ी घाटियों के बीच फैली धुन्ध में कुछ गति, थोड़ा प्रवाह पैदा होता है।—'मैं नशे का आदी होता जा रहा हूँ...जंगल में फैलते धुएँ-सा...पहाड़, नदी, मैदान, पगडंडी...दरख़्त, हरियाली, सारे नक्श धुँधलाता।' कविता जो उसने लिखी थी? या वह, जो लिखना चाहता है? धुन्ध छँट रही है। धुन्ध पवित्र नींद है जिस पर सिर रखकर तुम एक लम्बी थकान उतार सकते हो। धुन्ध अँधेरा है, सारे पापों को अपने में ढँक लेता है। धुन्ध देवताओं की साँस है, बर्फ़ीली चोटियों से घाटियों में सुकून के सन्देश लाती, हौले-हौले फैलती। धुन्ध सपना है, सच और झूठ से बुना, सुन्दर और भद्दी ताबीरोंवाला। धुन्ध...कोहरे-सी...पेड़...पर्वत...नदी...पगडंडी...सारे नक्श...

आँखें खोलकर देखने में उसे बेहद कमज़ोरी लग रही थी। मेज़बान के चिन्तित स्वर और चेहरे के अलावा वहाँ और कोई भी था। कमरे की सीमित रोशनी में पलकें झपकाकर उसे टटोलती दो ज़नाना आँखें। प्रेमिका! पर्वतारोहण!! दिमाग़ में कड़ी-से-कड़ी मिलती गई।

—तुम, बहुत दिक्कत के साथ वह कह पाया था—तुम लोग खड़े क्यों हो?

मेज़बान कुछ हिचकिचाहट के साथ कुर्सी पर बैठ गया था, और वह हैरान, आँखों से सामने बदल गए दृश्य का रहस्य समझने की कोशिश कर रहा था। टेबिल पर रखे शराब के गिलास, मेज़बान की कविता की बयाज़ और डायरियाँ और बिखरी दूसरी चीजें अब वहाँ नहीं थीं।

—आपने तो सचमुच, डरा ही दिया! मेज़बान के स्वर में सहमापन वह साफ़ महसूस कर सकता था।—रात बात करते-करते, बेहोश हो गए। अगर यह न आतीं...।

मेज़बान ने परिचय को, अपनी महिला-मित्र का कोई नाम लिया था, जिसकी सहायता से रात डॉक्टर को बुलाया जा सका, और डॉक्टर ने...

—हम साथ रहेंगे! अपना फैसला सुनाती, उस दोपहर वह बोली थी। फ़िल्म देखने के बाद वह दोनों सिनेमा से दूर, लॉन पर जा बैठे थे। ट्रैफिक का शोर अँधेरे में घुलता दूर, पीछे छूट गया था।-द ड्यूअल इन सन। आस-पास बिखरा सब कुछ फ़िल्म के अन्त जितना ही मातमी और मुर्दा था। दोनों में देर तक कोई नहीं बोला था। फिर एकदम किसी कमसिन बच्ची की तरह चिपटकर वह बोली थी—हम साथ रहेंगे! उस एक क्षण अपने जीवन में, शायद वह सबसे ज़्यादा उदास था। तो भी अपनी उदासी का कारण क्या वह प्रत्यक्ष रूप से जानता था...? दूर सड़क पर बहते ट्रैफिक की भनभनाहट...रूठता, स्याह पड़ता आकाश...भीतर अस्त होता कोई नामालूम अँधेरा...

उन दोनों से वह पूछना चाहता था—शायद यही कि वे साथ क्यों नहीं रहते। कहीं ख़ुद उसकी मौजूदगी उनके लिए अड़चन तो नहीं बन रही? साथ रहना सात समन्दर, सात आकाश के बीच फैले विस्तार में एक ऐसा जज़ीरा है जहाँ कोई कश्ती, कोई जहाज़ नहीं पहुँचता। वहाँ जाने के लिए, वह बताना चाहता था, सिर्फ़ एक पुल है! वह पुल उन्हें खोजना चाहिए। न खोज पाएँ तो उसका आविष्कार करना चाहिए। क्या इसमें वह उनकी कोई मदद कर सकता है...?

—तुम तो, अनजाने उसने थकी आवाज़ में मेज़बान से कहा था—पर्वतारोहण, पहाड़ों पर चढ़ने की शिक्षा देते हो?

वह दोनों अजीब नज़रों से उसे देख रहे थे। किसी पुल की बात इन लोगों से करना बेमतलब था।

—मेरा, मतलब, यह क्या करती हैं? उसने बात बदलते हुए जोड़ा।

—आप कमज़ोर हो गए हैं, मेज़बान क़रीब आते हुए बोला था—तबीयत ठीक होने पर बात करेंगे। आराम करें।

थकान में डूबी निढाल ख़ामोशी और सिर से पैरों की ओर धीरे-धीरे रेंगता सर्दी का एहसास।

—टेलीग्राम...वह कहना चाहता था।

अचानक कमरे का दरवाज़ा खुला था और वह दौड़कर उससे लिपट गई थी।

—मुझे माफ़ कर दो! हिचकियों के बीच डूबती-उभरती उसकी आवाज़, पहाड़ों के बीच घटाओं-सी, उसके कानों में फैलती जा रही थी—झूठ नहीं कहती, तुम्हारे सिवा मैं किसी के साथ नहीं रह सकती!

उसका पहाड़ी दोस्त भी पीछे-पीछे अन्दर आ गया था।

—यह ठीक कहती है, उसने भारी, उदास स्वर में कहा था।

—मैं जानता हूँ, वह बोला था और ख़ुद को उसकी बाँहों में पड़ा छोड़, धीरे-से उस पुल की ओर बढ़ गया था जो अनजाने ही सरककर बिलकुल उसके क़दमों के नज़दीक आ गया था।

ठंडे बस्ते

मेरे मित्र, सिद्धान्त धुँधले हैं, जीवन का आन्तरिक वृक्ष हरा-भरा है।—गेटे

सचमुच, वह उसे नहीं पहचान पाया था।

'दिमाग़ पर ज़ोर दो!' उसकी उकसाती आवाज़ कह रही थी, 'तुम तो बड़े नामी-गिरामी लेखक हो, और वैसे भी हमने तो हमेशा तुम्हारी याददाश्त एक मिसाल की तरह मानी है।' उसका दिल कहता था, पहचान लो! आगे बात चलेगी तो चीज़ें आप ही साफ़ हो जाएँगी। अक़्ल ऐसा करने से मना कर रही थी : यह तो तय था वह उन लिखने-पढ़नेवालों की भीड़ से नहीं थी जिससे उसका परिचय था। फिर? हर लिहाज़ से एक आकर्षक औरत, इस तरह दिमाग की भूल-भुलैयों में कैसे गुम सकती है? जो ख़ुद इतनी बेतकल्लुफी बरत रही हो, वह अजनबी होने से तो रही। याद करो!

एक भरपूर निगाह उसने सामने खड़ी औरत पर डाली : एक ख़ास उम्र को बहुत सलीक़े से मेक-अप में बाँधता व्यक्तित्व, गोरा रंग, मामूली नक़्श जिनमें काफ़ी कुछ बुझा-सा होने पर भी, बच रही चुलबुली, शरारती मुस्कान अछूती रह गई थी। ताऊसी रंग की फूल-बूटे वाली सिल्क की साड़ी, इस एहतमाम से पहनी गई थी कि पर्दा और नुमाइश, सही अनुपात में हो। और एक भरपूर तरह से जी गई देह, जिसका, देखा जाए तो, अभी भी कुछ नहीं बिगड़ा था। और दीगर चीज़ें—गले में पड़ी माला, हाथ के कड़े और घड़ी, सब सादा और क़ीमती। कुल मिलाकर उसने दिमाग़ में चल रही गिनती और पहाड़ों की मदद से नतीजा निकाला—ऐसा कुछ भी ख़ास नहीं जो उसमें सोए मर्द का सपना कहा जा सके! आकर्षक लेकिन उस अर्थ में नहीं, कि उसे सतर्क होना पड़े।

'मैं शर्मिन्दा हूँ,' कहते वह सचमुच अपनी याद्दाश्त पर नालाँ था, 'वैसे याददाश्त का सम्बन्ध बहुत कुछ उम्र से होता है, और उस अर्थ में, मैं ख़ुद को जवान नहीं कह सकता!'

'अरे बुज़ुर्गवार!' उसने बहुत बेतकल्लुफ़ी से आँखों में गहरे झाँकते कहा

था— मेरी उम्र क्या आप ख़ुद से कम समझ रहे हैं? बुढ़ापे की बात मत निकालो यार, याददाश्त के अलावा तुम्हारे जिस्म का कोई और मुहकमा भी, कभी किसी तरह जवान रहा है! हमसे उड़ेंगे, मिस्टर डिकिंस? लानत है यार, अब भी नहीं पहचाने?'

लाचारी के साथ मुस्कुराने के सिवा वह कर भी क्या सकता था : पराए शहर में वह अपने दोस्त के घर मेहमान था, और इस समय, उसकी अनुपस्थिति में, इस महिला ने अवतार लिया था, जो या तो मानसिक रूप से अस्वस्थ थी, या फिर सचमुच, ख़ुद उसकी ही याददाश्त दीवालिया हो चुकी थी।

'ओह डियर।' वह थककर आजिज़ आते हुए बोली थी, 'मैं नीता हूँ, नीता पुरी! आज से सैकड़ों साल पहले, यहाँ से बहुत दूर, एक छोटे-से शहर के ख़ूबसूरत स्कूल में, हम दोनों साथ-साथ, एक क्लास में पढ़ते थे, क्लास टीचर, मिस खन्ना याद हैं... ?'

'माई गॉड!' वह हड़बड़ाकर उठ खड़ा हुआ था। क्या कह रही हो—तुम नीता? माई वन-टाइम स्किपर, नीता पुरी?'

'टु बी प्रिसाइज़!' नीता ने उसके गॉल पर चपत धरते हुए कहा—'तुम तो यार, पटरी से बिलकुल ही उतर गए! लोग भी क्या-क्या उड़ाते रहते हैं, तुम्हारे बारे में मशहूर कर रखा है कि राइटर हैं, इंटिलेक्चुअल हैं, किसी को घास नहीं डालते! तुम तो वही के वही सिम्पल साइमन धरे हो, माई बिलव्ड डिकिंस! इंडियाज़ नोबेल-लॉरिएट टु बी!' और नीता ने होंठों से उसके गालों की चुम्मी ली थी...

...वह लम्स आज भी ताज़ा था, वह क्षण, जब बिलकुल पहली बार किसी लड़की ने चुम्मी ली थी उसकी। स्कूल की लाइब्रेरी, किताबों के शेल्फ़, ऊँचे रोशनदानों से छनकर छत के क़रीब ही टँगी रह गई सूरज की रोशनी और बड़ी टेबिल पर फैला शेड के भीतर जलते बल्ब का उजाला। आठवीं क्लास में थे दोनों : लाइब्रेरी में दोनों अकेले थे और नीता ने किसी तरह उसे चूम लिया था—उसी इच्छा और मर्ज़ी के ख़िलाफ़!

'मैं टीचर से कहूँगा!' उसने तड़पकर नीता से अलग होते हुए कहा था, 'अभी जाकर टीचर से कहूँगा!'

'क्या कहोगे?' नीता अगर उसकी धमकी से डरी भी थी, तो उसने कामयाबी से उस पर बहादुरी का पर्दा डालते हुए कहा, 'कहकर देखो, मैं मैडम से तुम्हारी शिकायत करूँगी!'

'क्या शिकायत करोगी?' ख़ुद उसके अपने स्वर में डर और गुस्सा, दोनों थे!

'कहूँगी...' उसकी आँखों में शरारत मचल उठी थी, कि इस... इसने मुझे लाइब्रेरी में पकड़कर ...साफ़ कह दूँगी, कि यह मुझे बेंच पर लिटाकर! बल्कि मैं

अभी जाती हूँ, मैडम के पास! ऐसी की तैसी तुम्हारी, साले लल्लू कहीं के! थैंक्स के बजाय टीचर से शिकायत की धमकी देते हैं!'

उसे विश्वास नहीं हो पा रहा था, नीता उसके सामने बैठी है।

उसने अपनी ख़ुशी और हैरानी को शब्दों में अदा करना चाहा—'संसार में चमत्कारों का कोई अन्त नहीं! एक चमत्कार यह कि मैं इस शहर में हूँ, न जाने कितने ज़माने बाद, दूसरा यह कि माई सोल-मेट, डियर फ्रेंड, माई स्किपर, इस तरह मेरे सामने है!

'इसे चमत्कार नहीं ज़िन्दगी कहते हैं, दोस्त।' नीता ने बेतकल्लुफ़ी से सिगरेट जलाकर धुआँ उसकी ओर छोड़ते कहा था, 'मजाल है कि हम न चाहते और आप इस शहर में होते! तुम क्या समझते हो, तुम्हें यहाँ बुलाने का सेहरा हमारे-तुम्हारे बचपन के दोस्त, दीवेन के सिर बँधता है? भूल जाइए, दुनिया के लिए श्री विकास दत्त, और मेरे बचपन के अपने प्यारे लल्लू! उस साले दीवेन को इस तरह की भावुक चिन्ताओं से क्या लेना! उन्हें रोकड़ बनाने ही से कब फ़ुर्सत है। बच्चों के फ्यूचर के लिए भी सब ख़ुद ही कर डालना चाहते हैं! हाँ, हाँ, मैंने मजबूर किया था उसे, तुम्हें यहाँ बुलाने के लिए।'

उसकी हैरानी बढ़ती जा रही थी—'लेकिन तुम यहाँ...! मैं तो मानकर चल रहा था, तुम जेनेवा या वाशिंगटन....? लेकिन यहाँ...?'

'मुद्दत हुई यार, आठ-दस सही याद भी नहीं, कितने साल बीत गए, जेनेवा और वाशिंगटन को ठंडे-बस्ते में गए! तब से यह ख़ादिम अपने ही देशवासियों की ख़िदमत में है।'

'दीवेन ने बताया नहीं कभी-न फ़ोन पर न मेल में!'

'वह बताएगा! वह पैदाइशी जल-कुक्कड़।'

देखते-देखते समय की हिसारबन्दी टूटती गई थी और वे दोनों वहाँ कहीं पहुँच गए थे जहाँ कोई सिर्फ़ पटाखेभरा पिस्तौल या सीटी लिये, आपको तैयार होते देखता है, ट्रैक्स पर आने का इन्तज़ार करता, ज़िन्दगी नामी मेरॉथन—मार-काट, लूट-खसोट शुरू करने का ऐलान करने को। इस बीच लम्बे सालों का हरा काई-कीचड़ भरा दलदल उन्होंने अपने-अपने हिसाब से तय किया था। नीता, जिसे थोड़े डर और कुछ प्यार से वह 'स्किपर' कहने लगा था, ज़िन्दगी की सारी हरारतों और शरारतों का प्रतीक, वह पंजाबी लड़की, जिसका किसी समय मूलतः शरणार्थी परिवार, उस क़स्बाती शहर में आकर बसा था, और जिसकी छेड़ख़ानियों से लड़कियाँ तो कुजा, क्लास के, या और सीनियर लड़के और टीचर्स तक, दुबकते थे।

विकास ने ध्यान से नीता का चेहरा देखा—कितना मूर्ख है वह जो नीता को पहचानने में समय लगा! उससे दूरी का वक़्फ़ा-आँधी, अय्याशी, फ़ाक़ा, सैलाब-जो भी इस बीच उसका जीवन रहा हो, कम-से-कम चेहरे पर अपने नक़्श छोड़ने

में क़तई नाकाम रहा था। शायद यही कारण रहा हो विकास के उसे न पहचान पाने का! शायद, जब भी उसने नीता के बारे में सोचा था, उसके चेहरे के साथ कुछ बड़ी तब्दीली की शंका मन में रही थी, इस डर और धुकधुकी के साथ चलते, कि अगर वह कहीं ज़िन्दा है तो! पिछले लगभग 30 वर्षों, वह उसके होने–न होने से, बेख़बर रहा था, पूरी तरह!

'तुमको मेरे बारे में दीवेन से पता चलता रहा?'

'तुम बड़े आदमी हो, रिसाले–किताबों में ख़बरें छपती हैं!' नीता ने सहजता से उसे छेड़ने के अन्दाज़ में कहा, 'आज जो भी हो, लेकिन एक ज़माने में हिन्दी अपनी भी बुरी नहीं थी, इतना तो मानोगे ना! यह आधा दर्जन विदेशी भाषाएँ और सीखकर, आपने अपना पक्ष मज़बूत कर लिया है, यह हम माने लेते हैं! हम तो आपको पक्का अंग्रेज़ों का आदमी मानते थे, और उसी में आपका लिखा पढ़ने को तैयार बैठे थे! फिर यह बड़ा बदलाव कैसे हो गया? कुछ स्पष्टीकरण देंगे आप?'

सहसा विकास को एहसास हुआ, बातचीत ग़लत मुद्दे पर चल रही थी : लिखने–पढ़ने को लेकर उसने नीता को कभी बराबरी से बात करने का अवसर नहीं दिया था, न वह उसे इसके योग्य समझता था। न उसे किताबों और लेखकों में दिलचस्पी रही, न यह अन्दाज़ा, कि जीने और लिखने के बीच कितने नाज़ुक और पेचीदा मामले, ताने–बाने के रूप में काम करते हैं।

'यहाँ,' उसने विषय तब्दील करते हुए कहा—'इतने दिनों से क्या कर रही हो? तुम्हारे श्रीमान और वानर–सेना, मेरा मतलब बच्चे–कच्चे?'

'सब अपनी–अपनी जगह पर हैं,' उसकी आँखों की शरारत पल भर धूप–छाँव में खोई थी फिर दोबारा आवाज़ में उत्साह लौट आया था।

'मैं अपना काम कर रही हूँ, वह अपने।'

'यहीं हैं सब?'

वह उन्हीं शरारती नज़रों से उसे देख रही थी।

'तुम समझते हो मैं कोई होल्डॉल हूँ, अपने में सब कुछ समेटे?' उसकी खनकदार आवाज़ में अनचाहे, व्यंग्य शामिल हो गया था। 'इनसान क्या–क्या साथ लिये फिरेगा?' फ़ौरन ही उसने ख़ुद को सँभाला था, 'चाहो न चाहो, चीज़ें ठंडे–बस्ते में जाती रहती हैं, माई डियर ग्रेट लेखक! जो गरम है, वही ज़िन्दा है, और वही आपके साथ रहता है! आप भी जब तक गर्म हैं, तभी तक ज़िन्दा हैं, पता नहीं मेरा यह छोटा–सा सबक़, इतने सालों, आपको याद रहा या भूल गए!'

'हो गई क्लास शुरू!' विकास ने माथा पीटने का नाटक किया था, 'मैं तो सिर्फ़ यह जानना चाह रहा था, परिवार में कौन–कौन हैं? लुधियाना के किसी परिवार में ब्याह हुआ था ना तुम्हारा?'

'बहुत पुरानी बात है!' नीता ठहाका मारकर हँसने लगी थी, 'ठीक याद है!

दूल्हा अमेरिकन सिटिज़न था, और मेरे घरवालों ने—दो भाई, तीन बहनें, माँ, बाप—ख़ुद अमेरिका माइग्रेट करने को, नाचीज़ को सीढ़ी की तरह इस्तेमाल किया था! दो बेटियाँ हुईं, उनकी शादी भी हो गईं। सब मज़े में हैं, और बन्दी बिन्दास है : न उन लोगों से कुछ लेना, न देना—कोई ज़िम्मेदारी नहीं! बहुत पहले पति को डाइवोर्स कर दिया था, और अब वह मेरी छोटी बहन का हज़बैंड है! यह है, द लांग एंड शॉर्ट ऑव माई लाइफ़! मगर मुझे बताओ कि जिस मालूमात के बिना तुम इतने साल चैन से रह सकते थे, उसका तुम्हारे लिए महत्त्व? पलटकर यह कहने की ग़लती मत करना कि इस बीच मैं तुम्हारे बारे में क्या जानती रही!'

'क्या जानती रहीं?' अपनी खीज पर मुस्कुराहट का पर्दा डालते हुए उसने जवाबतलब लहज़े में कहा, 'यही ना, कि मैं एक लेखक हूँ—हिन्दी का? यही ना?'

बाद में दीवेन ने उससे आजिज़ाना स्वर में कहा था—'उसे तो यह तक मालूम है कि तुम्हारी कौन-सी कहानी और किताब, कब, किस मैगज़ीन में या पब्लिशिंग हाउस में छपी या मेरी पत्नी ने कब, किस सन्तान को जना!' कोई आठ साल पहले, इत्तिफ़ाक़िया मिलना हुआ था नीता से—मुझे क्या मालूम था कि शहर के जिस नए मॉल की, एक फैशन शॉप की, मैं विंडो-शॉपिंग कर रहा था, उसकी मालिक वह चुहिया निकलेगी, जो कभी लड़कपन में ही हमारे कान कुतर चुकी थी! मैं हैरान रह गया।

'तुम पहचान गए थे उसे?' विकास ने उत्सुकता से पूछा था—'मेरा मतलब, उसे पहली नज़र में देखकर?'

'यार! ख़ुद अपनी पुरानी तस्वीर तो पहचान नहीं आती,' दीवेन ने उबासी लेते कहा, 'दिमाग़ है, कोई ईजिप्ट की ममीज़ का घर नहीं : किस-किस को इसमें रख सकते हैं!'

'लेकिन उसने कैसे पहचान लिया?' विकास शायद दीवेन को भी अपनी शर्मिन्दगी में शामिल करना चाहता था।

'पहचानना-न पहचानना!' दीवेन के स्वर में ऊब थी—'नीता ने जीवन भर इसके सिवा किया क्या है! ठीक है, वह एक असाधारण खूबियों की मालिक औरत है—हमने हमेशा माना है। फिर इसके आगे, अगर ज़िन्दगी महज चौंकाने का खेल बनकर रह जाए, तो हम तो दूर के तमाशाई ही भले!'

कुछ देर की चुप्पी के बाद वह फिर सियाने-दुनियादारी के अन्दाज़ में बोला—'हमने तो, अपनी यह उम्र गँवाकर, एक ही सबक सीखा है : अपनी नाक पराए बिल सूँघने में ग़ारत मत करो! ज़िम्मेदारियाँ हैं, हर एक का अपना ज़हर का प्याला है, जो दिन-ब-दिन भरता जा रहा है : सारी ख़ातिर-तवाज़ो का दुनिया ने पूरा इन्तज़ाम कर रखा है। कुछ फ़ुर्सत मिले, तो उसमें आदमी रिलेक्स करे-बाक़ी सब पर ख़ाक डालकर!'

'एक तरह से, बात तो तुम्हारी ठीक है। और फिर तुम्हें इस सबकी फ़ुर्सत कहाँ।' विकास ने कुछ-न-कुछ कहने की ख़ातिर कहा था।

दीवेन का स्वर धीमा, राज़दाराना हो गया था—'उसे तो यह भी ख़बर है कि तुम अन्तिम बार इस शहर में कब आए थे और यहाँ तुम्हारे साथ क्या बीता था! ख़याल रहे, यह सब उसे मैंने हरगिज़ नहीं बताया!'

'तुमने कभी शादी का सोचा?'

उस दिन, तीसरे पहर, वे पाम के दरख़्तों के साए में, रंग-बिरंगे छातों और कुर्सियों में घिरे बैठे थे। इस भव्य फाइव-स्टार होटल में जिस तरह उन दोनों का स्वागत हुआ था, और जिस इनफॉर्मल ढंग से नीता वहाँ के स्टाफ से बात कर रही थी, यह साफ़ था कि वह वहाँ नियमित रूप से आनेवालों में थी। बाईं ओर आसमान के कटे टुकड़े-सा स्वच्छ और नीला स्वीमिंग पूल और दाए से उठती, उमस भरी नमकीन समुद्री हवा। गिनती के लोग आसपास थे। उसने देखा, नीता मग में सुनहरी बीयर के बुलबुले गिनने में खोई थी।

क्या जवाब दिया जा सकता था नीता को, विकास सोच रहा था।

'क्यों पूछ रही हो तुम?'

'इसलिए,' नीता बहुत संजीदा थी—'कि नहीं सोचा तो सोचो! इस बँदरिया के मुर्दा बच्चे को सीने से लगाए रखना कौन-सी होशमन्दी है?'

ख़ुद को नियंत्रित रखने को विकास ने बीयर का लम्बा घूँट लिया : नीता अगर उसके जीवन की तफ़सील जानती भी है, तो ज़रूरी तो नहीं कि वह उसकी सही तकलीफ़ भी महसूस कर पाए! और न वह ख़ुद किसी अन्य व्यक्ति को ऐसा करने की इजाज़त देना चाहता था।

'मैं नहीं समझता,' उसने नियंत्रित स्वर में कहा था, 'मैंने तुम्हारे सामने कुछ भी ऐसा कहा है जो यह बन्दरिया के बच्चे वाली मिसाल मुझ पर लेबिल हो सके! शादी करना हर एक के लिए ज़रूरी तो नहीं।'

'हर एक के लिए नहीं। मैं तुम्हारी बात कर रही हूँ, क्योंकि तुम्हारे पास से मुझे उस मुर्दा बच्चे के सड़ने की बू आती है!'

ख़ामोशी में पाम के सरसराते पत्ते थे या दूर किसी की ठहाका लगाकर हँसने की आवाज़ें।

'ग़लत समझने की कोशिश मत करो! तुम जानते हो मैं किसी न किसी सेंस में, तुमसे मुहब्बत करती हूँ...'

'विकास!' नीता की उदास आवाज़ उसके कानों से टकराई थी—'क्या ऐसा नहीं हो सकता, कि इस परीक्षा के बाद तुम मुझसे शादी कर लो? मुझे घरवालों की नीयत में खोट नज़र आती है!'

हाईस्कूल की परीक्षा ख़त्म होने को थी, जब एक शाम वह दोनों किताबों की

दुकान पर टकरा गए थे। वह मोटर-साइकिल पर था और नीता को घर तक छोड़ने गया था। नीता ने एक जगह, मजबूर करके रेस्त्राँ में काफ़ी पीने को रोका था।

'जो आदेश स्किपर।' उसने कुछ हँसने, कुछ चुटकी लेने के ढंग से कहा था—'अभी तक तुम जो बिना ब्याह के मेरे साथ करती रही हो, अब उसका क़ानूनी लाइसेंस लिए लेते हैं! डाँट-डपट, इमोशनल ब्लैक-मेलिंग, ग़ुलामों-सा बर्ताव!'

उस पल की सारी उदासी, जो वैसे भी नीता के स्वभाव के बिलकुल ख़िलाफ़ थी, भूलकर, नीता ठट्‌ठा लगाकर हँसने लगी थी। तो भी, जाने क्यों विकास को लगा था, उस हँसी में असली खनक नहीं, वह एक सप्रयास ठहाका था।

'वह इसलिए,' उदासी दोबारा नीता के चेहरे पर घिर आई थी, मगर स्वर की गम्भीरता कम हो गई थी—'कि किसी और लायक़, तो साले तुम हो नहीं! अभी कोई प्रोपोजल आ जाए, तो साले हाथ-पैर ठंडे होने लगेंगे! ज़बान कबड्‌डी खेलने लगेगी। मर्द, यार तुम बस इतने ही हो, कि थोड़ा-बहुत ब्लैक-मेल हो लेते हो! बाक़ी तो सारी अदाएँ माशूक़ाना हैं, हो पाए तो लड़की से अपना बनाव-सिंगार कराओ!'

'तो फिर?' ख़ुद पर क़ाबू रखने के बावजूद उसे कहीं चोट पहुँची थी, 'अभी तक परीक्षा ख़त्म नहीं हुई, तू उससे मुश्किल, दूसरी को दावत दे रही है! मैंने तो नहीं कहा तुझसे, क्या मुझे पागल कुत्ते ने काटा है!'

उम्मीद के बरख़िलाफ़ नीता खिलखिलाकर हँस दी थी और उसके चेहरे की उदासी छँट गई थी। 'यार विकास!' हँसते-हँसते अपने में खोकर नीता बोली थी, लगता है, इतना साथ रह चुकने और एक-दूसरे को जानने के बाद, कितना अच्छा हो बाक़ी ज़िन्दगी भी हम साथ जिए, चल मैं कर दिया करूँगी तेरी कंघी-चोटी! सच, किसी अजनबी के साथ फिर से ज़िन्दगी शुरू करने से तो यह कहीं बेहतर होगा। मैं तेरी सारी शर्तें मानने को तैयार हूँ! तु मुझे हॉट-ब्लडेड, मर्द-मार समझकर डरता है ना, मैं तेरे लिए ख़ुद को बदल डालूँगी। कभी कोई शिकवा या फ़रमाइश नहीं करूँगी! कह दे ना यार, विकास! हाँ कह दे!'

'मैंने कब 'ना' कहा है, स्किपर!' उसने हुक्म बजा जाने के स्वर में कुछ व्यंग्य से कहा था, 'यह लल्लू तो पैदा ही तेरी विकिट-कीपिंग के वास्ते हुआ है! जो हुक्म मेरे आक़ा।'

नीता ने मुँह-ही-मुँह में कुछ गालियाँ दोहराई थीं और फिर विकास उसे घर छोड़ आया था...

'सब कुछ के बाद', नीता कह रही थी, 'तुममें कुछ ऐसा है, जो एक घर की कल्पना से जोड़ता है। अब भी शादी करके तुम सुखी रह और रख सकते हो।'

'पता नहीं,' विकास ने चिड़चिड़े स्वर में कहा था, 'तुम्हें मेरी शादी का दौरा क्यों पड़ गया! मैं अच्छा-भला हूँ, और क्या चाहिए मुझको?'

'तुम जानते हो,' कहते हुए नीता ने उसे आँख मारी थी, 'किसी हमजोली के

साथ, कुछ दिन, किसी समुद्र-तट के एकान्त में बिताकर देखो और पुख़्ता हो जाएगा! कोई याद या सोच ज़िन्दगी से बड़ी नहीं होती, ऐतबार आ जाएगा तुम्हें।'

'मैंने कहा होती है?'

'जीने की कोशिश कर रहे हो—जाने ख़ुद के सुख के लिए, या एक पब्लिक-इमेज बनाए रखने के लिए!'

विकास कड़वी हँसी हँसा था। उसने बीयर-मग की ओर इशारा करते हुए कहा, 'इतनी बोझिल गम्भीर बातों के लिए, यह और शाम का यह पहर, दोनों का चुनाव ग़लत है, अभी तो मैं यह तक साफ़ देख सकता हूँ कि तुम्हारी आँखें कब मुझे परखना, और कब मेरा मज़ाक़ बनाना चाहती हैं!'

'लेकिन इतना नहीं,' नीता ने प्यार से छेड़ा था—'कि अब इनमें कॉन्टेक्ट्स डल चुके हैं। वैसे, जिस पहर कहो साहब, हम आपकी ज़बान से ऐतराज़ नहीं सुनेंगे! वक़्त आपका है, हरचन्द कि उम्र को अपनी हम भी क़ीमती समझते हैं! मगर आप जैसों के सामने नहीं।'

नीता ने उसका हाथ अपने हाथों में थाम लिया था, और विकास आश्चर्य से उसकी आँखों के लेंस के बारे में सोच रहा था : अभी तक उसे पल भर को भी यह एहसास नहीं हुआ था कि नीता की नज़र कमजोर पड़ सकती है, या उसे चश्मा-कॉन्टेक्ट पहनने की आवश्यकता हो सकती है।

'दीवेन ने तुम्हें कुछ बताया होगा?' कहते हुए नीता के स्वर में गर्मजोशी की जगह नपी-तुली तटस्थता ने ले ली थी। 'तुम्हारी दोस्त की हैसियत से मैं उस पीड़ा और हर्ट को भी महसूस कर सकती हूँ, जो तुम्हें कभी हुए होंगे। लेकिन यह बिना मुमताज़ महल का ताज : इसमें तुम समझते हो मुहकमा खंडरात के सिवा किसी को दिलचस्पी हो सकती है? लोग, जो दुनिया में ख़ूबसूरती की एक झलक के लिए बड़ी-से-बड़ी क़ीमत दे सकते हैं।'

'जाने तुम किस बारे में मुझसे क्या कहना चाह रही हो!' विकास से लाचारी और ग़ुस्से से कहा था।

'मैं तुम्हारी प्रेमिका, और तुम्हारी आज तक की ज़िन्दगी की ही बात कर रही हूँ! वह जिसके साथ तुम पिछली बार इस शहर आए थे!' नीता सहजतापूर्वक कह रही थी—'और दोबारा, यहाँ कभी न आने की क़सम खाकर गए थे! नाम भी मालूम है मुझे उसका—तारा! और यह भी, कि आगे ज़िन्दगी में क्या हुआ!'

विकास सन्नाटे में घिरा रह गया था : एक ख़ालीपन, जिसके पार न तो वह अपनी आवाज़ पहुँचा सकता था, न किसी और की सुन सकता था।...

...23 वर्ष पूर्व, जब उसने अपनी ज़िन्दगी की शुरुआत के लिए, अपने हिसाब से, सब कुछ जमा कर लिया था!

तारा वह पहली लड़की थी जिससे मिलकर उसे किसी प्रकार की उलझन नहीं हुई थी।

एम.ए. के बाद उसे शासकीय महाविद्यालय में पढ़ाने की नौकरी मिल गई थी। देश के महत्त्वपूर्ण पत्र-पत्रिकाओं में उसका फ़िक्शन और आलोचनात्मक लेखन नियमित रूप से छपने और महत्त्व पाने लगा था। देश-विदेश में, वर्कशॉप और सेमिनार में शिरकत का सिलसिला भी शुरू हो गया था। माता-पिता ने घर-जायदाद की तक़सीम, अपने होते कर दी थी, और उसके रहने को अलग, शहर की अच्छी लोकेलिटी में एक बँगलानुमा घर था, कार थी और तारा थी, जो मिली तो एक स्टूडेन्ट की हैसियत से थी, मगर धीरे-धीरे सम्बन्ध अपनाइयत और दोस्ती में बदल गए थे। विकास को रिसर्च की अनुमति मिल चुकी थी। वह घंटों तारा के साथ अपना विषय डिस्कस करता। तारा उसकी किताबें पढ़कर, बातों और मुद्दों को लेकर बहस करती और अक़्सर उसकी पहुँच और समझ देखकर विकास हैरान हो जाता। तारा ने देशी और विदेशी साहित्य का ध्यान से अध्ययन किया था, जिसका कारण वस्तुतः उसके घर का वातावरण था। उसके पिता एक जाने-माने ज्यूलॉजिस्ट थे, लेकिन उनकी अपने विषय के प्रति एप्रोच ख़ालिस साहित्यिक थी, जिसमें बड़ा हाथ उनके क्लासिकी साहित्य के अध्ययन का था। तारा की माँ संगीत की जानकार थीं, और कभी, नियमित रूप से रेडियो आर्टिस्ट रह चुकी थीं। साथ ही, साहित्य से उन्हें भी गहरा लगाव था। इस प्रकार से एक दाम्पत्य की, ढलती उम्र में इकलौती सन्तान हुई थी—तारा! उसे माता और पिता की ओर से जन्मगत जो श्रेष्ठ था वह मिला था।

तारा मिली थी, तो विकास को लगा था कि ज़िन्दगी की बिखरी चीज़ों की एक तरतीब बन गई थी : उन्होंने एक स्थायी आकार ग्रहण कर लिया था। जो नाव, बादबान साधे खड़ी थी, उसे सही दिशाओं में चलनेवाली हवाओं का साथ मिल गया था।...

'वहाँ स्टेट्स में तो,' दूसरी, अगली शाम, नीता ने उसकी किसी बात पर टिप्पणी करते हुए कहा था—'इंडियन होना ही मिलने के सुख और आकर्षण को काफ़ी होता है। बिलकुल इसी तरह पूरी तौर पर अनजाने, मेरा वहाँ तारा से मिलना हुआ था। बातों में पुराने शहर और हमारे बचपन के स्कूल की बात निकल आई और मुझे अन्दाज़ा हुआ कि वह मेरे ज़्यादातर जान-पहचानवालों से परिचित थी।'

'सच-सच कहूँ?' नीता की, कॉन्टेक्ट्स डली आँखों की मलगजी अँधेरे और रोशनी के अक्स में तमीज़ करने की कोशिश करते, धीमी और बेज़ार आवाज़ में विकास ने कहा था। उस समय नीता ने व्हाइट-टॉप्स और जींस पहन रखी थी, गले में एक क़ीमती पेंडेंट के साथ। यह कह पाना मुश्किल था कि उसकी उम्र 30 वर्ष से अधिक होगी। ख़ुद विकास भी, अगर किसी प्रकार भुला सके कि वह नीता है, तो उसे छू-पकड़ने को मन ज़रूर करे, यह वह दोपहर के बाद से उसके साथ, शहर के विभिन्न हिस्से घूमते बराबर महसूस करता रहा था।

'कहा नहीं ?' कुर्सी में फैलकर बैठते, नीता ने सिर के छोटे बाल, बेंड से मुक्त कर दिए थे : अब वह विकास को बचपन में पढ़ी, किसी कॉमिक की ज़िद्दी नायिका की याद दिला रही थी, जो सिर्फ़ अक़्ल से ज़्यादा काम लेने के कारण हर जगह हारती रहती है।

'मुझे तुम्हारे इस तारा-संस्मरण में रत्ती बराबर भी दिलचस्पी नहीं। मेरे लिए, वह हर तरह मर चुकी है।' विकास ने बात पूरी की थी।

वे दोनों उस समय होटल की कॉफी-शॉप में बैठे थे जहाँ नीता के प्रोग्राम के अनुसार, रात नौ बजे दीवेन को उनसे आकर मिलना था।

'दोस्ती तो नहीं कह सकती,' नीता विकास से नज़रें मिलाए बग़ैर जैसे ख़ुद से ही कह रही थी—'मगर मेरी भी उससे अच्छी बोलचाल हो गई थी क्योंकि सोशल सर्किल एक था। तुम्हारी बात तो, कभी बाद की मुलाकातों में निकली।'

'नीता!' विकास ने चेतावनी के स्वर में कहा था—'क्या तुम चाहती हो, हमारी यह मुलाक़ात कड़वाहट पर टूटे ?'

'क्यों टूटे ?' नीता ने दोनों हथेलियाँ जोड़कर, कोहनियाँ टेबिल पर टेकते हुए कहा—'और क्या मजाल है! किसी ज़िन्दा की देह और मुर्दा की आत्मा में, दम नहीं कि तेरे-मेरे बीच, परछाईं डालने की हिम्मत कर सके! वह कोई चन्दा हो या तारा। और तारा तो, जैसा तुमने ख़ुद ही कहा, मर चुकी है।'

तारा के मरने की बात दोहराते, नीता का स्वर बहुत सहज और ठोस था।

विकास को सकता लग गया था : शब्द किसी पुरानी दीवार से ढहकर उसके हलक़ में फँस गए थे। सकता लम्बा पड़ गया था, जिस पर काबू पा सकने को वह गिलास से पानी के घूँट लेता रहा था।

कोशिश करके उसने ख़ुद को अपनी आवाज़ के गिर्द समेटा था—'दीवेन ठीक ही कहता है—जिन्दगी तुम्हारे लिए, एक चौंकने चौंकाने का खेल है, बस! मान लिया, तुम दुनिया में इकलौती और असाधारण हो, तो इससे बाक़ी की नाक में दम करने का लाइसेंस तो नहीं मिल जाता! कहना क्या चाह रही हो तुम ?'

नीता अपलक उसे देख रही थी, जैसे किसी नतीजे पर पहुँच सकने का अन्दाज़ा लगा रही हो। 'तुम्हारा ही कहा दोहरा रही हूँ,' उसने हवा में हाथ लहराकर सधे स्वर में कहा—बहुत देर बाद सही, मगर तुम्हें अक़्ल तो आई!'

'ऐसे भद्दे मज़ाक़ करने से पहले तुम्हें सोचना चाहिए!' विकास ने कड़वाहट से कहा था। 'कोई अगर मेरा न हो सके, तो समझती हो मैं उसके मरने की तमन्ना करूँगा! कौन जाने, तारा की भी मजबूरियाँ रहीं होंगी। कोई यूँ ही तो, माँ-बाप, देश और सामने की ज़िन्दगी से, मुँह फेरकर, नहीं चला जाता! बहुत कुछ होता है, जो कोई दूसरा नहीं समझ सकता। आज जो और जैसा भी हो, लेकिन तारा के साथ बीता एक-एक पल, मेरे लिए जीवन का सरमाया है : ज़िन्दगी जो भी चली है, उसी सरमाए के सूद पर।'

'यह तुम्हारा अपना मामला है।' नीता के स्वर में तंज़ था—'तुमने कहा, मैंने मान लिया! लेकिन ऐसा थोड़ी कि दीवेन मेरे बारे में ही कुछ कहता है। मौक़ा मिल जाए तो आपको भी अपनी मुहब्बतों से नवाज़ता है। उसकी कड़वाहट समझी जा सकती है : मालूम है, हाईस्कूल की परीक्षा और रिज़ल्ट आने के बीच, दीवेन ने मेरे सामने, उसी से मिलता-जुलता प्रोपोजल रखा था, जो—मैं तुम्हारे सामने रख चुकी थी। मज़ाक़ या संजीदगी में, मैं आज तक तय नहीं कर पाई, मँगनी के लिए उसके घरवाले राज़ी थे। वैसा मैंने नहीं चाहा, और जो हुआ, वह आज उसे तुर्श बनाने को काफ़ी है! फिर भी उसके सामने मुक़ाबले पर ज़िन्दा दुश्मन हैं, पत्नी और सन्तानों के रूप में ही सही। और यार, वह कम-से-कम लड़ तो रहा है!'

'तुमसे प्रोपोज़ल की बात उसने मुझे आज तक बताई नहीं। अचरज होता है कि जिनको हम आत्मीय समझते हैं, वे भी कितने अजनबी और अनजान निकलते हैं।' विकास ने ठेस खाए स्वर में कहा था।

'यह सब क्या दीवेन के बारे में तुम पहली बार सोच रहे हो? या अचरज तुम्हारे लिए किसी विकृत-सुख का नाम हो गया है?'

अचरज!

वह अनुभव पुराना, लेकिन अनुभूति ताज़ा थी। और नीता उसी को ओर संकेत कर रही थी, यह साफ़ होते समय नहीं लगा था। वह घटना, वर्षों पूर्व जिसने उसे आश्चर्यचकित छोड़ दिया था...

शब्द 'अचरज', तब हुए के लिए, छोटा और नामुनासिब था, क्योंकि उस सदमे की जकड़ से वह आज तक मुक्त नहीं हो पाया था। कभी कोई चीज़, आँखों के सामने यूँ हो जाती है जैसे वीराने में अकेले आप बिजली गिरते देख लें! उस अनुभव को, ज्यों-त्यों दोबारा याद कर पाना, शायद इसलिए सम्भव नहीं हो पाता कि कल्पना उसमें जोड़-तोड़ से बाज़ नहीं आती! मानसिक अवस्था से तालमेल के साथ, याददाश्त चीज़ों को, असल से छोटा या बड़ा करती रहती है। और दूसरा कोई नहीं, जो चश्मदीद गवाह के तौर, सोचे को सही या ग़लत बतला सके। क्या हुआ था उस अकेले के सामने, बिजली गिरने की तरह!...

आनेवाले क्रिसमस और नए साल का चहल-पहल भरा माहौल, घरों के आगे लटकी रंग-बिरंगी कन्दीलें, संगीत की सरगोशियों में घुले-मिले स्वर, गानों की आवाज़ें, नए और सलीक़े के कपड़े पहने राहगीर, आपस में एक-दूसरे से मुबारक-सलामत करते, और किसी कार्नीवाल की तरह सजा-सँवरा, जिन्दगी से भरपूर वक़्त : शहर के उस अपरिचित इलाक़े में, जहाँ वह और तारा, पिछले कई दिन से, एक साफ़-सुथरे होटल में ठहरे थे। तब 'स्टार' होटलों का इतना चलन नहीं था, न शामों, तफ़रीहों का वर्गीकरण पैसे के साथ, इतना जुदा-जुदा। समुद्र के किनारे या होटल के इर्द-गिर्द, संगीत से भनभनाती सड़कों-गलियों पर वह और तारा तिलिस्म में बँधे पैदल

भटकते, किसी छोटे कैफे या बड़े होटल में, जो रास्ते में मिल जाता, कुछ खा-पी लेते, और रात देर गए अपने कमरे में लौटते। उनकी मँगनी हो चुकी थी—शादी की रस्म कभी भी पूरी की जा सकती थी। अपने शहर में साथ के बाद, वे दोनों होटल के एक ही कमरे में ठहरे थे, लेकिन कुछ बातों को लेकर विकास की अपनी सोच थी, और वह तारा का सहयोग चाहता था। सम्बन्धों में अपनाइयत और बेतक़ल्लुफ़ी के बावजूद, वह शादी से पहले औरत-मर्द के रिश्ते में नहीं बँधना चाहता था, और आपस में एक दूरी बनाकर रखी थी। सो, होटल के एक कमरे में भी, वे अलग-अलग बिस्तर पर सोते थे। दिन भर शहर में आवारागर्दी और शाम का बेहतर हिस्सा किसी रेस्तराँ, किसी आर्ट गैलरी अथवा कोई अच्छी फ़िल्म देखने में गुज़ारने के बाद, वे अपने कमरे में लौटते, तो रात देर गए तक, तारा उसे कविताएँ पढ़कर सुनाती : एमिलि डिकंसन से डिलॉन टॉमस और टैगोर से ग़ालिब और मीर, सब उन आत्मीयता से धड़कते और धड़ककर ढलते, देर रात के क्षणों का हिस्सा होते। सुनना, समझना, सराहना—और इनके नतीजे, किसी धुंध में खोए जिन्दगीनामी आकार की, सूरत-शक्ल तय करने का प्रयास करना। रोशनियों से सजा-सँवरा, सुरों की लय पर थिरकता, उनके सिर पे तना आसमान और पैरों के बीच धड़कती, फैली, ज़मीन। क्रिसमस यहाँ मनाकर, नया साल गोवा में शुरू करने की योजना थी। वहाँ ट्रेवल-एजेंट द्वारा बुकिंग कराई जा चुकी थी। सब सुन्दर, और मनचाहा, जब एक सुबह तारा को होटल में छोड़कर वह कुछ औपचारिक ज़िम्मेदारियाँ निबटाने अकेला शहर गया था, और कोई छः घंटे बाद, जब लौटा था तो कमरे में तारा के बजाय, उसके हस्तलिखित नोट के दो वाक्यों को अपना इन्तज़ार करता पाया था : 'मैं अपनी मर्ज़ी से जा रही हूँ। कृपया ढूँढ़ने की कोशिश न करें।'

नीचे नाम दर्ज था : 'तारा'।

वह सचमुच समझ नहीं पाया था, और हड़बड़ी में, कमरे में बिखरे सामान पर नज़र दौड़ाई थी : तारा की निजी डायरी और हैंडबैग के अलावा, हर चीज़—उसकी परफ्यूम्स, कंघे, क्लिप्स, कपड़े और जूतों से लेकर उसकी उन किताबें तक, जिनके बिना विकास के लिए तारा की कल्पना भी सम्भव नहीं थी, सब ज्यों-की-त्यों अपनी जगह मौजूद थीं। क्षण-भर को उसे लगा था, शायद यह एक मज़ाक़ है, लेकिन तब भी उसके दिल में यह बिलकुल साफ़ था कि ऐसा सोचना महज़ अपने दिल को बहलाना था, और उसकी अनुपस्थिति में कुछ ऐसा भयावह घट चुका था जो उसकी कल्पना से परे था। फिर भी, जाने किस उम्मीद में, संगीत की उन्हीं उठती-डूबती लहरों में घिरा जो अभी तक उसकी सारी ख़ुशियों की गवाह रही थीं, वह गहरे पानी में हौले-हौले ग़र्क़ होते व्यक्ति की तरह, रात साढ़े नौ बजे तक तारा का इन्तज़ार करता रहा था। क्या सचमुच उसे तारा के लौट आने की उम्मीद थी ? क्या वहाँ बैठा वह किसी चमत्कार की प्रतीक्षा कर रहा था ? शायद हुआ यह था कि एकान्त में बिजली गिरकर

नष्ट तो सब कुछ कर चुकी थी, लेकिन इतनी जल्दी, आँखों-देखे का तालमेल, दिमाग़ और सोच सकने की सामर्थ्य से नहीं बना था। वह होशमन्दी का अभिनय कर रहा था जबकि हवास उसका साथ छोड़ गए थे।

आगे होने के नाम पे, चाहे जो कुछ भी हुआ हो, लेकिन उसका दिमाग़ एक प्रकार से आज भी बिलकुल उसी स्थिति में था। यूँ उसने उसी रात, तारा के घर ट्रंक-कॉल किया था, और यह जानकर और हैरान हुआ था, कि उस बीच वह ख़ुद फ़ोन पर माँ-बाप से बात करके, उन्हें अपने निर्णय की सूचना दे चुकी थी! उन्होंने विकास से इतना ही कहा था कि उसकी पीड़ा का वह लोग अन्दाज़ा लगा सकते हैं, लेकिन-कहा उन्होंने अधिक नहीं था, लेकिन उनके स्वर से इतने फ़ासले पर बात करते हुए भी, यह संकेत साफ़-साफ़ मिल रहा था कि जो हुआ वह अब बदला नहीं जा सकता था, कि उसे तारा को तलाश करने के जोखिम में नहीं पड़ना चाहिएं था।

जिस रात शहर क्रिसमस की खुशियों—गीत, संगीत, रोशनी, आतिशबाज़ी और मुबारकबादी के शोर में डूबा था, वह अपना और तारा का सामान पैक करते, सेंटा क्लॉज के विचित्र तोहफ़े के बारे में सोच रहा था, ख़ुद को हर पल यह याद दिलाते कि जो उससे छिन गया है, वह किसी और को भेंट-स्वरूप मिला है! तारा के पिता ने फ़ोन पर कहा था—उसकी मित्रता जिस योरोपियन से हुई, तुम्हें मालूम ही होगा, वह उसके साथ विदेश जाना चाहती है। पासपोर्ट उसके पास है, न होता तो भी रुकने पर मजबूर तो नहीं कर सकते थे। शुभ-कामना कर सकते हैं।

आश्चर्य कि उसके साथ दिन-रात रहते, तारा की मित्रता किसी योरोपियन से हुई थी, जबकि वह ख़ुद किसी ऐसे व्यक्ति को नोट ही नहीं कर पाया था। कौन होगा वह, जो इतने चुटपुट क्षणों में, और ख़ुद उसके बिलकुल अनजाने, तारा के लिए इतना आत्मीय हो गया था? और ऐसी क्या विशेषता दुनिया के किसी भी अन्य पुरुष में हो सकती थी, कि तारा एक लम्बे समय तक फैले विकास के प्यार, ख़याल और तवज्जो को यूँ अनदेखा कर सकती थी? विशुद्ध, बेलौस और बेलाग, ऐसे प्रेम को, जिसे वह ख़ुद अपनी कल्पना में एक आदर्श मानता था। इतनी सहजता और ख़ामोशी से, अनजाने, एक अजनबी तारा पर ऐसा जादू कर सकता था कि वह न केवल अपने मंगेतर, बल्कि माँ, बाप और देश को छोड़ देने का निर्णय कर ले? मुलाक़ात की इतनी छोटी मुद्दत में! क्या यह तारा वही लड़की हो सकती थी जिसके साथ रहते उसे लगने लगा था कि कोई अन्य, उसे तारा की तरह कभी समझ ही नहीं सकता था?

'यह खोने का नाटक हमसे नहीं चलेगा!' नीता की आवाज़ धीमे बजते संगीत के ऊपर साँस लेती कह रही थी, 'और खोओगे कहाँ? दुनिया में सब कुछ तो पहले ही तलाश किया जा चुका है!'

स्टीवर्ड के साथ दीवेन आता दिखाई दिया था : उनकी ओर, अस्थिर क़दमों से बढ़ता।

'लो!' नीता ने गर्दन हिलाकर, धीमे स्वर में कहा था—'उमर खय्याम भी आन पहुँचे! लगता है सारी रुबाइयात पूरी करके आ रहे हैं!'

जाम उठाकर, हवा में चुम्मी छोड़ते, उसने दीवेन का स्वागत किया था।

'हैलो!' दीवेन के स्वर में ठंडापन मिली कड़वाहट थी—'मैं मूर्खों की तरह डायनिंग-हॉल में भटक रहा हूँ, और आप लोग यहाँ बैठे, जन्नत के मज़े ले रहे हैं! कमाल है!'

दीवेन के मना करने के बावजूद नीता ने फ्रेश ड्रिंक्स ऑर्डर करने के बाद कहा था—'जन्नत' भी बिना उमर खय्याम के कोई जन्नत होगी! क्यों विकास साहब? यहाँ तो 'मँडवे तले ग़रीब के, दो फूल' खिलने की हसरत लिए, आपका इन्तज़ार कर रहे हैं! डायनिंग हॉल से मैसेज मिलने में कोई लापरवाही हुई हो, तो वे दोनों फूल आपसे बहुत-बहुत क्षमा चाहते हैं, वैसे यहाँ का स्टाफ न तो आपके लिए नया है, न मेरे लिए। नए तो यहाँ, सिर्फ़ हमारे मेहमान विकास साहब हैं। तो भी, मैं स्टीवर्ड को बख़्शूँगी नहीं, आप निश्चिन्त हो रहें!'

यह अन्दाज़ा होने में देर नहीं लगी थी कि दीवेन ने काफ़ी से ज़्यादा शराब पी रखी थी, और उसके स्वर की कड़वाहट और ग़ुस्से का निशाना वह दोनों नहीं, कोई और था।

'मज़ाक़ समझ लिया है, कुतिया ने!' बिना पूर्व-भूमिका के, उसने इर्द-गिर्द फैली संगीतबद्ध ख़ामोशी को कोसते हुए कहा था—'और अब तो पिल्लों ने भी भौंकना सीख लिया है!'

एक क्षण को विकास की नज़रें उससे मिलीं, तो दीवेन ने कड़वी हँसी के साथ, उन नज़रों को ख़ुद पर से हटने नहीं दिया। 'माफ करना विकास, मेरी बात और भाषा के लिए! असलियत काफ़ी तो तुम्हें मालूम ही है, और नीता तो सारी दोस्ती-दुश्मनी में, पुल-सा महत्त्व रखती है। वैसे,' लहराती आवाज़ में, बात को ज़्यादा आगे बढ़ाने से रोकने के लिए, उसने जोड़ा था, 'शैतान को, कम-से-कम उसका हक़ ही दिया जाए, तो भी मुझे यह मानने पर मजबूर होना पड़ेगा कि बिना नीता के अभी तक मैं आत्महत्या कर चुका होता! थैंक-यू!' नीता की ओर मुड़कर आभार प्रकट करने के लिए उसने अपना सिर झुकाया था, जो अनजाने इतना झुकता गया कि टेबिल के ऊपर जा टिका था। 'मैं किन शब्दों, किन जुमलों में तुम्हारा शुक्रिया अदा करूँ! थैंक्-यू, सो वेरी मच! नीता माई डियर!'

'सब खैर?' पहली बार विकास को नीता के स्वर में चिन्ता और निजी लगाव की धमक सुनाई दी—'कुछ नया-ताज़ा?'

'नया-ताज़ा!' दीवेन ने हिक़ारत से हुँकारा भरते हुए, वापस सीधे बैठकर कहा

था—'एक जनम में इनसान कितनी बार पैदा हो सकता है! कितनी बार मर सकता है! नहीं, वही पुराना झमेला है, जो हर बार नया लगता है! सॉरी विकास, मैं तुम्हारी छुट्टियाँ बरबाद नहीं करना चाहता। मैं जानता हूँ, तुम्हारा स्वभाव चिन्ता में घुलनेवाला स्वभाव है! काम भी तो तुम ऐसा करते हो जो बिना चिन्तन के सम्भव नहीं। लेकिन—' बात अधूरी छोड़कर वह एकदम नीता की ओर मुड़ गया था—'प्लीज़ नीता! तुम्हें मेरी मदद करनी होगी! आज फिर तुम्हें—वह क्या कहती हो तुम? हाँ, मेरा 'ठेका' लेना होगा। ईश्वर नहीं, तो अपने दोस्त की ख़ातिर! प्लीज़ कॉल करो! कहीं से संगीता को बुलवा दो! वही है, जो मेरे आँसुओं को समझने के साथ-साथ उनकी कदर भी करती है। प्लीज़, नीता! उसे बुला दो, मैं बाक़ी उम्र तुम्हारे नाम गुलामी लिखने को तैयार हूँ!'

तुम्हारी उम्र और तुम्हारी बाक़ी तमाम चीज़ों पर, अपने-अपने हक़ के दावेदारों की कोई कमी है जो इस नाचीज़ को तुम सब्ज़बाग़ दिखा रहे हो!'

उसकी हँसी में व्यंग्य था या सिर्फ़ मज़ाक़, विकास के लिए समझ पाना मुश्किल था।

'प्लीज नीता!' दीवेन का स्वर लगभग घिघियाता हो रहा था, और नीता उसकी ओर दुविधाग्रस्त मुस्कुराहट से देख रही थी।

'मुश्किल ही है यार,' उसने घड़ी देखने के बाद कहा था—'फिर भी ज़िद करते हो, तो देखे लेते हैं।'

शराब आ गई थी—एक ताज़ा पेग।

'चीयर्स!' तीनों ने अनजाने और बेसाख़्ता कहा था, और अभी तक हो रही बातचीत को छोड़कर दीवेन के मुँह से दोबारा गालियों की फुवार झड़ने लगी थी।

'पता है,' वह विकास की ओर देखते कह रहा था, 'आज हमारे बड़े चिरंजीवी से हमारी भेंट हुई—पूरे ढाई साल बाद! यमदूत क्या होते हैं, कहाँ से आते हैं—क्या आसमान से? जी नहीं, वह आपके ख़ून की बूंद से पैदा होकर, आपकी मेहनत की कमाई से परवरिश पाते हैं! तुम मेरे भाई, नसीबों वाले हो जो इस झमेले से बच गए! कभी न जान पाओगे, जीते-जी नरक में होना किसे कहते हैं! न तुम हमारे उन शुभ-चिन्तकों—पत्नी और सन्तानों से कभी मिले, कि अन्दाज़ा कर पाते कितने भोले और मासूम-सूरत होते हैं वे लोग जिन्होंने अपना फ़र्ज़ समझकर, अपने ज़िम्मे एक काम—आपके 'सफ़ाए' का लिया होता है! आज हमारा बेटा, बजाय इसके कि हमारे बाजू की ताक़त बनकर दुनियादारी में हाथ बँटाए, अपनी माँ का हमदर्द बनकर हमें मिटाने पर तुला है! माँ के कानूनी वकील के साथ सवाल-जवाब करने हमारे दफ़्तर आता है! समझ क्या लिया है इन लोगों ने, साले पल तो आज भी मेरे ही टुकड़ों पर रहे हैं! चाहूँ तो इन्हें कौड़ी-कौड़ी का मोहताज करके छोड़ दूँ! नीता, प्लीज़...!' वह फिर से नीता की ओर मुड़ा था—'तुम कुछ कर नहीं रहीं? गईं नहीं अभी तक?'

‘जाती हूँ,’ नीता ने गिलास से हल्के सिप करते हुए कहा था—‘बस जा ही रही हूँ।’

‘प्लीज़ नीता!’ शराब का नशा ही था या कोई अन्य भावुक उत्तेजना भी, विकास डर रहा था दीवेन कहीं रोने न लगे।—‘तुम उसे कॉन्टेक्ट करो, संगीता को बुलाओ, आज मैं सब कुछ तय करने के बाद ही उठूँगा! मेरा फैसला है मैं शिल्पा को डायवोर्स करने जा रहा हूँ। इसलिए मेरा संगीता से बात करना बहुत ज़रूरी है। प्लीज़ नीता! मुझे समझने की कोशिश करो।’

‘चलो,’ नीता ने खड़े होते हुए दीवेन से कहा था—‘चलकर तुम ही क्यों नहीं बात कर लेते?’

‘नीता!’ दीवेन मिन्नत कर रहा था—‘तुम जानती हो, पिछली बार से वह मुझसे नाराज़ है! मेरे कहने से बात की गम्भीरता को नहीं समझ पाएगी, यही सोचेगी, उससे मिलने के लिए मैं बहाने गढ़ रहा हूँ! प्लीज़, यू आर द ऑनली वन! एक बार और, मेरी ख़ातिर!’

‘वन लास्ट टाइम!’ नीता ने दीवेन की आँखों में गहरे देखकर कहा था!—‘तुम्हारी ख़ातिर! ओके?’ और गहरी संजीदगी को तार-तार कर वह खिलखिलाकर हँस पड़ी थी।—‘विकास, मैं आती हूँ,’ कहते, नपे क़दम उठाती, पहले वह काउन्टर पर गई थी, और फिर बाहर निकलकर नज़रों से ओझल हो गई थी।

दीवेन के मुँह से अपने परिवार को कोसना, दुनिया की कड़वाहटों पर लानत भेजना, ज़िन्दगी से बेज़ारी, और उसी के साथ-साथ ज़िन्दा चीज़ों के प्रति मोह और लालसा, और एक नए नाम, संगीता का भजन, इस रवानी से बह रहा था जैसे कोई अपनी पसन्द की दुआ मन में दोहराता, या मनपसन्द राग डूबकर गाता है! कई चीज़ों के बारे में तो उसे ख़ुद दीवेन ने बता रखा था, लेकिन यह संगीता-प्रसंग उसके लिए बिलकुल नया था। वैसे, पिछले कई वर्ष से, दीवेन और पत्नी शिल्पा के सम्बन्ध तनावपूर्ण चल रहे थे, इतने कि दोनों का रहना-सहना भी अलग-अलग था। झगड़े में बच्चों की हमदर्दियाँ अपनी माँ के साथ थीं, और इसी कारण वे लोग रह भी माँ के साथ ही रहे थे। दीवेन, भीतर मथ रहे को बाहर निकाल फेंकने में व्यस्त था, और विकास यह सोचकर ख़ुद को दोषी अनुभव कर रहा था कि दीवेन की शादी के बाद लम्बे समय में, उसकी भेंट कभी उसकी पत्नी या बच्चों से नहीं हो सकी! ऐसी स्थिति में और समझ में नहीं आ रहा था कि वह दीवेन की हाँ-में-हाँ मिलाए, उसके कहे का विरोध करे, या दुनिया की अन्य बड़ी समस्याएँ, बड़ी और घातक, याद दिलाकर उसे चुप करने की कोशिश करे।

उसे, चुप सुनते रहने में ही बेहतरी लगी थी।

‘कोई डायवोर्स-वायवार्स नहीं!’ नीता ने विकास के पूछने पर कहा था।

नीता की वापसी के कुछ क्षण बाद दीवेन विचित्र ढंग से होटल में कहीं गुम गया था और खाना सिर्फ़ विकास और नीता ने साथ खाया था। उसके बार-बार पूछने पर भी नीता पूरे समय दीवेन की बात को टालती रही थी, और जब उसने ज़िद की थी तो कहा गया था—'रिलैक्स! दीवेन जहाँ है, सुख से है। उसकी संगीता आ गई, और इस समय वे दोनों होटल के किसी कमरे में होंगे! हर चीज़ की डिटेल जानना चाहते हो, यह हुआ क्या है तुम्हारे इमेजिनेशन को!'

नीता अपनी कार में उसे दीवेन के घर तक छोड़ने आई थी। रात के उस पहर सड़कों का ट्रैफिक छँटकर यूँ रह गया था जैसे मेले का त्योहार के बाद आलस में डूबा ख़ाली मैदान, जहाँ दिन की चहल-पहल के बाद बचा सन्नाटा होता है, और उसमें काग़ज़ के पुर्ज़ों और सूखे पत्तों की हवा के झोंकों में खड़कने की आवाज़ें। रास्ते में विकास ने फिर दीवेन की डायवोर्स-सम्बन्धी धमकी को लेकर चिन्ता प्रकट की थी।

'कुछ नहीं!' नीता के स्वर में उसने पहली बार झुँझलाहट महसूस की थी—'देखा नहीं, वह पीकर पत्थर हो रहा था! दिन का उबाल रात में निकल जाएगा, सुबह डायवोर्स किसको याद रहती है!'

'और संगीता?' उसने मानो ख़ुद से ही सवाल किया, 'तुम ही तो कह रही थीं दीवेन इस समय संगीता के साथ है।'

नीता ने उसकी ओर ऐसी नज़रों से देखा था जैसे अपना माथा पीट लेना चाहती हो।

'हाँ,' कुछ क्षण बाद उसने सहजता से कहा था—'लेकिन वह उसके साथ अपना फ़्यूचर प्लान नहीं कर रहा! इसलिए नहीं कि संगीता को, अब इस नाम से तुम जो भी समझे हो, इसमें कोई आपत्ति होगी। देखा जाए तो दीवेन में आज भी किसी जवान लड़की को आकर्षित करने के लिए काफ़ी कुछ है—देह भी और सम्पत्ति भी। बात खुद दीवेन के निर्णय की है, और वह कभी शिल्पा से पूरी-पूरी अलेहदगी की कल्पना ही नहीं कर सकता! नहीं कर सकता, यह मैं जानती हूँ! इसके पीछे माल-दौलत, घर-जायदाद खोने का कोई डर या मजबूरी नहीं, दीवेन का शिल्पा के लिए एक प्यार और भावुकता भरा लगाव है।'

कुछ देर को उभरी ख़ामोशी में शोफ़र-ड्रिविन कार रास्ता तय करती रही थी—विकास के लिए बिलकुल अनजान, चौड़ी-सँकरी, रोशन-अँधेरी सड़कों का लम्बा सिलसिला। चलते-चलते, किसी जगह गाड़ी रुकवाकर, नीता उससे कहेगी—उतरो, घर आ गया! और वह उतर जाएगा। इस अँधेरा मिले उजाले में डूबी, खामोश सड़कों के रहस्य को समझे बग़ैर। दो जगहों के बीच फ़ासला तय करने कितने मोड़ मुड़ना पड़ता है, कितने चौराहों से दिशा बदलना पड़ती है, और कितने चोर-रास्ते, ऐसे होते हैं जिनका सहारा लेकर लोग बेजा दूरी तय करने से बच जाते हैं। विकास सोच रहा

था, दीवेन ऐसे ही चोर-रास्तों से अपने सफ़र की दूरियाँ कम कर रहा था। इसमें सारे तमाशेबाज़ी और मैलोड्रामा की क्या तुक!

'तुम दीवेन की चिन्ता मत करो। उसे मालूम है वह क्या कर रहा है, न संगीता कोई बच्ची है, जो उसके वादे पर जी रही हो। सुबह वह संगीता को,' नीता ने ख़ामोशी को तोड़ते हुए कहा, 'उसका मेहनताना देगा, और शरीफ़ों की तरह उसे उसके घर भेजकर, ख़ुद अपने घर पहुँच जाएगा। संगीता को पैसों की ज़रूरत है, और दीवेन को संगीता के साथ की। दोनों के पास एक-दूसरे की ज़रूरत की चीज़ें हैं, जो वे एक-दूसरे को दे सकते हैं। कोई ग़लतफ़हमी नहीं, झूठा दिलासा और धोखा नहीं।' नीता की सरगोशी उसके कानों में दाख़िल होने से पहले, कार के अँधेरे में, किसी बड़े डैनों वाले पक्षी की उड़ान की तरह फड़फड़ाई थी—संगीता नाम की लड़की, शायद कभी रही हो दीवेन के जीवन में, अब तो यह नाम हमारे बीच एक कोड बनकर रह गया है—दीवेन के लिए औरत की ज़रूरत का!'

'और तुम?' विकास की आवाज़ फुसफुसी हो गई थी'—'दीवेन तुमसे संगीता को बुलाने को क्यों कह रहा था? क्या तुम...लेकिन तुम्हें यह सब करने की क्या आवश्यकता?'

नीता लम्बी ठंडी साँस लेकर, होंठों-ही-होंठों में बुदबुदाई थी—'सब नशा हिरन कर दिया, साला!'

हँसते-हँसते, उसने संजीदा होकर कहा था— 'दीवेन तो दोस्त है, और मैं जानती हूँ, लाख भूचाल आए उसका घर टूटेगा नहीं! उसकी पत्नी भी समझदार है, दीवेन की कुछ कमज़ोरियाँ सबूत के साथ उसके हाथ लग गई हैं! अब वह उसको जला और सबक़ दे रही है, किसी जवान मर्द से दिखावे को या सचमुच हिलग कर! लेकिन' नीता की आवाज़ नाटकीय हो गई थी—'दीवेन या उसकी पत्नी से कहीं ज़्यादा मुझे संगीताओं की परवाह और ख़याल है! कई पेशेवरों के नम्बर मेरे पास है, बहुत-सी मेरे स्टोर्स और हेल्थ-क्लब में नौकरी करती हैं! ख़ुद मेरे साथ ज़िन्दगी में जो हुआ कि घरवालों ने ख़ुद कहीं पहुँचने के लिए, मुझे सीढ़ी की तरह इस्तेमाल किया, मुझसे दुगुनी उम्र के मर्द से मुझे ब्याह कर, उसके बाद मैं नहीं चाहती कि कोई संगीता मेरी तरह इस्तेमाल की जा सके! आज मैं अगर उन्हें, बहुत थोड़ा-सा, यह जो सुरक्षा का एहसास है कि नीता हमारे साथ है कोई हम पर ज़्यादती नहीं कर सकता! दे सकूँ, तो समझूँगी जिन्दा रहने का कुछ हक़ अदा हो गया। अपने जीवन के कठिन दौर से गुज़रने के बाद, जब इन लड़कियों के अपने घर, आदमी और बच्चे होंगे तो मुझे लगेगा, मैं इस धरती पर थोड़ा-सा स्वर्ग बनाने में सहायक हो सकी!'

अँधेरा और उसमें यहाँ-वहाँ तैरते रोशनी के धब्बे और चलती कार के पहियों से लिपटती-छूटती, आगे और पीछे फैली, ख़ामोशी।

ख़ामोशी के भी कितने रूप होते हैं, विकास का दिमाग़ जैसे किसी गहरे तहख़ाने

में, भारी बोझ तले दबा सोच रहा था। एक ख़ामोशी जंगल की वह घनी चुप्पी होती है जिसमें शाख पर हिलते पत्तों का, मुँह फेरकर इधर-उधर देखना तक, कानों में आवाज़ बनकर हमारा ध्यान खींचता रहता है, दूसरी ख़ामोशी वह होती है, जब हमारे इर्द-गिर्द का सारा गुल-गपाड़ा, किसी भरी-पूरी सड़क पर पैदल चलते, खचाखच भरी बसों में सवारी करते या किसी ऐसी जगह, चौक-चौराहे पर रहते जहाँ लगता है शोर मचाने की मशीनें फिट हों, होते हुए भी जाने कहाँ खो जाता है, हमारे कान पर दस्तक तक नहीं पड़ती। एक ख़ामोशी यह थी, इस कार के भीतर मशीनों की हल्की आवाज़ें मिलीं, जो लगता है ख़ामोशी के जिस्म का कोई हिस्सा हों, पोशाक हों, आभूषण हों!

'फिर खो गए?' नीता ने सहज स्वर में कहना चाहा था, लेकिन आवाज़ में घिर आई चिन्ता ने, शीशे के बाहर फैले अँधेरे में घूरकर देखने के बाद, उबासी लेने पर मजबूर कर दिया था।—'नींद आ रही है यार! तुम तो सुबह देर तक सोकर मज़े करोगे। मगर हमें चिड़िया की चोंच भी खुलने से पहले जागकर, दूध दोहनेवाले ग्वाले से पहले घर छोड़ना पड़ेगा, दुनिया को दोहने से पहले, पनियाने को! पापी पेट का सवाल है, यार!'

'यार!' नीता ने अजीब से, बेसुध और बचकाना स्वर में जोड़ा था—'अगर तू मेरा, हाईस्कूल के बाद शादी का प्रोपोज़ल रिजेक्ट न करता, तो आज जीवन कितना दूसरी तरह चल रहा होता! तुम ज़िन्दगी भर, बात-बात पर हैरान और नाराज़ होते रहते! मैं, तुम्हें कुछ मनाती, कुछ समझाती, और जब ऐसा कर लेती, तो ख़ुद ही तुमसे रूठ जाती!'

कार रुक गई थी।

'तो?' विदा होने से पहले नीता का स्वर सवालिया था।

'दो रोज़ और ... फिर वापसी।'

'दो के तीन नहीं हो सकते?'

'नहीं!' उसने ज़ोर देकर कहा था।

'वह तुम मुझ पर ही छोड़ दो—फ़ॉर वन्स इन द् लाइफ़ टाइम! कल, मेरे आने का इन्तज़ार करो, क्योंकि कल शाम भी गुज़ारनी आपको सेवक के साथ ही पड़ेगी! रात पवई चलेंगे! नहीं, यहाँ से मेरा घर दूर नहीं। तुम बेफ़िक्र रहो! कल शाम तक के लिए!'

समय मापने का आला, औज़ार या मशीन—क्या कुछ भी ऐसा, जो शरीर से अलग और दिल की धड़कन से जुदा हो, जीवन के सन्दर्भ में कोई तुक या महत्त्व रख सकता है? घड़ी की चकराती सुइयाँ, कैलेंडर के बदलते पन्ने, डायरियों के ढेर—जिस्म को समय और अतीत से जुड़ी स्मृतियों के साथ एक विशेष तरतीब

में बाँध सकने के सारे जतन, क्या हमेशा इतने ही फ़ज़ूल और निरर्थक साबित होते हैं?

रात का अथाह सन्नाटा, मुरदार ख़ामोशी, और हर रोशनी को डसकर अपने भीतर सोखता अँधेरा—कौन-सी रात की बात थी यह?

ट्रेन के पहियों की रह-रहकर उभरती, कमज़ोर पड़तीं, कानों के भीतर लड़खड़ा कर गायब होती-होती, दोबारा, साँस खींचकर पटरियों पर दौड़ने लगने की आवाज़ें : वह रात, दीवेन के घर बन्द कमरे में बैठकर, घटनाओं को सारे विस्तार से जान चुकने और निष्कर्षों पर पहुँच सकने के दहाइयों पूर्व की वह रात थी, जब जीवन में पहली बार, शब्द पराजय का अर्थ जानने से भी पहले, विकास एकाएक पराजित होकर अपने शहर लौट रहा था! और अभी, इस पल, दीवेन के घर बीतती भी रात थी! उस रात, रेल के डिब्बे में वह एक अजनबी था, सहयात्रियों के लिए ही नहीं, ख़ुद अपने लिए भी अजनबी! उसके साथ तारा का छूटा रह गया लगेज था और वह कोशिश के बाद भी फ़ैसला नहीं कर पाया था कि यह सामान उसे ख़ुद ढोकर, तारा के माता-पिता तक पहुँचाना ज़रूरी नहीं था! पार्सल, ट्रांसपोर्ट—किसी भी तरह, वह होटलवालों को पैसे देकर इस काम का ज़िम्मा सौंप सकता था। ट्रेन से वापसी का सफ़र, तारा के लगेज के साथ, उसने उसी ख़ामोशी और समझ में आ सकने से परे, शोक-भाव के साथ किया था, जैसे उसके साथ किसी मुर्दे का ताबूत हो!

और इस पल, दीवेन के घर, अकेले, उसे फिर बिलकुल वैसा ही लग रहा था! तारा का ख़याल उसे घेर रहा था, अपनी अनुपस्थिति से!

उस बार लम्बी यात्रा में उसके पास सवाल-ही-सवाल थे—इतने, कि उसे ख़ुद विश्वास होने लगा था, ज़िन्दगी जन्म की एक क़िस्त-भर जीने, या जानने के अथक प्रयास के बावजूद, उन सबका जवाब पा सकना सम्भव नहीं था। सड़क पर सीना फुलाए, आसमानों से ताक-झाँक करते, वह किसी खुले 'मेन-होल' से गिरकर, भूमिगत गटर की दुनिया का नज़ारा करने, उसमें साँस लेने को मजबूर हो गया था। हर सवाल, एक नए गटर की सड़ाँध, कीचड़ और अँधेरा, उसे अपने जंजाल में फाँस रहा था, और रिहाई के लिए जो तिलिस्म—तारा का नाम—उसके लबों पर था, वह न केवल अपनी तासीर खो चुका था, बल्कि सारे सिर उठाते सवालों की रगों में, ख़ून और गटर्स में, गन्दगी बनकर बह रहा था। धीरे-धीरे समय बीतने के साथ-साथ, वह सवाल—वही दम घोंटने और आँखें मूँदने पर मजबूर करने वाले एहसास, सवाल न रहकर, ज़िन्दगी-नामी इबारत में यूँ रचते-बसते गए थे, जैसे वक़्त और अनुभव के आसरे, उसके द्वारा खोजे गए अपने अस्तित्व से सम्बन्धित सत्य हों : रोज़मर्रा, और जीने-मरने को देखने का वह रुख, जो उससे पहले शायद दुनिया में और कोई नहीं खोज पाया था! उसका सारा रचनात्मक लेखन हो या चिन्तन, और शायद उसकी अपनी जिन्दगी भी, कहीं उसी से परवरिश पाती थी : अब उसे, चाहे जैसी भी बेदिली के साथ जिया गया हो!

तो फिर आज, इस दूसरी ख़ामोश और अकेली रात में, जो लगता है उसी पहली रात को एक अन्य ढंग से देखने का सिलसिला है, और उसके साथ तारा का लगेज—ख़ुद उसकी कल्पना में, तारा का मृत शरीर भी नहीं, वह क्या पीड़ा है, जो वह सहन नहीं कर पा रहा था? रो सकने की कल्पना फ़ज़ूल थी, बेचैनी ऐसी नहीं कि बिस्तर पर लेटकर करवटें बदली जा सकें। चहलक़दमी करके कुछ कर पा सकने, या कुछ होनेवाले को रोक पाने की सम्भावना, कहीं दूर तक नहीं थी!

अब क्या सदमा? काहे की ग्लानि और पछतावा?

वह जागता रहेगा, जब तक नींद न आ जाए : सुबह उठकर, उस घड़ी तक प्रतीक्षा करता रहेगा, जब तक नीता न आ जाए?

अच्छा, कल अगर चमत्कार हो जाए : वह नीता के साथ तारा को पाए? तो क्या करेगा वह... ?

शान्त, ठहरा हुआ, गहरा, अँधेरे पानी का विस्तार। लेक के फैलाव का अन्दाज़ा लगा पाना उसके लिए सम्भव नहीं था। कश्तियाँ थीं, मोटर-बोट्स, छोटे-बड़े असंख्य। कश्तियाँ थीं, तो उनमें लोग भी होंगे, जिन्हें घने अँधेरे में देख पाना सम्भव नहीं था।

वह नीता के किसी मित्र के हाउस बोट की शक्ल की बोट में बैठे थे : अँधेरा पड़ते वह यहाँ पहुँचे थे, और अब देर होने को आई थी। दीवेन अन्य व्यस्तता के कारण साथ न आ सका था।

'जैसे ही किसी के हाथ शिकार लगेगा, सारे मोटर्स धड़धड़ाकर स्टार्ट हो जाएँगे? अपनी-अपनी बंसियाँ लपेटकर।' नीता ने बताया था—'लोग ख़ुशक़िस्मत शिकारी का वोट घेर लेंगे, मछली को आँखों से देखेंगे-तोलेंगे, मुबारकबाद और अपनी राय देंगे। फिर हो सकता है, हालाँकि ऐसा होता बहुत कम है, मछली पकड़नेवाले अपने 'कैच' के साथ चले जाएँ, और कुछ देर की हलचल और ज़िन्दगी के बाद, लेक फिर ख़ामोशी और अँधेरे में डूब जाए, जैसे किसी आसन में हो : जैसे उनकी डोर और काँटे में मछली नहीं, उनके जीवन की समस्या फँसनेवाली हो! इन बेआवाज़, पानी पर डोलती कश्तियों में, तरह-तरह के समुद्री-डाकू घात में दुबके हैं, खासतौर पर फ़िल्म और दूसरे बड़े धन्धे से सम्बन्धित! कुछ को असफलता ने घेरकर यहाँ पहुँचा दिया है, और वह एक नई शुरुआत की शुभ-साअत की प्रतीक्षा में समय बिता रहे हैं, तो कुछ अपनी सफलता का जश्न इस प्रकार मनाना चाहते हैं! माफिया की आधी दुनिया, ख़ासकर परिस्थितियाँ जिसके विपरीत हों यहाँ ताल में बंसी डाले, हालात पलटने की प्रतीक्षा करती मिल जाएगी! जिनके नाम आम लोग, न्यूज़पेपर्स की बोल्ड-लाइन्स में ही पढ़ पाते हैं!'

विकास अँधेरे भू-खंड, ताल और आसमान के बीच, जैसे किसी जादुई सवारी में बैठा बाहर फैली दुनिया को देखना और महसूस करना चाहता था : आते समय

उसे हल्का टेम्प्रैचर था, लेकिन अभी तक तबीयत सँभाला ले चुकी थी। वह बाहर फैले, अदृश्य सन्नाटे को ख़ुद में सोखता, अपना शेष जीवन यहीं बिता देना चाहता था!

'हम एक शर्त बदते हैं!' नीता ने उस बीच, जब अर्दली उनके खान-पान का सामान सजा रहा था, कहा था—'तैयार!'

'क्या शर्त? मगर हाँ, चलो तैयार!'

'बताओ, आज की रात, इतने समुद्री डाकुओं में से किसी की डोर में बड़ी मछली फँसेगी या नहीं? पहला मौक़ा आपका!'

विकास हँस दिया था।—'हम लोग तो बंसी डालकर बैठ नहीं रहे,' उसने कहा था, 'फिर क्या फ़र्क़ पड़ता है?'

'जीतने और हारने का फ़र्क़ तो पड़ता है! आप बोलें!' नीता बहुत उत्साहित थी—'पहला मौक़ा आपको दिया गया है?'

'सुबह तक यहाँ बैठकर, इन्तज़ार करेंगे?'

'कौन जाने! इसका जवाब तो आपकी शर्त तय करेगी! हो सकता है उससे पहले ही मछली फँस जाए!'

'नहीं फँसेगी।' विकास ने बेमन से कहा था।

'आपकी शर्त। मैं कहती हूँ ज़रूर फँसेगी। खोना-पाना भी तय कर लिया जाए? मैं जीती, तो आपको मेरी एक फ़रमाइश पूरी करनी पड़ेगी! और आप जीते, तो मैं आपका कहा करूँगी! ठीक?'

यह उनके ताल पर पहुँचते ही, जब ताल और हवा का अँधेरा इतना गाढ़ा नहीं हुआ था, की बात थी। और इस पल, विकास नीता की कही बातों को, खोते-वापस लौटते, अपने भीतर चकराते, सुन रहा था।

'तारा और उसका मित्र स्टीव,' वह कह रही थी—'उन दोनों ने अन्त तक, फ़ॉर्मल मैरिज नहीं की थी। वे लोग माउन्टैनियरिंग, यू नो, पहाड़ों पर चढ़ते थे। अफ्रीका, नेपाल, साउथ अमेरिका के देश—एक लम्बी लिस्ट है पहाड़ी चोटियों की, जो उन्होंने जीतीं। स्टेट्स में माउन्टैनियरिंग इन्स्टीट्यूट के साथ उनका कुछ आश्रम जैसा भी था, जहाँ जड़ी-बूटियों, योगासन, भारतीय शास्त्रीय संगीत और नृत्य के बारे में जानने-सीखने की व्यवस्था थी। स्टीव एक मालदार व्यक्ति था, जिसका सम्बन्ध घूम-फिरकर, किसी रेड-इंडियन घराने से था! यह वही लड़का था, उम्र में तारा से भी कुछ कम, जिसके साथ वह भारत छोड़कर गई थी। पिछले कई सालों में मेरा स्टेट्स जाना बस एक ही बार हो पाया—लगभग एक साल पहले। ठानी तो मैंने भी एक बार फिर ज़िन्दगी बदल डालने की थी, लेकिन मेरी हिम्मत अधूरी निकली, और देसी मुहावरे में कहा जाए तो मैं खूँटे पर वापस लौट आई। —तारा से, पहले से मुलाक़ात थी, इसलिए जब उससे मिलना चाहा तो पता चला वह, स्टीव और उनके दो साथी साउथ अफ्रीका

में किसी पहाड़ की चोटी चढ़ते हुए मारे गए! ऊपरवाला उनकी आत्मा को शान्ति दे, इससे ज़्यादा मैं तब या आज, क्या सोच या प्रार्थना कर सकती थी।

'मुझे मालूम है, मेरी बात सुनकर तुम्हें अफ़सोस ही होगा। इसलिए नहीं, कि ऐसा होना सही है : इसलिए कि मैं तुम्हारे स्वभाव को जानती हूँ। पूछो मत! जो ख़ुद मुझे ज़रूरी लगता है, वह तुम्हें बताए देती हूँ। तारा और स्टीव ने कोई सन्तान नहीं छोड़ी। उन दोनों का आपसी साथ ही विचित्र और रहस्यमय था। आध्यात्मिक मामले अगर ऐसे होते हैं, तो थोड़ी दिलचस्पी के सिवा ख़ुद मुझे उनसे कुछ लेना-देना नहीं! और उन दोनों को देखकर तो मुझे यह शक होता था, कि अकेले में भी, वे कभी एक-दूसरे के शरीर को छूते या देखते होंगे! नहीं, प्यार तो, जो उनकी समझ में होगा, वह बेपनाह था, लेकिन जैसा रूमानी कहानियों या उर्दू शायरी की आबोहवा में होता है, बिलकुल वैसा! तारा, एक तो उम्र में मुझसे छोटी, दूसरी हमारी तबीयतों का भेद, वर्षों बीत गए सरसरी मुलाक़ातों को, लेकिन न कभी उसने बेतक़ल्लुफ़ होने की कोशिश की, न मैंने पहल की!—मैं उसे पीठ-पीछे 'डबल एस' यानी सनकी संन्यासन कहा करती थी! फिर जाने किस तरह, कभी हमारे बचपन के स्कूल और उस शहर की, जहाँ तुम तो आज भी हो, मगर मैंने भी अपनी उम्र का सबसे क़ीमती वक़्त गुज़ारा है, बात निकल आई, और पता चला, उस लड़की का सम्बन्ध भी उसी शहर से था। आपसी मिलने-जुलने वालों की बात करते पता चला, वह तुम्हें जानती थी : कैसे और कितना, यह बाद की मुलाकातों में, जब हमारे बीच एक प्रकार की आत्मीयता पनप चुकी थी, धीरे-धीरे पता चला। जब उसने बताया कि वह तुम्हारी मंगेतर रह चुकी है, तो मैंने कहा यह मेरे लिए अति ईर्ष्या का विषय बन चुका है : जो मैं चाहकर नहीं कर सकी। और ऐसा बहुत कम था! वह उसने कर दिखाया! उसके बड़प्पन को मानते हुए, मैंने प्रॉमिस किया था कि जीवन में एक बार, तारा जो भी मुझसे माँगेगी, मैं उसे दूँगी! हँसने-बोलने में कही गई बात थी, न उसने मुझसे कभी कुछ माँगा, न मैंने दिया। तब तक, मुझे नहीं मालूम था तुम लोग किस प्रकार अलग हुए थे! मेरे आरपार देखते, उसी क्षण उसने मुझसे पूछा था—क्या आज भी तुम उस आदमी को चाहती हो?—मैंने उसे निहारते हुए कहा था—सब लोग तुम्हारी तरह भाग्यशाली थोड़ी हैं! हम तो, तेरह साल की उम्र से ही, इस दिल-नामी फुकने में किसी तरह हवा भरने की कोशिश करते रहे हैं! बड़े माशूक़-सिफ़त हुआ करते थे हमारे विकास साहब! तुमसे शादी नहीं की, मगर कम-से-कम मँगनी की इज़्ज़त तो बख़्शी! हमें तो ख़याली पुलाव पकाने का भी मौक़ा नहीं दिया!

'तब तारा ने, कुछ स्पष्ट और कुछ अक़्ल से पंजा लड़ानेवाले, आध्यत्मिक स्वर और अन्दाज़ में कहा था, कि रिश्ता तुमने नहीं, ख़ुद उसने तोड़ा था। तब तक, मुझे तुम्हारे बारे में नहीं मालूम था कि तुम कहाँ थे और क्या कर रहे थे। तारा ने ही तुम्हारी किताबों के नाम, और तुम्हारी उपलब्धियों से सबसे पहले मुझे परिचित

कराया था। यह आज से वर्षों पूर्व की बात है। मैंने झिझकते-झिझकते, बहरहाल, उससे पूछने का फ़ैसला कर ही लिया, कि उसने तुम्हें एकदम, छोड़ने का फ़ैसला कर कैसे लिया?

'मेरा सवाल सुनकर, तारा ने जिन भेदती नज़रों से, मुझे देखा था, वह आज भी मन में नक़्श है! लगा था, जितने क्षण उसकी आँखें मेरी आँखों पर टिकी थीं, उसकी नज़र, मेरे भीतर उतरकर, दिल, दिमाग़ और शायद आत्मा का भी गहरा निरीक्षण करने, नाप-तोल और हिसाब लेने के बाद, वापस उन स्थिर पुतलियों में लौट कर सिमट गई थी।'

'विकास!' नीता ने जब दबे स्वर में उसे पुकारा था तो इसमें कम्पन था—'उम्र ने मुझे जो सिखाया, मैंने उसे एक असाधारण विद्यार्थी की तरह सीखा है : इतना कि कोई अन्य, ज़्यादा-से-ज़्यादा मेरी बराबरी ही कर सकता है। इसलिए, मुझे यह आत्मा-परमात्मा और उसके सगे-सम्बन्धियों की बातें इतनी फ़ज़ूल लगती हैं! व्यक्ति में होश और हौसला रहे, तो दुनिया आँखों के सामने खुलती जाती है! रहस्य, एक बूँद-भर डर है, मेरे अनुभव में, जो दिल की दीवारों में सीलन हो, तो ज़रूर अन्दर बैठ जाएगा! बैठ गया, तो उसका बाहर निकलना मुश्किल नहीं, मैं कहूँगी, असम्भव है!—इस लम्बी भूमिका की ज़रूरत नहीं थी, मैं कहना चाहती हूँ कि सबके बावजूद, जाने क्या था उस लड़की तारा में, जो वैसे तो मुझे कुछ डिस्टर्ब करता ही था, लेकिन उस आँख मिलाने के क्षण, इतना प्रत्यक्ष होकर मेरे सामने आ सका! मैं जीवन भर, चाहकर भी किसी अन्य को नहीं समझा सकूँगी वह क्या था। मैं डरी तो नहीं, मगर एक जागता, ज़िन्दा और गरम एहसास, कहीं मेरे भीतर जज़्ब हो गया! उसके कारण, हम दोनों के आपसी सम्बन्धों में कोई नाटकीय या छोटी-बड़ी तब्दीली भी नहीं आई : न उस क्षण, न उसके बाद ही! लेकिन अभी, इस पल, तारा को याद करते हुए मेरा शरीर ठंडा हो रहा है!

'उसने मुझे, अपनी आँखों से तोलने के बाद, बहुत सधे लहज़े में कहा था—तुम्हारे उस बचपन के दोस्त से मैं घृणा करती थी! मैं आग्रह नहीं कर रही, कि मेरी बात को समझने की कोशिश करो, मगर हमारा साथ मँगनी नहीं, तो शादी के बाद टूटता! उस हिसाब से, सब ठीक ही हो गया! मैंने उस आदमी को, जीवन के किसी क्षण, कभी पसन्द नहीं किया!—मेरे पास तारा से पूछने को बहुत कुछ था : कि मँगनी क्यों की, साथ क्यों रहीं, और घृणा की अनुभूति, इतनी अकस्मात् कैसी हुई। लेकिन लगा, यह बातचीत का एक अनचाहा, औपचारिक, विस्तार होगा। न तो हो चुके को बदला जा सकता था, न मुझे उसके प्रति तुम्हारी प्रतिक्रिया मालूम थी।

'मैंने फिर कभी, इस विषय पर तारा से बातचीत नहीं की, लेकिन तुम्हारे बारे में जानकारी जुटाना शुरू कर दी। फिर, भारत वापस लौटने की परिस्थितियाँ बन गईं—अपने पर अत्याचार का बेवक़्त राग, मैं यहाँ नहीं छेड़ूँगी! यहाँ आते ही दीवेन से

भेंट हो गई। इस बीच, जान-बूझकर तुम्हें छेड़ने की कोशिश पिछले दस वर्ष में मैंने नहीं की—शायद तुम्हारी एकाग्रता और अकेले रहने से मेरे मन में भी यह भ्रम पुख़्ता होने लगा था कि जिस तरह तारा तुम्हें छोड़कर गई थी, शायद उसी तरह लौट भी आए! अगर ऐसा होता हो, तो एक प्रेम-कहानी में मैं खलनायक की भूमिका क्यों अदा करूँ ! और अगर तारा का इस प्रकार, ट्रैजिक अन्त न हुआ होता, तो न तो मैं कभी तुमसे मिलने की कोशिश करती और न कोई तफ़सील तुम्हें बताती।'

नीता और विकास, देर से, बिना एक शब्द बोले अँधेरे में बैठे थे, और विकास का दिमाग़, संसार की अदृश्य ख़लाओं में भटक रहा था। लग रहा था लेक की सतह पर, बोट में नहीं एक पनडुब्बी में बन्द, वह किसी काले, अथाह समन्दर की गहराइयों में डूबता जा रहा था। पनडुब्बी के इंजन ने काम करना बन्द कर दिया था और साँस लेने को बहुत थोड़ी ऑक्सीजन बची थी! कोई मदद या बच सकने की तदबीर नहीं थी सिवाय किसी चमत्कार के! और ख़ुद विकास की न तो चमत्कारों में आस्था थी, न अभी तक जिए हुए जीवन में उनका कोई अनुभव! वह समन्दर में न भी डूबा, तो उसे मालूम था, जिस पल सुबह की रोशनी फैलेगी और लोग एक-दूसरे को देख पाएँगे, तब तक देर हो चुकी होगी! और वह क़तरा-क़तरा, स्याही में घुलकर रुख़सत हो चुका होगा—अँधेरे के साथ, अँधेरा जहाँ रुख़सती के बाद जाता है, वहाँ...

क्या उसके जन्म के बाद से आज तक, वास्तव में समय बीता है?

क्या कभो भी, कुछ ऐसा था जिस पर उसका बस रहा हो?

जिसके होने-न होने के लिए, उसे ज़िम्मेदार ठहराया जा सके?

शरीर के चुकने और कल्पनाशक्ति में बासी और बूढ़े होने के बाद भी, क्या है, जो बोझिल बनकर, सहनशक्ति की परीक्षा लेने पर तुला है—उसे थकाने और अन्ततः मार डालने पर।

भ्रम : दीवेन, नीता, विकास और तारा! धीरे-धीरे पिघलकर, रोशनियों और आवाज़ों में तब्दील होनेवाला, रात का यह बे-आहट अँधियारा : एक मातमी कैफ़ियत! हालाँकि तमाम मुर्दे, वर्षों पूर्व ही ठंडे बस्तों के रूप में जुदा हो चुके हैं! अन्तिम संस्कार ख़ुद उनकी आँखों के सामने सम्पन्न हुआ है!

'अभी, जब किसी के हाथ शिकार लगेगा,' घने अँधेरे में सरगोशी करती, नीता की आवाज़ में बेपनाह उत्साह था—'तो सारे मोटर्स धड़धड़ाकर स्टार्ट हो जाएँगे! शिकार करनेवाले की बोट को घेर लेंगे...'

विकास को लगा था, एक चलता कैमरा धीरे-धीरे, लेक को फ़ोकस करता, फ़्रीज़ हो गया है।

●●●